当代经济学系列丛书

Contemporary Economics Series

主编 陈昕

（第二版）

经济增长

[美] 罗伯特·J.巴罗　夏威尔·萨拉-伊-马丁　著

夏　俊　译

当代经济学
教学参考书系

格致出版社

上海三联书店

上海人民出版社

主编的话

上世纪 80 年代,为了全面地、系统地反映当代经济学的全貌及其进程,总结与挖掘当代经济学已有的和潜在的成果,展示当代经济学新的发展方向,我们决定出版"当代经济学系列丛书"。

"当代经济学系列丛书"是大型的、高层次的、综合性的经济学术理论丛书。它包括三个子系列:(1)当代经济学文库;(2)当代经济学译库;(3)当代经济学教学参考书系。本丛书在学科领域方面,不仅着眼于各传统经济学科的新成果,更注重经济学前沿学科、边缘学科和综合学科的新成就;在选题的采择上,广泛联系海内外学者,努力开掘学术功力深厚、思想新颖独到、作品水平拔尖的著作。"文库"力求达到中国经济学界当前的最高水平;"译库"翻译当代经济学的名人名著;"教学参考书系"主要出版国内外著名高等院校最新的经济学通用教材。

20 多年过去了,本丛书先后出版了 200 多种著作,在很大程度上推动了中国经济学的现代化和国际标准化。这主要体现在两个方面:一是从研究范围、研究内容、研究方法、分析技术等方面完成了中国经济学从传统向现代的转轨;二是培养了整整一代青年经济学人,如今他们大都成长为中国第一线的经济学家,活跃在国内外的学术舞台上。

为了进一步推动中国经济学的发展,我们将继续引进翻译出版国际上经济学的最新研究成果,加强中国经济学家与世界各国经济学家之间的交流;同时,我们更鼓励中国经济学家创建自己的理论体系,在自主的理论框架内消化和吸收世界上最优秀的理论成果,并把它放到中国经济改革发展的实践中进行筛选和检验,进而寻找属于中国的又面向未来世界的经济制度和经济理论,使中国经济学真正立足于世界经济学之林。

我们渴望经济学家支持我们的追求;我们和经济学家一起瞻望中国经济学的未来。

厉以宁

2014 年 1 月 1 日

前 言

印度政府可否采取某些措施使印度经历印度尼西亚或埃及那样的经济增长呢？如果可以，那是什么样的措施呢？如果不可以，那么又是什么"印度特征"妨碍了印度的经济增长呢？这样的问题对人类福祉而言，意义之重大，简直令人惊叹：人们一旦开始关注它们，就很难再去考虑别的问题了。[1]

——Robert E. Lucas，Jr.（1988）

从某种意义上来讲，经济学家们一直都清楚经济增长的重要性。然而，虽然经济增长是经济学最重要的主题之一，但自20世纪60年代后期以来关于经济增长的研究受到的关注就越来越少。经过了近20年的停滞之后，该研究在20世纪80年代重新变得朝气蓬勃。新的研究以决定长期增长的模型为起点，现今将其称为内生增长模型。其他近期的研究都对以前的模型——新古典主义增长模型——进行了拓展，尤其是对经济体之间的收敛进行了经验研究。本书既详细介绍了从20世纪50年代至21世纪初期提出的主要增长模型，也包括了经济增长领域的最新进展。这些论述强调了理论的经验含义以及假设同数据、事实之间的关系。理论和实证工作的这种结合是当前

---

[1] Lucas这些具有启发性的话可能已经成为关于增长的文献中被引用得最为频繁的一段话。然而，具有讽刺意味（很少被提到）的是，就在Lucas阐述其观点时，印度已经比印度尼西亚和埃及发展得更快了。在1960年至1980年间，埃及每年的人均GDP增长速度为3.2%，印度尼西亚为3.9%，而印度为1.5%。相比之下，1980年至2000年间，埃及每年的人均GDP增长速度为1.8%，印度尼西亚为3.5%，而印度为3.6%。因此，印度政府似乎漂亮地回应了Lucas的质疑，而埃及却在增长的道路上步履蹒跚。

对经济增长的研究中最令人兴奋的方面。

在导论中,我们阐述了增长过程中的一些主要的经验规律,并勾勒出现代增长理论的简史。第 1 章和第 2 章介绍了新古典主义的增长模型,从 20 世纪 50 年代的索洛—斯旺模型到 20 世纪 60 年代的卡斯—库普曼斯(Cass-Koopmans)模型(并回顾了拉姆齐模型),再到模型的最新改进。第 3 章引入了政府部门和投资调整成本,还介绍了开放经济体和居户的有限时域模型。第 4 章和第 5 章涵盖了内生增长理论的不同版本,这些理论都依赖于具有不变收益的可再生要素的假设。第 6 章、第 7 章和第 8 章揭示了关于技术变迁和研发的最新模型,这些模型引入了产品多样性、产品质量和知识扩散。第 9 章允许劳动力供给和人口被内生地确定,介绍了人口迁移模型、生育率模型以及劳动闲暇选择模型等。第 10 章论述了增长核算的要点,并将其基本框架应用于内生增长模型。第 11 章对各个国家的不同地区进行了经验分析,主要包括美国各州、欧洲各地区以及日本各地。第 12 章分析了多个国家和地区从 1960 年到 2000 年的经济增长的实证证据。

本书可作为一年级的经济学研究生的教材。其第一版被许多高校作为宏观经济学、经济增长以及发展经济学领域的研究生教材使用,师生的反响良好。书中大部分章节都包含了习题,这些习题可以将学生从常规练习引导到对模型富有启发性的延伸分析。本书的最后部分是数学方法附录,这部分包含了微分方程、动态最优化等数学层面的内容。对于那些能适应这种难度的数学的本科学生来说,本书可以作为高级课程和选修课程的教材。正因为如此,本书的第一版已经畅销全球。

下列人士对本书的评论让我们受益匪浅,他们是:Daron Acemoglu, Philippe Aghion, Minna S. Andersen, Marios Angeletos, Elsa V. Artadi, Abhijit Banerjee, Paulo Barelli, Gary Becker, Olivier Blanchard, Juan Braun, Francesco Caselli, Paul Cashin, Daniel Cohen, Irwin Collier, Diego Comin, Michael Connolly, Michelle Connolly, Ana Corbacho, Vivek Dehejia, Marcelo Delajara, Gernot Doppelhoffer, Paul Evans, Rosa Fernandez, Monica Fuentes-Neira, Xavier Gabaix, Oded Galor, Victor Gomes Silva, Zvi Griliches, Gene Grossman, Christian Groth, Laila Haider, Elhanan Helpman, Toshi Ichida, Dale Jorgenson, Ken Judd, Jinill Kim, Michael Kremer, Phil Lane, Stephen Lin, Norman Loayza, Greg Mankiw, Kiminori Matsuyama, Sanket Mohapatra, Casey Mulligan, Kevin M. Murphy, Marco Neuhaus, Renger van Nieuwkoop, Sylvia Noin-McDavid, Joan O'Connell, Salvador Ortigueira, Lluis Parera, Pietro Peretto, Torsten Persson, Danny Quah, Climent Quintana, Rodney Ramchandran, Jordan Rappaport, Sergio Rebelo, Joan Ribas, Paul Romer, Joan Rossello, Michael Sarel, Etsuro Shioji, Chris Sims, B. Anna Sjögren, Nancy Stokey, Gustvo Suarez, Robert Tamura, Silvana Tenreyro, Merritt Tilney, Aaron Tornell, Nuri Ucar, Jaume Ventura, Martin Weitzman, Arthur Woll 和 Alwyn Young。

目 录

001

导　论

0.1　增长的重要性

　　为了理解经济增长的重要性,我们首先从评价美国经济的长期运行入手。如果以 1996 年的美元计,美国实际人均国内生产总值(GDP)从 1870 年的 3 340 美元增加到 2000 年的 33 330 美元,增长了 9 倍。这一人均 GDP 的增长伴随着每年 1.8% 的增长率,同时,这一经济运行状况使美国成为 2000 年人均 GDP 位列全球第二位的国家(仅次于卢森堡,而该国的人口仅为 40 万)。[①]

　　为评估增长率上显著的小差别在长时期复利时会产生什么后果,假定美国经济自 1870 年以来以每年 0.8% 的速度增长,比其实际增长率低一个百分点,我们可以计算出美国经济在 2000 年应该处于什么样的水平。每年 0.8% 的增长率接近于某些国家从 1900 年到 1987 年间的长期年均增长率,如印度(每年 0.64%)、巴基斯坦(每年 0.88%)以及菲律宾(每年 0.86%)。如果美国 1870 年的实际人均 GDP 是 3 340 美元,并在之后的 130 年中以每年 0.8% 的速度增长,那么 2000 年的人均 GDP 为 9 450 美元,仅仅是 1870 年数值的 2.8 倍以及 2000 年实际数值 33 330 美元的 28%。这样,美国的人均 GDP 在 2000 年的排名就不是全球第二位,而是在 150 个国家和地区中排名第 45 位。换句话说,如果经济增长率每年低一个百分点,那么美国 2000 年的人均 GDP 就接近于墨西哥和波兰的水平。

　　假设自 1870 年以来,美国的实际人均 GDP 年均增长率为 2.8%,超过实际值一个百分点。这一水平接近于日本(1890 年至 1990 年为 2.95%)和中国台湾(1900 年至 1987 年为 2.75%)的长期年均增长率水平。如果美国的实际人均 GDP 仍然以 1870 年的 3 340 美元为起点,并在之后的 130 年中以每年 2.8% 的速度增长,那么到 2000 年会达到 127 000 美元,是 1870 年数值的 38 倍以及 2000 年实际数值 33 330 美元的 3.8 倍。127 000 美元的实际人均 GDP 在历史上还没有哪个国家能够达到,也许实际上,这也是办不到的(尽管生活在 1870 年的人们或许对

[①]　长期 GDP 的数据来源于 Maddison(1991),并将在第 12 章中讨论。近期的数据来源于 Heston, Summers 和 Aten(2002),也将在第 12 章中讨论。

33 330美元的人均 GDP 水平亦会作如是观)。但是,可以说,长期持续 1.8% 的年均增长率意味着直到 2074 年美国的实际人均 GDP 也无法达到 127 000 美元。

实际人均 GDP 水平在一个世纪间能够增长 20 倍,例如,日本 1990 年的实际人均 GDP 大约是 1890 年的 20 倍。同一时点上,各国之间的实际人均 GDP 差距更大。图 0.1 是 1960 年 113 个国家和地区的实际人均 GDP 的对数值的柱状图,其平均值对应为 3 390 美元的人均 GDP(以 1996 年美元计)。实际人均 GDP 对数值的标准差(实际人均 GDP 成比例离散的衡量指标)为 0.89。这一数值意味着围绕着平均值的 1 个标准差通道(standard deviation band)的范围是从平均值的 0.41 到平均值的 2.4 倍。最高的人均 GDP 为瑞士的 14 980 美元,是人均 GDP 最低的国家坦桑尼亚 381 美元的 39 倍。美国排在第二位,人均 GDP 为 12 270 美元。图中标出了每一组人均 GDP 中具有代表性的国家和地区。总体状况是,最富有的国家包括 OECD 国家和拉丁美洲部分国家——如阿根廷、委内瑞拉。大部分拉丁美洲国家处于人均 GDP 的中间水平。比较贫穷的国家来自非洲和亚洲,但是有些亚洲国家和地区也处于人均 GDP 的中间水平。

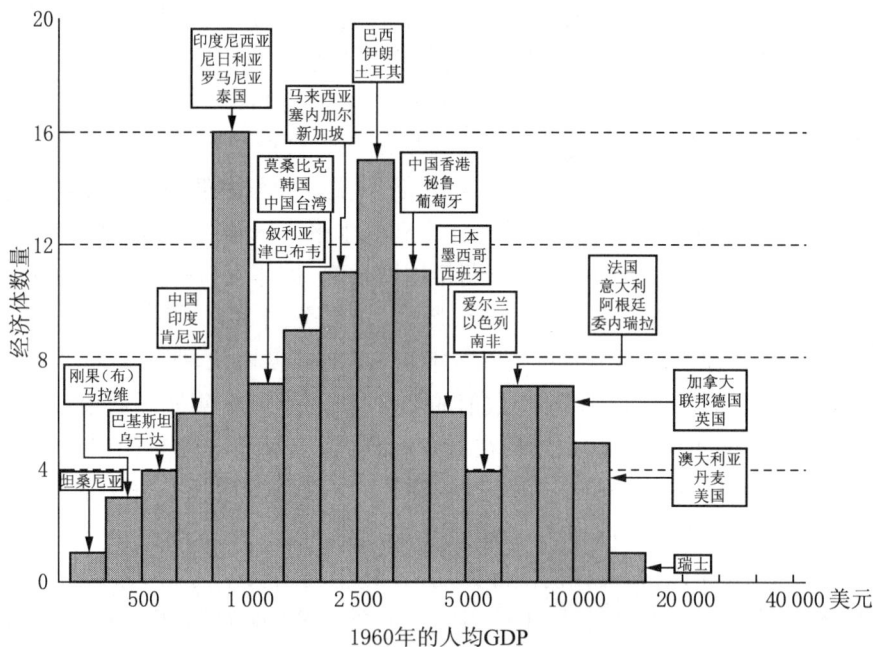

注:这 113 个国家和地区的数据出自《世界主要经济数据》(Penn World Tables)6.1 版,都经过了购买力平价(PPP)的调整,见 Summers 和 Heston(1991)及 Heston, Summers 和 Aten(2002)中的描述。每一组人均 GDP 中都标明了具有代表性的国家和地区。

图 0.1 1960 年的人均 GDP 柱状图

图 0.2 显示了 2000 年 150 个国家和地区情况的比较柱状图,在这里,平均人均 GDP 为 8 490 美元,是 1960 年的 2.5 倍。2000 年人均 GDP 对数值的标准差为 1.12,意味着 1 个标准差通道的范围是从平均值的 0.33 到 3.1 倍。因此,人均

GDP 的成比例离散程度从 1960 年到 2000 年是增加的。2000 年最高的数值为卢森堡的 43 990 美元,是最低的国家坦桑尼亚(仅为 482 美元)的 91 倍(刚果民主共和国可能更贫穷,但是其 2000 年的数据无法获得)。如果我们忽略卢森堡(因为它的规模较小),把坦桑尼亚的数据与位居世界第二的美国相比,美国的人均 GDP 33 330 美元是坦桑尼亚的 69 倍。图 0.2 再次标明了每一组人均 GDP 数据中具有代表性的国家和地区。OECD 国家依然占据着人均 GDP 最高集团的位置,一些东亚国家和地区也加入了这一集团。大多数其他亚洲国家,像大部分拉丁美洲国家一样,居于人均 GDP 排名的中间位置。撒哈拉沙漠以南非洲国家成为 2000 年最贫穷的国家。

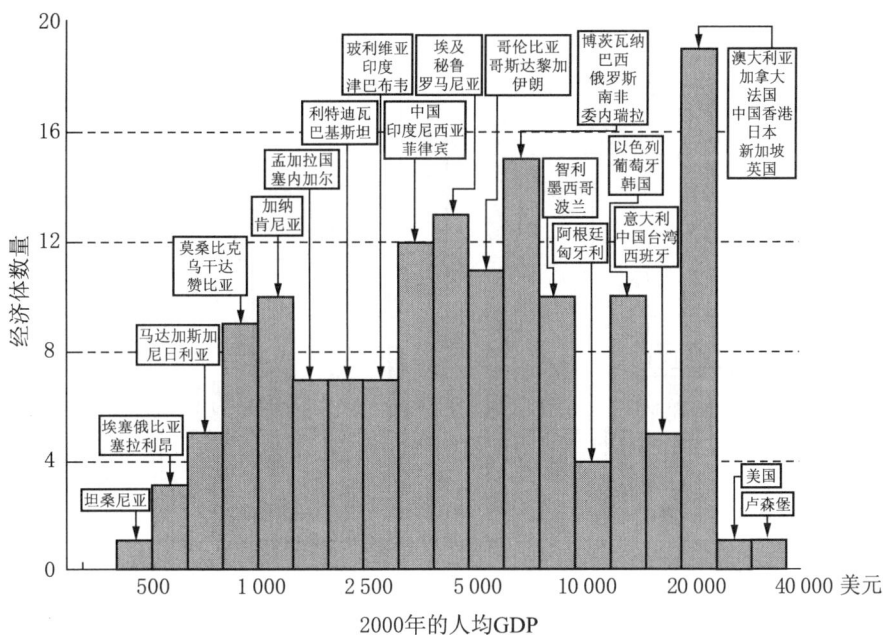

注:150 个国家和地区的数据来源同图 0.1。每一组人均 GDP 中都标明了具有代表性的国家和地区。

图 0.2　2000 年的人均 GDP 柱状图

来看坦桑尼亚的情况,在图 0.2 中,这个国家是最穷困的国家。如果坦桑尼亚像美国那样,长期保持年均 1.8% 的增长率,那么它要花 235 年的时间才能达到美国 2000 年的人均 GDP 水平。如果坦桑尼亚以日本 2.75% 的长期年均增长率增长,那也需要 154 年的时间。

对于具备所需分析数据的 112 个国家和地区而言,在 1960 年到 2000 年间,实际人均 GDP 的平均增长率为每年 1.8%——等同于美国的长期年均增长率,标准差为 1.7。①图 0.3 用柱状图描述了这组增长率的比较情况,范围从刚果民主共和国(前

———————————

① 这些统计数据包括刚果民主共和国(前扎伊尔)从 1960 年到 1995 年的数据。

扎伊尔)的年均－3.2％到中国台湾的年均 6.4％(如果没有遗漏数据的话,最贫穷的国家应该是伊拉克)。近 40 年的增长率的差异造成了各个国家和地区生活水平的巨大差别。中国台湾地区的实际人均 GDP,从 1960 年的人均 1 430 美元(113 个国家和地区中排名第 76 位)提高到了 2000 年的人均 18 730 美元(150 个国家和地区中排名第 24 位),增长了 12 倍;刚果民主共和国的实际人均 GDP 则下降为原先的 30％,从 1960 年的人均 980 美元(113 个国家和地区中排名第 93 位)降低到了1995 年的人均 320 美元,如果没有遗漏的话,这个国家应该是 2000 年中人均 GDP最低的国家。

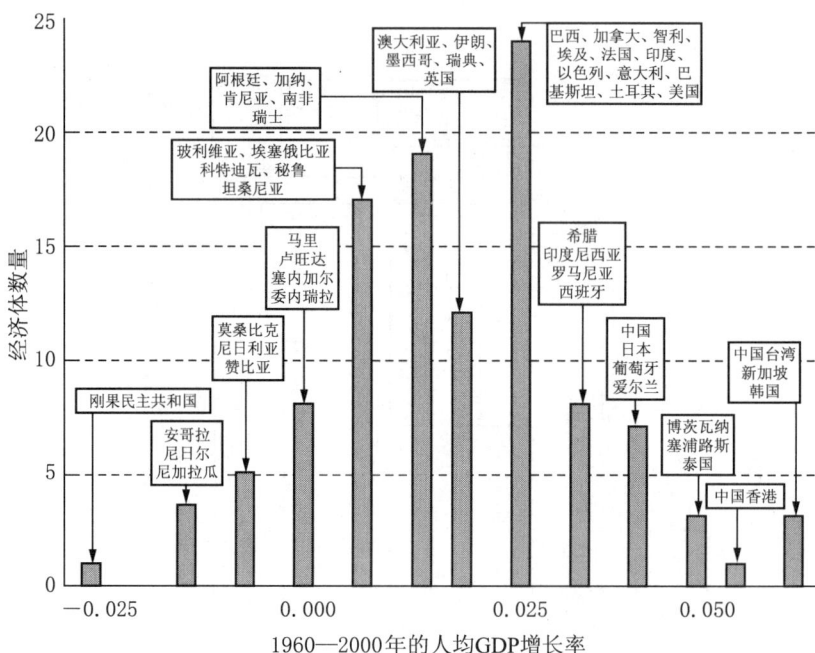

注:增长率的计算依据图 0.1 和图 0.2 中 112 个国家和地区的人均 GDP 数据。刚果民主共和国(前扎伊尔)的增长率是从 1960 年到 1995 年。联邦德国是唯一只包括在图 0.1 中而不包括在图 0.3 中的国家(因为两德统一的原因)。每一组中都标明了具有代表性的国家和地区。

图 0.3 1960 年到 2000 年人均 GDP 增长率的柱状图

一些其他国家和地区在 1960 年到 2000 年间的年均增长率超过 5％,大体上相当于中国台湾地区的增长水平,例如,新加坡为 6.2％、韩国 5.9％、中国香港 5.4％、博茨瓦纳 5.1％。这些国家和地区的人均 GDP 增长率在 40 年间提高了至少 6 倍。接下来为泰国和塞浦路斯的 4.6％的增长率,中国 4.3％,日本 4.2％(主要是因为 20 世纪 70 年代的快速增长),爱尔兰 4.1％。在图 0.3 中,一些 OECD 国家已经步入了高增长国家的行列,拉丁美洲的一些国家(包括巴西和智利)及更多的亚洲国家(包括印度尼西亚、印度、巴基斯坦和土耳其)也逐渐成为高增长国家和地区。美国保持了 2.5％的年均增长率,增长速度居第 40 位。

在图 0.3 中增长率最低的部分,除刚果民主共和国外,还有 16 个国家的实际人均 GDP 在 1960 年到 2000 年间呈现负增长率。它们按增长率由低到高（如果不是因为数据缺失，这个名单还会长得多）分别为中非共和国、尼日尔、安哥拉、尼加拉瓜、莫桑比克、马达加斯加、尼日利亚、赞比亚、乍得、科摩罗、委内瑞拉、塞内加尔、卢旺达、多哥、布隆迪以及马里。可见，除尼加拉瓜和委内瑞拉之外，这一组仅包含撒哈拉沙漠以南非洲国家。对 38 个数据可得的撒哈拉沙漠以南非洲国家取平均值，这些国家在 1960—2000 年间的人均年增长率仅为 0.6%。因此，在 40 年中，典型的撒哈拉沙漠以南非洲国家的人均 GDP 只增长为原先的 1.3 倍。比这些非洲国家增长稍微快一点的是拉丁美洲一些增长缓慢的国家，例如玻利维亚、秘鲁和阿根廷。

如果对各地区的增长经验进行大致的总结，我们可以看到，撒哈拉沙漠以南的非洲地区在 1960 年相对贫穷并且增长率最低，到 2000 年依然是最贫穷的地区。亚洲地区一开始也仅仅略好于非洲地区，但是亚洲的增长非常快，并一举达到了世界中等水平。拉丁美洲地区一开始处于中等偏上的位置，但是之后的增长率却低于平均水平，因此最后和亚洲地区并列于中等收入水平。最后，OECD 国家在 1960 年就保持了高水平增长，在发展过程中一直保持了中等甚至较好的增长率，因此，OECD 国家一直位于最富有的国家之列。

如果我们想要更好地了解为什么各个国家和地区之间生活水平的差别会如此巨大（如图 0.1 和 0.2 所示），那么我们必须了解为什么各个国家和地区的长期增长率会如此离散（图 0.3）。经过 40 年甚至更长时间的积累，增长率的微小差异会造成生活水平的巨大差别，其影响远比短期的经济波动更为重要，尽管通常是后者吸引着大部分宏观经济学家们的注意力。换言之，如果我们能弄明白对长期的增长率具有影响（也许只是微小的影响）的政府政策选择，我们就可以更好地致力于改善生活水平，从而为人类福祉作出比所有关于反周期政策及微调的宏观经济分析都更多的贡献。经济增长——本书的主题——是宏观经济学真正至关重要的部分。

0.2 世界收入分配

虽然本书侧重分析决定总量经济增长的理论和经验因素，但是我们必须牢记，增长对个人福利具有非常重要的意义。事实上，总量的增长是影响个人收入水平的最重要的单一要素。因此，理解总量经济增长的决定因素是理解如何提高世界人民生活水平并进一步减少世界贫困的关键所在。

图 0.4 说明了世界人均 GDP 从 1970 年到 2000 年的演变过程。[1]显而易见，这个星球上的每个人在这段时间内都变得富有了。但是过去 30 年中正的平均增长

---

[1] Sala-i-Martin(2003a，2003b)中"世界"由 126 个经济体来粗略近似（1989 年苏联解体后共有 139 个经济体）。这 126 个经济体中的人口占全世界人口的 95%。世界人均 GDP 是根据 Heston，Summers 和 Aten(2002)中各个国家 GDP 的总和除以世界总人口数量估算而来的。

率并不意味着全体居民的收入增加了,尤其是,这并不意味着那些最贫困者的收入增加了,那些收入在一定贫困线(世界银行定义为每天 1 美元)以下的人数也没有因此而减少。①实际上,如果经济增长的同时收入不均也在增加,人均 GDP 的不断增长与贫困线以下人口数量的增加完全可能并存。为了弄清楚总量增长对贫困的影响,Sala-i-Martin(2003a)估计了个人收入在世界范围内的分配情况。为此,他将每个国家从 1970 年到 2000 年间各年的微观经济的统计调查和总量 GDP 数据结合起来。②图 0.5 显示了 1970 年的分析结果,横轴表示收入水平(对数表示),纵轴为人口数量。图中细线表示单个国家的收入分配。我们可以看到,中国(世界上人口最多的国家)有相当比例的人口分布在每天 1 美元线以下,印度和很多规模相对较小的国家也同样如此。相反,像美国、日本甚至苏联这些国家,就是另外的情形,这些国家只有很少一部分人口分布在每天 1 美元线以下。图 0.5 中的粗线是单个国家收入分配的汇总。因此,这条曲线代表了 1970 年的世界收入分配情况。我们可以再次看到,在 1970 年,全球大量的居民可被归于穷人(收入少于每天 1 美元之列)。

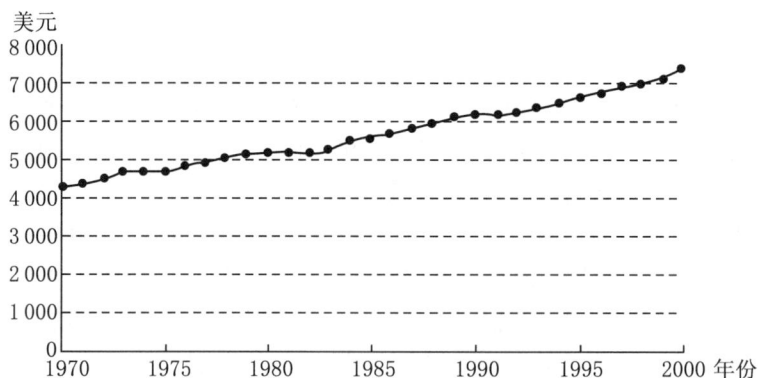

注:世界人均 GDP 由 126 个经济体的 GDP 总和(苏联解体后为 139 个经济体)除以世界人口数量来求得。Sala-i-Martin(2003a)也使用了这 126 个经济体作为样本,它们占全世界人口的 95%。

图 0.4　1970—2000 年世界人均 GDP

① 对"真实"贫困线的探索由来已久。现行的"每天 1 美元"的贫困线可以追溯至世界银行(1990)。世界银行最早将贫困线定义为以 1985 年美元计的每天 1 美元。尽管世界银行后来将该定义改为以 1993 年美元计的每天 1.08 美元(值得注意的是,1985 年的 1 美元并不等于 1993 年的 1.08 美元),我们依旧使用最早的定义,即以 1985 年美元计的每天 1 美元。1985 年的每天 1 美元(或者每年 365 美元)已经变成了 1996 年的 495 美元。而 1996 年是 Heston,Summers 和 Aten(2002)构建世界收入分配的基准年份。Bhalla(2002),Sala-i-Martin(2003a)调整了这一贫困线,将其提高了15%,用于修正富人报低其收入所造成的偏差。这一调整意味着我们的"每天 1 美元"的贫困线代表着以 1996 年美元计算的每年 570 美元(或者每天 1.5 美元)。
② Sala-i-Martin(2003b)构建了一个可类比的分布。据此,他估算了消费支出低于每天 1 美元的人口数量。采用消费而非收入,更好地契合了世界银行和联合国等国际组织所使用的"极端贫穷"的概念。

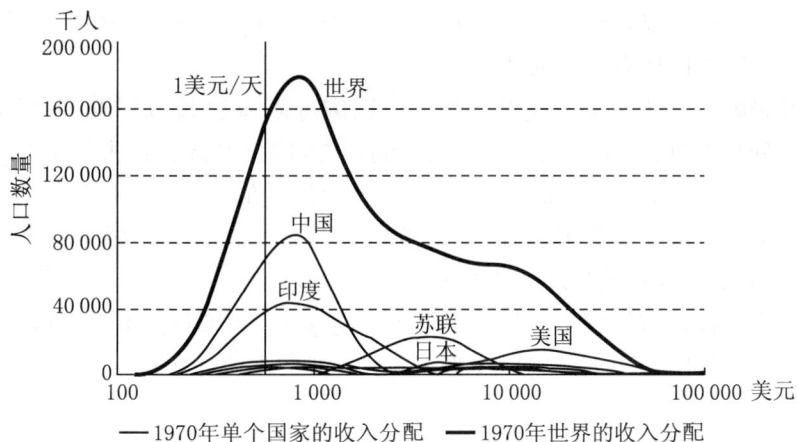

注:横轴代表收入水平(对数数值),纵轴代表人口数量。细线表示单个国家的收入分配,粗线为单个国家收入分配的汇总,代表世界的收入分配情况。垂直线表示贫困线(按 1985 年价格计算,每天 1 美元)。

资料来源:Sala-i-Martin(2003a)。

图 0.5　1970 年的世界收入分配

图 0.6 显示了 2000 年相关的分布情况。如果比较 2000 年和 1970 年的分布情况,我们可以发现很多有趣的事情。首先,世界收入分布曲线向右移动了。这种移动是伴随着人均 GDP 的增长而出现的。第二,我们发现世界上大多数国家的收入都有积极的发展,这构成了世界收入演进的基础。大部分国家的人均 GDP 都有提高,从而使曲线向右移动。第三,我们发现一些国家收入分配的离散程度在这段时间是扩大的。换句话说,一些大国出现了贫富差距的加大。第四,一些国家收入

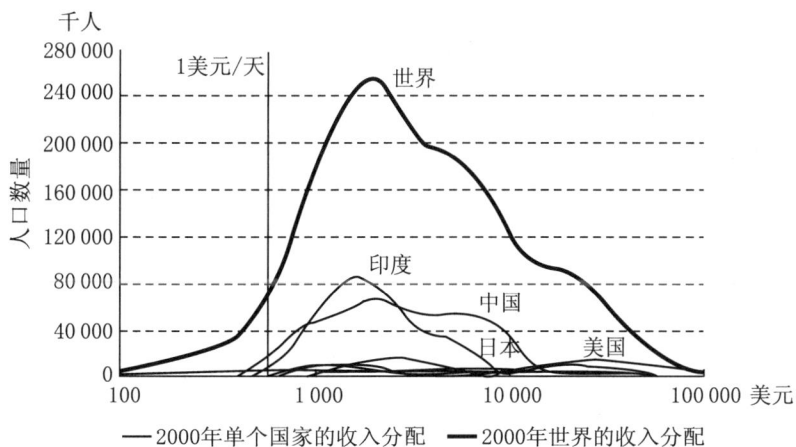

注:横轴表示收入水平(对数数值),纵轴表示人口数量。细线代表单个国家的收入分配,粗线为单个国家收入分配的汇总,代表世界的收入分配情况。垂直线表示贫困线(按 1985 年价格计算,每天 1 美元)。

资料来源:Sala-i-Martin(2003a)。

图 0.6　2000 年的世界收入分配

不均的加剧还不足以阻碍全球人均 GDP 的增加,因此在全球范围内,收入低于贫困线的人口所占比例有了大幅度的下降。

世界居民中生活在贫困线以下的人口比例可以通过 Sala-i-Martin(2003a)估算的人口分布得到。[①]如图 0.7 中所描述的,贫困率已经降为过去的 1/3:1970 年全世界有 20% 的贫困人口,而到 2000 年只有 7%。[②]在 1970 年到 1978 年之间,人口的增长率大大抵消了贫困率的下降。实际上,Sala-i-Martin(2003a)表明,在这一时期内,总的贫困人口数量增加了 2 000 万人。但是,自 1978 年以来,收入少于每天 1 美元这一临界值的总人口数量减少了 3 亿多人,如果我们考虑到这一时期内世界总人口数量增加了 16 亿多人,那么这个成就是非常可观的。

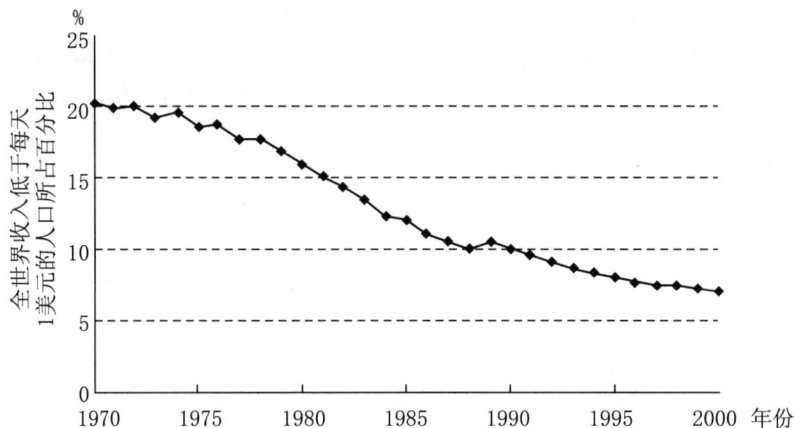

注:图中表明了收入低于贫困线的人口所占的比例。
资料来源:Sala-i-Martin(2003a)。

图 0.7　世界贫困率

很明显的结论是,在过去的 30 年中,经济增长带来了世界贫困率和贫困人口的持续下降。我们前面讲到,这样的结果并非必然:如果总量增长伴随着收入不均相当程度的增加,收入分配的平均值就有可能增加,同时位于某个贫困标准以下的人口所占的比例也可能会增加。Sala-i-Martin(2003a)指出,尽管这个结论在理论上是可能的,然而,在现实当中,在过去的 30 年里却没有出现这样的情况。他进一步指出,在 1980 年到 2000 年间,世界收入的差距实际上还有略微的下降。收入不均无论是由基尼系数、泰尔指数、平均值对数偏差以及各种阿特金森指数、收入对数方差来衡量,还是以变分系数来衡量,该结论都

---

①　世界银行、联合国和许多研究者依据消费而非收入来定义贫困。Sala-i-Martin(2003b)也是根据消费来估计贫困率和贫困人口。消费贫困的演化近似于这里所说的收入贫困,尽管显而易见的是,如果人们使用消费而非收入,并且使用同样的贫困线,贫困率就会变得更高。

②　Sala-i-Martin(2003a)报告的是 1970 年、1980 年、1990 年和 2000 年的累积分布函数(cumulative distribution functions,CDFs)。借助 CDFs,人们可以容易地看到,经过 30 年的发展,无论采用哪种贫困线标准,贫困率都大幅度下降了。因此,总量经济增长能减少贫困的结论是相当可靠的。

成立。

Sala-i-Martin(2003a)将世界分成了不同地区,并指出,在那些经济增长最快的地区,消除贫困的事业最为高歌猛进。图0.8总结了世界上最贫困的几个地区的贫困率:东亚、南亚、拉丁美洲、非洲、中东及北非(Middle East and North Africa, MENA)地区、东欧及中亚地区。1970年,有三个地区的贫困率接近甚至超过了30%。有两个地区(东亚和南亚)则出现了贫困率的大幅下降,这两个地区都经历过总量经济的大幅增长。其他地区(非洲)在过去的30年中经历了贫困率的大幅度增长。我们知道,非洲大多数国家的人均增长率长期以来一直是负数或者接近于零。图0.8也表明了,拉丁美洲和MENA两个地区在1970年的贫困率接近10%,且都经历了贫困率的下降。拉丁美洲在20世纪70年代伴随着高经济增长率,在降低贫困方面成效卓越,然而在20世纪80年代却遭遇了挫折(出现负增长的"迷失的十年")。20世纪90年代,拉丁美洲的贫困率保持了稳定状态。MENA地区的贫困率在1970年到1975年之间只是略微下降,在石油危机之后,该地区迎来了经济高速增长的10年,贫困率的下降在这一时期非常显著,之后随着总体经济增长的停顿,贫困率的变化不再明显。

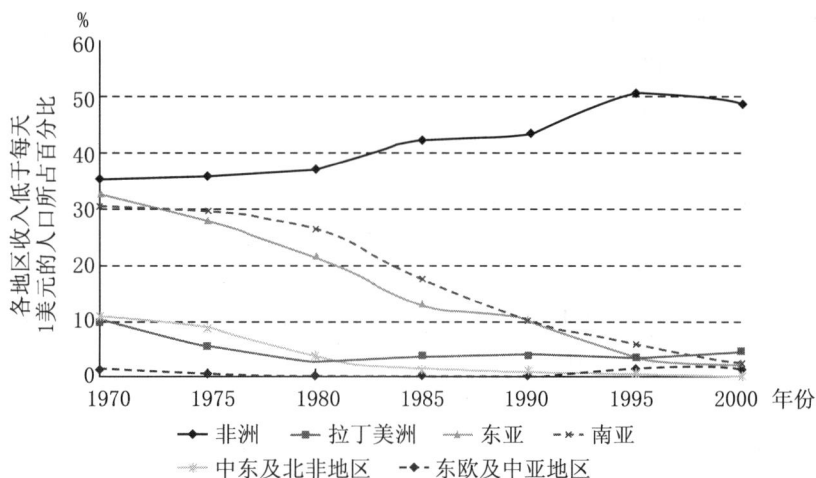

注:图中表明了每个地区收入低于贫困线的人口比例。根据世界银行的标准,这6大地区为:东亚、南亚、拉丁美洲、非洲、中东及北非地区(MENA)、东欧及中亚地区。
资料来源:Sala-i-Martin(2003a)。

图0.8 地区贫困率

最后,东欧及中亚地区(包括苏联)起初的贫困率比较低,但是在1989年到2000年之间却增加了9倍。东欧及中亚地区贫困的爆发主要有两方面的原因:一是随着社会主义体制的解体,产生了巨大的收入分配不均;二是这些国家的总体经济增长情况萎靡不振。然而,值得注意的是,这些国家的平均收入水平仍远远高于非洲甚至亚洲地区的水平。因此,即便出现了平均收入的恶化和收入差距的加大,东欧及中亚地区的贫困率仍是相对比较低的。

0.3 经济增长的经验规律

Kaldor(1963)列出了一些他认为能代表经济增长过程的典型特征：

(1) 人均产出持续增长，并且其增长率不会趋于下降；

(2) 劳动者人均物质资本持续增长；

(3) 资本回报率几乎恒定；

(4) 物质资本—产出比接近恒定；

(5) 劳动力和物质资本在国民收入中所占份额几乎恒定；

(6) 劳动者人均产出的增长率在各个国家之间存在较大差距。[1]

上面的第(6)个特征与我们已经讨论过的跨国数据一致。第(1)、(2)、(4)、(5)个特征似乎与目前发达国家的长期数据吻合。关于日本、德国、意大利、英国和美国物质资本占 GDP 的长期比率的稳定性的讨论，可以参考 Maddison(1982，第 3章)。关于美国的要素份额的长期稳定性指标可以参考 Denison(1974，附录 J)，Jorgenson，Gollop 和 Fraumeni(1987，表 9.3)。Young(1995)指出，从 20 世纪 60年代中前期到 90 年代，4 个东亚国家和地区的要素份额是大致稳定的，它们分别是中国香港、新加坡、韩国和中国台湾。对于 7 个发达国家——加拿大、法国、德国、意大利、日本、荷兰和英国——的研究表明，其要素份额与美国接近(Christensen，Cummings and Jorgenson，1980；Dougherty，1991)。然而，根据 Elias(1990)，在一些拉丁美洲国家中，资本的份额有比美国更高的趋势。

Kaldor 提到的关于实际资本回报率的稳定性的第(3)个特征，似乎深受英国经验的影响：在英国，实际利率没有长期的趋势(见 Barro，1987，图 4 和图 7)。然而对于美国而言，长期数据表明实际利率呈现出一种温和下降的趋势(Barro，1997，表 11.1)。在某些快速增长的国家，例如韩国和新加坡，资本的实际回报率要远远高于美国，但这种高回报率没能长久保持(Young，1995)。因此，Kaldor 关于实际资本回报率大致稳定的假说似乎应该被另一种假说所替代——资本回报率在一定范围内会随着经济发展而趋于下降。

我们可以用后面第 12 章中的数据来考察实际人均 GDP 增长率的长期趋势。表 12.10 和表 12.11 列出了来自 Angus Maddison 的 31 个国家和地区近一个世纪中的数据。这些数字基本上涵盖了有关长期经济增长的有效信息。

表 12.10 针对的是 16 个当前发达国家，包括欧洲的主要国家、美国、加拿大和

---

[1] Kuznets(1973，1981)提出了现代经济增长的其他特征。他注意到了产业结构的快速转型，包括从农业到工业，再到服务业的转型，这一过程涉及城市化、从家庭作坊向雇佣关系的转变，以及正规教育日益增加的作用。他还提出对外贸易对现代意义上的经济增长更加重要，此外，伴随着技术进步，经济增长更少地依赖于自然资源也是现代经济增长的特征之一。最后，他讨论了政府日益增长的重要性："现代经济增长的步伐更为强调国家主权单位(national sovereign units)中组织的重要性及对它的需求……国家主权单位作为进行经济活动所遵循的规则的制定者，作为一个裁判，和作为基础设施的提供者，是极为重要的……"(1981，第 59 页)。

澳大利亚。这些数据显示,在近一个世纪中年均的人均经济增长率为1.9%。从1830年开始,我们为每20年的时间段计算了平均经济增长率,列在表0.1中。这些数据与Kaldor的命题相符,即实际人均GDP的增长率不具有长期下降的趋势;事实上,第二次世界大战之后的几个时期内,增长率都高于长期平均水平。经济增长率从1950—1970年的年均3.7%下降到1970—1990年的年均2.2%的水平,符合通常所讨论的生产率减速(productivity slowdown)。不过,从表0.1中可以明显地看出,1970—1990年的增长率从长期历史的角度来看仍然是很高的。

表0.1 当前发达国家的长期增长率

时　　期	增长率(年均%)	国家数量
1830—1850 年	0.9	10
1850—1870 年	1.2	11
1870—1890 年	1.2	13
1890—1910 年	1.5	14
1910—1930 年	1.3	16
1930—1950 年	1.4	16
1950—1970 年	3.7	16
1970—1990 年	2.2	16

注:表中增长率是对数据可得的国家的简单平均。

资料来源:本书第12章中的表12.10。

表12.11包括了亚洲和拉丁美洲的15个当前欠发达国家和地区的数据。从1900年到1987年之间,它们的平均长期增长率为年均1.4%。表0.2把这段时间分成了四个时间段。第二次世界大战之后的时期(1950—1987年)同样显示了明显高于长期平均水平的增长率。

表0.2 当前欠发达国家的长期增长率

时　　期	增长率(年均%)	国家数量
1900—1913 年	1.2	15
1913—1950 年	0.4	15
1950—1973 年	2.6	15
1973—1987 年	2.4	15

注:表中增长率是对数据可得的国家的简单平均。

资料来源:本书第12章中的表12.11。

图0.1—图0.3中的信息反映了100多个国家和地区从1960年到2000年的实际人均GDP的情况。我们可以利用这些数据来扩展Kaldor(1963)所提出的经济增长的典型特征。各国数据中的一个普遍趋势是从1960年到2000年人均GDP的增长率基本上与1960年的人均GDP水平没有本质上的关系(见第12章)。根据第1章中的有关术语,我们将穷困国家比富裕国家增长更快的趋势称作β收敛。因此,对于各国横截面数据而言,增长和初始位置之间的简单关系并不能揭示出β收敛。如果我们将注意力局限于那些同质的经济体,例如美国各州、几个欧洲国家

辖区内的不同地区以及日本的各县（见 Barro and Sala-i-Martin, 1991, 1992a, 1992b, 以及本书第 11 章），那么这种收敛确实会出现。在这些情况下，较贫困地区相比较富有地区趋于更快地增长。如果我们把样本限定为相对同质的当前比较繁荣的地区，例如 OECD 国家，我们也可以在跨国数据中观察到 β 收敛（见 Baumol, 1986; DeLong, 1988）。

在第 1 章中，假设其他变量，例如人力资本的初始水平、政府的政策措施、储蓄和生育倾向等保持不变，如果人均 GDP 的增长率与人均 GDP 初始水平之间存在负相关关系，我们就称这种情况为条件 β 收敛。大范围的跨国样本——即没有显示出绝对的 β 收敛的数据集合——清楚地揭示了这一条件下的 β 收敛（见 Barro, 1991; Barro and Sala-i-Martin, 1992a; Mankiw, Romer and Weil, 1992）。然而，收敛率只有大约每年 2%。因此，一个经济体大约需要 35 年的时间才能消除其初始人均 GDP 与其人均 GDP 的长期或目标水平之间差距的一半（这一目标水平趋于持续增加）。

在第 12 章我们将会看到，在初始的人均 GDP 水平相同的情况下，一些变量与人均 GDP 的增长率有着显著关系。例如，经济增长同人力资本的初始教育程度和健康状况正相关，与维持法治及 GDP 中的投资所占比率正相关，与生育率和 GDP 中政府消费支出所占比率负相关。

我们可以利用 Maddison(1992)中的长期数据得到投资和储蓄的比率的规律。他提供了一些国家的长期数据和信息，包括国内总投资占 GDP 的比重及国民总储蓄（国内投资与国外净投资总和）占 GDP 的比重。表 0.3 中列举了 8 个国家每 20

表 0.3　国内总投资与国民总储蓄占 GDP 的比重　　　　　　　　单位：%

时　　期	澳大利亚	加拿大	法国	印度	日本	韩国	英国	美国
国 内 总 投 资								
1870—1889 年	16.5	16.0	12.8	—	—	—	9.3	19.8
1890—1909 年	13.7	17.2	14.0	—	14.0	—	9.4	17.9
1910—1929 年	17.4	19.8	—	6.4	16.6	5.1[a]	6.7	17.2
1930—1949 年	13.3	13.1	—	8.4	20.5	—	8.1	12.7
1950—1969 年	26.3	23.8	22.6	14.0	31.8	16.3[b]	17.2	18.9
1970—1989 年	24.9	22.8	23.2	20.2	31.9	29.1	18.2	18.7
国 民 总 储 蓄								
1870—1889 年	11.2	9.1	12.8	—	—	—	13.9	19.1
1890—1909 年	12.2	11.5	14.9	—	12.0	—	13.1	18.4
1910—1929 年	13.6	16.0	—	6.4	17.1	2.38	9.6	18.9
1930—1949 年	13.0	15.6	—	7.7	19.8	—	4.8	14.1
1950—1969 年	24.0	22.3	22.8	12.2	32.1	5.9[b]	17.7	19.6
1970—1989 年	22.9	22.1	23.4	19.4	33.7	26.2	19.4	18.5

注：[a] 1911—1929 年。[b] 1951—1969 年。

资料来源：Maddison(1992)。

年的投资和储蓄的平均比率,这为进行长期分析提供了充分的数据。就单个国家而言,这一表格指出国内投资与国民储蓄的时间路径通常是相似的。然而,国内投资可以大大高于国民储蓄(因为从国外大量借款),例如 1870 年到 1929 年之间的澳大利亚和加拿大、1890 年到 1909 年之间的日本、1930 年到 1949 年之间的英国,以及 1950 年到 1969 年之间的韩国(实际上一直持续到 20 世纪 80 年代初期)。国民储蓄也可以大大高于国内投资(因为向国外大量贷款),例如 1870 年到 1929 年的英国及 1930 年到 1949 年的美国。

对于美国来说,表 0.3 中引人注目的一点是,国内投资和国民储蓄的比率是长期稳定的。仅有的例外出现在 1930 年到 1949 年之间的相对低值,当时正值大萧条和第二次世界大战。然而,就投资和储蓄比率的稳定性来说,美国是个特例,因为其他 7 个国家的数据都表明这两个比率存在着一种长期的增长,尤其是在 1950 年到 1989 年之间,这两个比率要大大高于第二次世界大战之前。因此,长期的数据表明,国内总投资与 GDP 的比率以及国民总储蓄与 GDP 的比率至少在一定范围内,会随着经济的发展而上升。在第 1 章的索洛—斯旺模型中出现的总储蓄率不变的假设就忽略了这一规律。

跨国数据也揭示了有关生育率或者人口增长率的规律。对于大多数国家来说,随着人均 GDP 的增加,生育率存在着下降的趋势。然而对于那些最贫穷的国家来说,正如 Malthus(1798)所预测的,生育率会随着人均 GDP 的增加而上升。在受教育程度和生育率之间存在着甚至更显著的相关性。除了大多数发达国家以外,妇女受教育程度和生育率之间呈现负相关关系,而男性受教育程度则与生育率存在着正相关关系。这些力量的净效应是,生育率——以及人口增长率——随着经济的发展会在一定范围内趋于下降。外生不变的人口增长率假设——索洛—斯旺模型的另外一个特征——也与该经验模式不符。

0.4 现代增长理论简史

古典主义经济学家,如 Adam Smith(1776)、David Ricardo(1817)、Thomas Malthus(1798),以及晚近的 Frank Ramsey(1928)、Allyn Young(1928)、Frank Knight(1944)和 Joseph Schumpeter(1934),为现代经济增长理论提供了很多基本要素。这些思想包括:竞争行为和均衡动态的基本研究方法、收益递减的影响及其同物质资本和人力资本的积累的关系、人均收入和人口增长率之间的相互作用、以劳动分工的深化及产品和生产工艺的推陈出新为形式的技术进步的效果和激励技术进步的垄断力量的作用。

我们的讨论主要从这些已有的基础理论开始,专注于 20 世纪 50 年代后期以来新古典主义传统中的贡献。我们使用新古典主义的研究方法和语言,并借助如总资本存量、总生产函数和代表性消费者的效用函数(通常为无穷时域)之类的概念。我们还会使用动态最优化和微分方程等现代数学方法。在本书最后的附录中有对这些工具的详细描述，今天大多数一年级的经济学研究生对此已经非常熟悉了。

按照年代的顺序，现代增长理论的起点是 Ramsey(1928)的经典文章，该文超前于时代好几十年。Ramsey 的跨期家庭最优化模型的适用范围远不仅限于增长理论。如今，如果不使用由 Ramsey 和 Fischer(1930)引入经济学的最优化条件，就很难讨论消费理论、资产定价甚至是经济周期理论。像柯布—道格拉斯(Cobb-Douglas)生产函数一样，Ramsey(1928)的跨期可分效用函数如今已被广泛使用。然而，直到 20 世纪 60 年代，经济学界才逐渐接受 Ramsey 对家庭跨期决策的处理方式。

在 Ramsey(1928)之后和 20 世纪 50 年代末之前的这段时间，Harrod(1939)和 Domar(1946)试图将经济增长要素融入凯恩斯主义分析。他们使用投入要素之间缺乏替代性的生产函数来论证资本主义体制所固有的不稳定性。由于他们分别是在大萧条期间和刚经历大萧条之后写出这些观点的，因而这些论点得到了许多经济学家的赞成。尽管他们的贡献在当时激发了大量的研究成果，但是这些分析对今天经济学家的思考几乎没有影响。

接下来更重要的贡献来自索洛(Solow，1956)和斯旺(Swan，1956)。索洛—斯旺模型的关键是新古典主义的生产函数，其特点在于假设规模报酬不变、每种投入要素的报酬递减、投入要素之间存在正的平滑替代弹性。这种生产函数和不变储蓄率假设结合在一起，构造出了一个极其简单的一般均衡模型。

这些模型中有一项预测直到近年来才作为经验假说得到经济学家的重视，即条件收敛。相对于长期的或者稳态的水平而言，初始的人均 GDP 水平越低，经济增长率就越高。这一性质是由资本收益递减的假设推导而来的；那些人均占有资本量较少的经济体(相对于其长期人均资本而言)具有更高的资本回报率和更快的增长速度。这种收敛是有条件的，因为在索洛—斯旺模型中，稳态的人均占有资本量和产出量水平取决于储蓄率的高低、人口的增长率以及生产函数的位置——这些特征可随经济体不同而不同。最近的经验研究表明，我们应该引入更多造成国家间差异的因素，尤其是各国政府的政策差异和人力资本的初始存量差异。然而关键在于，条件收敛——索洛—斯旺模型的基本性质，对各国和各地区之间的经济增长具有很强的解释力。

索洛—斯旺模型的另一项预测是，在缺乏持续技术进步的情况下，人均增长最终会停止，这项预测同 Malthus(1798)和 Ricardo(1817)所做的预测颇类似。该预测同样来源于资本收益率递减的假设。我们已经注意到，正的人均增长率可持续一个多世纪甚至更长时间，而且增长率并没有明显的下降趋势。

20 世纪 50 年代后期和 60 年代的新古典主义增长理论家们认识到索洛—斯旺模型的缺陷，并通过假设技术进步是外生的方式来修补这一模型，以使其与长期人均增长率为正甚至可能不变的理论相一致，同时保留条件收敛的预测。然而，这种做法有一个明显的缺点：长期人均增长率完全被模型外部的因素——技术进步率——所决定。(产出水平的长期增长率也取决于人口增长率,它是标准模型中的另一个外生要素。)因此,我们得到的增长模型几乎能够解释所有的事情,却唯独不能解释长期经济增长,这显然是不能令人满意的。

Cass(1965)和 Koopmans(1965)将 Ramsey(1928)有关消费者最优化的分析引入到新古典主义增长模型中,并因此实现了储蓄率的内生决定。这种扩展带来了更丰富的转移动态(transitional dynamics),也维持了条件收敛的假设。但是,储蓄的内生性同样没有消除长期人均增长率对外生技术进步的依赖。

新古典主义增长模型的 Cass-Koopmans 均衡可以用一个分散决策(decentralized)的竞争性框架来支持,在这个框架中,生产要素(劳动力和资本)都以其各自的边际产出收取报酬。因为生产函数中存在着规模报酬不变的假设,所以总收入等于总产出。此外,分散决策(decentralized)的结果是帕累托最优的。

很难把技术变迁的理论加入新古典主义框架中,因为这样一来,标准的竞争性假设就难以维系。技术进步包括新思想的产生(creation of new ideas),而思想在一定程度上是非竞争性的,并因此具有公共物品的性质。在技术一定的情况下——即在一定知识水平上——就劳动力、资本和土地等标准的竞争性生产要素而言,假定规模报酬不变才是合理的。换句话说,在有关如何生产的知识水平一定的情况下,我们可以设想通过投入同等数量的劳动力、资本和土地来复制一家厂商,从而获得 2 倍的产出。但是,如果非竞争性的思想被当作生产要素来使用,那么规模报酬就会趋于增加。这种增加的规模报酬就与完全竞争产生了矛盾。具体来讲,如果非竞争性的旧思想按其当前的边际生产成本(等于零)来获取报酬,就不能给研究提供适当的回报,而没有这些研究,新思想的产生也就无从谈起。

在 Arrow(1962)和 Sheshinski(1967)构建的模型中,思想是生产或投资的过程中不经意产生的副产品,这种机制被称作干中学(learning by doing)。在他们的模型中,每个人的发现都会很快外溢到整个经济中,瞬间的知识扩散过程在理论上是可行的,因为知识是非竞争性的。Romer(1986)后来证明,在这种情况下,竞争性框架可以存在并将决定一个均衡的技术进步率,但是由此产生的增长率普遍无法达到帕累托最优。一般来说,如果新的发现至少部分地依赖于有目的的研发(R&D)活动,而且如果单个厂商的创新只能逐渐扩散给其他生产者,那么,竞争性框架就会被打破。在这种更现实的假设下,只有将新古典增长模型进行根本改变,将不完全竞争的分析整合到模型之中,才可以在此基础上建立一种分散决策的技术进步理论。[①]直到 20 世纪 80 年代后期 Romer(1987,1990)的研究出现,上述改进才得以实现。

Cass(1965)和 Koopmans(1965)的研究完善了基本的新古典主义增长模型[②]。

---

① 另一种方法是假设政府通过强制征税,来为所有的非竞争性研究(作为一种经典的公共物品)提供资金。参见 Shell(1967)。

② 然而,近期的研究展示了如何通过允许家庭之间存在异质性(Caselli and Ventura,2000)以及引入时间非一致性偏好(Barro,1999)来扩展新古典主义的增长模型。

自此,增长理论开始变得过于技术化而逐渐失去了与经验应用的联系。相反,发展经济学家们由于肩负为穷困国家出谋划策的任务,因而秉持了一种应用的立场,倾向于使用技术上不复杂但是经验上更实用的模型。经济发展和经济增长的研究领域从此逐渐分道扬镳,井水不犯河水。

或许由于脱离了现实关怀,到 20 世纪 70 年代早期,在理性预期革命和石油危机爆发前夕,曾经非常活跃的增长理论变得死气沉沉。在之后大约 15 年的时间,宏观经济研究主要侧重于短期的经济波动,主要的进展是将理性预期引入到了经济周期模型中,改善了政策评价方法以及在实际经济周期理论中一般均衡方法的应用。

自 20 世纪 80 年代中期以来,以 Romer(1986)和 Lucas(1988)为开端,关于经济增长的研究又迎来了新的繁荣时期。新一轮研究的动机在于大家认识到(或者终于想起来),弄清楚长期经济增长取决于什么至关重要,远比经济周期的产生机制或货币政策和财政政策的反周期效果更重要。但是,认识到长期经济增长的重要意义仅仅是第一步;为使研究更深入,必须要摆脱新古典主义增长模型紧身衣般的束缚,因为在新古典主义增长模型中,长期人均经济增长率被外生的技术进步率所限定。所以,最近的理论进展都是以这样或那样的方式在模型内部决定了长期的增长率,因而被称为内生增长模型。

新的一轮研究滥觞于 Romer(1986)、Lucas(1988)和 Rebelo(1991)。这三篇文章建立在 Arrow(1962)、Sheshinski(1967)和 Uzawa(1965)的研究成果之上,并且没有真正引入技术进步理论。在这些模型中,增长可以是无限的,因为随着经济的发展,各种广义的资本品(包括人力资本)的投资回报并不一定是递减的(这一观点来自 Knight,1944)。知识在生产者之间的扩散以及从人力资本中得到的外部收益是上述过程的一个组成部分,但它们仅仅因为有助于避免资本积累中的收益递减倾向而进入模型。

将 R&D 理论和不完全竞争引入经济增长分析框架的尝试始于 Romer(1987,1990),Aghion 和 Howitt(1992)以及 Grossman 和 Helpman(1991,第 1 章和第 4 章)对此亦有突出贡献。在这些模型中,技术进步源自有目的的 R&D 活动,而这些活动以某种形式的事后垄断作为奖励。如果经济中不存在思想枯竭的趋势,那么长期的经济增长就不会停滞。经济增长率以及发明活动的潜在数量在模型中不会趋于帕累托最优,因为产品和生产工艺的创新会带来经济扭曲。在这种框架下,长期增长率取决于政府行为,包括税收,维护法治,基础设施建设,知识产权保护,对国际贸易、金融市场和其他经济领域的管制等。通过影响长期增长率,政府既可造福百姓,又可为祸于民。这方面的研究在 20 世纪 90 年代非常活跃并被应用于诸多方面,例如理解经济增长中的规模效应(Jones,1999),分析技术进步究竟应为劳动增进型还是资本增进型(Acemoglu,2002),评价增长过程中竞争的作用(Aghion et al.,2001,2002)等。

新的研究还提出了技术扩散模型。虽然对新技术发现的分析涉及领先经济体中的技术进步率,但是扩散模型研究的却是落后经济体如何通过模仿来分享技术进步的成果。因为模仿要比创新便宜很多,扩散模型预测了一种类似于新古典主义增长模型的条件收敛。许多近期的经验研究也都确认了收敛过程中技术扩散的重要性。

新古典主义增长模型中的另外一个重要外生变量是人口增长率。较高的人口增长率会降低人均资本和人均产出稳态水平,因此,给定人均产出的初始水平,较高的人口增长率会降低长期的人均经济增长率。然而,标准模型并没有考虑到人均收入和工资率对人口增长的作用和影响——Malthus(1798)所强调的那种影响,也没有把养育孩子所耗用的资源考虑在内。最近的一条研究思路通过将生育选择的分析引入新古典主义模型中,从而把人口增长内生化,其结论与经验规律是一致的:在主要的经验范围之内,生育率会随着人均收入的提高而趋于下降;而对于最贫穷的国家来说,生育率则会随着人均收入的提高而上升。另外一种在增长框架中将劳动力供给内生化的研究则涉及人口迁移和劳动/闲暇之间的选择。

和30年前的增长理论相比,20世纪90年代的增长理论最明显的特征在于后者更加关注理论的经验意义以及理论和数据之间的关系。然而,这种应用性的工作很多都涉及对前人理论假说的经验应用,其中尤其值得一提的是新古典主义增长模型对条件收敛的预测。新古典主义模型推动的跨国回归分析无疑已成为20世纪90年代研究中的一项固有内容。这一领域中最近有一项研究颇为有趣(我们将在本书的第12章中介绍),它对这些不同种类的估计的可靠性作出了评价。其他一些经验分析更直接地围绕最近的内生增长理论展开,包括报酬递增、R&D活动、人力资本以及技术扩散等因素的作用。

0.5 第二版的精彩之处

和第一版相比,《经济增长》(第二版)对全书进行了修改。我们在这里列出其中的一些亮点。在导论中,我们已经介绍了从1970年到2000年全球个人收入分配的最新估计数据。

第1章如今更加通俗易懂。我们在索洛—斯旺模型中加入了关于市场的章节,同时也讨论了新古典主义模型在理论上的不能令人满意之处(正是因为这种不满才提出了不完全竞争的内生增长模型)。

第2章扩展了对新古典主义增长模型的讨论以考虑居户的异质性。我们现在用更好的方式排除了"储蓄不足"的路径,以导出和使用横截条件(transversality conditions)。我们还分析了一个时间偏好率非恒定的模型。

第3章涉及对新古典主义基本模型的各种扩展,包括对政府部门的延伸讨论。我们提出的框架考虑了税率的不同形式,并考察了对资本收入征税与对劳动或者消费征税之间的明显差别。

第6章和第7章讨论了内生技术进步模型。新内容包括对这些模型中规模效应的作用及成因的分析。我们在第 6 章中提到托马斯·杰弗逊（Thomas Jefferson）几乎完全否认专利可以作为一种促进发明的机制。第 7 章分析了以质量提高为形式的技术进步模型，我们特别完善了关于行业领先企业和行业外部企业之间的互动关系的讨论，从而更好地探讨了外部竞争在增长过程中所起的作用。

第 8 章介绍了一个技术扩散模型。我们改进了基本模型，并将理论预测与最新的经验研究相互参照。

第 9 章详细探讨了内生人口增长。第 10 章改进了对增长核算（及其与内生技术进步理论的关系）的分析。第 11 章处理各地区的数据，并将对美国各州的分析更新至 2000 年。

第 12 章中的跨国增长回归分析，是基于新的 Summers-Heston 数据集——宾夕法尼亚大学世界表（Penn World Tables）第 6.1 版，该表包括了截至 2000 年的数据（参见 Heston，Summers and Aten，2002）。在这章中，我们还讨论了有关跨国回归估计之可靠性的各种问题，包括用于评估结果可靠性的各种方法。

具有外生储蓄率的增长模型
——索洛—斯旺模型

1.1　基本结构

　　这一章我们提出的第一个问题是,经济体是否有可能通过简单地储蓄并投资于资本存量而永远保持正向的增长率? 对 1960—2000 年间跨国数据的研究表明,把这 112 个经济体看成整体,其实际人均 GDP 年均增长率为 1.8%,总投资与 GDP 的平均比率为 16%[①]。然而,把 38 个撒哈拉沙漠以南非洲国家看成整体,其平均增长率仅为 0.6%,平均投资率也仅为 10%。相反,9 个东亚"奇迹"般的经济体,其整体平均增长率为 4.9%,整体的平均投资率为 25%。这些数值都表明,增长率和投资率是正相关的。但是,在为这一关系感到兴奋之前,我们必须指出,对于 23 个 OECD 国家而言,平均增长率只有 2.7%——低于东亚奇迹国家和地区,平均投资率为 24%——与东亚奇迹国家和地区不相上下。因此,尽管投资倾向不能说明一切,但是如果尝试研究经济体的增长率与其储蓄和投资意愿之间的关系,它是非常有意义的起点。为此目的,从简单模型着手是十分有效的。在这个模型中,人均增长唯一可能的来源是物质资本的积累。

　　本书中我们所讨论的大部分增长模型都有着相同的一般均衡结构。首先,居户(或家庭)拥有经济中的所有投入和资产(包括企业中的所有权),将其收入划分为消费和储蓄,并选择二者的比重。每个家庭能够决定要多少个孩子,是否加入劳动力大军,以及工作多少时间。其次,企业雇用诸如资本和劳动力的投入要素并且使用这些投入要素生产出产品再出售给家庭或者其他企业。企业拥有技术并能利用掌握的技术将投入转化为产品。第三,市场的存在,使企业可以将产品出售给家庭或者其他企业,家庭可以向企业出售投入要素。需求和供给的数量决定了投入要素和产出商品的相对价格。

[①]　这些来自宾夕法尼亚大学世界表(Penn World Tables)第 6.1 版的数据参见 Summers 和 Heston (1991)以及 Heston,Summers 和 Aten(2002)。我们将在第 12 章中讨论这些数据。

尽管这一一般结构适用于大多数增长模型,但是利用不包括市场和企业的简化框架有利于开始我们的分析。我们来考虑一个组合体——类似于鲁滨逊·克鲁索,身兼居户/生产者双重身份——他拥有投入要素,也控制着把投入转化成产品的技术。在现实世界中,生产需要许多不同的投入要素才能得以实现。我们将其归为三类:物质资本 $K(t)$、劳动力 $L(t)$ 和知识 $T(t)$。生产函数具有以下形式:

$$Y(t) = F[K(t), L(t), T(t)] \tag{1.1}$$

其中,$Y(t)$ 是在时间 t 时所生产的产品流量。

物质资本 $K(t)$ 代表耐用物质投入,例如机器、建筑物等等。这些商品是在过去某个时间内根据等式(1.1)那样的生产函数生产的。值得注意的是,这些投入要素不能被多个生产者同时使用,这一特点被称为竞争性。如果一个商品不能同时被多个使用者使用,那么它就具有竞争性。

生产函数的第二个投入要素是劳动力 $L(t)$,它代表了与人体相关的投入要素。这一要素包括工人的数量和他们工作的时间量,以及他们的劳动强度、技术和健康状况。劳动力也是竞争性投入要素,因为工人从事了某项工作,必然会减少从事其他工作的时间。

第三个投入要素是知识或技术水平 $T(t)$。如果没有一个方程式或蓝图安排工人和机器如何去工作,它们是不能生产出任何东西的。该蓝图就是我们所说的知识或技术。技术可随时间的推移而得以改进——例如,同等数量的资本和劳动力在 2000 年的产出要比 1900 年的产出大,因为 2000 年采用了更好的技术。技术在各国之间也是有差异的——例如,同等数量的资本和劳动力在日本的产出比在赞比亚的产出大,因为日本的技术更好。知识最重要的显著特征是,它是非竞争性商品:两个或多个生产者可以同时使用同样的方案[①]。因此,都想生产 Y 单位产品的两个生产者会使用不同组合的机器和工人,但是他们使用的是同一个生产方程式。非竞争性的这一性质反过来又对技术和经济增长之间的相互关系具有重要的意义[②]。

我们假设在单部门生产技术下的产品是同质的,其消费量为 $C(t)$,投资为 $I(t)$。

[①] 非竞争性和公共物品的概念常常在一些文献中被混淆。公共物品是非竞争性的(它们可以被许多人同时使用),而且是非排他性的(技术上和法律上都不能排斥任何人使用这些物品)。知识的关键特征是非竞争性的。许多方程式或蓝图都是非排他性的(例如,积分方程就没有产权归属),而有些是排他性的(例如,被用来生产药品的配方是受到专利权保护的)。Thomas Jefferson 非常深刻地理解了这些观念的特性,他在 1813 年 8 月 13 日写给 Isaac McPherson 的信中写道:"在自然界所有具有排他属性的事物中,最易受到影响的就是被称为思想(idea)的思考力的活动。一个人可以独自占有它,只要他一直自己保存着;但是,它一旦被公布出去,就会被所有人占有,并且被接受者永远地占有。其特点在于,没有人会占有得更少,因为所有人都会占有它的全部。谁从我这里获得了一个思想,只会听从他自己的指令而不减少我占有的思想(可参见 Thomas Jefferson 在国会图书馆的网页:lcweb2. loc. gov/ammem/mtjhtml/mtjhome. html)。

[②] 依赖于法律和制度的政府政策,同样会影响一个经济体的产出。由于基本的公共制度是非竞争性的,我们可以将这些因素包含在生产函数的 $T(t)$ 内。

投资用于创造新的物质资本 $K(t)$，或者取代陈旧的折旧后的资本。理解单部门技术的一种方式是将其类比为畜禽，畜禽可以被食用或者用来作为投入要素去生产更多的畜禽。关于经济增长的文献曾使用过更具有创意的例子——诸如什穆（shmoos）、油灰（putty）或外胚层（ectoplasm）——来反映资本品轻松转化成消费品的情况，反之亦然。

这一章中，我们假设经济体是封闭的：家庭既不能购买国外产品或资产也不能向国外销售自制产品或资产（第 3 章讨论开放经济）。我们也假设不存在政府购买商品和服务（第 4 章会涉及政府购买）。在不存在公共支出的封闭经济体中，所有的产出都被用于消费或总投资①，这样可得 $Y(t) = C(t) + I(t)$。等式两边都减去 $C(t)$ 并令产出等于收入，我们就会得到，在这个简单经济体中，储蓄量 $S(t) \equiv Y(t) - C(t)$ 等于投资量 $I(t)$。

令 $s(\cdot)$ 为产出中用于储蓄的份额——即储蓄率——这样 $1-s(\cdot)$ 表示产出中用于消费的份额。理性的家庭通过比较今天而非明天的消费的成本和收益来选择储蓄率；这一比较涉及偏好参数和描述经济状态的变量，例如财富水平及利率等。我们在第 2 章中明确地将这种决策模型化，并发现 $s(\cdot)$ 是反映经济状态的复杂函数，也是一个典型地没有闭型解的函数。为了便于最初第 1 章的分析，我们假设 $s(\cdot)$ 是外生给定的。Solow(1956) 和 Swan(1956) 在他们的经典文章中假定最简单的函数为一个常数 $1 \leqslant s(\cdot) = s \leqslant 1$。我们本章中使用这一恒定储蓄率，因为它能够以一种清晰的方式产生出大量的结果。假定储蓄一定等于投资，$S(t) = I(t)$，那么储蓄率等于投资率。换言之，封闭经济体的储蓄率表示一个经济体的 GDP 中用于投资的份额。

我们假设资本是同质的，且具有恒定的折旧率 $\delta > 0$；即在每一个时间点上，资本存量的一定份额要被损耗掉，因此不能再被用于生产。在报废之前，资本的所有单位都被假设具有相同的生产效率，与它们最初被制造的时间无关。

在一个时点上的物质资本存量的净增加额等于总投资减去折旧：

$$\dot{K}(t) = I(t) - \delta K(t) = s \cdot F[K(t), L(t), T(t)] - \delta K(t) \qquad (1.2)$$

其中，变量上方的点，譬如 $\dot{K}(t)$，表示对时间求导，$\dot{K}(t) \equiv \partial K(t)/\partial t$（全书同），且 $0 \leqslant s \leqslant 1$。在给定技术和劳动力的情况下，式(1.2)确定了 K 的动态。

劳动力要素 L 由于人口的增长而持续变化，劳动参与率不断发生变化，标准工人的工作时间在发生变化，工人技能和素质也在不断提高。本章中为简化起见，我们假设每个工人工作同样的时间，每个人都具有同样的不变技能，我们把它标准化为 1。这样，我们就将劳动力投入等同于总人口。我们将在第 5 章中分析技能或人力资本的积累，在第 9 章中分析劳动和闲暇时间的分配问题。

---

① 在一个开放经济中存在着政府支出，其条件是：$Y(t) - r \cdot D(t) = C(t) + I(t) + G(t) + NX(t)$。其中，$D(t)$ 表示国际债务，r 表示国际实际利率，$G(t)$ 表示公共支出，$NX(t)$ 表示净出口。在本章中我们假设没有公共支出，所以 $G(t) = 0$；且经济体是封闭的，所以 $D(t) = NX(t) = 0$。

人口的增长反映了生育、死亡和迁移的行为,我们将在第 9 章中进行研究。在本章中,我们简化地假设人口以一个不变的外生速度增长,$\dot{L}/L = n \geqslant 0$,不占用任何资源。如果我们把 0 时的人数标准化为 1,并且把每人的工作强度也标准化为 1,那么在 t 时的人口和劳动力就等于

$$L(t) = e^{nt} \tag{1.3}$$

为了突出资本积累的作用,我们首先假设技术水平 $T(t)$ 是一个常数。这一假设将在以后放宽。

如果式(1.3)中的 $L(t)$ 给定,且缺乏技术进步,则式(1.2)就决定了资本 $K(t)$ 和产出 $Y(t)$ 的时间路径。一旦我们知道了资本或 GDP 如何持续变化,这些变量的增长率也就能确定了。在下面的章节中,我们将阐述这一行为关键依赖于生产函数 $F(\cdot)$ 的性质。

1.2 索洛和斯旺的新古典主义模型

1.2.1 新古典主义生产函数

经济增长的过程依赖于生产函数的形态。我们首先考虑新古典主义生产函数。如果满足下面的性质,那么生产函数 $F(K, L, T)$ 就是新古典主义生产函数[①]:

(1) 规模报酬不变。函数 $F(\cdot)$ 呈现出规模报酬不变,如果使用乘以同样的正的不变的 λ 的资本和劳动力,我们得到的产出量也是原产出量的 λ 倍:

$$F(\lambda K, \lambda L, T) = \lambda \cdot F(K, L, T), \text{对所有} \lambda > 0 \tag{1.4}$$

这个特性也被看作是 K 和 L 的一阶齐次。值得注意的是,规模的定义仅仅包括两个竞争性投入要素:资本和劳动力。换句话说,我们并没有把规模报酬不变定义为 $F(\lambda K, \lambda L, \lambda T) = \lambda \cdot F(K, L, T)$。

为了直观地了解为什么我们的假设具有经济学意义,我们可以使用下面的复制论证。假定采用技术水平 T,工厂 1 根据生产函数 F 分别使用 K 和 L 单位的资本和劳动力来生产 Y 单位的产出。这样下面的假设就变得有意义:如果我们在其他地方再创造一个同样的工厂(即如果我们复制这个工厂),我们应该能够生产出同样数量的产出。然而,为了复制这个工厂,我们需要新的机器和工人,但是我们在两个工厂中可以使用同样的技术。原因在于,资本和劳动力是竞争性商品,技术是非竞争性商品,并且可以在两个工厂中同时使用。因此,因为技术是非竞争性投入,我们对规模报酬的定义就变得有意义了。

(2) 私人投入的收益为正且递减。如果对于所有的 $K > 0$ 和 $L > 0$,$F(\cdot)$ 对

[①] 为简化起见,我们忽略了时间下标。

每一种投入表现出为正且递减的边际产品：

$$\frac{\partial F}{\partial K} > 0, \frac{\partial^2 F}{\partial K^2} < 0$$

$$\frac{\partial F}{\partial L} > 0, \frac{\partial^2 F}{\partial L^2} < 0 \qquad (1.5)$$

因此，新古典主义技术假定，技术和劳动力水平不变的情况下，每增加一个单位的资本将带来产出的增加，但是这些增加会随着机器数量的增加而下降。劳动力也具有相同的性质。

（3）稻田条件。新古典主义生产函数的第 3 个概念性特性为，随着资本（或劳动力）趋于零，资本（或劳动力）的边际产品趋于无穷大；随着资本（或劳动力）趋于无穷大，资本（或劳动力）的边际产品趋于零：

$$\lim_{K \to 0}\left(\frac{\partial F}{\partial K}\right) = \lim_{L \to 0}\left(\frac{\partial F}{\partial L}\right) = \infty$$

$$\lim_{K \to \infty}\left(\frac{\partial F}{\partial K}\right) = \lim_{L \to \infty}\left(\frac{\partial F}{\partial L}\right) = 0 \qquad (1.6)$$

最后的这些特征被称为稻田条件（Inada conditions），来源于 Inada(1963)。

（4）必要性。有些经济学家将必要性假设添加到新古典主义生产函数的定义之中。如果正的产量需要绝对的正投入，那么投入要素是必要的。我们在附录中指出，式(1.4)至式(1.6)中的三个新古典主义特性意味着每一种投入对于生产都是必要的，即 $F(0, L) = F(K, 0) = 0$。这三个新古典主义生产函数的特性也意味着当任何一种投入趋于无穷大时，产出趋于无穷大。这是附录所证明的另一个特性。

人均变量 当我们说一个国家是穷还是富时，我们会考虑人均产出或人均消费。换句话说，我们并不认为印度比荷兰富庶，尽管印度的 GDP 大得多，因为一旦除以人口数量，印度的人均收入量就大大小于荷兰了。为了获得这一特性，我们构建了一个人均模型并主要研究 GDP、消费和资本的人均动态表现。

由于规模报酬不变的定义适用于 λ 的所有值，也适用于 $\lambda = 1/L$。因此，产出可以表示成：

$$Y = F(K, L, T) = L \cdot F(K/L, 1, T) = L \cdot f(k) \qquad (1.7)$$

其中，$k \equiv K/L$ 为人均资本，$y \equiv Y/L$ 为人均产出，函数 $f(k)$ 被定义为等于 $F(k, 1, T)$。①这个结果意味着生产函数可以用集约形式（即人均形式）表示为：

$$y = f(k) \qquad (1.8)$$

换言之，生产函数并不呈现出"规模效应"：人均产量由每个人所占有的物质资本的数量决定，假设 k 不变，工人多一些或少一些并不影响人均总产量。因此，非

---

① 由于 T 被假设为常数，$f(k)$ 中就只有一个参数。

常大的经济体,例如中国或者印度,它们的人均产出或者人均收入会比很小的经济体少,例如瑞士和荷兰。

我们可以利用 $Y = L \cdot f(k)$,固定 L 求对 K 的导数,然后固定 K 求对 L 的导数,从而得出要素投入的边际产品为:

$$\partial Y / \partial K = f'(k) \tag{1.9}$$

$$\partial Y / \partial L = f(k) - k \cdot f'(k) \tag{1.10}$$

稻田条件意味着 $\lim_{k \to 0}[f'(k)] = \infty$ 和 $\lim_{k \to \infty}[f'(k)] = 0$。图 1.1 从人均的角度描述了新古典主义生产:它通过原点;在原点垂直,向上倾斜并且凹陷;当 k 趋于无穷大时,斜率趋于零。

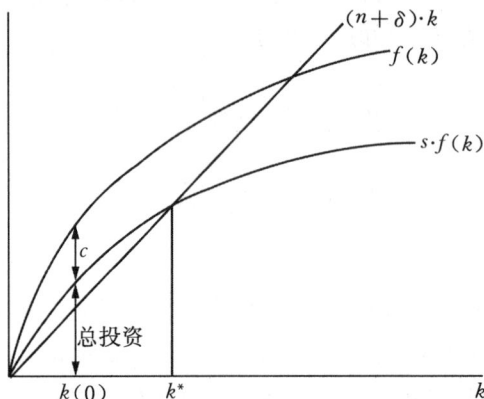

注:总投资曲线 $s \cdot f(k)$ 与生产函数 $f(k)$ 成正比。人均消费等于 $f(k)$ 和 $s \cdot f(k)$ 之间的垂直距离。有效折旧率(对 k)是一条从原点出发的直线 $(n+\delta) \cdot k$。k 的变化由 $s \cdot f(k)$ 和 $(n+\delta) \cdot k$ 之间的垂直距离给定。资本的稳态水平 k^* 由 $s \cdot f(k)$ 线和 $(n+\delta) \cdot k$ 线的交点确定。

图 1.1　索洛—斯旺模型

一个柯布—道格拉斯函数的例子　柯布—道格拉斯函数常常被看作是对现实经济进行合理描述的简单生产函数:

$$Y = AK^{\alpha}L^{1-\alpha} \tag{1.11}$$

其中,$A > 0$,表示技术水平;α 是常数,且 $0 < \alpha < 1$。柯布—道格拉斯函数可以被写成集约形式[①]:

$$y = Ak^{\alpha} \tag{1.12}$$

注意:$f'(k) = A\alpha k^{\alpha-1} > 0$,$f''(k) = -A\alpha(1-\alpha)k^{\alpha-2} < 0$,$\lim_{k \to \infty} f'(k) = 0$,且

---

①　道格拉斯的全名是 Paul H. Douglas。他是芝加哥大学的劳动经济学家,后来成为伊利诺伊州的美国参议员。柯布全名 Charles W. Cobb,是阿默斯特(Amherst)学院的数学家。Douglas(1972,第 46—47 页)指出,他曾于 1927 年和 Cobb 磋商如何为他的关于美国制造业的生产、就业和资本存量的经验方程提供合适的生产函数。有趣的是,Douglas 指出,Philip Wicksteed 在他之前就推导出了方程式,这又是一个斯蒂格勒定律(Stigler's Law,即没有什么东西是以发明者的名字命名)的例证。

$\lim\limits_{k \to 0} f'(k) = \infty$。这样,柯布—道格拉斯方程式满足了新古典主义生产函数的性质。

柯布—道格拉斯生产函数的重要性质是要素收入份额的表现。如1.2.3节所述,在竞争性经济体中,资本和劳动力都按其边际产品获得了报酬,即资本的边际产品等于租赁价格 R,劳动力的边际产品等于工资率 w。因此,每一个单位的资本都获得了收益 $R = f'(k) = \alpha A k^{\alpha-1}$,每一个单位的劳动都获得了收益 $w = f(k) - k \cdot f'(k) = (1-\alpha) \cdot A k^{\alpha}$。这样,收入中的资本份额为 $Rk/f(k) = \alpha$,劳动份额为 $w/f(k) = 1-\alpha$。因此,在一个竞争环境下,当生产函数是柯布—道格拉斯函数时,要素收入份额是一个常量——与 k 无关。

1.2.2 索洛—斯旺模型的基本方程

我们现在来分析被新古典主义生产函数所描述的经济的动态行为。由此形成的增长模型被称为索洛—斯旺模型,以纪念索洛(Solow,1956)和斯旺(Swan,1956)的重要贡献。

式(1.2)给出资本存量随时间所发生的变化。如果我们在该式两边同除以 L,那么会得到:

$$\dot{K}/L = s \cdot f(k) - \delta k$$

上式的右边只包含人均变量,但是左边则不然。因此这不是一个可以简单求解的普通微分方程。为了把它变成一个关于 k 的微分方程,我们可以求 $k \equiv K/L$ 对时间的导数,可得:

$$\dot{k} \equiv \frac{\mathrm{d}(K/L)}{\mathrm{d}t} = \dot{K}/L - nk$$

其中,$n = \dot{L}/L$。如果我们把这个结果代入 $\dot{K}/L$ 的表达式,经过移项后可得到:

$$\dot{k} = s \cdot f(k) - (n+\delta) \cdot k \tag{1.13}$$

式(1.13)是索洛—斯旺模型的基本微分方程。这个非线性方程仅取决于 k。

式(1.13)右边的 $(n+\delta)$ 项可以被理解成人均资本 $k \equiv K/L$ 的有效折旧率。如果储蓄率 s 为0,则人均资本会下降,部分原因是资本以折旧率 δ 折旧,还有部分原因是人口以增长率 n 增长。

图1.1显示了式(1.13)的轨迹。上面的曲线是生产函数 $f(k)$。式(1.13)中的 $(n+\delta) \cdot k$ 项在图1.1中是一条从原点出发的具有正斜率 $(n+\delta)$ 的直线。式(1.13)中的 $s \cdot f(k)$ 去掉被乘数 s(正数),看起来就像是生产函数。从图中可见,$s \cdot f(k)$ 曲线从原点出发[因为 $f(0) = 0$],斜率为正[因为 $f'(k) > 0$],并且随着 k 增加而变得越来越平坦[因为 $f''(k) < 0$]。稻田条件意味着曲线 $s \cdot f(k)$ 在 $k = 0$ 处是垂直的,且随着 k 趋于无穷大而变得平坦。这些特征都意味着,除了原点外,曲线 $s \cdot f(k)$ 和 $(n+\delta) \cdot k$ 直线有且只有一次相交。

让我们来看初始人均资本存量 $k(0) > 0$ 的经济。图1.1表明人均总投资等于此点的曲线 $s \cdot f(k)$ 的高度。人均消费等于此点上 $f(k)$ 曲线和 $s \cdot f(k)$ 曲线之间的垂直距离。

1.2.3 市场

在这一部分,我们将证明索洛—斯旺模型的基本方程可以在一个明确包含市场的框架下被推导出来。我们假设居户占有金融资产和劳动力,而不是占有技术以及利用技术所生产的产品。资产的收益率为 $r(t)$,劳动力的工资率为 $w(t)$。因此,居户所得到的全部收入是资产收入和劳动力收入的总和,即 $r(t) \cdot (资产) + w(t) \cdot L(t)$。居户把不消费的收入部分用于积累更多的资产

$$\mathrm{d}(资产)/\mathrm{d}t = [r \cdot (资产) + w \cdot L] - C \tag{1.14}$$

其中,为简便起见,时间标注被省略了。将式(1.14)两边都除以 L,将人均资产定义为 a,并对 a 求关于时间的导数,$\dot{a} = (1/L) \cdot \mathrm{d}(资产)/\mathrm{d}t - na$,得到人均资产的变动函数

$$\dot{a} = (r \cdot a + w) - c - na \tag{1.15}$$

企业购买劳动力和资本,使用这两种要素以及式(1.1)中的技术来生产产品,并将产品按单位价格出售。我们假设企业租赁居户所占有的资本(如果企业占有资本,居户持有企业的股份,结果不会发生改变)。因此,企业的资本成本是租赁支出,与 K 成比例。这一特性假设资本服务可以增加或者减少而不会出现任何额外的支出,例如安装机器的成本。

假设 R 为资本服务的单位租赁价格,资本存量以恒定比率 $\delta \geqslant 0$ 折旧。居户占有单位资本的净收益率为 $R - \delta$。居户也可通过向其他居户贷出资金而获得利率 r。在没有不确定因素的情况下,资本和贷款就价值储存而言是完全替代品,结果是它们可以得到同样的收益 $r = R - \delta$,或者 $R = r + \delta$。

典型企业在任何时点上的净收入或者利润流量可以表示为:

$$\pi = F(K, L, T) - (r + \delta) \cdot K - wL \tag{1.16}$$

即,从产品销售中获得的总收入 $F(K, L, T)$ 减去生产要素支出,后者为资本租金 $(r + \delta) \cdot K$ 和工人工资 wL。技术被看作是免费得到的,因此就不需要支付生产过程中所使用工艺的价格。我们假设试图将利润的现值最大化。因为企业租用资本和劳动力并且没有调整成本,所以就不存在最大化问题的跨期因素(在第3章中,当我们引入了资本的调整成本时,就出现了跨期问题)①。

---

① 在第2章中,我们将证明动态企业将最大化未来所有利润的折现值,如果 r 为常数,则可通过 $\int_0^\infty L \cdot [f(k) - (r + \delta) \cdot k - w] \cdot e^{-rt} \, \mathrm{d}t$ 求得该折现值。因为问题不涉及任何动态的约束,企业会将所有时点的静态利润最大化。事实上,动态问题是连续的静态问题。

考虑一个任意规模的企业，劳动力投入水平为 L。因为生产函数为规模报酬不变，式(1.16)中的企业利润可以被改写为：

$$\pi = L[f(k) - (r+\delta) \cdot k - w] \qquad (1.17)$$

一个竞争性企业将 r 和 w 视为给定，在 L 给定时，通过设定下式使利润最大化：

$$f'(k) = r + \delta \qquad (1.18)$$

即，企业选择的资本—劳动比使得资本的边际产品等于资本的租赁价格。

最后的利润水平是正、是负，还是零，依赖于 w 的值。如果利润为正，企业可以通过选择无穷大的规模获得无穷大的利润。如果利润为负，企业会将规模降到零。因此，在完全市场均衡中，w 必然使利润为零；全部生产要素支出 $(r+\delta) \cdot K + wL$ 等于式(1.17)中的总收益。在这种情况下，企业不关心其规模。

利润为零时，工资率就要等于劳动力的边际产品，相应地，k 的值满足式(1.18)：

$$[f(k) - k \cdot f'(k)] = w \qquad (1.19)$$

将式(1.18)和式(1.19)代入式(1.17)，很容易证明，利润水平在任何 L 值时都等于零。同样，如果生产要素价格等于相应的边际产品，生产要素支出就等于其全部产出（这个结果在数学上符合欧拉定理）[①]。

当单个的竞争性的企业按照不变规模报酬运营时，该模型决定不了其规模。然而，这个模型决定资本—劳动比 k 以及生产的总体水平，因为总劳动力是由式(1.3)决定的。

下一步是要定义经济的均衡。在一个封闭经济中，唯一的正的净供给的资产是资本，因为所有的借款和贷款在经济内都被取消。因此，资产市场的均衡要求 $a = k$。如果我们将这个等式以及 $r = f'(k) - \delta$ 和 $w = f(k) - k \cdot f'(k)$ 代入式(1.15)中，那么我们会得到：

$$\dot{k} = f(k) - c - (n+\delta) \cdot k$$

最后，如果我们根据索洛—斯旺的假设，居户消费其总收入的固定份额，即 $c = (1-s) \cdot f(k)$，可得：

$$\dot{k} = s \cdot f(k) - (n+\delta) \cdot k$$

这和式(1.13)一样，也是索洛—斯旺模型的基本等式。因此，将竞争市场引入索洛—斯旺模型并不会改变任何主要结论[②]。

---

① 欧拉定理认为，如果函数 $F(K, L)$ 是关于 K 和 L 的一阶齐次方程，那么 $F(K, L) = F_K \cdot K + F_L \cdot L$。利用等式 $F(K, L) = L \cdot f(k)$，$F_K = f'(k)$ 和 $F_L = f \cdot (k) - k \cdot f'(k)$ 可证得上式。

② 需要注意的是，在前面的章节和这里，我们假设每个人将他（她）总收入的固定比例用于储蓄。我们也可以假设每个人将他（她）净收入 $f(k) - \delta k$ 的固定比例用于储蓄，在市场条件下等于 $ra + w$。在这种情况下，索洛—斯旺模型的基本等式就变成 $\dot{k} = s \cdot f(k) - (s \cdot \delta + n) \cdot k$。同样的等式既适用于家户—生产者假设也适用于市场条件假设。

1.2.4　稳态

我们现在有了分析模型随时间变化的必要工具。我们首先考虑长期或者稳态，然后描述短期或转移动态。我们把稳态定义为各种数据都以不变速率（也许为零）增长的状况①。在索洛—斯旺模型中，当式（1.13）中的 $\dot{k}=0$ 时②，稳态得以实现，即图 1.1 中曲线 $s\cdot f(k)$ 与直线 $(n+\delta)\cdot k$ 的交点③。对应的 k 值表示为 k^*（这里我们只关注 $k>0$ 时的交点，而忽略 $k=0$ 时的交点）。代数上，k^* 满足条件：

$$s\cdot f(k^*)=(n+\delta)\cdot k^* \tag{1.20}$$

因为在稳态中 k 是不变的，当 $y^*=f(k^*)$ 和 $c^*=(1-s)\cdot f(k^*)$ 时，y 和 c 也是不变的。因此在新古典主义模型中，人均数量 k、y 和 c 在稳态中都不增长。人均数量的恒定意味着变量 K、Y 和 C 在稳态中以人口增长率 n 的速率增长。

以生产函数 $f(\cdot)$ 的移动来表示技术的一次性变化。生产函数的变化、储蓄率 s 的变化、人口增长率 n 以及折旧率 δ 的变化都对稳态中的各要素的人均数量产生影响。例如在图 1.1 中，生产函数曲线的成比例上移或者 s 的增加都会使曲线 $s\cdot f(k)$ 上移，从而导致 k^* 增加。而 n 或 δ 的增加使得直线 $(n+\delta)\cdot k$ 上移，导致 k^* 下降。

值得注意的是，技术水平、储蓄率、人口增长率和折旧率的改变并不影响人均产出、资本和消费的稳态增长率，它们全部都等于 0。出于这个原因，目前所涉及的索洛—斯旺模型并没有对长期人均增长的决定因素作出解释。

1.2.5　资本积累的黄金法则和动态无效率

如果 A、n 和 δ 给定，则对储蓄率 s 的任意值，都只有唯一的稳态值 $k^*>0$。我们以 $k^*(s)$ 来表示这种关系，$dk^*(s)/ds>0$。稳态人均消费为 $c^*=(1-s)\cdot f[k^*(s)]$。我们由式（1.20）可知，$s\cdot f(k^*)=(n+\delta)\cdot k^*$，因此我们可以把 c^* 的表达式写成：

$$c^*(s)=f[k^*(s)]-(n+\delta)\cdot k^*(s) \tag{1.21}$$

---

① 一些经济学家使用均衡的增长路径这一表达来描述所有变量以恒定速度增长的状态，并且使用稳态来描述当增长率为零时的特殊情况。

② 我们可以证明稳态中 k 必定固定不变。把式（1.13）两边同除以 k 得到 $\dot{k}/k=s\cdot f(k)/k-(n+\delta)$。根据定义，等式的左边处于稳态，是不变的。既然 s、n 和 δ 都是常数，可知在稳态中 $f(k)/k$ 必然固定。$f(k)/k$ 的时间导数等于 $-\{[f(k)-kf'(k)]/k\}\cdot(\dot{k}/k)$。多项式 $f(k)-kf'(k)$ 等于劳动的边际产品［如式（1.19）所示］且为正。因此，只要 k 是有限的，$\dot{k}/k$ 在稳态中必等于 0。

③ 由于 $f(0)=0$，$n+\delta<\lim\limits_{k\to 0}[s\cdot f'(k)]=\infty$，$n+\delta>\lim\limits_{k\to\infty}[s\cdot f'(k)]=0$，且 $f''(k)<0$，当 k 为正值时，存在唯一交点。

图 1.2 表示了式(1.21)中包含的 c^* 与 s 之间的关系。当 s 较小时，c^* 随 s 增加而增加；当 s 较大时，c^* 随 s 增加而减少。当导数等于零，即当 $[f'(k^*) - (n + \delta)] \cdot dk^*/ds = 0$ 时，c^* 的数量最大化。由于 $dk^*/ds > 0$，方括号之内的项必须等于 0。如果我们以 $k_{黄金律}$ 来表示对应于 c^* 的最大值的 k^* 的值，那么其决定条件是：

$$f'(k_{黄金律}) = n + \delta \tag{1.22}$$

对应储蓄率可记为 $s_{黄金律}$，与之对应的稳态人均消费为：

$$c_{黄金律} = f(k_{黄金律}) - (n + \delta) \cdot k_{黄金律}$$

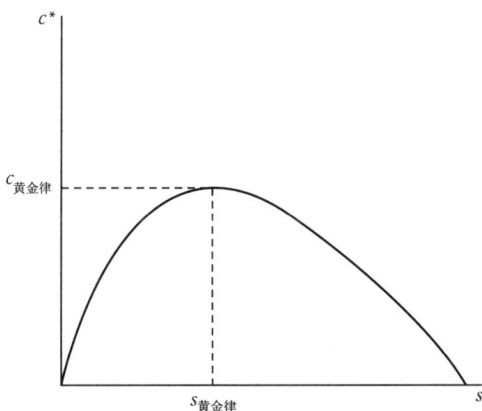

注：纵轴表示对应每一储蓄率的稳态人均消费。最大化稳态人均消费的储蓄率被称为黄金律储蓄率，记为 $s_{黄金律}$。

图 1.2　资本积累的黄金法则

式(1.22)中的条件被称作资本积累的黄金法则（参见 Phelps，1996）。这个名字来源于《圣经》中的黄金法则："己所不欲，勿施于人（Do unto others as you would have others do unto you.）"。经济学意义上的黄金法则可以被解释为："如果我们对当代和后代每一代的成员提供相同数量的消费——也就是说我们给予后代的并不比给予我们自己的要少——则这一最大化的人均消费量为 $c_{黄金律}$。"

图 1.3 描述了黄金法则的运行，图中考虑了三种可能的储蓄率 s_1，$s_{黄金律}$ 和 s_2，且 $s_1 < s_{黄金律} < s_2$。人均消费 c 在每一种情况下都等于生产函数 $f(k)$ 与 $s \cdot f(k)$ 对应曲线之间的垂直距离。每一 s 所对应的稳态值 k^* 都是曲线 $s \cdot f(k)$ 和直线 $(n + \delta) \cdot k$ 的交点。稳态人均消费 c^* 在 $k^* = k_{黄金律}$ 时被最大化，因为在此点，生产函数的切线平行于直线 $(n + \delta)k$。满足 $k^* = k_{黄金律}$ 的储蓄率就是能使曲线 $s \cdot f(k)$ 在 $k_{黄金律}$ 值处与直线 $(n + \delta) \cdot k$ 相交的储蓄率。因为 $s_1 < s_{黄金律} < s_2$，我们还可以从图中看出 $k_1 < k_{黄金律} < k_2$。

问题是一些储蓄率是否优于另一些。像我们在下一章中所做的那样，我们只有确定出一个具体的目标函数才能选择出最佳的储蓄率（或者决定一个不变的储蓄率是否合意）。但是，在目前的框架下，我们可以证明超过 $s_{黄金律}$ 的储蓄率一直是无效率的。因为通过降低储蓄率，我们可以在所有时点上获得更高数量的人均消费。

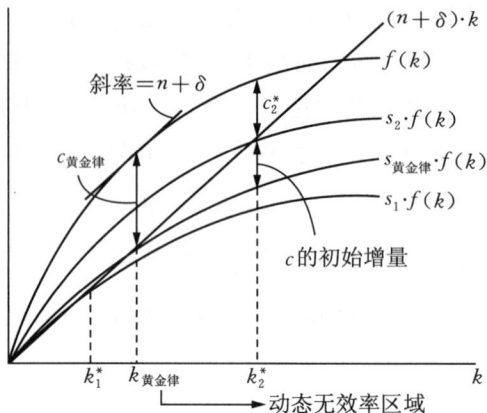

注:如果储蓄率在黄金律之上(图中 $s_2 > s_{黄金律}$),则 s 的减少将增加稳态人均消费,而且也提高了转移过程中的人均消费。既然 c 在所有时点上都增加了,那么一个高于黄金律的储蓄率是动态无效率的。如果储蓄率低于黄金律(图中的 $s_1 < s_{黄金律}$),那么 s 的增加将提高稳态人均消费,但是也降低了转移过程中的人均消费。这样的一个变化的合意性依赖于家庭在当期消费与未来消费之间如何置换。

图 1.3 黄金定律和动态无效率

诸如图 1.3 中储蓄率为 s_2 所刻画的经济体,因为 $s_2 > s_{黄金律}$,所以 $k_2^* > k_{黄金律}^*$,且 $c_2^* < c_{黄金律}$。为从稳态开始研究,我们假定储蓄率被永久性地降为 $s_{黄金律}$。图 1.3 表明,由 $f(k)$ 与 $s_{黄金律} \cdot f(k)$ 曲线之间的垂直距离给定人均消费 c,最初以离散数量上升。随后,在向其新的稳态值 $c_{黄金律}$ 推进的过程中,c 的值单调下降。[1] 由于 $c_2^* < c_{黄金律}^*$,我们得出在所有变动过程中,以及在新的稳态中,c 的值都超过了其原先的价值。因此,当 $s > s_{黄金律}$ 时,经济体储蓄过度了,它在所有时点都可以通过降低储蓄率来提高人均消费。过度储蓄的经济体被认为是无效率的,因为其人均消费在所有时点都位于另一条可行路径之下。

如果 $s < s_{黄金律}$——正如图 1.3 中储蓄率 s_1 的情况,那么稳态人均消费量可以通过提高储蓄率得到提高。然而,当前的消费 c 会因储蓄率的提升而减少,这种减少会在调整过渡期持续一段时间。因此,结果的好坏取决于居户如何衡量其当前消费和未来消费路径。我们只有确定了行为人如何对未来的产出进行贴现,才能判断在这种情形下的储蓄率增加额是合意的。我们将在下一章中沿着这些方向进行分析。

1.2.6 转移动态

索洛—斯旺模型中的长期增长率完全被外生因素所决定——在稳态中,人均数量 k、y 和 c 不会增长,而总量变量 K、Y 和 C 以外生的人口增长率 n 的速率增长。因此,就长期而言,其主要实质性结论为,稳态增长率与储蓄率和技术水平无关。然

---

[1] 在下一部分,我们将分析模型的转移动态。

而，该模型却有更多的关于转移动态的有趣含义。这一转移展示了经济体的人均收入如何趋向于其自身的稳态水平，以及如何收敛于其他经济体的人均收入。

在式(1.13)的两边同除以 k，这意味着 k 的增长率为：

$$\gamma_k \equiv \dot{k}/k = s \cdot f(k)/k - (n+\delta) \tag{1.23}$$

其中，我们用 γ_z 来表示变量 z 的增长速度（本书通篇都将用这种表示方法）。注意，在所有时点上，任一变量的增长率都等于人均增长率加上外生人口增长率，如：

$$\dot{K}/K = \dot{k}/k + n$$

为便于后文阐述，我们发现专注于 k 的增长率更为方便，如式(1.23)所给出的那样。

式(1.23)表明，γ_k 等于两项之差。我们将第一项 $s \cdot f(k)/k$ 称为储蓄曲线，将第二项 $(n+\delta)$ 称为折旧曲线。我们在图 1.4 中描绘了这两条曲线与 k 的关系。储蓄曲线的斜率为负[①]；当 $k=0$ 时，它趋向于无穷大；当 k 趋向于无穷大时，它趋向于 0[②]。折旧曲线是在 $n+\delta$ 上的水平线。储蓄曲线与折旧曲线之间的垂直距离等于人均资本增长率[据式(1.23)]，且交点为稳态值。由于 $n+\delta>0$，且 $s \cdot f(k)/k$ 从无穷大单调下降至 0，所以储蓄曲线与折旧曲线有且只有一个交点。因此，稳态资本—劳动比 $k^* > 0$ 存在且唯一。

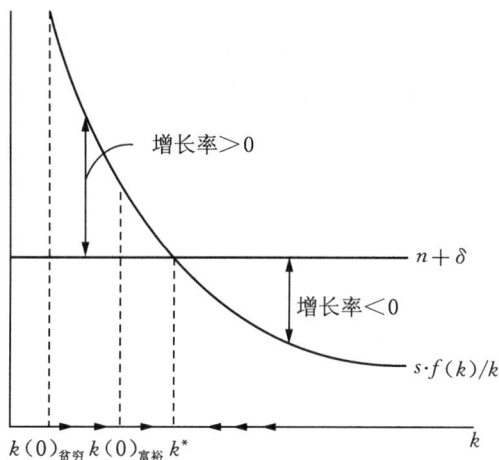

注：k 的增长率由储蓄曲线 $s \cdot f(k)/k$ 和有效折旧曲线 $(n+\delta)$ 的垂直距离给定。如果 $k < k^*$，则 k 的增长率为正，且 k 朝 k^* 处增加。如果 $k > k^*$，则 k 的增长率为负，且 k 朝 k^* 处减少。因此，稳态人均资本 k^* 是稳定的。注意，从初始的低人均资本开始移动，k 的增长率单调下降，直至 0。横轴上的箭头指出了 k 的运动方向。

图 1.4 索洛—斯旺模型的动态

[①] $f(k)/k$ 对 k 的导数等于 $-[f(k)/k - f'(k)]/k$。中括号中的式子等于劳动的边际产品，且为正。因此，该导数为负。

[②] 注意，$\lim_{k \to 0}[s \cdot f(k)/k] = 0/0$。根据稻田条件，我们可以应用罗必塔法则得到：$\lim_{k \to 0}[s \cdot f(k)/k] = \lim_{k \to 0}[s \cdot f'(k)] = \infty$。同理，稻田条件 $\lim_{k \to \infty}[f'(k)] = 0$ 意味着 $\lim_{k \to \infty}[s \cdot f(k)/k] = 0$。

图 1.4 表明,在稳态的左边,$s \cdot f(k)/k$ 曲线位于 $n + \delta$ 的上方。因此,k 的增长率为正,且 k 持续上升。当 k 增加时,$\dot{k}/k$ 下降;且当 k 趋近于 k^* 时,$\dot{k}/k$ 趋近于 0。(当 k 趋近于 k^* 时,储蓄曲线更接近折旧曲线;因此,$\dot{k}/k$ 下降。)经济朝着 k、y 和 c 都不变的稳态渐近。

这种转移过程中增长率下降的原因是存在着递减的资本收益率:当 k 相对较低时,资本的平均产品 $f(k)/k$ 相对较高。根据假设,居户按固定的比例 s 储蓄和投资。因此,当 k 相对较低时,每单位资本的总投资 $s \cdot f(k)/k$ 相对较高。工人人均资本 k 则以不变的速率 $n + \delta$ 有效折旧。因此,增长率 $\dot{k}/k$ 也就相对较高。

类似的分析表明,如果经济从高于稳态开始 ($k(0) > k^*$),那么 k 的增长率是负的,且 k 持续减少。(从图 1.4 可以看到,如果 $k > k^*$,直线 $n + \delta$ 位于 $s \cdot f(k)/k$ 曲线上方,因此,$\dot{k}/k < 0$。)当 k 趋近于 k^* 时,增长率上升且趋近于 0。因此,系统是全局稳定的:如果初始值 $k(0) > 0$,经济体收敛于其唯一的稳态 $k^* > 0$。

我们还可以研究转移过程中产出的特征。人均产出的增长率由下面的式 (1.24)给定:

$$\dot{y}/y = f'(k) \cdot \dot{k}/f(k) = [k \cdot f'(k)/f(k)] \cdot (\dot{k}/k) \qquad (1.24)$$

最右端中括号中的表达式常被称为资本份额,即资本的租金收入占总收入的份额[1]。

式(1.24)证明了,$\dot{y}/y$ 与 $\dot{k}/k$ 之间的关系依赖于资本份额。在柯布—道格拉斯情形[式(1.11)]中,资本份额是常数 α,且 $\dot{y}/y$ 占 $\dot{k}/k$ 的比例为 α。因此,$\dot{y}/y$ 的特征与 $\dot{k}/k$ 的特征类似。

更一般地,我们可以把式(1.23)中的 $\dot{k}/k$ 代入式(1.24)中,得到:

$$\dot{y}/y = s \cdot f'(k) - (n + \delta) \cdot Sh(k) \qquad (1.25)$$

其中,$Sh(k) \equiv k \cdot f'(k)/f(k)$ 是资本份额。如果我们对 k 求导并移项,可得:

$$\partial(\dot{y}/y)/\partial k = \left[\frac{f''(k) \cdot k}{f(k)} \right] \cdot (\dot{k}/k) - \frac{(n+\delta) f'(k)}{f(k)} \cdot [1 - Sh(k)]$$

由于 $0 < Sh(k) < 1$,等式右边的最后一项为负。如果 $\dot{k}/k \geqslant 0$,则等式右边的第一项为非正,从而 $\partial(\dot{y}/y)/\partial k < 0$。因此,在 $\dot{k}/k \geqslant 0$,即 $k \leqslant k^*$ 时,当 k 上升时(因而 y 上升)$\dot{y}/y$ 必然下降。如果 $\dot{k}/k < 0 (k > k^*)$,则对于生产函数的一般形式 $f(k)$ 来说,$\partial(\dot{y}/y)/\partial k$ 的符号是不确定的。然而,如果经济体接近于稳态,那么 $\dot{k}/k$ 的数量将很小,从而即使 $k > k^*$,$\partial(\dot{y}/y)/\partial k < 0$ 也一定成立。

在索洛—斯旺模型中,假定储蓄率不变,则人均消费水平由 $c = (1-s) \cdot y$ 确定。因此,该模型中 $\dot{c}/c = \dot{y}/y$ 适用于所有时点。消费也呈现出与产出相同的动态。

---

[1] 我们在前文曾证明,在竞争性市场均衡中,每一单位资本所获得的租金都等于其边际产品 $f'(k)$。因此,$k \cdot f'(k)$ 是资本所有者所挣得的人均收入,而中括号中的 $k \cdot f'(k)/f(k)$ 就是这一收入在人均总收入中的份额。

1.2.7 转移过程中的要素价格特征

我们在前文证明到,索洛—斯旺框架与竞争性市场经济体是吻合的。在竞争性市场经济中,企业最大化利润,而居户将总收入中的一部分用于储蓄,且这一储蓄比重恒定不变。当资本量朝着稳态方向增加时,研究转移过程中的工资和利率是件有趣的事情。我们证明了,利率等于资本边际产品减去恒定不变的折旧率,即 $r = f'(k) - \delta$。既然利率取决于资本边际产品,而资本边际产品取决于人均资本量,那么,当资本变化时,利率在转移过程中发生移动。新古典生产函数表明了资本的收益递减,即 $f''(k) < 0$,所以,当资本增加时,资本边际产品下降。于是,利率单调降至其稳态值 $r^* = f'(k^*) - \delta$。

我们也曾证明,竞争性工资率由 $w = f(k) - k \cdot f'(k)$ 确定。同样地,当资本增加时,工资率发生移动。为了弄明白工资率的特征,我们可以对 w 求关于 k 的导数,得:

$$\frac{\partial w}{\partial k} = f'(k) - f'(k) - k \cdot f''(k) = -k \cdot f''(k) > 0$$

因此,当资本量增加时,工资率单调增加。在稳态状态下,工资率 $w^* = f(k^*) - k^* \cdot f'(k^*)$。

工资和利率的变化特征见图 1.5。图中的曲线仍为生产函数 $f(k)$。个人居户获得的劳动力人均收入由下式决定:

$$y = w + Rk \tag{1.26}$$

其中,$R = r + \delta$ 是资本的租金价格。一旦利率和工资率被确定,那么 y 就成了 k 的线性函数,其截距为 w,斜率为 R。

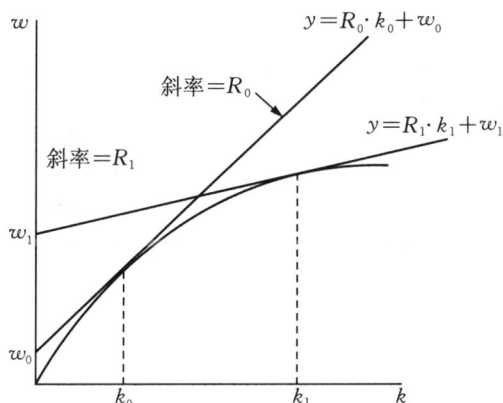

注:在点 k_0 上,与生产函数相切的直线的斜率为租金价格 R_0,其截距为工资率 w_0。当 k 朝 k_1 增加时,租金价格朝 R_1 下降,且工资率朝 w_1 增加。

图 1.5　转移过程中的要素价格

当然,通过边际生产率条件,k 决定 R,即 $f'(k) = R = r + \delta$。因此,式(1.26)中

收入函数的斜率 R 必须等于 k 为某一特定值时的生产函数 $f(k)$ 的斜率。图中标出了 k_0 和 k_1 两个值。在这两点上的收入函数是分别过 k_0 和 k_1 与 $f(k)$ 相切的直线。当 k 在转移过程中增加时,图 1.5 表明,切线的斜率从 R_0 降到了 R_1,还表明,截距(等于 w)从 w_0 上升到 w_1。

1.2.8　政策实验

假定经济体最初处于均衡状态,且人均资本等于 k_1^*。假设由于居户改变其行为或政府采取了某一增加储蓄率的政策,储蓄率永久性地从 s_1 提高到了 s_2。图 1.6 表明,$s \cdot f(k)/k$ 曲线右移。因此,其与 $n+\delta$ 直线的交点也右移,且新稳态资本量 k_2^* 大于 k_1^*。

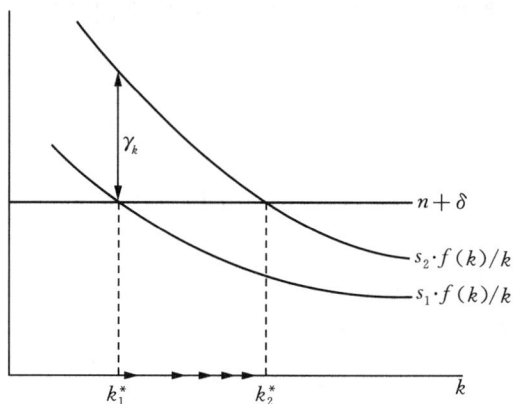

注:以稳态人均资本 k_1^* 为初始点,s 从 s_1 增加到 s_2,曲线 $s \cdot f(k)/k$ 向右移。在原有的稳态均衡中,投资超过了有效折旧,于是 k 的增长率为正。人均资本持续上升,直至达到新的稳态点 k_2^*,且 $k_2^* > k_1^*$。

图 1.6　储蓄率增长的影响

经济体如何从 k_1^* 调整到 k_2^* 呢? 在 $k = k_1^*$ 处,$s_1 \cdot f(k)/k$ 与直线 $n+\delta$ 之间的距离是正的,即储蓄大到足以让 k 产生一个增加。当 k 增加时,其增长率下降,且当 k 趋于 k_2^* 时,其增长率趋于 0。因此,结果是储蓄率的永久增加暂时产生了正的人均增长率。长期而言,k 和 y 永久性地更高了,但是人均增长率回到 0。

这种正的转移增长率可以说明,通过不断地提高储蓄率,经济体可以永远保持增长。这一推理的唯一问题在于,储蓄率是介于 0 和 1 之间的分数。既然人们的储蓄不可能超出其所拥有的全部东西,那么储蓄率就不会大于 1。注意到,即使人们将全部收入作为储蓄,储蓄曲线仍然穿过折旧曲线,于是,长期人均增长会停止。[1]原因是,资本收益递减的作用最终将经济体带回零增长的稳定状态。因此,我们可以回答这一问题:"能否通过简单地储蓄并投资于物质资本使人均收入永远增长?"正是该

---

① 在达到 $s = 1$ 之前,经济体会先达到 $s_{黄金律}$,因此,储蓄率的进一步增长将把经济体推入动态无效率区域。

问题引出了本章内容的展开。如果生产函数属于新古典范畴,那么答案是"不能"。

我们还评估了人口增长率 n 的永久变化。这种变化可能是因为居户行为的变化,也可能是因为影响生育率的政府政策的变动。n 的下降使折旧曲线下移,所以工人人均资本稳态值将会更大。然而,人均资本的长期增长率仍为 0。

技术水平永久性的增长对人均资本增长亦有类似的暂时效应。如果生产函数 $f(k)$ 成比例上移,那么储蓄曲线也会如图 1.6 中所示的那样上移。因此,$\dot{k}/k$ 也是暂时为正。长期而言,技术的永久性增长带来了更高水平的 k 和 y,但人均增长率没有变化。知识增长与储蓄率增长之间的关键区别是,知识增长是没有上限的。主要是因为人类知识的增长没有上限,所以生产函数可以不断上移。然而,储蓄率被客观限定于 1 以内。这意味着,在新古典框架下,如果我们想产生长期人均收入和人均消费的增长,那么这种增长必然源于技术进步,而非物质资本积累。

我们此前观察到,政府政策和制度上的差异可以被看作技术水平的差异。例如,在经济上,针对资本收入的高税率,产权保护上的无力,以及政府管制的不当,都相当于更低的技术水平。然而,通过政府政策和制度的无休止的改善来获得永久性增长应该是不可行的。因此,长期而言,持续增长将依然依赖于技术进步。

1.2.9 例子:柯布—道格拉斯技术

我们可以举例说明一个柯布—道格拉斯函数[式(1.11)]情形下的结论。稳态资本—劳动比取决于式(1.20):

$$k^* = \left[sA/(n+\delta) \right]^{1/(1-\alpha)} \tag{1.27}$$

注意到,正如我们从更为一般的生产函数 $f(k)$ 的图形上所看到的,k^* 随着储蓄率 s 和技术水平 A 的上升而上升,随着人口增长率 n 和折旧率 δ 的上升而下降。稳态人均产出由下式确定:

$$y^* = A^{1/(1-\alpha)} \cdot \left[s/(n+\delta) \right]^{\alpha/(1-\alpha)}$$

这样,y^* 是 s 和 A 的正函数,是 n 和 δ 的负函数。

在转移过程中,k 的增长率由式(1.23)决定:

$$\dot{k}/k = sAk^{-(1-\alpha)} - (n+\delta) \tag{1.28}$$

如果 $k(0) < k^*$,那么式(1.28)中的 $\dot{k}/k$ 为正。当 k 增加时,k 的增长率下降,且当 k 趋近于 k^* 时,k 的增长率趋近于 0。因为式(1.24)隐含着 $\dot{y}/y = \alpha \cdot (\dot{k}/k)$,所以 $\dot{y}/y$ 会类似于 $\dot{k}/k$。特别地,$y(0)$ 越低,$\dot{y}/y$ 越高。

闭合形式解 有意思的是,当生产函数是柯布—道格拉斯函数,且储蓄率不变时,k 的确切的时间路径有可能是一个闭合形式解。式(1.28)可以写成如下形式:

$$\dot{k} \cdot k^{-\alpha} + (n+\delta) \cdot k^{1-\alpha} = sA$$

如果令 $v \equiv k^{1-\alpha}$,我们能将上式变形为:

$$\left(\frac{1}{1-\alpha}\right) \cdot \dot{v} + (n+\delta) \cdot v = sA$$

上式是关于 v 的一阶线性微分方程。其解为:

$$v \equiv k^{1-\alpha} = \frac{sA}{(n+\delta)} + \left\{ [k(0)]^{1-\alpha} - \frac{sA}{(n+\delta)} \right\} \cdot e^{-(1-\alpha) \cdot (n+\delta) \cdot t}$$

最后一项为指数为 $-(1-\alpha) \cdot (n+\delta)$ 的幂函数。因此,当恒定比率正好为 $(1-\alpha) \cdot (n+\delta)$ 时,$k^{1-\alpha}$ 与稳态值 $sA/(n+\delta)$ 之间的差距将消失。

1.2.10 绝对收敛与条件收敛

$\dot{k}/k$ 关于 k 的导数为负,这也隐含在索洛—斯旺模型[式(1.23)]的基础方程式中:

$$\partial(\dot{k}/k)/\partial k = s \cdot [f'(k) - f(k)/k]/k < 0$$

其他条件不变,较小的 k 对应着较大的 $\dot{k}/k$。一个重要的问题突显出来了:这一结论是否意味着,从人均角度来看,人均资本较低的经济体增长得更快?换言之,经济体之间是否趋于收敛。

为了回答这些问题,假定一组封闭经济体(相互孤立的国家或地区)具有相似的结构,它们具有同样的参数值 s、n 和 δ,且具有相同的生产函数 $f(\cdot)$。这样,经济体具有相同的稳态值 k^* 和 y^*。假定经济体之间的唯一区别是人均资本的初始量 $k(0)$。这些初始值上的差距反映了过去的扰动,例如战争或短期冲击对生产函数的扰动。因而,模型意味着对于后发经济体——更低的 $k(0)$ 和 $y(0)$——其 k 具有更高的增长率,而且在典型情况下,这些经济体的 y 也具有更高的增长率[1]。

图 1.4 区分了两个经济体,一个具有较低的初始值 $k(0)_{贫穷}$,另一个具有较高的初始值 $k(0)_{富裕}$。因为每个经济体具有相同的基础参数,各种情形下 k 的动态值都取决于曲线 $s \cdot f(k)/k$ 和 $n+\delta$。因此,对于具有较低初始值 $k(0)_{贫穷}$ 的经济体来说,其 $\dot{k}/k$ 的增长率更高。这一结论隐含了一种收敛形式:资本—劳动比的初始值较低的国家或地区,其 $\dot{k}/k$ 具有更高的人均增长率,并趋于赶上或收敛于那些具有较高资本—劳动比的国家或地区。

在人均量上贫穷经济体趋于比富裕经济体增长更快的假设——不以经济体的任何其他特征为条件——被称为绝对收敛。但是,当我们面对各经济体的实际数据时,这一假说却是有问题的。例如,我们可以看一下 1960—2000 年间大量国家和地区的增长经历的横截面数据。图 1.7 描绘了 1960 年 114 个国家和地区的实际人均 GDP 的对数值和这些经济体在这 40 年间实际人均 GDP 的年均增长率。可见,该样本否定了绝对收敛假说。

---

[1] 如果生产函数是柯布—道格拉斯函数,且如果 $k \leqslant k^*$,或者如果 k 只比 k^* 高一点,那么这个结论就是明确成立的。

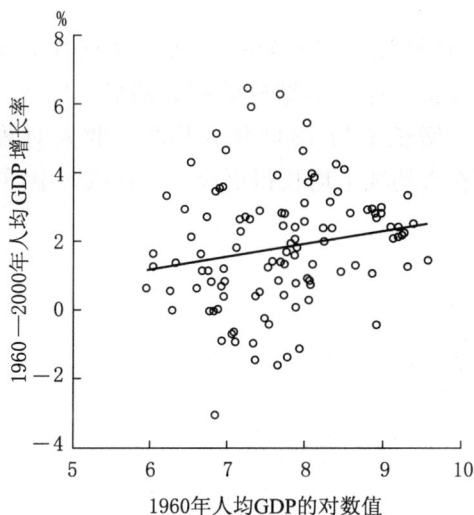

注:对这 114 个国家和地区的样本而言,1960—2000 年间的人均 GDP 平均增长率(纵轴所示)与 1960 年的实际人均 GDP(横轴所示)几乎没有什么关系。实际上,这种正相关性是非常小的。因此,绝对收敛不适用于大量国家的横截面数据。

图 1.7　各国 GDP 的收敛:增长率与 114 个国家和地区的初始实际人均 GDP

如果我们考虑一些更同质的经济体,该假设更为适用。我们不妨只考虑 18 个相对发达的国家,这些国家自从经济合作与发展组织(Organization for Economic Cooperation and Development,OECD)在 1961 年成立开始,就是其成员(参见图 1.8)[①]。图 1.8 描绘了这种情况下的结论。在这种情况下,初始更穷的国家确实经历了明显更高的人均增长率。

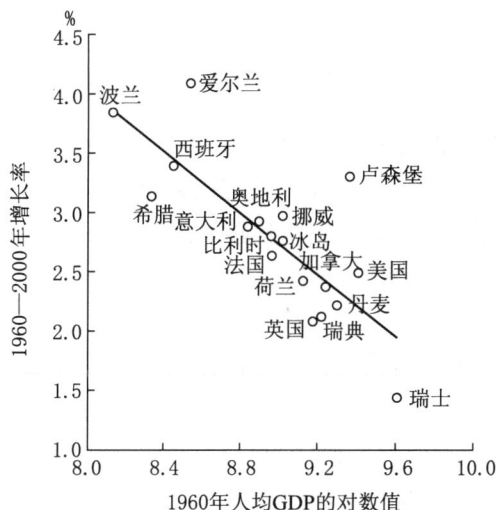

注:如果样本局限于 18 个最初的 OECD 国家(起始于 1961 年),则 1960—2000 年实际人均GDP 的平均增长率与 1960 年的实际人均 GDP 水平负相关。因此,绝对收敛适用于这些 OECD 国家。

图 1.8　OECD 国家间的 GDP 收敛性:增长率与 114 个国家的初始实际人均 GDP

---

① 　德国由于缺乏数据而被剔除在外;由于土耳其在 1960 年不是发达国家,因而也被剔除在外。

如果我们考虑更为同质的一组经济体(将阿拉斯加和夏威夷之外的美国各州看成独立的经济体),那么这一类结论就更为明显。图 1.9 描绘了 1880—2000 年间各州人均个人收入增长率与 1880 年人均个人收入对数值的关系。[1]绝对收敛——初始更穷的州在人均项上增长得更快——在该图中明确成立。

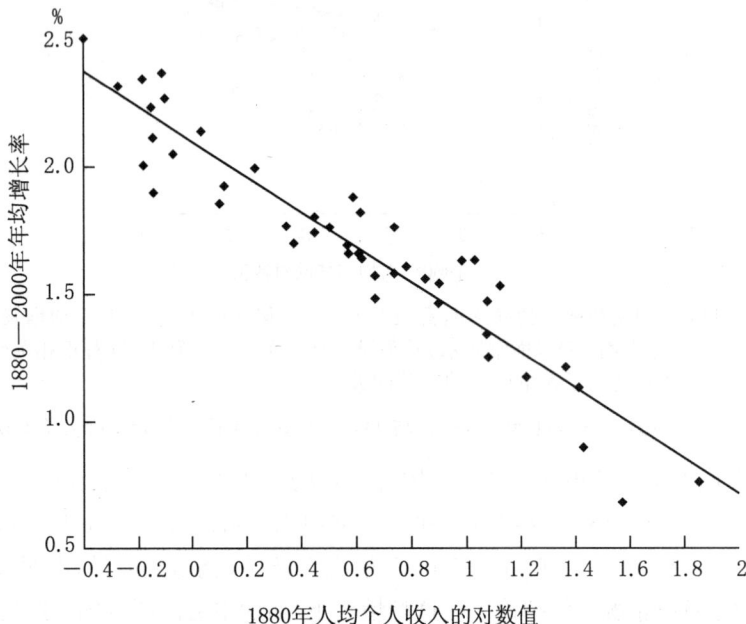

注:1880—2000 年间人均个人收入增长率(纵轴所示)与 1880 年人均收入水平(横轴表示)负相关。因此,绝对收敛适用于美国各州。

图 1.9　美国各州间的个人收入收敛:1880 年个人收入与 1880—2000 年间的收入增长

如果我们容许经济体之间存在异质性,特别是放弃所有经济体都有相同参数进而有相同稳态位置的假设,那么我们就可以将该理论应用于关于收敛的经验观察。如果稳态状态存在差异,那么我们就必须修正分析,考虑条件收敛的概念。条件收敛的主要思想是:离自身稳态值越远的经济体,其增长越快。

我们通过图 1.10 中的两个经济体来阐述条件收敛的概念。这两个经济体只在两个方面存在差异:第一,它们具有不同的初始人均资本量,$k(0)_{贫穷} < k(0)_{富裕}$;第二,它们具有不同的储蓄率,$s_{贫穷} \neq s_{富裕}$。我们此前的分析表明,储蓄率的差异会造成人均资本稳态值同方向上的差异,即,$k^*_{贫穷} \neq k^*_{富裕}$。[在图 1.10 中,这些稳态值由曲线 $s_i \cdot f(k)/k$ 与共同的直线 $n+\delta$ 的交点决定。]我们将探讨 $s_{贫穷} < s_{富裕}$,进而 $k^*_{贫穷} < k^*_{富裕}$ 的情形,因为这些差异有望解释为什么 $k(0)_{贫穷} < k(0)_{富裕}$ 在初始时期成立。(从经验上来讲,储蓄率和人均资本量之间的关系是成立的,正如我们在导

---

① 这里涉及美国 47 个州或地区。美国俄克拉荷马州因为在 1880 年之后出现土地暴动,数据缺乏,因而被剔除在外。

论中所讨论过的，真实人均 GDP 水平更高的国家趋于有更高的储蓄率。）

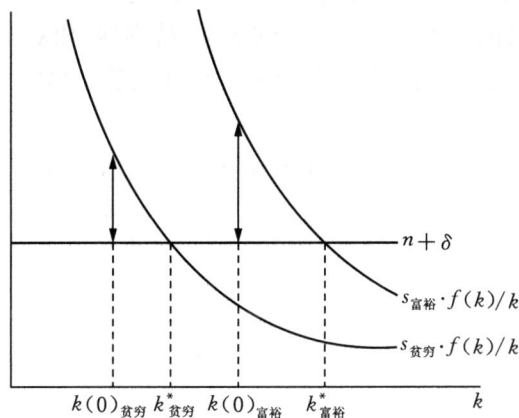

注：如果富裕经济体比贫穷经济体有更高的储蓄率，则富裕经济体离其稳态位置相对更远。这种情况下，就人均增长而言，富裕经济体在理论上的增长将比贫穷经济体更快，也就是说，绝对收敛不成立。

图 1.10　条件收敛

问题是，模型是否预测了贫穷经济体将比富裕经济体增长得更快？如果它们具有相同的储蓄率，那么人均增长率——曲线 $s \cdot f(k)/k$ 与直线 $n+\delta$ 之间的距离——对贫穷经济体而言将更大，且 $(\dot{k}/k)_{贫穷} > (\dot{k}/k)_{富裕}$ 成立。然而，如果富裕经济体具有更高的储蓄率，如图 1.10 所示，那么 $(\dot{k}/k)_{贫穷} < (\dot{k}/k)_{富裕}$ 可能成立，所以富裕经济体增长得更快。直观而言，贫穷经济体的低储蓄率抵消了其较高的资本平均产品这一经济增长的决定因素。因此，贫穷经济体可能以低于富裕经济体的速率增长。

　　新古典模型预言，每个经济体收敛于各自的稳态，而且这一收敛速度与其离稳态的距离成反比。换言之，一旦稳态的决定因素一定，更低的实际人均收入初始值趋向于产生更高的人均增长率，从这种意义而言，该模型预测了条件收敛。

　　如前文所述，稳态值 k^* 取决于储蓄率 s 和生产函数水平 $f(\cdot)$。我们还提到，政府政策和制度可以被看作能有效移动生产函数位置的其他因素。条件收敛的发现表明，我们应该保持 k^* 恒定不变，隔离掉其他因素来研究所预测的增长率和初始位置之间的反向关系。

　　从代数上而言，我们可以通过返回到关于 $\dot{k}/k$ 的式（1.23）来阐述条件收敛的概念。$\dot{k}/k$ 的决定因素之一就是储蓄率 s。我们可以用式（1.20）中的稳态条件来表达 s：

$$s = (n+\delta) \cdot k^* / f(k^*)$$

如果我们把 s 代入式（1.23），那么 $\dot{k}/k$ 可以表达如下：

$$\dot{k}/k = (n+\delta) \cdot \left[\frac{f(k)/k}{f(k^*)/k^*} - 1 \right] \tag{1.29}$$

当 $k=k^*$ 时,式(1.29)与 $\dot{k}/k=0$ 一致。对于给定的 k^*,上式意味着:k 的减少,增加了资本的平均产品 $f(k)/k$,进而增加了 $\dot{k}/k$。但是,只有当这种减少是相对于稳态值 k^* 而言时,更低的 k 才能对应更高的 $\dot{k}/k$。特别地,相对于稳态值 $f(k^*)/k^*$ 而言,$f(k)/k$ 很可能更大。这样,如果贫穷经济体的稳态值 k^* 与当前值 k 一样低的话,我们不能指望其快速增长。

在柯布—道格拉斯技术条件下,储蓄率可以被表示为:

$$s = \frac{(n+\delta)}{A} \cdot k^{*(1-\alpha)}$$

将其代入式(1.23),可得:

$$\dot{k}/k = (n+\delta) \cdot \left[\left(\frac{k}{k^*} \right)^{\alpha-1} - 1 \right] \qquad (1.30)$$

我们可以看出,资本增长率 k 取决于 k/k^*,也就是说,它取决于现有的和稳态的资本—劳动比之间的距离。

式(1.29)中的结果表明,在决定稳态值 y^* 的变量保持不变的情况下,我们应从经验的角度看待人均增长率 $\dot{y}/y$ 与初始值 $y(0)$ 之间的关系。对像美国各州这样相对同质的一组经济体而言,稳态值之间的差异可能很小,而我们仍然能够观察到图 1.9 中所显现的收敛性。然而,对 114 个国家和地区的横截面数据而言,如图 1.7 所示,稳态位置的差异可能很明显。而且,有着低初始水平 $y(0)$ 的国家可能已经处于稳态位置,正是因为它们具有低稳态值 y^*。而这种低稳态值 y^* 可能源于长期的低储蓄率或严重降低生产函数水平的持续的糟糕政策。换言之,如图 1.7 所示,人均增长率可能与 $\ln[y(0)]$ 几乎没什么关系,因为 $\ln[y(0)]$ 与其离稳态的差距 $\ln[y(0)/y^*]$ 不相关。条件收敛的观点表明,对随后谈到的人均增长率而言,与稳态的差距是很重要的变量。

在第 12 章中,我们将证明,引入代表稳态位置差异的变量会给大量国家和地区横截面数据的处理结果带来很大的差异。当其他变量不变时,人均增长率与初始实际人均 GDP 对数值之间的关系明显负相关,正如新古典模型所预测的那样。换言之,跨国数据支持条件收敛假说。

1.2.11 收敛与人均收入的离差

迄今为止,收敛概念说的是,有着较低人均收入(相对其稳态人均收入而言)的经济体趋于在人均项上更快地增长。这一行为经常与另一种收敛的含义——即一组经济体或个人之间的实际人均收入离差趋于持续下降——相混淆。[①]我们现在要证明:即使我们认为绝对收敛成立,但是人均收入的离差并不一定会趋于持续下降。

———————————

① 关于这两个收敛概念的深入探讨,参见 Sala-i-Martin(1990),以及 Barro 和 Sala-i-Martin(1992a)。

假定对一组经济体 $i=1,\cdots,N$（其中，N 足够大），绝对收敛成立。在离散时间序列（如年度数据）中，经济体 i 的实际人均收入可凭下列方法取得近似值：

$$\ln(y_{it}) = a + (1-b) \cdot \ln(y_{i,t-1}) + u_{it} \tag{1.31}$$

其中，a 和 b 是常数，且 $0<b<1$，u_{it} 是扰动项。$b>0$ 的条件意味着绝对收敛，因为年增长率 $\ln(y_{it}/y_{i,t-1})$ 与 $\ln(y_{i,t-1})$ 负相关。更大的系数 b 对应于更强的收敛趋势[1]。扰动项包含了对生产函数、储蓄率等的暂时冲击。我们假定，对所有的经济体，u_{it} 的均值为 0，方差都为 σ_u^2，且该扰动项在各经济体之间及在各时点之间都相互独立。

衡量人均收入的离差或不平等程度的一个指标是 $\ln(y_{it})$ 的样本方差：

$$D_t \equiv \frac{1}{N} \cdot \sum_{i=1}^{n} \left[\ln(y_{it}) - \mu_t\right]^2$$

其中，μ_t 是 $\ln(y_{it})$ 的样本均值。如果观测数目 N 很大，那么样本方差接近总体方差，而且我们可以用式(1.31)推导出 D_t 的持续演化：

$$D_t \approx (1-b)^2 \cdot D_{t-1} + \sigma_u^2$$

离差的一阶差分方程存在如下的一个稳态：

$$D^* = \sigma_u^2/[1-(1-b)^2]$$

因此，稳态离差随着 b（收敛效应的强度）的增加而下降，但随着扰动项的方差 σ_u^2 的增加而上升。特别地，即使 $b>0$，只要 $\sigma_u^2>0$，也有 $D^*>0$。

D_t 的演化可被表示为：

$$D_t = D^* + (1-b)^2 \cdot (D_{t-1} - D^*) = D^* + (1-b)^{2t} \cdot (D_0 - D^*)$$

$$\tag{1.32}$$

其中，D_0 是 0 时的离差。既然 $0<b<1$，D_t 单调地持续趋近于稳态值 D^*。式(1.32)意味着 D_t 的持续上升或下降依赖于 D_0 开始时是低于或高于稳态值[2]。特别值得注意的是，离差上升是与绝对收敛一致的（$b>0$）。

有关收敛和离差的这些结果类似于 Galton 关于人口身高分布所犯的错误[参见 Quah(1993)和 Hart(1995)的讨论]。一个家庭中的身高趋于向各代之间的均值回归（一个类似于我们的人均收入收敛概念的性质）的经验观察并不意味着全体人口之间身高的离差（一个与各经济体之间人均收入的离差类似的指标）会随时间

---

[1] $b<1$ 的条件排除了蛙跳效应或超调效应。在这种效应中，经系统预测，最初落后的经济体会在将来某一时刻赶超原本发达的经济体。蛙跳效应不会出现在新古典模型中，但会出现于我们在第 8 章要讨论的一些技术适应模型中。

[2] 我们通过考虑那些以相同的方式影响某一组经济体的因素，如对 σ_u^2 的短期冲击，或者战争、石油冲击等重大扰动，来拓展模型。在这种经过拓展的模型中，离差能够脱离我们所推导出的确定性路径；例如，即使当 D_0 的初始值大于其稳态值时，D_t 在某些时段内也会上升。

而趋于缩小。

1.2.12 技术进步

发明的分类 到目前为止,我们都假定技术水平持续不变。结果我们发现,从长期来看,所有的人均变量都是不变的。模型的这个特征明显是不真实的:例如,美国的人均增长率在近两个世纪中一直为正。在缺乏技术进步的情况下,收益递减将使得仅仅通过积累更多的人均资本来维持如此长时期的人均增长成为不可能。20世纪五六十年代的新古典经济学家们意识到了这个问题,并修正了基本模型,以容许技术持续进步。对模型的这些改善使得我们从收益递减的桎梏中摆脱出来,从而使经济得以实现长期的人均增长。我们现在来探讨当我们容许这样的技术进步时,模型如何运作。

尽管某些发现是无心插柳,但大多数技术进步都反映了有目的的活动,诸如在大学、公司或政府试验室里从事的研究与开发(R&D)。这类研究有时由私人机构出资,有时由诸如美国国家科学基金会之类的政府机构出资。由于投入到研究与开发的资源数量依赖于经济条件,所以技术的演进也要仰仗这些条件。这一关系将成为我们第6至8章分析的主题。而在此,我们只考虑技术外生提高的简单情形。

第一个问题是如何把外生技术进步引入到模型中。技术进步可以采取不同的形式。发明会使得生产者能用相对较少的资本投入或相对较少的劳动力投入来生产相同数量的产出。这两种情况分别被称作资本节约或劳动力节约的技术进步。并不会相对更多地节省某一种投入的发明被称作中性的或无偏向的发明。

中性技术进步的定义依赖于资本节约和劳动力节约的准确定义。有三种流行的定义,分别出自 Hicks(1932),Harrod(1942)以及 Solow(1969)。

Hicks 认为,如果对于某给定的资本—劳动比,其边际产品比率保持不变,那么这种技术创新是中性的(希克斯中性)。这一性质对应于等产量曲线的重新编号,以至于希克斯中性生产函数可被写成:

$$Y = T(t) \cdot F(K, L) \tag{1.33}$$

其中,$T(t)$是技术指数,且 $\dot{T}(t) \geqslant 0$。

Harrod 把在资本—产出比给定情况下,投入要素相对比$(K \cdot F_K)/(L \cdot F_L)$保持不变的创新定义为中性(哈罗德中性)。Robinson(1938)和 Uzawa(1961)证明,这一定义隐含着如下形式的生产函数:

$$Y = F[K, L \cdot T(t)] \tag{1.34}$$

其中,$T(t)$是技术指数,且 $\dot{T}(t) \geqslant 0$。这种形式被称为劳动增进型技术进步,因为技术进步增加产出的方式与劳动存量的增加产生的效果一样。(注意到,技术要素$T(t)$在生产函数中充当着 L 的倍数。)

最后，Solow 把在劳动—产出比给定情况下，投入要素相对比 $(L \cdot F_L)/(K \cdot F_K)$ 保持不变的创新定义为中性（索洛中性）。可以证明该定义隐含着如下形式的生产函数：

$$Y = F[K \cdot T(t), L] \qquad (1.35)$$

其中，$T(t)$ 是技术指数，且 $\dot{T}(t) \geqslant 0$。这种形式的生产函数被称为资本增进型生产函数，因为技术进步在增加产出方面的作用与资本存量增加相同。

技术进步为劳动增进型的必要性 假定我们只考虑不变的技术进步率。那么，在具备恒定人口增长率的新古典增长模型中，只有劳动增进型技术进步才能确保稳态的存在，即才能确保长期中各变量增长率保持不变。该结论的证明见本章附录（第 1.5 节）。

如果我们考虑具有稳态的模型，那么我们必须假定技术进步采用劳动增进型的形式。另一种更为复杂的方法是用于研究不存在稳态的模型——也就是说，就长期而言，这类模型里的各种增长率并不趋于固定不变。然而，美国及其他一些发达国家的长期经验表明，长期而言，人均增长率可以为正而且无趋势（参见第 12章）。这就是我们选择具有稳态的较简单模型的原因。该经验现象表明，有用的理论应该可以预测到人均增长率在长期中趋近于常数，也就是说模型具备稳态。

如果生产函数是柯布—道格拉斯函数，式(1.11)中的 $Y = AK^{\alpha}L^{1-\alpha}$，那么，从验算可知，技术进步的形式——无论增进 A，K 还是 L——对结论没有影响（结论请参见附录）。这样，在柯布—道格拉斯情况下，假定技术进步是劳动增进型的，对我们而言很稳妥。回顾一下柯布—道格拉斯函数的重要性质：在竞争条件下，要素收入份额是恒定的。因此，如果要素收入份额处于合理的稳定状态——似乎符合美国的经济，而与其他一些经济体的经济不符——我们可以将生产函数看作类似于柯布—道格拉斯函数，所以，也可以假定技术进步是劳动增进型的。

当生产函数不是柯布—道格拉斯函数时，从技术转变理论也可以推出技术进步。这是另一种方法。Acemoglu(2002)采用了这种方法，他使用的是第 6 章推导出来的内生技术转变模型的变体。他发现，在某些条件下，技术进步形式将会接近于劳动增进型。

具有劳动增进型技术进步的索洛—斯旺模型 我们现在假定，生产函数包含劳动增进型技术进步，如式(1.34)，且技术项 $T(t)$ 以不变速率 x 增长。资本存量变化的约束条件是：

$$\dot{K} = s \cdot F[K, L, T(t)] - \delta K$$

如果在等式两边同除以 L，我们能推导出 k 随时间变化的表达式：

$$\dot{k} = s \cdot F[k, T(t)] - (n+\delta)k \qquad (1.36)$$

与式(1.13)的唯一区别是，当前的人均产出依赖于技术水平 $T(t)$。

式(1.36)两边同除以 k，可计算增长率：

$$\dot{k}/k = s \cdot F[k, T(t)]/k - (n+\delta) \qquad (1.37)$$

如在式(1.23)中，$\dot{k}/k$ 等于两项之差，其中，第一项是 s 和资本的平均产品的乘积，而第二项是 $(n+\delta)$。唯一的差别是，当前，如果 k 给定，资本的平均产品 $F[k, T(t)]/k$ 持续增加，因为 $T(t)$ 以速度 x 增长。反映在图1.4上就是向下倾斜的曲线 $s \cdot F(\cdot)/k$ 持续右移，因此，与这条曲线和直线 $(n+\delta)$ 的交点相对应的 k 的值也持续右移。我们现在来计算稳态情境下 k 的增长率。

根据定义，稳态增长率 $(\dot{k}/k)^*$ 是恒定的。由于 s，n 和 δ 都是恒定的，式(1.37)意味着资本的平均产品 $F[k, T(t)]/k$ 在稳态中也是不变的。由于规模报酬不变，平均产品的表达式为 $F[1, T(t)/k]$，因而，只有当 k 和 $T(t)$ 以相同速率增长时，即 $(\dot{k}/k)^* = x$，它才是不变的。

人均产出由下式确定：

$$y = F[k, T(t)] = k \cdot F[1, T(t)/k]$$

由于 k 和 $T(t)$ 在稳态中以速度 x 增长，y 的稳态增长率等于 x。而且，由于 $c = (1-s) \cdot y$，c 的稳态增长率也等于 x。

为了便于分析具有技术进步的模型的转移动态，我们从在稳态情况下恒定的变量的角度来改写这个系统。既然 k 和 $T(t)$ 在稳态情况下以相同速率增长，我们只用考虑其比率 $\hat{k} \equiv k/T(t) = K/[L \cdot T(t)]$。变量 $L \cdot T(t) \equiv \hat{L}$ 常被称为**有效劳动数量**——劳动的物质数量 L 乘以其效率 $T(t)$。（有效劳动这一术语在这里是合适的，因为经济运行时，将 $\hat{L}$ 作为劳动投入。）变量 $\hat{k}$ 就是每单位有效劳动的资本数量。

每单位有效劳动的产出数量 $\hat{y} \equiv Y/[L \cdot T(t)]$ 由下式给定：

$$\hat{y} = F(\hat{k}, 1) \equiv f(\hat{k}) \qquad (1.38)$$

因此，如果分别以 $\hat{y}$ 和 $\hat{k}$ 来替换 y 和 k 的话，我们可以再一次写出集约形式的生产函数。如果像前文那样推导出式(1.13)和式(1.23)，不同在于目前存在 $A(t)$ 以速率 x 增长的条件，则我们可以推导出 $\hat{k}$ 的动态方程：

$$\dot{\hat{k}}/\hat{k} = s \cdot f(\hat{k})/\hat{k} - (x+n+\delta) \qquad (1.39)$$

除了有"$\wedge$"符号外，式(1.39)和式(1.23)的唯一区别在于，右侧的最后一项包含了参数 x。$x+n+\delta$ 现在是关于 $\hat{k} \equiv K/\hat{L}$ 的有效折旧。如果储蓄率 s 为零，则 $\hat{k}$ 将下降，其部分原因是 K 以速率 δ 折旧，部分原因是 $\hat{L}$ 以速率 $x+n$ 增长。

类似于1.2.4节的论证，我们可以证明，$\hat{k}$ 的稳态增长率为零。稳态值 $\hat{k}^*$ 满足下列条件：

$$s \cdot f(\hat{k}^*) = (x+n+\delta) \cdot \hat{k}^* \qquad (1.40)$$

$\hat{k}$ 的转移动态在性质上与前面模型中 k 的转移动态是相同的。特别地，我们可以构建类似于图1.4的图，其中，横轴表示 $\hat{k}$，向下倾斜的曲线为 $s \cdot f(\hat{k})/\hat{k}$，水

平线位于 $x+n+\delta$ 而非 $n+\delta$ 的水平。图 1.11 显示了这个新结构。就像前面借助于图 1.4 一样,我们可以利用这张图来评价初始值 $\hat{k}(0)$ 与增长率 $\dot{\hat{k}}/\hat{k}$ 之间的关系。

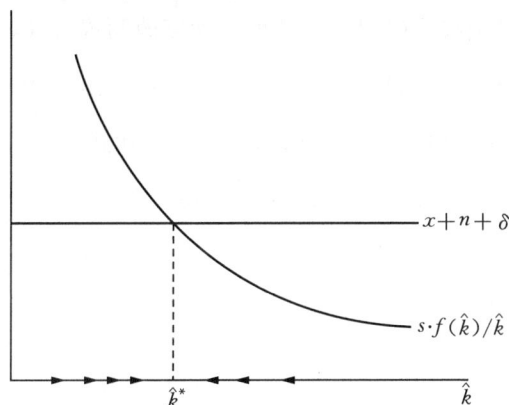

注:有效工人的人均资本增长率($\hat{k} \equiv K/LT$)由曲线 $s \cdot f(\hat{k})/\hat{k}$ 和有效折旧直线 $x+n+\delta$ 之间的垂直距离决定。当 $\hat{k}$ 恒定不变时,经济处于稳态。由于 T 以恒定速率 x 增长,人均资本 k 的稳态增长率也等于 x。

图 1.11   带有技术进步的索洛—斯旺模型

在稳态中,带"^"的变量——$\hat{k}$,$\hat{y}$,$\hat{c}$——是恒定不变的。因此,人均变量——k,y,c——在稳态中以外生技术进步率 x 增长①。水平变量——K,Y,L——在稳态中以 $n+x$(人口增长与技术进步之和)的速率增长。值得注意的是,与前面忽略技术进步的分析中一样,储蓄率的变动或生产函数的垂直移动影响长期水平——$\hat{k}^*$,$\hat{y}^*$,$\hat{c}^*$,但是不影响稳态增长率。与之前一样,这类扰动影响从初始位置 $\hat{k}(0)$ 向稳态值 $\hat{k}^*$ 转移过程中的增长率。

1.2.13   收敛速度的定量检测

了解转移动态的速度很重要。如果收敛速度很快,我们就可以专注于稳态行为,因为大多数经济都将接近其稳态。反过来,如果收敛速度很缓慢,经济一般将远离其稳态,因为它们的增长过程被转移动态所主导。

我们现在提供一个对式(1.11)中柯布—道格拉斯生产函数情形的收敛速度的定量估计。(后面我们将一般化到更多的生产函数类型。)我们可以利用式(1.39),用 $\hat{L}$ 替代 L,来决定柯布—道格拉斯情形中 $\hat{k}$ 的增长率:

$$\dot{\hat{k}}/\hat{k} = sA \cdot (\hat{k})^{-(1-\alpha)} - (x+n+\delta) \tag{1.41}$$

收敛速度 β 可用比例意义上随着资本存量增加,增长率下降的程度来衡量,即:

---

① 我们一直遵守 $(1/\hat{k}) \cdot (d\hat{k}/dt) = \dot{k}/k - x$。所以,$(1/\hat{k}) \cdot (d\hat{k}/dt) = 0$ 意味着 $\dot{k}/k = x$。同理,对 $\dot{y}/y$ 和 $\dot{c}/c$ 也存在同样的关系。

$$\beta = -\frac{\partial(\dot{\hat{k}}/\hat{k})}{\partial \ln \hat{k}} \tag{1.42}$$

注意,因为该导数为负,所以我们在 β 的表达式内加了一个负号,因此,β 为正:

为算出 β,我们必须将式(1.41)中的增长速度改写成 $\ln(\hat{k})$ 的函数:

$$\dot{\hat{k}}/\hat{k} = sA \cdot (e)^{-(1-\alpha)\cdot\ln(\hat{k})} - (x+n+\delta) \tag{1.43}$$

我们通过对式(1.43)中的 $\ln(\hat{k})$ 求导,可得 β 的表达式为:

$$\beta = (1-\alpha) \cdot sA \cdot (\hat{k})^{-(1-\alpha)} \tag{1.44}$$

注意,资本存量朝着其稳态值增加时,收敛速度不是恒定不变的,但可谓是单调下降的。在稳态情况下,$sA \cdot (\hat{k})^{-(1-\alpha)} = (x+n+\delta)$ 成立。因此,在临近稳态的区域,收敛速度等于:

$$\beta^* = (1-\alpha) \cdot (x+n+\delta) \tag{1.45}$$

在向稳态转移的过程中,收敛速度 β 超过了 β^*,且持续下降。

推导 β^* 的表达式的另一种方法是考虑邻近稳态区域的式(1.41)的对数线性近似值:

$$\dot{\hat{k}}/\hat{k} \cong -\beta^* \cdot [\ln(\hat{k}/\hat{k}^*)] \tag{1.46}$$

其中,β^* 源于式(1.41)相对稳态的对数线性化。该生成的系数可以被证明等于式(1.45)的右边部分。关于对该对数线性化等式求导的方法请参见本章最后的附录(1.5 节)。

在考虑进一步利用式(1.45)之前,我们将证明该等式也适用于 $\hat{y}$ 的增长率。就式(1.11)中的柯布—道格拉斯生产函数,我们有:

$$\dot{\hat{y}}/\hat{y} = \alpha \cdot (\dot{\hat{k}}/\hat{k})$$
$$\ln(\hat{y}/\hat{y}^*) = \alpha \cdot \ln(\hat{k}/\hat{k}^*)$$

如果把上述式子代入式(1.46),我们可得:

$$\dot{\hat{y}}/\hat{y} \approx -\beta^* \cdot [\ln(\hat{y}/\hat{y}^*)] \tag{1.47}$$

因此,$\hat{y}$ 的收敛系数与 $\hat{k}$ 的收敛系数相同。

式(1.45)表明,在邻近稳态的区域内,经济体的人均有效工人产出 $\hat{y}$ 接近稳态值 $\hat{y}^*$ 的速度有多快。例如,如果 $\beta^* = 0.05$ 每年,那么 $\hat{y}$ 与 $\hat{y}^*$ 的差距每年消失5%。这样,收敛的半衰期——消除一半初始差距所要的时间——大约是 14 年[①]。消除 3/4 的差距需要 28 年。

我们从定量的角度来考察式(1.45)中收敛系数 $\beta^* = (1-\alpha) \cdot (x+n+\delta)$ 的

---

① 式(1.47)是关于 $\ln[\hat{y}(t)]$ 的微分方程,其解为:$\ln[\hat{y}(t)] = (1-e^{-\beta^* t}) \cdot \ln(\hat{y}^*) + e^{-\beta^* t} \cdot \ln[\hat{y}(0)]$。当 $\ln[\hat{y}(t)]$ 位于 $\ln[\hat{y}(0)]$ 与 $\ln[\hat{y}^*]$ 之间时,t 满足条件 $e^{-\beta^* t}=1/2$。因此,半衰期是 $\ln(2)/\beta^* = 0.69/\beta^*$。因而,如果 $\beta^* = 0.05$ 每年,半衰期为 14 年。

理论含义。特性之一是，储蓄率 s 并不影响收敛速度 β^*。这一结果反映了柯布—道格拉斯情形中正好相互抵消的两股力量：第一，给定 $\hat{k}$，更高的储蓄率导致更大的投资，进而更快的收敛速度；第二，更高的储蓄率提高了稳态资本密集度 $\hat{k}^*$，从而降低了稳态邻域中资本的平均产品，进而降低了收敛速度。系数 β^* 独立于经济效率的总体水平 A。A 上的差异如同 s 上的差异一样，对收敛速度有两个相互抵消的影响，而这些影响在柯布—道格拉斯情形下正好相互抵消。

为了弄明白式(1.45)中参数的数量含义，我们假设基准值 $x = 0.02$ 每年，$n = 0.01$ 每年和 $\delta = 0.05$ 每年。这些值基本上是合理的，例如对于美国经济而言就是这样的。对应于理论中参数 x 的值，实际美国 GDP 的长期增长率约为每年 2%。近几十年美国的年均人口增长速度是 1%，此外，所测得的建筑与设备的全部存量的年均折旧率大约为 5%。

假定参数值 x，n 和 δ 给定，那么式(1.45)中的系数 β^* 由资本份额参数 α 决定。从狭义的物质资本（建筑和设备）而言，资本占总收入的常见份额约为 $1/3$（参见 Denison，1962；Maddison，1982；以及 Jorgenson，Gollop and Fraumeni，1987）。如果我们令 $\alpha = 1/3$，那么式(1.45)意味着 $\beta^* = 5.6\%$ 每年，收敛的半衰期为 12.5 年。换言之，如果资本份额是 $1/3$，那么新古典模型将预测相对较短的转移过程。

在第 11 章和第 12 章中，我们将提出，这一预测的收敛速度过快，与经验证据不吻合。而在 1.5%—3.0% 范围内的收敛系数 β 与数据更吻合。如果 $\beta^* = 2.0\%$ 每年，半衰期是 35 年，而消除与稳态的初始差距的 $3/4$ 所需时间约为 70 年。换言之，与经验证据相一致的收敛速度表明，显著收敛所需的时间一般要持续几代人之久。

为了与年均 2% 的观测数据一致，新古典模型需要高得多的资本份额数。例如，值 $\alpha = 0.75$ 与其他参数的基准值结合在一起意味着 $\beta^* = 2.0\%$ 每年。尽管 0.75 的资本份额相对于狭义的物质资本而言过高了，但是如果把人力资本也包括在内，这一份额就是合理的。

经扩展的带有物质资本和人力资本的索洛—斯旺模型　增加资本份额的方法之一是在模型中加入人力资本。考虑一个物质资本为 K、人力资本为 H[1] 和原始劳动为 L 的柯布—道格拉斯生产函数：

$$Y = AK^{\alpha}H^{\eta}\left[T(t) \cdot L\right]^{1-\alpha-\eta} \tag{1.48}$$

其中，$T(t)$ 仍以外生速率 x 增长。等式两边除以 $T(t) \cdot L$ 可得单位有效劳动产出为：

$$\hat{y} = A\hat{k}^{\alpha}\hat{h}^{\eta} \tag{1.49}$$

产出可以按 1 比 1 的比例用于消费或者对任一种形式的资本的投资。遵循

---

① 第 4 章和第 5 章更详细地探讨了人力资本。

Solow和Swan的思路,我们仍假设人们的消费占总收入的比重 $1-s$ 恒定不变,所以累积增长率为:

$$\dot{\hat{k}} + \dot{\hat{h}} = sA\hat{k}^{\alpha}\hat{h}^{\eta} - (\delta+n+x)(\hat{k}+\hat{h}) \tag{1.50}$$

其中,我们假设两种资本以相同的不变速率折旧。

关键问题是,总储蓄如何在物质资本和人力资本之间分割。如果两种形式的投资都是允许的,那么我们有理由认为居户会投资于收益更高的资本,所以两种资本的收益率——进而两种资本的边际产品——会相等。因此,我们得到下列条件[①]:

$$\alpha \cdot \frac{\hat{y}}{\hat{k}} - \delta = \eta \cdot \frac{\hat{y}}{\hat{h}} - \delta \tag{1.51}$$

边际产品的相等意味着物质资本和人力资本之间存在如下的对应关系:

$$\hat{h} = \frac{\eta}{\alpha} \cdot \hat{k} \tag{1.52}$$

我们将这一关系代入式(1.50)中,消去 $\hat{h}$,可得:

$$\dot{\hat{k}} = s\widetilde{A}\hat{k}^{\alpha+\eta} - (\delta+n+x) \cdot \hat{k} \tag{1.53}$$

其中,$\widetilde{A} \equiv \left[\dfrac{\eta^{\eta}\alpha^{(1-\eta)}}{\alpha+\eta} \right] \cdot A$ 是一个常数。注意,这个累积方程式等同于式(1.41),除了人均工人资本量上的指数现在由 α 变成了物质资本和人力资本的比例之和 $\alpha+\eta$ 之外。用类似于前面章节所采用的推理,我们可以得到稳态下的收敛系数的表达式:

$$\beta^* = (1-\alpha-\eta) \cdot (\delta+n+x) \tag{1.54}$$

Jorgenson, Gollop 和 Fraumeni(1987)估测人力—资本比介于 0.4 与 0.5 之间。当 $\eta = 0.4$,并具备前文提到的基准参数,且 $\alpha = 1/3$ 时,预测出来的收敛速度为 $\beta^* = 0.021$。因此,在包括人力资本的广义资本概念下,索洛—斯旺模型可以推导出经验观测到的收敛速度。

Mankiw, Romer 和 Weil(1992)采用了类似于式(1.48)的生产函数。然而,与索洛—斯旺模型假设总储蓄率不变且外生所不同,他们假设两种资本的投资率都是不变和外生的。因此,就物质资本而言,其增长率是:

$$\dot{\hat{k}} = s_k\widetilde{A}\hat{k}^{\alpha-1}h^{\eta} - (\delta+n+x) = s_k\widetilde{A} \cdot e^{-(1-\alpha)\ln\hat{k}} \cdot e^{\eta\ln\hat{h}} - (\delta+n+x) \tag{1.55}$$

其中,s_k 是外生且不变的。同理,对人力资本而言,其增长率为:

---

① 在市场竞争的假设下,利润可为 $\pi = AK_t^{\alpha}H_t^{\eta}(T_tL_t)^{1-x-\eta} - R_kK - R_hH - wL$,其中,$R_k$ 和 R_h 分别是人力资本和物质资本的租金率。公司利润最大化的一阶条件要求,每种资本品的边际产品等于其租金率,$R_k = \alpha\dfrac{\hat{y}}{\hat{k}}$ 且 $R_h = \alpha\dfrac{\hat{y}}{\hat{h}}$。在不存在不确定性的情况下,物质资本、人力资本和贷款都是可以完全替代的价值储藏品,因此三者的净收益率必定相同。换言之,$r = R_k - \delta = R_h - \delta$。因此,追求最优化的公司在租用物质资本和人力资本时,必然使二者的边际产品相等。

$$\dot{\hat{h}} = s_h \widetilde{A} \hat{k}^\alpha h^{\eta-1} - (\delta+n+x) = s_h \widetilde{A} \cdot e^{\alpha \ln \hat{k}} \cdot e^{-(1-\eta)\ln \hat{h}} - (\delta+n+x)$$

(1.56)

其中,s_h 是另一个外生常数。这种方法的缺点是,物质资本和人力资本的收益率不相等。

$\hat{y}$ 的增长率是两种要素增长率的加权平均值:

$$\dot{\hat{y}}/\hat{y} = \alpha \cdot (\dot{\hat{k}}/\hat{k}) + \eta \cdot (\dot{\hat{h}}/\hat{h})$$

如果我们采用式(1.55)和式(1.56),通过一阶泰勒展开式,可得:

$$\dot{\hat{y}}/\hat{y} = \{\alpha s_k \widetilde{A} \cdot e^{-(1-\alpha)\ln \hat{k}^*} \cdot e^{\eta \ln \hat{h}^*} \cdot [-(1-\alpha)] + \eta s_h \widetilde{A} \cdot e^{\alpha \ln \hat{k}} \cdot e^{-(1-\eta)\ln \hat{h}^*} \cdot \alpha\} \cdot$$

$$(\ln \hat{k} - \ln \hat{k}^*) + \{\alpha s_k \widetilde{A} \cdot e^{-(1-\alpha)\ln k^*} \cdot e^{\eta \ln h^*} \cdot \eta + \eta s_h \widetilde{A} \cdot e^{\alpha \ln \hat{k}} \cdot e^{-(1-\eta)\ln \hat{h}} \cdot$$

$$[-(1-\eta)]\} \cdot (\ln \hat{h} - \ln \hat{h}^*)$$

根据从式(1.55)和式(1.56)导出的稳态条件,可以得出:

$$\dot{\hat{y}}/\hat{y} = -(1-\alpha-\eta) \cdot (\delta+n+x)[\alpha \cdot (\ln \hat{k} - \ln \hat{k}^*) + \eta(\ln \hat{h} - \ln \hat{h}^*)]$$

$$= -\beta^* \cdot (\ln \hat{y} - \ln \hat{y}^*)$$

(1.57)

因此,在稳态附近内,收敛系数 $\beta^* = (1-\alpha-\eta) \cdot (\delta+n+x)$,正如式(1.54)所示。

1.3　内生增长模型

1.3.1　新古典理论的理论缺陷

在 20 世纪 80 年代中期,人们逐渐发现,作为探索长期增长决定因素的工具,标准新古典增长模型还存在理论缺陷。我们看到,不存在技术变化的模型认为经济体最终将收敛到人均增长为零的稳态,其根本原因是递减的资本收益。克服这一困难的方法是延伸资本的概念,较典型的做法是加入人力元素,然后假定收益递减不适用于这一更宽泛的资本范畴。该方法将在下一节提到,并在第 4 章和第 5 章中详细探讨。然而,另一种观点认为,从长期来看,以产生新思想的形式表现出来的技术进步是经济体得以摆脱收益递减的唯一方式。因此,不把技术进步看作外生的,而是在增长模型内对其进行解释,成为当务之急。但是,把技术进步内生化的方法在新古典模型中遇到了根本性的困难——本质原因是作为技术基石的思想(idea)是非竞争性的。

我们还记得技术水平 T 的一个重要特征就是,它在生产过程中是非竞争性的投入要素。因此,前文中我们用以证明规模报酬不变这一假设的复制论证表明,资本和劳动这两种竞争性投入要素是对规模的正确测度。所以,我们之前用到的规模报酬不变的概念是 K 和 L 的一阶齐次:

$$F(\lambda K, \lambda L, T) = \lambda \cdot F(K, L, T)$$

根据欧拉定理,一阶齐次函数可以被写成:

$$F(K, L, T) = F_K \cdot K + F_L \cdot L \qquad (1.58)$$

目前为止,在我们的分析中我们曾假设,所有的公司都可以免费地获取同样的技术 T。这种可获取性在理论上是可行的,因为 T 是非竞争性的。然而,T 实际上至少可以存在部分排他性——如专利保护、秘密和经验可以让某些生产者获取比他人更先进的技术。此处,我们维持技术是非排他性的假设,所以所有生产者具有同样的获取渠道。该假设还意味着,所有的生产者可以立刻获取技术进步。

我们从前文的分析中可知,完全竞争性企业将投入要素的价格 R 和 w 视为给定,最终会使各投入要素的边际产品等于各自的价格,即 $F_K = R$ 且 $F_L = w$。从式(1.58),我们可知投入要素的支出之和等于总产出,因此,每个企业的利润在任何时点都为零。

假定某企业可选择支付固定成本 κ,将技术从 T 提升到 T'。根据假设,既然所有的生产者都可以免费地获得这一新技术,因而我们可以得知,R 和 w 的均衡值将再次导致各企业的利润为零。因此,支付了固定成本 κ 的企业,由于无法从未来的利润中获得补偿,所以最终将会亏本。因此,如果技术是非排他性的(和非竞争性的),竞争性新古典模型无法容许对技术改变的投资。

下一步显然是要让技术至少具备部分排他性。为了借助这一拓展把问题看得更明白,我们来考虑完全排他性这一极端情况,即各企业的技术完全是私有的。然而,假定企业能以无限多种方式通过支付固定成本 κ 将知识水平从 T 提高到 T'——换言之,可自由进入创造工艺技术的领域。假定所有公司的技术起点为 T。那么,是否有某个公司存在为将技术提高到 T' 而支付 κ 的动机? 实际上,这种动机是巨大的。在现有投入要素价格为 R 和 w 的情况下,具有领先技术的新古典企业将从所生产的每单位产品中获得净利润。因为假定规模报酬不变,企业将积极地雇用经济体中所有的资本和劳动。在这种情况下,公司将具有很大的垄断权,并可能不再是商品和要素市场上的完全竞争者。因此,完全竞争的假设将会无法成立。

与该结论相关的更基本的问题是,其他企业将意识到同样的获利机会,而且也会支付成本 κ 来获取更先进的技术 T'。然而,当很多企业将其技术提高相同水平时,竞争会提高要素价格 R 和 w,以至于利润再次降为零。在这种情况下,没有企业能收回其固定支出 κ,正如在技术非排他性的模型中得到的结论。因此,这并非是有利于技术进步发生的均衡(因为所有创新者都遭受损失),且这也并非妨碍技术进步发生的均衡(因为单个创新者具有巨大的潜在利润)。

这种概念上的缺陷驱使研究者们引入不完全竞争的某些特征,以构建令人满意的模型。在这种模型中,技术水平可通过研发支出等有目的的活动来获得提高。因此,这种有望带来内生技术进步的潜力,可以导致内生增长,从而可以冲破总体上收益递减的束缚。Romer(1990)以及 Aghion 和 Howitt(1992)最先倡导的这种模型,我们将在第6—8章对其进行考察。现在,我们只研究技术不变或外生变动的模型。

1.3.2 *AK* 模型

这类内生增长模型的主要特征是不存在资本收益递减。最简单的不存在收益递减的生产函数是 *AK* 函数[①]：

$$Y = AK \tag{1.59}$$

其中，A 是影响技术水平的为正的常数。虽然收益递减或多或少总是存在的，但是，如果我们从更广义的角度来看待 K，将人力资本也包括在内，那么假设资本收益递减不存在是合理的[②]。人均产出是 $y = Ak$，且在 $A > 0$ 的水平下，资本的平均产品和边际产品是恒定不变的。

如果我们将 $f(k)/k = A$ 代入式(1.13)，可得：

$$\dot{k}/k = sA - (n+\delta)$$

我们回到 $x = 0$ 这种不存在技术进步的情况，因为我们想证明，即使不存在外生技术变化，人均增长也会在长期中出现。显示在图中就是，图1.4中向下倾斜的储蓄曲线 $s \cdot f(k)/k$ 换成图1.12中位于 sA 的水平线。折旧曲线仍然是位于 $n+\delta$ 的水平线。因此，$\dot{k}/k$ 是位于直线 sA 和直线 $n+\delta$ 之间的垂直距离。图中显示的情况是 $sA > (n+\delta)$，所以 $\dot{k}/k > 0$。因为这两条直线平行，那么 $\dot{k}/k$ 是恒定的；特别的是，它与 k 无关。所以，k 总是在稳态情况下增长，即 $(\dot{k}/k)^* = sA - (n+\delta)$。

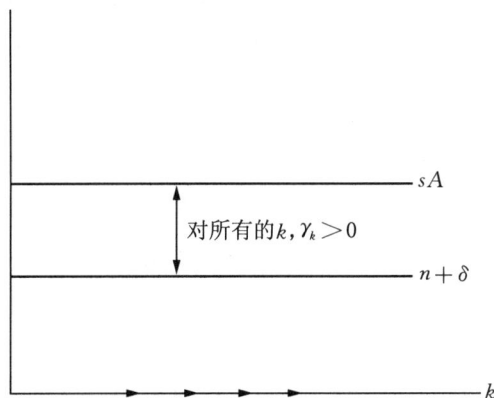

注：如果生产技术为 *AK* 函数，那么储蓄曲线 $s \cdot f(k)/k$ 是 sA 水平上的一条水平线。如果 $sA > n+\delta$，那么 k 将持续增长，甚至不必依赖技术进步。

图1.12　AK 模型

由于 $y = Ak$，所以 $\dot{y}/y = \dot{k}/k$ 在任何时点都成立。此外，由于 $c = (1-s) \cdot y$，$\dot{c}/c = \dot{k}/k$ 也成立。因此，模型中的所有人均变量都以同样且不变的速率增长，如

---

① 我们认为第一位使用 *AK* 型生产函数的经济学家是 von Neumann(1937)。

② Knight(1944)曾强调，收益递减也许不适用于广义的资本概念。

下所示：

$$\gamma^* = sA - (n+\delta) \tag{1.60}$$

注意，在没有任何技术进步的情况下，AK 技术所描绘的经济体也展示了正的人均长期增长率。而且，式(1.60)中的人均增长率取决于模型中的行为参数，包括 s，A 和 n。例如，与新古典模型不同，更高的储蓄率 s 导致更高的长期人均增长率 γ^*①。类似地，如果技术水平 A 永久性地提高(或者通过消除政府政策对经济的某种扭曲，而有效地提升了 A)，那么长期增长率将变得更高。折旧率 δ 和人口增长率 n 上的变化同样对人均增长率存在永久性影响。

与新古典模型不同，AK 模型并没有预测绝对收敛或条件收敛，即 $\partial(\dot{y}/y)/\partial y = 0$ 对所有水平的 y 都成立。考虑具有相同的参数 s，A，n 和 δ，从而结构类似的一组经济体。经济体只在初始人均资本存量 $k(0)$ 上存在差异，因此，在 $y(0)$ 和 $c(0)$ 上存在差异。由于模型认为，每个经济体都以相同的人均比率 γ^* 增长，尽管其初始位置不同，因而可以预测所有经济体都以相同的人均比率增长。该结论反映了收益递减假设的缺失。研究该结论的另一种方法是将 AK 模型看作具有单位资本份额 $\alpha = 1$ 的柯布—道格拉斯模型。前文关于收敛的分析表明，收敛速度由式(1.45)决定，因此，$\alpha = 1$ 意味着 $\beta^* = 0$。因为条件收敛似乎是经验规律，所以这一预测是该模型的一个主要缺陷。详细探讨请参见第 11—12 章。

我们提到过，理解 AK 生产函数中不存在收益递减假设的一种方法是考虑囊括物质资本和人力资本在内的广义资本概念。在第 4—5 章中，我们更详细地探讨了包含这两类资本的模型。

其他的方法也被用于消除新古典模型中的收益递减倾向。我们将在第 4 章中讨论由 Arrow(1962)引入且被 Romer(1986)所采用的干中学(learning by doing)概念。在这种模型中，生产和投资的经验能提高生产率。而且，通过知识在生产者之间的溢出效应，某个生产者的学习可以提高其他人的生产率。因此，更大的经济系统的资本存量(或者以往产出总量的更大积累)提高了各生产者的技术水平。结果，资本的收益递减不适用于总量，而收益递增却成为可能。在收益递增的情况下，每个生产者的资本的平均产品 $f(k)/k$ 趋向于随着经济系统内 k 的上升而上升。所以，图 1.4 中的曲线 $s \cdot f(k)/k$ 趋向于向上倾斜(至少在某一范围内会这样)，且增长率 $\dot{k}/k$ 在该区间内随 k 的增加而增加。这样，这类模型认为，至少在人均收入的某些区间内，经济体之间的差距倾向于扩大。但是，我们尚不清楚这些发散的区间在实际数据之中是否的确存在。

---

① 采用 AK 生产函数，我们不可能遇到在新古典模型中可能出现的无效率的过度储蓄。在某一时点将 s 永久性地移到更高的位置，则意味着该时点上更低水平的 c，但却永久性地得到了更高水平的人均增长率 y^*，以及未来某个时点之后由其带来的更高水平的 c。这种变化并不能被描述为无效率的，因为它是否合意取决于居户对未来消费水平的贴现。

1.3.3　具有转移动态的内生增长

AK 模型通过回避长期资本收益递减来得到内生增长。然而,这种特殊的生产函数也意味着,资本的边际产品和平均产品一直是不变的,因此,基于该生产函数的增长率无法体现收敛特性。既保留长期资本收益不变的特征,又恢复收敛性质,这是有可能的——这是 Jones 和 Manuelli(1990)所提出的思想[1]。

由式(1.13)可得 k 的增长率的表达式:

$$\dot{k}/k = s \cdot f(k)/k - (n+\delta) \tag{1.61}$$

如果稳态存在,那么根据定义,与之相关的增长率 $(\dot{k}/k)^*$ 是不变的。正的 $(\dot{k}/k)^*$ 意味着 k 的增长没有限制。式(1.13)意味着,当 k 趋于无穷大时,资本的平均产品 $f(k)/k$ 位于 $(n+\delta)/s$ 之上是 $(\dot{k}/k)^*$ 为正的充要条件。换言之,如果平均产出趋近于某个极限,那么 $\lim_{k\to\infty}[f(k)/k] > (n+\delta)/s$ 对于内生稳态增长而言是充要条件。

如果当 $k\to\infty$ 时,$f(k)\to\infty$,那么根据罗必塔法则,当 k 趋近于无穷大时,平均产品 $f(k)/k$ 和边际产品 $f'(k)$ 的极限是相同的。(此处,我们假设 $\lim_{k\to\infty}[f'(k)]$ 存在。)因此,内生稳态增长的关键条件是 $f'(k)$ 的界限需充分大于 0。

$$\lim_{k\to\infty}[f(k)/k] = \lim_{k\to\infty}[f'(k)] > (n+\delta)/s > 0$$

该不等式违反了新古典模型中标准稻田条件中的一条, $\lim_{k\to\infty}[f'(k)] = 0$。从经济学意义上讲,违背该条件意味着资本收益递减的趋势最终消失。换言之,当 k 很低时,生产函数可以呈现出对 k 的收益递减或递增,但是当 k 变大时,资本的边际产品一定是有下界的。下面就是一个生产函数渐近地收敛于 AK 形式的简单例子:

$$Y = F(K, L) = AK + BK^\alpha L^{1-\alpha} \tag{1.62}$$

其中,$A>0$,$B>0$,且 $0<\alpha<1$。注意,该生产函数是 AK 函数和柯布—道格拉斯函数的结合。它体现了不变的规模报酬,以及为正并递减的劳动和资本的收益。然而,由于 $\lim_{K\to\infty}(F_K) = A > 0$,所以稻田条件中的一条被违反了。

我们可以把函数写成人均形式:

$$y = f(k) = Ak + Bk^\alpha$$

资本的平均产品为:

$$f(k)/k = A + Bk^{-(1-\alpha)}$$

它随着 k 的增加而递减,但是随着 k 趋于无穷大而趋近于 A。

为了分析模型的动态,利用式(1.13),可得:

---

[1]　相关讨论请参见 Kurz(1968)。

$$\dot{k}/k = s \cdot [A + Bk^{-(1-\alpha)}] - (n + \delta) \qquad (1.63)$$

图 1.13 表明,储蓄曲线是向下倾斜的,且直线 $n+\delta$ 是水平的。与图 1.4 的区别在于,当 k 趋近于无穷时,图 1.13 中的储蓄曲线趋近于正值 sA,而非 0。如果像图中所假设的那样 $sA > n+\delta$,则稳态增长率 $(\dot{k}/k)^*$ 为正。

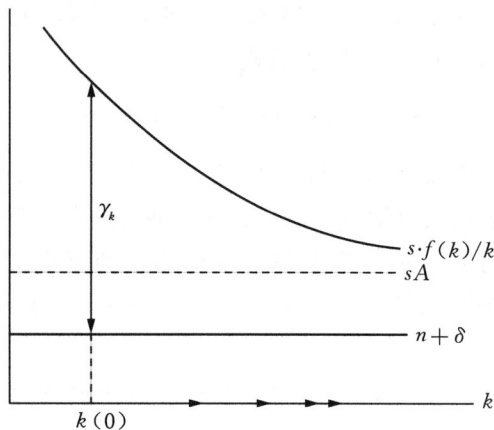

注:如果技术是 $F(K, L) = AK + BK^{\alpha}L^{1-\alpha}$,那么 k 的增长率对所有 k 递减。如果 $sA > n+\delta$,则 k 的增长率渐近于正的常数 $sA - n - \delta$。因此,内生增长与增长率随经济发展而递减的转移过程共存。

图 1.13　具有转移动态的内生增长

这个模型既产生了内生稳态增长,又如同新古典模型那样预测了条件收敛。收敛性质得自在该模型中成立的 $f(k)/k$ 与 k 之间的反向关系。图 1.13 表明,如果两个经济体只在其初始值 $k(0)$ 上存在差异,那么人均资本存量更少的经济体将在人均水平上增长得更快。

1.3.4　不变替代弹性生产函数

我们现在考虑另外一个生产函数(源自 Arrow et al.,1961)的例子。这种生产函数在劳动和资本之间存在不变替代弹性(constant elasticity of substitution,CES):

$$Y = F(K, L) = A \cdot \{a \cdot (bK)^{\psi} + (1-a) \cdot [(1-b) \cdot L]^{\psi}\}^{1/\psi} \quad (1.64)$$

其中,$0 < a < 1$,$0 < b < 1$[①],且 $\psi < 1$。注意,对所有的 ψ,生产函数都有规模报酬不变的性质。资本和劳动之间的替代弹性是 $1/(1-\psi)$(参见附录 1.5.4 节)。当 $\psi \to -\infty$ 时,生产函数为 $Y = \min[bK, (1-b)L]$,趋近于固定比例技术(在下节

---

① 标准函数没有包含 b 和 $1-b$ 项。这意味着,当 $\psi \to -\infty$ 时,K 和 L 在总产出中所占的份额趋近于各占一半。在我们的公式中,当 $\psi \to -\infty$ 时,K 和 L 的份额分别趋近于 b 和 $1-b$。

中讨论),其替代弹性为 0。当 $\psi \to 0$ 时,生产函数为 $Y =$(一个常数)$\cdot K^a L^{1-a}$,趋近于柯布—道格拉斯形式,且替代弹性为 1(参见附录 1.5.4 节)。如果 $\psi = 1$,生产函数是 $Y = A \cdot [abK + (1-a) \cdot (1-b) \cdot L]$,呈线性,所以 K 和 L 是完全替代的(无限替代弹性)。

在式(1.64)两边同除以 L,得到如下人均产出表达式:

$$y = f(k) = A \cdot [a \cdot (bk)^\psi + (1-a) \cdot (1-b)^\psi]^{1/\psi}$$

资本的边际产品和平均产品分别为:

$$f'(k) = Aab^\psi [ab^\psi + (1-a) \cdot (1-b)^\psi \cdot k^{-\psi}]^{(1-\psi)/\psi}$$

$$f(k)/k = A [ab^\psi + (1-a) \cdot (1-b)^\psi \cdot k^{-\psi}]^{1/\psi}$$

因此,$f'(k)$ 和 $f(k)/k$ 为正,且对所有 ψ,都对 k 递减。

为了研究不变替代弹性经济的动态行为,由式(1.13)我们可得:

$$\dot{k}/k = s \cdot f(k)/k - (n+\delta) \tag{1.65}$$

如果我们对 k 作图,那么 $s \cdot f(k)/k$ 是一条向下倾斜的曲线,$n+\delta$ 是一条水平线,且 $\dot{k}/k$ 仍为曲线与直线之间的垂直距离。但是,现在,增长率的行为取决于支配着 L 和 K 之间替代弹性的参数 ψ。

首先考虑 $0 < \psi < 1$ 的情况,即 L 和 K 之间存在高替代性。此时,资本边际产品和资本平均产品的极限为:

$$\lim_{k \to \infty}[f'(k)] = \lim_{k \to \infty}[f(k)/k] = Aba^{1/\psi} > 0$$

$$\lim_{k \to 0}[f'(k)] = \lim_{k \to 0}[f(k)/k] = \infty$$

因此,当 k 趋近于无穷大时,边际产品和平均产品都趋近于正的常数,而非 0。从这种意义上说,要素之间具有较高替代弹性($0 < \psi < 1$)的 CES 生产函数看起来像式(1.62)。在式(1.62)中,报酬递减逐渐消失。由此,我们预期,该 CES 模型能产生内生稳态增长。

图 1.14 图示了该结论。曲线 $s \cdot f(k)/k$ 向下倾斜,且渐近于正的常数 $sAb \cdot a^{1/\psi}$。如果储蓄率足够高,满足 $sAb \cdot a^{1/\psi} > n+\delta$——如图中所假设——那么曲线 $s \cdot f(k)/k$ 会一直位于直线 $n+\delta$ 上方。在这种情况下,人均增长率总为正,且模型也推导出了内生稳态增长率为:

$$\gamma^* = sAb \cdot a^{1/\psi} - (n+\delta)$$

该模型的动态行为类似于图 1.13 中的描述[①]。

[①] 如果 $0 < \psi < 1$ 且 $sAb \cdot a^{1\psi} < n+\delta$,那么曲线 $s \cdot f(k)/k$ 与直线 $n+\delta$ 在稳态值 k^* 处相交,正如图 1.4 中的标准新古典模型所示。内生增长在这种情况下不适用。

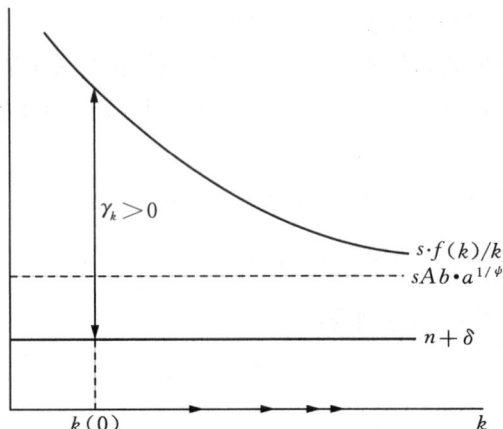

注:如果 CES 技术呈现出高替代弹性($0<\psi<1$),那么当不等式 $sAb \cdot a^{1/\psi} > n+\delta$ 成立时,内生增长将会出现。在转移过程中,k 的增长率减小。

图 1.14　$0<\psi<1$ 且 $sAb \cdot a^{1/\psi} > n+\delta$ 的 CES 模型

现在假定 $\psi<0$,即 L 和 K 之间的替代程度低。在这种情形下,资本的边际产品和平均产品的极限为:

$$\lim_{k\to\infty}[f'(k)] = \lim_{k\to\infty}[f(k)/k] = 0$$

$$\lim_{k\to 0}[f'(k)] = \lim_{k\to 0}[f(k)/k] = Ab \cdot a^{1/\psi} < \infty$$

由于当 k 趋于无穷时,边际产品和平均产品趋近于 0,所以关键的稻田条件得以满足,且模型不产生内生增长。然而在这种情况下,当 k 趋近于 0 时对稻田条件的违背,可能会带来困难。假定储蓄率足够低,满足 $sAb \cdot a^{1/\psi} < n+\delta$,此时曲线 $s \cdot f(k)/k$ 起始于 $n+\delta$ 之下的某点,且随着 k 趋于无穷而收敛于 0。图 1.15 表明,相应地,曲线与直线 $n+\delta$ 没有交点,因而不存在 k 为正值的稳态。由于增长率 $\dot{k}/k$ 总为负,那么经济体持续收敛,k,y 和 c 都趋近于 0[1]。

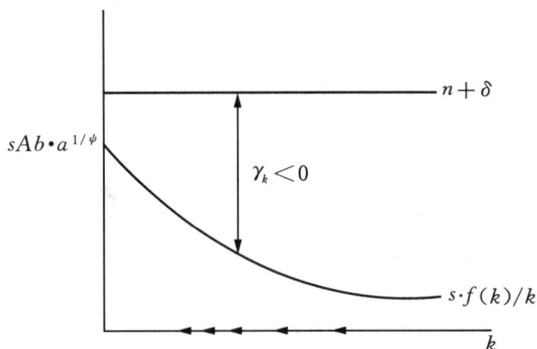

注:如果 CES 技术呈现出低替代弹性($\psi<0$),那么当不等式 $sAb \cdot a^{1/\psi} < n+\delta$ 成立时,k 的增长率对所有的 k 值均为负。

图 1.15　$\psi<0$ 且 $sAb \cdot a^{1/\psi} < n+\delta$ 的 CES 模型

[1]　如果 $\psi<0$ 且 $sAb \cdot a^{1/\psi} > n+\delta$,那么曲线 $s \cdot f(k)/k$ 与直线 $n+\delta$ 再次相交于稳态值 k^*。

由于资本的平均产品 $f(k)/k$ 对所有的 ψ 都是关于 k 的负函数,所以增长率 $\dot{k}/k$ 也是 k 的负函数。因而,CES 模型总是呈现出收敛性质:对于具有相同的参数和不同初始值 $k(0)$ 的两个经济体来说,$k(0)$ 更低的经济体有着更高的 $\dot{k}/k$ 值。当各经济体之间的参数存在差异时,该模型将预测如前所述的条件收敛。

我们可以用此前研究柯布—道格拉斯生产函数的方法来推导在稳态邻域内的收敛系数的公式。通过拓展式(1.45)可得到 CES 生产函数[①]:

$$\beta^* = -(x+n+\delta) \cdot \left[1 - a\left(\frac{bsA}{x+n+\delta}\right)^{\psi}\right] \tag{1.66}$$

对该柯布—道格拉斯情况而言,当 $\psi = 0$ 和 $a = \alpha$ 时,式(1.66)简化成式(1.45)。当 $\psi \neq 0$ 时,一个新的结论是式(1.66)中的 β^* 取决于 s 和 A。如果 $\psi > 0$(L 和 K 之间存在高替代弹性),那么 β^* 随着 sA 的增加而减少;如果 $\psi < 0$,则情况相反。只有在柯布—道格拉斯情况下,且 $\psi = 0$ 时,系数 β^* 与 s 和 A 不相关。

1.4 其他生产函数及其他增长理论

1.4.1 里昂惕夫生产函数和哈罗德—多马争论

一个早于新古典生产函数的生产函数是里昂惕夫生产函数(1941),或称之为固定比例函数:

$$Y = F(K, L) = \min(AK, BL) \tag{1.67}$$

其中,$A > 0$ 和 $B > 0$ 为常数。这一对应于式(1.64)中 CES 函数的 $\psi \to -\infty$ 的函数形式被 Harrod(1939)和 Domar(1946)所采用。由于比例固定,所以,如果可获得的资本存量和劳动力恰好满足 $AK = BL$,那么所有工人和机械都会被完全利用。如果 K 和 L 满足 $AK > BL$,那么只有 $(B/A) \cdot L$ 单位的资本被利用,其余的将被闲置;相反,如果 $AK < BL$,只有 $(A/B) \cdot K$ 单位的劳动被利用,其余的将被闲置。资本和劳动之间不存在替代的假设使得 Harrod 和 Domar 认为,资本主义诸经济体将会出现以永远增长的失业工人和闲置机器为表现形式的不良后果。此处,我们用本章前文所用的工具来简单分析哈罗德—多马模型。

在式(1.67)两边同除以 L,可得人均产出表达式:

$$y = \min(Ak, B)$$

如果 $k < B/A$,资本将被充分利用,且 $y = Ak$。因此,图 1.16 表明,在该区间内的生产函数是一条从原点出发斜率为 A 的直线。如果 $k > B/A$,被利用的资本量将不变,且 Y 是劳动力 L 与常数倍数 B 的乘积。所以,人均产出 y 等于常数

[①] 详见 Chua(1993)。只有当稳态值 k^* 成立时,式(1.66)关于 β 的表达式才成立。如果 $0 < \psi < 1$,那么 $bsA \cdot a^{1/\psi} < x+n+\delta$ 成立。如果 $\psi < 0$,则 $bsA \cdot a^{1/\psi} > x+n+\delta$ 成立。

B，如图所示 $f(k)$ 的水平部分。注意，当 k 趋于无穷大时，资本的边际产品 $f'(k)$ 是零。因而，关键的稻田条件得以满足，但是我们不能指望这个生产函数能带来内生稳态增长。

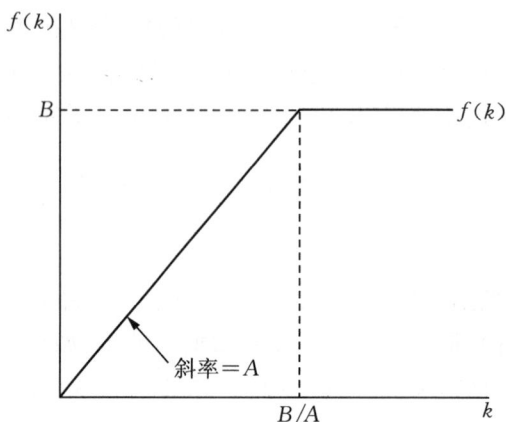

注：就人均水平而言，里昂惕夫生产函数可以被写成 $y = \min(Ak, B)$。如果 $k < B/A$，人均产出可以被写成 $y = Ak$；如果 $k > B/A$，人均产出可以被写成 $y = B$。

图 1.16　人均水平的里昂惕夫生产函数

利用式 (1.13)，我们可得到：

$$\dot{k}/k = s \cdot [\min(Ak, B)]/k - (n + \delta) \tag{1.68}$$

图 1.17(a) 和 1.17(b) 表明：当 $k < B/A$ 时，上式右边第一项 $s \cdot [\min(Ak, B)]/k$ 是位于 sA 的水平线；当 $k > B/A$ 时，上式右边第一项 $s \cdot [\min(Ak, B)]/k$ 是一条向下倾斜的曲线，且随着 k 趋向于无穷而趋向于 0。式 (1.68) 中右边第二项是位于 $n + \delta$ 的水平线。

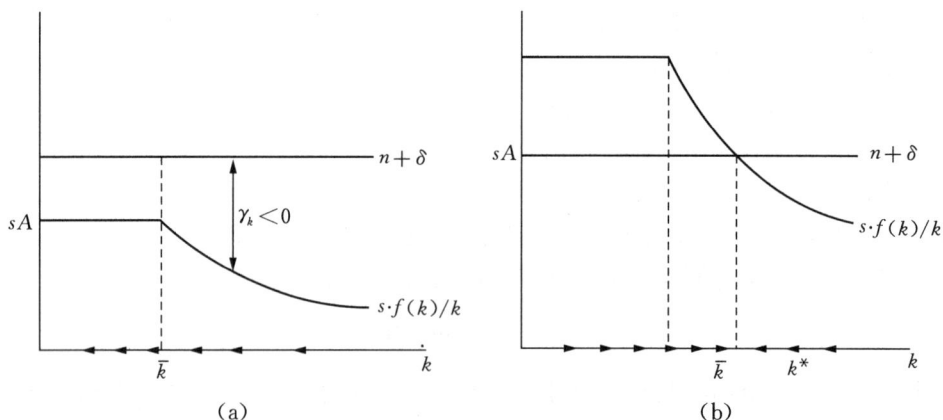

注：在图 (a) 中，假定 $sA < n + \delta$，则对所有的 k，k 的增长率都为负。因此，经济体趋近于 $k = 0$。在图 (b) 中，假定 $sA > n + \delta$，那么 k 的增长率对所有满足 $k < k^*$ 的 k 为正，对所有满足 $k > k^*$ 的 k 为负，其中，k^* 为稳定的稳态值。由于 k^* 大于 B/A，所以部分资本存量一直处于闲置状态。而且，闲置资本数量（随着 K 和 L 一起）稳定上升。

图 1.17　哈罗德—多马模型

首先，假定储蓄率低到足以满足 $sA < n+\delta$，如图 1.17 所示。那么，储蓄曲线 $s \cdot f(k)/k$ 与直线 $n+\delta$ 不相交，进而不存在正的稳态值 k^*。而且，资本增长率 $\dot{k}/k$ 一直为负，所以从人均水平来看，经济体收缩，且 k，y 和 c 都趋近于 0。因此，经济体最终将停留在 B/A 的左边，且存在永远增长的失业人口。

现在，假定储蓄率高到足以满足 $sA > n+\delta$，如图 1.17b。由于当 k 趋近于无穷时，曲线 $s \cdot f(k)/k$ 趋近于 0，这条曲线最终将与直线 $n+\delta$ 相交于点 $k^* > B/A$。因此，如果经济体的起点为 $k(0) < k^*$，那么直到 k 增加至 B/A 之前，$\dot{k}/k$ 等于常数 $sA - n - \delta > 0$。一旦 k 等于 B/A，$\dot{k}/k$ 开始下降，直至降为 0，此时 $k = k^*$。如果经济体起始于 $k(0) > k^*$，$\dot{k}/k$ 最初为负，随着 k 趋近于 k^*，k/k 趋近于 0。

由于 $k^* > B/A$，稳态时存在闲置机器，不存在闲置工人。由于稳态时 k 保持不变，K 的数量随着 L 以速率 n 增长。由于被利用的机器的比例也不再变化，那么闲置机器的数量也以速率 n 增长（尽管如此，根据假定，居户仍然保持 s 的储蓄率）。

要达到所有资本和劳动都被利用的稳定状态，则模型的参数必须满足条件 $sA = n+\delta$。由于这 4 个参数都是外生的，因而上述等式不一定会成立。因此，Harrod 和 Domar 得出结论，经济体很可能出现两种不良后果之一：失业人口的永久性增长或闲置机器的永久性增长。

现在我们知道，在 Harrod 和 Domar 的论证中存在几个不切实际的假设。首先，索洛—斯旺模型表明，Harrod 和 Domar 的参数 A——资本的平均产品——一般将会取决于 k，而在稳态情况下，k 将会调整直至满足等式 $s \cdot f(k)/k = n+\delta$。第二，储蓄率将会调整，直至满足上述条件。特别地，如果行为人最大化其效用（如同我们在下一章所假设的那样），他们将会发现：当资本的边际产品为零时，仍继续保持不变的储蓄率 s 是不明智的。这种储蓄率的调整将排除存在永久闲置机器的均衡。

1.4.2 存在贫困陷阱的增长模型

贫困陷阱是关于经济发展的文献的主题之一[1]。我们可以将贫困陷阱理解为有着低水平的人均产出和资本存量的稳态。该结果之所以被称为"陷阱"，是因为如果行为人尝试着将其打破，经济体有回归到低水平稳态的趋向。

我们观察到，在新古典模型中，资本的平均产品 $f(k)/k$ 随着 k 的增加而递减。然而，我们也注意到，在某些存在收益递增特征的模型中，如涉及干中学和溢出效应的模型，资本的平均产品也会随着 k 的增加而增加。经济体出现贫困陷阱的情况是，在一段资本的平均产品递增的区间之前存在一段平均产品递减的区间。（在一些可变储蓄率的模型中也存在贫穷陷阱，参见 Galor and Ryder，1989。）

---

[1] 重点参见 Lewis(1954) 的大推动 (big-push) 模型。关于该思想的更现代的模型由 Murphy，Shleifer 和 Vishny(1989) 提出。

通过假定某国同时掌握了传统的和现代的生产技术,我们可以得到一段收益递增的区间。[①]假定生产者使用通常的柯布—道格拉斯这一基本生产函数形式,

$$Y_A = AK^\alpha L^{1-\alpha} \tag{1.69}$$

该国还可获得现代的生产率更高的生产技术,[②]

$$Y_B = BK^\alpha L^{1-\alpha} \tag{1.70}$$

其中,$B > A$。然而,我们假定为了利用这种更好的技术,该国作为一个整体在任一时点都必须支付启动成本(setup cost),以建立必要的生产性公共设施或法律体系。我们假定该成本与劳动力成比例关系,记为 bL,其中,$b > 0$。我们进一步假定,该费用通过向每个劳动者征收税率为 b 的税收来筹集,并由政府统一支付。无论是生产者还是劳动者支付税金(不管怎样,在居户—生产者经济体中,每一个人都身兼两种身份),结论都是一样的。

从人均水平来看,第一个生产函数是:

$$y_A = Ak^\alpha \tag{1.71}$$

当从人均水平来看,并考虑净启动成本时,第二个生产函数为:

$$y_B = Bk^\alpha - b \tag{1.72}$$

图 1.18 描绘了这两个生产函数。

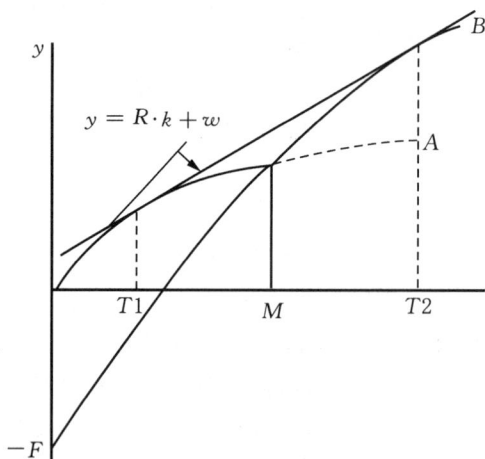

注:传统生产函数具有相对较低的生产率。现代生产函数具有较高的生产率,但是却被假定需要支付固定成本。

图 1.18　传统和现代生产函数

[①] 本节改编自 Galor 和 Zeira(1993),他们采用了以教育为背景的两种技术。

[②] 更一般地讲,高级生产技术的资本密度与初级生产技术不同。然而,该扩展在代数上更为复杂,却并不带来任何实质性的差异。

如果政府决定为每个劳动者支付启动成本b,那么所有生产者将使用现代生产技术(因为无论如何,都要为每个劳动者支付税金b)。如果政府不支付该启动成本,所有生产者必然采用原始生产技术。如果在现有k值的水平上,转换到现代技术所带来的劳动者人均产量的增加量超过了人均的启动成本,明智的政府会支付该启动成本。根据我们的假设,如果k超过临界值$\tilde{k} = [b/(B-A)]^{1/\alpha}$,那么这种转换是值得的。可见,临界值$\tilde{k}$随着启动成本参数$b$增加而增加,并随着生产率参数之差$B-A$的增加而减少。我们假定,如果$k > \tilde{k}$,政府支付该启动成本;如果$k < \tilde{k}$,政府不支付。

劳动者人均资本增长率仍由索洛—斯旺模型的基本等式(1.23)决定:

$$\dot{k}/k = s \cdot f(k)/k - (\delta + n)$$

其中,如果$k < \tilde{k}$,则$f(k) = Ak^\alpha$;如果$k \geqslant \tilde{k}$,则$f(k) = Bk^\alpha - b$。在图1.18中,资本的平均产品$f(k)/k$可以由通过原点和有效生产函数的直线的斜率来测算。我们可以看到,$k \geqslant \tilde{k}$时,有一段平均产品增加的区域。因此,储蓄曲线看起来就如图1.19所示:当k位于低水平时,斜率先为我们熟悉的负值,接着为一段正斜率的区间,而当k非常大时,斜率再次为负。

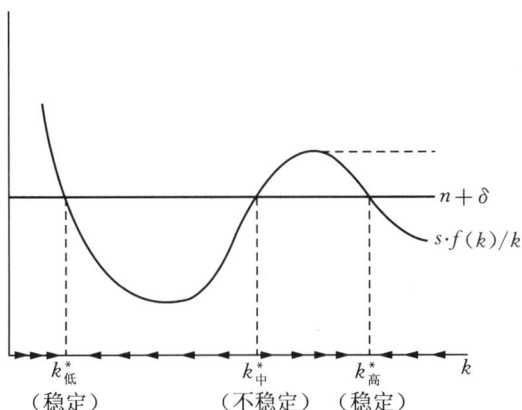

图 1.19 贫困陷阱

注:假设生产函数在k较低时呈现资本收益递减;对中间范围的k值与收益递增;对较高的k值呈不变或递减的收益。因而曲线$s \cdot f(k)/k$当k值较低时向下倾斜;随着k超过某个临界点,$s \cdot f(k)/k$将变成向上倾斜;当k继续增大,达到较高的水平时,该曲线将复又变成向下倾斜或水平。稳态值$k_{低}^*$是稳定的,因而对初期$0 < k < k_{中}^*$的经济体而言构成了一个贫困陷阱。如果一个经济体初期的$k > k_{中}^*$,它将收敛于$k_{高}^*$,如果对k的资本收益递减最终到来的话。如果对较高的k值资本收益恒定(见图中的虚线部分),该经济体将收敛于k的一个正的长期增长率。

图1.19表明,储蓄曲线$s \cdot f(k)/k$在低稳态值$k_{低}^*$首先穿过直线$n+\delta$(我们这里假设$k_{低}^* < \tilde{k}$)。该稳定状态具有我们已经熟悉的新古典模型特征。特别地,如果$k < k_{低}^*$,则$\dot{k}/k > 0$,且在$k > k_{低}^*$时至少存在某一区间满足$\dot{k}/k < 0$。因此,$k_{低}^*$是稳定的状态:它就是前面所说的贫困陷阱。

假定当k位于中间区间时,收益递增趋势足够强大,以至于曲线$s \cdot f(k)/k$最

终上升并在稳态值 $k_{中}^*$ 这点上穿过直线 $n+\delta$。然而，该稳态值是不稳定的，因为在其左边 $\dot{k}/k<0$，而在其右边 $\dot{k}/k>0$。这样，如果从 $k(0)$ 出发，且 $k_{低}^*<k(0)<k_{中}^*$，那么其固有趋势是回到 $k_{低}^*$ 的发展陷阱；相反，如果经济体设法实现 $k(0)>k_{中}^*$，那么它将有更进一步的发展并实现更高水平的 k。

在 $k>k_{中}^*$ 的区间内，经济体收益递减的趋向最终使得 $s \cdot f(k)/k$ 足够低，并在稳态值 $k_{高}^*$ 处与 $n+\delta$ 相交。这一对应于高人均收入水平和零人均增长率的稳态值与我们对新古典模型的研究相似。位于陷阱水平 $k_{低}^*$ 的落后经济体的关键问题是，跃过波峰，获得长期较高的人均收入水平。

图 1.19 所描述的模型的一个经验含义是，k 值在 $k_{中}^*$ 附近存在一个增长率 $\dot{k}/k$ 随着 k 和 y 的增加而增加的区间。也就是说，发散的趋势在人均收入的这段区间应该成立。我们在第 12 章所讨论的若干经济体的证据不支持该假设，不过该结论尚存争议——例如，参见 Quah(1996)。

1.5　附录：各命题的证明

1.5.1　证明：新古典生产函数中的任一投入对生产而言都是必要的

在本章的正文中我们曾提到，生产函数的新古典特征意味着 K 和 L 这两种投入对生产而言都是必要的。为证明该命题，首先注意，如果当 $K \to \infty$ 时，$Y \to \infty$，则：

$$\lim_{K \to \infty} \frac{Y}{K} = \lim_{K \to \infty} \frac{\partial Y}{\partial K} = 0$$

其中，第一个等号得自罗必塔法则，第二个等号推导自稻田条件。当 K 趋于无穷大时，如果 Y 有界，那么立刻有：

$$\lim_{K \to \infty} (Y/K) = 0$$

我们还可以根据规模报酬不变得知，对于任何有限的 L，有：

$$\lim_{K \to \infty} (Y/K) = \lim_{K \to \infty} [F(1, L/K)] = F(1, 0)$$

所以 $F(1, 0) = 0$。那么，规模报酬不变这一条件意味着，对于任一有限的 K，有：

$$F(K, 0) = K \cdot F(1, 0) = 0$$

同理可证，对于任一有限的 L，$F(0, L) = 0$。于是我们证明了，任一投入对生产而言都是必要的。

为了证明当任一投入趋于无穷大时，产出也趋于无穷大，请注意：

$$F(K, L) = L \cdot f(k) = K \cdot [f(k)/k]$$

因此，对于任何有限的 K，都有：

$$\lim_{L \to \infty}[F(K, L)] = K \cdot \lim_{k \to \infty}[f(k)/k] = K \cdot \lim_{k \to \infty}[f'(k)] = \infty$$

其中,最后两个等号推导自罗必塔法则(因为必要性意味着 $f[0] = 0$)和稻田条件。同理,我们可证 $\lim_{K \to \infty}[F(K, L)] = \infty$。因此,当任一投入趋于无穷大时,产出趋于无穷大。

1.5.2 索洛—斯旺模型中收敛系数的性质

式(1.46)是式(1.41)在稳态附近的对数线性化方程式。为得到式(1.46),我们须用 $\ln(\hat{k})$ 来改写式(1.41)。注意,$\dot{\hat{k}}/\hat{k}$ 是 $\ln(\hat{k})$ 关于时间的导数,而且 $(\hat{k})^{-(1-\alpha)}$ 能被改写成 $e^{-(1-\alpha)\cdot\ln(\hat{k})}$。$sA(\hat{k})^{-(1-\alpha)}$ 的稳态值等于 $x+n+\delta$。现在,我们在 $\ln(\hat{k}^*)$ 附近取 $\ln(\hat{k})$ 的一阶泰勒展开式,得到式(1.46)。进一步的讨论请参见本书末尾的数学附录。该结论出现在 Sala-i-Martin(1990)及 Mankiw,Romer 和 Weil(1992)中。

$\hat{k}$ 或 $\hat{y}$ 的实际收敛速度不是固定不变的;它依赖于和稳态之间的距离。$\hat{y}$ 的增长率可被写成:

$$\dot{\hat{y}}/\hat{y} = \alpha \cdot [s \cdot A^{1/\alpha} \cdot (\hat{y})^{-(1-\alpha)/\alpha} - (x+n+\delta)]$$

如果我们利用条件 $\hat{y}^* = A \cdot [sA/(x+n+\delta)]^{\alpha/(1-\alpha)}$,我们能将增长率表示为:

$$\dot{\hat{y}}/\hat{y} = \alpha \cdot (x+n+\delta) \cdot [(\hat{y}/\hat{y}^*)^{-(1-\alpha)/\alpha} - 1]$$

收敛系数为:

$$\beta = -\,\mathrm{d}(\dot{\hat{y}}/\hat{y})/\mathrm{d}[\ln(\hat{y})] = (1-\alpha) \cdot (x+n+\delta) \cdot (\hat{y}/\hat{y}^*)^{-(1-\alpha)/\alpha}$$

处于稳态时,如式(1.45)所示,$\hat{y} = \hat{y}^*$ 且 $\beta = (1-\alpha) \cdot (x+n+\delta)$。更一般地,$\beta$ 随着 $\hat{y}/\hat{y}^*$ 的上升而下降。

1.5.3 证明:技术进步必须是劳动增进型的

我们在前文中曾提到,为了让模型具有不变增长率的稳态,技术进步必须采取式(1.34)所示的劳动增进型形式。为证明该结论,我们首先假定生产函数包括了劳动增进型技术进步和资本增进型技术进步:

$$Y = F[K \cdot B(t), L \cdot A(t)] \tag{1.73}$$

其中,$B(t) = A(t)$ 意味着技术进步是希克斯中性的。

我们假定,$A(t) = e^{xt}$ 和 $B(t) = e^{zt}$,其中,$x \geqslant 0$,$z \geqslant 0$,且都为常数。如果我们将式(1.73)两边同除以 K,我们可将单位资本的产出表示为:

$$Y/K = e^{zt} \cdot \left\{ F\left[1, \frac{L \cdot A(t)}{K \cdot B(t)}\right] \right\} = e^{zt} \cdot \varphi[(L/K) \cdot e^{(x-z)\cdot t}]$$

其中，$\varphi(\cdot) \equiv F\left[1, \dfrac{L \cdot A(t)}{K \cdot B(t)}\right]$。人口 L 以不变速度 n 增长。如果 γ_K^* 是 K 处于稳态时的不变增长率，Y/K 的表达式可以被写成：

$$Y/K = e^{zt} \cdot \varphi\left[e^{(n+x-z-\gamma_K^*) \cdot t}\right] \tag{1.74}$$

我们还记得，K 的增长率由下式决定：

$$\dot{K}/K = s \cdot (Y/K) - \delta$$

处于稳态时，$\dot{K}/K$ 等于常数 γ_K^*，因此 Y/K 必定为常数。有两种方法使得式（1.74）的右边等于常数。第一种方法，令 $z = 0$ 且 $\gamma_K^* = n+x$；即，技术进步仅仅是劳动增进型的，资本的稳态增长率等于 $n+x$。在这种情况下，生产函数可以被写成式（1.34）的形式。

让式（1.74）的右边为常数的第二个方法是令 $z \neq 0$，且 $\varphi\left[e^{(n+x-z-\gamma_K^*) \cdot t}\right]$ 正好抵消 e^{zt}。为使这种情况出现，Y/K（处于所说的稳态时）关于时间的导数必须等于零。如果我们令式（1.74）的导数为零，并移项，可得：

$$\varphi'(\chi) \cdot \chi/\varphi(\chi) = -z/(n+\chi-z-\gamma_K^*)$$

其中，$\chi \equiv e^{(n+x-z-\gamma_K^*) \cdot t}$，且等式右边为常数。如果我们将其整理归并，我们可将解写为：

$$\varphi(\chi) = （常数）\cdot x^{1-\alpha}$$

其中，α 为常数。该结果表明，生产函数可以被表示为：

$$Y = （常数）\cdot (Ke^{zt})^{\alpha} \cdot (Le^{xt})^{1-\alpha} = （常数）\cdot K^{\alpha} \cdot (Le^{vt})^{1-\alpha}$$

其中，$v = [z\alpha + x \cdot (1-\alpha)]/(1-\alpha)$。换言之，资本增进型技术进步率 z 不为零，且存在一个稳态，那么生产函数必须采取柯布—道格拉斯形式。此外，如果生产函数是柯布—道格拉斯型的，那么我们总可以把技术变迁表示为纯劳动增进型的（速率为 v）。因此，结论是，稳态的存在意味着技术进步可以被写成劳动增进的形式。

另一种技术进步的理论假定，成本给定的情况下，越晚生产的资本品——即年代（vintage）更近——质量越好。如果质量随 $T(t)$ 得以提高，那么这一年代模型（vintage model）中关于资本积累的方程式为：

$$\dot{K} = s \cdot T(t) \cdot F(K, L) - \delta K \tag{1.75}$$

其中，K 以不变的质量单位来衡量。该方程式对应于由生产函数中 $T(t)$ 所决定的希克斯中性技术进步。与标准形式的唯一差别是产出为 $Y = F(K, L)$，而不是 $T(t) \cdot F(K, L)$。

如果我们想用具有稳态的模型，那么我们仍要假设 $F(K, L)$ 是柯布—道格拉斯函数。那样的话，年代模型的主要特征就与我们在有关劳动增进型技术进步（进一步的讨论请参见 Phelps，1962；Solow，1969）的相关章节中所使用的模型的主要特征没有差别。年代模型所具有的不同点是,尽管 K 和 Y 稳态时以不变速率增长,但是 K 的增长率(以不变的质量单位来衡量)超过 Y 的增长率。因此,长期而言,K/Y 被认为稳定上升。

1.5.4　CES 生产函数的性质

替代弹性衡量等产量曲线的弯曲程度。某等产量曲线的斜率为:

$$\frac{\mathrm{d}L}{\mathrm{d}K}_{\text{等产量曲线}} = -\frac{\partial F(\cdot)/\partial K}{\partial F(\cdot)/\partial L}$$

替代弹性由下式表示:

$$\left[\frac{\partial(\text{斜率})}{\partial(L/K)} \cdot \frac{L/K}{\text{斜率}}\right]^{-1}$$

对于式(1.64)所示的 CES 生产函数,其等产量曲线的斜率为:

$$-(L/K)^{1-\psi} \cdot a \cdot b^{\psi}/\left[(1-a) \cdot (1-b)^{\psi}\right]$$

且其弹性 $1/(1-\psi)$ 为常数。

为计算当 ψ 趋于 0 时生产函数的极限,由式(1.64)可得 $\lim\limits_{\psi \to 0}[\ln(Y)] = \ln(A) + 0/0$,其中包含一个待定型。应用罗必塔法则可得:

$$\lim\limits_{\psi \to 0}[\ln(Y)]$$
$$= \ln(A) + \left[\frac{a\,(bK)^{\psi} \cdot \ln(bK) + (1-a) \cdot \left[(1-b) \cdot L\right]^{\psi} \cdot \ln\left[(1-b) \cdot L\right]}{a \cdot (bK)^{\psi} + (1-a)\left[(1-b) \cdot L\right]^{\psi}}\right]_{\psi=0}$$
$$= \ln(A) + a \cdot \ln(bK) + (1-a) \cdot \ln\left[(1-b) \cdot L\right]$$

由上式可得 $Y = \tilde{A}K^{a}L^{1-a}$,其中,$\tilde{A} = Ab^{a} \cdot (1-b)^{1-a}$。即,当 ψ 趋近于零时,CES 生产函数趋近于柯布—道格拉斯形式。

1.6　习题

1.1　收敛

a. 解释绝对收敛、条件收敛和组群间实际人均收入离差减少之间的差别。

b. 在什么情境下,绝对收敛意味着人均收入离差的下降?

1.2　技术进步的形式　假定外生技术进步率恒定不变。

a. 证明:只有技术进步采用劳动增进形式,稳态才可以与技术进步共存。该结论的直观意义是什么?

b. 假定生产函数为 $Y = F[B(T) \cdot K, A(t) \cdot L]$,其中,$B(t) = \mathrm{e}^{z}$,$A(t) = \mathrm{e}^{x}$,且 $z \geqslant 0$,$x \geqslant 0$。证明:如果 $z > 0$ 且稳态存在,那么生产函数必为柯布—道格拉斯形式。

1.3 资本密集度对储蓄率、人口增长率和折旧率的影响 假定生产函数满足新古典特征。

a. 为什么储蓄率 s 一般取决于 k？（试给出一些直观解释；第 2 章将给出详细答案。）

b. 如果 $s(k)$ 是关于 k 的增函数，那么收敛速度会如何改变？如果 $s(k)$ 是关于 k 的减函数，结果又如何？

现在考虑 AK 生产技术。

c. 为什么储蓄率 s 现在取决于 k？

d. k 的增长率如何持续变化依赖于 $s(k)$ 是 k 的增函数还是减函数？

e. 假定人口增长率 n 取决于 k。对 AK 技术而言，为了让模型可预测收敛，n 和 k 之间的关系必须满足怎样的条件？你能试着给出 n 与 k 存在这种关系的原因吗？（我们将在第 9 章分析 n 的决定因素。）

f. 把人口增长率 n 换成折旧率 δ，重复上面的练习 e。为什么 δ 可能依赖于 k？

1.4 较高储蓄率的影响 思考这种说法："把更大比例的国民产出用于投资，将有助于恢复到高速的生产率的上升和生活水平的提高。"在什么条件下，该说法是准确的？

1.5 要素比重 在新古典生产函数情境下，证明投入到生产的各种要素各自获得其边际产品。证明，如果资本所有者储蓄其所有收入且劳动者消费其所有收入，那么经济体实现资本积累的黄金准则。解释该结论。

1.6 索洛—斯旺模型的扭曲（基于 Easterly, 1993） 假定按照 CES 生产函数制造产品：

$$Y = \left[(a_F K_F^{\eta} + a_I K_I^{\eta})^{\psi/\eta} + a_G K_G^{\psi} \right]^{1/\psi}$$

其中，Y 为产出；K_F 为正式资本，负缴税义务；K_I 为非正式资本，不负缴税义务；K_G 是公共资本，由政府提供且所有生产者可免费享用；a_F, a_I, $a_G > 0$；且 $\eta < 1$，$\psi < 1$。被安装的正式资本和非正式资本在地点、所有权，进而生产率方面，存在差异。

产出可以按一比一的比例用于消费或在三类资本上的投资。所有三类资本都以速率 δ 折旧。人口不变，且不存在技术进步。

正式资本在其安装时缴纳税金，税率为 τ。这样，正式资本的价格（以产出记）为 $1+\tau$。每单位非正式资本的价格为 1。公共资本总投资在税收收入中占固定比重，记为 s_G。所有未使用的税收收入都一次性退还给居户。两种私人资本的总投资等于收入减去赋税和转移支出后乘以比例系数 s。现有私人资本能以一比一的比例在正式资本和非正式资本之间自由转换。

a. 推导利润最大化的生产者所持有的非正式资本和正式资本之间的比例。

b. 在稳态中，三种形式的资本以相同速率增长。稳态下，多少比重的产出转变为正式资本？

c. 经济体的稳态增长率是多少？

d. 数值模拟表明，在参数值合理的情况下，随着税率 τ 的增加，增长率最初时快速增长，之后达到一个峰值，最后稳步下降。解释这种增长率和税率之间的非单调关系。

1.7 线性生产函数 思考生产函数 $Y = AK + BL$，其中，A 和 B 为正的常数。

a. 该函数是新古典函数吗？它满足哪些新古典条件，不满足哪些新古典条件？

b. 用人均资本来表达人均产出函数。k 的边际产量等于多少？k 的平均产量等于多少？

接下来，我们假定人口以不变速率 n 增长，而且资本折旧速率 δ 恒定不变。

c. 给出索洛—斯旺模型的基本方程。

d. 在什么条件下，该模型具有人均资本增长率为零的稳态？在什么条件下，该模型显示为内生增长？

e. 在内生增长的情况下，资本存量的增长率在时间序列上会如何变化（即，它上升还是下降）？产出增长率和人均消费又会如何变化？

f. 如果 $s = 0.4$，$A = 1$，$B = 2$，$\delta = 0.08$ 且 $n = 0.02$，该经济体的长期增长率为多少？如果 $B = 5$ 呢？请解释这种差别。

1.8 技术进步和稳态增长的形式 考虑具有 CES 生产函数的经济体：

$$Y = D(t) \cdot \{[B(t) \cdot K]^{\psi} + [A(t) \cdot L]^{\psi}\}^{1/\psi}$$

其中，ψ 为非零的常数。$D(t)$、$B(t)$ 和 $A(t)$ 表示不同形式的技术进步。这三项的增长率都是不变的，且我们将其分别记为 x_D、x_B 和 x_A。假定人口不变，且 $L = 1$，并将这三种技术的初始值标准化为1，那么 $D(0) = B(0) = A(0) = 1$。在该经济体中，根据通常的方程式，资本积累为：

$$\dot{K} = Y - C - \delta K$$

a. 证明：在稳态状态下（在稳态下所有变量都以不变速率增长，各变量的增长率可能不同），Y、K 和 C 的增长率相同。

b. 如果 $x_B = x_A = 0$ 且 $x_D > 0$。证明：稳态时必有 $\gamma_K = 0$（因此，$\gamma_Y = \gamma_C = 0$）。$\left(\text{提示：首先证明 } \gamma_Y = x_D + \dfrac{[K_0 e^{\gamma_k t}]^{\psi}}{1 + [K_0 e^{\gamma_k t}]^{\psi}} \cdot \gamma_K。\right)$

c. 利用 a 和 b 中的结论，求 $D(t)$ 的唯一稳态增长率。并求 Y 唯一可能的稳态增长率。

d. 如果 $x_D = x_A = 0$ 且 $x_B > 0$。证明：在稳态下，$\gamma_K = -x_B$。$\left(\text{提示：首先证明}\right.$

$\gamma_Y = (x_B + \gamma_K) \cdot \dfrac{[K_t \cdot B_t]^{\psi}}{1 + [K_t \cdot B_t]^{\psi}}。\left.\right)$

e. 利用 a 和 b 中的结论，证明 B 的唯一的稳态增长率为 $x_B = 0$。

f. 最后，假定 $x_D = x_B = 0$ 且 $x_A > 0$。证明：在稳态下，增长率必须满足 $\gamma_K = \gamma_Y = \gamma_C = x_D$。$\left(\text{提示：首先证明 } \gamma_Y = \dfrac{K_t^{\psi} \cdot \gamma_K + A_t^{\psi} \cdot x_A}{K_t^{\psi} + A_t^{\psi}}。\right)$

g. 如果人口并非恒定不变，而是以速率 $n > 0$ 稳定增长，那么 f 中的稳态增长率是多少？

▶2

具有消费者最优化的增长模型
——拉姆齐模型

我们在第1章中分析的模型有一个不足——储蓄率,进而收入中消费的比重,都是外生不变的。由于在该分析中,消费者无法最优化自己的行为,因而我们也无法讨论激励因素是如何影响经济行为的。特别地,我们无法了解经济体对利率、税率和其他变量的变化会作出怎样的反应。在第1章中,我们证明,允许企业追求最优化不会改变索洛—斯旺模型的任何基本结论,其主要原因是,经济体中的投资总量仍然由家庭储蓄决定,而该储蓄仍为外生。

为了更全面地描绘经济增长的过程,我们需要让消费路径及储蓄率由完全竞争市场中相互作用且追求最优化的居户和企业共同决定。在这里,我们将在跨期预算约束之下研究具有无限寿命的居户,他们通过在消费和储蓄之间选择来最大化其效用。对消费者行为的详细描述是由拉姆齐(Ramsey,1928)创立并被卡斯(Cass,1965)和库普曼斯(Koopmans,1965)完善的拉姆齐增长模型(Ramsey growth model)的关键要素。

一个主要结论是,一般而言,储蓄率并不是常量,而是人均资本存量 k 的一个函数。因此,我们从两方面修改索洛—斯旺模型:首先,我们固定储蓄率的平均水平;其次,我们确定在经济发展的过程中,储蓄率是上升还是下降。我们还将研究储蓄率如何取决于利率和财富,并在下章中研究其如何取决于税率和补贴。

储蓄率的平均水平对于确定稳态时的变量水平非常重要。特别地,拉姆齐模型中的最优化条件排除了在索洛—斯旺模型中可能出现的无效率过度储蓄。

储蓄率随着经济发展所呈现的上升或下降趋势影响着转移动态,例如,会影响向稳态收敛的速度。如果储蓄率随着 k 的增加而上升,那么这里的收敛速度慢于索洛—斯旺模型中的收敛速度;反之亦然。然而,我们发现,在拉姆齐模型中,即使储蓄率是上升的,在相当宽松的条件下,收敛特征也是成立的。也就是说,这样的情形仍然成立:从人均水平来看,经济体离自身的稳态位置越远,其增长速度更快。

我们将证明,具有不变储蓄率的索洛—斯旺模型是拉姆齐模型的特殊形式;而且,这种情况对应的参数值并不离谱。因此,我们不妨从索洛—斯旺模型开始我们的讨论，因为该模型近似于最优化框架，且易于操作。我们也注意到，经验证据表明，在向稳态转移的过程中，储蓄率通常随着人均收入的增加而上升。拉姆齐模型与该趋势一致，而且我们可以通过该模型来评价储蓄行为对转移动态的意义。此外，当我们在后文中从各方面拓展拉姆齐模型，并思考政府政策可能发挥的作用时，该最优化框架是必不可少的。一般而言，政府政策会影响储蓄动机。

2.1 居户

2.1.1 模型的构建

居户提供劳动以换取工资，收取资产的利息收入，购买商品用于消费，累积资产用于储蓄。基本的模型假定所有居户都完全相同：每个居户都有相同的偏好参数，面临相同的工资率（因为所有工人都具有相同的生产率），起始于相同的人均资产，并有着相同的人口增长率。设定这些假设后，我们可以采用通常的代表性个人的框架进行分析。在该框架下，均衡由单个居户的选择决定。我们以后会讨论，在引入居户异质性的多维度后，这些结论如何被一般化。

每个居户在当代都包含一个以上的成年劳动成员。在制定计划时，这些成人将考虑后代的福利和资源。通过假定当代人在无穷时域内和预算约束下最大化效用，我们对这种代际之间的互动进行了模型化。也就是说，虽然个体的生命是有限的，但是我们考虑的是一个无限延续的家庭。如果利他主义的父母将一切传承给他们的孩子，子又传孙，孙又传子，如此循环，那么该假设是合理的。这种无限延续的家庭相当于无数寿命有限的个人，这些个人通过基于利他主义的不间断的代际传承而相互联系在一起[1]。

当代成年人预期其不断拓展的家庭规模的增长速度为 n，等于出生率减死亡率。我们在第 9 章将讨论理性行为人如何通过权衡抚育小孩的成本和收益来选择其生育率。但是，此时，通过把 n 看作外生不变，我们仍将其简化处理。我们还忽略人口的迁移，这是第 9 章探讨的另一个论题。如果我们将时点 0 的成人数量标准化为 1，时点 t 的家庭规模（对应于成人人口）为：

$$L(t) = e^{nt}$$

如果 $C(t)$ 是时点 t 的总消费，那么 $c(t) \equiv C(t)/L(t)$ 是成人人均消费量。

每个居户都希望最大化总效用 U，效用函数如下所示：

$$U = \int_0^\infty u[c(t)] \cdot e^{nt} \cdot e^{-\rho t} \mathrm{d}t \tag{2.1}$$

---

[1] 请参阅 Barro(1974)。我们抽象掉了婚姻，而婚姻导致了不同家族之间的互动。相关讨论请参见 Bernheim 和 Bagwell(1988)。

该方程式假定,居户在时点 0 的效用是其所有未来效用流 $u(c)$ 的加权之和。函数 $u(c)$——常被称为幸福函数(felicity function)——将人均效用流与人均消费量 c 联系起来。我们假定,$u(c)$ 是关于 c 递增的凹函数—— $u'(c) > 0$,$u''(c) < 0$ [①]。这个凹性假设使人们有动力在时间序列上平滑其消费:相对于时高时低的消费,居户更喜欢相对均匀的消费模式。这种追求平滑消费的企图驱动着居户的储蓄行为,因为在收入相对较低时,他们倾向于借钱,而在收入相对较高时倾向于存钱。我们也假定 $u(c)$ 满足稻田条件:当 $c \to 0$ 时,$u'(c) \to \infty$;而当 $c \to \infty$ 时,$u'(c) \to 0$。

式(2.1)中的 $u(c)$ 与家庭规模 $L = e^{nt}$ 的乘积表示时点 t 所有在世的家庭成员的效用之和。另一个乘数 $e^{-\rho t}$ 引入了时间偏好率 $\rho > 0$。正的 ρ 值意味着,越晚获得的效用,其值越低 [②]。我们假定 $\rho > n$,这意味着,如果 c 不随时间发生改变,那么式(2.1)中的 U 是有界的。

ρ 为正数的一个原因是,未来的效用对应着后代们的消费。如果任一代人中每个人的消费都相等,父母会偏好于 1 单位自身的消费,而非 1 单位孩子们的消费。这种父母的"自私"对应于式(2.1)中的 $\rho > 0$。在更详细的模型中,我们把个人对其各时点的效用流进行贴现的贴现率与应用于各代之间的贴现率区分开来。为方便起见,式(2.1)假定某人生命周期之内的贴现率与代际之间的贴现率相同。

子女的数量对父母具有递减的边际效用,这也合乎情理。我们可以通过容许时间偏好率 ρ 随人口增长率 n 递增来将这一效应引入模型 [③]。因为将 n 看作外生的,因此 ρ 对 n 的依赖不会使本章中的分析发生实质性的变化。但是,我们将在第 9 章中考虑该影响,在那章中,人口增长是内生决定的。

居户以资本所有权(后面将会介绍)或贷款的形式拥有资产,负贷款表示债务。我们继续假定经济体是封闭的,没有资产可以通过国际贸易购得。居户之间存在借贷关系,但是,在均衡时代表性居户的最终净贷款为零。因为资本和贷款这两种资产被假定为可以完全替代的价值储藏物,因此人们必须对其支付相同的真实收益率 $r(t)$。我们以 $a(t)$ 来表示居户的人均净资产,其中 $a(t)$ 按实际值计,即以消费品单位计。

居户是竞争性的,因为每个居户都面临给定的利率 $r(t)$,且面临给定的单位劳

---

① 对于效用函数的正线性变换而言,这些结论是不变的,但是任意的单调正变换有可能改变效用函数的这些性质。因此,该分析并不适用于所有形式的基数效用。相关讨论请参阅 Koopmans (1965)。

② Ramsey(1928)倾向于假定 $\rho = 0$。然后,他将追求最优化的行为人解释为中央计划者,而非竞争性的居户,因为只有中央计划者才会同时为当代和子孙各代的利益选择消费和储蓄。根据拉姆齐的观点,对子孙后代的效用的贴现($\rho > 0$)"从伦理上是站不住脚的"(ethically indefensible)。我们在数学附录中给出了一个 $\rho = 0$ 的例子。

③ 在关于增长的文献中人们常会假定:n 每增加 1 单位,ρ 也会增加 1 单位,即 $\rho = \rho^* + n$,其中,ρ^* 为当人口增长为零时的正时间偏好率。在这种情况下,式(2.1)中时点 t 的效用形式为 $u(c)e^{-\rho^* t}$,它依赖于人均效用,但是与时点 t 的家庭规模无关。Sidrauski(1967)以及 Blanchard 和 Fischer (1989,第 2 章)采用了这样的假定。

务的工资率 $w(t)$。我们假定，每个成人在每单位时间都固定地供给 1 单位劳务。（第 9 章将考虑劳动/闲暇的选择。）在均衡状态下，劳动市场出清，居户得到了其想要的就业数量，即，模型排除了"非自愿失业"。

因为每人在每单位时间提供 1 单位的劳动服务，所以每个成年人的工资收入为 $w(t)$。因此，所有居户的总收入等于劳动收入 $w(t) \cdot L(t)$ 和资产收入 $r(t) \cdot$（资产）之和。居户将没有消费掉的收入用于累积更多的资产：

$$\frac{\mathrm{d}(\text{资产})}{\mathrm{d}t} = r \cdot (\text{Assets}) + wL - C \tag{2.2}$$

其中，我们省略了时间下标。在后续分析中，只要不会引起混淆，我们会延续此做法。既然 a 是人均资产，那么我们可得：

$$\dot{a} = \left(\frac{1}{L}\right) \cdot \left[\frac{\mathrm{d}(\text{资产})}{\mathrm{d}t}\right] - na$$

因此，如果我们在式（2.2）两边同除以 L，我们可得人均水平的预算约束：

$$\dot{a} = w + ra - c - na \tag{2.3}$$

如果每个居户可以在现行利率 $r(t)$ 下无限制地借贷，那么它就有动机进行连环信（chain letter）或庞氏骗局（Ponzi game）式的融资。居户可以借钱消费，然后未来再借钱还本付息。在这种情况下，居户的债务以利率 $r(t)$ 的速度持续增长。因为本金从未被偿还，所以今天增加的消费其实是免费的。这样，以这种方式借款的家庭可以永远享受无限高的消费水平。

为了排除出现连环信式融资的可能性，我们假定，信贷市场对借款数量进行限制。学者们发现，规定资产现值渐近于非负是比较合理的限制，即

$$\lim_{t \to \infty} \left\{ a(t) \cdot \exp\left[-\int_0^t [r(v) - n]\mathrm{d}v \right] \right\} \geqslant 0 \tag{2.4}$$

这种限制意味着，长期而言，居户的人均负债[对 $a(t)$ 取负值]的增长速率不能超过 $r(t) - n$ 的增长率，以确保负债水平的增长速率不超过 $r(t)$。该限制排除了我们所说的连环信式融资。我们稍后将证明，式（2.4）所示的对信贷市场的限制如何从市场均衡中自然产生。

居户的最优化问题是在式（2.3）的预算约束，初始资本量 $a(0)$ 以及式（2.3）中的借贷限制等条件下，最大化式（2.1）中的 U。不等式约束 $c(t) \geqslant 0$ 也将适用。然而，当 $c(t)$ 趋近于 0 时，稻田条件表明，消费的边际效用是无穷的。因此，该不等式在任何情况下都不构成约束，我们可以放心地忽略它们。

2.1.2　一阶条件

关于这类动态最优化问题的数学方法将在本书末尾的数学附录中讨论。在这里，我们直接利用该结论，而不对其进一步推导。首先，汉密尔顿现值由下式

给出：

$$J = u[c(t)] \cdot e^{-(\rho-n)t} + v(t) \cdot \{w(t) + [r(t) - n] \cdot a(t) - c(t)\} \quad (2.5)$$

其中，大括号中的表达式等于式(2.3)中的 $\dot{a}$。变量 $v(t)$ 是收入的影子价格的现值。它表示以 0 时的效用所计量的 t 时所获得的收入增量的价值[①]。值得注意的是，该影子价格依赖于时间，因为每个"约束"都对应一个影子价格。居户面对连续的约束，每个瞬间都对应一个约束。U 最大化的一阶条件是

$$\frac{\partial J}{\partial c} = 0 \Rightarrow v = u'(c) e^{-(\rho-n)t} \quad (2.6)$$

$$\dot{v} = -\partial J/\partial a \Rightarrow \dot{v} = -(r-n) \cdot v \quad (2.7)$$

其横截条件(transversality condition)是：

$$\lim_{t \to \infty}[v(t) \cdot a(t)] = 0 \quad (2.8)$$

欧拉方程　如果我们对式(2.6)求关于时间的导数，并将该式中的 v 及式(2.7)的 $\dot{v}$ 代入，那么我们可以得到各时点选择消费的基本条件：

$$r = \rho - \left(\frac{\mathrm{d}u'/\mathrm{d}t}{u'}\right) = \rho - \left[\frac{u''(c) \cdot c}{u'(c)}\right] \cdot (\dot{c}/c) \quad (2.9)$$

上式表明，居户选择的消费量应该使得收益率 r 等于时间偏好率 ρ 与人均消费 c 的递增所带来的消费边际效用 u' 的递减率之和。

式(2.9)左边的利率 r 是储蓄的收益率。等式右边可以被看作是消费的收益率。行为人之所以倾向于在今天而非明天消费，原因有二：首先，因为居户以贴现率 ρ 贴现未来效用，该贴现率是当前消费收益率的一部分。第二，如果 $\dot{c}/c > 0$，相对于明天而言，今天的 c 较低。既然行为人偏好平滑的消费(因为 $u''(c) < 0$)，他们将乐意通过把某些未来的消费提到当前而使消费流变平滑。等式右边的第二项表示了这种效应。如果行为人是追求最优化的，那么式(2.9)表明，他们将使两种收益率相等，因而在那个临界点上选择消费还是选择储蓄，他们是无所谓的。

关于式(2.9)的另外一种解释是，如果 $r = \rho$，那么居户在 $\dot{c}/c = 0$ 的条件下将选择均匀消费。只有当大于 ρ 的足够高的利率 r 能弥补居户因减少当前消费而造成的效用损失时，居户才会愿意偏离上述均匀消费：牺牲当前消费以换取未来消费——即，接受 $\dot{c}/c > 0$ 的情况。式(2.9)右边的 $\left[\frac{-u''(c) \cdot c}{u'(c)}\right] \cdot (\dot{c}/c)$ 就是需要被补偿的数额。注意，中括号内的项是 $u'(c)$ 对 c 的弹性的大小。该弹性[同时也表示 $u(c)$ 的凹度]决定了 r 必须超出 ρ 多少。在给定 $\dot{c}/c$ 的情况下，如果该弹性的数值越大，那么所要求的 r 超出 ρ 的升水就越大。

---

①　我们也可以使用影子价格 $ve^{(\rho-n)t}$。该影子价格测量的是以 t 时的效用计量的 t 时收入增量的价值。(相关讨论请参阅本书末尾的数学附录。)

边际效用弹性 $\{[-u''(c)\cdot c]/[u'(c)]\}$ 有时也被称为跨期替代弹性的倒数[①]。式(2.9)表明,为找到一个 r 和 $\dot{c}/c$ 都保持不变时的稳态,这一弹性必定渐近于某个常量。因此,我们遵循惯例,假设如下函数形式:

$$u(c) = \frac{c^{(1-\theta)} - 1}{(1-\theta)} \tag{2.10}$$

其中,$\theta > 0$,所以边际效用弹性等于常量 $-\theta$[②]。该效用函数的替代弹性为常量 $\sigma = 1/\theta$。因此,该形式被称为不变跨期替代弹性(constant intertemporal elasticity of substitution, CIES)效用函数。对应 c 的增加,$u'(c)$ 会成比例地下降;而且 θ 越高,这种下降速度越快,因此居户越不愿意偏离在时间序列上的均匀消费。随着 θ 趋近于 0,该效用函数就趋于成为 c 的线性函数。线性意味着,如果 $r = \rho$ 的话,居户不关心消费的时点。

式(2.10)中 $u(c)$ 的形式意味着,源自式(2.9)的最优化条件简化为:

$$\dot{c}/c = (1/\theta) \cdot (r - \rho) \tag{2.11}$$

因此,r 和 ρ 之间的关系决定着居户所选择的人均消费形式是逐渐上升的,恒定不变的,还是逐渐下降的。更低的跨期替代意愿(更高的 θ)意味着 $\dot{c}/c$ 对 r 和 ρ 之间的差距更不敏感。

横截条件 式(2.8)中的横截条件表示,随着时间趋于无穷,居户人均资产的价值——数量 $a(t)$ 乘以影子价格 $v(t)$——必定趋近于 0。如果我们将无穷大粗略地理解为进入决策视野的最后一个时期,那么上述条件的直观意义就是,追求最优化的行为人不想在最后一个时期结束时留下任何有价值的资产[③]。期末留下的资产事实上是被浪费掉了,而如果是在末期结束之前消费掉,居户的效用可以提高。

与式(2.7)相一致,影子价格 v 随时间持续演化。将该式对时间积分,可得:

$$v(t) = v(0) \cdot \exp\left\{-\int_0^t [r(v) - n]\mathrm{d}v\right\}$$

[①] 在时点 t_1 和 t_2 的消费之间的跨期替代弹性是 $c(t_1)/c(t_2)$ 变动一单位与该变动所带来的无差异曲线的斜率大小的变化量之比的倒数。如果我们将该弹性记为 σ,我们可得:

$$\sigma = \left[\frac{c(t_1)/c(t_2)}{-u'[c(t_1)]/u'[c(t_2)]} \cdot \frac{\mathrm{d}\{u'[c(t_1)]/u'[c(t_2)]\}}{\mathrm{d}[c(t_1)/c(t_2)]}\right]^{-1}$$

其中,$-u'[c(t_1)]/u'[c(t_2)]$ 表示无差异曲线斜率的大小。当 t_2 趋近于 t_1 时,我们得到瞬时的替代弹性:

$$\sigma = -u'(c)/[c \cdot u''(c)]$$

上式是边际效用弹性值的倒数。

[②] 将 -1 纳入公式可以带来方便,因为它意味着,当 $\theta \to 1$ 时,$u(c)$ 趋近于 $\ln(c)$。(该结论可用罗必塔法则证明。)然而,$-1/(1-\theta)$ 可被忽略而不影响后面的结论,因为就效用函数的线性转换而言,居户的选择是不变的。

[③] 把无限时域最优化问题中的横截条件解释为有限时域最优化问题中相应条件的极限,并非总是正确。请参阅本节末尾的数学附录。

其中，$v(0)$等于$u'[c(0)]$，且$u'[c(0)]$为正，因为根据假设，只要c是有限的，那么$u'(c)$就为正；而由有限的u我们必然有$c(0)$也是有限的。

如果我们把$v(t)$的结果代入式(2.8)，则横截条件变为：

$$\lim_{t \to \infty} \left\{ a(t) \cdot \exp \left[-\int_0^t [r(v) - n] dv \right] \right\} = 0 \tag{2.12}$$

该等式意味着，人均资产数量a的渐近增长率不超过$r-n$，换句话说，总量资产水平的增长速率不超过r。因为如果这些资产在有限的时间内被消耗掉，效用将会增加，所以对居户而言，永远以大于或等于r的速率积累正资产，仅是次优选择。

如果居户借贷，$a(t)$是负数，无限延续的居户有意愿通过借钱而从不还本付息来违反式(2.12)。然而，式(2.4)排除了这种连环信式融资，即家庭债务永远以r或更高的速度增长的骗局。为了能永远借到钱，居户必须找到愿意放款的出借人；即，愿意持有以r或更高的速度增长的正资产的其他居户。但是我们从横截条件中得知，没有哪个居户愿意以如此高的速度来逐渐吸收资产。因此，在均衡状态下，没有任何居户能以连环信的形式借贷。换言之，式(2.4)中的不等式约束不是任意的，而实际上是由信贷市场决定的均衡特征。受制于该约束，追求最优化的居户能做的最好的事情就是满足式(2.12)中的条件，即无论$a(t)$是正是负，都确保该等式成立。

消费函数 式(2.12)中的$\exp\left[-\int_0^t r(v)dv\right]$是现值因子，它将$t$时的收入转换成0时的收入。如果$r(v)$等于常量$r$，现值因子将简化为$e^{-rt}$。更一般地，我们可以将位于时点0与$t$之间的平均利率表示为：

$$\bar{r}(t) = (1/t) \cdot \int_0^t r(v) dv \tag{2.13}$$

其中，现值因子等于$e^{-\bar{r}(t) \cdot t}$。

式(2.11)决定了c的增长率。为确定c的水平(即，求出消费函数)，我们必须用流量预算约束式(2.3)来推导出居户的跨期预算约束。我们可以将式(2.3)当作关于a的一阶线性微分方程来求解，以得到对$T \geqslant 0$的所有时点都成立的跨期预算约束[1]：

$$a(T) \cdot e^{-[\bar{r}(T)-n]T} + \int_0^T c(t) e^{-[\bar{r}(T)-n]t} dt = a(0) + \int_0^T w(t) e^{-[\bar{r}(t)-n]t} dt$$

其中，我们采用了式(2.13)中关于$\bar{r}(t)$的定义。该跨期预算约束表达的是，0至T期间所有收入的贴现值加上最初可获得的财富，必须等于所有未来消费的贴现值加上T时所留下的资产现值。如果取当$T \to \infty$时的极限，则上式最左边的那项消失[推导自式(2.12)中的横截条件]，且跨期预算约束变成：

---

① 本书末尾的数学附录对有可变系数的一阶线性微分方程的求解方法进行了讨论。

$$\int_0^\infty c(t)e^{-[\bar{r}(t)-n]t}dt = a(0) + \int_0^\infty w(t)e^{-[\bar{r}(t)-n]t}dt = a(0) + \tilde{w}(0) \quad (2.14)$$

因此，消费现值等于一生的财富，即初始总资产 $a(0)$ 和工资收入现值 $\tilde{w}(0)$ 之和。

如果我们对式 (2.11) 在 0 到 t 之间积分，并且采用式 (2.13) 中关于 $\bar{r}(t)$ 的定义，我们发现消费由下式确定：

$$c(t) = c(0) \cdot e^{(1/\theta) \cdot [\bar{r}(t)-\rho]t}$$

将该结果代入式 (2.14) 跨期预算约束中，得到 0 时的消费函数：

$$c(0) = \mu(0) \cdot [a(0) + \tilde{w}(0)] \quad (2.15)$$

其中，财富消费倾向 $\mu(0)$ 由下式决定：

$$[1/\mu(0)] = \int_0^\infty e^{[\bar{r}(t)(1-\theta)/\theta - \rho/\theta + n]t}dt \quad (2.16)$$

在财富给定的情况下，平均利率 $\bar{r}(t)$ 的增加会对式 (2.16) 中的边际消费倾向带来两种效应：首先，更高的利率增加了当前消费相对于未来消费的成本，这种跨期替代效应驱动着居户将当前的消费转移到未来；第二，更高的利率还带来收入效应，这种效应倾向于增加所有时点的消费。$\bar{r}(t)$ 的增加对 $\mu(0)$ 的净效应取决于哪种力量占优。

如果 $\theta < 1$，那么因为替代效应占优，所以 $\mu(0)$ 随着 $\bar{r}(t)$ 的增加而下降。其直观意义是，当 θ 很低时，居户相对不太关注消费的平滑，因为跨期替代效应很大；相反，如果 $\theta > 1$，那么因为这种替代效应相对较弱，所以 $\mu(0)$ 随着 $\bar{r}(t)$ 的增加而增加；最后，如果 $\theta = 1$（对数效用），则这两种效应正好相互抵消，$\mu(0)$ 将简化成 $\rho - n$，且与 $\bar{r}(t)$ 不相关。（此前，我们假定 $\rho - n > 0$。）

如果我们使财富项 $a(0) + \tilde{w}(0)$ 保持不变，那么 $\bar{r}(t)$ 对 $\mu(0)$ 的影响会传递到 $c(0)$。然而，实际上，在 $w(t)$ 的路径给定的情况下，$\tilde{w}(0)$ 随着 $\bar{r}(t)$ 的上升而下降。这第三种效应会强化此前提到的替代效应。

2.2 企业

企业生产商品，对劳动投入支付工资，对资本投入支付租金。我们假设每个企业都可获得生产技术：

$$Y(t) = F[K(t), L(t), T(t)]$$

其中，Y 是产出流，K 是资本投入（以商品单位计），L 是劳动投入（以每年的人工小时数计），且技术水平 $T(t)$ 假定以不变速率 $x \geq 0$ 增长，因此，$T(t) = e^{xt}$，其中，我们将初始技术值 $T(0)$ 标准化为 1。函数 $F(\cdot)$ 具有我们在第 1 章中讨论过的新古典特征。特别地，Y 对 K 和 L 规模报酬不变，而且每种投入都有为正且递减的边际产出。

我们在第 1 章中曾证明，只有当技术进步采用劳动增进的形式时（如下式所示），稳态才能与速率不变的技术进步共存：

$$Y(t) = F[k(t), L(t) \cdot T(t)]$$

如果我们再次将"有效劳动"定义为原始劳动和技术水平的乘积，$\hat{L} \equiv L \cdot T(t)$，那么生产函数可以被写成：

$$Y = F(K, \hat{L}) \tag{2.17}$$

我们应该已经看到，那些在稳态时保持不变的变量处理起来是很方便的。在第1章中，我们证明了在具有外生技术进步的模型的稳态中，人均变量的增长速率都等于技术进步速率 x。该特性在我们现在讨论的模型中仍成立。因此，我们将再次处理每单位有效劳动的平均变量：

$$\hat{y} \equiv Y/\hat{L} \text{ 和 } \hat{k} \equiv K/\hat{L}$$

那么，生产函数可以被改写成像式(1.38)那样的集约形式：

$$\hat{y} = f(\hat{k}) \tag{2.18}$$

其中，$f(0) = 0$。我们很容易就能证明，要素的边际产出由以下两式决定：[1]

$$\partial Y/\partial K = f'(\hat{k})$$
$$\partial Y/\partial L = [f(\hat{k}) - \hat{k} \cdot f'(\hat{k})] \cdot e^x \tag{2.19}$$

第1章中讨论的稻田条件意味着：当 $\hat{k} \to 0$ 时，$f'(\hat{k}) \to \infty$；且当 $\hat{k} \to \infty$ 时，$f'(\hat{k}) \to 0$。

我们假设，企业从拥有资本的居户那里租赁资本服务。（如果企业拥有资本，居户拥有企业的股份，结论不会改变。）如果我们令每单位资本的租金为 $R(t)$，企业的资本总成本为 RK，与 K 成比例。我们假定，资本服务的增加或减少无需支付额外费用，如安装机器或进行其他改造的费用。我们在第3章中会考虑这种调整成本。

同第1章一样，我们假定了一个单部门生产模型，其中1单位的产出或者用来产生1单位的居户消费 C，或者带来资本 K 的1单位增量。因此，只要经济不处于角点解(corner solution)，即所有当期产出全用于消费或全用于积累新资本，以 C 来衡量的 K 的价格将固定为1。因为 C 在均衡时非零，那么我们只需要关心是不是没有产出被用来转变成新资本；换言之，我们只需关心总投资是否为零。即使总投资为零，如果资本是可逆的(reversible)，也就是说现有的资本存量可以按1比1的比例用于消费，以 C 来衡量的 K 的价格仍将固定为1。在存在可逆资本的情况下，经济体的总投资可以为负，而以 C 来衡量的 K 的价格仍将固定为1。即使这种情况可能适用于家畜饲养，经济学家们通常假定投资是不可逆的。在这种情况下，只有在均衡状态中，累积总投资非负的约束不具备约束力时，以 C 的单位计价的 K 的价格才为1。在下面的分析中，我们将沿用投资可逆的假设，而在附录2B(2.9节)中，我们将讨论不可逆投资。

由于资本存量以不变速率 $\delta \geqslant 0$ 折旧，所以拥有资本的居户从每单位资本中

---

[1] 我们可以写成 $Y = \hat{L} \cdot f(\hat{k})$。使 L 和 t 保持不变，对 Y 求关于 K 的导数，得 $\partial Y/\partial L = f'(\hat{k})$。使 K 和 t 保持不变，对 Y 求关于 L 的导数，得 $\partial Y/\partial L = [f(\hat{k}) - \hat{k} \cdot f'(\hat{k})]e^x$。

得到的净收益为 $R-\delta$ ①。回顾前文可知,居户也能通过向其他居户放贷得到利息收入,利率为 r。由于资本和贷款作为价值储藏物是完全替代的,所以我们必有 $r=R-\delta$ 或 $R=r+\delta$。

代表性企业在任何时点的净收益流或利润由下式决定:

$$\pi = F(K, \hat{L}) - (r+\delta) \cdot K - wL \tag{2.20}$$

与第 1 章中一样,利润现值最大化的问题在这里也简化成各期利润最大化的问题,而无需考虑其他期的结果。利润的表达式可被写成:

$$\pi = \hat{L} \cdot [f(\hat{k}) - (r+\delta) \cdot \hat{k} - we^{-xt}] \tag{2.21}$$

视 r 和 w 为给定的竞争性企业,在 $\hat{L}$ 确定的情况下,通过设定下式来最大化利润:

$$f'(\hat{k}) = r+\delta \tag{2.22}$$

仍然同前文一样,在完全市场均衡中,w 等于劳动的边际产出,而此时的 $\hat{k}$ 值必须能够满足式(2.22):

$$[f(\hat{k}) - \hat{k} \cdot f'(\hat{k})]e^{xt} = w \tag{2.23}$$

该条件保证,无论 $\hat{L}$ 为何值时,利润都等于零。

2.3 均衡

前文中我们首先从竞争性居户的行为着手,这些居户面临着给定的利率 r 和工资率 w。接着,我们引入企业,它们同样面临着给定的 r 和 w。现在,我们可以将居户和企业的行为结合起来分析竞争市场均衡的结构。

由于经济体是封闭的,所以经济体内的债务将相互抵消。因而,成人人均资产 a 等于劳动者人均资本 k。因为所有的资本存量总会归经济体中的某个人所有,特别是在封闭经济模型中,所有国内资本存量必须全部为国内居民所占有,所以 k 等于 a 成立。如果经济体对国际资本市场开放,那么 k 与 a 之间的差距对应的是本国对外国人的负债。第 3 章将讨论开放经济体,其中净外债非零。

式(2.3)中居户的流量预算约束决定了 $\dot{a}$。由 $a=k$,$\hat{k}=ke^{-xt}$,以及式(2.22)和式(2.23)中关于 r 和 w 的条件,可得:

$$\dot{\hat{k}} = f(\hat{k}) - \hat{c} - (x+n+\delta) \cdot \hat{k} \tag{2.24}$$

其中,$\hat{c} \equiv C/\hat{L} = ce^{-xt}$,且 $\hat{k}(0)$ 为给定值。式(2.24)是整个经济的资源约束:资本存量的变化等于产出减去消费和折旧,而且 $\hat{k} \equiv K/\hat{L}$ 的变化也考虑到 $\hat{L}$ 以

---

① 更一般地,如果资本价格能随着时间改变,那么资本所有者的真实收益率等于 $R/\phi - \delta + \dot{\phi}/\phi$,其中 ϕ 是以消费品计量的资本的价格。在 $\phi=1$ 的情况下(就是我们目前讨论的情况),资本收益项 $\dot{\phi}/\phi$ 消失,而回报率简化为 $R-\delta$。

$x + n$ 为速率的增长。

微分方程(2.24)是决定 $\hat{k}$ 及 $\hat{y} = f(\hat{k})$ 随时间变化的关键。然而,$\hat{c}$ 的决定因素仍未涉及。如果我们掌握了 $\hat{c}$ 和 $\hat{k}$(或 $\hat{y}$)的关系,或者如果我们知道决定 $\hat{c}$ 的演化的方程式,那么我们就可以研究经济的全部动态。

在第1章的索洛—斯旺模型中,不变储蓄率的假设为我们提供了 $\hat{c}$ 和 $\hat{k}$ 的联系。该假设蕴含了线性消费方程 $\hat{c} = (1 - s) \cdot f(\hat{k})$。在当前的条件下,储蓄率的行为并非如此简单,但是我们确实可以从居户最优化中得知,c 的增长遵循式(2.11)。如果我们利用条件 $r = f'(\hat{k}) - \delta$ 和 $\hat{c} = ce^{-xt}$,可得:

$$\dot{\hat{c}} / \hat{c} = \frac{\dot{c}}{c} - x = \frac{1}{\theta} \cdot [f'(\hat{k}) - \delta - \rho - \theta x] \tag{2.25}$$

该方程式同式(2.24)一起构成了关于 $\hat{c}$ 和 $\hat{k}$ 的方程组。该方程组与初始条件 $k(0)$ 和横截条件一同确定了 $\hat{c}$ 和 $\hat{k}$ 的时间路径。

通过将 $a = k$ 和 $\hat{k} = ke^{-xt}$ 代入式(2.12),我们可以将横截条件写成关于 $\hat{k}$ 的表达式:

$$\lim_{t \to \infty} \{\hat{k} \cdot \exp(-\int_0^t [f'(\hat{k}) - \delta - x - n] dv)\} = 0 \tag{2.26}$$

如果我们回到前文,就像在索洛—斯旺模型中一样,运用 $\hat{k}$ 渐近于不变稳态值 $\hat{k}^*$ 的结论,我们就可以解释式(2.26)。因此,式(2.26)中的横截条件要求稳态收益率 $f'(\hat{k}^*) - \delta$ 超过 K 的稳态增长率 $x + n$。

2.4 其他经济环境

到目前为止的分析适用于由竞争性的居户和企业构成的分散决策的经济。然而,从该模型的设定中我们可以看出,相同的方程式——进而相同的结论——会出现在另一些不同的经济环境中。首先,通过将成年家庭成员看作符合生产工艺 $f(\hat{k})$ 的劳动者,居户就能执行企业的生产函数[1]。那么,我们可以直接得到式(2.24)(总产出必须全部用于消费和总投资,而总投资等于净投资加折旧)。如果居户在式(2.24)的约束下最大化式(2.1)和式(2.10)中的效用函数,那么式(2.25)和式(2.26)仍为一阶条件。因此,对我们的分析而言,将居户和企业的功能作出区分并不重要。

我们还可以假设,经济体由仁慈的社会计划者(social planner)来管理。社会计划者指定各个时点的消费选择,并试图实现代表性家庭的效用最大化。就确定经济的最优结果而言,仁慈的社会计划者这一假设可适用于多种经济环境。该计划者的偏好与前文所假定的一样——具体来讲,具有同样的时间偏好率 ρ 和同样的效用函数 $u(c)$。计划者同样受制于式(2.24)中的总资源约束。因此,计划者所

---

① 第1章我们探讨过该构架。

采用的解决方案与分散决策的经济中所采用的一样①。由于具有独裁权的仁慈的社会计划者会追求帕累托最优,分散决策的经济的结果——与计划者的结果一致——必定也是帕累托最优的。

2.5 稳态

现在,我们来考虑式(2.24)、式(2.25)和式(2.26)这些均衡条件是否与稳态,即各种数量的增长率不变(可能为0)的情况,相一致。我们将首先证明,与在第1章的索洛—斯旺模型中一样,$\hat{k}$ 和 $\hat{c}$ 的稳态增长率必须为零。

令$(\gamma_{\hat{k}})^*$ 为 $\hat{k}$ 的稳态增长率,$(\gamma_{\hat{c}})^*$ 为 $\hat{c}$ 的稳态增长率。在稳态情况下,由式(2.25)可得

$$\hat{c} = f(\hat{k}) - (x+n+\delta) \cdot \hat{k} - \hat{k} \cdot (\gamma_{\hat{k}})^* \qquad (2.27)$$

如果我们将上式对时间求导,那么我们发现下式在稳态时必定成立:

$$\dot{\hat{c}} = \dot{\hat{k}} \cdot \{f'(\hat{k}) - [x+n+\delta+(\gamma_{\hat{k}})^*]\} \qquad (2.28)$$

根据式(2.26)所示的横截条件,大括号中的表达式是正数。因此,$(\gamma_{\hat{k}})^*$ 和$(\gamma_{\hat{c}})^*$ 必定同号。

如果 $(\gamma_{\hat{k}})^* > 0$,则$\hat{k} \to \infty$且$f'(\hat{k}) \to 0$。那么,式(2.25)意味着$(\gamma_{\hat{c}})^* < 0$,与$(\gamma_{\hat{k}})^*$ 和$(\gamma_{\hat{c}})^*$同号的结论矛盾。如果 $(\gamma_{\hat{k}})^* < 0$,则$\hat{k} \to 0$且$f'(\hat{k}) \to \infty$。那么,式(2.25)意味着$(\gamma_{\hat{c}})^* > 0$,再次与$(\gamma_{\hat{k}})^*$ 和$(\gamma_{\hat{c}})^*$同号的结论矛盾。因此,只剩下$(\gamma_{\hat{k}})^* = (\gamma_{\hat{c}})^* = 0$这一种可能。$(\gamma_{\hat{k}})^* = 0$意味着$(\gamma_{\hat{y}})^* = 0$,这样,单位有效劳动的平均变量$\hat{k}$,$\hat{c}$ 和 $\hat{y}$ 在稳态中恒定不变。该特征意味着,人均变量k,c 和 y 在稳态时以速率x增长,水平变量K,C 和 Y 在稳态中以速率$x+n$增长。关于稳态增长率的结论与索洛—斯旺模型中的结论都相同。(在索洛—斯旺模型中,储蓄率是外生不变的。)

通过令式(2.24)和式(2.25)等于零,我们可以求得$\hat{c}$ 和 $\hat{k}$ 的稳态值。图2.1中对应于$\hat{c} = f(\hat{k}) - (x+n+\delta) \cdot \hat{k}$的实曲线描绘的是满足式(2.24)中$\dot{\hat{k}} = 0$时的$(\hat{k}, \hat{c})$组合。注意,因为当$f'(\hat{k}) = x+n+\delta$时,曲线出现峰值,所以利率$f'(\hat{k}) - \delta$等于产出的稳态增长率$x+n$。利率和增长率相等,与 $\hat{k}$ 的黄金率水平②(如第

---

① 计划者的问题是,在式(2.24)中的经济体预算约束,初始值 $\hat{k}(0)$ 与不等式 $c \geqslant 0$ 和 $\hat{k} \geqslant 0$ 的限制下,选择c的路径以最大化式(2.1)中的U。该问题的汉密尔顿方程是:

$$J = u(c)\mathrm{e}^{-\rho t} + v \cdot [f(\hat{k}) - c\mathrm{e}^{-xt} - (x+n+\delta) \cdot \hat{k}]$$

由通常的一阶条件可得到式(2.25),而由横截条件可得到式(2.26)。

② 在第1章中,我们将k的黄金率水平定义为能最大化稳态人均消费的人均资本量,并证明,这种资本水平能满足$f'(k_{黄金率}) = \delta+n$[见式(1.22)]。在外生技术进步存在的情况下,$\hat{k}$ 的黄金率水平被定义为使得单位有效劳动的稳态平均消费$\hat{c} = f(\hat{k}) - (x+n+\delta) \cdot \hat{k}$ 最大的值。注意,当$f'(k_{黄金率}) = (x+n+\delta)$成立时,取得最大值。

1 章所述)是相对应的,因为它带来了稳态情境下 $\hat{c}$ 的最大值。我们将符合黄金准则的 $\hat{k}$ 值记为 $\hat{k}_{黄金率}$。

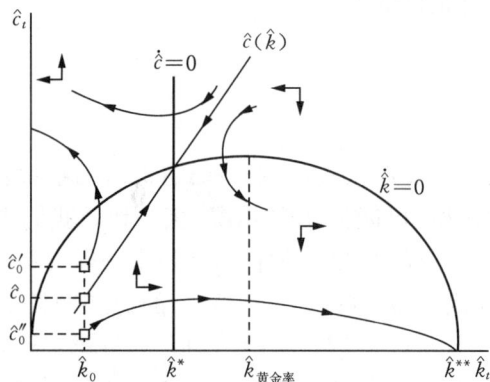

注:该图展示了拉姆齐模型的转移动态。$\dot{c}/\hat{c}=0$ 和 $\dot{\hat{k}}=0$ 的轨迹将空间划分为 4 个区域,而箭头显示了经济体在每个区域里运动的方向。该模型展示了鞍形路径的稳定性。稳定臂(stable arm)是一条经过原点和稳态的向上倾斜的曲线。从低水平的 $\hat{k}$ 出发,最优的初始值 $\hat{c}$ 很低。在转移过程中,$\hat{c}$ 和 $\hat{k}$ 朝稳态值上升。

图 2.1　拉姆齐模型的相位图

根据式(2.25)和 $\dot{\hat{c}}=0$ 的条件,可得:

$$f'(\hat{k}^*) = \delta + \rho + \theta x \tag{2.29}$$

该等式表明,稳态利率 $f'(\hat{k}) - \delta$ 等于有效贴现率 $\rho + \theta x$ ①。位于 $\hat{k}^*$ 的垂线描绘的就是该条件。注意,当 $\hat{k}$ 等于该值时,$\dot{\hat{c}}/\hat{c}=0$ 成立,且与 $\hat{c}$ 的值不相关②。资本的收益递减是式(2.29)中 $\hat{k}^*$ 的重要决定因素,它使得 $f'(\hat{k}^*)$ 是关于 $\hat{k}^*$ 的单调减函数。而且,稻田条件——$f'(0)=\infty$ 和 $f'(\infty)=0$ ——确保式(2.29)仅在唯一的为正的 $\hat{k}^*$ 值处成立。

图 2.1 表明了稳态值($\hat{k}^*$, $\hat{c}^*$)在垂线和实曲线的交点处被决定。特别地,在式(2.29)确定了 $\hat{k}^*$ 之后,再令式(2.24)等于 0,可得 $\hat{c}^*$ 的值:

$$\hat{c}^* = f(\hat{k}^*) - (x+n+\delta) \cdot \hat{k}^* \tag{2.30}$$

注意,$\hat{y}^* = f(\hat{k}^*)$ 是 $\hat{y}$ 的稳态值。

现在考察式(2.26)中的横截条件。由于 $\hat{k}$ 在稳态时恒定不变,所以如果稳态收益率 $r^* = f'(\hat{k}^*) - \delta$ 大于稳态增长率 $x+n$,那么该横截条件成立。利用式(2.29),该条件可表示为:

$$\rho > n + (1-\theta)x \tag{2.31}$$

如果 ρ 无法高到满足式(2.31),那么居户的最优化问题无法很好地加以描绘,因为如

---

① 有效贴现率中的 θx 部分表示 c 的增长率为 x 时,消费边际效用递减的影响。

② 式(2.25)表明,当 $\dot{\hat{c}}=0$ 时,即在图 2.1 中的横轴上,$\dot{\hat{c}}/\hat{c}=0$ 成立。

果 c 的增长率为 x,那么效用可以无限增大[1]。我们今后都假定参数满足式(2.31)。

在图2.1中,稳态值 $\hat{k}^*$ 位于 $\hat{k}_{黄金率}$ 的左边。如果式(2.31)这一横截条件得以满足,那么该位置关系总是成立。稳态值由 $f'(\hat{k}^*) = \delta + \rho + \theta x$ 决定[2],而黄金率值决定于 $f'(\hat{k}_{黄金率}) = \delta + x + n$。不等式(2.31)意味着 $\rho + \theta x > x + n$,故而 $f'(\hat{k}^*) > f'(\hat{k}_{黄金率})$。根据 $f''(\hat{k}) < 0$,所以 $\hat{k}^* < \hat{k}_{黄金率}$。

其含义为,尽管无效率过度储蓄会出现在具有任意常量储蓄率的索洛—斯旺模型中,但是它却不会出现在最优化框架中。如果无限寿命的居户在过度储蓄,那么它会意识到该储蓄率不是最优的——因为它不满足横截条件——并因此会转移到储蓄更少的路径上。注意,追求最优化的居户不会储蓄到黄金率值 $\hat{k}_{黄金率}$ 那么多。理由是,有效贴现率 $\rho + \theta x$ 中所反映出来的不耐烦会使居户觉得为达到稳态中 $\hat{c}$ 的最大值(黄金率值 $\hat{c}_{黄金率}$)而牺牲更多的当期消费是不值得的。

稳态增长率不依赖于描述生产函数 $f(\cdot)$ 的参数或刻画居户消费和储蓄态度的偏好参数 ρ 和 θ。不过这些参数对变量水平的确有长期影响。

在图2.1中,储蓄意愿的增强——表示为 ρ 或 θ 的减少——使得 $\dot{\hat{c}}/\hat{c} = 0$ 的图像右移,但对 $\dot{\hat{k}} = 0$ 的图像没有影响。相应地,这个位移带来了更高的 $\hat{c}^*$ 和 $\hat{k}^*$,进而带来更高的 $\hat{y}^*$。类似地,生产函数的按比例上移或折旧率 δ 的减少,都使得曲线 $\dot{\hat{k}} = 0$ 向上移,曲线 $\dot{\hat{c}}/\hat{c} = 0$ 向右移。这些移动带来了 $\hat{c}^*$,$\hat{k}^*$ 和 $\hat{y}^*$ 的增加。x 的增加将提升式(2.29)中的有效时间偏好项 $\rho + \theta x$,还会降低对应于式(2.30)中给定的 $\hat{k}^*$ 的 $\hat{c}^*$ 值。在图2.1中,这些变动使得 $\dot{\hat{k}} = 0$ 的图像下移,同时使得 $\dot{\hat{c}}/\hat{c} = 0$ 的图像左移,进而减少了 $\hat{c}^*$,$\hat{k}^*$ 和 $\hat{y}^*$。(尽管 $\hat{c}$ 下降了,但是效用提高了,因为 x 的增加使得相对于 $\hat{c}$,c 的增长率得到提高。)最后,如果我们固定 ρ,那么 n 对 $\hat{k}^*$ 和 $\hat{y}^*$ 不存在影响,式(2.30)暗示 $\hat{c}^*$ 会下降。如果更高的 n 带来更高的时间偏好率(根据前面所谈到的原因),那么 n 的增加会减少 $\hat{k}^*$ 和 $\hat{y}^*$。

2.6 转移动态

2.6.1 相位图

与索洛—斯旺模型一样,拉姆齐模型让人很感兴趣的地方是它对从初始要素比例 $\hat{k}(0)$ 到稳态比例 $\hat{k}^*$ 这一转移路径上的增长率及其他变量的行为的预测。在 $\hat{k}(0)$ 给定时,式(2.24)、式(2.25)和式(2.26)确定了 $\hat{k}$ 和 $\hat{c}$ 的路径。图2.1中的相位图呈现了动态的本质[3]。

我们首先给出 $\dot{\hat{c}} = 0$ 的轨迹。由于 $\dot{\hat{c}} = \hat{c} \cdot (1/\theta) \cdot [f'(\hat{k}) - \delta - \rho - \theta x]$,所以有两种办法使 $\dot{\hat{c}}$ 等于零:对应着图2.1中横坐标轴的 $\hat{c} = 0$ 和位于 $\hat{k}^*$ 的垂线

---

[1] 书后的数学附录探讨了一些无限效用可以得到处理的例子。

[2] 该条件有时被称为修正的黄金法则(modified golden rule)。

[3] 关于相位图的讨论,请参见数学附录。

$f'(\hat{k}) = \delta + \rho + \theta x$，其中 $\hat{k}^*$ 是满足式(2.29)的资本—劳动比。

回顾前文，图2.1中的实曲线描绘了满足式(2.24)中 $\dot{\hat{k}} = 0$ 的 $\hat{k}$ 和 $\hat{c}$ 的组合。该等式表明，当 $\hat{c}$ 位于实曲线之上时，$\hat{k}$ 随着 $\hat{c}$ 的增加而减少(所以该区域内的箭头向左)；当 $\hat{c}$ 位于实曲线之下时，$\hat{k}$ 随着 $\hat{c}$ 的增加而增加(所以该区域内的箭头向右)。

由于 $\dot{\hat{c}} = 0$ 和 $\dot{\hat{k}} = 0$ 的轨迹相交3次，所以存在三个稳态：第一个稳态是原点 $(\hat{c} = \hat{k} = 0)$；第二个稳态对应于 $\hat{k}^*$ 和 $\hat{c}^*$；第三个稳态是正的资本存量 $\hat{k}^{**} > 0$ 和零消费。我们忽略原点这一稳态，因为它没有意义。

第二个稳态是鞍形路径稳定(saddle-path stable)。特别值得注意的是，在图2.1中，两条轨迹将空间划为4个区域，其中两个区域中的箭头组合能使经济收敛于稳态。通过将稳态附近的动态方程组线性化，并利用特征矩阵的行列式为负(详见2.8节的附录2A)，我们也可以证明该稳态具有鞍形路径的性质。行列式的符号表明两个特征值异号，这是系统存在局部鞍形路径稳定的一个指标。

动态均衡遵循带有箭头的实轨迹所示的稳定鞍形路径。例如，如图2.1所示，假定最初的要素比率满足 $\hat{k}(0) < \hat{k}^*$，如果初始消费比率为如图所示的 $\hat{c}(0)$，经济体将沿着该稳定路径趋于稳态组合 $(\hat{k}^*, \hat{c}^*)$。该路径满足前文所述的所有一阶条件，包括横截条件。

还有另外两种可能性：初始消费率大于或小于 $\hat{c}(0)$。如果该比率大于 $\hat{c}(0)$，那么，对经济体而言，其初始储蓄率过低，而无法维持在稳定路径上，其轨迹最终会与 $\dot{\hat{k}} = 0$ 的轨迹相交。穿过交点后，$\hat{c}$ 继续上升，$\hat{k}$ 开始下降，而且在有限时间内，路径会在 $\hat{k} = 0$ 处与纵轴相交。[①]$f(0) = 0$ 的条件意味着 $\hat{y} = 0$，因此，$\hat{c}$ 在该点必须下跳至0。因为该跳跃违背了作为式(2.25)基础的一阶条件，这些路径——初始消费率超过 $\hat{c}(0)$——都不是均衡的[②]。

最后的一种可能性是，初始消费率小于 $\hat{c}(0)$。在这种情况下，初始储蓄率会过高，而无法维持在鞍形路径上，而且经济体最终会穿过 $\dot{\hat{c}} = 0$ 的轨迹。穿过该点之后，$\hat{c}$ 下降，$\hat{k}$ 继续上升。经济体收敛于 $\dot{\hat{k}} = 0$ 的轨迹与横轴的交点，记为 $\hat{k}^{**}$。特别值得注意的是，$\hat{k}$ 会上升，并超过黄金率值 $\hat{k}_{\text{黄金率}}$，最后渐近于更高的值。因此，$f'(\hat{k}) - \delta$ 会渐近地降至 $x + n$ 的下方，而且该路径违背了式(2.26)给出的横截条件。对横截条件的违背意味着，居户正在过度储蓄：如果在较早的时点上增加消费，那么效用会增加。相应地，初始消费低于 $\hat{c}(0)$ 的路径都是不均衡的。所以走向正稳态值 $\hat{k}^*$ 的稳定鞍形路径成为唯一可能的结果[③]。

[①] 根据式(2.24)，我们能证明，该区域的 $\dot{\hat{k}}$ 为负，且越来越小。因此，$\hat{k}$ 在有限时间内必定会达到0。

[②] 如果投资是可逆的，那么该分析成立。如果投资是不可逆的，在其轨迹与纵轴相交之前，约束条件 $\hat{c} \leqslant f(\hat{k})$ 还是有约束力的。即，这些起始于如图2.1中 $\hat{c}'_0$ 这样的点的路径最终都会与生产函数 $\hat{c} = f(\hat{k})$ 相交。而该生产函数的轨迹位于 $\dot{\hat{k}} = 0$ 的轨迹的上方。此后，路径会随着生产函数下降至原点。2.9节的附录2B证明了这类路径是不均衡的。

[③] 在图2.1中，如果经济体起始于 $\hat{k}(0)$，且 $\hat{k}(0) > \hat{k}^*$，那么类似的结论也成立。这里存在的唯一一个复杂性是，如果投资是不可逆的，那么在该区域中，约束条件 $\hat{c} \leqslant f(\hat{k})$ 可能存在约束力。相关讨论参见2.9节的附录2B。

2.6.2 横截条件的重要性

在唯一均衡的确定过程中,强调横截条件的作用是很重要的。要弄明白这一点,我们来考虑拉姆齐模型的变体。该变体是脱离实际的,因为模型中的每个人都认为世界会在某个确定的日期 $T > 0$ 终结。那么,式(2.1)中的效用函数将变为:

$$U = \int_0^T u[c(t)] \cdot e^{nt} e^{-\rho t} dt$$

且非庞氏条件为:

$$a(T) \cdot \exp\left[-\int_0^T [r(v) - n]dv\right] \geqslant 0$$

预算约束仍为式(2.3)。由于该问题和前文所述问题的唯一差别是时间终点,所以唯一需要改变的最优化条件就是横截条件,变化后的横截条件如下:

$$a(T) \cdot \exp\left[-\int_0^T [r(v) - n]dv\right] = 0$$

因为指数项在有限时间内不为零,该条件意味着,在规划周期结束的时候,资产为零:

$$a(T) = 0 \tag{2.32}$$

换言之,由于在时点 T 资产的影子值为正,所以从最优化考虑,居户在"死"的时候不会留下资产。

企业行为同前文相同,且资产市场均衡仍要求 $a(t) = k(t)$。因此,一般均衡条件仍为式(2.24)和式(2.25),且 $\hat{k} = 0$ 和 $\hat{c} = 0$ 的轨迹与图 2.1 中的相同。代表系统动态的箭头也与前文相同。

由于 $a(t) = k(t)$,所以横截条件式(2.32)可以被写成:

$$\hat{k}(T) = 0 \tag{2.33}$$

从图 2.1 来看,这一新的横截条件要求最初选择的 $\hat{c}(0)$ 使得资本存量在时点 T 为零。换言之,最优化要求经济体在时点 T 时恰好位于纵轴。其意义为,稳定臂不再是均衡的,因为它未能在时点 T 将经济体引至零资本的位置。这对任何位于稳定臂之下的初始消费选择也成立。因此,初始消费 $\hat{c}(0)$ 位于稳定臂之上,是新均衡的特征。

$\hat{c}$ 和 $\hat{k}$ 在一段时期内同时上升也是可能的。实际上,如果 T 足够大,那么转移路径最初会非常接近但是略高于图 2.1 中的稳定臂。然而,经济体最终会穿过 $\hat{k} = 0$ 的轨迹。在那之后,$\hat{c}$ 和 $\hat{k}$ 下降,且经济体在时点 T 以零资本终结。因此,我们可以看到,同一组微分方程是存在均衡(稳定臂)还是其他的情况(路径将在时点 T 处于纵轴上),只取决于横截条件。

2.6.3　稳定臂的形状

图2.1中所示的稳定臂把均衡 $\hat{c}$ 表示成关于 $\hat{k}$ 的函数[①]。这种关系在动态规划中被称为策略函数（policy function）：它把控制变量 $\hat{c}$ 的最优值与状态变量 $\hat{k}$ 相联系。这一策略函数的确切形状取决于模型的参数。

例如，思考一下参数 θ 对稳定臂形状的影响。假定，经济体开始于 $\hat{k}(0) < \hat{k}^*$，且以此为起点将会使未来的 $\hat{c}$ 高于 $\hat{c}(0)$。高的 θ 值意味着：居户强烈偏好平滑稳定的消费路径，因此，他们会试图将未来消费转移到当前。于是，如图2.2所示，当 θ 高时，稳定臂将靠近 $\hat{k} = 0$ 的轨迹。与之对应的低投资率表明，该转移将耗时很长。

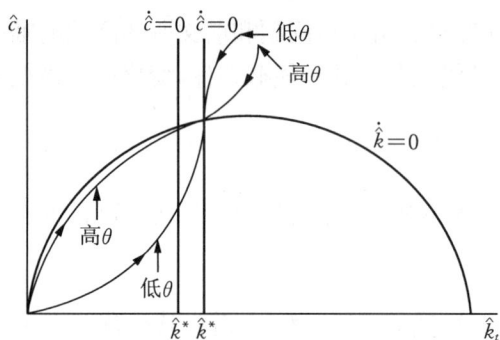

注：当 θ 处于低位时，消费者不介意不同时期之间大幅度的消费振荡。因此，当资本存量处于低位（且利率处于高位）时，他们消费得相对少。在这种情况下，初始投资率处于高位，经济体迅速达到稳态。相反，当 θ 处于高位时，消费者具有平滑消费的强烈动机。因此，最初，他们将大部分资源用于消费（稳定臂趋近于 $\hat{k} = 0$ 的轨迹），并投资得很少。在这种情况下，经济体缓慢地趋近于稳态。

图 2.2　鞍形路径的斜率

相反地，如果 θ 小，居户更愿意推迟消费以获取更高的收益率。这时的稳定臂是平坦的，且当 $\hat{k}$ 处于低位时（参见图2.2），它靠近横轴。高投资意味着转移相对较快，而且当 $\hat{k}$ 趋近 $\hat{k}^*$ 时，居户急剧地增加 $\hat{c}$。从图中可以清楚地看到，稳态附近的线性估值无法准确捕捉这些动态。

在附录2C（2.10节）中，我们将证明，对于柯布—道格拉斯技术 $\hat{y} = A\hat{k}^{\alpha}$ 的情形而言，在以 $\hat{k}(0) < \hat{k}^*$ 为起点的转移中，$\hat{c}/\hat{k}$ 是上升、不变还是下降，取决于参数 θ 是小于、等于还是大于资本份额 α。进而，稳定臂是凸、线性还是凹，取决于 θ 是小于、等于还是大于 α。（我们后面会证明，$\theta > \alpha$ 是合理的。）如果 $\theta = \alpha$，进而 $\hat{c}/\hat{k}$ 在转移过程中不变，那么策略函数存在闭合形式的解 $\hat{c} = $（常数）$\cdot \hat{k}$，其中，常数为 $(\delta + \rho)/\theta - (\delta + n)$。

---

① 索洛—斯旺模型中的对应关系 $\hat{c} = (1 - s) \cdot f(\hat{k})$ 源于不变储蓄率的假设。

2.6.4 储蓄率的变化趋势

总储蓄率 s 等于 $1-\hat{c}/f(\hat{k})$。第 1 章中讨论的索洛—斯旺模型假定，s 是位于任意水平的常量。在消费者追求最优化的拉姆齐模型中，s 遵循一条复杂路径，该路径在经济发展和趋近稳态的过程中，既有上升部分，又有下降部分。

引起人们研究兴趣的是，储蓄率的变化趋势不明朗，因为它涉及替代效应和收入效应的影响，而这两种效应是相互抵消的。当 $\hat{k}$ 上升时，$f'(\hat{k})$ 下降，降低了储蓄的收益率 r。在经济发展过程中，储蓄动机(跨期替代效应)的减弱倾向于降低储蓄率。第二，在落后经济体中，有效工人人均收入 $f(\hat{k})$ 远低于该经济体的长期或永久收入。由于居户喜欢平滑消费，所以，在贫穷的时候，他们愿意消费，而且消费量相对于其收入而言会很大。也就是说，当 $\hat{k}$ 处于低位时，储蓄率将会处于低位。随着 $\hat{k}$ 的上升，当前收入和永久收入之间的差距减小，因此，随着当前收入的提高，消费趋于下降，而储蓄率趋于上升。随着经济的发展，这股力量(收入效应)倾向于提升储蓄率。

储蓄率的转移行为取决于替代效应和收入效应哪个更重要。一般地，其净影响难以预测，进而转移过程中的储蓄率路径可能是复杂的。然而，对于柯布—道格拉斯生产函数而言，结论可以简化。附录 2C 证明了，在此情况下，随着 $\hat{k}$ 的增加，储蓄率是单调下降、保持不变还是单调上升，取决于参数值。

我们在附录 2C 中证明，对于柯布—道格拉斯情况而言，稳态储蓄率 s^* 由下式给出：

$$s^* = \alpha \cdot (x+n+\delta)/(\delta+\rho+\theta x) \tag{2.34}$$

注意，推导出式(2.31)的横截条件表明，在式(2.34)中，$s^* < \alpha$ 也就是说，稳态总储蓄率小于总资本份额。

我们用相位图来分析柯布—道格拉斯情况下的储蓄率的转移行为。更一般而言，这种方法论很有意义，因为它提供了一种研究储蓄率这类变量的行为的方法，而这类变量是我们感兴趣的，因为它们并不直接进入模型的一阶条件。这种方法会用到一阶条件中出现的变量转换。我们此前所用到的动态关系都是用变量 $\hat{c}$ 和 $\hat{k}$ 来表示的。为研究储蓄率 $s = 1-\hat{c}/\hat{y}$ 的移动行为，我们想用变量 $\hat{c}/\hat{y}$ 和 $\hat{k}$ 来表示这些关系。接着，我们将用 $\hat{c}/\hat{y}$ 和 $\hat{k}$ 来构建相位图。该相位图中的稳定臂将表示 $\hat{c}/\hat{y}$——进而，$s = 1-\hat{c}/\hat{y}$——如何随着 $\hat{k}$ 的增加而变化。

首先，我们注意到，$\hat{c}/\hat{y}$ 的增长率决定于 $\hat{c}$ 的增长率减 $\hat{y}$ 的增长率。如果生产函数是柯布—道格拉斯形式的，那么 $\hat{c}$ 的增长率与 $\hat{k}$ 的增长率成比例，也就是：

$$\frac{1}{\hat{c}/\hat{y}} \cdot \frac{\mathrm{d}(\hat{c}/\hat{y})}{\mathrm{d}t} = (\dot{\hat{c}}/\hat{c}) - (\dot{\hat{y}}/\hat{y}) = (\dot{\hat{c}}/\hat{c}) - \alpha \cdot (\dot{\hat{k}}/\hat{k})$$

现在，通过使用式(2.24)和式(2.25)中的均衡条件，我们可得：

$$\frac{1}{\hat{c}/\hat{y}} \cdot \frac{\mathrm{d}(\hat{c}/\hat{y})}{\mathrm{d}t} = \left[(1/\theta) \cdot (\alpha A \hat{k}^{\alpha-1} - \delta - \rho - \theta x)\right]$$

$$-\alpha\left[A\hat{k}^{\alpha-1} - (\hat{c}/\hat{y}) \cdot A\hat{k}^{\alpha-1} - (x+n+\delta)\right] \quad (2.35)$$

其中,我们用到了等式 $\hat{c}/\hat{k} = (\hat{c}/\hat{y}) \cdot A\hat{k}^{\alpha-1}$。$\hat{k}$ 的增长率为

$$\hat{k}/\hat{k} = \left[A\hat{k}^{\alpha-1} - (\hat{c}/\hat{y}) \cdot A\hat{k}^{\alpha-1} - (x+n+\delta)\right] \quad (2.36)$$

注意,式(2.35)和式(2.36)是以 $\hat{c}/\hat{y}$ 和 $\hat{k}$ 为变量的微分方程组。因此我们可以为这两个变量构建一个常规的相位图。

我们通过令式(2.35)等于 0 得到 $\dfrac{\mathrm{d}(\hat{c}/\hat{y})}{\mathrm{d}t} = 0$ 的轨迹:

$$\hat{c}/\hat{y} = \left(1 - \frac{1}{\theta}\right) + \psi \cdot \frac{\hat{k}^{1-\alpha}}{\alpha A} \quad (2.37)$$

其中,$\psi \equiv [(\delta+\rho+\theta x)/\theta - \alpha \cdot (x+n+\delta)]$ 为常数。该轨迹是向上倾斜的、向下倾斜的还是水平的,取决于 ψ 为正、为负还是为零。图 2.3 对这三种可能性都进行了描述。

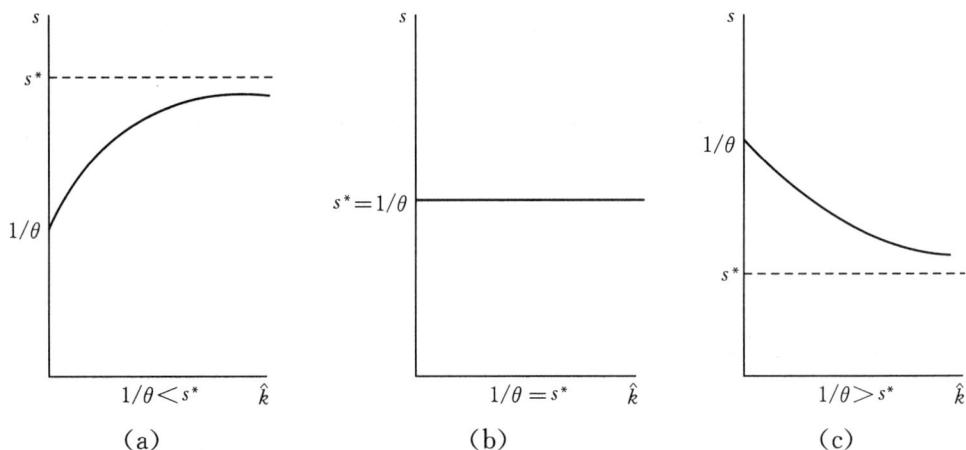

注:在柯布—道格拉斯情况下,储蓄率是单调的。图(c)描述了当参数满足 $(\delta+\rho+\theta x)/\theta > \alpha \cdot (x+n+\delta)$ 时关于 $\hat{c}/\hat{y}$ 和 $\hat{k}$ 的相位图。由于稳定臂是向上倾斜的,当经济体朝着稳态移动时,消费率增加。因此,在这种情况下,储蓄率(1 减去消费率)在转移过程中单调下降。图(a)描述了 $(\delta+\rho+\theta x)/\theta < \alpha \cdot (x+n+\delta)$ 的情况。稳定臂是向下倾斜的,因此储蓄率在转移过程中是单调增加的。图(b)描述了 $(\delta+\rho+\theta x)/\theta = \alpha \cdot (x+n+\delta)$ 的情况。当前的稳定臂是水平的,这意味着储蓄率在转移过程中为常量。*

图 2.3　关于柯布—道格拉斯情况下的储蓄率变化趋势的相位图

---

* 在原著关于图 2.3 的文字说明中,"图(c)"原为"图(a)"、"图(a)"原为"图(b)"、"图(b)"原为"图(c)",且"$(\delta+\rho+\theta x)/\theta = \alpha \cdot (x+n+\delta)$"原为"$(\delta+\rho+\theta x)/\theta + \alpha \cdot (x+n+\delta)$"。译者的修改是否妥当,请读者自己思考。——译者注

这些箭头与 ψ 值不相关，$\dfrac{\mathrm{d}(\hat{c}/\hat{y})}{\mathrm{d}t}=0$ 的轨迹上方的箭头指向北面，该轨迹下方的箭头指向南面。

通过令式(2.35)等于零，可得 $\dot{\hat{k}}=0$ 的轨迹：

$$\hat{c}/\hat{y}=1-\frac{(x+n+\delta)}{A}\cdot\hat{k}^{1-\alpha}\tag{2.38}$$

该等式的轨迹确定是向下倾斜的[①]。轨迹上方的箭头朝西，下方的箭头朝东。

图 2.3 中的 3 张图表明，无论 ψ 为何值，稳态都是鞍形路径稳定的。然而，当 $\psi>0$ 时，稳定臂是向上倾斜的；当 $\psi<0$ 时，稳定臂是向下倾斜的；而当 $\psi=0$ 时，稳定臂是水平的。根据前文的推理，我们知道，无穷时域的经济体总会落到稳定臂上。因此，消费率随着 $\hat{k}$ 的增加是单调下降、保持不变还是单调上升，取决于参数值。而储蓄率正好与此相反。高 θ 值——对应于跨期替代消费的较低意愿——使得 $\psi<0$ 成立的可能性更大，在这种情况下，储蓄率在转移过程中更有可能上升。该结论成立的原因是较高的 θ 值弱化了源自利率的替代效应。

在 $\psi=0$ 这一特殊情况下，转移过程中稳态储蓄率 $s^{*}=1/\theta$ 是不变的。在这种参数组合下，财富效应和替代效应相互抵消，所以当资本存量朝稳态发展时，储蓄率保持不变。因此，索洛—斯旺模型中的不变储蓄率是拉姆齐模型的特殊形式。然而，即使是这种情况下，拉姆齐模型也与索洛—斯旺模型存在重要不同。拉姆齐模型中 s 的水平是受制于基本参数的，而非任意选择的。特别地，在索洛—斯旺模型中，如果任意选择的 s 使得经济体的稳态资本量大于资本的黄金率水平，那么这一 s 可能带来动态无效率的结果。在拉姆齐模型中，这种结果是不可能出现的。

在稍后的讨论中，我们取以下基准值：$\rho=0.02$ 每年，$\delta=0.05$ 每年，$n=0.01$ 每年，且 $x=0.02$ 每年。如果我们也假定常规资本份额 $\alpha=0.3$，那么能带来稳态储蓄率的 θ 等于 17，也就是说，$s^{*}<1/\theta$ 成立。那么，除非 θ 超过这个较高的水平，否则储蓄率随着经济的发展而下降，而这与我们的经验数据相反。

我们注意到，在索洛—斯旺模型中，除非资本比重系数 α 远大于 0.3，否则收敛速度的理论与经验数据不吻合。0.75 邻域的值与经验数据更吻合。如果我们广义地看待资本概念，并将人力因素涵盖在内，这些较高的 α 值就是合理的。我们在下面一节将证明，在允许储蓄率随时间变化的拉姆齐模型中，这些关于 α 的结论仍然是成立的。如果我们假定 $\alpha=0.75$，那么在其他参数的基准值下，能得到常数储蓄率的 θ 等于 1.75。也就是说，如果 θ 大于(或小于)1.75，那么总储蓄率会随着经济的发展而上升(或下降)。如果 $\theta=1.75$，那么总储蓄率稳定在 0.57 的水平。这样，我们不得不通过将扩展或维持人力资本的各项开支纳入总储蓄率中来解释这一高水平的储蓄率。除教育和培训开支外，该总储蓄还包括用于食物、健康等方面的开支。

[①] 当 $\psi<0$ 时，$\dfrac{\mathrm{d}\hat{k}}{\mathrm{d}t}=0$ 的轨迹也比 $\dfrac{\mathrm{d}(\hat{c}/\hat{y})}{\mathrm{d}t}=0$ 的轨迹更陡峭。

各国的经验数据表明，在转移过程中，储蓄率倾向于随着人均收入的增加而呈现出温和程度的上升。如果我们将基准参数与位于 0.75 邻域的 α 值和略高于 2 的 θ 值结合起来，那么拉姆齐模型的结论与该经验趋势相一致，并与所观测的收敛速度相一致。θ 值不能超过 2 太多，因为那样的话，稳态储蓄率[式(2.34)]会过低。例如，$\theta = 10$ 意味着 $s^* = 0.22$，对于将人力资本纳入到总储蓄率的这一广义概念而言，该储蓄率过低。

2.6.5　资本存量路径和产出路径

图 2.1 所示的稳定臂表明，如果 $\hat{k}(0) < \hat{k}^*$，那么 $\hat{k}$ 和 $\hat{c}$ 在趋近稳态值的过程中单调上升。$\hat{k}$ 的上升路径意味着，收益率从其初始位置 $f'[\hat{k}(0)] - \delta$ 到稳态值 $\rho + \theta x$ 的移动过程中单调下降。式(2.25)和 r 的递减路径意味着，人均消费增长率 $\dot{c}/c$ 单调下降。也就是说，$\hat{k}(0)$ 越低，$\hat{y}(0)$ 越低，$\dot{c}/c$ 的初始值越高。

我们还希望将资本的初始人均增长率 γ_k 和产出的初始人均增长率 γ_y 同初始比值 $\hat{k}(0)$ 关联起来。在第 1 章中，我们将 $\dot{k}/k$ 与 $\hat{k}(0)$ 之间的负相关性，以及 $\dot{y}/y$ 和 $\hat{y}(0)$ 之间的负相关性，称作收敛效应。在附录 2D(2.11 节)中，我们用来自式(2.15)和式(2.16)的消费函数证明，随着经济发展并向稳态趋近，$\dot{k}/k$ 单调下降。换言之，尽管储蓄率在转换过程中可能上升，但是它无法高到能消除 $\dot{k}/k$ 与 $\hat{k}$ 之间的负相关性。因此，储蓄率的内生决定过程并不排斥 $\hat{k}$ 的收敛性质。

通过对式(2.18)中的生产函数取对数并求导，我们可以得到有效工人人均产出增长率：

$$\dot{\hat{y}}/\hat{y} = \left[\frac{\hat{k} \cdot f'(\hat{k})}{f(\hat{k})} \right] \cdot (\dot{\hat{k}}/\hat{k}) \tag{2.39}$$

也就是说，$\hat{k}$ 的增长率被乘上了总资本收入在总产出中的比重。对于柯布—道格拉斯生产函数而言，资本收入的比重等于常量 α。因此，$\dot{k}/k$ 的特性直接适用于 $\dot{y}/y$ 的特性。只要随着经济的发展，资本收入的比重提高得足够快，能抵消 $\dot{k}/k$ 的下降，该结论就不仅仅适用于柯布—道格拉斯情形。

2.6.6　收敛速度

稳态附近的对数线性近似值　我们现在给出对拉姆齐模型中收敛速度的定量估计。我们从式(2.24)和式(2.25)组成的关于 $\hat{k}$ 和 $\hat{c}$ 的动态系统的对数线性化版本开始着手。这种方法是我们在第 1 章中应用于索洛—斯旺模型的方法的拓展。这里的唯一不同是，我们不得不处理双变量系统，而非单变量系统。对数线性化方法的优势是，它为收敛系数提供了一个闭合形式的解；缺点是，它只适用于作为稳态邻域的近似。

附录 2A 提供了式(2.24)和式(2.25)在稳态位置附近展开时的对数线性化版

本。其结果可被写成：

$$\ln\left[\hat{y}(t)\right] = e^{-\beta t} \cdot \ln\left[\hat{y}(0)\right] + (1 - e^{-\beta t}) \cdot \ln(\hat{y}^*) \quad (2.40)$$

其中，$\beta > 0$。因此，对于任意 $t \geq 0$，$\ln\left[\hat{y}(t)\right]$ 是初始值 $\ln\left[\hat{y}(0)\right]$ 和稳态值 $\ln\left[\hat{y}^*\right]$ 的加权平均，其中初始值的权重以 β 的速度指数下降。收敛速度 β 依赖于技术参数和偏好。对于柯布—道格拉斯技术而言，收敛系数的表达式（得自稳态附近的对数线性化）是：

$$2\beta = \left\{ \zeta^2 + 4 \cdot \left(\frac{1-\alpha}{\theta}\right) \cdot (\rho + \delta + \theta x) \cdot \left[\frac{\rho + \delta + \theta x}{\alpha} - (n + x + \delta)\right] \right\}^{1/2} - \zeta \quad (2.41)$$

其中，$\zeta = \rho - n - (1-\theta) \cdot x > 0$。下面，我们将讨论各种参数是如何进入该表达式的。

式（2.40）表明，从初始时点 0 到未来时点 T 这段时间内，人均产出 y 的平均增长率由下式决定：

$$(1/T) \cdot \ln\left[y(T)/y(0)\right] = x + \frac{1 - e^{-\beta T}}{T} \cdot \ln\left[\hat{y}^*/\hat{y}(0)\right] \quad (2.42)$$

我们暂时固定稳态增长率 x、收敛速度 β 和平均时间区间 T。那么，式（2.42）表明，产出的平均人均增长率同 $\hat{y}(0)$ 与 $\hat{y}^*$ 之比负相关。因此，与在索洛—斯旺模型中一样，初始位置 $\hat{y}(0)$ 的变化趋势以稳态位置 $\hat{y}^*$ 为条件。换言之，拉姆齐模型也预测了条件收敛，而非绝对收敛。

在式（2.42）中，$(1 - e^{-\beta T})/T$ 是将 y 的增长率和 $\ln\left[\hat{y}^*/\hat{y}(0)\right]$ 联系起来的系数。在 β 给定的情况下，该系数随着 T 的上升而下降。如果 $\hat{y}(0) < \hat{y}^*$，增长率随时间的推移会下降，则 T 的增加意味着更多远在未来的更低的增长率被近期更高的增长率所平均。因而，式（2.42）中的平均增长率随着 T 的增加而降低。当 $T \to \infty$ 时，则稳态增长率 x 决定着该平均值的大小，进而，系数 $(1 - e^{-\beta T})/T$ 趋近于 0，而且式（2.42）中 y 的平均增长率趋于 x。

当 T 给定时，β 值越高意味着 $(1 - e^{-\beta T})/T$ 越高。（当 $T \to 0$ 时，系数趋近于 β。）从式（2.41）中我们可以看出 β 对基本参数的依赖。首先我们考虑具有不变储蓄率的索洛—斯旺模型。如前所述，当式（2.34）中的稳态储蓄率 s^* 等于 $1/\theta$ 时，换句话说，当 $\alpha \cdot (\delta + n) - (\delta + \rho)/\theta - x \cdot (1 - \alpha)$ 这一参数组合等于 0 时，该情形适用。

假定参数等于我们在第 1 章所采用的基准值：$\delta = 0.05$ 每年，$n = 0.01$ 每年，且 $x = 0.02$ 每年。我们同样假定 $\rho = 0.02$ 每年，以得到合理的稳态利率 $\rho + \theta x$。如前所述，如果当 $\theta = 17$ 时 $\alpha = 0.3$，且 $\theta = 1.75$ 时 $\alpha = 0.75$，则在这些基准参数值下，储蓄率恒定。

具备不变储蓄率之后，收敛速度 β 的表达式由式（2.41）简化为适用于索洛—斯旺模型的式（1.45）：

$$\beta^* = (1-\alpha) \cdot (x + n + \delta)$$

我们在第 1 章提到过,要与 β 大约每年 0.02 的经验估值相配,α 的值要在 0.75 周围波动。也就是说,α 所在的区间对应于广义的资本定义,而对广义资本来说,其收益递减得很慢。更低的 $x+n+\delta$ 降低了所要求的 α 值,但是合理的参数值仍要求 α 值远高于 0.3 附近,0.3 附近的 α 值适用于狭义的物质资本概念。

在可变储蓄率的情况下,式(2.41)决定了各种参数对收敛速度的全部影响。新要素关注转移过程中储蓄率的时间路径的斜度。如果储蓄率随着 $\hat{k}$ 的增加而下降,那么收敛速度就会比储蓄率随 $\hat{k}$ 的增加而增加的情况下更快;反之亦然。例如,之前我们曾发现,跨期替代参数 θ 的值越高,越能使得储蓄率随着 $\hat{k}$ 的增加而增加。通过该机制,更高的 θ 值降低了式(2.41)中 β 的收敛速度。

如果时间偏好率 ρ 增加,储蓄率水平倾向于下降[参见式(2.34)]。然而,对收敛速度的影响不依赖于储蓄率水平,而依赖于储蓄率随经济发展而出现的增长或下降趋势。更高的 ρ 值倾向于降低储蓄率时间路径的倾斜度。有效时间偏好率为 $\rho+\theta \cdot \dot{c}/c$。因为 $\dot{c}/c$ 与 $\hat{k}$ 负相关,所以 ρ 对有效时间偏好率的影响越小,$\hat{k}$ 值越低。因此,$\hat{k}$ 值越低,储蓄率减少的趋势越小,而且储蓄率时间路径越陡峭。相应地,更高的 ρ 值倾向于提高式(2.41)中 β 的大小。

结果,在储蓄率可变的情况下,参数 δ 和 x 倾向于提升 β,与在索洛—斯旺模型中一样。参数 n 的总体影响变得难以确定,但是在具有现实意义的区间内,n 对 β 倾向于只有较小的影响[①]。

在可变或不变储蓄率的情况下的基本结论是,在其他参数值都合理时,模型需要较高的 α 值——在 0.75 的邻域内——来匹配收敛速度 β 的经验估值。如果我们假定 θ 值非常高,且 δ 值接近于 0,那么我们能将所要求的 α 值降到 0.5—0.6。然而,我们此前论证过,过高的 θ 值会使得稳态储蓄率过低,而 δ 值接近于 0 是不现实的。此外,正如我们稍后将证明的那样,远低于 0.75 的 α 值会使得关于利率在转移过程中的变化趋势和资本—产出比的预测违背事实。我们在第 3 章中将讨论投资的调整成本会如何降低收敛率,但是这种拓展不会改变主要结论。

非线性系统的数值解　现在我们用第二种方法来分析模型的收敛性质。这种方法用数值法来解非线性的微分方程组。它规避了线性模型所固有的近似误差,并在已知基本参数的情况下给出精确的结果。但是该方法的缺陷是缺少闭合形式解。我们不得不就每组具体的参数值给出一组不同的答案。

我们能用数值法来求非线性微分方程的全局解。在柯布—道格拉斯生产函数的情况下,$\hat{k}$ 和 $\hat{c}$ 的增长率由式(2.24)和式(2.25)决定:

$$\gamma_{\hat{k}} \equiv \dot{\hat{k}}/\hat{k} = A \cdot (\hat{k})^{\alpha-1} - (\hat{c}/\hat{k}) - (x+n+\delta) \tag{2.43}$$

$$\gamma_{\hat{c}} \equiv \dot{\hat{c}}/\hat{c} = (1/\theta) \cdot [\alpha A \cdot (\hat{k})^{\alpha-1} - (\delta+\rho+\theta x)] \tag{2.44}$$

---

① 式(2.41)意味着,α 与 β 负相关,δ 与 β 正相关,这都是非常明确的。我们的数值计算表明,只要其他参数被限定于合理的区间内,其他参数对 β 的影响都与我们所说的一样。

如果我们已知参数$(A, \alpha, x, n, \delta, \rho, \theta)$的值，并知道路径上$\hat{c}$和$\hat{k}$的关系——即，如果我们知道策略函数$\hat{c}(\hat{k})$——那么微分方程的标准数值法将帮我们解出$\hat{k}$和$\hat{c}$的整个时间路径。数学附录介绍了如何使用被称为时间淘汰法的步骤从数值上推导出策略函数（请参阅 Mulligan and Sala-i-Martin, 1991）。现在，我们假定已经解决了这方面的问题。

一旦我们知道了策略函数，那么我们就能确定我们所关心的所有变量的路径，包括收敛系数$\beta = -\,\mathrm{d}(\gamma_{\hat{k}})/\mathrm{d}[\ln(\hat{k})]$。（在柯布—道格拉斯情况中，$\hat{y}$的收敛系数与$\hat{k}$的收敛系数相同。）图 2.4 给出了当我们采用参数基准值（$\delta = 0.05$，$n = 0.01$，$x = 0.02$，$\rho = 0.02$），且$\theta = 3$，$\alpha = 0.3$ 或 0.75 时，β和$\hat{k}/\hat{k}^{*}$之间的关系[1]。α不管取 0.3 还是 0.75，β都是$\hat{k}/\hat{k}^{*}$的减函数，也就是说，当经济趋近稳态时，收敛速度放缓[2]。处于稳态时，即位于$\hat{k}/\hat{k}^{*} = 1$处，那么β的值应满足式（2.41）在稳态附近的对数线性化形式：如果$\alpha = 0.3$，那么β等于 0.082；如果$\alpha = 0.75$，那么β等于 0.015。

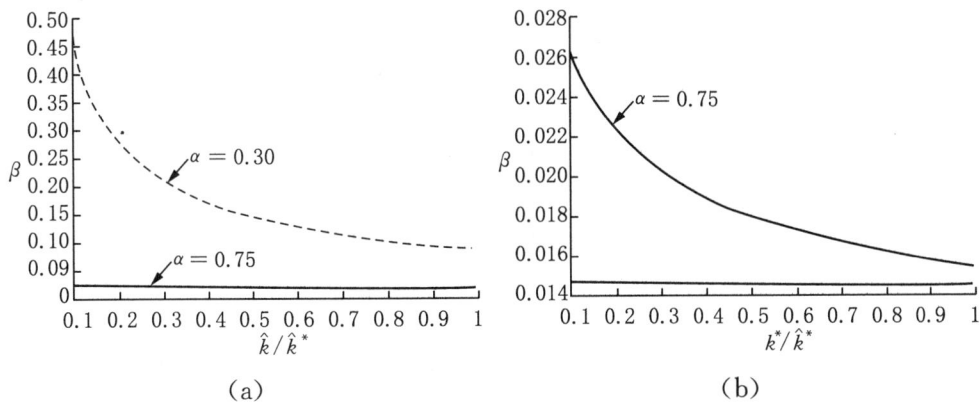

(a)   (b)

注：具体的收敛速度（纵轴表示）是离稳态的距离$\hat{k}/\hat{k}^{*}$（横轴表示）的减函数。在柯布—道格拉斯生产函数的假定条件下，分析结论给出了两个资本份额取值（$\alpha = 0.30$ 和$\alpha = 0.75$）的报告结果。相对于较小的资本份额而言，转移过程中收敛速度的变化更显著。收敛速度β的稳态值由我们在稳态邻域的对数线性化近似[式（2.41）]得到。

图 2.4 拉姆齐模型中收敛速度的数值估计

如果$\hat{k}/\hat{k}^{*} < 1$，那么从图 2.4 可以看出，β超过了所有满足式（2.41）的值。例如，如果$\hat{k}/\hat{k}^{*} = 0.5$，那么当$\alpha = 0.3$时，$\beta = 0.141$；当$\alpha = 0.75$时，$\beta = 0.018$。如果$\hat{k}/\hat{k}^{*} = 0.1$，那么当$\alpha = 0.3$时，$\beta = 0.474$；当$\alpha = 0.75$时，$\beta = 0.026$。如果采用我们所偏好的$\alpha = 0.75$这一较大的资本份额系数，那么，对于$\hat{k}/\hat{k}^{*}$在一个相当大范围的区间上的取值而言，收敛速度$\beta$保持在 1.5% 和 3% 之间。

---

[1] 在柯布—道格拉斯情况下，当$\hat{k}/\hat{k}^{*}$的值确定时，参数A对β不造成影响。

[2] 该关系并非普遍适用。特别地，如果θ很小而α很大（比如，θ取 0.5 而α取 0.95），则β可以随着$\hat{k}/\hat{k}^{*}$的增加而增加。

这与第 11 章和第 12 章所讨论的经验证据吻合，在那里，我们会看到，即使对于离稳态很远的经济体而言，收敛速度也不会超出这个区间。相反，如果我们设 $\alpha = 0.3$，那么，当 $\hat{k}$ 远低于 $\hat{k}^*$ 时，该模型会错误地预测出极高的收敛率。

由于离稳态越远，收敛速度越快，所以其转移持续的时间就比线性模型需要的时间短。我们能够运用关于 $\hat{k}$ 的时间路径的结论来计算缩短距 $\hat{k}^*$ 的初始缺口的一定百分比所要花费的时间。图 2.5 中的图 (a) 表明，如果经济体起始于 $\hat{k}/\hat{k}^* = 0.1$ 且如果 $\alpha = 0.3$ 或 0.75，$\hat{k}$ 与 $\hat{k}^*$ 之间的差距是如何随着时间消失的。例如，如果 $\alpha = 0.75$，经济体将要花费 38 年才能消除 50% 的差距，而线性近似给出的时间是 45 年。

图 2.5 中的图 (b) 以 $\hat{c}/\hat{c}^*$ 来表示消费的水平；图 (c) 以 $\hat{y}/\hat{y}^*$ 来表示产出的水平；图 (d) 以 $\hat{i}/\hat{i}^*$ 来表示总投资的水平。注意，当 $\alpha = 0.75$ 时，$\hat{c}/\hat{c}^*$ 的路径和 $\hat{y}/\hat{y}^*$ 的路径相似，因为在这种情况下，总储蓄率从而 $\hat{c}/\hat{y}$ 都只以很小的量变动（稍后讨论）。

图 (e) 描绘了 $\hat{y}$ 的增长率 $\gamma_{\hat{y}}$。如果 $\alpha = 0.3$，那么该模型所蕴含的经济意义是，$\gamma_{\hat{y}}$ 的初始值（对应于 $\hat{k}/\hat{k}^* = 0.1$）大到不切实际的约 15% 每年。这意味着 γ_y 约为 17% 每年，而这是违背事实的。这种结论使得 King 和 Rebelo（1993）不同意把拉姆齐模型的转移动态看作实际增长经验的合理近似。然而我们看到，如果 $\alpha = 0.75$，那么模型预测 $\gamma_{\hat{y}}$ 将起始于约 3.5% 每年，进而 γ_y 约为 5.5% 每年，这种预测较为合理。

图 (f) 描绘的是总储蓄率 $s(t)$。从我们前文对柯布—道格拉斯情况的分析结论可知，当其他参数不变时，$s(t)$ 在 $\alpha = 0.3$ 时单调下降，在 $\alpha = 0.75$ 时单调上升。如果 $\alpha = 0.3$，那么模型预测 $s(t)$ 从 $\hat{k}/\hat{k}^* = 0.1$ 时的 0.28，降到 $\hat{k}/\hat{k}^* = 0.5$ 时的 0.22，再到 $\hat{k}/\hat{k}^* = 1$ 时的 0.18。该结论与事实不符。对于广义的资本而言，所预测的储蓄率也低得脱离了现实。相比较而言，当 $\alpha = 0.75$ 时，模型预测随着经济体的发展，储蓄率适度提升。这与数据吻合得很好。在这种情况下，储蓄率从 $\hat{k}/\hat{k}^* = 0.1$ 时的 0.41，降到 $\hat{k}/\hat{k}^* = 0.5$ 时的 0.44，再到 $\hat{k}/\hat{k}^* = 1$ 时的 0.46。如果我们广义地看待资本，那么所预测的储蓄率水平也是合理的。

图 (g) 描绘了利率 r 的变化趋势。注意，稳态利率 $r^* = \rho + \theta x = 0.08$，而对应的边际产出是 $f'(\hat{k}^*) = r^* + \delta = 0.13$。如图 2.5，如果我们考虑 $\hat{k}(0)/\hat{k}^* = 0.1$ 的初始位置，那么柯布—道格拉斯生产函数意味着：

$$f'[\hat{k}(0)]/f(\hat{k}^*) = [\hat{k}(0)/\hat{k}^*]^{\alpha-1} = (10)^{1-\alpha}$$

因此，如果 $\alpha = 0.3$，那么我们可得 $f'[\hat{k}(0)] = 5 \cdot f'(\hat{k}^*) = 0.55$。换言之，当资本份额系数位于 0.3 附近时，初始利率 [$\hat{k}(0)/\hat{k}^* = 0.1$] 将等于 60% 这一不切实际的高值。这个不切实际的利率预测是 King 和 Rebelo（1993）批评拉姆齐模型转移动态的另一个原因。然而，如果我们假定我们所偏好的资本份额系数 $\alpha = 0.75$，那么我们可以得到 $f'[\hat{k}(0)] = 1.8 \cdot f'(\hat{k}^*) = 0.23$，于是 $r(0)$ 取 18% 这一更合理的值。

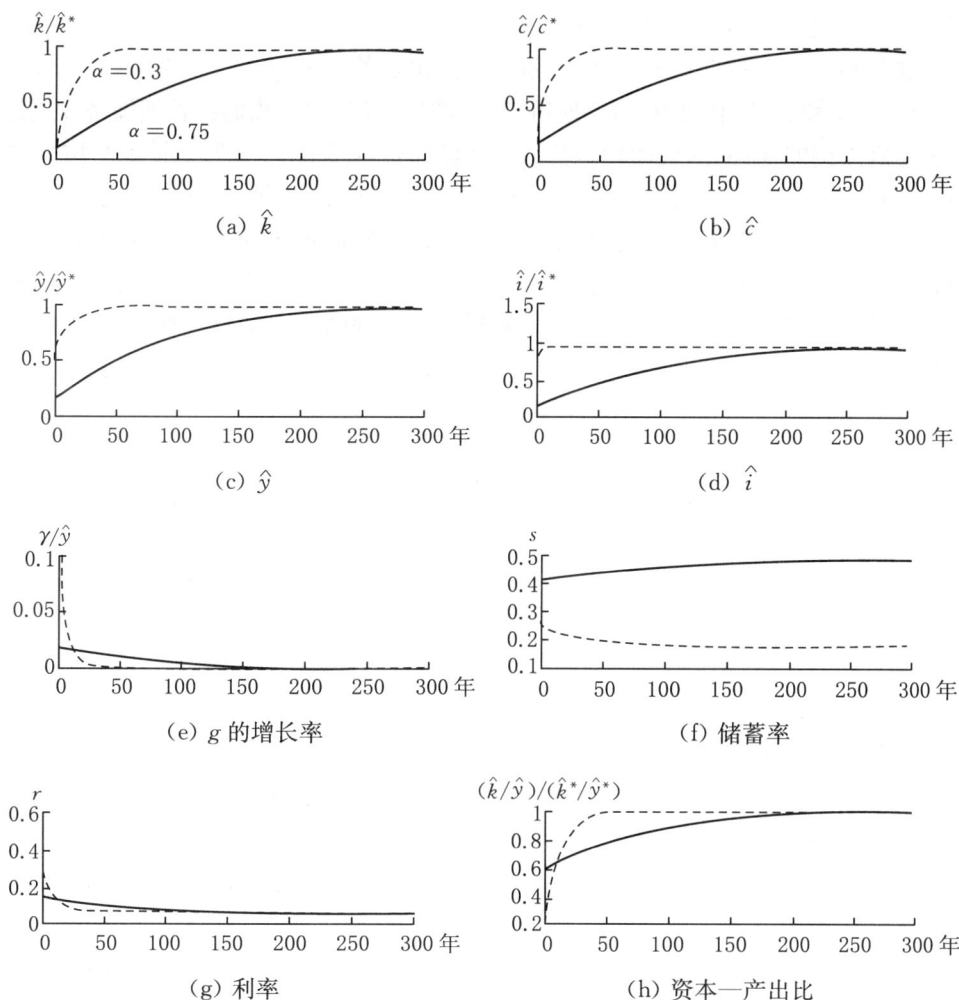

注:这8幅图具体地描述了8个关键变量的动态路径:按每单位有效劳动平均的资本量、消费、产出和投资,有效工人人均产出增长率,储蓄率,利率以及资本—产出比。前4个变量和最后一个变量,都以其与稳态值的比率来表示,因此,每个变量都渐近于1。在分析中,假定存在柯布—道格拉斯生产技术,其中,每幅图中的虚线对应 $\alpha = 0.30$,而实线对应 $\alpha = 0.75$。其他参数的设定在文中都有阐述。在各种情况下,假定的有效工人人均初始资本都等于其稳态值的 $1/10$。

图 2.5　拉姆齐模型中动态路径的数值估算

图 2.5 中的图(h)以资本—产出比($\hat{k}/\hat{y}$)与稳态值($\hat{k}^*/\hat{y}^*$)的比率描述了($\hat{k}/\hat{y}$)的变化趋势。Kaldor(1963)提出,资本—产出比在经济发展过程中保持相对稳定,而且 Maddison(1982,第3章)也支持该观点。然而,这些观点适用于物质资本的狭义概念,而我们的模型采用的是包括人力资本在内的广义资本概念。跨国数据表明,人均 GDP 较高的地区倾向于有较高的人力资本(受教育程度)与物质资本的比率(参阅 Judson,1998)。该观点认为,在向更高水平的人均 GDP 转移的过程中,人力资本和物质资本的比率将趋于提高(关于该趋势的理论探讨,请参阅第5章)。如果物质资本占产出的比重相对稳定,那么对于资本的广义概念而言,

资本—产出比在转移过程中将增加。

在柯布—道格拉斯生产函数中,资本—产出比等于 $\hat{k}/\hat{y} = (1/A) \cdot (\hat{k})^{1-\alpha}$。如果 $\alpha = 0.3$,那么 $\hat{k}$ 增加 10 倍会使得 $\hat{k}/\hat{y}$ 增加 5 倍,这与我们在长期经济发展过程中所观测到的 $\hat{k}/\hat{y}$ 的变动相距甚远。比较而言,如果 $\alpha = 0.75$,那么 $\hat{k}$ 增加 10 倍会使得 $\hat{k}/\hat{y}$ 增加 1.8 倍。对于资本的广义概念而言,该预测显得较为合理。

从对图 2.5 的时间路径的研究中得到的主要教训是,按照惯例将资本份额系数 α 设置为 0.3 的拉姆齐模型转移动态,不能很好地描述经济发展的各个方面。对于远低于其稳态的经济体而言,拉姆齐模型不正确的描述包括过快的收敛速度、不现实的高增长和高利率、快速下降的储蓄率,以及随着时间的推移资本占产出份额的巨幅增长。如果我们采用资本的广义概念,并假定相对高的资本份额系数,即 α 位于 0.75 附近,那么所有的这些缺点都将被消除。α 取 0.75,结合模型其他参数的合理取值,作出的预测合乎我们在第 11 章和第 12 章所研究的增长经验。

2.6.7 居户异质性

到目前为止,我们的分析都以单一居户代表整个经济体,并认为代表行为人(representative agent)的消费和储蓄决策能够反映由众多家庭组成的复杂经济体中的平均行为人(average agent)的行为。重要的问题是,这些"代表"或"平均"居户是否真的等价于我们将众多异质家庭的行为平均之后所得到的结果。

Caselli and Ventura(2000)拓展了拉姆齐模型,允许各种形式的居户异质性[1]。遵循他们的做法,我们假定经济体含有 j 个相同规模的居户,每个居户都是生命无限延伸的家族。每个居户的人口——因此,总人口——都以恒定速率 n 增长。每个居户的偏好都由式(2.1)和式(2.10)决定,且每个居户都有相同偏好参数 ρ 和 θ。在这种情况下,引入居户在初始资产和劳动生产率方面的差异就比较方便。

令 $a_j(t)$ 和 π_j 分别表示第 j 个居户的人均资产和生产率水平。$\pi_j w$ 是支付给第 j 个居户的工资率,其中,w 是经济体内的平均工资,π_j 是保持不变的,而且我们将 π_j 的平均值标准化为 1。

每个居户的流量预算约束都采用式(2.3)的形式:

$$\dot{a}_j = \pi_j \cdot w + ra_j - c_j - na_j \tag{2.45}$$

在该表达式中,每户都拥有不同的初始资产 $a_j(0)$。每个居户的人均消费最优增长率满足式(2.9)所表达的我们常用的一阶条件:

$$\dot{c}_j/c_j = (1/\theta) \cdot (r - \rho) \tag{2.46}$$

与本章第 1 节中的分析一样,通过解关于 c_j 的微分方程并利用横截条件[式(2.12)

---

① Stiglitz(1969)在各种非最优储蓄函数的假设下构建了一个具有居户异质性的模型。

中的形式],我们就能得到居户的人均消费水平。结果类似于式(2.15):

$$c_j = \mu \cdot (a_j + \pi_j \tilde{w}) \tag{2.47}$$

其中,μ 是资产的消费倾向[取决于式(2.16)]而 $\tilde{w}$ 是整个经济体中的平均工资的现值。

整个经济体的人均资产值是 $a = \left(\frac{1}{J}\right) \cdot \sum_1^J a_j$,且整个经济体的人均消费值是 $c = \left(\frac{1}{J}\right) \cdot \sum_1^J c_j$。由于人口增长率对所有居户都是相同的,所以便于加总:将 J 个居户的式(2.45)加总,之后除以 J,可得到整个经济体的预算约束:

$$\dot{a} = w + ra - c - na \tag{2.48}$$

该预算约束同式(2.3)一样。

我们也可以将所有居户的消费函数式(2.47)累加起来,得到整个经济体的人均消费值:

$$c = \mu \cdot (a + \tilde{w}) \tag{2.49}$$

这种关系等同于式(2.15)。

最后,我们能由式(2.48)和式(2.49)得到:

$$\dot{c}/c = (1/\theta) \cdot (r - \rho) \tag{2.50}$$

这是关于整个经济体消费增长的标准条件。当结合通常的关于竞争性企业的分析,这种对加总后的居户行为的描述——式(2.48)和式(2.49)——构造了标准的拉姆齐模型。因此,在初始资产和劳动生产率方面存在假定形式的异质性的模型,也与常见的代表行为人模型具有相同的宏观经济意义。换言之,如果经济体中的居户在其财富或生产力方面存在差异,而且他们的偏好是具有相同参数和折旧率的不变跨期替代弹性(constant intertemporal elasticity of substitution, CIES)效用函数,那么,这些家庭与单一代表性居户具有相同的平均消费、资产、收入和资本。因此,代表行为人模型准确描述了由异质行为人构成的经济体的平均变量。

引入居户异质性后,我们仍然可以使用代表行为人框架,此外我们还可以研究贫富差距的动态演化。式(2.46)意味着,每个居户都选择相同的消费增长率。因此,相对消费 c_j/c 不会随着时间变动。

该模型暗含了相对资产 a_j/a 的动态。式(2.45)、式(2.47)、式(2.48)和式(2.49)表明,相对资产的变动应满足下式:

$$\frac{\mathrm{d}}{\mathrm{d}t}\left(\frac{a_j}{a}\right) = \frac{w - \mu\tilde{w}}{a} \cdot \left(\pi_j - \frac{a_j}{a}\right) \tag{2.51}$$

我们可以证明,在稳态中 $w = \mu\tilde{w}$(其中 w 以速率 x 增长,且 $r = \rho + \theta x$)成立。因此,相对资产位置在稳态中保持恒定。式(2.51)表明,在稳态之外,对那些相对劳动生产率 π_j 与其相对资产位置 a_j/a 一样高的居户而言,相对资产的位置不随时间改变。对其他的居户而言，相对资产位置的变动取决于 $w - \mu\tilde{w}$ 的符号。假设 $w > \mu\tilde{w}$，大致地说，该条件表明将（持久）工资收入作为储蓄的倾向为正。在这种情况下，式（2.51）表明，a_j/a 随着时间上升还是下降取决于相对劳动生产率是高于还是低于相对资产位置——$\pi_j >$（或 $<$）a_j/a。因此，收敛现象会出现，此时，相对资产向相对生产率趋近。然而，如果 $w < \mu\tilde{w}$，那么相反的情况会出现。在稳态之外，$w - \mu\tilde{w}$ 的正负取决于利率与工资增长率之间的关系，且具有不确定性。因此，该模型并未对 a_j/a 在转移过程中的移动路径给出清楚的预测。

Caselli 和 Ventura（2000）还引入了居户偏好方面的异质性。他们假定偏好由幸福函数 $u(c + \beta_j g)$ 来表达，其中，g 为公共服务。参数 $\beta_j > 0$ 表示公共服务对居户 j 的价值。变量 g 也可以理解为居户可以免费从所处环境中获得的好处，例如瞭望蓝天。该拓展的主要结论是，整个经济体的平均变量 a 和 c 的演变同一个具有平均初始资产、平均劳动生产率和平均偏好的单一行为人的这两个变量的演变是一样的，从这个意义上说，个体行为的累加仍然符合代表行为人模型。就此而言，拉姆齐模型的结论在承认异质偏好的拓展模型中也是成立的。

2.7 非恒定的时间偏好率

宏观经济学中的很多基本框架，包括我们一直在分析的新古典增长模型，都依赖于居户拥有不变时间偏好率 ρ 的假设。然而，该假设的合理性是有待商榷的[1]。也许是因为个体具有正的时间偏好本身就是可以存疑的，这个正偏好率 ρ 还保持不变就更难以证明了。

Ramsey（1982，第 543 页）倾向于使用零时间偏好率。他在一篇讨论规范经济学的文章中如是为零时间偏好率辩护："与较早的愉悦感相比，我们并不对较晚的愉悦感进行贴现，因为那在伦理上是站不住脚的。"类似地，Fisher（1930，第 4 章）提出，时间偏好——或他喜欢称为急躁的东西——主要反映了个人远见和自控力的缺失。经济学家不接受零时间偏好率的理由是，它会给长期均衡带来麻烦。特别地，我们所分析模型中的横截条件要求不等式 $\rho > x \cdot (1 - \theta) + n$ 成立，而大于号右边的部分在 $\theta < 1 + (n/x)$ 时为正。这样，绝大多数分析都假定，时间偏好率为正且恒定。

时间偏好率的非恒定会带来时间一致性问题，这最早由 Strotz（1956）提出，之后由 Pollak（1968）和 Goldman（1980）详细阐述。而 Ramsey（1928）在很早之前就对这个问题有了深刻理解[2]。该问题之所以会出现，是因为对不同日期效用流的

---

[1] 关于恒定时间偏好率的公理推导，请参见 Koopmans（1960），以及 Fishburn 和 Rubinstein（1982）。

[2] Ramsey（1928，第 439 页）在引入时间偏好的那部分分析中说道："在假定不变贴现率这点上，我是指未来的所有愉悦感的现值必须以比率 ρ 进行贴现……我们的基本假设是，连续的各代都受着同样的偏好系统牵引。在不违背该基本假设的情况下，将未来的愉悦感以不变的贴现率进行贴现是我们能做的唯一假设。比如，如果我们具有变动的贴现率——比方说前 50 年的贴现率更高——那么相对于 2050 年的愉悦感的偏好，我们将以更低的贴现率来计算对 2000 年的愉悦感的偏好，而生活在 2000 年的人们会以相对于 2050 年更高的贴现率来计算对 2000 年的愉悦感的偏好。"

相对评价会随着规划日期的变动而变动。在这种情况下，考虑到未来消费的决策方法，所承诺的消费选择通常都与那些后续选择不同。因此，承诺技术（commitment technology）与结果有关系。

在内省思考和经验数据的双重激励下，Laibson(1997a，1997b)关于时间偏好率的变动方式取得令人瞩目的成果。[1]他提出，个体对于将今天的消费挪到明天，非常没有耐心；但是在做未来远期（考虑将未来第 366 天的消费移至未来第 365 天）的选择时却耐心得多。因此，在当下看来，时间偏好率短期内非常高，长期内就要低得多。既然我们了解了这些洞见和证据，重要的是要搞清楚经济学家能否继续信赖新古典增长模型的标准版本——本章分析所用模型——并将其作为动态宏观经济学的主要框架。

为明确这点，我们沿用 Barro(1999)所采用的方法，并将效用函数式(2.1)改写成：

$$U(\tau) = \int_{\tau}^{\infty} u[c(t)] \cdot e^{-[\rho \cdot (t-\tau) + \phi(t-\tau)]} dt \qquad (2.52)$$

其中，τ 现在表示当前日期，而那些不能被标准因子 $e^{-\rho \cdot (t-\tau)}$ 描述的时间偏好的其他方面都被纳入到函数 $\phi(t-\tau)$ 中。为方便起见，我们从人口增长率 $n = 0$ 的情况着手，所以 $e^{n \cdot (1-\tau)}$ 不会出现在式(2.52)中。我们假定，幸福函数采用式(2.10)这一常见形式：

$$u(c) = \frac{c^{(1-\theta)} - 1}{1 - \theta}$$

假定新的时间偏好项 $\phi(t-\tau)$ 同常规时间偏好因子一样，仅仅依赖于时间距离 $t-\tau$[2]。我们可以通过标准化得到 $\phi(0) = 0$。我们还假定函数 $\phi(\cdot)$ 是连续的，并且二次可微。表达式 $\rho + \phi'(v)$ 给出了时间距离 $v = t - \tau \geqslant 0$ 时的瞬时时间偏好率。我们遵循 Laibson(1997a)，假定 $\phi'(v) \geqslant 0$，$\phi''(v) \leqslant 0$，且当 v 趋于无穷时，$\phi'(v)$ 趋近于零。这些特性表明，由 $\rho + \phi'(t-\tau)$ 决定的时间偏好率短期内很高，但是在遥远的未来，它会近似于一个较低的常量（约等于 ρ）。具有这种偏好的消费者在短期会急不可耐地立刻消费，但是，他们不应因为短视而忽略对长期结果的考虑。我们假设决策者不会犯这样的错误。

除了对时间偏好率作了修改，本模型与前面相同，包括对生产函数和厂商行为的细节设定。为简单起见，我们从零技术进步率（$x = 0$）的情形开始我们的讨论。

2.7.1 遵循承诺下的结论

如果在当前时点 τ 以负责任的态度选择现在和未来消费的完整路径，那么居

---

[1] 关于经验证据的讨论，请参阅 Thaler(1981)，Ainslie(1992)，以及 Loewenstein 和 Prelec(1992)。

[2] 效用表达式可以通过拓展而加入时间 t、居户年龄或其他生命周期特征。这样并不会影响基本结论。

户的消费路径 $c(t)$ 的一阶最优化条件将会被简化。特别地,消费增长率的公式可以通过修改式(2.11)得到:

$$\dot{c}/c = (1/\theta) \cdot [r(t) - \rho - \phi'(t-\tau)] \tag{2.53}$$

对所有 $t > \tau$ 成立。$\phi'(t-\tau)$ 是加入 ρ 中的新要素。式(2.53)可以通过通常的扰动观点来理解,于是,消费可以在某一时点下降,而又在另一时点上升——也许就发生在相邻的两个时点——而其他时点的消费值不变。

假定 $\phi(\cdot)$ 具有如下特性:$\rho + \phi'(t-\tau)$ 的起始值较高,且随着 $t-\tau$ 趋于无穷 $\rho + \phi'(t-\tau)$ 会逐渐下降并趋于 ρ。这样,稳态时间偏好率为 ρ,而模型的稳态将与此前的分析一致。新结论涉及转移。在转移过程中,时间偏好率大于 ρ,但是随时间的推移而下降。

求解时会遇到一个困难,当前时点 τ 是任意的,而且在通常情况下,承诺不太会在该时点突然出现。相反地,如果消费的永久承诺是可行的,那么这种承诺也许在过去就已经存在,甚至是在无穷远的过去。在这种新情况下,当前和所有未来的消费值都已在更早的时候被确定了,而且 τ 实际上等于负无穷,所以对所有的 $t \geqslant 0$,$\phi'(t-\tau)$ 都为零。因此,对所有的 $t \geqslant 0$,时间偏好率都等于 ρ,而且标准拉姆齐结论将在所有情况下都成立,而非仅在稳态时成立。

更基本的问题是,对未来各期消费 $c(t)$ 的承诺是成问题的。因此,下一节我们将讨论在对未来消费没有任何承诺技术的情况下的结论。在这种设定下,居户在时点 τ 只能确定瞬时消费流 $c(\tau)$。

2.7.2 对数效用下不存在承诺的结论

在没有承诺的情况下,式(2.53)中的一阶条件并不普遍成立,因为对居户而言,执行该条件所需的扰动是不现实的。具体而言,在所有其他时点的消费保持不变的情况下,居户不会承诺在时点 τ 降低 $c(\tau)$ 和在未来某一时刻提高 $c(t)$。相反地,居户会计算出时点 τ 的 $c(\tau)$ 将如何改变其资产量,以及这一资产变化将如何影响以后的消费选择。

首先来求 $\theta = 1$ 时对数效用的无承诺情况下的完全解。后文将会对 θ 取一般值时的稳态值进行讨论。当 θ 取一般值时,转移结论会更复杂,而有些结论也会在后文提到。

我们把在时点 τ 所选择的 $c(t)$ 看作是在很短的离散区间 $[\tau, \tau + \varepsilon]$ 内的稳定消费流 $c(\tau)$。间隔长度 ε 最终将趋于零,从而得到连续时间情况下的结论。对式(2.52)中效用流的积分可以被分成两个部分:

$$U(t) = \int_{\tau}^{\tau+\varepsilon} \ln[c(t)] \cdot e^{-[\rho \cdot (t-\tau) + \phi(t-\tau)]} dt + \int_{\tau+\varepsilon}^{\infty} \ln[c(t)] \cdot e^{-[\rho \cdot (t-\tau) + \phi(t-\tau)]} dt$$

$$\approx \varepsilon \cdot \ln[c(\tau)] + \int_{\tau+\varepsilon}^{\infty} \ln[c(t)] \cdot e^{-[\rho \cdot (t-\tau) + \phi(t-\tau)]} dt \tag{2.54}$$

由于，将位于 $[\tau, \tau+\varepsilon]$ 内的 $e^{-[\rho\cdot(t-\tau)+\phi(t-\tau)]}$ 看作 1，所以上式取近似值。当 ε 趋于零时，约等号在均衡状态时取等号。注意，我们假设的是对数效用[1]。

在时点 τ，消费者可以选择 $c(\tau)$ 并进行储蓄。该选择通过影响时点 $\tau+\varepsilon$ 时的资产存量 $k(\tau+\varepsilon)$ 来影响 $c(t)$，其中 $t \geqslant \tau+\varepsilon$。[仅出于方便，我们已假定人均资产 $a(t)$ 和人均资本量 $k(t)$ 相等。]为确定最优 $c(\tau)$，居户必须知道：首先，$c(\tau)$ 和 $k(\tau+\varepsilon)$ 之间的关系；第二，$k(\tau+\varepsilon)$ 和 $c(t)$ 之间的关系，其中 $t \geqslant \tau+\varepsilon$。

第一个问题比较容易解决。居户的预算约束是：

$$\dot{k}(t) = r(t)\cdot k(t)+w(t)-c(t) \tag{2.55}$$

在区间起点的初始资产存量 $k(\tau)$ 给定的情况下，时点 $\tau+\varepsilon$ 时的资产存量由下式决定：

$$k(\tau+\varepsilon) \approx k(\tau)\cdot[1+\varepsilon\cdot r(\tau)]+\varepsilon\cdot w(\tau)-\varepsilon\cdot c(\tau) \tag{2.56}$$

由于在间隔 $(\tau, \tau+\varepsilon)$ 内忽略了复合项——即忽略了带有 ε^2 的项——并认为变量 $r(t)$ 和 $w(t)$ 在该区间内恒定不变，所以上式取约等号。这样的简化处理在 ε 趋近于零时的均衡状态是可以接受的。从式 (2.56) 得到的重要结果是：

$$d[k(\tau+\varepsilon)]/d[c(\tau)] \approx -\varepsilon \tag{2.57}$$

因此，现在消费得越多，意味着下一时点的资本存量越少。

计算方面的困难涉及 $k(\tau+\varepsilon)$ 和 $c(t)$ 之间的关系（其中 $t \geqslant \tau+\varepsilon$），即资产的消费倾向。在对数效用标准模型中，我们从式 (2.15) 和式 (2.16) 可知——由于与利率路径相关的收入效应和替代效应的取消——消费占财富的比重不变：

$$c(t) = \rho\cdot[k(t)+\tilde{w}(t)]$$

其中，$\tilde{w}(t)$ 是工资的现值。在这种背景下，即使时间偏好率可变，且承诺并不存在，我们仍有理由认为与利率相关的收入效应和替代效应在对数效用下也不存在。然而，记为 λ 的恒定比率无须等于 ρ。因此，这一猜想——其实是正确的——实际上是说消费决定于下式：

$$c(t) = \lambda\cdot[k(t)+\tilde{w}(t)] \tag{2.58}$$

其中，$t \geqslant \tau+\varepsilon$，常数 $\lambda > 0$[2]。

在这一猜想下，当 $t \geqslant \tau+\varepsilon$，$c(t)$ 以 $r(t)-\lambda$ 的速率增长。因此，对任意 $t \geqslant \tau+\varepsilon$，消费由下式决定：

$$\ln[c(t)] = \ln[c(\tau+\varepsilon)]+\int_{\tau+\varepsilon}^{t} r(v)\mathrm{d}v-\lambda\cdot(t-\tau-\varepsilon)$$

---

[1] Pollak(1968，第 2 节)在有限时域和零利率的对数效用函数下得出了结论。

[2] 就这二者的问题，Phelps 和 Pollak(1968，第 4 节)利用类似的推测得出了古诺—纳什均衡 (Cournot-Nash equilibrium)。他们假定了等弹性效用和线性技术，所以收益率恒定不变。收益率恒定不变的性质很关键，因为如果收益率随时间变动，那么消费占财富的比重就不会恒定不变 ($\theta = 1$ 时除外)。线性技术也排除了任何转移动态，所以经济体总是处于稳态增长的位置。

式(2.54)中的效用表达式可以写成：

$$U(\tau) \approx \varepsilon \cdot \ln[c(\tau)] + \ln[c(\tau+\varepsilon)] \cdot \int_{\tau+\varepsilon}^{\infty} \mathrm{e}^{-[\rho \cdot (t-\tau)+\phi(t-\tau)]} \mathrm{d}t + 与 c(t) \text{ 路径无关的项}$$

$$(2.59)$$

将该积分定义为：

$$\Omega(\varepsilon) = \int_{\varepsilon}^{\infty} \mathrm{e}^{-[\rho v + \phi(v)]} \mathrm{d}v \qquad (2.60)$$

$c(\tau)$对$U(\tau)$的边际效应可以通过下式计算：

$$\frac{\mathrm{d}[U(\tau)]}{\mathrm{d}[c(\tau)]} \approx \frac{\varepsilon}{c(\tau)} + \frac{\Omega(\varepsilon)}{c(\tau+\varepsilon)} \cdot \frac{\mathrm{d}[c(\tau+\varepsilon)]}{\mathrm{d}[k(\tau+\varepsilon)]} \cdot \frac{\mathrm{d}[k(\tau+\varepsilon)]}{\mathrm{d}c(\tau)}$$

根据式(2.57)，最后的导数等于$-\varepsilon$，而根据式(2.58)的猜想解，倒数第二个导数等于λ。因此，令 $\mathrm{d}[U(\tau)]/\mathrm{d}[c(\tau)]$ 为零，可得：

$$c(\tau) = \frac{c(\tau+\varepsilon)}{\lambda \cdot \Omega(\varepsilon)}$$

如果猜想解是正确的，那么当ε趋于零时，$c(\tau+\varepsilon)$必定趋近于$c(\tau)$，否则，$c(t)$在所有时点都会呈现跳跃性质，而且猜想的答案也会是错误的。对应的λ的唯一值可立即求得：

$$\lambda = 1/\Omega = \frac{1}{\int_{0}^{\infty} \mathrm{e}^{-[\rho v + \phi(v)]} \mathrm{d}v} \qquad (2.61)$$

其中，我们使用了$\Omega \equiv \Omega(0)$的概念。

总而言之，对数效用下的居户消费问题的解是，$c(t)$占各时点财富的比重为λ，其中λ是式(2.61)表示的常量。该解在时间上是前后一致的，因为如果未来各时点的$c(t)$都是这样决定的，那么对于当前而言，消费以这种方式来决定是最优的[①]。

仔细考察式(2.61)可知，在$\phi(v) = 0$对所有v都成立的标准拉姆齐情况下，$\lambda = \rho$。为确定$\phi(v)$对λ的一般影响，可将其改写成式(2.62)：

---

① 该方法推导出的式(2.61)是一个古诺—纳什均衡，但是并没有证明该均衡的唯一性。正如 Laibson(1996)所考虑的那样，在具有有限时域和离散时间的模型中，唯一性比较容易得以证明。在最后一个时期，居户消费掉自己的所有资产；而且，根据通过从后往前依次倒推，每个之前一期的唯一解都可以找到。只要$u(c)$是凹的，该结论就成立，而不仅仅适用于等弹性效用函数。如果时间区间的长度趋于零(得到连续的时间)，且如果时域可以任意大，那么这种唯一性结论也得以成立。然而，Laibson(1994)用一个明晰的博弈论方法来证明在无限时域的情况下存在非唯一均衡的可能性。多个均衡的存在依赖于对以往脱离指定值的消费选择的惩罚，而且如果时域是有限的，那么这些均衡可以求出。我们关于无限时域情况的分析没有考虑这类均衡。

$$\lambda = \frac{\int_0^\infty e^{-[\rho v + \phi(v)]} \cdot [\rho + \phi'(v)] dv}{\int_0^\infty e^{-[\rho v + \phi(v)]} dv} \qquad (2.62)$$

由于式(2.62)的分子等于1,所以上式等价于式(2.61)[①]。

式(2.62)的形式很有用,因为它表明 λ 是瞬时时间偏好率 $\rho + \phi'(v)$ 的非时变(time-invariant)加权平均。因为有 $\phi'(v) \geqslant 0$,$\phi''(v) \leqslant 0$,且当 $v \to \infty$ 时,$\phi'(v) \to 0$,所以下式成立:

$$\rho \leqslant \lambda \leqslant \rho + \phi'(0) \qquad (2.63)$$

即,λ 位于长期时间偏好率 ρ 和短期瞬时时间偏好率 $\rho + \phi'(0)$ 之间。

通过给定 $\phi(v)$ 的形式,有效时间偏好率的决定过程可以被量化。Laibson(1997a)提出了离散时间序列中的"准双曲线",其中,当期的 $\phi(v) = 0$ 且此后各期满足 $e^{-\phi(v)} = \beta$,其中 $0 < \beta \leqslant 1$。[Phelps 和 Pollak(1968)也用到了该形式。]在这一假设下,今天和明天之间的贴现因子中包含因子 $\beta \leqslant 1$。该因子未被纳入任何两个毗邻的未来的时期。Laibson 论证道,以一年为一个时期的 β 比 1 要小得多,可能介于 1/2 和 2/3 之间。

这种准双曲线可以适用于连续时间的情况,只要假设:

$$\phi(v) = 0 \text{ 对所有 } 0 < v \leqslant V \text{ 成立},e^{-\phi(v)} = \beta \text{ 对所有 } v > V \text{ 成立} \qquad (2.64)$$

其中,V 为某个正数,$0 < \beta \leqslant 1$。[在这种设定下,$\phi'(v)$ 在 $v = V$ 时为无穷,在其他情况下等于零。]Laibson 的意思是,V 非常小,于是 $\rho V \ll 1$ 成立。

将式(2.64)代入式(2.60)中的 Ω,可得(当 $\varepsilon = 0$ 时):

$$\Omega = (1/\rho) \cdot [1 - (1-\beta) \cdot e^{-\rho V}]$$

当 V 趋于无穷时,Ω 趋于 $1/\rho$,这与拉姆齐情形相吻合。$\rho V \ll 1$ 意味着,通过近似,Ω 的表达式可简化为 β/ρ,所以:

$$\lambda \approx \rho/\beta \qquad (2.65)$$

如果 β 介于 1/2 和 2/3 之间,λ 介于 1.5ρ 和 2ρ 之间。因此,如果 ρ 为 0.02 每年,那么,未来效用在近期的较高贴现率将把拉姆齐模型变为一个其有效时间偏好率 λ 为每年 0.03—0.04 的模型。

虽然式(2.64)中的规定产生了简单闭合形式解,但是该函数形式却暗示 $e^{-\phi(v)}$ 在未来时点 V 存在一个离散的跳跃。更一般地,在短期急躁(short-term impatience)的相关文献中有一种观点认为,$\rho + \phi'(v)$ 在 v 很小且下降时的值很高,在 v 增大时趋于 ρ。下式这一简单函数表达式刻画了这种平滑形式下的特征:

$$\phi'(v) = b e^{-\gamma v} \qquad (2.66)$$

---

① 令 $z = e^{-[\rho v + \phi(v)]}$,代入方程式。

其中，$b = \phi'(0) \geqslant 0$ 且 $\gamma > 0$。参数 γ 决定 $\phi'(v)$ 从 $\phi'(0)$ 降到零的恒定速率。

结合边界条件 $\phi(0) = 0$，求式(2.66)的积分下限，可得 $\phi(v)$ 的表达式[①]：

$$\phi(v) = (b/\gamma) \cdot (1 - e^{-\gamma v}) \tag{2.67}$$

将上式代入式(2.60)，可得 Ω 的表达式：

$$\Omega = e^{-(b/\gamma)} \cdot \int_0^\infty e^{[-\rho v + (b/\gamma) \cdot e^{-\gamma v}]} dv$$

该积分不存在闭合形式的解，但是，如果 ρ，b 和 γ 的值都给定，那么可以从数值上进行估算。

为与 Laibson(1997a)的观察吻合，参数 $b = \phi'(0)$ 必须取在每年 0.50 附近，而且参数 γ 必须至少为每年 0.50，所以在未来几年 $\phi'(v)$ 将趋近于 0。当 $\rho = 0.02$，$b = 0.50$，$\gamma = 0.50$ 时，Ω 为 19.3，所以 $\lambda = 1/\Omega = 0.052$。如果 $b = 0.25$ 且其他参数不变，那么 $\Omega = 31.0$ 而 $\lambda = 0.032$。因此，更合理的函数式(2.67)具有的意义类似于式(2.64)。

在效用函数式(2.52)中引入 $\phi(\cdot)$ 项，从而将效用函数纳入时间不连续的框架，在对数效用下这种改进相当于让时间偏好率产生一个高于 ρ 的增加。由于有效时间偏好率 λ 是恒定不变的，那么该模型的动态和稳态与我们之前所分析的标准拉姆齐模型中的动态和稳态具有完全相同的形式。更高的时间偏好率对应于更高的稳态利率：

$$r^* = \lambda \tag{2.68}$$

从而，$f'(k^*) = \lambda + \delta$ 给出了更低的稳态资本密集度 k^*。

由于有效时间偏好率 λ 是恒定的，所以，就经验观察而言，具有对数效用且无承诺的模型等价于常规新古典增长模型。也就是说，该均衡与具有适当 ρ 值的标准模型吻合。因为参数 ρ 无法被直接观测到，所以从数据中难以判断瞬时时间偏好率是否包含非固定项 $\phi'(v)$。

2.7.3 人口增长和技术进步

以式(2.1)的方式引入人口增长是一目了然的。其对数效用下的解类似于之前的解，差别在于现在的积分 Ω 被定义为：

$$\Omega \equiv \int_0^\infty e^{-[(\rho - n) \cdot v + \phi(v)]} dv \tag{2.69}$$

财富消费倾向 λ 和修改后的 Ω 项之间的关系见下式：

$$\lambda = n + (1/\Omega) \tag{2.70}$$

[①] 式(2.67)中的表达式类似于 Leowenstein 和 Prelec(1992，第 580 页)所提出的"一般化的双曲线"。他们的表达式可以写成 $\phi(v) = (b/\gamma) \cdot \ln(1 + \gamma v)$。

且稳态利率仍满足 $r^* = \lambda$。我们将上述结论的推导留给大家作为练习。

在对所有 v 都存在 $\phi(v) = 0$ 的拉姆齐模型中,式(2.69)中有 $\Omega = 1/(\rho-n)$ 且式(2.70)中有 $\lambda = \rho$。对于式(2.64)中的 Laibson 的准双曲线偏好而言,结果为:

$$\Omega \approx \beta/(\rho-n), \quad \lambda \approx (\rho/\beta) - n \cdot (1-\beta)/\beta \qquad (2.71)$$

如果 $0 < \beta < 1$,那么 n 的增加会降低 λ,因此也会降低稳态利率,因为 $r^* = \lambda$。

引进外生劳动增进型技术进步率 $x \geqslant 0$ 也很方便。λ 的解仍如同式(2.69)和式(2.70)所示。然而,因为人均消费以稳态利率 x 增长,那么稳态利率等于:

$$r^* = \lambda + x$$

因此,与对数效用下的结果一样,r^* 与技术进步率 x 是一一对应的。

2.7.4 等弹性效用下的结果

在 $\phi(t-\tau) = 0$ 对所有 t 都成立的标准分析中,除非 $\theta = 1$,否则消费与财富之比是可变的。然而,我们知道,对任意 θ 值,时点 τ 的消费增长一阶条件由式(2.11)决定:

$$\frac{\dot{c}}{c}(\tau) = (1/\theta) \cdot [r(\tau) - \rho] \qquad (2.72)$$

我们似乎可以推测,当 $\phi(t-\tau) \neq 0$,但常量 ρ 被其他代表有效时间偏好率的常量所替代时,表达式(2.72)仍然成立。但是,该推测是不正确的。理由是,在时点 τ 的有效时间偏好率涉及未来值的路径 $\phi'(t-\tau)$ 与未来利率的一个交点,而当利率在变动时,它也发生变化($\theta = 1$ 的情况下除外)。

尽管转移动态比较复杂,但是我们还是能很容易地找出稳态的特征。这里的关键是,在稳态中,居户资产的增加将会被用于均匀地提高未来各期的消费。这一特征更有利于用现有资产来计算未来各期的消费倾向,因此,更有利于找到关于当前消费的一阶最优条件。我们这里只给出结论。

在稳态中,利率等于:

$$r^* = x + n + 1/\Omega \qquad (2.73)$$

其中,积分 Ω 被定义为

$$\Omega \equiv \int_0^\infty e^{-\{[\rho-x\cdot(1-\theta)-n]\cdot v+\phi(v)\}} \, dv \qquad (2.74)$$

因此,如果 $\phi(v) = 0$,我们可以得到标准结论:

$$r^* = \rho + \theta x$$

对于式(2.64)中准双曲线效用函数的情况,稳态利率为:

$$r^* \approx \frac{\rho}{\beta} - n \cdot \frac{1-\beta}{\beta} + x \cdot \frac{\beta+\theta-1}{\beta} \qquad (2.75)$$

其中，$0<\beta<1$。因此，对于此前被看作对数效用（$\theta=1$）的情况，x 变动 1 单位，r^* 同样变动 1 单位。更一般地，1 单位 x 的变动所带来的 r^* 的变动是大于还是小于 1 单位，取决于 θ 是大于还是小于 1。

对于转移动态，Barro(1999)证明，任意时点 τ 的消费增长应满足下列条件：

$$\frac{\dot{c}}{c}(\tau) = (1/\theta) \cdot \left[r(\tau) - \lambda(\tau)\right] \tag{2.76}$$

$\lambda(\tau)$ 项表示有效时间偏好率，由下式决定：

$$\lambda(\tau) = \frac{\int_{\tau}^{\infty} \omega(t, \tau) \cdot \left[\rho + \phi'(t-\tau)\right]dt}{\int_{\tau}^{\infty} \omega(t, \tau)dt} \tag{2.77}$$

其中，$\omega(t, \tau)>0$。因此，$\lambda(\tau)$ 仍是未来瞬时时间偏好率 $\rho+\phi'(t-\tau)$ 的加权平均。它与式(2.62)的区别在于，除非 $\theta=1$，权重因子 $\omega(t, \tau)$ 随时间变动。

Barro(1999)指出，如果 $\theta>1$，$\omega(t, \tau)$ 随着时点 τ 和 t 的利率的平均值的增加而减少。如果经济体的初始资本密集度低于稳态值，那么 $r(\tau)$ 开始很高，随后将会降到稳态值。那么对于遥远的未来时点 t，权重 $\omega(t, \tau)$ 会特别的低。由于那些时点都具有相对低的 $\rho+\phi'(t-\tau)$ 值，所以 $\lambda(\tau)$ 最初会很高。然而，随着利率的下降，权重 $\omega(t, \tau)$ 会增加，而 $\lambda(\tau)$ 下降。这一下降的 $\lambda(\tau)$ 路径意味着，居户将随着时间的推移变得更具耐心。然而，如果 $\theta<1$，所有的影响都相反。我们前面研究得到的 $\theta=1$ 的情况居于二者之间。在这种情况下，权重在转移过程中保持恒定。因此，在这种情况下，有效时间偏好率在转移过程中不发生变化。

2.7.5　承诺度

到目前为止，我们分析了完全承诺的情况，如式(2.53)，还考虑了无承诺的情况，如式(2.76)。Barro(1999)还考察了居于二者之中的情况，即只对长度为 T 的时段承诺，其中 $0 \leqslant T \leqslant \infty$。承诺度的增加——即，更高的 T——带来更低的有效时间偏好率，因此带来更低的利率和更高的资本密集度。然而，T 的变化还意味着转移效应——T 的增加首先会减少居户的耐心，因为他们突然需要约束"未来的自己"并储蓄更多。因此，该分析认为，T 的增加首先降低了储蓄率，但是，从长期来看，倾向于提高储蓄的意愿。

如果参数 T 可以被解释为可观测变量——如影响个体自律程度的文化特征，或法律和金融制度的性质，那么上面的理论结论最终也可能具有经验意义。实际上，从经验的角度来看，从这个拓展的模型中得到的主要观点涉及承诺度和利率、储蓄率这样的变量之间的关系。在承诺度给定的情况下的主要结论是，非固定的时间偏好率不改变新古典增长模型的主要结论。

2.8 附录 2A：拉姆齐模型的对数线性化

式(2.24)和式(2.25)构成了刻画拉姆齐模型的微分方程组：

$$\dot{\hat{k}} = f(\hat{k}) - \hat{c} - (x + n + \delta) \cdot \hat{k}$$

$$\dot{\hat{c}}/\hat{c} = \frac{\dot{c}}{c} - x = \frac{1}{\theta} \cdot [f'(\hat{k}) - \delta - \rho - \theta x] \qquad (2.78)$$

假定上式中的生产函数为柯布—道格拉斯函数 $f(\hat{k}) = A \cdot \hat{k}^a$。现在，我们将该方程组对数线性化。

首先，对 $\hat{c}$ 和 $\hat{k}$ 取对数，方程组(2.78)可被改写成：

$$d[\ln(\hat{k})]/dt = A \cdot e^{-(1-a) \cdot \ln(\hat{k})} - e^{\ln(\hat{c}/\hat{k})} - (x + n + \delta)$$

$$d[\ln(\hat{c})]/dt = (1/\theta)[aA \cdot e^{-(1-a) \cdot \ln(\hat{k})} - (\rho + \theta x + \delta)] \qquad (2.79)$$

在稳态中，$d[\ln(\hat{k})]/dt = d[\ln(\hat{c})]/dt = 0$，则我们有：

$$A \cdot e^{-(1-a) \cdot \ln(\hat{k}^*)} - e^{\ln(\hat{c}^*/\hat{k}^*)} = x + n + \delta$$

$$aA \cdot e^{-(1-a) \cdot \ln(\hat{k}^*)} = \rho + \theta x + \delta \qquad (2.80)$$

我们在式(2.80)决定的稳态值附近取式(2.79)的一阶泰勒展开式，可得：

$$\begin{bmatrix} d[\ln(\hat{k})]/dt \\ d[\ln(\hat{c})]/dt \end{bmatrix} = \begin{bmatrix} \zeta & x + n + \delta - \dfrac{\rho + \theta x + \delta}{a} \\ -(1-a) \cdot \dfrac{\rho + \theta x + \delta}{\theta} & 0 \end{bmatrix} \cdot \begin{bmatrix} \ln(\hat{k}/\hat{k}^*) \\ \ln(\hat{c}/\hat{c}^*) \end{bmatrix}$$

$$(2.81)$$

其中，$\zeta \equiv \rho - n - (1-\theta) \cdot x$。其特征矩阵的行列式等于：

$$-[(\rho + \theta x + \delta)/a - (x + n + \delta)] \cdot (\rho + \theta x + \delta) \cdot (1-a)/\theta$$

由于 $\rho + \theta x > x + n$[得自式(2.31)中的横截条件]且 $a < 1$，所以行列式为负。该条件意味着，系统的两个特征值符号相异，进而得出鞍形路径稳定的结论。（相关探讨，请参阅本书最后的数学附录。）

为算出特征值(记为 ε)，我们利用条件：

$$\det \begin{bmatrix} \zeta - \varepsilon & x + n + \delta - \dfrac{\rho + \theta x + \delta}{a} \\ -(1-a) \cdot \dfrac{\rho + \theta x + \delta}{\theta} & -\varepsilon \end{bmatrix} = 0 \qquad (2.82)$$

该条件相当于关于 ε 的二次方程式：

$$\varepsilon^2 - \zeta \cdot \varepsilon - [(\rho + \theta x + \delta)/a - (x + n + \delta)] \cdot [(\rho + \theta x + \delta) \cdot (1-a)/\theta] = 0$$

$$(2.83)$$

该方程式具有两个解：

$$2\varepsilon = \zeta \pm \left[\zeta^2 + 4 \cdot \left(\frac{(1-\alpha)}{\theta} \right) \cdot (\rho + \alpha x + \delta) \cdot \left[(\rho + \alpha x + \delta)/\alpha - (x + n + \delta) \right] \right]^{1/2}$$

$$(2.84)$$

其中,正根记为 ε_1,负根记为 ε_2。注意,ε_2 相当于式(2.41)中的 $-\beta$。

$\ln(\hat{k})$ 的对数线性化解表示为:

$$\ln[\hat{k}(t)] = \ln(\hat{k}^*) + \psi_1 \cdot e^{\varepsilon_1 t} + \psi_2 \cdot e^{\varepsilon_2 t} \qquad (2.85)$$

其中,ψ_1 和 ψ_2 是任意的积分常数。因为 $\varepsilon_1 > 0$,所以当 $\ln[\hat{k}(t)]$ 渐近地趋于 $\ln(\hat{k}^*)$ 时,$\psi_1 = 0$ 必定成立。($\psi_1 > 0$ 违背了横截条件,而 $\psi_1 < 0$ 会导致 $\hat{k} \to 0$,这就相当于图 2.1 中系统相交于纵轴的情况。)另一个常量 ψ_2 由初始条件决定:

$$\psi_2 = \ln[\hat{k}(0)] - \ln(\hat{k}^*) \qquad (2.86)$$

如果我们将 $\psi_1 = 0$ 和得自式(2.86)的 ψ_2 的值,以及 $\varepsilon_2 = -\beta$ 代入式(2.85),我们可以得到 $\ln[\hat{k}(t)]$ 的时间路径:

$$\ln[\hat{k}(t)] = (1 - e^{-\beta t}) \cdot \ln(\hat{k}^*) + e^{-\beta t} \cdot \ln[\hat{k}(0)] \qquad (2.87)$$

由于 $\ln[\hat{y}(t)] = \ln(A) + \alpha \cdot \ln[\hat{k}(t)]$,$\ln[\hat{y}(t)]$ 的时间路径由下式决定:

$$\ln[\hat{y}(t)] = (1 - e^{-\beta t}) \cdot \ln(\hat{y}^*) + e^{-\beta t} \cdot \ln[\hat{y}(0)] \qquad (2.88)$$

它相当于式(2.40)。

2.9　附录 2B:不可逆的投资

假定投资不可逆,所以 $\hat{c} \leqslant f(\hat{k})$ 成立。我们重新考虑起始于 $\hat{k} < \hat{k}^*$ 的动态路径,如图 2.1 中 $\hat{c}'_0$ 的位置。这些路径最后会与生产函数 $\hat{c} = f(\hat{k})$ 相交,之后投资不可逆这一约束开始起作用。此后,路径开始沿着生产函数向下移动,所以 $\hat{c} = f(\hat{k})$ 成立。因此,根据 $\dot{\hat{k}} = -(x + n + \delta) \cdot \hat{k}$,资本密集度将下降。所以,在有限时间内,$\hat{k}$(和 $\hat{c}$)会趋近于零,但不会等于零。我们现在证明这样的路径并非均衡。

当 $\hat{c} \leqslant f(\hat{k})$ 具有约束力的时候,所有的产出都会被用于消费,而不会进入总投资,此时的资本价格(记为 ϕ)可能小于 1。那么,资本所有者的回报率满足:

$$r = R/\phi - \delta + \dot{\phi}/\phi \qquad (2.89)$$

竞争性企业的利润最大化仍然意味着 $R = f'(\hat{k})$,可将其代入关于 r 的等式。

同往常一样,消费者最优化必然可推出:

$$\dot{c}/c = (1/\theta) \cdot (r - \rho)$$

因此,替代掉式(2.89)中的 r,可得到关于 $\hat{c}$ 的增长率的表达式:

$$\dot{\hat{c}}/\hat{c} = \left(\frac{1}{\theta\phi}\right) \cdot [f'(\hat{k}) + \dot{\phi} - \phi \cdot (\delta + \rho + \theta x)] \tag{2.90}$$

条件 $\hat{c} = f(\hat{k})$ 与 $\dot{\hat{k}} = -(x+n+\delta) \cdot \hat{k}$ 一起可推出关于 $\hat{c}$ 的增长率的另一个条件：

$$\dot{\hat{c}}/\hat{c} = -\alpha(\hat{k}) \cdot (x+n+\delta) \tag{2.91}$$

其中，$\alpha(\hat{k}) \equiv \hat{k} \cdot f'(\hat{k})/f(\hat{k})$ 是收入中的资本份额（在柯布—道格拉斯生产函数情况下为常数）。因此，式(2.90)和式(2.91)蕴含着关于 ϕ 的条件：

$$\dot{\phi} = -f'(\hat{k}) + \phi \cdot [\delta + \rho + \theta x - \alpha(\hat{k}) \cdot \theta \cdot (x+n+\delta)] \tag{2.92}$$

假定约束 $\hat{c} \leqslant f(\hat{k})$ 在某时点 T 首次发挥作用，其中 $\hat{k}(T) < \hat{k}^*$ 成立。在该点，有 $f'(\hat{k}) - \delta > \rho + \theta x$。因此，当 $\phi = 1$（仅出现在 T），式(2.92)意味着 $\dot{\phi} < 0$。随着时间推进，根据式(2.81)，如果 R 上升且 ϕ 下降，r 则趋于上升。然而，居户在 $\hat{c}$ 的增长率为负[式(2.91)]的情况下也会感到满意，因为为维持低回报率 r，资本损失率 $\dot{\phi}/\phi$ 的增值要足够大。然而，式(2.92)表明，当 $\hat{k}$ 下降且 $f'(\hat{k})$ 上升，$\dot{\phi}$ 最终趋向于正无穷[无论 0 到 1 区间内的 $\alpha(\hat{k})$ 如何变化]。因此，在有限时间内，ϕ 将等于零，之后为负。该条件违背了资产的"自由处置"权。因此，在 $\hat{k} < \hat{k}^*$ 区间内资本不可逆的约束 $\hat{c} \leqslant f(\hat{k})$ 不存在约束力。

在 $\hat{k} > \hat{k}^*$ 区间，约束 $\hat{c} \leqslant f(\hat{k})$ 可以具有约束力。Arrow 和 Kurz(1970)注意到这种可能性，并对其进行了探讨。

2.10　附录 2C：储蓄率的变化趋势

本节将从代数上探讨转移过程中储蓄率的变化趋势。我们在这里处理的转移所涉及的 $\hat{k}$ 和 $\hat{c}$ 持续递增，而且我们假定生产函数为柯布—道格拉斯生产函数 $f(\hat{k}) = A\hat{k}^\alpha$。

总储蓄率 s 等于 $1 - \hat{c}/f(\hat{k})$。在稳态中，式(2.24)中的 $\dot{\hat{k}}$ 和式(2.25)中的 $\dot{\hat{c}}/\hat{c}$ 都等于 0。如果我们利用这些条件，以及柯布—道格拉斯情况下存在的 $f(\hat{k})/\hat{k} = f'(\hat{k})/\alpha$，那么我们得到的稳态储蓄率为：

$$s^* = \alpha \cdot (x+n+\delta)/(\rho + \theta x + \delta) \tag{2.93}$$

式(2.31)中的横截条件意味着 $\rho + \theta x > x + n$，由此可推出 $s^* < \alpha$。

因为 $s = 1 - \hat{c}/f(\hat{k})$，$s$ 的移动方向与消费率 $\hat{c}/f(\hat{k})$ 相反。令 $z \equiv \hat{c}/f(\hat{k})$，并对其求导，可得：

$$\gamma_z \equiv \dot{z}/z = \dot{\hat{c}}/\hat{c} - \frac{f'(\hat{k}) \cdot \dot{\hat{k}}}{f(\hat{k})} = \dot{\hat{c}}/\hat{c} - \alpha \cdot (\dot{\hat{k}}/\hat{k}) \tag{2.94}$$

其中，由于这里是柯布—道格拉斯情况，所以等式右侧最后一项成立。将式(2.24)和式(2.25)代入式(2.94)中可得

$$\gamma_z = f'(\hat{k}) \cdot [z(t) - (\theta-1)/\theta] + (\delta+\rho+\theta x) \cdot (s^* - 1/\theta) \qquad (2.95)$$

其中,我们用到了条件 $f(\hat{k})/\hat{k} = f'(\hat{k})/\alpha$,该条件在柯布—道格拉斯情况下成立。

z 的变化趋势取决于 s^* 是大于、等于还是小于 $1/\theta$。首先,假定 $s^* = 1/\theta$。接着,令式(2.94)中的 $\gamma_z = 0$ 可得 $z(t) = (\theta-1)/\theta$。相反,如果 $z(t) > (\theta-1)/\theta$ 对某 t 成立,那么对所有的 t 都有 $\gamma_z > 0$(当 z 趋于稳态值时,该结论不成立)。类似地,$z(t) < (\theta-1)/\theta$ 的情况可以被排除,因为它意味着对所有的 t 都有 $\gamma_z < 0$。因此,如果 $s^* = 1/\theta$,那么 z 等于常量 $(\theta-1)/\theta$,而且由此可得,储蓄率 s 等于常量 $1/\theta$。同理,我们可得 $s^* > 1/\theta$ 意味着 $z(t) < (\theta-1)/\theta$ 对所有 t 成立;相反,如果 $s^* < 1/\theta$ 则意味着 $z(t) > (\theta-1)/\theta$ 对所有 t 都成立。

将式(2.95)对时间求导,可得

$$\dot{\gamma}_z = f''(\hat{k}) \cdot (\dot{\hat{k}})[z(t) - (\theta-1)/\theta] + f'(\hat{k}) \cdot \gamma_z \cdot z_t \qquad (2.96)$$

现在,假定 $s^* > 1/\theta$,所以 $z(t) < (\theta-1)/\theta$ 对所有 t 都成立。那么,$\gamma_z > 0$ 对某 t 成立,意味着式(2.96)中 $\dot{\gamma}_z > 0$(因为 $f''(\hat{k}) < 0$,$f'(\hat{k}) > 0$ 且 $\dot{\hat{k}} > 0$)。因此,$\gamma_z > 0$ 将对所有 t 成立,该结论与经济体趋于稳态相矛盾。所以,如果 $s^* > 1/\theta$,那么 $\gamma_z < 0$,由此可推出 $\dot{s} > 0$。同理,如果 $s^* < 1/\theta$,那么 $\gamma_z > 0$ 且 $\dot{s} < 0$ 必成立。

结论总结如下:

$s^* = 1/\theta$ 意味着 $s(t) = 1/\theta$,为常量;

$s^* > 1/\theta$ 意味着 $s(t) > 1/\theta$,且 $\dot{s}(t) > 0$;

$s^* < 1/\theta$ 意味着 $s(t) < 1/\theta$,且 $\dot{s}(t) < 0$。

这些结论与图 2.3 所描述的情况相同。

借助式(2.93)中关于 s^* 的表达式,我们可以发现,$s^* \geqslant 1/\theta$ 成立,则 $(\rho+\theta x+\delta)/[\alpha \cdot (x+n+\delta)] > 1/\alpha$。因此,如果 $\theta \leqslant 1/\alpha$,那么这些参数所处区间的任意值都满足 $\dot{s} < 0$。换言之,如果 $\theta \leqslant 1/\alpha$,那么跨期替代效应强到能确保储蓄率在转移过程中下降。然而,我们所偏好的 α 值在 0.75 左右,由该不等式可推出 $\theta \leqslant 1.33$,但这种情况不大可能发生。

我们可以用类似的方法来分析消费—资本比率 $\hat{c}/\hat{k}$ 的变化趋势。结论如下:

$\theta = \alpha$ 意味着 $\hat{c}/\hat{k} = (\delta+\rho)/\theta - (\delta+n)$,为常量;

$\theta < \alpha$ 意味着 $\hat{c}/\hat{k} < (\delta+\rho)/\theta - (\delta+n)$,且 $\hat{c}/\hat{k}$ 持续上升;

$\theta > \alpha$ 意味着 $\hat{c}/\hat{k} > (\delta+\rho)/\theta - (\delta+n)$,且 $\hat{c}/\hat{k}$ 持续下降。

2.11　附录 2D:证明如果经济体始于 $\hat{k}(0)$ 且 $\hat{k}(0) < \hat{k}^*$,则 $\gamma_{\hat{k}}$ 单调下降

我们首先要证明:在 $v \geqslant 0$ 的某段区间内,如果 $r(v)$ 递增,那么 $\hat{c}(0)$ 递减[①]。

———————

[①]　这部分证明得到了 Olivier Blanchard 的帮助,对此我们非常感激。

利用式(2.15)和式(2.16)可得：

$$\hat{c}(0) = \frac{\hat{k}(0) + \int_0^\infty \hat{w}(t) \mathrm{e}^{-[\bar{r}(t)-n-x]t} \mathrm{d}t}{\int_0^\infty \mathrm{e}^{[\bar{r}(t)\cdot(1-\theta)/\theta-\rho/\theta+n]t} \mathrm{d}t} \tag{2.97}$$

其中，与式(2.13)中的定义一样，$\bar{r}(t)$ 是时点 0 到时点 t 的利息率的平均值。当 $0 \leqslant v \leqslant t$ 时，更高的 $r(v)$ 会提升 $\bar{r}(t)$，进而减小式(2.97)中的分子。如果 $\theta \leqslant 1$，则更高的 $r(v)$ 会增大其分母。因此，如果 $\theta \leqslant 1$，该结论成立。现在假定 $\theta > 1$，那么分母随着 $r(v)$ 的增加而减小。我们知道，如果 $\theta > 1$，则 $r(v) \cdot (1-\theta)/\theta-\rho/\theta+n < 0$，因为 $r(v)$ 超过稳态利息率 $\rho+\theta x$，而根据横截条件，后者大于 $x+n$。因此，θ 值越大，则式(2.97)中的分母对 $r(v)$ 越敏感(反方向)。于是，如果我们可以证明当 $\theta \to \infty$ 时该结论成立，那么该结论对所有 $\theta > 0$ 都成立。当 $\theta \to \infty$ 时，式(2.97)简化为：

$$\hat{c}(0) = \frac{\hat{k}(0) + \int_0^\infty \hat{w}(t) \mathrm{e}^{-[\bar{r}(t)-n-x]t} \mathrm{d}t}{\int_0^\infty \mathrm{e}^{-[\bar{r}(t)-n]t} \mathrm{d}t} \tag{2.98}$$

式(2.98)可以写成：

$$\hat{c}(0) = \frac{\int_0^\infty \psi(t) \mathrm{e}^{-[\bar{r}(t)-n-x]t} \mathrm{d}t}{\int_0^\infty \phi(t) \mathrm{e}^{-[\bar{r}(t)-n-x]t} \mathrm{d}t} \tag{2.99}$$

其中，$\psi(t) = \hat{k}(0) \cdot [r(t)-n-x] + \hat{w}(t)$ 且 $\phi(t) = \mathrm{e}^{-xt}$。显然，$\dot{\phi} < 0$，且利用条件 $r(t) = f'[\hat{k}(t)]-\delta$，$\hat{w}(t) = f[\hat{k}(t)]-\hat{k}(t)f'[\hat{k}(t)]$，$\hat{k}(t) > \hat{k}(0)$ 和 $\dot{\hat{k}} > 0$，可有 $\dot{\psi} > 0$。因此，对所有 $0 \leqslant v \leqslant t$，$r(v)$ 的增加带来 $\bar{r}(t)$ 的增加，但是它与式(2.99)中分子的负相关性要强于它与分母的负相关性。由此可知，$r(v)$ 增加对 $\hat{c}(0)$ 的净影响为负，这是我们要的结论。

我们用该结论可以得到 $\hat{c}(0)$ 的下限。因为 $r(0) > \bar{r}(t)$，所以我们用 $r(0)$ 和 $\hat{w}(0)$ 分别替换式(2.97)中的 $\bar{r}(t)$ 和 $\hat{w}(t)$，那么 $\hat{c}(0)$ 必定下降。因此，有[1]：

$$\hat{c}(0)/\hat{k}(0) > [r(0) \cdot (1-\theta)/\theta+\rho/\theta-n] \cdot \left\{1 + \frac{\hat{w}(0)}{\hat{k} \cdot [r(0)-n-x]}\right\} \tag{2.100}$$

我们稍后会用到该不等式。

由式(2.24)可知 $\hat{k}$ 的增长率为：

$$\gamma_{\hat{k}} = f(\hat{k})/\hat{k} - \hat{c}/\hat{k} - (x+n+\delta) \tag{2.101}$$

---

[1]　如果 $[r(0) \cdot (1-\theta)/\theta+\rho/\theta-n] > 0$，那么对式(2.97)右边积分可得该结论。如果该表达式为非正，那么式(2.100)在所有变量都趋于零时成立。

其中，我们忽略了时间下标。将式(2.101)对时间求导，可得：

$$\dot{\gamma}_{\hat{k}} = -(\hat{w}/\hat{k}) \cdot \gamma_{\hat{k}} - \mathrm{d}(\hat{c}/\hat{k})/\mathrm{d}t$$

其中，我们使用了条件 $\hat{w} = f(\hat{k}) - \hat{k} \cdot f'(\hat{k})$。我们想要证明，在 $\hat{k}$ 和 $\hat{c}$ 都处于上升期的转移过程中，$\dot{\gamma}_{\hat{k}} < 0$ 成立。由式(2.25)中关于 $\dot{\hat{c}}/\hat{c}$ 的表达式和式(2.24)中关于 $\dot{\hat{k}}$ 的表达式，可得：

$$\dot{\gamma}_{\hat{k}} = -(\hat{w}/\hat{k}) \cdot \gamma_{\hat{k}} + (\hat{c}/\hat{k}) \cdot \{\hat{w}/\hat{k} + [f'(\hat{k}) - \delta] \cdot (\theta-1)/\theta + \rho/\theta - n - \hat{c}/\hat{k}\} \tag{2.102}$$

因此，如果 $\hat{c}/\hat{k} \geqslant \hat{w}/\hat{k} + [f'(\hat{k}) - \delta] \cdot (\theta-1)/\theta + \rho/\theta - n$，那么根据 $\gamma_{\hat{k}} > 0$，可得 $\dot{\gamma}_{\hat{k}} < 0$，证明完毕。相应地，现在我们假定：

$$\hat{c}/\hat{k} < \hat{w}/\hat{k} + [f'(\hat{k}) - \delta] \cdot (\theta-1)/\theta + \rho/\theta - n \tag{2.103}$$

如果我们用式(2.103)的右边替换式(2.102)中的 $\hat{c}/\hat{k}$，利用式(2.101)中 $\gamma_{\hat{k}}$ 的表达式，并用 $\hat{w}/\hat{k} + f'(\hat{k})$ 替换 $f(\hat{k})/\hat{k}$，最终可得：

$$\dot{\gamma}_{\hat{k}} < -(\hat{w}/\hat{k}) \cdot [f'(\hat{k}) - \delta - \rho - \theta x]/\theta + \{\rho/\theta - n + [f'(\hat{k}) - \delta] \cdot (\theta-1)/\theta\}^2 \\ + \{\rho/\theta - n + [f'(\hat{k}) - \delta] \cdot (\theta-1)/\theta\} \cdot (\hat{w} - \hat{c})\hat{k} \tag{2.104}$$

如果 $\rho/\theta - n + [f'(\hat{k}) - \delta] \cdot (\theta-1)/\theta \leqslant 0$，那么我们能用式(2.103)中的不等式来证明 $\dot{\gamma}_{\hat{k}} < 0$，证明完毕。因此，我们现在假定：

$$\rho/\theta - n + [f'(\hat{k}) - \delta] \cdot (\theta-1)/\theta > 0 \tag{2.105}$$

根据式(2.105)中的不等式，我们将式(2.100)中 $\hat{c}/\hat{k}$ 的下限应用于式(2.104)，经过一些调整后，可得：

$$\dot{\gamma}_{\hat{k}} < -\frac{(\hat{w}/\hat{k}) \cdot [f'(\hat{k}) - \delta - \rho - \theta x]^2}{[f'(\hat{k}) - \delta - n - x] \cdot \theta^2} < 0 \tag{2.106}$$

其中，我们利用了条件 $r = f'(\hat{k}) - \delta$。式(2.106)括号中的表达式都是正的，因为 $f'(\hat{k}) - \delta$ 超过了稳态利息率 $\rho - \theta x$；而根据横截条件，稳态利息率大于 $n + x$。因此，$\dot{\gamma}_{\hat{k}} < 0$ 成立。证毕。

2.12 习题

2.1 不存在借款的拉姆齐模型 思考拉姆齐模型中的居户最优化问题。如果消费者不能借款，只能储蓄，那么结论会有什么变化？

2.2 拉姆齐模型中的不可逆投资 假定经济体起始于 $\hat{k}(0)$，且 $\hat{k}(0) > \hat{k}^*$。资本可逆（按 1 比 1 的比例转化为消费品）与否，会给转移路径带来怎样的差异？

2.3 指数效用 无限时域的居户试图最大化其效用，效用函数由式(2.1)给

出,其中 $u(c)$ 为指数形式,

$$u(c) = -(1/\theta) \cdot e^{-\theta c}$$

其中,$\theta > 0$。企业的行为与其在拉姆齐模型中一致,技术进步为零。

　　a. θ 与效用函数的凹度有怎样的关系? θ 与消费者在各期平滑其消费的动机之间又有怎样的关系? 计算跨期替代弹性。它与人均消费水平 c 存在怎样的关系?

　　b. 用题中的效用函数 $u(c)$ 所给出的偏好求出代表性居户的一阶条件。

　　c. 结合代表性居户的一阶条件和企业的一阶条件描述 $\hat{c}$ 和 $\hat{k}$ 的变化趋势。〔假定 $\hat{k}(0)$ 低于其稳态值。〕

　　d. 参数 θ 如何决定转移? 试将该结果与文中所述模型相参照。

2.4　斯通—吉尔里偏好(Stone-Geary preferences)　假定拉姆齐模型的常规条件成立,除了一个改变:代表性居户的瞬时效用函数从式(2.10)变成了斯通—吉尔里形式:

$$u(c) = \frac{(c - \bar{c})^{1-\theta} - 1}{1 - \theta}$$

其中,$\bar{c} \geqslant 0$ 表示仅能解决温饱的最低人均消费。

　　a. 新效用函数的跨期替代弹性等于多少? 如果 $\bar{c} > 0$,随着 c 的增加,弹性会发生怎样的变化?

　　b. 修改后的效用函数如何改变式(2.9)中的消费增长表达式? 试阐述新表达式的直观意义。

　　c. 效用的改变如何影响稳态值 $\hat{k}^*$ 和 $\hat{c}^*$?

　　d. 就 $\hat{k}$ 和 $\hat{c}$ 的转移动态,进而收敛率来说,会出现什么样的变化? (修改后的系统须用数值法得出具体结果。)

2.5　世界末日模型　假定每个人都知道世界将确定在时点 T 终结,且 $T > 0$。当我们讨论横截条件的重要性时,曾在文中阐述过该问题。通过下列步骤来完成分析:

　　a. 该变化如何影响式(2.24)和式(2.25)中关于 $\hat{k}$ 和 $\hat{c}$ 的转移表达式?

　　b. 该变化如何影响横截条件?

　　c. 借助图 2.1 描述经济体的新转移路径。

　　d. 当 T 变大时,新转移路径与图 2.1 所示路径存在哪些相关性? 当 T 趋于无穷大时,会怎样?

2.6　拉姆齐模型中的土地　假定生产涉及劳动 L、资本 K 和土地 Λ,且生产函数是规模报酬不变的 CES 函数:

$$Y = A \cdot [a \cdot (K^{\alpha} L^{1-\alpha})^{\psi} + (1-a) \cdot \Lambda^{\psi}]^{1/\psi}$$

其中,$A > 0$,$a > 0$,$0 < \alpha < 1$,且 $\psi < 1$。不存在技术进步,且 L 以不变速率 $n > 0$ 增长。土地数量 Λ 固定不变,折旧率为 0。现在,收入包括土地租金以及资本和劳动报酬。

a. 证明：要素的竞争性支出仍将耗尽总支出。

b. φ 满足什么条件时，人均产出水平 y 在稳态中恒定不变？φ 满足什么条件时，人均产出水平 y 长期递减？该结论对土地这样的固定要素在增长过程中的作用意味着什么？

2.7　其他制度环境　关于由竞争性的居户和企业组成的经济环境中的拉姆齐模型我们已作了详尽阐述。

a. 证明：如果居户直接进行生产，并将家庭成员用作劳动者，那么结论不变。

b. 假定社会计划者的偏好与我们已构建模型中代表性居户的偏好相同。证明：如果计划者可随时支配消费选择，那么所得结论与具有竞争性的居户和企业的模型一致。关于分散决策的帕累托最优，该结论意味着什么？

2.8　拉姆齐模型中的货币和通货膨胀（基于 Sidrauski, 1967; Brock, 1975; 及 Fischer, 1979）　假定政府发行法定货币（fiat money）。货币数量 M 以美元计，且以速率 μ 增长，μ 可以随时间发生变动。新增货币一次性转移给居户。现在，居户拥有的资产形式包括资本所有权、货币和国内贷款。居户效用仍由式（2.1）决定，但将式中的 $u(c)$ 换成 $u(c, m)$，其中 $m = M/PL$ 是人均实际货币余额，且 P 是价格水平（每单位物品的美元数）。效用函数的偏导 $u_c > 0$ 且 $u_m > 0$。通货膨胀率记为 $\pi \equiv \dot{P}/P$。人口增长率为 n。经济体的生产部门与标准拉姆齐模型相同，且不存在技术进步。

a. 代表性居户的预算约束是什么？

b. 与 c 和 m 的选择相关的一阶条件是什么？

c. 假定 μ 长期恒定，且 m 在稳态中恒定。μ 长期值的改变如何影响 c, k 和 y 的稳态值？该变化如何影响 π 和 m 的稳态值？在稳态中，它又如何影响已取得的效用水平 $u(c, m)$？该模型中的最优长期 μ 值等于多少？

d. 现在假定 $u(c, m)$ 是关于 c 和 m 的可分函数（separable function）。在这种情况下，μ 的路径如何影响 c, k 和 y 的转移路径？

2.9　拉姆齐模型中的财政政策（基于 Barro, 1974; McCallum, 1984）　我们考虑一个具有无限时域居户的标准拉姆齐模型，偏好由式（2.1）和式（2.10）决定；人口增长率为 n；新古典生产函数，且技术进步率为 x。现在，政府购买 G 数量的商品和服务，并征收一次性的金额为 T 的税收，且持有的未偿还的政府债券量为 B。G、T 和 B 的数量——皆可随时间变动——都以产品计量，且 B 的初始值为 $B(0)$。债券具有无限小的计息间隔，利率为 r。债券被个体居户看作资本所有权或国内贷款的完全替代品。（假定政府从不延期偿债。）政府可以提供与 G 的路径相关的公共服务，但是在本题中，G 的路径是固定的。

a. 政府的预算约束是什么？

b. 代表性居户的预算约束是什么？

c. 居户是否仍然遵守式（2.9）所表达的关于 c 的增长率的一阶最优化条件？

d. 横截条件是什么？它与 B 的长期趋势存在怎样的关联？横截条件意味着什么？

e. $B(0)$ 的变化，或 B 和 T 路径的变化，会怎样影响转移动态及参数 c，k，y 和 r 的稳态值？［如果不带来影响，那么该模型表现为李嘉图等价（Ricardian equivalence）。］

▶3

拉姆齐增长模型的扩展

在本章,我们将在某些方面扩展拉姆齐模型:我们首先引入政府支出和各种税收;第二,我们在物质资本投资过程中引入安装成本;第三,我们引入开放经济,允许国际借贷;最后,我们研究有限寿命所带来的影响。

3.1 政府

3.1.1 拉姆齐框架的修改

拉姆齐模型框架中可以方便地引入政府。假定政府购买总量为 G 的产品和服务。现在,我们假定这些购买不会影响到居户的效用或企业的生产,我们稍后再考虑这种影响。政府同时向居户进行转移支付,其实际总量为 V。单个居户所获得的转移支付数量与居户的收入或其他特征无关。从这个意义上说,这些转移是一次性的。

假定政府收支平衡,且用各种税赋所得支撑其总开销 $G+V$。政府征收的居户工资收入的税率为 τ_w,私人资产收入的税率为 τ_a,消费的税率为 τ_c,企业收入的税率为 τ_f。这样,政府的预算约束为:

$$G+V = \tau_w wL + \tau_a r \cdot (\text{资产}) + \tau_c C + \tau_f \cdot (\text{企业收入}) \qquad (3.1)$$

同以往一样,w 是工资率,r 是资产收益率。变量 L 和 C 分别是劳动总量和消费总量。我们稍后会考虑如何界定企业收入。资产收入的税率 τ_a 对国内贷款收入和资本所有权收入是一样的。我们还假定税率是恒定的。

税收和转移支付的出现将式(2.2)中的代表性居户的预算约束修改为:

$$\dot{a} = (1-\tau_w) \cdot w + (1-\tau_a) \cdot r_a - (1+\tau_c) \cdot c - na + v \qquad (3.2)$$

其中,a,c 和 v 分别是人均资产量、人均消费量和人均转移支付。我们仍假定每个居户的产出量都是固定的,1 单位时间得到 1 单位的产出,且 n 是人口和劳动力的增长率。

我们可以和第 2 章一样推导出消费选择的一阶条件。在不变跨期替代弹性效用函数的情况下，如式(2.9)所示，我们有：

$$u(c) = \frac{c^{1-\theta} - 1}{1 - \theta}$$

而式(2.10)中关于人均消费增长率的结论现在修改为[1]：

$$\dot{c}/c = (1/\theta) \cdot \left[(1-\tau_a) \cdot r - \rho \right] \tag{3.3}$$

这样，居户改变消费的决定取决于税后收益率$(1-\tau_a) \cdot r$。消费税率τ_c没有出现在一阶条件中，因为它是恒定不变的。如果该税率随时间变动，它会影响对消费时点的选择，并会相应地进入式(3.3)。税后收益率$(1-\tau_a) \cdot r$也出现在对式(2.11)修改所得的横截条件中：

$$\lim_{t \to \infty} \left\{ a(t) \cdot \exp\left[-\int_0^t \left[(1-\tau_a) \cdot r(v) - n \right] \mathrm{d}v \right] \right\} = 0 \tag{3.4}$$

企业仍沿用式(2.16)中的生产函数：

$$Y = F(K, \hat{L})$$

在这里，K是资本投入且$\hat{L} = Le^x$为有效劳动投入。企业仍要对每单位的劳动服务L支付工资率w，且对每单位的资本服务支付租赁价格$R = r + \delta$，其中δ是资本折旧率。我们假定政府将企业应税收入定义为产出减去工资支出及折旧[2]：

$$应税收入 = F(K, \hat{L}) - wL - \delta K \tag{3.5}$$

因此，企业的税后利润可以写成：

$$税后利润 = (1 - \tau_f) \cdot \left[F(K, \hat{L}) - wL - \delta K \right] - rK \tag{3.6}$$

企业为最大化税后利润而选择$\hat{k} \equiv K/\hat{L}$的一阶条件可根据式(2.21)修改而得：

$$f'(\hat{k}) = \frac{r}{1 - \tau_f} + \delta \tag{3.7}$$

这样，在r给定的情况下，更高的τ_f提高了所要求的资本边际产出$f'(\hat{k})$。因为资本的租金支付(除了折旧)未能从式(3.5)中的税基中扣除，所以该结论是成立的。

---

[1] 为得到欧拉方程而构建汉密尔顿函数$J = e^{-(\rho-n)t} \cdot \frac{c^{1-\theta}-1}{1-\theta} + v \cdot [(1-\tau_w) \cdot w + (1-\tau_a) \cdot ra - (1+\tau_c) \cdot c - na + v]$。关于$c$和$a$的一阶条件是：

    (i) $e^{-(\rho-n)t} \cdot c^{-\theta} = v \cdot (1+\tau_c)$

    (ii) $-\dot{v} = v \cdot [(1-\tau_a) \cdot r - n]$

对式(i)取对数，并对时间求导，代入式(ii)可得$\dfrac{\dot{c}}{c} = \dfrac{1}{\theta} \left[(1-\tau_a) \cdot r - \dfrac{\dot{\tau_c}}{1+\tau_c} - \rho \right]$。如果消费税率不随时间变化，那么$\dot{\tau_c} = 0$，欧拉方程即式(3.3)。

[2] 注意，尽管折旧是可扣除的税款，但是租金报酬中利率r的部分不是可扣除的税款。如果对公司而言，利息支付与通常一样是可扣除的税款，在债务融资的情况下会有不同。

同样可以证明,沿着第 2 章的思路,式(3.6)中代表性企业的税后利润最终为零。相应地,企业使得劳动的边际产出等于工资率:

$$w = e^{xt} \cdot [f(\hat{k}) - \hat{k} \cdot f'(\hat{k})] \tag{3.8}$$

如果我们利用资产市场的均衡条件 $\hat{a} = \hat{k}$,式(3.7)和式(3.8)中的一阶条件,以及式(3.1)中的政府预算约束,那么对应于式(2.23)的 $\hat{k}$ 的演变条件变成:

$$\dot{\hat{k}} = f(\hat{k}) - \hat{c} - (x + n + \delta) \cdot \hat{k} - \hat{g} \tag{3.9}$$

其中,$\hat{g} \equiv G/\hat{L}$。该等式仍表示对经济体的资源约束:资本存量的变化等于产出减消费,减资本存量折旧,再减对产品和服务的政府购买。注意,税收和转移支付都不直接进入经济体的资源约束。

式(3.3)和式(3.7)意味着,关于 $\hat{c}$ 的演化条件从式(2.24)变成:

$$\dot{\hat{c}}/\hat{c} = \frac{1}{\theta} \cdot \{(1 - \tau_a) \cdot (1 - \tau_f) \cdot [f'(\hat{k}) - \delta] - \rho - \theta x\} \tag{3.10}$$

这样,资本的净边际产出 $f'(\hat{k}) - \delta$ 在资产收益税收 τ_a 和企业收入 τ_f 的共同作用下减小。在模型中,资本收入实际上被"双重征税":当收入归属企业时以税率 τ_f 向企业征收了一次;并且当居户接受租金支付时以税率 τ_a 向居户征收了一次。

为了体现税收的影响,我们对横截条件式(2.25)也做了类似的修改:

$$\lim_{t \to \infty} \left\{ \hat{k} \cdot \exp\left(-\int_0^t [(1 - \tau_a) \cdot (1 - \tau_f) \cdot [f'(\hat{k}) - \delta] - x - n] \mathrm{d}v \right) \right\} = 0$$

$$\tag{3.11}$$

因此,在稳态中,即 $\hat{k} = \hat{k}^*$ 的情况下,资本的净边际产出 $f'(\hat{k}^*) - \delta$ 必然超过 $(x + n)/[(1 - \tau_a) \cdot (1 - \tau_f)]$。

3.1.2　税率的影响

对工资和消费所征收的税收　工资收入的税率 τ_w 没有出现在任何均衡条件中,这是因为我们假定居户产出量固定。在这种情况下,工资税为一次性税种,不具有任何扭曲效应。如果同第 9 章一样存在劳动—休闲选择,那么 τ_w 不再是一次性税收,且会影响均衡。

此前我们提到过,消费税率 τ_c 对消费选择一直没有影响,因而不进入式(3.10),因为 τ_c 是恒定的。否则,τ_c 未来的变化会影响到现在和未来的式(3.10)。例如,如果预期未来的消费税率会提高($\dot{\tau}_c > 0$),个体会在现在消费更多,未来消费更少,所以消费增长下降。如果预期未来的消费税率会下降,那么会出现相反的情况。

如果存在劳动—休闲选择,那么即使是恒定的 τ_c 也会通过影响劳动供给而影响均衡。然而,因为假定居户的工作量固定,所以这种影响不会出现在我们现在的模型中。因此，τ_c 不会影响均衡，而是像一次性税收那样发挥作用。

如果我们假定 $\hat{g} = \tau_a = \tau_f = 0$，$(\hat{k}, \hat{c})$ 的相位图将与图 2.1 完全一致。如果我们假定 $\hat{g}$ 是正的常量，那么根据式(3.9)，$\dot{\hat{k}}$ 会向下倾斜。在考虑转移支付 V 的时间路径的情况下，这时的政府采购水平 G 将由 τ_w 与 τ_c 某一组合来筹集。τ_w，τ_c 和 V 的具体组合意义不大，因为这些变量相当于模型中的一次性税收或转移支付。该模型相位图对应于图 3.1 中的实线。

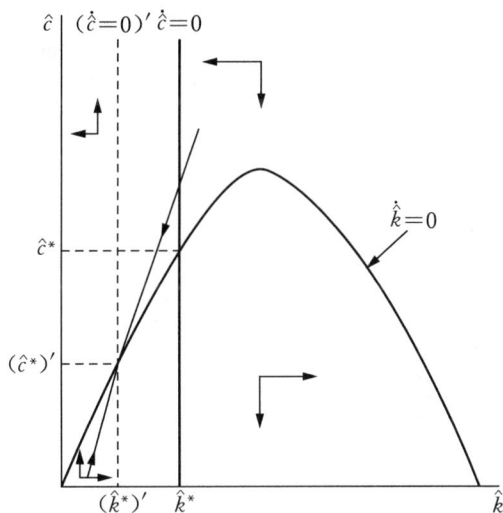

注：实线对应于 $\tau_a = \tau_f = 0$。如果 $\tau_a > 0$ 或 $\tau_f > 0$，那么 $\dot{\hat{c}} = 0$ 的轨迹左移到记为 $(\dot{\hat{c}} = 0)'$ 的虚线的位置。在这两种情况下，$\dot{\hat{k}} = 0$ 的轨迹相同。因此，$\hat{k}^*$ 和 $\hat{c}^*$ 都处于低位。

图 3.1　对资本收入所征收的税收

对资产收入和企业收入所征收的税收　假定我们将 $\hat{g}$ 看作一个正的常量，但是 $\tau_a > 0$ 或 $\tau_f > 0$。固定 $\hat{g}$，我们现在假定通过以某种方式调整 τ_w，τ_c 和 V，式(3.1)中的政府预算约束仍在各时点得以满足。再次重申，调整的具体组合对均衡没有影响。

正的 τ_a 和 τ_f 值仅通过式(3.10)中关于 $\dot{\hat{c}}$ 的表达式来影响模型。特别地，τ_a 或 τ_f 的增加会将 $\dot{\hat{c}} = 0$ 的轨迹移向右边，如图 3.1 中标明 $(\dot{\hat{c}} = 0)'$ 的虚线。假定 $\hat{g}$ 已知，那么 τ_a 或 τ_f 的增加对 $\dot{\hat{k}} = 0$ 的轨迹没有影响[见式(3.9)]。

如相位图所示，对资本收入的征税会导致 $\hat{k}^*$ 和 $\hat{c}^*$ 的下降，因为税收降低了储蓄动机。横截条件保证了，当税率在 0 时点出现初始增加后，经济体将会处于新的稳定臂上。由于资本水平不会在 0 时点出现跳跃，所以初始消费水平必增加，因为税率的最初增加减少了税后收益率，从而驱使人们将未来的消费提前。

3.1.3　政府购买的影响

我们考虑政府购买的一次意料之外的永久增加所带来的影响。图 3.2 通过比

较 $\hat{g} > 0$ 和 $\hat{g} = 0$ 的情况来考察这些影响。假定两种情况中的扭曲税率 τ_a 和 τ_f 相等——也就是说,我们现在假定政府购买所需资金来自工资或消费税,或来自一次性转移支付的减少。因此,我们现在考虑更大数量的政府购买的影响,这些政府购买所需资金来自于相当于定额税的税收。如果要研究由具有扭曲效应的税率所支持的政府购买的影响,我们可以将本节的讨论与上一节的讨论结合起来。

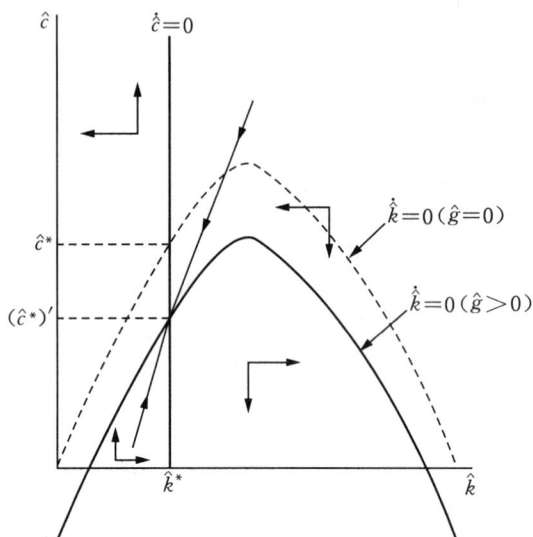

注:$\dot{\hat{k}} = 0$ 的实线轨迹对应 $\hat{g} > 0$ 的情况;上面的虚线是 $\dot{\hat{k}} = 0$ 对应于 $\hat{g} = 0$ 的轨迹。在两种情况下,$\dot{\hat{c}} = 0$ 的轨迹相同。因此,更高的 $\hat{g}$ 对应更低的 $\hat{c}^*$。

图 3.2　政府购买的影响

假定我们关于融资的假设不变,那么两种 $\hat{g}$ 值下 $\dot{\hat{c}} = 0$ 的轨迹相同。然而,$\dot{\hat{k}} = 0$ 在 $\hat{g} > 0$ 时的轨迹位于其在 $\hat{g} = 0$ 时的轨迹下方。在两种情况下,稳态资本密度 $\hat{k}^*$ 相同;但是在 $\hat{g} > 0$ 时的 $\hat{c}^*$ 更低。因此,长期来看,1 单位的政府购买会挤出 1 单位的消费。这里对资本不存在长期影响,因为相当于定额税的筹资意味着不存在扭曲效应。此外,我们还假定公共支出对生产没有直接影响。

如果我们假定比率 $\lambda \equiv G/C$ 恒定,而不假定模型具有常量 $\hat{g}$,那么政府购买增加的动态影响会更简单。此时,式(3.9)中关于 $\dot{\hat{k}}$ 的表达式变成:

$$\dot{\hat{k}} = f(\hat{k}) - (1+\lambda) \cdot \hat{c} - (x+n+\delta) \cdot \hat{k} \tag{3.12}$$

在这种情况下,通过考察式(3.10)和式(3.12),我们可以明确,变量 $(1+\lambda) \cdot \hat{c}$ 和 $\hat{k}$ 是带有 λ 的不变式。因此,更高的 λ 值不会导致 $\hat{k}$ 在整个路径上有所变化。相应地,在整个路径中,更高的 λ 值导致 G 以 1 比 1 的比例对 C 的挤出。

效用函数中的政府购买　到目前为止,我们假定居户从政府服务中未获得任何效用。我们现在假定代表性居户的效用采用 $u(c, \tilde{g})$ 的形式,关于 $\tilde{g}$ 的描述取决于公共服务影响居户的方式。如果政府购买被用于提供私人产品(如免费的学校午餐),那么 $\tilde{g} = g$ 成立;如果政府购买被用于提供非竞争性的公共产品,如华盛顿纪念碑,那么 $\tilde{g}=G$ 将成立。也许非竞争性产品的最重要实例是由研发和经验所带来的基本观念和知识。

作为另一个例子,如果政府购买被用于提供非排他性公共产品,其消费人数过多时会受到拥挤效应的消极影响,政府对居户的服务可以采用下列形式:

$$\tilde{g}=g \cdot \Psi(G/C) \tag{3.13}$$

其中, $\Psi(\cdot)>0$, $\Psi'(\cdot)>0$, $\Psi(0)=0$,且 $\Psi(\infty)=1$。这里的 $\Psi(G/C)$ 刻画了公共服务的拥挤程度。当 G/C 给定,向每个居户提供的服务 $\tilde{g}$ 与 g 成比例关系。然而,当 G 相对于 C 下降时,拥挤程度增加,每个居户将从所提供的每单位 g 中获得更少的有效服务。这样的设定可以很好地描述由高速公路、公园等公共设施提供的服务。在其他情况下,拥挤与产出 Y 和私人资本存量 K 的关系可能比与 C 的关系更密切。

代表性居户关于 c 的一阶条件可以通过常规方法获得,不过我们现在假定 $\tilde{g}$ 遵循外生时间路径,且假定 $u(c,\tilde{g})$ 是居户效用的表达式。和往常一样,我们可获得如下一阶条件:

$$r \cdot (1-\tau_a)=\rho-\left(\frac{u_{cc}c}{u_c}\right)\cdot\left(\frac{\dot{c}}{c}\right)-\left(\frac{u_{c\tilde{g}}\tilde{g}}{u_c}\right)\cdot\left(\frac{\mathrm{d}\tilde{g}/\mathrm{d}t}{\tilde{g}}\right) \tag{3.14}$$

因此,当 $\left(\frac{u_{cc}c}{u_c}\right)=-\theta$ 和 $\left(\frac{u_{c\tilde{g}}\tilde{g}}{u_c}\right)=0$ 时,可以得到关于 $\dot{c}/c$ 的标准条件。在这个例子里, $\tilde{g}$ 的时间路径,以及交互作用项 $\left(\frac{u_{c\tilde{g}}\tilde{g}}{u_c}\right)$,都可以影响标准条件。

在我们此前的描述中,跨期替代弹性是恒定不变的。现在,假定效用函数采用如下的形式将该设定加以推广:

$$u(c,\tilde{g})=\frac{\{[h(c,\tilde{g})]^{1-\theta}-1\}}{1-\theta} \tag{3.15}$$

其中,幸福函数 $h(c,\tilde{g})$ 满足 $h_c>0$ 和 $h_{\tilde{g}}>0$,且关于 c 和 $\tilde{g}$ 是一阶齐次的。在这种情况下,根据式(3.14)我们可以证明,只要 c 与 $\tilde{g}$ 之比不随时间波动,那么式(3.3)表示的关于 $\dot{c}/c$ 标准一阶条件就成立。例如,如果 $\tilde{g}=g$ (政府提供的私人产品),只要比率 $\lambda=g/c$ 保持恒定,那么系统的动态由式(3.3)和式(3.12)决定。于是,只要 λ 恒定,我们就能得到同前面一样的结论——也就是说,更高的 λ 值不会改变 $\hat{k}$ 的路径, g 的增加在任何时点都将 1 比 1 地挤出 c。如果 λ 恒定,且政府提供的产品受式(3.13)意义上的拥挤的约束,同样的结论成立。

如果 $\tilde{g}=G$ (纯公共产品),那么,如果比率 G/c 恒定(这意味着 $\lambda=g/c$ 以 e^{-nt} 下降),式(3.3)表示的关于 $\dot{c}/c$ 的条件就能成立。在式(3.12)中, λ 的持续下降使 $\dot{k}=0$ 的轨迹不断地上移。之所以会出现这种结果是因为人口以速率 n 增长,这意味着给定的人均公共服务 $\tilde{g}$ 将持续减少。在稳态中,公共服务实际上是免费的(因为人口是无限的),且 $\hat{k}=0$ 的轨迹对应于图 3.2 中的实线。然而,只有当公共服务是完全非竞争性的,这些结论才成立。但实际上只有很少的产品属于这一范畴。

社会计划者的方案 我们能从社会计划者的角度来考察各种情况下的最优公共服务提供量。社会计划者在式(3.9)的资源约束下最大化效用函数 $\int_0^\infty e^{-(\rho-n)t} \cdot u(c, \tilde{g}) \cdot dt$。因此,社会计划者的汉密尔顿方程为:

$$J = u(c, \tilde{g}) \cdot e^{-(\rho-n)t} + v \cdot [f(\hat{k}) - \hat{c} - (x+n+\delta) \cdot \hat{k} - \hat{g}] \quad (3.16)$$

关于该问题的一阶条件是:

$$f'(\hat{k}) - \delta = \rho - \left(\frac{u_{cc}c}{u_c}\right) \cdot \left(\frac{\dot{c}}{c}\right) - \left(\frac{u_{c\tilde{g}}\tilde{g}}{u_c}\right)\left(\frac{d\tilde{g}/dt}{\tilde{g}}\right) \quad (3.17)$$

如果 $\tau_a = \tau_f = 0$,于是储蓄决策未被扭曲,那么由式(3.14)表示的分散决策解和由式(3.7)表示的关于企业的条件可以得到式(3.17)。

社会计划者的其他一阶条件取决于关于 $\tilde{g}$ 的具体描述。如果 $\tilde{g} = g$,那么条件为:

$$u_c/u_{\tilde{g}} = 1 \quad (3.18)$$

c 和 $\tilde{g}$ 之间的效用替代比为 1,因为社会提供这两种产品的成本相当。

如果 $\tilde{g} = G$,社会计划者的一阶条件变成

$$u_c/u_{\tilde{g}} = e^{nt} \quad (3.19)$$

在这种情况下,速率为 n 的人口增长实际上使得公共产品持续贬值。因此,$\tilde{g}$ 和 c 之间的效用替代比持续以速率 n 增长。逐渐地,这一结论的经济意义会变得奇怪,因为随着人口增加,完全非竞争性公共服务的概念似乎是难以成立的。

如果公共服务受制于式(3.13)中的拥挤,那么社会计划者的一阶条件是:

$$u_c/u_{\tilde{g}} = \Psi(g/c) + (g/c) \cdot \Psi'(g/c) \quad (3.20)$$

如果 $\Psi(g/c) = 1$ 且 $\Psi'(g/c) = 0$,那么上式对应于式(3.18)。否则,该一阶条件还考虑到了公共服务超负荷的情况 $[\Psi(g/c) < 1]$,以及 g/c 的增加缓解拥挤的情况 $[\Psi'(g/c) > 0]$。

生产函数中的政府购买 将公共产品纳入到生产函数从建模上看是更自然的,如下式:

$$\hat{y} = f(\hat{k}, \tilde{g}) \quad (3.21)$$

公共服务流 $\tilde{g}$ 可以再次被理解为政府提供的私人产品,那么 $\tilde{g} = g$;或将其理解为非竞争性公共产品,那么 $\tilde{g} = G$。我们也可以将公共服务模型化为受制于拥挤的非排他性公共产品,可以采取如下的形式:

$$\tilde{g} = g \cdot \Psi(G/Y)$$

将 G 的拥挤程度与总产出 Y 相关联。这些情况下的结论与公共服务直接进入居户效用函数的结论相似。后者的公共服务直接影响效用函数;而前者的公共服务通过影响产出而间接影响效用。

关于政府提供的私人产品或纯公共产品的结论是,社会计划者选择公共支出水平以满足 $\partial Y/\partial G = 1$。该条件意味着,增加 1 单位公共服务所获得的边际产出正好等于大小为 1 的边际成本。对应于政府提供私人产品的情况,柯布—道格拉斯生产函数采取如下的形式:

$$\hat{y} = A\hat{k}^{\alpha}\hat{g}^{\beta} \tag{3.22}$$

其中,$0 < \beta < 1$。可以证明条件 $\partial Y/\partial G = 1$ 意味着 $G/Y = \beta$。也就是说,在整个动态路径上,公共服务在产出中占固定比重。

对应于纯公共产品的情况,柯布—道格拉斯生产函数为:

$$\hat{y} = A\hat{k}^{\alpha}G^{\beta} \tag{3.23}$$

可以证明社会计划者的条件 $G/Y = \beta$ 仍适用于该情况。

还有一类重要的公共物品,如对产权、法律和秩序的设定与维护等公共服务,会增加个体居户或企业持续持有他们所积累的资产(资本)的可能性。对居户而言,产权的提高实际上增加了资产收益率。从这一意义上说,更好的产权意味着式(3.10)中税率 τ_a 和 τ_f 的减少,因此,更好的产权将鼓励资本形成。

3.2 投资的调整成本

我们在第 2 章提到,严格意义上的新古典增长模型中的收敛速度高于通过经验数据测算得到的收敛速度。我们还提到,降低模型中收敛速度的一个方法就是引入投资调整成本。调整成本是资本安装时涉及的费用。本节将分析考虑到投资调整成本的新古典增长模型。

3.2.1 企业的行为

同第 2 章一样,我们假定生产函数为新古典函数:

$$Y = F(K, \hat{L}) \tag{3.24}$$

其中,$F(\cdot)$ 满足新古典特征[式(1.4)、式(1.5)、式(1.6)],且 $\hat{L} = Le^{xt}$ 是有效劳动投入的数量。假设每个公司 i 都能获得式(3.24)中的技术。为方便起见,我们忽略下标 i。

现在我们发现,认为公司拥有资本存量而非从居户租赁,会使得问题得到简化。相反,我们假设居户对企业的净现金流具有所有权。

企业资本存量的变化由下式决定:

$$\dot{K} = I - \delta K \tag{3.25}$$

其中,I 是总投资。我们假设,每单位投资的成本以产出的单位计量,它等于 1 加上一个调整成本,而后者是 I 关于 K 的增函数,也就是说:

$$投资成本 = I \cdot [1 + \phi(I/K)] \qquad (3.26)$$

其中，$\phi(0) = 0, \phi' > 0$ 且 $\phi'' \geqslant 0$。假设调整成本取决于总投资 I，而非净投资 $I - \delta K$

企业仍需向每单位劳动 L 支付工资率 w，并且我们忽略与 L 的变化相关的任何调整成本。相应地，企业的净现金流由下式决定：

$$净现金流 = F(K, \hat{L}) - wL - I \cdot [1 + \phi(I/K)] \qquad (3.27)$$

企业具有固定数目的普通股权益，在时点 0 这些股份的价值由股市决定，设为 $V(0)$。（如果我们将这些股份的数量标准化为 1，那么 $V(0)$ 是时点 0 的每股价格。）我们假定，式(3.27)中的净现金流以股息的方式向股东支付[1]。因此，$V(0)$ 等于时点 0 至无穷未来之间的净现金流的现值，折现率为市场收益率 $r(t)$。[各时点股东的收益率亦为 $r(t)$。]企业决策旨在提高支付给股东的利息，因此以最大化 $V(0)$ 为目标。

我们仍将 $\bar{r}(t)$ 看作时点 0 和时点 t 之间的平均利率，同在式(2.12)中一样：

$$\bar{r}(t) \equiv (1/t) \cdot \int_0^t r(v) \mathrm{d}v$$

企业的目标是，在式(3.25)和初始值 $K(0)$ 的约束下，通过在各时点对 L 和 I 进行选择来最大化：

$$V(0) = \int_0^\infty \mathrm{e}^{-\bar{r}(t) \cdot t} \cdot \{F(K, \hat{L}) - wL - I \cdot [1 + \phi(I/K)]\} \cdot \mathrm{d}t \qquad (3.28)$$

我们能通过构建如下的汉密尔顿方程来分析该最优化问题：

$$J = \mathrm{e}^{-\bar{r}(t) \cdot t} \cdot \{F(K, \hat{L}) - wL - I \cdot [1 + \phi(I/K)] + q \cdot (I - \delta K)\} \qquad (3.29)$$

其中，q 是关于 $\dot{K} = I - \delta K$ 的影子价格。我们构架了现值汉密尔顿方程式，所以 q 是时点 t 以产品计量的单位资本价值；也就是说，q 表示以同期产品计量的已安装资本的现值影子价格。于是，现值影子价格为：

$$v = q \cdot \mathrm{e}^{-\bar{r}(t) \cdot t}$$

最大化要求如下的标准一阶条件必须得到满足：

$$\partial J/\partial L = \partial J/\partial I = 0 \ 和 \ \dot{v} = -\partial J/\partial K$$

同时须满足横截条件：

$$\lim_{t \to \infty}(vK) = 0$$

---

[1] 如果我们允许为负净现金流融资的负股息——对股东按比例征收——的存在，那么这个框架是令人满意的。我们可以允许企业以利率 $r(t)$ 借款。如果我们的借贷约束排除了连环信式债务融资，那么结论会与文中的一致。（该约束与居户面临的约束一样。）我们也可以考虑企业通过发行新普通股的方式来为负的净现金流融资。只要企业的目标是每股价格的最大化，结果仍无变化。

这些一阶条件可以写成：

$$[f(\hat{k}) - \hat{k} \cdot f'(\hat{k})] \cdot e^{xt} = w \qquad (3.30)$$

$$q = 1 + \phi(\hat{\imath}/\hat{k}) + (\hat{\imath}/\hat{k}) \cdot \phi'(\hat{\imath}/\hat{k}) \qquad (3.31)$$

$$\dot{q} = (r + \delta) \cdot q - [f'(\hat{k}) + (\hat{\imath}/\hat{k})^2 \cdot \phi'(\hat{\imath}/\hat{k})] \qquad (3.32)$$

其中，我们用到了生产函数的集约形式 $f(\cdot)$，并将资本和总投资分别处理为单位有效劳动占有量 $\hat{k}$ 和 $\hat{\imath}$[1]。

式(3.30)[*] 是劳动边际产出等于工资率的常见方程式。因为劳动投入的变化不存在调整成本，所以该结论成立。式(3.31)表明，如果因为存在调整成本而有 $\hat{\imath} > 0$，那么安装成本的影子值 q 大于1。q 与 $\hat{\imath}/\hat{k}$ 之间的关系单调递增，因为 $\phi'(\hat{\imath}/\hat{k}) > 0$ 且 $\phi''(\hat{\imath}/\hat{k}) \geqslant 0$[2]。

式(3.32)可以被改写成：

$$r = (1/q) \cdot [f'(\hat{k}) + (\hat{\imath}/\hat{k})^2 \cdot \phi'(\hat{\imath}/\hat{k})] - \delta + \dot{q}/q$$

上式表明，市场收益率 r 等于通过支付 q 而获取的1单位资本所带来的总收益率。该资本收益等于边际产品 $f'(\hat{k})$ 加上调整成本的边际减少量（K 越大，同样的 I 产生的安装成本越小），减去资本成本 q，减去已安装资本的速率为 δ 的折旧，再加上资本收益率 $\dot{q}/q$。如果调整成本不存在，那么 $\phi(\hat{\imath}/\hat{k}) = \phi'(\hat{\imath}/\hat{k}) = 0$ 且 $q = 1$，式(3.32)将简化成简单的结论 $r = f'(\hat{k}) - \delta$。

横截条件可以被表达成：

$$\lim_{t \to \infty}[q\hat{k} \cdot e^{-[\bar{r}(t) - n - x] \cdot t}] = 0 \qquad (3.33)$$

因此，如果 q 和 $\hat{k}$ 渐近于常量（事实上的确如此），稳态利息率 r^* 必同往常一样超过稳态增长率 $n + x$。

由于式(3.31)所蕴含的 q 和 $\hat{\imath}/\hat{k}$ 之间的关系单调递增，所以我们可将该关系改写成 $\hat{\imath}/\hat{k}$ 关于 q 的单调递增函数：

$$\hat{\imath}/\hat{k} = \psi(q) \qquad (3.34)$$

其中，$\psi'(q) > 0$。式(3.34)所示的关系在经验上被反复验证过[3]。Brainard 和

---

[1] 当 w, r, q 和 $\dot{q}$ 给定时，式(3.30)、式(3.31)、式(3.32)确保了所有企业都面临相同的 $\hat{k}$ 和 $\hat{\imath}$。各企业的相对规模 $\hat{L}_i(t)/L(t)$ 都决定于其初始值 $\hat{L}_i(0)/\hat{L}(0)$；特别地，由于存在资本的安装调试成本，所以相对规模不会随时间而变化（如果我们假定即使买卖二手资本，企业同样必须支付资本安装成本的话）。

[*] 原著为"式(3.32)"。——译者注

[2] 该结论只需要满足弱条件 $2 \cdot \phi'(\hat{\imath}/\hat{k}) + (\hat{\imath}/\hat{k}) \cdot \phi''(\hat{\imath}/\hat{k}) > 0$。

[3] 请参阅 von Furstenberg (1977)，Summers (1981)，以及 Blanchard, Rhee 和 Summers (1993)。Barro (1990a)用一阶差分形式所作的估计使投资率的变化与公司市场价值的变化相关。这种市场价值的变化随后被近似为股票市场的收益率。

Tobin(1968)提出用公司市场价值与资本存量之比 V/K 来代替 q,这些经验研究采纳了该建议。现在,V/K 被称为均值 q(average q);而在我们的理论分析中所出现的安装资本的影子价格被称为边际 q(marginal q)。不过,在我们的模型中,这两种关于 q 的概念是一致的。

为证明边际 q 和均值 q 之间的一致性,由式(3.32)、式(3.31)和式(3.25)可得(经过一些处理):

$$d(qK)/dt = \dot{K} + q\dot{K} = rqK - \hat{L} \cdot \{f(\hat{k}) - we^{-xt} - \hat{\imath} \cdot [1 + \phi(\hat{\imath}/\hat{L})]\}$$

这是关于 qK 的一阶线性微分方程式,用 $e^{-\bar{r}(t) \cdot t}$ 作为积分因子可对其求解。如果我们利用式(3.33)中的横截条件和式(3.28)关于 V 的定义,可得:

$$qK = V$$

所以 V/K(或均值 q)等于 q(或边际 q)。Hayashi(1982)证明,只要生产函数具有不变规模报酬,且股票市场是有效的,那么该结论成立[1]。

3.2.2 利息率给定时的均衡

我们现在分析当利息率 $r(t)$ 外生给定时的稳态和转移动态。对于将经济系统中的利息率视为给定的单个企业,或视世界利息率为给定的开放小经济体,这样的设定是适用的。我们将在本章后文中讨论拉姆齐模型扩展的这一最新框架。在那种忽略了投资调整成本的扩展中,$\hat{k}$ 和 $\hat{y}$ 趋向稳态的收敛性是即刻发生的。然而我们现在要证明,即使在完美的世界信贷市场,调整成本也意味着有限的收敛速度。

通过假定利率 r 恒定且 $r > x + n$,我们可以简化问题。我们还可以专注于调整成本与 $\hat{\imath}/\hat{k}$ 成比例变化的情况,即:

$$\phi(\hat{\imath}/\hat{k}) = (b/2) \cdot (\hat{\imath}/\hat{k}) \tag{3.35}$$

所以 $\phi'(\hat{\imath}/\hat{k}) = (b/2) > 0$。参数 b 表示调整成本对总投资量的敏感性。更高的 b 意味着每单位 $\hat{\imath}/\hat{k}$ 的调整成本更高。如果我们将这一 $\phi(\cdot)$ 的表达式代入式(3.31),我们可得 $\hat{\imath}/\hat{k}$ 和 q 之间的线性关系:

$$\hat{\imath}/\hat{k} = \psi(q) = (q-1)/b \tag{3.36}$$

式(3.25)和式(3.36)意味着 $\hat{k}$ 的变化可以被表示成关于 q 的函数:

$$\dot{\hat{k}} = \hat{\imath} - (x+n+\delta) \cdot \hat{k} = [(q-1)/b - (x+n+\delta)] \cdot \hat{k} \tag{3.37}$$

如果我们将式(3.35)和式(3.36)中的 $\hat{\imath}/\hat{k}$ 代入式(3.32),可得 $\dot{q}$ 同 q 与 $\hat{k}$ 之间的

---

[1] 林忠四郎定理(Hayashi theorem)的成立还需要满足另外两个条件:资本品必须同质(我们一直如此假设);而且关于 I 和 K 的总调整成本必须为一阶齐次(我们也是如此假设的,因为总成本由 $I \cdot [1 + \phi(I/K)]$ 给出)。

关系：

$$\dot{q} = (r+\delta) \cdot q - [f'(\hat{k}) + (q-1)^2/2b] \qquad (3.38)$$

式(3.37)和式(3.38)构成了关于状态变量 $\hat{k}$ 与影子价格 q 的二元微分方程组。我们可以利用相位图来分析该系统的稳态和转移动态。图 3.3 以 $(\hat{k}, q)$ 构成的空间描绘了该相位图。

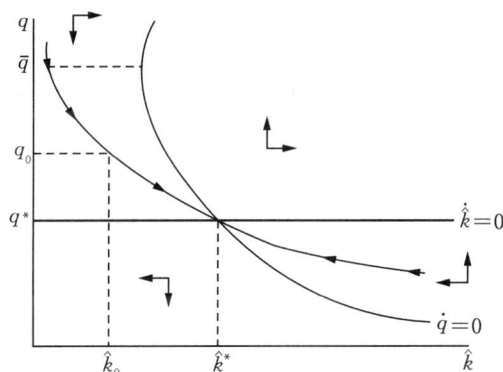

注：该相位图构建于 $(q, \hat{k})$ 空间，其中 q 是每单位已安装资本的市场价值。轨迹 $\hat{k}=0$ 是位于 q^* 上的水平直线。轨迹 $\dot{q}=0$ 是位于稳态附近的向下倾斜的曲线。当 q 提高，轨迹变得更陡峭；而当 $q > 1 + b \cdot (r+\delta) > \bar{q}$ 时，斜率为正。稳定臂在所有位置向下倾斜。因此，对低 $\hat{k}$ 值而言，$q > q^*$ 成立。此时，转移对 $\hat{k}$ 单调递增，对 q 单调递减。

图 3.3   存在调整成本的模型的相位图(假定利率固定)

根据式(3.37)可知，条件 $\dot{\hat{k}}=0$（如果 $\hat{k} \neq 0$）意味着：

$$q = q^* = 1 + b \cdot (x + n + \delta) \qquad (3.39)$$

稳态值 q 大于 1，因为由于总投资取代了折旧率为 δ 的资本，稳态中出现了调整成本。以有效单位衡量的资本折旧增加，因为 $\hat{L}$ 以速率 $x+n$ 增长。在图 3.3 中，式(3.39)为水平直线。在图 3.3 中，式(3.37)表明当 $q > q^*$ 则 $\dot{\hat{k}} > 0$，且当 $q < q^*$ 有 $\dot{\hat{k}} < 0$，如图中箭头所示。

根据式(3.38)可知，条件 $\dot{q}=0$ 会带来如下条件：

$$(q-1)^2 - 2b \cdot (r+\delta) \cdot q + 2b \cdot f'(\hat{k}) = 0 \qquad (3.40)$$

如果我们代入式(3.39)中的 $q = q^*$，那么稳态值 $\hat{k}^*$ 必须满足下列条件：

$$f'(\hat{k}^*) = r + \delta + b \cdot (x+n+\delta) \cdot [r+\delta - (1/2) \cdot (x+n+\delta)] \qquad (3.41)$$

由于 $r > x+n$，式(3.41)表明调整成本 $b > 0$ 的出现使得 $f'(\hat{k}^*)$ 位于 $r+\delta$ 的上方。因此，$\hat{k}^*$ 被降低了调整成本那么多。

式(3.40)给出了 $\dot{q}=0$ 轨迹上的 q 和 $\hat{k}$ 之间的斜率关系：

$$\frac{\mathrm{d}q}{\mathrm{d}\hat{k}} = \frac{-b \cdot f''(\hat{k})}{(q-1) - b \cdot (r+\delta)}$$

上式中,分子为正,且如果 $q < 1 + b \cdot (r + \delta)$,则分母为负。在稳态值 q^* 上时,因为 $r > x + n$［见式(3.39)］,所以该不等式必然成立。因此,如图所示,当 $q \leqslant q^*$,轨迹 $\dot{q} = 0$ 向下倾斜①。如果 $q > 1 + b \cdot (r + \delta) > q^*$,则其斜率为正。式(3.39)表明,对于位于轨迹 $\dot{q} = 0$ 左边的 $\hat{k}$ 值,有 $\dot{q} > 0$;对于位于该轨迹右边的 $\hat{k}$ 值,有 $\dot{q} > 0$。图中的箭头显示了 q 的变化方向。

图中所描述的系统显示为鞍形路径稳定。如图中实线箭头所示,稳定臂向下倾斜。因此,如果经济体起始于 $\hat{k}(0) < \hat{k}^*$,那么 $q(0) > q^*$。已安装资本市场价值过高将激发大量(但非无穷)投资。也就是说,根据式(3.36),当 q 高时,$\hat{\imath}/\hat{k}$ 就高。$\hat{k}$ 的持续增加导致 q 的下降,进而 $\hat{\imath}/\hat{k}$ 下降。最终,q 趋近于 q^*,$\hat{\imath}/\hat{k}$ 趋近于 $x + n + \delta$,而 $\hat{k}$ 趋近于 $\hat{k}^*$。

该理论预测,可以在国际市场借贷的贫穷经济体［$\hat{k}(0)$ 远低于 $\hat{k}^*$］有较高已安装资本,且资本存量的增长速度快。我们现在来量化关于资本和产出收敛速度的经济意义。

我们可将式(3.37)和式(3.38)近似看成关于 $\ln(\hat{k})$ 和 q 的线性系统,其中 q 位于稳态附近。我们假定生产函数为柯布—道格拉斯生产函数 $f(\hat{k}) = A\hat{k}^\alpha$,而且我们利用熟悉的参数值:$\alpha = 0.75$,$x = 0.02$ 每年,$n = 0.01$ 每年,且 $\delta = 0.05$ 每年。我们也可以假定,世界利率 $r = 0.06$ 每年。即使 r 值略高,如 $r = 0.08$ 每年,结论实际上也是一样的。

假定关于其他参数值的选择不变,那么关于 $\hat{k}$ 和 $\hat{y}$ 的收敛系数 β 取决于调整成本函数式(3.35)中的 b。为了得到该参数的合理值,注意到稳态时 $(\hat{\imath}/\hat{k})^* = x + n + \delta = 0.08$ 每年,每单位资本的成本为 $1 + 0.04 \cdot b$。同样地,式(3.39)意味着 $q^* = 1 + 0.08 \cdot b$。因此,$b = 1$ 意味着 $q^* = 1.08$,且稳态时增加 1 单位资本的费用为 1.04;而 $b = 10$ 意味着 $q^* = 1.80$,且增加 1 单位资本的费用为 1.4。相对于 Blanchard,Rhee 和 Summers (1993)关于 q 的估值而言,$q^* = 1.80$ 过高。他们得到的值从未超过 1.5。因此,对于物质资本而言,$b = 10$ 意味着调整成本高得脱离实际,从而带来不切实际的高 q^* 值。实际上,由于当 $\hat{k} < \hat{k}^*$ 时,$q > q^*$ 成立,所以根据该模型 b 需要远小于 10,以确保 $q > 1.5$ 的情况不会在向稳态转移的过程中出现。

问题是,远小于 10 的 b 值意味着收敛系数 β 不切实际地高。根据此前的参数值,β 从 $b = 0$ 时的 ∞ 下降到 $b = 1$ 时的 0.16,再到 $b = 2$ 时的 0.11,再到 $b = 3$ 时的 0.09。除非 b 大于 6,β 不会降到 0.05;除非 b 等于 12,β 不会降到 0.03②。为了使 β 在更低的 b 时落到 0.03,我们必须假定一个甚至大于 0.75 的资本份额系数 α。例如,如果 $\alpha = 0.90$,那么当 b 等于 6 时,β 降到 0.03。

解决这个困难有两种途径。其一,假设资本含有人力资本,且与人力资本相关

---

① 对任一满足 $2 \cdot \phi'(\hat{\imath}/\hat{k}) + (\hat{\imath}/\hat{k}) \cdot \phi''(\hat{\imath}/\hat{k}) > 0$ 的调整成本函数 $\phi(\cdot)$,都能证明该性质成立。

② 当 b 趋于正无穷时,β 趋于 0.025。也就是说,当调整成本参数变得任意大时,收敛速度不会趋于零。然而,当 b 趋于正无穷时,经济体会趋近于向零靠近的稳态值 $\hat{k}^*$。

的调整成本非常大，以至于 b 值等于 10 或更大。这样，高 q 值也是合理的[1]。不过很难根据当前可获得的关于人力资本收益的信息来检测该假设。第二个办法是假定经济体不能以固定利率 r 获得所有投资。一种处理方式就是回到前两章的封闭经济体框架，其中 r 使得投资需求等于理想的国民储蓄。第二种处理方式是设定开放经济体，但是对单个经济体从世界信贷市场的借贷加以限制。在下一节，我们将讨论新古典增长模型的封闭经济体中存在投资调整成本的情况，并推导出结论。之后我们将在开放经济体中讨论调整成本。

3.2.3 储蓄率固定的封闭经济体的均衡

包含调整成本在内的有效工人人均投资总成本是：

$$\hat{\imath} \cdot [1 + \phi(\hat{\imath}/\hat{k})]$$

在封闭经济体中，这一支出等于有效工人人均总储蓄。如果我们假定该储蓄与工人人均总产出 $f(\hat{k})$ 之比为常量 s，那么我们可以得到：

$$s \cdot f(\hat{k})/\hat{k} = (\hat{\imath}/\hat{k}) \cdot [1 + \phi(\hat{\imath}/\hat{k})]$$

如果我们利用式（3.35）中 $\phi(\hat{\imath}/\hat{k})$ 的线性形式和式（3.36）中 $\hat{\imath}/\hat{k}$ 的表达式，该结论可以简化为：

$$s \cdot f(\hat{k})/\hat{k} = \left(\frac{1}{2b}\right) \cdot (q^2 - 1) \tag{3.42}$$

如果我们利用柯布—道格拉斯生产函数 $f(\hat{k}) = A\hat{k}^\alpha$，再利用式（3.42）得出的以 $\hat{k}$ 表达的 q，并将其代入式（3.37）$\dot{\hat{k}}$ 的表达式，可得关于 $\hat{k}$ 的微分方程：

$$\dot{\hat{k}}/\hat{k} = (1/b) \cdot \{[1 + 2bsA \cdot \hat{k}^{\alpha-1}]^{1/2} - 1\} - (x+n+\delta) \tag{3.43}$$

该结论将关于索洛—斯旺模型的方程式（1.30）一般化，并引入调整成本。如果 $b = 0$，模型结论也成立[2]。

通过在稳态附近对数线性化式（3.43），我们可以同往常一样计算收敛系数 β。得出的 β 表达式是：

$$\beta = (1-\alpha) \cdot (x+n+\delta) \cdot \left[\frac{1 + (1/2) \cdot b \cdot (x+n+\delta)}{1 + b \cdot (x+n+\delta)}\right] \tag{3.44}$$

因此，如果调整成本不存在（$b = 0$），那么根据索洛—斯旺模型，关于 β 的表达式简化为 $(1-\alpha) \cdot (x+n+\delta)$［见式（1.31）］。如果 $b > 0$，那么式（3.44）表明，调整成本模型中的 β 不仅小于索洛—斯旺模型中的 β，而且是关于 b 的减函数。当 b 趋于无穷

---

[1] Kremer and Thomson（1998）使用了一种世代交叠框架，在那里年轻工人可以在一种师徒关系中从老工人那里获益。该框架实际上意味着人力资本快速增加时的高调整成本。

[2] 我们可以用罗必塔法则证明，当 b 趋于零时，式（3.43）中的表达式简化为式（1.30）中的表达式。

时,β趋于$(1/2)\cdot(1-\alpha)\cdot(x+n+\delta)$,即趋于索洛—斯旺模型所界定的值的一半。

如果我们利用与此前相同的参数值($\alpha=0.75$,$x=0.02$,$n=0.01$,且$\delta=0.05$),并假定调整成本系数b远小于10,那么主要结论是调整成本对收敛速度没有太大影响。例如,如果$b=0$(索洛—斯旺情况),那么$\beta=0.020$;如果$b=2$,那么我们得到$\beta=0.019$;而如果$b=10$,那么我们得到$\beta=0.016$。因此,尽管调整成本的出现放慢了收敛,该影响不会太大。如前所述,要得到更明显的影响,我们必须假定调整成本系数很大,以至于得到的q^*值——也包括转移过程中的q值——超过经验观察到的数据(至少对物质资本是如此)。

我们可以用同样的方法将调整成本引入对拉姆齐模型[1]。与假定总储蓄率恒定不同,我们采用熟悉的居户最优化条件$\dot{c}/c=(1/\theta)\cdot(r-\rho)$。该分析不难,却很繁琐,而且鲜有新意。特别地,我们发现,相对于拉姆齐模型[式(2.34)]所蕴含的收敛速度,调整成本的出现使得收敛速度更慢。但是,如同在索洛—斯旺模型中的情况一样,如果我们假定的调整成本系数b能够指导出较为合理的影子价格q,那么该量化影响将很小。

3.3 开放经济中的拉姆齐模型

前两章的封闭经济模型中,国内居民拥有全部资本存量。因此,对国家i来说,工人人均资本k_i等于居户的人居资产a_i。现在,我们扩展该模型,允许经济是开放的。首先,我们修改拉姆齐模型,允许商品在国家之间流动,且允许国际借贷。我们发现,关于开放经济的修改会带来某些异常的结论。接着,我们考虑进一步扩展——世界信贷市场不完善、非常数偏好参数、有限视界和投资调整成本——能否带来更合理的答案。

3.3.1 模型的构建

世界上有很多国家。为方便起见,我们将众多国家中的一个国家i作为本国,而将其他国家看成外国。任何国家中的居户和企业的目标和约束形式都与第2章的拉姆齐模型中的相同。

假定国内和国外资本的所有权是可以完全替代的价值储藏手段,因此,具有相同的收益率r。由于各国内部的资本所有权和放贷仍被假定为完全替代的价值贮藏手段,变量r是唯一的世界利率。

假定本国的人均资产为a_i且人均资本为k_i。如果k_i超过a_i,k_i-a_i之差必定等于外国人在本国经济中所占有的产权净额。相反地,如果a_i超过k_i,那么a_i-k_i就是本国居民在国外经济中所具有的产权净额。如果我们将d_i界定为本国对外

---

[1] 关于该模型的分析,请参见 Abel and Blanchard(1983)和习题3.5。

国人的净负债(国外在本国的产权减去本国在国外的产权),那么

$$d_i = k_i - a_i \tag{3.45}$$

换句话说,本国资产等于本国资本减国外债务:$a_i = k_i - d_i$。

经常账户余额等于总外债变化的相反数,$D_i = L_i d_i$,其中 L_i 是国家 i 的人口和劳动力。因此,如果 L_i 以速率 n_i 增长,那么国家 i 的人均经常账户余额等于 $-(\dot{d}_i + n_i d_i)$ [1]。

该模型只含有一种有形商品,而且外国人可以购买本国产品,同时本国居民可以购买外国产品。那么该模型中国际贸易的唯一功能就是允许国内产出可以不等于国内消费和投资的总支出。换言之,我们考虑了国际贸易的跨期方面,但忽略了生产的专业化分工。

我们继续假定劳动无法流动:也就是说,国内居民不能到国外工作(或移居外国),且外国人也不能到本国工作(移民入境)。第 9 章我们再考虑移民。

国家 i 中的代表性居户的预算约束与式(2.2)中的预算约束相同:

$$\dot{a}_i = w_i + (r - n_i) \cdot \dot{a}_i - c_i \tag{3.46}$$

其中,唯一的新要素是世界利率 r。

我们假定,居户偏好的表达式与第 2 章中的相同[式(2.1)和式(2.9)],而且我们允许各国具有自己的折现率 ρ_i 和跨期替代弹性 θ_i。由于与第 2 章中的目标和约束相同,关于消费的一阶条件仍如式(2.10)所示:

$$\dot{c}_i / c_i = (1/\theta_i) \cdot (r - \rho_i)$$

或用有效工人的人均消费来表示:

$$(1/\hat{c}_i) \cdot (d\hat{c}_i / dt) = (1/\theta_i) \cdot (r - \rho_i - \theta_i x_i) \tag{3.47}$$

横截条件要求 $a_i(t)$ 以小于 $r - n_i$ 的速率渐近增长,如式(2.11)所示。

企业的最优化条件仍是边际产出等于要素价格[式(2.21)和式(2.22)]:

$$f'(\hat{k}_i) = r + \delta_i \tag{3.48}$$

$$[f(\hat{k}_i) - \hat{k}_i \cdot f'(\hat{k}_i)] \cdot e^{x_i t} = w_i \tag{3.49}$$

如果我们将式(3.49)中的 w_i 代入式(3.46),并利用式(3.48),那么可知有效工人的人均资产变化由下式给出:

$$d\hat{a}_i / dt = f(\hat{k}_i) - (r + \delta_i) \cdot (\hat{k}_i - \hat{a}_i) - (x_i + n_i + \delta_i) \cdot \hat{a}_i - \hat{c}_i \tag{3.50}$$

注意,根据式(3.45)可知,对于封闭经济体而言,$(\hat{k}_i - \hat{a}_i) = \hat{d}_i$ 等于零。式(3.50)将式(2.23)扩展到 $\hat{d}_i \neq 0$ 的情况。

---

[1]　由于 D_i 是国家的总外债,所以经常账户余额等于 $-\dot{D}_i$。$d_i \equiv D_i / L_i$ 和条件 $\dot{L}_i / L_i = n_i$ 意味着 $-\dot{D}_i / L_i = -(\dot{d}_i + n_i d_i)$。

3.3.2　小经济体中资本存量和产出的变化趋势

如果国家 i 的经济规模相对于世界经济而言过小，那么该国的资产积累和资本存量对世界利率 $r(t)$ 的路径几乎没有影响。因此，对国家 i 而言，我们能把 $r(t)$ 的路径看作外生。已知该路径，那么式（3.48）和式（3.49）就能确定 $\hat{k}_i(t)$ 和 $w_i(t)$ 的路径，而无需考虑国内居户的消费和储蓄选择。给定 $w_i(t)$ 的时间路径，那么式（3.47）和式（3.50）同横截条件就一起确定了 $\hat{c}_i(t)$ 和 $\hat{a}_i(t)$ 的路径。最后根据式（3.45），$\hat{k}_i(t)$ 和 $\hat{a}_i(t)$ 的路径将决定式（3.45）中净外债的变化趋势。

为简单起见，我们现在假定世界利率等于常量 r。实际上，世界经济所处的稳态与我们此前考虑的单个封闭经济体的稳态是相同的。如果国家 i 是封闭经济体，其稳态利率将等于 $\rho_i + \theta_i x_i$（与第 2 章相同）。我们假定 $r \leqslant \rho_i + \theta_i x_i$ 成立，因为如果 $r > \rho_i + \theta_i x_i$，那么本国经济最终将积累足够资产，进而违背我们所做的小国假设。我们还假定 $r > x_i + n_i$，即世界利率大于封闭经济体所适用的稳态增长率。否则，工资现值将增至无穷，而居户将获得无限的效用。

如果 r 是恒定的，式（3.48）意味着 $\hat{k}_i(t)$ 等于某常量，记为 $(\hat{k}_i^*)_{开放}$，后者满足条件 $f'[(\hat{k}_i^*)_{开放}] = r + \delta_i$。换言之，从任何初始值 $\hat{k}_i(0)$ 到 $(\hat{k}_i^*)_{开放}$ 的收敛速度是无穷的。$(\hat{k}_i^*)_{开放}$ 超出 $\hat{k}_i(0)$ 的部分会使得资本从世界其他国家流入本国，流入速度如此之快，以至于该差距瞬间就消失了。同理，$\hat{k}_i(0)$ 超出 $(\hat{k}_i^*)_{开放}$ 的部分会引起资本大量外流。关于 $\hat{k}_i$ 无限收敛速度的预测是脱离实际的，该预测也是开放经济中的拉姆齐模型的问题所在。

回想一下，第 2 章封闭经济模型中的稳态值 $\hat{k}_i^*$ 满足条件 $f'(\hat{k}_i^*) - \delta = \rho_i + \theta_i x_i$。条件 $r \leqslant \rho_i + \theta_i x_i$ 意味着 $(\hat{k}_i^*)_{开放} \geqslant \hat{k}_i^*$；也就是说，开放经济中的稳态资本密度至少与封闭经济体中一样高。

由于 $\hat{k}_i(t)$ 是恒定的，所以 $\hat{y}_i(t)$ 是恒定的——也就是说，从 $\hat{y}_i(0)$ 到 $(\hat{y}_i^*)_{开放}$ 的收敛速度无穷大，且 $\hat{y}_i(t)$ 的增长速度为常量 x_i。式（3.49）意味着 $w_i(t)$ 也以速率 x_i 增长。因此，单位有效劳动的工资率 $\hat{w}_i(t) = w_i(t) \cdot e^{-x_i t}$ 等于某常量，记为 $(\hat{w}_i^*)_{开放}$。

3.3.3　小经济体中消费和资产的变化趋势

式（3.47）意味着有效工人的人均消费 $\hat{c}_i(t)$ 以不变速率 $(r - \rho_i - \theta_i x_i)/\theta_i \leqslant 0$ 增长。如果我们利用第 2 章中推导出来的消费函数表达式［式（2.14）和式（2.15）］，那么 $\hat{c}_i(t)$ 能表示为：

$$\hat{c}_i = (1/\theta_i) \cdot [\rho_i - r \cdot (1-\theta_i) - n_i \theta_i] \cdot \left[\hat{a}_i(0) + \frac{(\hat{w}_i^*)_{开放}}{r - x_i - n_i}\right] \cdot e^{[(r - \rho_i - \theta_i x_i)/\theta_i] \cdot t}$$

$$(3.51)$$

根据 $\rho_i + \theta_i x_i \geqslant r$ 和 $r > x_i + n_i$，可知右边第一个中括号中的项为正。

如果 $r = \rho_i + \theta_i x_i$，那么 $\hat{c}_i(t)$ 为常量；否则（即，如果 $r < \rho_i + \theta_i x_i$），$\hat{c}_i(t)$ 渐

近于 0。本国在早期借钱而享有高水平消费——因为 $\rho_i + \theta_i x_i > r$ 表示无耐心——但是将付出未来消费低增长的代价。作为比较，封闭经济体中的 $\hat{c}_i(t)$ 趋近于常量。如果 $r < \rho_i + \theta_i x_i$，那么 $\hat{c}_i$ 趋于 0，是开放经济拉姆齐模型的另一问题所在。

式(3.50)是关于 $\hat{a}_i(t)$ 的一阶线性微分方程。结合 $\hat{c}_i(t)$ 的表达式(3.51)和给定的初资产 $\hat{a}_i(0)$，可知 $\hat{a}_i(t)$ 的路径由下式决定：

$$\hat{a}_i(t) = \left[\hat{a}_i(0) + \frac{(\hat{w}_i^*)_{\text{开放}}}{r - x_i - n_i} \right] \cdot e^{\left[(r - \rho_i - \theta_i x_i)/\theta_i \right] \cdot t} - \frac{(\hat{w}_i^*)_{\text{开放}}}{r - x_i - n_i} \quad (3.52)$$

右边的最后一项是工资收入的现值（每单位有效劳动）。其中，由条件 $r > x_i + n_i$ 可知 $(r - x_i - n_i) > 0$ 成立。

如果 $r = \rho_i + \theta_i x_i$，$\hat{a}_i(t)$ 是常量。否则——也就是说，如果 $r < \rho_i + \theta_i x_i$——式(3.52)中的指数项 $e^{\left[(r - \rho_i - \theta_i x_i)/\theta_i \right] \cdot t}$ 逐渐减小至 0。因此，如果 $\hat{a}_i(0) > 0$，那么 $\hat{a}_i(t)$ 最终降为 0，所以式(3.45)中的 $\hat{d}_i(t)$ 等于 $(\hat{k}_i^*)_{\text{开放}}$。于是，$\hat{a}_i(t)$ 为负。也就是说，这里的本国是一个债务国，不仅没有资本存量，而且同时还以工资收入现值为担保品来借款。$\hat{a}_i(t)$ 趋近于式(3.52)中的最后一项 $-\dfrac{(\hat{w}_i^*)_{\text{开放}}}{r - x_i - n_i}$，所以 $\hat{d}_i(t)$ 趋近于正的常量 $(\hat{k}_i^*)_{\text{开放}} + \dfrac{(\hat{w}_i^*)_{\text{开放}}}{r - x_i - n_i}$。换言之，缺乏耐心的国家逐渐地将其所有资本和所有工资收入都用于抵押。这一不切实际的资产行为是该模型的另一个困难。

3.3.4　世界均衡

现在假定世界由一组国家组成，$i = 1, \cdots, M$。我们在这里假定，对于所有的国家，人口增长 n_i 和技术进步率 x_i 分别等于 n 和 x。在这种情况下，每个国家的产出占世界产出的比重 Y_i 不会随时间发生变化。

假定各国按其有效时间偏好率 $\rho_i + \theta_i x_i$ 来编序，国家 1 的值最低。我们已经证明，$\hat{c}_i(t)$ 趋于 0，且如果 $\rho_i + \theta_i x > r$，则 $\hat{a}_i(t)$ 趋于负数。相反，如果 $\rho_i + \theta_i x < r$，$\hat{c}_i(t)$ 和 $\hat{a}_i(t)$ 会永远增加，而国家 i 的消费最终会超过世界产出。在这种情况出现之前，世界利率将下降。特别地，对所有国家，$\rho_i + \theta_i x \geqslant r$ 在稳态时必定成立。满足该条件且确保有人愿意持有世界的资本存量（所以世界资本存量等于世界资产）的唯一方法是让 r 等于最具耐心的国家的有效时间偏好率 $\rho_1 + \theta_1 x$。渐渐地，国家 1 将拥有所有国家的全部资产权和工资收入现值。从长期来看，所有其他国家占有的数量（平均每单位有效劳动）微乎其微。

国家 1 的消费渐渐地以速率 $n + x$ 增长，与世界生产的增长率相同。国家 1 的消费占世界产出的比重趋近于某正的常量，然而，所有其他国家的这一比重趋于 0[①]。

① 对单一国家而言，只要它由 M 个具有不同时间偏好值 $\rho_i + \theta_i x$ 的家族组成，那么我们可以得到类似的结论。最有耐心的家族渐渐将拥有一切。对家族而言，偏好参数的非完美继承性和家族通婚会对该结论有所调整。对各国而言也存在类似的结论，特别是如果我们允许移民的话。

总之,开放经济版本的拉姆齐模型产生了几个不切实际的结论:变量 $\hat{k}_i$、$\hat{y}_i$ 和 $\hat{w}_i$ 将瞬时收敛到其稳态值;此外,对除最具耐心的国家之外的所有国家而言,$\hat{c}_i$ 趋于 0,且 $\hat{a}_i$ 最终为负。另一方面,不具有耐心经济体的国外产权净额和经常账户余额为负,且相较于 GDP 规模而言很大。换句话说,国内消费和投资的路径演化迥异于国内产出的路径演化。

可以从时间偏好项 $\rho_i + \theta_i x$ 与利率 r_i 之间的关系出发来思考这些成问题的结论。在第 2 章的封闭经济框架的稳态中,r_i 不断调整直至等于 $\rho_i + \theta_i x$;相反,在开放经济模型中,r_i 固定于世界利率 r 的水平。如果 $r_i < \rho_i + \theta_i x$,消费—产出比逐渐趋近于 0。如果 $r_i > \rho_i + \theta_i x$,消费—产出比逐渐趋近于无穷,但是在那发生之前,该国已拥有了全世界的财富,而且世界利率将调整至 $\rho_i + \theta_i x$。该结论适用于最有耐心的国家,但是,其他所有国家最后所处的情况是 $r_i < \rho_i + \theta_i x$,所以消费—产出比趋于 0。为避免该情况的出现,我们需要一些机制来消除每个国家(而非仅仅是最有耐心的国家)的 r_i 与 $\rho_i + \theta_i x$ 之间的差距。换言之,要么 r_i 不等于 r,要么有效时间偏好率 $\rho_i + \theta_i x$ 必须为变量。我们首先考虑 r_i 背离 r 的模型。

3.4 存在国际信贷约束的世界经济

改进开放经济增长模型预测的第一步涉及引入国际借贷约束。在前面的章节中,我们介绍了一个均衡,在这种均衡中,开放经济体最终会抵押其所有资产和劳动收入,而消费—GDP 之比会趋近于零。Cohen and Sachs(1986)注意到,在这种均衡中经济体的居民最后会拖欠贷款。只要拖欠罚金占国内产出或国内资本存量的比重被限定在某一比例内,那么居民(或其政府)将在某一时点更倾向于拖欠贷款而保持在消费—GDP 之比趋于零的路径上。

由于假定贷方会预见到拖欠不可避免,那么此前所描述的路径甚至在拖欠发生之前就不是一个均衡路径。特别地,缺乏耐心的国家的居民最终将会在某一时点无法以世界利率 r 借到想要数量的 $\hat{d}_i(t)$。因此,当引入对其借贷能力的一些限制时,我们试图重新考察开放经济体中居民所做的选择。

3.4.1 包括物质资本和人力资本的模型构建

我们不妨先区分两种类型的资本:一种可作为外债的担保品;另一种不充当担保品。例如,我们可以假定人力资本不能为贷款提供担保;比较而言,至少某些物质资本可以作为担保,因为发生拖欠时,债权人可以占有标的物。

我们现在假定,生产函数涉及两种资本:

$$\hat{y} = f(\hat{k}, \hat{h}) = A\hat{k}^{\alpha}\hat{h}^{\eta} \tag{3.53}$$

其中,$\hat{k}$ 是每单位有效劳动所占有的物质资本,$\hat{h}$ 是每单位有效劳动所占有的人力资本[①]。我们采用柯布—道格拉斯生产函数,其中 α 是物质资本的份额,η 是人力资本的份额,而且 $0<\alpha<1,0<\eta<1,0<\alpha+\eta<1$。条件 $0<\alpha+\eta<1$ 保证了对于物质资本和人力资本的不同份额广义资本积累的收益递减。

我们坚持单部门生产技术的假设,因为产出可以 1 比 1 地转换成消费,或 1 比 1 地增加物质资本或人力资本。(第 4 章将进一步处理该模型;第 5 章将引入独立的教育部门,该部门可以产生新的人力资本。)下式是预算约束,是式(3.50)的扩展:

$$\mathrm{d}\hat{a}/\mathrm{d}t = \mathrm{d}\hat{k}/\mathrm{d}t + \mathrm{d}\hat{h}/\mathrm{d}t - \mathrm{d}\hat{d}/\mathrm{d}t$$

$$= A\hat{k}^{\alpha}\hat{h}^{\eta} - (r+\delta) \cdot (\hat{k}+\hat{h}-\hat{a}) - (x+n+\delta) \cdot \hat{a} - \hat{c} \qquad (3.54)$$

其中,$\hat{a} = \hat{k}+\hat{h}-\hat{d}$,且为方便起见,我们省略了下标 i。我们还假定两种资本的折旧率 δ 相同。

3.4.2 封闭经济

如果我们暂且回到封闭经济体,那么 $d=0$ 且 $a=k+h$。这时,关于增长过程的结论与第 2 章相同,除了我们现在明确采用了包含物质资本和人力资本在内的广义资本概念。投资者使得每种资本的边际产出等于 $r+\delta$,其中 r 为国内利率。假定生产函数为式(3.53)中的柯布—道格拉斯生产函数,这意味着比例 k/h 固定在 α/η[②]。在稳态中,两种资本的单位有效劳动占有量分别恒定在 $\hat{k}^*$ 和 $\hat{h}^*$,其中 $k^*/h^* = \alpha/\eta$。如果我们起始于 $\hat{k}(0)<\hat{k}^*$ 和 $\hat{h}(0)<\hat{h}^*$,那么转移涉及 $\hat{k},\hat{h}$ 和 $\hat{y}$ 的增长。同我们此前的分析一样,增长率在转移过程中下降。

在第 2 章的拉姆齐模型中,趋向稳态的收敛速度决定于资本比重。在只有一种资本的柯布—道格拉斯模型中,该比重等于 α;但是在具有两种资本的模型中,该比重等于 $\alpha+\eta$。除了 α 现在成了 $\alpha+\eta$,这些结论与我们在第 2 章学习的模型相同。特别地,如果我们将 α 换成 $\alpha+\eta$,那么式(2.34)中关于收敛速度的表达式仍然成立:

$$2\beta = \left\{ \zeta^2 + 4 \cdot \left(\frac{1-\alpha-\eta}{\theta} \right) \cdot (\rho+\delta+\theta x) \cdot \left[\frac{\rho+\delta+\theta x}{\alpha+\eta} - (n+x+\delta) \right] \right\}^{1/2} - \zeta$$

$$(3.55)$$

其中,$\zeta = \rho - n - (1-\theta) \cdot x > 0$。如果我们假定 $\alpha=0.30$ 且 $\eta=0.45$,那么就资本比重为 0.75 的情况而言,这些关于收敛速度的结论与第 2 章一致。如果我们对其他参数值采用通常的基准值—— $x=0.02$ 每年,$\delta=0.05$ 每年,且 $\rho=0.02$ 每

[①] 这一分析沿袭了 Barro, Mankiw and Sala-i-Martin(1995)的做法。Cohen and Sachs(1986)提出的另一个模型仍只采用一种资本 $\hat{k}$,并假设只有 v 部分的资本充当了外债的担保品,其中 $0 \leqslant v \leqslant 1$。该模型的结论类似于两资本模型的结论,但是两资本模型结果更简单。

[②] 如果我们允许两种投资都可撤销,进而 k 可以立即转换为 h,反之亦然,那么该经济体将从任一起点 $k(0)/h(0)$ 直接跳至 α/η。如果我们限定各种资本的总投资为非负,那么转移动态会更复杂。我们将在第 5 章探讨这些影响。

年——并令 $\theta = 3$，那么收敛系数 $\beta = 0.015$ 每年。

3.4.3 开放经济体

当我们允许经济体开放，并引入信贷市场约束之后，两种资本之间的区别变得更加有趣。我们现在假定外债量 d 为正，但不能超过物质资本量 k。物质资本可以作为外债的担保品，但是人力资本和原始劳动（raw labor）不行。

我们现在明确假定，国内居民持有物质资本存量，但只能通过向外国人发行债券的方式利用该存量进行部分或全额融资。如果我们允许外商直接投资（在这种情况下，外国人可以持有部分物质资本存量，而非债券），那么结论也是一样的。重要的假设是，国内居民不能利用人力资本或原始劳动作为担保品进行借贷，而且外国人不能占有国内人力资本或原始劳动。

用几种不同的方法都可以得到借贷约束。物质资本比人力资本更容易收回，因此更容易用于债务融资。物质资本还更容易用于外商直接投资：人们可以拥有一家工厂，却不能拥有某人的劳动收入流。最后，可以抛弃"物质资本"和"人力资本"的说法，而认为并非所有投资都可以通过完善的资本市场完成。在现有框架下，k 和 h 的重要区别不是资本的物理性质，而是所积累的产品能否作为在世界市场上借贷的担保品。

我们仍然假定世界利率 r 恒定。我们还假定，如果国内经济体是封闭的，那么稳态利率 $r = \rho + \theta x$ 存在。也就是说，本国经济与整个世界一样缺乏耐心。（很容易就可以扩展到 $r < \rho + \theta x$ 的情况）

有效工人的初始人均资产数量是 $\hat{k}(0) + \hat{h}(0) - \hat{d}(0)$，而这里的关键是该数量大于还是小于稳态人力资本量 $\hat{h}^{*}$。如果 $\hat{k}(0) + \hat{h}(0) - \hat{d}(0) \geqslant \hat{h}^{*}$，借贷约束不具有约束力，经济体将跳至稳态。如果 $\hat{k}(0) + \hat{h}(0) - \hat{d}(0) < \hat{h}^{*}$，约束具有约束力——也就是说，$d = k$ 成立——这时我们可得到一些新结论。因此，我们专注于这种情况[①]。

由于物质资本成了担保品，那么该资本的净收益 $f_k - \delta$ 在所有时点都等于世界利率 r，其中 f_k 是资本边际产出。因此，柯布—道格拉斯生产函数式（3.53）所决定的 f_k 的表达式意味着：

$$\hat{k} = \alpha \hat{y} / (r + \delta) \tag{3.56}$$

式（3.56）确保了物质资本与 GDP 之比 k/y 在向稳态转移的整个过程中是恒定的。相反，对封闭经济体而言，k/y 在转移过程中将稳定上升。k/y 大体上保持恒定是 Kaldor（1963）提出的经济发展的典型特征之一（见导论中的讨论）。因此，存在信

---

① 如果 $r < \rho + \theta x$，那么本国经济体最终必定被世界信贷市场所约束。因此，我们关于面临债务限制的经济体的分析也适用于将来的其他时点，而非仅仅适用于初始时点。如果 $r > \rho + \theta x$，那么小经济体的假设最终会被打破，而且 r 必将改变。

贷约束的开放经济模型与该"特征"的一致性值得我们注意①。

式(3.56)中关于 $\hat{k}$ 的结论与式(3.53)中的生产函数一起,可以得到 $\hat{y}$ 关于 $\hat{h}$ 的表达式:

$$\hat{y} = \tilde{A}\hat{h}^\epsilon \tag{3.57}$$

其中,$\tilde{A} \equiv A^{1/(1-\alpha)} \cdot [\alpha/(r+\delta)]^{\alpha/(1-\alpha)}$ 且 $\epsilon \equiv \eta/(1-\alpha)$。条件 $0 < \alpha + \eta < 1$ 意味着 $0 < \epsilon < \alpha + \eta < 1$。因此,式(3.57)中简化的生产函数是 $\hat{y}$ 关于 $\hat{h}$ 的函数,其边际产品递减。该模型的收敛意义类似于封闭经济体模型——两者都涉及收益递减条件下的资本存量积累。

由式(3.54)中的预算约束,结合式(3.57)中简化了的生产函数,以及借贷约束 $d = k$(意味着 $a = h$)和式(3.56)中的条件 $(r+\delta) \cdot \hat{k} = \alpha\hat{y}$,我们可得一个修改后的预算约束:

$$\mathrm{d}\hat{h}/\mathrm{d}t = (1-\alpha) \cdot \tilde{A}\hat{h}^\epsilon - (\delta+n+x) \cdot \hat{h} - \hat{c} \tag{3.58}$$

注意,从 $\tilde{A}\hat{h}^\epsilon$ 中减去的 $\alpha\tilde{A}\hat{h}^\epsilon$ 相当于物质资本 $(r+\delta)\hat{k}$ [见式(3.56)]的租金支出流。由于 $d = k$,所以该项相当于付给外国人的净要素支出,因此等于 GNP 和 GDP 之差(单位有效劳动水平上)。因为该国受约束于国际信贷市场,所以 GDP 大于 GNP,从而外债 $d = k$ 为正。

如果我们假设居户直接生产产品,他们最大化其效用[由式(2.1)和式(2.9)决定],具有式(3.58)中的预算约束和初始人力资本量 $\hat{h}(0) > 0$ [$\hat{h}(0)$ 为给定初始资本,且假定其小于 $\hat{h}^*$],那么消费的最优化条件为:

$$\dot{\hat{c}}/\hat{c} = (1/\theta) \cdot [(1-\alpha) \cdot \tilde{A}\epsilon\hat{h}^{\epsilon-1} - (\delta+\rho+\theta x)] \tag{3.59}$$

其中,$(1-\alpha) \cdot \tilde{A}\epsilon\hat{h}^{\epsilon-1} = \tilde{A}\eta\hat{h}^{\epsilon-1} = f_h$,$f_h$ 为人力资本的边际产出。如果我们将式(3.47)中的 r 看作国内收益率,它等于 $f_h - \delta$,那么式(3.59)就相当于我们熟悉的式(3.47)。式(3.58)和式(3.59)与通常的横截条件一起,充分地描述了该模型的移动动态。

因为我们假定 $r = \rho + \theta x$,该稳态与具有物质和人力资本的封闭经济体中的稳态相同。因此,能够从世界信贷市场借贷的假设不会影响到稳态,但是会影响到收敛速度②。

横截条件、式(3.58)和式(3.59)构成的系统具有常见的转移动态。我们可以将这些结论与具有资本货物 k 和 h 的封闭经济体中的结论相比较,在那里工人人均广义总资本存量是 $k+h$,而资本比重是 $\alpha+\eta$。仅有的不同是:式(3.58)将 $(1-\alpha) \cdot \tilde{A}$

---

① 模型中 k/y 的精确值依赖于世界利率 r 的恒定和柯布—道格拉斯生产函数的假设。该生产函数意味着资本的平均产出 y/k 与边际产出成比例。由于资本的边际产出减去折旧等于恒定的世界利率 r,所以平均产出 y/k 必恒定。

② 如果我们假定 $r < \rho + \theta x$ ——于是本国经济比其他国家的经济更缺乏耐心(见第 134 页注①)——那么对外借贷会影响稳态的位置。开放经济体具有的稳态资本密度 $\hat{h}^*$ 和 $\hat{k}^*$ 高于封闭经济体中的密度。

作为生产函数的比例常量纳入其中;资本存量是 h 而非 $k+h$;资本存量的指数是 $\varepsilon \equiv \eta/(1-\alpha)$ 而不是 $x+\eta$。由于 ε 和 $\alpha+\eta$ 都为正,且小于 1——也就是说,两个模型都具有收益递减性质——所以,两者的动态在本质上是一致的。

关于收敛系数 β 的表达式与其在封闭经济体中的表达式(3.55)一致,除了资本份额参数 $\alpha+\eta$ 被 $\varepsilon \equiv \eta/(1-\alpha)$ 所取代。(回顾前文可知,生产技术水平不影响收敛率。)因此,面临信贷约束的开放经济体的收敛系数由下式决定:

$$2\beta = \left\{ \zeta^2 + 4 \cdot \left(\frac{1-\varepsilon}{\theta} \right) \cdot (\rho+\delta+\theta x) \cdot \left[\frac{\rho+\delta+\theta x}{\alpha} - (n+x+\delta) \right] \right\}^{1/2} - \zeta$$

$$(3.60)$$

其中,$\zeta = \rho - n - (1-\theta) \cdot x > 0$。式(3.60)决定的系数与具有广义资本比 ε 而非 $\alpha+\eta$ 的封闭经济体中的值相等。因为 $\varepsilon \equiv \eta/(1-\alpha)$,所以它满足 $\varepsilon < \alpha+\eta$(根据条件 $\alpha+\eta<1$)。因此,面临信贷约束的开放经济体的表现类似于广义资本份额小于 $\alpha+\eta$ 的封闭经济体。回顾前文可知,收敛率与资本份额负相关(因为更小的资本份额意味着更快的收益递减)。因此,面临信贷约束的开放经济体的收敛速度高于封闭经济体中的收敛速度。然而值得注意的是,$(\alpha+\eta) \rightarrow 1$ 意味着 $\varepsilon \rightarrow 1$,进而式(3.60)中的 $\beta \rightarrow 0$。因此,如果广义资本的收益递减不成立($\alpha+\eta=1$),该模型仍不会呈现收敛特征[①]。

思考随着人力资本 $\hat{h}$ 的积累所带来的收益递减倾向,我们就可以明白为什么不完全开放经济体比封闭经济体收敛得快。给定生产函数的指数 α 和 η,那么关键问题是比例 k/h 在转移过程中的变化趋势。在封闭经济体中,k/h 保持不变(等于 α/η);相反,在开放经济体中,k/h 在转移过程中下降(见下文)。也就是说,在开放经济体中,$\hat{k}$ 在开始时相对较高,因为可以从国外融资,所以很容易就能快速地获得物质资本。k/h 的持续下降导致 $\hat{h}$ 的收益递减快于其他情况,因此,收敛速度在开放经济体中要比封闭经济体中快。

尽管面临信贷约束的开放经济体比封闭经济体收敛得快,但是开放经济体中的收敛速度是有限的。如果我们取 $\alpha = 0.30$ 且 $\eta = 0.45$,且保持此前提到的其他参数的基准值不变,那么式(3.60)中的收敛系数等于 0.025;如在封闭经济体中则是 0.015。0.025 的取值与收敛系数的经验估算相吻合。

回顾前文可知,具有完全资本流动性的开放经济体会以无限大的速率收敛。因此,可以看到,仅具有部分资本流动性的开放经济体比完全开放的经济体更像封闭经济体。尽管到目前为止我们只在特定 α 和 η 下推导出了该结论,但是这一基本发现很具有普遍性。如果我们在 $\alpha+\eta$ 给定的情况下提高 α/η,那么我们增加了资本的流动性,进而提高了收敛系数 β。在其他参数的基准值(包括 $\alpha+\eta = 0.75$)

---

① 如果 $\alpha = 0$,没有资本能充当担保品,那么 $\varepsilon = \eta$ 且式(3.60)中的 β 等于式(3.55)给出的封闭经济体(资本比重等于 η)情况下的值。如果 $\eta = 0$,所有资本都作为担保,那么 $\varepsilon = 0$ 且式(3.60)中的 β 如同在资本完全流动的开放经济体中那样无穷大。

不变的情况下，β 将从 $\alpha/\eta = 0$ 时的 0.015 提高到 $\alpha/\eta = 1$ 时的 0.030，$\alpha/\eta = 2$ 时的 0.042，$\alpha/\eta = 3$ 时的 0.053。因此，如果我们取其他参数的基准值，并假定为外债担保的资本不超过一半，那么预测得到的收敛系数在每年 0.015 至 0.030 之间的区间递减。该区间与经验估值非常吻合①。

有效工人的人均人力资本从初始值 $\hat{h}(0)$ 趋近于稳态值 $\hat{h}^*$ 的转移涉及单调递增。式(3.57)意味着，$\hat{y}$ 的增长率是 $\hat{h}$ 的增长率的 ε 倍，其中 ε 介于 0 与 1 之间。因此，在转移过程中，比率 h/y 稳定上升。然而，回顾前文可知，式(3.56)意味着 k/y 是恒定的。因此，$\hat{k}$ 与 $\hat{y}$ 的增长速率相同，而且人力—物质资本比 h/y 在转移过程中增加。值得注意的是，尽管物质资本全部成为担保品，但 $\hat{k}$ 仍然向其稳态值 $\hat{k}^*$ 逐步增加，这是因为人力资本积累面临的本国储蓄约束，以及生产函数中 $\hat{h}$ 和 $\hat{k}$ 之间的互补性。当 $\hat{h}$ 处于低位时，物质资本边际产出的轨迹处于低位，因此，即使国内生产者能通过对外借债完成所有的物质资本收购，仍有 $\hat{k} < \hat{k}^*$。人力资本的逐步增加对物质资本的边际产品有正向影响，并将由此带来 $\hat{k}$ 的扩张。

外债局限于以物质资本为担保的贷款，而且贷款利率固定在世界利率的水平。虽然我们还可以引入国内信贷市场，但是代表性国内行为人的设定保证了在均衡状态下每个人都不会借贷。对那些以物质资本为担保的贷款而言，国内市场上的影子利率必须也等于 r。如果我们假定人力资本和原始劳动在国内不能作为担保品，那么具有这种担保形式的国内市场的影子利率是无限的（或者至少高到无人愿意借钱），如同在世界市场上一样。

相反，我们可以假定人力资本和原始劳动可以作为内债而非外债的担保。该假设适用于这样的法律规定：当放债人是国内居民时，贷款合同要以劳动收入为基础，但是当放债人是外国人时，没有这一要求。在这种情况下，以劳动收入为担保的国内贷款的影子利率等于人力资本的净边际产出。该净边际产品初始值相对较高[对应的初始量 $\hat{h}(0)$ 较低]，而且将紧接着逐步下降到稳态值 r。因此，移动过程中国内利率和世界利率 r 之间的差距会减少。一个例子是韩国非正式贷款的场外交易市场(参阅 Collins and Park，1989，第 353 页)。在 20 世纪六七十年代，非正式市场利率和世界利率之间的差距是 30—40 个百分点；但是在 20 世纪 80 年代中期，该利率差距降至大约 15 个百分点。

该模型的另一个意义是，尽管存在国际借贷，但 GNP 和 GDP 的收敛特征是一样的。如前所述，来自国外的净要素收入(单位有效劳动水平上)为 $-(r+\delta) \cdot \hat{k} = -\alpha\hat{y}$。因此有：

$$单位有效劳动 GNP = \hat{y} - \alpha\hat{y} = \hat{y} \cdot (1-\alpha) \qquad (3.61)$$

① Barro，Mankiw and Sala-i-Martin(1995)将式(3.53)中的生产函数从柯布—道格拉斯形式推广到了 CES 形式。替代性的大小影响 β——如果 $\hat{k}$ 和 $\hat{h}$ 在生产中具有较低的替代性，那么 β 值会更大。然而主要结论是，如果 $\alpha/\eta \leqslant 1$，那么对于通常的基准参数而言，β 值不会超出狭窄区间 (0.014，0.035)。因此，即使在更一般的情况下，该理论预测都能很好地吻合 β 的经验估值。

由于 GNP 与相当于 $\hat{y}$ 的 GDP 成比例,所以 GNP 和 GDP 的收敛速度相同。该结论表明,由 GDP 数据库估算的收敛率,与由 GNP 或国民收入估算的收敛率接近。Barro 和 Sala-i-Martin(1991)对美国的研究一定程度上支持了如下预测:人均州生产总值的收敛率和人均州个人收入的收敛率是很接近的。

根据该模型,对于面临信贷约束的开放经济体而言,GDP 和 GNP 之间的差距会较大,参数值如前所述时,约占 GDP 的 20%—25%。相应地,等于物质资本变化量的经常账户赤字也较大。实际上很少有发展中国家具有如此之大的 GDP—GNP 差距和经常账户赤字①。为了理解理论和经验数据之间的这种差别,有两点值得注意:首先,很多发展中国家在信贷约束下的生产是缺乏效率的;其次,国际债务的担保物实际上比物质资本窄。如果系数 α 小于 0.3,GDP—GNP 之间的差距与经常账户赤字的预测值均会变小。

资本完全流动的开放经济模型有一些不切实际的预测,而信贷约束的引入可以消除这些预测。特别地,资本存量和产出的收敛速度都不再是无穷大了。不过我们可以思考一下,如果国家在急躁程度(由偏好参数组合 $\rho_i + \theta_i x$ 表示)上存在差异,情况又会如何? 我们此前看到,在完善的资本市场中,除最有耐心的国家之外,所有国家都遵循 $\hat{c}$ 趋于 0 的路径。在面临信贷约束的模型中,预测则是,除最有耐心的国家之外,所有其他国家最终都处于居民受到国际信贷市场的有效约束的状态。该信贷约束意味着 $\hat{c}$ 趋于一个正的常数,位于一条更具吸引力的渐近路径之上。然而,令人不烦恼的结论是,除最具耐心的国家之外,所有国家最终必定受到信用约束。为避免该结论,我们须考虑具有可变有效时间偏好率 $\rho_i + \theta_i x$ 的模型,这将在后文中讨论。

人力资本积累的调整成本 本节的模型有一个存在问题的预测:在国际信贷市场上不受约束的经济体的收敛速度将是无穷的。Duczynski(2000)计算了 113 个经济体和美国 50 个州的净外部资产值,并发现 21 个经济体和美国大约一半的州都有正值,所以很难证明他们是受借款约束的。然而,这些经济体的收敛速度不是无穷的。这个证据表明,前一节中的信贷约束机制并不能充分解释数据方面的缓慢收敛。

一个可供选择的(或互补的)解决办法是假设调整成本的存在,对此我们在前面的封闭经济体模型中曾有讨论。如果我们再次区分物质和人力资本,我们可以预期,在通过教育过程增加人力资本的过程中,调整成本将会变得非常重要。学习经验本质上是一个缓慢的过程,而加快教育过程的企图很可能会带来快速递减的收益率。为刻画这些影响,我们现在构建一个国际资本完全流动的模型,在这个模型中,调整成本只涉及人力资本积累。

我们假设企业和个人都可以自由进出国际金融市场,利率等于常量 r。消费增长决定于下式:

---

① 新加坡是一个反例:在整个 20 世纪 70 年代,其经常账户赤字占 GDP 的比重都在 10%—20% 之间。

$$\dot{c}/c = (1/\theta) \cdot (r - \rho)$$

生产函数对物质资本和人力资本都取柯布—道格拉斯形式：

$$Y = AK^{\alpha}H^{\eta}\hat{L}^{1-\alpha-\eta} \tag{3.62}$$

假设物质资本的投资不存在安装成本，而企业必须为每单位人力资本投资支付 $\phi(I_h/H)$ 单位的产品。根据 3.2 节的假设，$\phi(0) = 0$，$\phi'(\cdot) > 0$ 且 $2\phi'(\cdot) + \dfrac{I_h}{H} \cdot \phi''(\cdot) > 0$。企业将最大化未来净现金流的现值：

$$\max \int_0^{\infty} e^{-\bar{r}(t)\cdot t} \cdot \left\{ AK^{\alpha}H^{\eta}\hat{L}^{1-\alpha-\eta} - wL - I_k - I_h \cdot \left[1 + \phi\left(\frac{I_h}{H}\right) \right] \right\} \cdot \mathrm{d}t \tag{3.63}$$

上式受两个资本积累的约束：

$$\dot{K} = I_k - \delta K \tag{3.64}$$

和

$$\dot{H} = I_h - \delta H \tag{3.65}$$

此规划的汉密尔顿方程为：

$$J = e^{-\bar{r}(t)t} \cdot \left\{ AK^{\alpha}H^{\eta}\hat{L}^{1-\alpha-\eta} - wL - I_k - I_h \cdot \left[1 + \phi\left(\frac{I_h}{H}\right) \right] \right\}$$
$$+ v_k \cdot (I_k - \delta K) + v_h \cdot (I_h - \delta H) \tag{3.66}$$

其中，v_k 是与物质资本相关的影子价格，v_h 是与人力资本相关的影子价格。根据 2.3 节的分析，我们可知现值影子价格 $q_k = e^{rt} \cdot v_k$，$q_h = e^{rt} \cdot v_h$。得到一阶条件[①]并利用现值影子价格，我们可以得到在所有时点都存在 $q_k = 1$，这意味着：

$$\alpha \cdot (\hat{y}/\hat{k}) = r + \delta \tag{3.67}$$

换言之，物质资本（不受调整成本约束的资本品）的边际产品等于利率加折旧。该式隐含着 $\hat{k}$ 和 $\hat{h}$ 之间的一一对应关系，见下式：

$$\hat{k} = (\hat{h})^{\eta/(1-\alpha)} \cdot \left(\frac{\alpha A}{r + \delta} \right)^{1/(1-\alpha)} \tag{3.68}$$

关于 I_h 的一阶条件可推出：

---

① 关于 I_k，K，I_h 和 H 的一阶条件分别为：

  (i) $v_k = e^{-\bar{r}(t)t}$

  (ii) $-\dot{v}_k = e^{-\bar{r}(t)t} \cdot \alpha \cdot (\hat{y}/\hat{k}) - v_k \delta$

  (iii) $e^{-\bar{r}(t)t} \cdot \left(1 + \phi(\cdot) + \dfrac{\hat{\imath}_h}{\hat{h}} \cdot \phi'(\cdot) \right) = v_h$

  (iv) $-\dot{v}_h = e^{-\bar{r}(t)t} \cdot \eta \cdot (\hat{y}/\hat{k}) - v_h \cdot \delta$

  注意，(i) 意味着 $q_k = 1$，因此 $\dot{q}_k = 0$。利用该结果和 (ii) 可得 $\alpha \cdot (y/k) = r + \delta$。

$$q_h = 1 + \phi\left(\frac{\hat{\iota}_h}{\hat{h}}\right) + \frac{\hat{\iota}_h}{\hat{h}} \cdot \phi'\left(\frac{\hat{\iota}_h}{\hat{h}}\right) \qquad (3.69)$$

其中，$\hat{\iota}_h = I_h/\hat{L}$ 为对单位有效劳动的人力资本投资。改写该表达式可将人力资本投资率表达为人力资本影子价格 q_h 的单调函数：

$$\frac{\hat{\iota}_h}{\hat{h}} = \psi(q_h) \qquad (3.70)$$

其中，$\psi'(\cdot) > 0$。我们可将该结果代入关于人力资本积累的约束：

$$\frac{\mathrm{d}\hat{h}}{\mathrm{d}t} = \hat{\iota}_h - (\delta + n + x) \cdot \hat{h} = \psi(q_h) \cdot \hat{h} - (\delta + n + x) \cdot \hat{h} \qquad (3.71)$$

关于 $\hat{h}$ 的一阶条件给出了关于 q_h 的动态方程：

$$\dot{q}_h = (r + \delta) \cdot q_h - \eta \cdot (\hat{y}/\hat{h}) - [\psi(q_h)]^2 \cdot \phi'[\psi(q_h)] \qquad (3.72)$$

利用式(3.68)，可得：

$$\dot{q}_h = (r + \delta) \cdot q_h - \widetilde{A} \cdot h^{\frac{1-\alpha-\eta}{1-\alpha}} - [\psi(q_h)]^2 \cdot \phi'[\psi(q_h)] \qquad (3.73)$$

其中，$\widetilde{A}$ 为常数。

式(3.71)和式(3.73)构成了常微分方程组，图 3.4 描绘了该相位图。注意，$\mathrm{d}\hat{h}/\mathrm{d}t = 0$ 是位于 $q_h^* = 1 + \phi(\delta + n + x) + (\delta + n + x) \cdot \phi'(\delta + n + x)$ 上的水平直线。位于该轨迹上方的箭头指向东方，而位于轨迹下方的箭头指向西方。对较高的 q_h 来说，$\dot{q}_h$ 的轨迹向上倾斜；但它在穿过 $\mathrm{d}\hat{h}/\mathrm{d}t = 0$ 的时候，向下倾斜。位于该轨迹左边的箭头指向南[*]。该系统鞍形路径稳定，而且稳定臂向下倾斜。如果

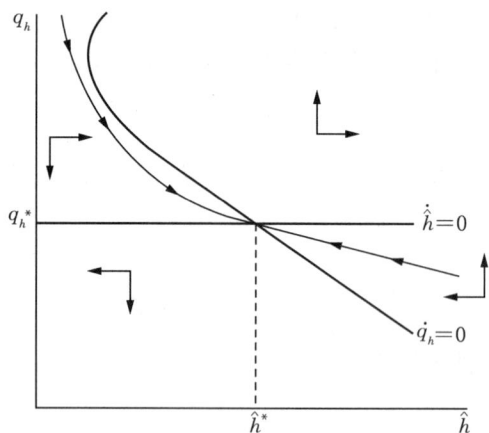

注：相位图位于 (q_h, h) 空间。轨迹 $\dot{h} = 0$ 是位于 $q_h^* = 1 + \phi(\delta + n + x) + (\delta + n + x) \cdot \phi'(\delta + n + x)$ 的水平线。$\dot{q}_h = 0$ 在稳态附近的轨迹向下倾斜。该系统鞍形路径稳定，且稳定臂向下倾斜。

图 3.4　存在物质资本和人力资本，且人力资本积累会带来调整成本的模型的相位图

---

[*]　原著为"指向北"。——译者注

经济体初始点的人力资本过低(即,位于稳态的左边),系统也不会瞬时跳至稳态。也就是说,收敛速度并非无限大,相反,该经济体沿着稳定臂缓慢收敛。原因如下:跳至稳态要求瞬间对人力资本进行无穷大的投资,那对应的调整成本将非常大,进而不会是最优。因此,人力资本的积累是平缓的,而经济体向稳态缓慢收敛。当 h 增加时,根据式(3.68)物质资本存量增长,于是 GDP 水平也逐步收敛。

Kremer 和 Thomson(1998)分析了一个类似的模型。在该模型中,生产函数取决于年轻和年老的人力资本。模型假设,两种人力资本要素是互补的(在一支橄榄球队中,教练这一"年老的"人力资本是队员这些年轻的人力资本的补充)。在这种框架下,如果第一代的人力资本处于低位,那么,即使资本完全流动,年轻人也不会通过借款来使"年轻的"人力资本存量增加到稳态水平,因为如果"年老的"人力资本不足,那么年轻人的生产率不会很高。因此,人力资本积累的过程是平缓的。Kremer and Thomson(1998)所采用的机制实际上相当于在人力资本积累中引入了调整成本。

3.5　偏好参数的变化

我们现在考虑,如果允许偏好参数 ρ_i 和 θ_i 变动,能否消除一些从开放经济拉姆齐模型中得到的令人烦恼的结论。Uzawa(1968)认为,时间偏好率和消费的跨期替代的意愿由居户的健康或消费水平决定,进而会随着 a_i 和 c_i 的变动而变动。

不存在信贷约束的开放经济模型的一个关键特征是,时间偏好项 $\rho_i + \theta_i x > r$ 高的国家遵循 $\hat{a}_i(t)$ 为负且 $\hat{c}_i(t)$ 降为零的路径。消除这种没有意义的结论的一个方法是假定 $\rho_i + \theta_i x$ 随着 $\hat{a}_i(t)$ 和 $\hat{c}_i(t)$ 的下降而下降。换言之,随着国家或个人变得更穷,他们不得不变得更有耐心。

Uzawa(1968)通过假定 ρ_i 是关于 $c_i(t)$ 的正函数得到了这一令人满意的结论。然而,这种机制是没有意义的,因为该机制会作出如此违背自觉的预测:随着人们消费水平的提高,人们将增加其时间偏好率[①]。

通过假定人们随着消费水平提升变得更不愿意进行跨期替代——即 θ_i 增加,我们也可以得到该理想的结果。然而,常见的假设却是相反的。我们在式(2.8)中曾证明,有效时间偏好项包含有边际效用弹性的相反数 $-u''(c) \cdot c/u'(c)$。我们迄今为止都假设该弹性值恒定且等于 θ_i。然而,通过考虑温饱水平的消费,我们有时可以修改效用函数的表达式,使其具有可变弹性:

$$u(c_i) = \frac{(c_i - \bar{c}_i)^{(1-\theta_i)} - 1}{1 - \theta_i} \tag{3.74}$$

---

① Mulligan(1993)提出,如果利他主义的大小由父母花费在他们子女身上的时间来衡量,那么工资高的人相对不那么具有利他主义,因为在他们子女上所花费的时间具有较高的机会成本。那么可以得出这样的推论:富有者具有更高的贴现率。

其中，$\bar{c}_i > 0$ 是恒定的温饱消费水平。[在 Stone(1954) 和 Geary(1950—1951) 发表之后，该形式被称为斯通—吉尔里形式。] 式(3.74) 意味着边际效用弹性值为 $\theta_i c_i/(c_i-\bar{c}_i)$。当 $\bar{c}_i=0$ 时，它等于 θ_i；但是当 $\bar{c}_i>0$ 时，它是 c_i 的减函数。相应地，从这一修改后的效用表达式出发可得出有效时间偏好函数项随 $c_i(t)$ 的增加而递减的结论。如果我们试图解决开放经济模型中的困难，此项的变动方向是不对的。

另一个模型给出了更多有意义的结论。该模型假定各国（或家庭）具有恒定的参数 ρ_i 和 θ_i，并考虑有限视界的影响。根据 Samuelson(1958) 和 Diamond(1965)，这类模型的早期版本假定人们生活在几个数量固定的离散时段，如儿童期和成年期。每一代的成年期与下一代的儿童期相互重叠，因此，通常称为叠代(overlapping-generations，OLG)模型。虽然在该模型中的个体具有有限视界——因为他们只生活在两个时段，而且根据假设他们并不关心下一代的福利——但经济体永久延续。尽管 OLG 模型刻画了有限视界的影响，但该框架的一个缺陷是均衡条件过于复杂，很多我们会考虑的比较静态分析都难以求解。

通过假定人们以一种泊松过程(Poisson process)的方式随机死亡，Blanchard(1985) 在更易操作的模型中保持了有限视界的思想精髓。对我们现在来说，他的模型中的关键发现是，从总量消费的变化趋势来看，似乎每个人的时间偏好项都与 $a_i(t)$ 正向相关。然而，该结论来自不同年龄（因而具有不同的资产和消费）的个体的加总，而并非来自个体偏好参数的变化。为得到这些结论，我们首先构建了 Blanchard 框架，再将其应用于封闭经济体，最后利用该框架将我们的分析推广到开放经济体。附录(3.8节)提供了对 OLG 相关模型的分析。

3.6 有限时域模型中的经济增长

3.6.1 有限时域模型中的选择

在前面的分析中，我们假定家族永远延续，所以居户在无限时域中规划。我们现在引入家族在有限时域内终结的可能性。这种终结可被看作是无子嗣的成年人的死亡，由于没有子嗣，因此不用考虑他们死后的问题。或者，它也可以被理解为这样的可能性，有限寿命的父母通过有效的跨代转移模式使自己处于同下代没有关联的状态。

尽管这里的死亡不必对应于任何个人实际上的死亡，但是我们将"死亡"看作家族的终结。令 p 等于单位时间的死亡可能性，那么时点 j 出生的人在时点 $t \geqslant j$ 存活的概率是 $e^{-p\cdot(t-j)}$。便于我们加总的关键假设是，p 不随年龄变化。如果我们想象一下一个人实际上的死亡，那么该假设是脱离实际的，但该假设在家族终结时却可以减少麻烦。

在时点 t 的死亡概率是 $1-e^{-p\cdot(t-j)}$，所以在时点 t 的死亡概率密度是该表达式的导数 $pe^{-p\cdot(t-j)}$。根据这个概率密度可算出预期寿命为 $1/p$。因此，p 越高，预期寿命越短,有限时域的影响越大。

同前文一样,我们假定人口以不变比率 n 增长,$L(t) = e^{nt}$ 是总人口,那么时点 t 出生的人口规模为 $(p+n) \cdot e^{nt}$,即新出生的人口或居户足以填补由死亡造成的人口空缺 $p \cdot e^{nt}$,并带来净增长 $n \cdot e^{nt}$。

资产的无风险利率再次为 $r(t)$。我们必须考虑已死亡人口或居户的资产处理问题。在无限寿命模型中,我们默认这些资产通过代际转移的方式传给了下一代。这种转移源自利他主义,而后者足够强烈,足以排除零转移的角点解。但是,有限时域模型中"死亡"的全部意义就在于,这种利他主义无效。我们可以假定,这些资产全部以无意(unintended)遗赠的形式被子女所占有,或以无意转移的形式被整个社会所占有。但是,如果人们真的不关心他们死后的问题——这是有限时域模型的核心观点——那么,他们可以通过利用年金市场而做得更好。同样地,如果我们允许人们死亡时负债,且下代无需偿债,那么放款者将要求利率高于 r,以抵消借款者死亡的可能性。

与 Yaari(1965)和 Blanchard(1985)一样,我们假定所有贷款都以人寿保险为担保。如果某人活着,那么他或她就得为贷款支付利率 r 和人寿保险费。如果某人负债死亡,那么人寿保险将用于清偿贷款。因为每单位时间死亡的概率为 p,所以必要的保险费为 p。也就是说,如果某人活着,那么为贷款而支付的总利率为 $r+p$。从人寿保险公司的角度出发,费率 p 刚好抵消根据保单须向死去的借贷者支付的预期支出。类似地,如果某人活着,那么借款者可以通过支付 $r+p$ 而占有年金;而如果该人死亡,那么借款者一无所有。从年金公司的角度出发,对 p 的额外支出正好吻合预期的人口死亡概率。从有限寿命的个人的角度出发,年金收益率 $r+p$ 比无风险收益率 r 更有吸引力。因此,所有资产都以年金的形式被持有①。

由于人寿保险和年金市场被广大人口完全利用,死亡人口释放的总资产 $p \cdot a(t)$ 成为活着的人的额外收益(高于无风险利率 r)。因此,保险和年金公司收支平衡。而且我们充分解释了死亡时的资产分配。所以,个人——无论是债权人还是债务人——的相关收益率是 $r+p$,而非 r。

令 $c(j, v)$ 表示消费,且 $a(j, v)$ 表示时点 $j \leqslant v$ 出生的人在时点 v 的资产。我们假定生产率与年龄无关,所以工资率 $w(v)$ 对所有 $j \leqslant v$ 都相同。以当前时点 t 为起点,居户最大化预期效用(见下式):

$$E_t U = E_t \left[\int_t^\infty \ln[c(j, v)] \cdot e^{-\rho(v-t)} \mathrm{d}v \right] \tag{3.75}$$

其中,我们假定 $U(c) = \ln(c)$,相当于式(2.9)中 $\theta = 1$ 的情况。对数效用可以很方便地将该稳态结论推广到 $\theta \neq 1$ 的情况。($\theta \neq 1$ 时,转移分析将会非常繁琐。)

---

① 经济学家有时会忽略这种可能性。他们认为,尽管私人养老金和政府养老金通过社会保险而得以普及,但是从数量上来看,年金在实际生活中并不重要。无论如何,养老金的有限使用表明,假定代际之间存在利他主义联系的无限视界模型是一个令人满意的框架。在该模型中,对年金的需求很小,而经验观察的年金数量也很小。

式(3.75)中的表达式与式(2.1)中的拉姆齐模型的不同是缺少了作为人均效用乘数的人口项 e^{nt}。这里的有限时域模型假设,人们在效用函数和预算约束中不重视后代。我们将在下一段中考虑这点。由于 $e^{-p \cdot (v-t)}$ 是在时点 v 活着的概率,前提是在早些的时点 t 还活着,那么预期效用是:

$$E_t U = \int_t^\infty \ln[c(j, v)] \cdot e^{-(\rho+p) \cdot (v-t)} \mathrm{d}v \tag{3.76}$$

因此,$\rho + p$ 是寿命不确定框架下的有效时间偏好率。

现在,居户的预算流约束是:

$$\mathrm{d}a(j, v)/\mathrm{d}v = [r(v) + p] \cdot a(j, v) + w(v) - c(j, v) \tag{3.77}$$

每个居户在式(3.77)和初始资产 $a(j, j)$ 的约束下最大化预期效用式(3.76)。消费的一阶条件与此前推导的相同[式(2.10)及 $\theta = 1$]:

$$\frac{\mathrm{d}c(j, t)/\mathrm{d}t}{c(j, t)} = r - \rho \tag{3.78}$$

注意,上式未包含死亡概率 p,因为它对有效时间偏好率 $\rho + p$ 和收益率 $r + p$ 的影响相等。

现在的横截条件是:

$$\lim_{v \to \infty} \left[e^{-[\bar{r}(t, v)+p] \cdot (v-t)} \cdot a(j, v) \right] = 0 \tag{3.79}$$

其中,$\bar{r}(t, v)$ 是位于时点 t 和 v 之间的"平均"利率[见式(2.12),它涉及的时间区间是 0 到 t]。式(3.77)和式(3.79)意味着居户在生命期内的预算约束是:

$$\int_t^\infty c(j, v) \cdot e^{-[\bar{r}(t, v)+p] \cdot (v-t)} \mathrm{d}v = a(j, t) + \tilde{w}(t) \tag{3.80}$$

其中,$\tilde{w}(t) = \int_t^\infty w(v) \cdot e^{-[\bar{r}(t, v)+p] \cdot (v-t)} \mathrm{d}v$ 是工资收入的现值。式(3.80)相当于无限时域模型中的式(2.13)。

我们也可以用式(3.78)和式(3.80)将消费表示为关于"财富"的函数:

$$c(j, t) = (\rho + p) \cdot [a(j, t) + \tilde{w}(t)] \tag{3.81}$$

它相当于无限时域模型中的式(2.14)和式(2.15)($\theta = 1$)。经对数效用简化处理之后,财富的边际消费倾向等于常量 $\rho + p$。

总体变量 $C(t)$,$A(t)$ 和 $\tilde{W}(t)$ 来自所有出生于时点 $j \leqslant t$ 的同辈家族的加总。每个同辈家族都以其规模进行加权,其规模等于初始规模 $(p+n) \cdot e^{nj}$ 乘上时点 $t \geqslant j$ 时在世人数的比重 $e^{-p \cdot (t-j)}$ ①。因此,总消费和总资产由下式决定:

---

① 我们现在假定,人口的年龄结构一直处于稳态分布。然而,在当前环境中,因为死亡概率 ρ 和工资率 w 都与年龄无关,所以年龄结构不重要。

$$C(t) = \int_{-\infty}^{t} c(j, t) \cdot (p+n) \cdot \mathrm{e}^{nj} \, \mathrm{e}^{-p(t-j)} \, \mathrm{d}j \tag{3.82}$$

$$A(t) = \int_{-\infty}^{t} a(j, t) \cdot (p+n) \cdot \mathrm{e}^{nj} \, \mathrm{e}^{-p(t-j)} \, \mathrm{d}j \tag{3.83}$$

因为工资率与年龄无关,所以工资收入现值总量等于:

$$\widetilde{W}(t) = \widetilde{w}(t) \cdot \mathrm{e}^{nt} = \mathrm{e}^{nt} \cdot \int_{t}^{\infty} w(v) \cdot \mathrm{e}^{-[\bar{r}(t, v)+p] \cdot (v-t)} \, \mathrm{d}v \tag{3.84}$$

由于式(3.81)中财富的消费倾向是 $\rho+p$,且与年龄 j 无关,所以总量水平上的关系与个体中的关系一样:

$$C(t) = (\rho+p) \cdot [A(t) + \widetilde{W}(t)] \tag{3.85}$$

我们试图计算式(3.82)来作为总量水平上的式(3.78)的近似。式(3.78)决定着个体消费的持续变化。总量消费的持续变化 $\dot{C}$ 决定于总财富的持续变化 $\dot{A} + \mathrm{d}\widetilde{W}/\mathrm{d}t$。

通过对式(3.83)就 t 求微分,我们可以计算出 $\dot{A}$,结果为:

$$\dot{A} = r(t) \cdot A(t) + w(t) \cdot \mathrm{e}^{nt} - C(t) \tag{3.86}$$

其中, $w(t) \cdot \mathrm{e}^{nt}$ 是在时点 t 支付的总工资。式(3.86)的推导用到了个体预算约束式(3.77)和条件 $a(j, j) = 0$(即个人出生时资产为零)。注意,该总量方程式对应于个体方程式(3.77),只不过总资产收益率为 r,而个体资产(对在世者)的收益率为 $r+p$。

通过对式(3.84)中的 t 求导,我们还可以计算 $\widetilde{W}$ 的变化,结果为:

$$\mathrm{d}\widetilde{W}/\mathrm{d}t = [r(t) + p + n] \cdot \widetilde{W}(t) - w(t) \cdot \mathrm{e}^{nt} \tag{3.87}$$

最右边的一项等于总工资,它实际上是对资产存量支出的股息 $\widetilde{W}(t)$。右边的第一项表示个人工资以速率 $r(t) + p$ 贴现(因为人们死后没有工资)以及人口以速率 n 增长。

我们可以由式(3.81)至式(3.87)得到总消费的持续变化 $\dot{C}$。于是,以人均消费增长率表示的结果为[1]:

$$\dot{c}/c = r(t) - \rho - (p+n) \cdot (\rho+p) \cdot a(t)/c(t) \tag{3.88}$$

注意, $c(t)$ 是指总消费与总人口之比,而非在世者的消费。在世者的个体消费 $c(j, t)$ 的变化由式(3.78)决定。

式(3.83)中最关键的是最右边的项 $(p+n) \cdot (\rho+p) \cdot a(t)/c(t)$。由于 $(\rho+p)$ 是财富的消费倾向,那么 $(\rho+p) \cdot a(t)$ 是与 $a(t)$ 相关的人均消费。新人口以速率 $p+n$ 进入经济体。因为这些新人口出生时的资产为零,所以这些人的加入使得人

---

[1] 如果 $\theta \neq 1$,那么在 $r(t)$ 等于常量 r 时,该结论可以推广为: $\dot{c}/c = (1/\theta) \cdot (r-\rho) - (1/\theta) \cdot [\rho + \theta p - (1-\theta) \cdot r] \cdot (p+n) \cdot a(t)/c(t)$。

均消费减少了 $(p+n) \cdot (\rho+p) \cdot a(t)$。最后，该减少量除以 $c(t)$ 之后，得到上式最右边的项，它是该项对人均消费增长速度 $\dot{c}/c$ 的减少量的贡献。

从我们的讨论可知，这里的关键特征是新人口（拥有零资产）的进入，而非老人的辞世。因此，正如 Weil(1989) 所指出的，如果新人口出生（$n>0$），那么该主要结论也适用于无限时域（$p=0$）的情况。我们在第 2 章无限时域框架下假定了利他主义关系，但是，在这里长辈不以这种方式关心新出生者。因此，我们可以将新出生者看作失宠的子女或移民（见 Weil，1989）。我们将在第 9 章详细讨论移民问题。

3.6.2　封闭经济的有限时域模型

我们再次考虑只有一种资本 k 的模型。对于封闭经济体而言，$\hat{a}=\hat{k}$，$f'(\hat{k})=r+\delta$ 且 $\hat{w}=f(\hat{k})-\hat{k} \cdot f'(\hat{k})$。那么，决定 $\dot{\hat{k}}$ 的表达式与在无限时域模型中的形式[式(2.23)]相同：

$$\dot{\hat{k}} = f(\hat{k})-\hat{c}-(x+n+\delta) \cdot \hat{k} \tag{3.89}$$

由式(3.88)及条件 $\hat{a}=\hat{k}$ 和 $r=f'(\hat{k})-\delta$ 可推出：

$$\dot{\hat{c}}/\hat{c} = f'(\hat{k})-(\delta+\rho+x)-(p+n) \cdot (\rho+p) \cdot \hat{k}/\hat{c} \tag{3.90}$$

图 3.5 描绘了关于 $\hat{k}$ 和 $\hat{c}$ 的相位图。凹的实曲线描绘的是 $\dot{\hat{k}}=0$ 的轨迹，它与图 2.1 中无限时域模型的曲线相同。位于 $\hat{k}^*$ 的实垂线[其中，$f'(\hat{k}^*)=\delta+\rho+x$]是无限时域模型中的稳态值（如果 $\theta=1$）。如果 $\rho+n>0$，那么式(3.90)中含有 $\hat{k}/\hat{c}$ 的项实际上增强了时间偏好率 ρ。图 3.5 中的虚线描绘了 $\dot{\hat{c}}=0$ 的轨迹，它可位于垂线左边的任何位置。当 $\hat{c}$ 与 $\hat{k}$ 之比沿着虚线上升时，含有 $\hat{k}/\hat{c}$ 的项减小并趋近于 0。因此，垂线是虚线的渐近线。

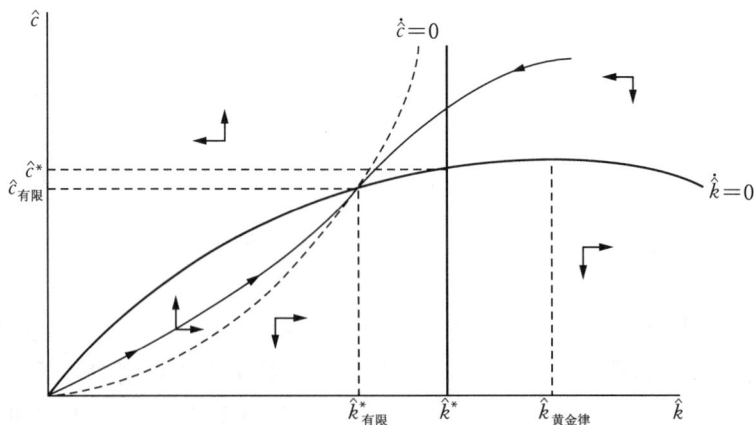

注：轨迹 $\dot{\hat{k}}=0$ 显示为常见的倒 U 形。轨迹 $\dot{\hat{c}}=0$ 穿过原点，向上倾斜，且趋近于垂线 $\hat{k}=\hat{k}^*$。因此，稳定臂的形状和模型转移动态都与拉姆齐模型中的相似。

图 3.5　有限时域封闭经济体的动态

封闭经济的有限时域模型中的稳态值由实曲线和虚曲线的交点决定,在图中记为 $\hat{k}^*_{有限}$ 和 $\hat{c}^*_{有限}$。这里重要的结论是,更高的有效时间偏好率将带来更高的资本边际产出,进而具有更低的资本和有效劳动之比,即 $\hat{k}^*_{有限} < \hat{k}^*$。相应地,该稳态利率比无限时域经济体中的稳态利率高,即 $\hat{r}^*_{有限} > r^* = \rho + x$[1];而且有效工人的人均消费更低,即 $\hat{c}^*_{有限} < \hat{c}^*$。

从初始比例 $\hat{k}(0)$ 到 $k^*_{有限}$ 的转移与在无限时域模型中相似。如果 $\hat{k}(0) < \hat{k}^*_{有限}$,那么 $\hat{k}$ 沿着图3.5中带箭头的实曲线单调上升。其他变量($\hat{c}$、r 以及 $\hat{k}$、$\hat{y}$ 和 $\hat{c}$ 的增长率)的动态与它们在无限时域模型中的动态相似。

由于 $\hat{k}^*_{有限} < \hat{k}^*$,所以 $\hat{k}^*_{有限} < \hat{k}_{黄金律}$(参见图3.5)[2]。因此,封闭经济有限时域模型中 $\hat{k}$ 的变化趋势不会表现为具有任意储蓄率的索洛—斯旺模型中的那种无效过度储蓄。Diamond(1965)曾证明,过度储蓄能出现在封闭经济的两期叠代模型中。正如我们所证明的那样,戴蒙德模型(Diamond model)具有过度储蓄可能性,这并非是由个人有限时域的假设带来的。毋宁说,戴蒙德模型不同于我们上面的模型的一个重要特征是其假定的生命周期型工资收入。在戴蒙德版本的 OLG 模型中,工资在第一(工作)阶段为正,而在第二(退休)阶段为负。因此,该模型假定工资收入随着生命周期锐减。而我们正在研究的有限时域模型假定工资收入与年龄无关。与年龄相关的下降模式的工资收入会激发更多的储蓄。如果这种影响足够强烈,无效过度储蓄就会出现。

我们可以扩展此前分析过的有限时域模型,将在生命周期中下降的劳动生产率纳入我们的分析。(对这种情形的分析,请参阅 Blanchard,1985。)如果劳动生产率,进而工资率,以速率 ω 随着年龄递减,那么式(3.90)应修改为[3]:

$$\dot{\hat{c}}/\hat{c} = f'(\hat{k}) - (\delta + \rho + x - \omega) - (p + n + \omega) \cdot (\rho + p) \cdot \hat{k}(t)/\hat{c}(t)$$

$$(3.91)$$

式(3.91)中 ω 的直接影响是减少了 ρ,进而有效地降低了时间偏好率。因为存在这种对储蓄的鼓励,所以如果 ω 足够大,那么 $\hat{k}^*_{有限} > \hat{k}^*$ 成立。而且,当 ω 值继续增加,稳态中会出现无效过度储蓄:$\hat{k}^*_{有限} > \hat{k}_{黄金律}$。

如果工资率在生命周期中递减,那么无效过度储蓄有可能出现在有限时域模型中(对足够高的 ω)。但是在实践中,我们甚至都不清楚是否应将 ω 视作正数。如果我们以个体获得第一份工作的时间为起点(即18岁或21岁),那么,工资实际

---

[1] 我们可以利用145页注①中的表达式证明,如果 $\theta \neq 1$,即处于 $r^* = \rho + \theta x$ 的情况,那么该结论仍然成立。我们还可以证明 $r^*_{有限} < \rho + \theta x + p + n$。

[2] 在无限时域模型中,我们利用条件 $\rho > n$ 确保 $\hat{k}^* < \hat{k}_{黄金律}$。我们现在仍假定 $\rho > n$ 在有限时域模型中成立。

[3] 我们又假定人口的年龄结构与其稳态分布相一致。在现有框架下,年龄分布的变动会产生影响,因为那会影响到劳动生产率和工资率的分布。在年龄分布给定,进而劳动生产率给定的情况下,有效劳动投入的总量与 $e^{(n+x)t}$ 成比例,如在其他模型中一样。因此,k 可以表示为 $ke^{-(n+x)t}$。

上会随年龄(和经验)先递增 25 年,然后在接下来的 20—25 年中保持相对平缓(参阅 Murphy and Welch, 1990,第 207 页),之后,工资收入在退休后的 10—15 年时间里急剧下降。因此,两期叠代模型忽视了工资收入增加的时期,而且错误地假定退休时期与工作时期的跨度一样长。这两个错误都夸大了在生命周期中个人的储蓄动机。

为得到全貌,我们也必须决定如何对待生命中的前 18—21 年,相当于童年时期和学校教育时期。如果我们将儿童看成是独立的居户,那么这 18—21 年的工资收入的特征是大大低于一生的平均水平。这种当前工资与预期的未来工资收入的差距对总的储蓄意愿有消极的影响。这种影响可能会以子女向父母借钱消费的形式表现出来。

未成年人是否应该被看作独立居户是可以商榷的[①]。但是,在父母工资收入不变的情况下,18—21 岁以下子女的低收入阶段可以被理解为:当家庭有尚未独立的子女时,家庭的人均工资收入较低。因此,低水平的儿童工资收入使得父母在抚养子女期间(一般相当于中年)比其他时候储蓄得更少。但是成年人抚养子女的时间跨度远远小于他们的工作时间跨度,而且成年人在整个职业生涯的大部分时间工资是上涨的。因此,抚养子女和工资上涨一起,抵消了退休对储蓄的正向影响。

我们其实是希望说明,对于分析储蓄总意愿来说,$\omega \approx 0$ ——平坦的家庭人均收入曲线——也许是不错的近似。而 $\omega \approx 0$ 的假设将排除存在于封闭经济有限时域模型中的过度储蓄可能性。

3.6.3 开放经济的有限时域模型

现在我们来考虑只有一种资本 k 且不存在借贷约束的开放经济的有限时域模型。为方便起见,我们忽略国家的下标 i。如果世界利率 $r(t)$ 等于常量 r,那么国内资本与有效劳动之比等于常量 $(\hat{k}^*)_{开放}$,其中 $f'[(\hat{k}^*)_{开放}] = r + \delta$。因此,该模型仍暗含 $\hat{k}$ 和 $\hat{y}$ 的无穷大的收敛速度。然而,$\hat{c}$ 和 $\hat{a}$ 的变化趋势比之前更合理。

式(3.50)给出了资产的变化:

$$\dot{\hat{a}} = f'[(\hat{k}^*)_{开放}] - (r+\delta) \cdot [(\hat{k}^*)_{开放} - \hat{a}] - (x+n+\delta) \cdot \hat{a} - \hat{c}$$

$$= (\hat{w}^*)_{开放} + (r-x-n) \cdot \hat{a} - \hat{c} \tag{3.92}$$

其中,我们利用了条件 $f[(\hat{k}^*)_{开放}] = (\hat{w}^*)_{开放} + (r+\delta) \cdot (\hat{k}^*)_{开放}$。由式(3.88)中居户消费的变化趋势可得:

$$\dot{\hat{c}}/\hat{c} = r - \rho - x - (p+n) \cdot (\rho+p) \cdot \hat{a}/\hat{c} \tag{3.93}$$

---

① 该假设在无限视界模型中将更具吸引力。在无限视界模型中,父母的利他主义动机使得他们抚养自己的孩子。在父母显然不会关心自己孩子的有限视界模型中,父母向未成年子女提供资助的原因颇难解释。

图 3.6 描绘了式(3.92)和式(3.93)所决定的 $(\hat{a}, \hat{c})$ 的相位图。注意,该关系图适用于 r 恒定的情况。也就是说,我们在世界经济处于稳态时考虑一个小的开放经济体的动态。根据式(3.92),直线 $\dot{\hat{a}}=0$ 具有正截距(等于 $(\hat{w}^*)_{开放}$)和正斜率 $r-x-n$。根据式(3.93),直线 $\dot{\hat{c}}=0$ 穿过原点,其斜率的符号与 $r-\rho-x$ 一致。在我们前面所考虑的封闭经济有限时域模型中,该项为正。在这里,对于任何在稳态时最后持有正资产的国家而言,该项将为正。图 3.6 表明直线 $\dot{\hat{c}}=0$ 所具有的正斜率大于直线 $\dot{\hat{a}}=0$ 的斜率①。

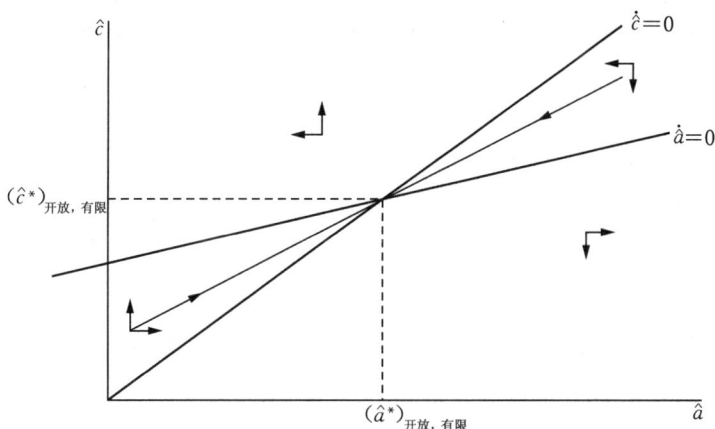

注:该图刻画了世界资本市场上的小的开放经济体,该经济体面对着固定的利率。在这种情况下,两个轨迹都是直线,而且该模型显示鞍形路径稳定。如果经济体起始于低水平的实际人均资产,那么转移过程中的特征是实际人均消费和资产单调递增。

图 3.6　有限时域开放经济的相位图

图 3.6 给出了 $\hat{a}$ 和 $\hat{c}$ 在有限时域开放经济体中的稳态值。与无限时域模型相反,这些稳态值为正,但不是无穷大。该结论与式(3.93)中的 $\dot{\hat{c}}=0$ 相一致,因为比例 $\hat{a}/\hat{c}$ 会不断调整,直至整个时间偏好项 $\rho+x+(p+n)\cdot(\rho+p)\cdot\hat{k}/\hat{c}$ 等于 r。换言之,这里的重要特征是,有效时间偏好率是关于 $\hat{a}/\hat{c}$ 的增函数。

更高的 ρ 值会使得图 3.6 中 $\dot{\hat{c}}=0$ 的斜率更陡峭[见式(3.93)]。也就是说,该轨迹将围绕着原点逆时针旋转。该特征意味着,一个国家越缺乏耐心(具有更高的 ρ 值),其 $\hat{a}$ 和 $\hat{c}$ 的稳态值越低。我们也可以从图中 $\hat{a}$ 和 $\hat{c}$ 的稳态值随着 x、p 和 n 的增加而减小这一特征进行验证。(如果 $\theta \neq 1$,那么它们也会随 θ 递减。)

当参数值位于某区间时,$\hat{a}$ 的稳态值可以为正:即,负债 $\hat{d}$ 维持在资本量 $\hat{k}$ 之下。然而,足够高的 ρ(或 x、θ)值可使得轨迹 $\dot{\hat{c}}=0$ 的斜率为负,进而 $\hat{a}$ 的稳态值为负。换言之,$\hat{d}>\hat{k}$ 适用于非常缺乏耐心的经济体。在这些情况下,借款者把一部分工资现值用作抵押品。

---

① 如果轨迹 $d\hat{c}/dt=0$ 的斜率为正,但是没有超过轨迹 $d\hat{a}/dt=0$ 的斜率,那么我们可以证明 $\hat{c}$ 将永远增加。该结果与固定的世界利率 r 的假设不一致。

给定 r 和国家 $i = 1, \cdots, M$ 的参数值,我们能从图 3.6 中找到一系列对应的 $\hat{a}_i$。根据条件 $f'(\hat{k}_i) = r + \delta$,我们也能确定一系列 $\hat{k}_i$。在完全稳态均衡的情况下,世界利率 r 将使得 $\hat{a}_i$(以各国有效劳动力为权重)之和等于 $\hat{k}_i$(权重类似)之和。

有限时域框架具有吸引力的原因是,基本参数不同的不同经济体可以共享一个资本市场,而不会出现这种现象:$\hat{c}_i$ 趋于零对所有国家(除最有耐心的国家外)都成立。然而,该模型表明,$\hat{k}_i$ 和 $\hat{y}_i$ 的收敛速度都将是正无穷。为避免该结论,我们将此前考虑过的关于信贷约束的分析与有限时域模型相结合。如果我们在带有信贷约束的模型中把 $\hat{k}_i$ 看作广义资本 $\hat{k}_i + \hat{h}_i$,那么很容易就可以得到我们想要的结果。

如果给定 $(\hat{k}^*)_{开放}$,那么图 3.6 中稳态值 $\hat{a}_i$ 高的国家最终将不受信贷市场的约束,而那些稳态值 $\hat{a}_i$ 低的国家最后会受其约束。因此,ρ_i、x_i、p_i、n_i 和 θ_i 相对较高的国家倾向于受信贷约束。因此,除缺乏耐心的国家(ρ_i 和 θ_i 值高)外,受信贷约束的国家还包括那些在稳态中快速增长的国家(x_i 和 n_i 高)和那些高死亡率的国家(p_i 高)。

面临信贷约束的开放经济体的有限时域模型有这样的结论:所有国家的 $\hat{c}_i$ 和 $\hat{a}_i$ 都为正;而且,只有一些国家在稳态时会受到信贷约束。对这些受到约束的国家而言,如前一节所述,$\hat{k}_i$ 和 $\hat{y}_i$ 在稳态附近的收敛速度是有限的。然而,对于不受约束的国家而言,$\hat{k}_i$ 和 $\hat{y}_i$ 的收敛速度仍为无穷大。为避免该结果,我们可以引入此前考虑过的关于投资的调整成本。

3.7 一些结论

我们首先扩展了拉姆齐模型,引入税收和公共支出。对资本收入征税倾向于抑制资本形成,而产品和服务的政府购买倾向于挤出私人消费。

接着,我们引入关于投资的调整成本,我们认为它对人力资本的积累有重要影响。调整成本意味着资本和产出的收敛速度是有限的,即使世界资本市场运作完美,且居户具有无限时域。然而我们提出,仅凭调整成本无法解释经验观测得到的缓慢收敛速度。而且,调整成本模型不能消除消费和资产在开放经济设定中的异常行为。

然后,我们开始了一项看似简单的任务:通过引入国际借贷将拉姆齐模型扩展到开放经济体。然而,这种扩展带来了一些与事实不符的结论:资本存量和产出的收敛速度为无穷大;除最有耐心的国家外,消费(每单位有效劳动)趋于零,且资产为负。最有耐心的国家将逐渐占有了一切,并几乎将消费掉世界的所有产出。

我们考虑对拉姆齐模型做几个修改,以消除这些不合理的结论。不完善的国际信贷市场中,在那些实际上受借贷能力约束的国家,资本和产出不存在无穷大的收敛速度。此外,资产保持为正,而且在这些国家中,每单位有效劳动所占有的消费不会趋于零。不过,我们考察过的那个模型隐含着一个违背事实的结论:除最有耐心的国家之外,所有国家最终都将受到信贷约束。

我们考虑一个新的模型,在该模型中,个人具有有限视界,且新生人口不断进入经济体。资产积累实际上提高了国家的时间偏好率。(对个人而言,偏好参数恒定。该结果来自对所有个人的加总,这些个人在资产和消费水平上存在差异。)因此,即使不存在信贷市场约束,有效时间偏好率的变化将使得最具耐心的国家不去积累全世界的财富。类似地,相对缺乏耐心的国家的有效工人人均消费不会趋于零。

当我们将有限视界框架与不完善的信贷市场相结合,我们发现,长期均衡将国家分为两类:一类是借贷能力实际上未受约束的国家;另一类是借贷能力受有效约束的国家。很多国家——具有不同的偏好参数——在国际信贷市场都不受约束,因此这些结论很吸引人。此外,对受信贷约束的国家而言,资本和产出的收敛速度是有限的。然而,还存在一个问题:对不受信贷约束的国家而言,资本和产出的收敛速度仍然为无穷大。如果我们再次引入投资的调整成本,尤其是在人力资本方面的调整成本,那么最后这个与事实不符的预测将会被消除。

在现阶段,我们尚不能说拉姆齐模型在开放经济体中的应用已经做到了尽善尽美。然而,本章介绍的各种分析让我们离该目标更近了一步。具体来讲,这些修改放在一起可以解释所观察到的资本存量和产出的缓慢收敛,同时避免关于消费和资产的违背事实的预测。

3.8 附录:叠代模型

本章正文介绍了由 Blanchard(1985)提出的有限时域居户模型。该模型基本上是对 Samuelson(1958)和 Diamond(1965)最先提出的叠代(overlapping-generations,OLG)模型的一个简化处理。本附录介绍了 OLG 模型的结构,并从这些模型得到一些结论。

3.8.1 居户

最流行的 OLG 框架假定每个人都只活两个阶段:第一阶段的人们处于年轻时期,他们在这一阶段工作;第二阶段的人们处于老年期,他们在该阶段退休然后死亡。为了将这个框架与真实世界相关联,我们必须将每代的时间跨度设为 30 年。由于人们在生命的两个阶段都需要消费,所以他们必须在第一个阶段储蓄,以为第二个阶段的消费买单(如果我们假设居户无法从政府或不同辈的人那里得到转移支付)。

我们将时点 t 出生的人看作第 t 代。这一代的人在 t 时期处于年轻阶段,而在 $t+1$ 时期处于老年阶段。因此,在 t 时期,第 t 代的年轻人与第 $t-1$ 代的老年人相互交叠。在任一时期,只存在两代人。只考虑两代人能简化消费和其他变量的加总①。

　　每个人都最大化其一生的效用,它取决于生命两阶段的消费。这里有一个重要的假定:人们不关心自己死后的事情;特别地,父母与子女之间不存在利他主义,因而不会有任何形式的遗产留给下一代。我们假定一生效用函数的形式是时间离散的,与拉姆齐模型中的假定类似:

$$U_t = \frac{c_{1t}^{1-\theta} - 1}{1-\theta} + \left(\frac{1}{1+\rho}\right) \cdot \left(\frac{c_{2t+1}^{1-\theta} - 1}{1-\theta}\right) \tag{3.94}$$

其中,$\theta > 0$,$\rho > 0$,c_{1t} 是第 t 代人年轻时的消费,c_{2t+1} 是第 t 代人年老时(即在 $t+1$ 时期)的消费。

　　我们现在考虑一个在时点 t 出生的个人。由于上一代人不关心这个人,所以我们假定他出生时资产为零。他在年轻的时候提供 1 单位劳动可获得工资收入 w_t(劳动供给与工资收入之间不存在弹性)他在年老时不工作。如果 s_t 为 t 时期的储蓄量,那么 t 时期的预算约束是:

$$c_{1t} + s_t = w_t \tag{3.95}$$

　　在 $t+1$ 时期,此人将消费前一时期的储蓄及其利息:

$$c_{2t+1} = (1+r_{t+1}) \cdot s_t \tag{3.96}$$

其中,r_{t+1} 是 t 到 $t+1$ 这一时间段所获得的利息。式(3.96)含有这样的观点,因为个人不关心他们的后代,所以他们选择在死亡时留下的资产数为零。如果我们引入借贷($s_t < 0$),那么我们必须为信贷市场引入一个约束——假定人们死亡时没有负债。

　　每个个人都面临给定的 w_t 和 r_{t+1},并在式(3.95)和式(3.96)的约束下选择 c_{1t} 和 s_t,以最大化式(3.94)中的效用。我们用式(3.95)和式(3.96)来替代式(3.94)效用函数中的 c_{1t} 和 s_t,并求关于 s 的一阶条件 $\partial U / \partial s_t = 0$,可得:

$$(s_t)^{-\theta} \cdot (1+r_{t+1})^{1-\theta} = (1+\rho) \cdot (w_t - s_t)^{-\theta} \tag{3.97}$$

如果我们利用式(3.95)、式(3.96)和式(3.97),那么我们可以得到:

$$c_{2t+1}/c_{1t} = [(1+r_{t+1})/(1+\rho)]^{1/\theta} \tag{3.98}$$

该表达式是与拉姆齐模型中的常见关系——由式(2.24)得到的 $(1/c) \cdot (dc/dt) = (1/\theta) \cdot (r - \rho)$——对应的离散时间关系。

　　式(3.97)意味着储蓄率可以写成:

$$s_t = w_t / \psi_{t+1} \tag{3.99}$$

其中,$\psi_{t+1} \equiv [1 + (1+\rho)^{1/\theta} \cdot (1+r_{t+1})^{-(1-\theta)/\theta}] > 1$。$s_t$ 取决于 w_t,且 r_{t+1} 可以表示为:

---

① 在文中提到的 Blanchard(1985)模型中,因为各年龄段的个人都具有相同的财富的消费倾向,所以总消费函数比较简单。于是,总消费是总财富的简单函数。在 OLG 模型中,不同辈的个人具有不同的消费倾向和财富量。然而,加总是简单的,因为每个时点只生活着两代人。

$$s_w \equiv \partial s_t / \partial w_t = 1/\psi_{t+1}$$

$$s_r \equiv \partial s_t / \partial r_{t+1} = \left(\frac{1-\theta}{\theta}\right) \cdot \left[\frac{1+\rho}{1+r_{t+1}}\right]^{1/\theta} \cdot s_t / \psi_{t+1}$$

注意，$0 < s_w < 1$，而且如果 $\theta < 1$，则 $s_r > 0$；如果 $\theta > 1$，则 $s_r < 0$；如果 $\theta = 1$，则 $s_r = 0$。

3.8.2　企业

企业具有常见的新古典生产函数：

$$y_t = f(k_t) \tag{3.100}$$

其中，$y_t \equiv Y_t / L_t$ 和 $k_t \equiv K_t / L_t$ 是工人人均产出和资本。（我们可以忽略技术进步——即 $x = 0$——因为它不会改变我们的主要结论）因为每个年轻人只工作 1 单位时间，所以变量 L_t 是经济体中的年轻人总人数。注意，我们假定 t 时期的资本存量在该时期是有效率的。也就是说，不存在生产不足，以及资本利用不足。与第 2 章一样，竞争性企业会追求标准意义上的利润最大化，而那会使得净边际产出等于要素价格：

$$w_t = f(k_t) - k_t \cdot f'(k_t) \tag{3.101}$$

$$r_t = f'(k_t) - \delta \tag{3.102}$$

其中，δ 为折旧率。

3.8.3　均衡

我们假设了一个封闭经济体，所以居户资产——在一个时期的起点完全被上一代成员所持有——等于资本存量。净投资总量等于总收入减去总消费：

$$K_{t+1} - K_t = w_t L_t + r_t K_t - c_{1t} L_t - c_{2t} L_{t-1} \tag{3.103}$$

其中，L_{t-1} 是在 $t-1$ 时出生的人口数量，他们都在 t 时成为老人。如果我们将式（3.101）和式（3.102）中的 w_t 和 r_t 代入式（3.103），可得经济体的资源约束：

$$K_{t+1} - K_t = F(K_t, L_t) - C_t - \delta K_t \tag{3.104}$$

其中，$C_t = c_{1t} L_t + c_{2t} L_{t-1}$ 是总消费，即，青年人的总消费 $c_{1t} L_t$ 与老年人的总消费 $c_{2t} L_{t-1}$ 之和。

如果我们利用式（3.95）和式（3.96）替代式（3.103）中的 c_{1t} 和 c_{2t}，可得[1]：

---

[1] 将式（3.95）和式（3.96）代入式（3.103）可得差分方程 $K_{t+1} = s_t L_t + (1+r_t) \cdot (K_t - s_{t-1} L_{t-1})$。我们须设定一个经济起点时的初始资本存量 K_1，它被 1 时期的 L_0 个老年人所持有。这些老年人消费 $c_{21} L_0 = (1+r_1) \cdot K_1$。这个条件，结合式（3.95）和式（3.96），可推出 $K_2 = s_1 L_1$。于是，由该差分方程可推出对所有 $t \geq 2$，$K_{t+1} = s_t L_t$ 成立。

$$K_{t+1} = s_t L_t \tag{3.105}$$

也就是说，年轻人的储蓄等于下一时期的资本存量。该结论之所以成立是因为老年人希望在死亡时不留下资产（因为他们不关心自己的下一代）。因此，他们将其所有的资本存量卖给了下一代年轻人。因此，老年人持有的所有资本，以及资本的任何净增加，年轻人必须用自己的储蓄购买。

注意，t 时期的储蓄成为 $t+1$ 时期的资本。如果我们将一个时期设定为 30 年，那么式（3.105）表明，未被消费的产出在 30 年后将会用于生产。这种并不现实的滞后结构是生命只有两期的叠代模型的令人不满意的副产品。这种结构也意味着，我们必须将各种变量（如 r_t 和 δ）按每代人，而不是每年，来计算。例如，6% 的年利息率对应于 5.0 的 r_t 值，而 5% 的年折旧率对应于 0.78 的 δ 值。

假定人口增长率恒定不变，那么 $L_{t+1}/L_t = 1+n$。（1% 的年人口增长率对应于 0.35 的 n 值。）我们可以用人均值来表示式（3.105）：

$$k_{t+1} \equiv K_{t+1}/L_{t+1} = s_t/(1+n)$$

将式（3.99）代入上式，可得：

$$k_{t+1} \cdot (1+n) = w_t/\psi_{t+1} \tag{3.106}$$

如果我们用式（3.99）之下出现的表达式替代 ψ_{t+1}，可得：

$$k_{t+1} \cdot (1+n) \cdot \{1+(1+\rho)^{1/\theta} \cdot [1+r(k_{t+1})]^{(\theta-1)/\theta}\} = w(k_t) \tag{3.107}$$

其中，$r(k_{t+1})$ 由式（3.102）决定，$w(k_t)$ 由式（3.101）决定。

式（3.107）是关于 k_t 的非线性差分方程。对于任何的 k_t 值，该等式都能给出明确的均衡值 k_{t+1}[①]。因此，给定初始值 k_t，式（3.107）可以描述资本量的未来路径。

式（3.107）只对生产和效用函数的特殊情况存在闭合形式的解。例如，如果效用为对数形式（$\theta = 1$），那么式（3.107）中左边大括号中的表达式将变成 $2+\rho$。那么，差分方程可简化为：

$$k_{t+1} = [f(k_t) - k_t \cdot f'(k_t)]/[(1+n) \cdot (2+\rho)] \tag{3.108}$$

稳态 为计算稳态资本密度，令式（3.107）中的 $k_{t+1} = k_t = k^*$，可得：

$$(1+n) \cdot \{1+(1+\rho)^{1/\theta} \cdot [1+f'(k^*)-\delta]^{(\theta-1)/\theta}\} = f(k^*)/k^* - f'(k^*) \tag{3.109}$$

我们可以借助柯布—道格拉斯生产函数 $f(k_t) = Ak_t^\alpha$，来考察 k^* 的决定过程。在这种情况下，式（3.109）可简化为：

$$(1+n) \cdot \{1+(1+\rho)^{1/\theta} \cdot [1+\alpha A \cdot (k^*)^{\alpha-1}-\delta]^{(\theta-1)/\theta}\} = (1-\alpha) \cdot A \cdot (k^*)^{\alpha-1} \tag{3.110}$$

---

① 该均衡值可能唯一，也可能不唯一。参见下一小节。

如果我们将 z^* 定义为资本的平均总产出——也就是说，$z^* \equiv A \cdot (k^*)^{\alpha-1}$ ——那么，式(3.110)可改写成：

$$(1+n) \cdot \{1 + (1+\rho)^{1/\theta} \cdot [1 + \alpha z^* - \delta]^{(\theta-1)/\theta}\} = (1-\alpha) \cdot z^* \quad (3.111)$$

通过将式(3.111)左右两边描绘成关于 z^* 的函数，我们在图 3.7 中确定 z^*。等式右边是穿过原点且斜率为 $1-\alpha$ 的直线。等式左边的轨迹形状取决于 θ 等于、大于还是小于 1。这三种情况分别表示在图 3.7 的三个小图中。

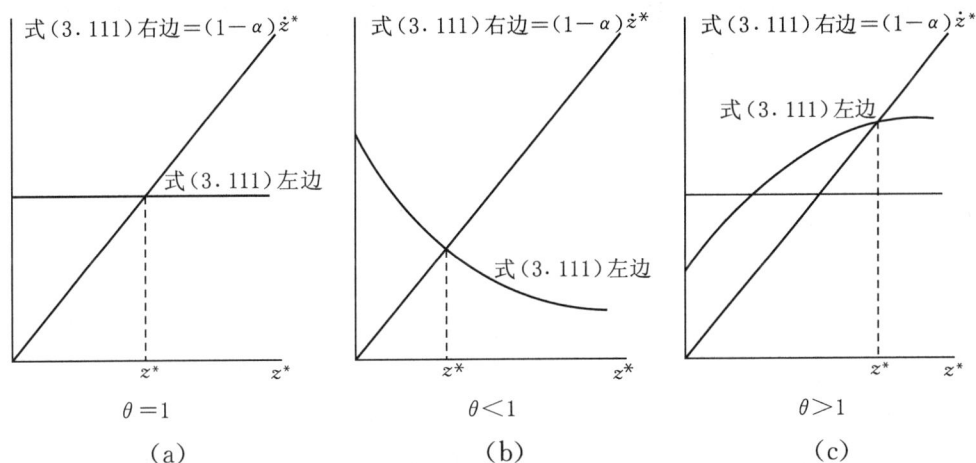

注：式(3.111)决定了具有柯布—道格拉斯技术的叠代模型中稳态资本的平均总产出 z^*。图中从原点出发的直线表示等式右边的轨迹。三幅图分别描绘了 $\theta = 1$、$\theta < 1$ 和 $\theta > 1$ 时等式左边的轨迹。在每种情况下，稳态存在且唯一。

图 3.7 OLG 模型中稳态值的决定过程

如果效用是对数形式，且 $\theta = 1$，那么如图 3.7 中的图(a)所示，式(3.111)左边的轨迹是位于 $(1+n) \cdot (2+\rho) > 0$ 的水平线。该直线在正值 $z^* = (1+n) \cdot (2+\rho)/(1-\alpha)$ 处穿过 $(1-\alpha) \cdot z^*$。因此，稳态资本存量存在且唯一。这种情况下的稳态资本密度为：

$$k^* = \left[\frac{A \cdot (1-\alpha)}{(1+n) \cdot (2+\rho)} \right]^{1/(1-\alpha)} \quad (3.112)$$

当 $\theta < 1$，则图 3.7 中的(b)图成立。式(3.111)中的左边是关于 z^* 的反函数。该函数具有正截距，且当 z^* 趋于正无穷时，函数趋于 $1+n$。与等式右边的直线轨迹 $(1-\alpha) \cdot z^*$ 的交点出现在唯一的正值 z^* 处。因此，稳态资本存量存在且唯一。

当 $\theta > 1$，则图 3.7 中的(c)图成立。式(3.111)中的左边是关于 z^* 的增函数。截距为正，且当 z^* 趋于无穷时，斜率单调递减并趋于 0。因此，与等式右边的直线轨迹 $(1-\alpha) \cdot z^*$ 的交点出现在唯一的正值 z^* 处。

黄金律和动态效率 第 1 章中的索洛—斯旺模型中可能存在过度储蓄，现在我们来考虑叠代经济体中能否出现这种过度储蓄。回顾前文，过度储蓄之所以会出现于索洛—斯旺模型，是因为它任意假定了一个储蓄率。过度储蓄不会出现于

第 2 章的拉姆齐模型中，在该模型中，无限寿命的居户可最优化储蓄。让人意外的是，在 OLG 模型中，虽然居户最优化地选择储蓄率，过度储蓄仍可能出现。因为虽然居户具有有限视界（对应于两阶段的生命周期），但经济体是无限延伸的，所以这种可能性存在。

为估计这种过度储蓄的可能性，我们首先计算能带来最大稳态人均消费的资本密度。在某一时间点，总消费 $C_t \equiv c_{1t} \cdot L_t + c_{2t} \cdot L_{t-1}$。由于总人口等于 $L_t + L_{t-1}$，所以人均消费等于 $C_t/(L_t + L_{t-1})$。因为 $L_{t-1} = L_t/(1+n)$，所以这个关于人均消费的表达式是工人人均消费 $c_t \equiv C_t/L_t$ 的 $(1+n)/(2+n)$ 倍。因此，人均消费的最大化相当于工人人均消费的最大化。

为得到工人人均消费的稳态水平，我们可以将式（3.111）两边同除以 L_t，得到：

$$k_{t+1} \cdot (1+n) - k_t = f(k_t) - c_t - \delta k_t \tag{3.113}$$

在稳态时，$k_{t+1} = k_t = k^*$。工人的人均稳态消费 c^* 由下式决定：

$$c^* = f(k^*) - (n+\delta) \cdot k^* \tag{3.114}$$

因此，当 $k^* = k_g$ 且 $f'(k_g) = n+\delta$ 时，也就是说，在第 1 章所描述的黄金率值的位置上时，最大化的 c^* 出现。即使对于简单的效用函数和生产函数，也很容易证明经济的稳态值 k^* 不会出现在 $k^* > k_g$ 的动态无效率区域。

我们考虑对数效用（$\theta = 1$）和柯布—道格拉斯技术的情况。由式（3.112）可知，在这种情况下，稳态资本密度决定于 $k^* = [\{A \cdot (1-\alpha)\}/\{(1+n) \cdot (2+\rho)\}]^{1/(1-\alpha)}$。而黄金律值为 $k_{黄金律} = [\alpha A/(n+\delta)]^{1/(1-\alpha)}$。因此，稳态资本密度超过黄金律值（因而经济体处于动态无效区域）的条件为：

$$\frac{1-\alpha}{(1+n) \cdot (2+\rho)} > \frac{\alpha}{n+\delta} \tag{3.115}$$

因此，过度储蓄在下列三种条件之一满足时更有可能出现：时间偏好率 ρ 和人口增长率 n 都很小；折旧率 δ 很大；资本份额 α 很小。如果 α 接近于 1，那么过度储蓄不会出现（因为这时工资趋近于 0，且年轻人没有什么储蓄能力）。

如果我们考虑传统的参数值，如 $n = 0.35$，$\rho = 0.82$ 且 $\delta = 0.78$（对应的每年的比率分别为 0.01，0.02 和 0.05），那么式（3.115）中的条件变为 $\alpha < 0.32$。也就是说，只有当资本份额为 1/3 或更小时，无效的过度储蓄才会出现。我们此前曾论证，如果将人力资本纳入考虑，那么高得多的资本份额也是合理的。例如，如果 $\alpha = 0.75$，那么在合理的参数设定下，OLG 框架中出现过度储蓄值是不可能的。

动态 OLG 经济体的动态源自式（3.107）。我们首先考虑如式（3.108）所示的对数效用（$\theta = 1$）的情况。如果我们也假定柯布—道格拉斯生产函数 $f(k) = Ak^\alpha$，那么式（3.108）变成：

$$k_{t+1} = (1-\alpha) \cdot Ak_t^\alpha/[(1+n) \cdot (2+\rho)] \equiv \Omega(k_t) \tag{3.116}$$

图 3.8 表明了 $\Omega(k_t)$ 所示的 k_{t+1} 和 k_t 之间的关系。当 $k_t = 0$ 时，$\Omega(k_t)$ 的斜率为无

穷；当 k_t 趋于无穷时，$\Omega(k_t)$ 的斜率递减并趋于 0。函数 $\Omega(k_t)$ 在稳态值 k^* 的位置穿过 45 度直线。在这种情况下，随着时间的推进，资本存量单调趋近于其唯一的稳态值。换言之，稳态是稳定的。原因是，曲线 $\Omega(k_t)$ 始终向上倾斜，且从上方穿过 45 度直线。

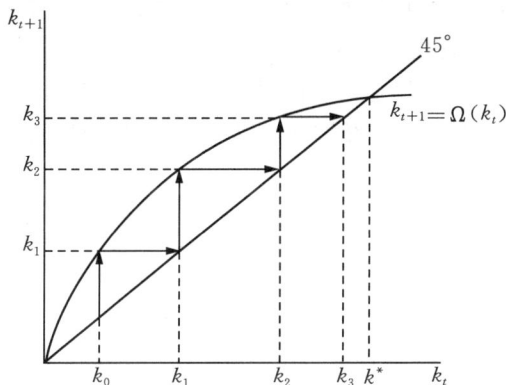

注：式（3.116）描绘了具有对数效用和柯布—道格拉斯技术的叠代模型中的动态。式（3.116）和图中的函数 $\Omega(k_t)$ 决定了与各 k_t 值对应的 k_{t+1} 值。如果经济体开始于 k_0，它将遵循图中所示的序列：$k_1, k_2, \cdots\cdots$

图 3.8　OLG 模型的动态

对一般生产函数和效用函数而言，OLG 模型的动态可能会更复杂。也存在这样的例子，当穿过 45 度直线后，曲线 $\Omega(k_t)$ 还会向下倾斜。在这种情况下，经济体可能表现为周期性，而且稳态的稳定性也无法保证[①]。

利他主义、遗赠和无限时域　　OLG 模型中的重要假设是，因为人们不关心下一代，所以个人只有有限时域。相反地，我们现在假定人们重视其后代的幸福（参阅 Barro，1974）。如果父母和子女之间的利他主义强烈到足以产生代际转移——也就是说，如果典型个人最终不会选择转移为零的角点解——这种有限视界的影响会逐渐消失。特别地，如果代间的利他主义是强烈的，那么我们实际上回到了第 2 章所讨论的无限时域的拉姆齐模型。

引入利他主义的一个方法就是假定在时点 t 出生的人既能从一生消费中获得效用，又能从预期的子女所得到的效用中获得效用。例如，我们可以有：

$$U_t = \frac{c_{1t}^{1-\theta}-1}{1-\theta} + \left(\frac{1}{1+\rho}\right)\cdot\left(\frac{c_{2t+1}^{1-\theta}-1}{1-\theta}\right) + \left(\frac{1+n}{(1+\rho)\cdot(1+\phi)}\right)\cdot U_{t+1}$$

$$(3.117)$$

等号右边的前两项与式（3.94）中的相同，表示从生命两阶段中的消费中所获得的

---

① 然而，这种潜在的周期性取决于离散时间设置。对于单个家庭而言，这种离散性是合理的，因为它表现了一代人的寿命。但是，从总量水平上看，处于不同生命周期的家庭的加总将消除这种离散性。如果这种加总模型涉及单个状态变量——如总资本存量——周期将无法出现。

效用。等式最右边的那项涉及预期下一代所获得的效用 U_{t+1}。该效用将取决于后代在生命的两阶段中的消费和后代们的下一代的效用。

式(3.117)中的 U_{t+1} 乘上了后代的人数 $1+n$，还被两项所贴现。第一个贴现项 $1+\rho$ 的出现是因为预期效用在下一代身上显现。从这一角度来看，它相当于老年人的消费 c_{2t+1}。第 2 个贴现项的出现是因为人们无法用计算他们自己的消费那样来计算其子女的预期效用。预期子女效用部分地源自对其孩子们的预期消费。特别地，如果 $\phi > 0$，那么父母是自私的，因为如果父母年老时的消费等于子女们年轻时的消费，那么父母更倾向于增加自己老年阶段的消费，而非子女们年轻阶段的消费。

如果我们用式(3.117)不断替代 U_{t+1}，U_{t+2} 等等，那么效用可以表示为各代青年期消费和老年期消费的远期(forward)加权总和

$$U_t = \sum_{i=0}^{\infty} \left(\frac{1+n}{(1+\rho) \cdot (1+\phi)} \right)^i \cdot \left[\frac{c_{1t+i}^{1-\theta}-1}{1-\theta} + \left(\frac{1}{1+\rho} \right) \cdot \left(\frac{c_{2t+1+i}^{1-\theta}-1}{1-\theta} \right) \right]$$

(3.118)

为了在 c_{1t+i} 和 c_{2t+i} 恒定时使效用有界，我们必须引入条件 $1+n < (1+\rho) \cdot (1+\phi)$。

令 b_t 是时期 t 出生的各后代所接受的代际转移。那么，老年人在时期 t 所转移出来的数量为 $(1+n) \cdot b_t$。根据式(3.95)和式(3.96)，关于两阶段生命的预算约束应被改写成:

$$c_{1t} + s_t = w_t + b_t \tag{3.119}$$

$$c_{2t+1} + (1+n) \cdot b_{t+1} = (1+r_{t+1}) \cdot s_t \tag{3.120}$$

注意，我们已经构建了转移。所以当上一代仍健在，并支持下一代年轻阶段的消费时，转移就发生了。现在的新要素是，人们具有两个收入来源:年轻时的工资收入和父母的转移(如果 $b_t > 0$)。人们在年老时也有两个途径消费其资源:消费和转移给年轻人。

在存在转移 b_t，并对每代人都引入式(3.119)和式(3.120)作为约束的情况下，第 t 代年轻人最大化式(3.118)中的效用。我们假定约束 $b_{t+i} \geqslant 0$ 对所有 $i \geqslant 0$ 都成立，也就是说，父母不能要求子女提供转移。如果 $b_{t+i} \geqslant 0$ 并非对所有 $i \geqslant 0$ 都具有约束力，那么该问题较容易解决。我们在这里只处理这样的情况。[关于这些限制和子女向父母提供反向转移的讨论，请参阅 Weil(1987)和 Kimball(1987)。]

式(3.118)中关于效用函数的设定意味着，最优化问题的表达式不会随着老一代人的死亡和新一代的出生而有所改变。也就是说，各时期消费的相对权重不会随着新一代的出生而改变。因此，我们可以认为第 t 代成员可以在时期 t 保证他们后代所做的选择。

推导一阶条件的一个简便方法是用式(3.119)和式(3.120)替换式(3.118)中的 c_{1t}、c_{2t+1}、c_{1t+1} 等，接着通过 s_t 和 b_{t+1} 来最大化。于是一阶条件可以被表达为:

$$\frac{c_{2t+1}}{c_{1t}} = \left(\frac{1+r_{t+1}}{1+\rho}\right)^{1/\theta} \qquad (3.121)$$

$$\frac{c_{2t}}{c_{1t}} = (1+\phi)^{1/\theta} \qquad (3.122)$$

式(3.121)刻画了人们生命周期内的消费分配,与式(3.98)有相同的形式。式(3.122)将时期 t 的父辈消费和子辈消费联系起来。只要自私参数 ϕ 不为零,那么这些消费水平就会不同。特别地,如果 $\phi > 0$,那么孩子们在年轻时的消费要小于他们父母们在年老时的消费。

式(3.121)和式(3.122)一起可以计算各时期的工人人均消费 c_t[①]:

$$\frac{c_{t+1}}{c_t} = \frac{c_{1t+1}}{c_{1t}} = \frac{c_{2t+1}}{c_{2t}} = \left[\frac{1+r_{t+1}}{(1+\phi)\cdot(1+\rho)}\right]^{1/\theta} \qquad (3.123)$$

这个结果是与拉姆齐模型中关于 c_t 变动的标准解对应的离散时间解。唯一的区别是,折旧因子中含有纯时间偏好 ρ 和自私参数 ϕ。现在,纯时间影响可以为 0——也就是说,$\rho = 0$ 是令人满意的——且贴现只反映父母的自私($\phi > 0$)。

式(3.123)可以与式(3.113)中经济体的预算约束一起确定 k_t 和 c_t 的动态。然而,对该系统的检验表明,它类似于时间离散型的拉姆齐模型。由于关于 k_t 和 c_t 的动态表达式与拉姆齐模型中的相同——除了转变成了离散时间——所以结论也相同。特别地,其稳态和转移动态性质良好,而且均衡一定是动态有效的。因此,如果利他主义强大到足以确保代际转移存在一个内解,那么 OLG 结构和有限寿命的假设对经济体的演变无法提供新观点。

3.9 习题

3.1 随时间变化的消费税率 在最初框架下,政府不对资本收入、政府购买产品和服务征税—— $\tau_a = \tau_f = G = 0$ ——而且消费税率 τ_c 恒定不变。假定政府转入到 τ_c 上升的路径,然而维持 $\tau_a = \tau_f = G = 0$ 不变。该变化将如何影响居户关于消费增长的一阶条件?该变化如何影响经济体的均衡?转变到随时间变化的消费税率是个好主意吗?

3.2 生产函数中的公共服务 假定生产函数为

$$\hat{y} = f(\hat{k}, \tilde{g})$$

其中,$\tilde{g}$ 是公共服务流。在下列情况下,分析 $\tilde{g}$ 的路径对经济体的影响:

a. $\tilde{g} = \hat{g}$ 且 G/Y 保持恒定。

---

① 根据式(3.121)和式(3.122),可得到式(3.123)中关于 c_{1t} 和 c_{2t} 的结论。关于 c_{1t} 的结论之所以会成立,是因为 $c_t = [(1+n)c_{1t} + c_{2t}]/(1+n)$,且 c_{1t} 与 c_{2t} 的比例等于式(3.122)[原书为"式(3.129)"。——译者注]所示的常量。

b. $\widetilde{g} = G$ 且 G/Y 保持恒定。

3.3 国际分工和多元化（基于 Ventura，1997） 假设每个小经济体都能生产两种半成品 X_1 和 X_2，以及一种可以被用于消费和投资的最终商品 Y。生产函数是：

$$X_1 = (K_1)^{\alpha_1}(L_1)^{1-\alpha_1} \tag{1}$$

$$X_2 = (K_2)^{\alpha_2}(L_2)^{1-\alpha_2} \tag{2}$$

$$Y = (X_1)^{\alpha_3}(X_2)^{1-\alpha_3} \tag{3}$$

其中，α_1，α_2 和 $\alpha_3 > 0$；K_1 和 L_1 是生产 X_1 的部门所雇用的国内资本和劳动的数量；K_2 和 L_2 是生产 X_2 的部门所雇用的国内资本和劳动的数量；$K_1 + K_2 = K$；$L_1 + L_2 = L$。同以前一样，最终产出 Y 可以被用于 C 和扩张 K。总劳动 L 是恒定不变的。半成品可以在世界市场上以恒定价格 p 交易（以 X_1 来衡量每单位的 X_2）。最终产品 Y，以及 C 和 K 不能在国际市场上交易。这里不存在世界信用市场，所以每个国家 X_1 的销售或购买必须等于其 X_2 的购买或销售。在式（3）中，用于生产 Y 的 X_1 和 X_2 的数量等于国内生产的数量［根据式（1）和式（2）］加上从国外购买的净数量。

a. $k \equiv K/L$ 处于何种区间时，国内经济体将会处于生产两种中间产品的"多元化阶段"？当 k 处于多元化阶段时，推导出资本租金率 R 和工资率 w 的表达式。（注意，在不存在要素流动的情况下，要素价格均衡通过商品流动来实现。）

b. 假定 k 增加，但是却不足以使得经济体偏离多元化范围。为什么 k 的增加未带来递减收益？［注意：该结论是罗伯津斯基定理（Rybczinski，1955）的一个应用。］

c. 假定无限视界的消费者来处理拉姆齐最优化问题。假定 p 恒定，推导出 c 和 k 的移动规律。

d. 假定世界上存在很多同质的小国家，彼此之间只有 $k(0)$ 不同。此外，假定所有国家都处于多元化生产阶段。推导出 p 的均衡路径，并推导出世界 c 和 k 移动的规律。这些结果与 c 中的结果有哪些联系？

3.4 国际信用约束（基于 Cohen and Sachs，1986） 假定国家 i 可以在世界信贷市场上以恒定实际利率 r 借贷。然而，该国最多只能借到其资本存量的 $\lambda \geqslant 0$ 部分，所以

$$d_i \leqslant \lambda k_i \tag{1}$$

因为 $d_i = k_i - a_i$ ［式（3.1）］，所以由式（1）可得：

$$a_i \geqslant (1-\lambda) \cdot k_i \tag{2}$$

假定本国经济体具有通常的无限视界的消费者，且 $\rho_i + \theta_i x_i > r$。国家初始时资产为 $a_i(0)$ 且资产充裕，所以初始时式（2）不具有约束力。

a. 如果式（2）不具有约束力，那么一阶最优化条件是什么？将这些条件与 3.4.3 节中所讨论的条件相比较。

b. 证明:式(2)在一个有限的时点,将变得具有约束力。接着,在式(2)具有约束力的情况下,用式(3.50)求 $\hat{k}$ 的表达式。当式(2)具有约束力时,$\dot{c}/\hat{c}$ 的表达式是什么? 分别在 $\lambda = 1$,$\lambda = 0$ 和 $0 < \lambda < 1$ 的情况下,试阐述该结论的经济意义。

c. $\hat{k}$ 的稳态值是什么,且该值如何取决于 λ 和 r?

d. 参数 λ 如何影响转移动态?

3.5　拉姆齐模型中的调整成本(基于 Abel and Blanchard,1983)　考虑本章得出的调整成本模型。假定消费者具有常见的拉姆齐偏好,但没有假定恒定的利率,考虑封闭经济体的均衡。

a. 用 q,i/k,$\dot{c}/c$ 和 k 表示 $\dot{q}$。

b. 用相位图推导出 i/k 和 k 的动态。(注意:i/k 处理起来要比 q 更容易。)

3.6　世界末日模型 Ⅱ　假定该拉姆齐模型与第 2 章所描述的一样,除了假设效用是对数形式($\theta = 1$)且所有人都认为世界在任何时点终结的可能性为 $p \geqslant 0$。也就是说,如果世界在时点 t 存在,那么世界在将来时点 T 仍存在的可能性为 $e^{-p \cdot (T-t)}$。

a. $\hat{k}$ 和 $\hat{c}$ 的转移表达式是什么? 这些方程式与第 2 章的式(2.23)和式(2.24)存在怎样的关系? 与从布兰查德(Blanchard,1985)模型中得到的式(3.89)和式(3.90)存在怎样的关系?

b. 修改图 2.1,使其能描述该经济体的转移路径。

c. 当 p 变小时,该转移路径与图 2.1 中的转移路径存在怎样的关系? 当 p 趋于 0 时呢?

3.7　有限时域模型中的财政政策　在如本章所述的封闭经济布兰卡德(1985)模型的背景下重新考虑习题 2.9。假定 $n = x = G = 0$,且从 B 恒定等于 $B(0)$ 的情况开始着手。

a. $B(0)$ 的变化会如何影响经济体的转移路径和稳态?

b. 假定 B 遵循某路径,并最终趋于一个常量。B 的路径会如何影响经济体的转移路径和稳态?

▶4

内生增长的单部门模型

如同在索洛—斯旺模型中一样,在拉姆齐模型中,稳态人均增长率等于假定的外生技术进步增长率 x。因此,尽管这些模型为研究转移动态提供了有意义的框架,但是它们却无助于我们理解人均收入长期增长的根源。

我们在第 1 章曾提到,构建内生增长理论的一个方法是消除资本收益递减的长期倾向。我们以资本收益保持不变的 AK 模型为一个简单例子进行了探讨。而且在我们考虑的这种技术下,虽然资本收益减少,但是却渐近地趋于一个正的常数。

在这一章中,我们通过将 AK 技术同居户和企业的最优化行为相结合,来开始我们的分析。这个框架产生了内生增长,而且同在拉姆齐模型中一样,产出是帕累托最优的。然而该框架存在一个问题:这种模型与收敛的经验证据不符。

AK 模型的一种解释是,资本应该被看作是广义的,应包含物质资本和人力资本在内。在 4.2 节中,我们将构造一个包含人力资本在内的简单模型,从而为前述对 AK 模型的解释给出了一个实例。

我们在第 1 章中曾提到,总量水平上的不变收益生产函数可以反映于中学和知识溢出。虽然 AK 技术可以支持内生增长,但是其结论却无法趋于帕累托最优,因为溢出构成了一种外部性。因此,这些模型对寻找合适的政府政策可以有指导意义。我们还将考察政府提供公共品的模型,并将表明这些模型对于增长和政府政策具有类似的指导意义。

在本章的最后,我们将分析在技术赋予资本的收益递减但渐近地趋于某正的常数时,具有最优化行为人的模型的转移动态。这些模型能将 AK 模型的内生增长特征与拉姆齐模型中的收敛趋势相结合。这样,关于收敛的经验证据可以适用于这种内生增长模型。

4.1 AK 模型

4.1.1 居户的行为

我们沿用第 2 章中的框架,在该框架下,无限寿命的居户最大化其效用。效用函数由下式给出：

$$U = \int_0^\infty \mathrm{e}^{-(\rho-n)t} \cdot \left[\frac{c^{(1-\theta)} - 1}{(1-\theta)} \right] \mathrm{d}t \tag{4.1}$$

其约束是：

$$\dot{a} = (r-n) \cdot a + w - c \tag{4.2}$$

其中，a 是人均资产，r 是利率，w 是工资率，且 n 是人口增长率。我们再次引入消除连环信式债务融资的约束：

$$\lim_{t \to \infty} \left\{ a(t) \cdot \exp\left[-\int_0^t [r(v) - n] \mathrm{d}v \right] \right\} \geqslant 0 \tag{4.3}$$

最优化条件仍为：

$$\dot{c}/c = (1/\theta) \cdot (r - \rho) \tag{4.4}$$

且横截条件为：

$$\lim_{t \to \infty} \left\{ a(t) \cdot \exp\left[-\int_0^t [r(v) - n] \mathrm{d}v \right] \right\} = 0 \tag{4.5}$$

4.1.2　企业的行为

这里与第 2 章唯一的区别是，企业具有线性生产函数：

$$y = f(k) = Ak \tag{4.6}$$

其中，$A > 0$。式(4.6)与新古典生产函数的区别是，资本的边际产出并非递减（$f'' = 0$），而且稻田条件不成立（具体来讲，当 k 趋于零或无穷时，$f'(k) = A$）。本章附录(4.7 节)将更普遍地证明，不满足稻田条件 $\lim_{k \to \infty}[f'(k)] = 0$ 是作为内生增长基础的关键要素。

我们在第 1 章指出，如在式(4.6)中那样假定资本在全球范围内不存在收益递减，看似不切实际，但是如果我们从广义上解释资本，将人力资本、知识、公共设施等纳入其中，那么该观点会变得更合情合理。本章将更详细地探讨对 K 的这些解释。

利润最大化的条件仍要求资本的边际产出等于租金价格 $R = r + \delta$。这里唯一的区别是，资本的边际产出是常量 A。因此我们有：

$$r = A - \delta \tag{4.7}$$

由于劳动的边际产出为零，所以对应的工资率 w 为零。（我们可将零工资率理解为未被人力资本所增大的原始劳动。）

4.1.3　均衡

与第 2 章一样，我们假定经济体是封闭的，所以 $a = k$ 成立。如果我们将 $a = $

将 k、$r = A - \delta$ 和 $w = 0$ 代入式(4.2)、式(4.4)和式(4.5),可得:

$$\dot{k} = (A - \delta - n) \cdot k - c \tag{4.8}$$

$$\dot{c}/c = (1/\theta) \cdot (A - \delta - \rho) \tag{4.9}$$

$$\lim_{t \to \infty} \{k(t) \cdot e^{-(A-\delta-n) \cdot t}\} = 0 \tag{4.10}$$

式(4.9)最显著的特征是,消费增长不取决于人均资本存量 k。换言之,如果 0 时的人均消费水平为 $c(0)$,那么 t 时的人均消费为:

$$c(t) = c(0) \cdot e^{(1/\theta) \cdot (A-\delta-\rho) \cdot t} \tag{4.11}$$

其中,初始消费水平 $c(0)$ 仍待定。

我们假定生产函数的效率足以确保 c 的增长,但是却不足以带来无穷大的效用:

$$A > \rho + \delta > (A - \delta) \cdot (1 - \theta) + \theta n + \delta \tag{4.12}$$

该条件的前半部分意味着 $\dot{c}/c > 0$。后半部分类似于第 2 章模型中的 $\rho + \theta x > x + n$,确保可获得的效用是有界的[1],且确保横截条件成立。

为计算资本的增长率和工人的人均产出,在式(4.8)两边同除以 k,可得:

$$c/k = (A - \delta - n) - \dot{k}/k$$

稳态中(根据定义,此时所有变量以不变速率增长),人均资本的增长率是不变的。所以,c/k 表达式的右边是恒定的。因此,c/k 是恒定的,且人均资本的增长率(进而,人均产出的增长率 y)等于式(4.9)中人均消费的增长率。注意,该论证只在稳态中成立:一般而言,在非稳态时,资本的增长率不太可能恒定,那样的话,比例 c/k 将不恒定。尽管如此,我们现在来证明,消费和资本(进而产出)在所有时点都以相同的速率增长。换言之,该模型不存在转移动态。

4.1.4 转移动态

为计算非稳态时的资本增长率,我们首先将式(4.11)中的 $c(t)$ 代入式(4.8),可得:

$$\dot{k} = (A - \delta - n) \cdot k - c(0) \cdot e^{(1/\theta) \cdot (A-\delta-\rho) \cdot t}$$

---

[1] 为证明该结论,将式(4.11)中的 $c(t)$ 代入效用函数,可得:$U = [1/(1-\theta)] \cdot \int_0^\infty e^{-(\rho-n) \cdot t} \cdot [c(0)^{1-\theta} \cdot e^{[(1-\theta)/\theta] \cdot (A-\delta-\rho) \cdot t} - 1] dt$ 除非 $\rho - n > [(1-\theta)/\theta] \cdot (A - \delta - \rho)$,该积分将趋于无穷大。在两边同时加上 δ,并调整该表达式,可以得到式(4.12)中的第二个不等式。该表达式的另一种表示方法是 $(A - \delta - n) > \gamma$,其中 γ 是式(4.9)中人均消费的增长率。数学附录给出了一些处理无穷大效用的例子。

这是关于 k 的一阶线性微分方程,该方程的通解是[①]:

$$k(t) = (常数) \cdot e^{(A-\delta-n) \cdot t} + [c(0)/\varphi] \cdot e^{(1/\theta) \cdot (A-\delta-\rho) \cdot t} \tag{4.13}$$

其中,有:

$$\varphi \equiv (A-\delta) \cdot (\theta-1)/\theta + \rho/\theta - n \tag{4.14}$$

注意,这种参数组合的另一种表示方法是 $\varphi \equiv (A-\delta-n) - \gamma$,其中 γ 是式(4.9)中的人均消费的不变增长率。条件式(4.12)意味着 $\varphi > 0$。

如果我们将式(4.13)中的 $k(t)$ 代入式(4.10)中的横截条件,可得:

$$\lim_{t \to \infty} \{常数 + [c(0)/\varphi] \cdot e^{-\varphi t}\} = 0$$

由于 $c(0)$ 是有限的,且 $\varphi > 0$,所以大括号中的第二项趋于零。因此,横截条件要求常数为零。因此,式(4.11)和式(4.13)意味着[②]:

$$c(t) = \varphi \cdot k(t) \tag{4.15}$$

$$\dot{k}/k = \dot{c}/c = (1/\theta) \cdot (A-\delta-\rho) \tag{4.16}$$

由于 $y = Ak$,所以有 $\dot{y}/y = \dot{k}/k = \dot{c}/c$。因此,模型不存在移动动态:变量 $k(t)$,$c(t)$ 和 $y(t)$ 的起点分别为 $k(0)$,$c(0) = \varphi \cdot k(0)$ 和 $y(0) = A \cdot k(0)$,且这三个变量都以不变速率 $(1/\theta) \cdot (A-\delta-\rho)$ 增长。

在 AK 模型中,基本参数的变化能影响变量的水平和增长率。例如,人口增长率 n 的一次永久增长不会影响到式(4.16)中的人均增长率,但是它降低了人均消费水平[见式(4.14)和式(4.15)]。A、ρ 和 θ 的变化会影响到 c 和 k 的数量水平和增长率。

总储蓄率为:

$$s = (\dot{K} + \delta k)/Y = (1/A) \cdot (\dot{k}/k + n + \delta) = \frac{A - \rho + \theta n + (\theta-1) \cdot \delta}{\theta A} \tag{4.17}$$

其中,$\dot{k}/k = (1/\theta) \cdot (A-\delta-\rho)$。因此,除 n 不变之外,总储蓄率也恒定不变,且与人均增长率受同样的参数支配。

4.1.5 相位图

我们可以通过构建关于 k 和 c 的相位图来分析经济体的动态变化趋势。注意,因为 $A > \rho + \delta$,所以消费增长总是为正——因此,$\dot{c} = 0$ 的轨迹不存在。这样,相位图4.1中的箭头指向北方。我们可以由式(4.8)获知 $\dot{k} = 0$ 的轨迹是穿过原点

---

① 关于该一阶线性微分方程的讨论,请参阅数学附录。

② 注意,该模型得出了关于 c 的封闭形式的政策方程。

且斜率为 $A-\delta-n$ 的直线。位于直线右边的箭头指向东方,而左边的箭头指向西方。式(4.15)表明,经济体遵循的路径("鞍形路径")是另一条直线,且斜率为 φ。注意,由于 $\varphi=(A-\delta-n)-\gamma$,所以鞍形臂的斜率小于轨迹 $\dot{k}=0$ 的斜率。给定 $k(0)$,如果所选择的初始消费位于鞍形路径上方,那么经济体将撞上纵轴。该结论违反了欧拉方程(在第 2 章中关于新古典模型我们曾有过类似的论证)。如果所选择的初始消费位于鞍形路径下方,那么 c 和 k 的增长不存在界限。沿着该路径,资本存量 k 比 c 增长得快,而横截条件也不再成立。满足所有一阶条件(包括横截条件)的唯一选择是鞍形路径,它赋予 c/k 以恒定的值。

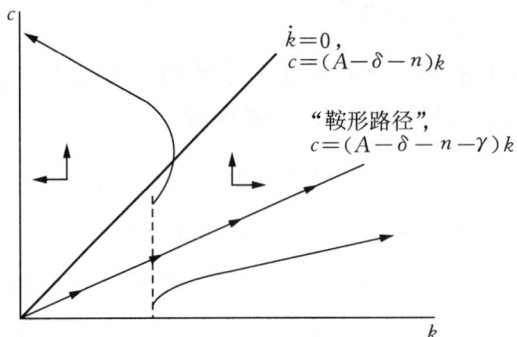

注:$\dot{k}=0$ 的轨迹是一条穿过原点且斜率为 $A-\delta-n>0$ 的直线。该直线右边的箭头指向东方,且左边的箭头指向西方。因为 $A>\rho+\delta$,所以消费增长总为正,进而 $\dot{c}=0$ 的轨迹不存在,且箭头总指向北面。式(4.15)表明,鞍形路径是另一条直线,其斜率为 $\varphi=(A-\delta-n)-\gamma$。该斜率小于轨迹 $\dot{k}=0$ 的斜率。横截条件和欧拉方程确保该经济体总是位于鞍形路径之上,所以消费与资本之比总不变。

图 4.1 *AK* 模型的相位图

4.1.6 增长率的确定

AK 模型和第 2 章的新古典增长模型的一个显著区别在于长期人均增长率的决定过程。在 *AK* 模型中,长期增长率(等于短期增长率)取决于式(4.16)的参数,这些参数决定着储蓄意愿和资本生产率。较低的 ρ 和 θ 值,将提升储蓄意愿,意味着式(4.16)中更高的人均增长率和式(4.17)中更高的储蓄率。技术水平 A 的提高,将增加资本的边际和平均产出,提升增长率,并改变储蓄率。在本章后文中,我们将证明,各种政府政策的变动相当于 A 的移动。也就是说,我们能将参数 A 的解释加以推广,不再拘泥于生产函数水平的字面差异。

与 *AK* 模型中长期增长受到影响不同,第 2 章的拉姆齐模型中,人均长期增长率被固定为外生技术变化率 x。长期来看,更强的储蓄意愿或技术水平的提升都表现为更高的有效工人的人均资本和人均产出,但人均增长率却没有变化。

这些结论的差异反映了新古典模型中资本收益递减的作用,以及 *AK* 模型中收益递减的缺失。从数量上来看,差别的大小取决于所设定的收益递减的速度有多快。收益递减这一特征决定着新古典模型中经济体收敛于稳态的速度有多快。如果设定的收益递减的速度慢，那么收敛期就长。在这种情况下，新古典模型中储蓄意愿和技术水平的变动即使不能永远影响增长率，也会对其影响很长一段时间。因此，如果收敛很快，那么新古典模型和 AK 模型之间的差异很明显；如果——事实证明确实如此——收敛表现得很慢，那么这种区别将不太明显。如果收敛过程非常慢，那么 AK 模型中的增长受到的影响可以较好地近似于很长一段时间内新古典模型中增长率受到的影响。

前文中我们曾假定中央计划者与代表性居户具有相同的目标函数。在第 2 章中，我们通过证明拉姆齐模型中的结果与中央计划者的结果相符合来证明拉姆齐模型中的结果是帕累托最优的。这里，我们也能方便地沿用同样的过程来证明 AK 模型中的均衡是帕累托最优的[1]。因为去除生产函数中的收益递减——即，用 AK 形式取代了新古典生产函数——并没有带来任何市场失灵，所以该结论是有意义的。

4.2 具有物质资本和人力资本的单部门模型

我们此前曾提到，对 AK 模型的一种解释是对资本的广义理解：将物质要素和人力要素纳入其中。我们现在构造一种含有人力资本的简单模型，以使这种解释更明晰。

假定生产函数需要物质资本 K 和人力资本 H 两种投入：

$$Y = F(K, H) \qquad (4.18)$$

其中，$F(\cdot)$ 具有标准的新古典特征（包括 K 和 H 具有不变规模报酬）。这个生产函数类似于第 3 章所使用的函数，只不过在那里我们假定的是 K 和 H 规模报酬递减的柯布—道格拉斯生产函数。我们可以利用规模报酬不变这一条件将生产函数写成密集型生产函数：

$$Y = K \cdot f(H/K) \qquad (4.19)$$

其中，$f'(H/K) > 0$。

产出可以按一比一的比例转换成消费、物质资本投资或人力资本投资。因此，我们假定，单部门技术适用于人力资本生产——即，教育——以及消费品和物质资本生产。（我们在第 5 章会将教育部门独立出来。）物质资本和人力资本分别以 δ_K 和 δ_H 的速度折旧。我们假定人口 L 不变，所以 H 的变化只反映对人力资本的净投资。

令 R_K 和 R_H 为竞争性企业使用两种资本而支付的租金价格。在不存在进入壁垒的情况下，企业间的竞争将会使得利润下降至零。那么，利润最大化和这种零

---

[1] 计划者在式(4.8)、$c(0)$ 和初始值 $k(0)$ 的约束下选择 c 的路径来最大化式(4.1)中的 U。

利润条件意味着(如同在第 2 章中所讨论的那样),每种投入的边际产出等于其租金价格:

$$\partial Y/\partial K = f(H/K) - (H/K) \cdot f'(H/K) = R_K \qquad (4.20)$$

$$\partial Y/\partial H = f'(H/K) = R_H$$

由于这两种资本之间,以及这两种资本与消费品之间,从生产的角度来看,是完全替代的,每种资本的价格将是固定为 1①。因此,资本持有者获得的回报率分别是 $R_K - \delta_K$ 和 $R_H - \delta_H$,而且在均衡状态下,每种回报率必定等于利率 r。如果我们利用式(4.20),并调整各项,那么回报率相等意味着:

$$f(H/K) - f'(H/K) \cdot (1 + H/K) = \delta_K - \delta_H \qquad (4.21)$$

该条件决定了 H/K 的值唯一且恒定②。

如果我们将 $A \equiv f(H/K)$ 定义为常数,那么式(4.19)意味着 $Y = AK$。因此,具有两种资本的模型实质上与我们前文所分析的 AK 模型是一致的。我们从那里的分析中可知,均衡具有的特征是 C,K 和 Y 的增长率恒定且相等。(因为 L 恒定,所以这些增长率等于人均增长率。)因为 H/K 是恒定,所以 H 的增长速度等于其他变量的增长速度。

这个简单例子的主要结论是,我们可以将 K 看作是资本品的组合,这里的资本品包括物质资本和人力资本。如果我们认为两种资本的收益不变是合理的,那么 AK 模型可以成为这种更广义模型的令人满意的代表。当我们抛弃单部门模型的假设,并假定教育的生产函数与其他产品的生产函数不同时,会出现一些额外的影响。我们在第 5 章会考虑这些额外影响。

4.3 具有干中学和知识溢出的模型

4.3.1 技术

AK 模型中内生增长的关键是不存在可积累生产要素的收益递减。包括 Frankel(1962)、Romer(1986)和 Lucas(1988)在内的一些作者构建了内生增长模型。在这些模型中,溢出效应扮演着重要角色。可能是由于发表时间的原因,Romer分析的影响最大③。通过假定知识创新是投资的副产品,他利用 Arrow

---

① 如果每种资产的非负总投资约束不具有约束力,或如果已有资产能不现实地被消费或转化为另一种资产,那么该结论成立。我们将在第 5 章详细考察这几种约束。

② 式(4.21)左边的表达式很容易被证明是关于 H/K 单调递增的。此外,当 H/K 从 0 趋于∞时,该表达式从−∞趋于+∞。所以,H/K 的解存在且唯一。

③ Cannon(2000)对此曾有评论:"Frankel(1962)期望其思想能在现代经济学文献中得到认可和应用。为什么这篇论文在当时被忽略了,这仍让人有点费解。足见机遇在研究和增长过程中所发挥的作用。"

(1962)的设定来消除资本积累所带来的收益递减倾向。企业在提升其物质资本的同时,知道如何更有效率地生产。这种对生产效率的正向影响被称为干中学(learning by doing),在我们的这个例子中或可被称为边投资边学。

我们可以通过考虑企业 i 来说明这种可能性。企业 i 的生产函数为劳动增强型技术

$$Y_i = F(K_i, A_i L_i) \tag{4.22}$$

其中,L_i 和 K_i 是传统投入,而 A_i 用来表示企业可获得的知识。函数 $F(\cdot)$ 满足我们在第 1 章中曾详细阐述的新古典特征[式(1.5a)至式(1.5c)]:每种要素的边际产出为正且递减,规模报酬不变,以及稻田条件。技术被假定为劳动增强型的,所以当 A_i 以不变速率增长时,稳态存在。然而,与第 2 章不同,我们这里不假定 A_i 以外生速率 x 增长。而且,出于某些原因(后文自有交代),我们假定总劳动力 L 是不变的。

我们沿用 Arrow(1962)、Sheshinski(1967)和 Romer(1986)的观点,对生产率增长做了两个假设。首先,干中学通过每个企业的净投资发挥作用。特别地,企业资本存量的增加会导致其知识存量 A_i 的相应增加。该过程反映了 Arrow 的观点,即知识和生产率的提升源自投资和生产。这个简单的思想源自对飞机机身制造商、轮船制造商和其他制造厂商大量的经验研究。在这些领域,经验都显示出了对生产率的强烈的促进作用。(参阅 Wright, 1936;Searle, 1946;Asher, 1956;Rapping, 1965)。这个观点受到 Schmookler(1966)的证据的更多支持。他认为专利——可视为知识的代表——紧随物质资本投资而来。

第二个关键假设是,每个企业的知识都是一种公共产品,而且每个企业都能以零成本获取这种产品。换言之,一旦某种知识被发现,那么它将瞬间在整个经济体内传播开来。这个假设意味着,各企业知识项的变化 $\dot{A}$ 与经济体的整体知识水平相对应,因此与总资本量的变化 $\dot{K}$ 成比例。

如果我们将干中学和知识溢出这两个假设相结合,那么我们能用式(4.22)中的 K 取代 A_i,并将企业 i 的生产函数表示成[1]:

$$Y_i = F(K_i, KL_i) \tag{4.23}$$

如果 K 和 L_i 恒定不变,那么,同第 2 章中的新古典模型一样,每个企业都面临着 K_i 的收益递减。然而,如果每个生产者都扩张 K_i,那么 K 相应地提高,并会带来一种提高所有企业生产力的溢出收益。而且,在 L_i 给定的情况下,式(4.23)关于 K_i 和 K 一次齐次。也就是说,就整个社会水平而言,资本具有不变回报——当 L 固定时,K_i 和 K 共同扩张。资本的这种不变社会回报将产生内生增长。

得出式(4.23)的 Romer 分析的精要出现于 Frankel(1962)的论文之中,文中假定整个经济系统的生产性要素[被他称为"发展改良剂"(development modifier)]等于各

---

[1]　我们忽略了任何基本知识;生产者在还没有生产出资本时就已经具备了这种知识。

家企业所雇用的资本存量之和。然而,Frankel 没有详细阐述这种溢出过程,特别地,他没有关注知识的作用。

在式(4.23)的 Griliches(1979)版本中,K_i 代表企业 i 的专业知识资本,而 K(K 是 K_i 之和)表示一个行业知识水平的总量。与 Romer(1986)的唯一区别是,Griliches 只关注与知识增长相关的 R&D 投资,而 Romer 考察的是总净投资。

在 Lucas(1988)中,知识是通过人力资本创造和传播。于是 K_i 表示一个企业雇用的人力资本,而 K 表示一个行业或国家雇用的人力资本的总水平。在这种情况下,溢出效应涉及聪明人之间的相互作用。稍后将会讨论的一个重要问题是,这种溢出是与总人力资本有关,还是与平均人力资本有关。

在某种程度上说,溢出假设是固有的,因为知识具有非竞争特性:如果某企业使用了某个想法,它无法阻止其他企业利用该想法。从另一个层次来说,企业都有对其发现保密的动机,以及对其发明申请正式专利保护的动机。因此,改善生产力的知识只会缓慢地泄露出去,而且创新者在一段时间内具有竞争优势。实际上,在分散决策的设定中,这种个体优势对于激发那些直接用于探索发现的投资是必不可少的。Griliches(1979)提出的研发支出就属这类投资。然而,标准的完全竞争模型未能对企业之间的这种相互作用进行充分的阐述。但是我们将在第 6 章和第 7 章中用另一种方法进行思考。在本节,我们极端地假设所有发现都是投资不期而遇的副产品,而且这些发现都会立刻变成共同知识。虽然这种设定能让我们沿用完全竞争框架,但是结果将表现为非帕累托最优。

这里的假设是,知识的溢出是在整个经济体内进行的。还有一种假设是,溢出适用于某行业、特定的地域、特定的政治管辖权等等。对模型的经验性操作而言,溢出效应的范围很重要。

企业的利润可被写成:

$$L_i \cdot [F(k_i, K) - (r + \delta) \cdot k_i - w] \tag{4.24}$$

其中,$r + \delta$ 是资本的租金价格,w 是工资率。同往常一样,我们假定每个竞争性企业所面对的这些要素价格都是给定的。现在,我们还要做类似的假设,即,各企业都小到足以忽略自身对总资本量的贡献,因此,可以将 K 看作是给定的。那么,利润最大化和零利润条件(如第 2 章详细阐述的那样)意味着:

$$\partial y_i / \partial k_i = F_1(k_i, K) = r + \delta \tag{4.25}$$

$$\partial Y_i / \partial L_i = F(k_i, K) - k_i \cdot F_1(k_i, K) = w$$

其中,$F(k_i, K)$ 关于其第一个参数 k_i 的偏导数 $F_1(\cdot)$ 是资本的私人边际产出。特别地,该边际产出忽略了 k_i 对 K 的贡献率,进而忽略了 k_i 对知识总量的贡献率。

在均衡中,所有企业都做相同的选择,所以 $k_i = k$ 且 $K = kL$ 成立。因为 $F(k_i, K)$ 是关于 k_i 和 K 一次齐次的,所以我们将资本的平均产出表示为:

$$F(k_i, K) / k_i = f(K / k_i) = f(L) \tag{4.26}$$

其中，资本的平均产出函数 $f(L)$ 满足 $f'(L) > 0$ 且 $f''(L) < 0$。注意，该平均产出与 k 无关，因为干中学和溢出效应消除了收益递减的倾向。然而，平均产出是劳动力规模 L 的增函数。最后这个特征是与往常不同的，并会带来我们稍后将讨论的规模效应。

根据式(4.26)，资本的私人边际产出可以表示为：

$$F_1(k_i, K) = f(L) - L \cdot f'(L) \tag{4.27}$$

因此，资本的私人边际产出小于其平均产出 $f(L)$，且与 k 无关。式(4.27)也意味着，资本的私人边际产出是关于 L 的增函数（因为 $f''(L) < 0$）。

4.3.2　均衡

我们仍然假设一个封闭的经济体，在该系统内，无限寿命的居户以常规方式最大化效用。因此，预算约束包括式(4.2)、式(4.4)中的人均消费增长率和式(4.5)中的横截条件。如果我们利用条件 $r = F_1(k_i, K) - \delta$ 和资本私人边际产出的表达式式(4.27)，那么式(4.4)可以重新表达为：

$$\dot{c}/c = (1/\theta) \cdot [f(L) - L \cdot f'(L) - \delta - \rho] \tag{4.28}$$

同在 AK 模型中一样，该增长率恒定（只要 L 恒定）。我们假设参数足以保证增长率为正，但是却未能大到产生无穷大的效用：

$$f(L) - L \cdot f'(L) > \rho + \delta > (1 - \theta) \cdot [f(L) - L \cdot f'(L) - \delta - \rho]/\theta + \delta \tag{4.29}$$

该条件对应于 AK 模型中的式(4.12)。

如果我们将 $a = k$ 和式(4.25)中的一阶条件代入式(4.2)的预算约束，我们可得到关于 k 的积累公式：

$$\dot{k} = f(L) \cdot k - c - \delta k \tag{4.30}$$

如果我们利用该等式和横截条件，我们能证明该模型不存在转移动态：变量 k 和 y 的增长速度始终等于式(4.28)所示的 $\dot{c}/c$ 的增长率。因为该分析过程与 AK 模型实质上是一样的，我们将其证明留作练习。

4.3.3　帕累托非最优和政策意义

为明确产出是否为帕累托最优，我们可以沿用通常的方法，将分散决策的均衡与中央计划者的解决方案相比较。在式(4.30)积累约束的限制下，计划者试图最大化式(4.1)中的效用（假定此处的 n 为零）。这里的关键是，与个体生产者不同，计划者意识到各企业资本存量的增加将提升总资本量，进而对经济体中所有其他企业的生产力有促进作用。换言之，中央计划者将企业之间知识的溢出效应内化

(interndize)了。

　　为得到关于 c 和 k 选择的最优组合,我们构建了汉密尔顿函数:

$$J = e^{-\rho t} \cdot (c^{1-\theta} - 1)/(1-\theta) + v \cdot [f(L) \cdot k - c - \delta k]$$

最优化涉及标准的一阶条件 $J_c = 0$ 和 $\dot{v} = -J_k$,以及横截条件 $\lim_{t \to \infty} vk = 0$。我们可以通过惯常方式利用一阶条件来推导 c 的增长率:

$$\dot{c}/c(计划者) = (1/\theta) \cdot [f(L) - \delta - \rho] \tag{4.31}$$

中央计划者根据资本的平均产品 $f(L)$ 来设定消费增长率,相反,式(4.28)中的分散决策解将增长率与资本的私人边际产品 $f(L) - L \cdot f'(L)$ 关联了起来。由于私人边际产品小于平均产品,所以分散决策均衡中的消费增长率太低了。

　　在这个模型中,干中学和溢出效应正好抵消单个生产者所面对的收益递减。因此,从整个社会来看,回报恒定,且资本的社会边际产出等于平均产出 $f(L)$。由于中央计划者将溢出效应内化,所以社会边际产出成为式(4.31)中增长率的决定因素。式(4.28)中的分散决策解决定了更低的增长率,因为单个生产者没有将溢出效应内化。也就是说,单个生产者根据比社会边际产品小的私人边际产品 $f(L) - L \cdot f'(L)$ 作决策。

　　通过为资本品的购买提供补贴(投资税收抵免),社会最优能在分散决策经济中实现。或者政府可以通过补贴生产实现最优。这些补贴在模型中将会起作用,因为补贴提高了投资的私人回报率,因而有助于避免社会回报大于私人回报的情况。当然,为避免其他的扭曲,对资本或生产的补贴必须以定额税的方式获得资金支持,这种税收一般很少见。但是在当前模型中——不存在劳动/闲暇选择——比率不变的消费税就相当于一次性税收。这种税收在第3章中曾有详细阐述。

4.3.4　柯布—道格拉斯案例

　　如果式(4.23)的生产函数采用柯布—道格拉斯形式,那么企业 i 的产出为:

$$Y_i = A \cdot (K_i)^\alpha \cdot (KL_i)^{1-\alpha} \tag{4.32}$$

其中,$0 < \alpha < 1$。如果我们代入 $y_i = Y_i/L_i$、$k_i = K_i/L_i$ 和 $k = K/L$,并令 $y_i = y$ 和 $k_i = k$,那么资本的平均产出是:

$$y/k = f(L) = AL^{1-\alpha} \tag{4.33}$$

这是式(4.26)的一个特殊情况。注意,式(4.33)满足通常的特征:y/k 与 k 无关,且关于 L 递增。

　　假定 K 和 L 不变,我们可以通过关于 K_i 的微分方程式(4.32)确定资本的私人边际产出。如果我们代入 $k_i = k$,结论变成:

$$\partial Y_i/\partial K_i = A\alpha L^{1-\alpha} \tag{4.34}$$

它是式(4.27)的特殊形式。与此前所讨论的通常特征一致,式(4.34)中资本的私人边际产出与 k 无关,关于 L 递增,且小于式(4.33)表示的平均产品(因为 $0 < \alpha < 1$)。

如果我们将式(4.34)代入式(4.28),那么我们可得分散经济的增长率是[①]:

$$\dot{c}/c = (1/\theta) \cdot (A\alpha L^{1-\alpha} - \delta - \rho) \tag{4.35}$$

将式(4.33)代入式(4.31),可得中央计划者的增长率:

$$\dot{c}/c(\text{计划者}) = (1/\theta) \cdot (AL^{1-\alpha} - \delta - \rho) \tag{4.36}$$

因为 $\alpha < 1$,所以分散决策经济的增长率低于计划者的增长率。

通过引入税率为 $1-\alpha$ 的投资税抵扣并用定额税为其融资,社会最优化能得以实现。如果资产的购买者付出的金额等于其成本与 α 的乘积,那么资本的私人回报相当于社会回报。那么,可以证明,分散决策选择与中央计划者的选择一致。政府还有另一种选择:通过提供比例为 $(1-\alpha)/\alpha$ 的生产补贴,政府也可以达到同样的目的。

4.3.5 规模效应

这个模型蕴含着规模效应,在其作用下,总劳动力 L 的扩张将提升式(4.28)中分散决策经济的人均增长率,以及式(4.31)中中央计划者所得到的人均增长率。这分别反映出 L 对式(4.27)中资本的私人边际产出 $f(L) - L \cdot f'(L)$ 的正向影响和对式(4.26)中 $f(L)$ 的正向影响。而且,如果劳动力持续增加,那么人均增长率将持续增加[②]。

如果我们将 L 视为国家的总劳动力,那么预测的结论是工人越多的国家的人均增长越快。第12章将对二战后一段时期内大多数国家的经验数据进行讨论,这些讨论表明人均 GDP 增长率与国家的人口水平几乎没什么关系。(当初始人均 GDP 水平、人均教育水平和其他一些参数保持不变时,这些结论成立。)因此,这些证据并不支持国家规模存在规模效应。

溢出效应的规模变量 L 与国家层面上的总量关系不密切。例如,如果生产者从其他国家的知识积累中获得了利益,那么这里涉及的规模将大于本国经济体的规模。Kremer(1993)提出,正确的规模变量可能是世界人口,而且他还根据世界人口与生产增长正相关的长期历史提出了一些证据。另外,如果思想的自由传播只限于邻国之间(无论是地理上,还是从工业角度),那么其确切的规模甚至将小于本国经济体。这些注解让溢出模型的经验意义变得模糊,而且使得用宏观经济数据对该模型进行检测变得更加困难。

---

① 我们假定参数考虑了正增长和有限效用,因此有:

$$A\alpha L^{1-\alpha} > \rho + \delta > (1-\theta) \cdot (A\alpha L^{1-\alpha} - \delta - \rho)/\theta + \delta$$

是式(8.23)的特殊情况。

② 该结论适用于 $\dot{c}/c$,但是在 L 增长时,$\dot{k}/k$ 和 $\dot{y}/y$ 不等于 $\dot{c}/c$。同样,如果 L 提升得足够高,在 $\theta < 1$ 的情况下,式(8.23)中确保有限效用的条件最终必然不成立。

从假定具有干中学和知识溢出效应的模型中,我们推导出了规模效应。这些假定使得增长率具有规模效应,因为它们确保了 K 具有不变收益,而且在社会层面 K 和 L 具有递增收益。如果这种要素收益的组合因其他原因而得以成立,那么类似的规模效应也会出现。然而,干中学/溢出效应模型是个特例,因此该模型也意味着,单个企业选择的要素 k_i 和 L_i 具有不变规模报酬。如果在企业层面存在规模报酬递增,那么该模型将不符合完全竞争,因为企业为了从规模经济中获得收益将会具有无限增长的动机。通过假定企业的技术取决于总资本量,且各企业忽略自己对总量的影响,我们就可以避免该结论。虽然这个假定让我们可以维持完全竞争的假设,但是它同时却隐含着该竞争性均衡并非帕累托最优。

消除规模效应的一个办法是令式(4.22)中的 A_i 项取决于经济体的工人人均资本 K/L,而非总资本量 K。Frankel(1962)在其主要分析中使用了这种规定,但是却未作更多阐述。Lucas(1988)也用到了这种规定,因为他假定学习和溢出效应与人力资本有关,而且每个生产者都能从经济体中人力资本的平均水平(而非总量水平)中获益。因此,这里我们不是在考虑总知识量或其他生产者的经验,而应考虑如何从与普通人的互动中获益(这些普通人掌握着平均水平的技术和知识)。如果我们认为傻瓜的出现使得聪明人的优秀思想难以被认同或使用,那么 Lucas 的构想将会出现。

为分析该模型,我们可以令式(4.22)中的 $A_i = K/L$,然后再重复此前的步骤。唯一不同的结论是,资本的平均产出和资本的私人产出不再取决于 L。例如,在柯布—道格拉斯情况中,式(4.33)中的平均产出是 A,而非 $AL^{1-\alpha}$;而且式(4.34)中的私人边际产出变成了 $A\alpha$,而非 $A\alpha L^{1-\alpha}$。因为求解的形式与之前相同,那么我们将这些结论的证明留作习题。

4.4 公共服务和内生增长

在 AK 模型中,改变技术基准水平 A 的任何因素都将影响长期人均增长。在具有干中学和知识溢出效应的模型中,非竞争性的知识能消除资本积累所带来的递减收益,进而使 AK 形式得以适用。我们将在本节证明政府的公共服务是 AK 形式的另一种可能的根源。在这种情况下,关于公共服务的政府选择决定着系数 A,进而影响经济的长期增长率。

4.4.1 公共产品模型

在这里,我们将对第 3 章的模型进行扩展。在第 3 章的模型中,政府购买的产品和服务 G 都作为纯公共产品而进入生产函数。如果生产函数采用柯布—道格拉斯形式,那么企业 i 的生产函数如下(根据 Barro,1990b):

$$Y_i = AL_i^{1-\alpha} \cdot K_i^{\alpha} \cdot G_i^{1-\alpha} \tag{4.37}$$

其中，$0 < \alpha < 1$。该方程式意味着，各企业的生产对于私人投入 L_i 和 K_i 具有不变规模报酬。我们假定总劳动力 L 恒定不变。如果 G 固定，那么，如同在第 2 章中的拉姆齐模型一样，经济体中的总资本积累将面临递减收益。然而，如果 G 与 K 同时上升，那么式(4.37)隐含着递减收益不会出现；也就是说，在 L_i 固定的情况下，K_i 和 G 具有不变收益。出于该理由，与前文的 AK 模型一样，经济体可以内生增长。还要注意的是，该生产函数形式隐含着 G 的增加将提升 L_i 和 K_i 的边际产出。从这个意义上来说，公共服务是私人投入的替代品。

如果式(4.37)中 G 的指数小于 $1-\alpha$，那么 K_i 和 G 将具有递减收益，而且这些递减收益将会消除内生增长。相反，如果该指数大于 $1-\alpha$，增长率将倾向于持续增长。因此，我们现在关注 G 的指数等于 $1-\alpha$ 的特殊情况，此时 K_i 和 G 具有不变收益，这意味着经济体可以实现内生增长。这个框架与式(4.23)中干中学／溢出效应模型的生产函数类似，不过那里的总资本量 K 被公共产品数量 G 所代替。

假定政府用定额税(在不存在劳动／闲暇选择时，它可以被对消费和劳动收入征税的税率代替，如第 3 章所讨论的那样)来为购买产品和服务筹集资金。在 G 给定的情况下，每个追求利润最大化的企业都会使资本边际产出等于租金价格 $r+\delta$。因此，式(4.37)蕴含着：

$$\alpha A \cdot k_i^{-(1-\alpha)} \cdot G^{1-\alpha} = r + \delta \tag{4.38}$$

因此，各企业选择相同的资本—劳动比 $k_i = k$。因此，式(4.37)中的生产函数加总可得：

$$Y = ALk^{\alpha}G^{1-\alpha} \tag{4.39}$$

式(4.39)可推出：

$$G = (G/Y)^{1/\alpha}(AL)^{1/\alpha} \cdot k \tag{4.40}$$

我们现在假定，政府选择的购买量占 GDP 的比重恒定，G/Y 为常数。如果我们用式(4.40)替代式(4.38)中的 G，可得：

$$r + \delta = \alpha A^{1/\alpha} \cdot (G/Y)^{(1-\alpha)/\alpha} \cdot L^{(1-\alpha)/\alpha} \tag{4.41}$$

如果 G/Y 和 L 恒定不变，资本的边际产出与 k 无关，进而不随时间变化。边际产出水平关于 L 递增，所以模型预测规模效应。这些结论与具有干中学和溢出效应[见式(4.27)]的模型相一致。

在增长过程中，式(4.41)中资本的不变边际产出的作用与常量 A 在 AK 模型中的作用相同。这里不存在转移动态，且 c，k 和 y 的增长率都等于同一常数。根据式(4.4)中消费增长的表达式，我们能求出这个共同的增长率[①]：

---

① 与在 AK 模型和溢出模型中一样，我们需要一些不等式条件以确保增长率为正且效用有界。前者的条件是 $\partial Y_i/\partial K_i - \delta > \rho$，后者的条件——相当于横截条件——是 $[(\theta-1)/\theta] \cdot (\partial Y_i/\partial K_i - \delta) + \rho/\theta > 0$。$\partial Y_i/\partial K_i$ 的值由式(4.41)中右边的部分决定。

$$\dot{c}/c = (1/\theta) \cdot [\alpha A^{1/\alpha} \cdot (G/Y)^{(1-\alpha)/\alpha} \cdot L^{(1-\alpha)/\alpha} - \delta - \rho] \qquad (4.42)$$

增长率关于 G/Y 递增,因为我们假定公共支出 G 通过非扭曲性税率融资。

我们不妨作出相反的假设:G 可以部分地通过扭曲性税率筹得——在当前的模型中,扭曲性税率可以是我们在第 3 章中所讨论的对资本收入的税负 τ_a 和 τ_f。在这种情况下,式(4.42)中资本净边际产出的表达式 $\alpha A^{1/\alpha} \cdot (G/Y)^{(1-\alpha)/\alpha} \cdot L^{(1-\alpha)/\alpha} - \delta$ 乘上 $(1-\tau_a) \cdot (1-\tau_f)$,可得到资本的税后边际产出。如果 τ_a 和 τ_f 倾向于随着 G/Y 的增加而增加,那么式(4.42)中 G/Y 对增长率的正向影响,将被更高的税率所带来的反向影响所抵消。因而,增长率和 G/Y 之间的关系很可能是非单调的——先上升,然后在税收影响占优势时下降。具体的结果取决于 τ_a 和 τ_f 同 G/Y 的关系。我们将该分析留作练习。

我们现在回到定额税的情况,如式(4.42)中的假定。同往常一样,我们可以通过找出仁慈的中央计划者的选择来确定该模型的最优结果,其中该中央计划者力求使代表居户获得最大的效用。最大化需要内在的效率条件 $\partial Y/\partial G = 1$ [1]。生产函数的这种特殊形式意味着这个条件相当于:

$$G/Y = 1-\alpha \qquad (4.43)$$

因此,政府购买与 GDP 的最优比率在该模型中实际上是恒定的。

如果 G/Y 由式(4.43)确定,那么根据式(4.42)得到的分散决策经济的增长率解,也是中央计划者将作出的选择[2]。因为假定 G 的融资方式是定额税,那么分散决策经济结论的最优性得以成立。将式(4.43)代入式(4.42)中增长率的条件,可得:

$$\dot{c}/c(\text{中央计划者}) = (1/\theta) \cdot [\alpha A^{1/\alpha} \cdot (1-\alpha)^{(1-\alpha)/\alpha} \cdot L^{(1-\alpha)/\alpha} - \delta - \rho] \qquad (4.44)$$

L 表示规模,它的增加提升了式(4.41)中资本的边际产出,并相应地提升了式(4.44)中的增长率。因此,公共产品模型预测的规模效应,与具有干中学和溢出效应的模型中的规模效应相似[见式(4.35)和式(4.36)]。在公共品模型中,经济体受益于更大的规模,因为政府服务被假定为非竞争性的,因此后来的使用者可以无成本地获得政府服务。由人口增长导致的 L 的持续增长意味着人均增长率的提升。因此,如同在干中学/溢出效应模型中一样,为研究稳态,我们必须假定零人口增长率。

---

[1] 为最大化 $\int_0^\infty e^{-\rho t} \cdot \dfrac{c^{1-\theta}-1}{1-\theta} \cdot dt$,计划者在 $\dot{k} = Ak^\alpha G^{1-\alpha} - c - \delta k - G/L$ 的约束下选择 c, k 和 G。

这里的汉密尔顿方程是 $J = e^{-\rho t} \cdot \dfrac{c^{1-\theta}-1}{1-\theta} + v \cdot (Ak^\alpha G^{1-\alpha} - c - \delta k - G/L)$。一阶条件是:

$$e^{-\rho t} \cdot c^{-\theta} = v \qquad (i)$$

$$A \cdot (1-\alpha) \cdot k^\alpha G^{-\alpha} = 1/L \qquad (ii)$$

$$-\dot{v} = v \cdot (A\alpha k^{\alpha-1} G^{1-\alpha} - \delta) \qquad (iii)$$

再加上通常的横截条件。注意(ii)相当于 $\partial Y/\partial G = 1$。

[2] 对注释[1]中的(i)取对数并求导,将其代入(iii),再利用(ii)得到式(4.44)。

如前所述,跨国数据表明,如果以人口衡量国家规模,人均 GDP 增长率与国家规模关系不大。(如果我们认为政府公共产品带来的好处以政府的政治管辖权为限,那么国家是很自然的观察单位。)检测到的规模效益有限很可能是因为,大多数政府服务不具备模型所假定的非竞争性特征。因此我们现在考虑另一种情况,在这种情况下,政府的服务的使用人数过多时,会出现拥挤。我们将证明,关于规模效应和最优财政政策,该模型会得出非常不同的结论。

4.4.2　拥挤模型

如第 3 章所述,很多政府活动,如高速公路、供水系统、警察、防火服务以及法院等,当使用人数过多时都会受到拥挤的影响。假设总服务 G 的数量给定,随着其他使用者数量的增多,个人能得到的数量递减。对作为私人生产投入品的政府活动来说,通过将第 i 个生产者的生产函数以如下方式表示,我们可以将拥挤纳入模型(见 Barro and Sala-i-Martin, 1992c):

$$Y_i = AK_i \cdot f(G/Y) \tag{4.45}$$

其中, $f' > 0$ 且 $f'' < 0$。表示生产函数在原来的 AK 形式上有所修改,嵌入了公共服务:在 K_i 给定的情况下, G 相对于总产出 Y 的增加会提升 Y_i。由于拥挤,在 G 给定的情况下, Y 的增加降低了每个生产者所能得到的公共服务,进而减少 Y_i。该公式假定,为增加每个使用者所获得的公共服务, G 必须相对于总产出 Y 有所提高。我们可以做另外一种假定:为提高服务的数量, G 必须相对私人资本总量有所提高。两种假定的结论在本质上相同。

假定 G 和 Y 给定,企业的生产关于私人投入 K_i 具有不变回报。如果 G/Y 固定不变,且 G 和 Y 具有相同的增长速度,那么,如同在 AK 模型中一样, K_i 所具有的不变收益将带来内生增长。

资本的边际产出条件从式(4.41)修改为:

$$r + \delta = A \cdot f(G/Y) \tag{4.46}$$

注意,与公共产品模型不同,这里的边际产出,进而收益率,都不取决于规模变量 L。由式(4.4)可得 c、k 和 y 的共同的增长率:

$$\dot{c}/c = (1/\theta) \cdot [A \cdot f(G/Y) - \delta - \rho] \tag{4.47}$$

该增长率关于 G/Y 递增,且与 L 无关。与 L 不相关意味着该模型中不存在让人困惑的规模效应。

我们可以再次通过中央计划者问题来得到分散决策经济均衡结果的帕累托最优。计划者在资源约束下(以人均表示)最大化常见的效用函数:

$$\dot{k} = Ak \cdot f(G/Y) - c - \delta k - G/L \tag{4.48}$$

其中,我们假定人口增长率为零。该规划的汉密尔顿方程是:

$$J = \mathrm{e}^{-\rho t} \cdot \frac{c^{1-\theta}-1}{1-\theta} + v \cdot [Ak \cdot f(G/Y) - c - \delta k - G/L] \tag{4.49}$$

在我们对 c、k 和 G 求导之前,我们可以看到生产函数关于 k 和 G 的导数有些复杂。原因是,总产出出现在总产出的表达式之内。因此,当我们对 y 求关于 k 的导数,我们必须考虑到,$f(G/Y)$ 决定着 Y,但同时 Y 也决定着 $f(G/Y)$。解决该问题的方法是关于 k 求导:

$$\frac{\partial y}{\partial k} = A \cdot f(G/Y) + Ak \cdot f'(G/Y) \cdot \left(\frac{-G/L}{y^2}\right) \cdot \frac{\partial y}{\partial k} \tag{4.50}$$

接着提出 $\partial y/\partial k$,经调整后各项可得:

$$\frac{\partial y}{\partial k} = \frac{A \cdot f(G/Y)}{1 + (G/Y) \cdot \dfrac{f'(G/Y)}{f(G/Y)}} \tag{4.51}$$

类似地,y 关于 G 的导数是:

$$\frac{\partial y}{\partial G} = L \cdot \frac{\dfrac{f'(G/Y)}{f(G/Y)}}{1 + (G/Y) \cdot \dfrac{f'(G/Y)}{f(G/Y)}} \tag{4.52}$$

我们现在可以求计划者的一阶条件了。关于消费的一阶条件给出了常见的消费增长方程 $\frac{\dot{c}}{c} = \frac{1}{\theta}\left(-\frac{\dot{v}}{v} - \rho\right)$。$G$ 的一阶条件要求 $\partial Y/\partial G = 1$。中央计划者满足最后一个条件:因为为了追求效率,在生产中 G 的边际产出应等于其边际投入的单位,而后者为 1。利用式 (4.52),效率条件可被表式为:

$$\frac{f'(G/Y)}{f(G/Y)} = \frac{1}{1-(G/Y)} \tag{4.53}$$

令 $(G/Y)^*$ 表示满足该条件的比例。关于资本的一阶条件要求:

$$-\dot{v} = v \cdot \left(\frac{\partial y}{\partial k} - \delta\right) \tag{4.54}$$

将式 (4.54)、式 (4.51) 和式 (4.52) 代入消费增长方程,我们可得中央计划者的增长率为:

$$\dot{c}/c(\text{中央计划者}) = (1/\theta) \cdot \{[1-(G/Y)^*] \cdot A \cdot f[(G/Y)^*] - \delta - \rho\} \tag{4.55}$$

因此,新的结论是,即使当 $G/Y = (G/Y)^*$ 时,根据式 (4.47) 可知,中央计划者的增长率与分散决策经济的增长率不相等。原因是,分散决策经济的结论反映了定额税,而当公共服务受到拥挤影响时,定额税是不合适的。式 (4.55) 的直观意义如下:个体生产者决定扩张资本 K_i,进而产出 Y_i 增加了总产出 Y,因此在公共服务总量给定的情况下,拥挤程度增加。在定额税的情况下,个体生产者忽略这些不利的外在影响,因此具有很大的动机扩张 K_i 和 Y_i。为内化这种扭曲,提升了其 Y_i 的生产者必须提供足够的额外资源使得其他人能获得公共服务,即保持 G/Y 不变。所需的补偿是 Y 的增加量乘上 G/Y。这就是为什么 $[1 - (G/Y)^*]$ 项要乘上式 (4.55) 中资本的总边际产出 $A \cdot f[(G/Y)^*]$。有趣的是,如果产出税收的税率按比例地保持为 $(G/Y)^*$,那么分散决策经济的解将相当于中央计划者的结果。该税率——实际上是对公共服务的使用费——将使资本的税后边际产出降到 $[1 - (G/Y)^*] \cdot A \cdot f[(G/Y)^*]$,而那正是式 (4.55) 中的表达式。

4.5 转移动态,内生增长

到目前为止,本章考虑的模型不存在任何转移动态。特别地,模型预测:人均增长率将与 k 和 y 的初始水平无关。因此,如同第 11 章和第 12 章将要讨论的那样,这些模型与收敛的经验证据不吻合。

在第 1 章我们曾借助假定储蓄率不变的模型表明,构建一个具有收敛特征的转移动态的模型是可能的。如果我们为重新引入资本收益递减而修改技术定义,且仍然假定当资本存量趋于无穷时,资本的边际产出有下界(所以趋于无穷时的稻田条件不成立),那么我们仍可以得到具有收敛特征的转移动态。我们在本节将证明,这样的生产技术与拉姆齐模型中的居户最优化如何结合起来。

我们此处所考虑的技术采用了 Jones and Manuelli(1990)所构想的形式:

$$Y = F(K, L) = AK + \Omega(K, L) \tag{4.56}$$

其中,$\Omega(K, L)$ 满足新古典生产函数的特征:边际产出为正且递减,规模报酬不变且满足稻田条件[式(1.5a)至式(1.5c)]。式(4.56)的生产函数不是新古典型的,因为它违背了稻田条件中的 $\lim_{K \to \infty}[\partial Y/\partial K] = A > 0$。生产函数的"$AK$"部分将出现内生增长,而"$\Omega(K, L)$"部分将会产生收敛行为。为了使我们的动态分析更易处理,我们只考虑 $\Omega(K, L)$ 的某些具体函数形式。

4.5.1 柯布—道格拉斯生产技术

我们从第 1 章中所考虑的生产函数开始[式(1.35)]:

$$Y = F(K, L) = AK + BK^{\alpha}L^{1-\alpha}$$

其中,$A > 0$,$B > 0$,$0 < \alpha < 1$[1]。我们可以将这个函数改写成人均水平的形式:

---

[1] 如果 L 被 $\hat{L}$ 所替代,且 $\hat{L} = Le^{xt}$,那么我们在本节所讨论的所有结论都成立。也就是说,我们可以引入外生技术进步,并将其作为受递减报酬约束的生产函数的组成部分。如果参数 A 持续稳定增长,那么模型将不存在稳态。

$$y = f(k) = Ak + Bk^a \tag{4.57}$$

注意，$\lim_{K \to \infty} [f'(k)] = A > 0$。

根据第 2 章中的拉姆齐模型[式(2.23)和式(2.24)，其中 $x = 0$]，我们可以得到关于 k 和 c 的常见的动态方程：

$$\dot{k}/k = f(k)/k - c/k - (n+\delta) = A + B \cdot k^{a-1} - c/k - (n+\delta) \tag{4.58}$$

$$\dot{c}/c = (1/\theta) \cdot [f'(k) - \delta - \rho] = (1/\theta) \cdot [A + Ba \cdot k^{a-1} - \delta - \rho] \tag{4.59}$$

如果该模型能产生内生增长——即，$(\dot{k}/k)^* > 0$——那么，当 $t \to \infty$ 时，$k \to \infty$，此时含有 k^{a-1} 的项可以忽略。因此，稳态看上去就像 AK 模型，且 c、k 和 y 的稳态增长率都可由下式决定[根据式(4.16)]：

$$\gamma^* = (1/\theta) \cdot (A - \delta - \rho) \tag{4.60}$$

我们假定 $A > \delta + \rho$，所以 $\gamma^* > 0$[1]。（如果 $A \leqslant \delta + \rho$，那么 $\gamma^* = 0$，如第 2 章所讨论的标准拉姆齐模型一样。）

我们似乎可以通过构建 (k, c) 空间的相位图，而沿用图 2.1 的方法。然而，此方法在这里是无效的，因为如果 $\gamma^* > 0$，k 和 c 会永远增长。为了利用相位图，我们必须通过变换得到在稳态时保持恒定的变量。我们选择考察资本的平均产出（记为 $z \equiv f(k)/k$）的演变过程，以及消费—资本量之比（$\chi \equiv c/k$）的演变过程。注意，z 是状态类变量(statelike variable)，因为像 k 一样，它在任何时点的值都由过去的投资和 L 的演变决定。因此，如果投资是有限的，且 L 没有变动，那么 z 和 k 在任何时点都不会变化。相反，χ 是控制类变量(controllike variable)，因为像 c 一样，其值可以在任何时点发生跳跃(jump)。（然而，这种跳跃在我们所关注的均衡中不是最优的。）与 k 和 c 不同，z 和 χ 在稳态中趋于常数。

利用式(4.58)和式(4.59)，我们可以对动态系统就转变之后的参数 z 和 χ 求导。经过一些代数处理之后，结论可以表述为下列形式：

$$\dot{z} = -(1-\alpha) \cdot (z-A) \cdot (z - \chi - n - \delta) \tag{4.61}$$

$$\dot{\chi} = \chi \cdot \left[(\chi - \varphi) - \frac{\theta - \alpha}{\theta} \cdot (z - A) \right] \tag{4.62}$$

其中，$\varphi \equiv (A-\delta) \cdot (\theta-1)/\theta + \rho/\theta - n$。为满足横截条件，我们要求 $\varphi > 0$。该条件同时还确保了，当 c 的增长速率为式(4.60)所示的 γ^* 时，效用是有限的。根据式(4.61)和式(4.62)，我们可知 $\dot{z} = \dot{\chi} = 0$ 与 $z = A$ 及 $\chi = \varphi$ 并无矛盾。而 A 和 φ 正是 z 和 χ 的稳态值。（注意，$z = A$ 意味着，生产函数中的 AK 部分最终将处于支配地位。）

相位图 4.2 描绘的是 (z, χ) 空间。式(4.62)表明 $\dot{\chi} = 0$ 的轨迹（除了 $\chi = 0$

---

[1] 我们仍假定 $\rho > n$，所以 $A > \delta + \rho$ 意味着 $A > \delta + n$。如果最后的不等式不成立，那么如果 c 保持恒定，效用将会无边界。

的情况)是直线 $\chi = \varphi - A \cdot (\theta - \alpha)/\theta + z \cdot (\theta - \alpha)/\theta$。如图所示,如果 $\theta > \alpha$,那么其斜率小于 1 且为正。如果 $\theta < \alpha$,直线将具有负斜率。因为 θ 远远小于 1,所以这种情况要求高于常理的跨期替代率。

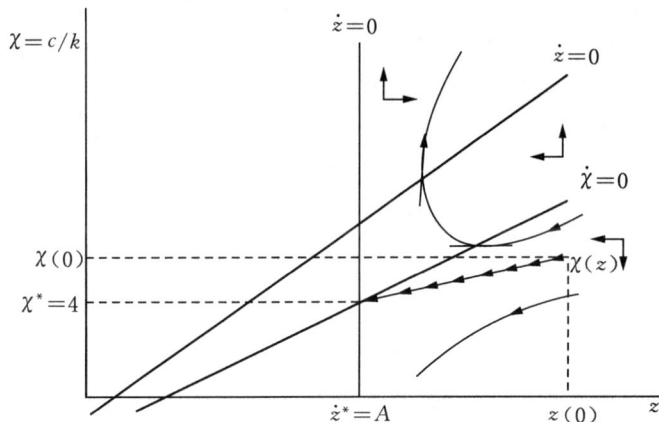

注:该相位图描述了 (z, χ) 空间,其中 $z \equiv f(k)/k$ 是资本的总平均产量,且 $\chi \equiv c/k$。如图所示,如果 $\theta > \alpha$,则 $\dot{z} = 0$ 的轨迹是直线,其斜率小于 1 且为正。有两个条件满足 $\dot{z} = 0$:一个是垂线 $z = A$;另一个是斜率为 1 的向上倾斜的直线。这条线与垂线在 A 处相交时,χ 肯定超过了 χ^*。由于 $z \equiv f(k)/k = A + Bk^{\alpha-1} > A$,唯一的稳态是 $\dot{\chi} = 0$ 的轨迹与 $z = A$ 的垂线相交的那一点。因为初始时 $z > z^*$,所以 z 和 χ 在转移过程中单调下降。(注意 χ 路径上的均衡结果依赖于 $\theta > \alpha$ 的假定。)

图 4.2　内生增长模型中的转移动态($F[K, L] = AK + BK^{\alpha}L^{1-\alpha}$)

式(4.61)表明,如果 $z = A$ 或 $\chi = z - n - \delta$,那么 $\dot{z} = 0$。前一个条件相当于图 4.2 中位于 A 的垂线;后一个条件相当于斜率为 1 且截距为负的直线。注意,$\dot{z} = 0$ 的斜率必然比 $\dot{\chi} = 0$ 的斜率要陡,且小于 1。(如图所示,不等式 $A > \rho + \delta$ 表明,直线 $\dot{z} = 0$ 与垂线相交于 A 时,χ 的值大于 φ。)

因为 $z = A + B \cdot k^{\alpha-1} > A$,图 4.2 中 $z < A$ 的部分是没有意义的。因此,我们将分析局限于 $z > A$ 的部分。从图中我们可以注意到,只有当 $z^* = A$ 且 $\chi^* = \varphi$ 时(它们是稳态值),直线 $\dot{z} = 0$ 和 $\dot{\chi} = 0$ 才会相交。

我们现在从初始位置 $z(0) > A$ 来思考转移动态。上图表明了对应于适当选择的初始值 $\chi(0)$ 的稳定臂。沿着该稳定臂,资本的平均产出 z 和消费—资本比 χ 都单调下降[1]。z 的单调下降相当于 k 的单调上升。消费 $\theta > \alpha$ 决定了 χ 的单调下降[2]。如果我们假定 $\theta < \alpha$,那么 χ 在转移过程中单调上升。(如果 $\theta = \alpha$,那么在整个转移过程中都有 χ 等于稳态值 φ)。

资本的产出份额决定于下式:

---

[1]　按照通常的推理,我们可以排除不稳定路径。趋近于 $\chi = 0$ 和 $z = A$ 的路径使得横截条件难以成立。那些涉及 $\chi \to \infty$ 和 $z \to \infty$ 的情况会在有限时间内耗尽资本,因此最终导致不连续地降为零消费。

[2]　附录 2B 指出,如果 $\theta > \alpha$,那么在柯布—道格拉斯技术的拉姆齐模型中,c/k 单调下降。

$$k \cdot f'(k)/f(k) = (Ak + aBk^a)/(Ak + Bk^a)$$

如果 $A=0$，那么上式等于 a；如果 $B=0$，那么上式等于 1。如果 $A>0$ 且 $B>0$，那么，随着 k 的无限增加，资本的份额会向 1 靠近，而劳动的份额会逐渐降至 0。如果我们狭义地认为资本仅包括厂房和设备，那么模型的意义将会与数据不吻合；如果我们将人力资本纳入"资本"的范畴，该模型的意义将更合理——随着经济的发展，总产出中初始劳动的份额将逐渐降至 0。

此扩展模型的最重要方面是，它重获转移动态，而且在转移过程中，平均产出和边际产出逐渐降到稳态值 A 的水平。资本的生产率的下降倾向于带来人均增长率的持续下降。也就是说，该模型再次显现出拉姆齐模型所具有的收敛性特征。

附录 2C 表明，在拉姆齐模型的转移过程中，人均资本增长率 $\dot{k}/k$ 单调下降[1]。其证明依赖于资本边际产出递减，$f''(k)<0$，却不依赖于稻田条件 $\lim\limits_{k\to\infty}[f'(k)]=0$。因此，如果这个模型的生产函数由式(4.57)给定，或由更为一般化的式(4.56)给定，那么人均资本增长率递减的收敛特征必然适用于此模型。该框架兼具 AK 模型的长期增长特征和拉姆齐模型中的收敛特征。

4.5.2 CES 生产技术

我们现在证明，如果生产函数采用不变替代弹性(CES)形式，关于内生增长和转移动态我们可以得到类似的结论。在第 1 章我们曾论证，如果要素 K 和 L 之间的替代弹性很高，那么由 CES 生产函数可以得到内生增长。特别地，我们现在假定生产技术是：

$$Y = F(K, L) = B \cdot \{a \cdot (bK)^\psi + (1-a) \cdot [(1-b) \cdot L]^\psi\}^{1/\psi} \quad (4.63)$$

其中，$0<a<1$，$0<b<1$ 且 $0<\psi<1$，所以替代弹性 $1/(1-\psi)$ 大于 1。

生产函数可以示为人均数量的形式：

$$y = f(k) = B \cdot [a \cdot (bk)^\psi + (1-a) \cdot (1-b)^\psi]^{1/\psi} \quad (4.64)$$

我们在第 1 章曾论证，资本的边际和平均产出都为正且递减，并受如下约束：

$$\lim_{k\to\infty}[f'(k)] = \lim_{k\to\infty}[f(k)/k] = Bba^{1/\psi}$$

$$\lim_{k\to 0}[f'(k)] = \lim_{k\to 0}[f(k)/k] = \infty$$

特别地，因为当 k 趋于无穷时，$f'(k)$ 趋于某个正的常数，关键的稻田条件不成立。该模型可以产生内生增长。

为使得我们的分析与前文一致，我们将参数 A 定义为：

---

[1]　如果经济体起始于 $k(0)<k^*$，那么该结论适用于拉姆齐模型。在现在这个例子中，k^* 实际上是无限的，所以该不等式根本不会起到约束作用。

$$A \equiv Bba^{1/\psi} \tag{4.65}$$

根据该定义,CES 生产函数($0 < \psi < 1$)是式(4.56)的特例。如果我们令 $\Omega(K, L) \equiv F(K, L) - AK$,其中 $F(K, L)$ 是式(4.63)中的 CES 函数且 A 由式(4.65)决定,那么函数 $\Omega(K, L)$ 符合所有新古典特征[式(1.5a)至式(1.5c)]和稻田条件。

　　前文的分析表明,因为 A 是有限值 $f'(k)$,那么为得到内生增长,模型的参数必须满足条件 $A > \delta + \rho$。当技术水平 B 很高,替代弹性(在 ψ 中反映出来)很高,且参数 a 和 b 都很大时,该不等式倾向于成立(a 和 b 的值越大,资本在生产过程中越重要)。

　　k 和 c 的动态方程仍为第 2 章拉姆齐模型中的方程[式(2.23)和式(2.24),且 $x = 0$)]:

$$\dot{k}/k = f(k)/k - c/k - (n + \delta)$$

$$\dot{c}/c = (1/\theta) \cdot [f'(k) - \delta - \rho]$$

如果我们令 $z \equiv f(k)/k$ 且 $\chi \equiv c/k$,那么,同前文一样,z 和 χ 的动态方程可以表示为:

$$\dot{z}/z = [(z/A)^{-\psi} - 1] \cdot (z - \chi - n - \delta)$$

$$\dot{\chi}/\chi = (A/\theta) \cdot [(z/A)^{-\psi} - 1] - (z - A) + (\chi - \varphi) \tag{4.66}$$

其中,与之前一样,$\varphi \equiv (A - \delta) \cdot (\theta - 1)/\theta + \rho/\theta - n > 0$。因为 $f(k)/k$ 不可能降到 A 之下,所以这里的分析仍然适用于 $z \geqslant A$ 的区域。稳态值仍为 $z^* = A$ 和 $\chi^* = \varphi$。

　　为分析该模型的动态,我们在 (z, χ) 空间中构建了相位图 4.3。有两条直线(除 $z = 0$ 外)能满足 $\dot{z} = 0$:垂线 $z = A$,以及斜率为 1、截距为 $-(n + \delta)$ 的向上倾斜的直线。当 $z = A$ 且 $\chi = A - \delta - n$ 时,这两条直线相交。

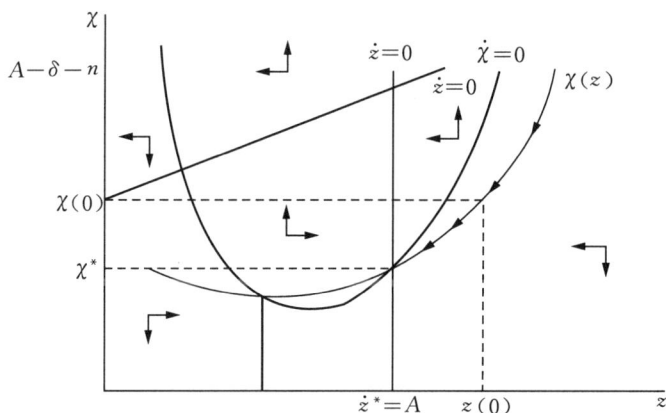

注:如图 4.2,相位图位于 (z, χ) 空间。我们假定 $\theta > 1 - \psi$。$\dot{\chi} = 0$ 的轨迹呈 U 字形,且在 A 的左边有最小值。$\dot{z} = 0$ 的两条轨迹在 $\chi = A - \delta - n$ 时相交。$\dot{\chi} = 0$ 的轨迹在 $A - \delta - n$ 的下方与垂线 $z = A$ 相交。相应地,稳态值由 $\dot{\chi} = 0$ 的轨迹与 $\dot{z} = 0$ 的轨迹的交点确定。由于经济体起始于 $z > z^*$,转移过程的显著特征是 z 和 χ 单调递减。(注意:χ 路径上的均衡结果依赖于 $\theta > 1 - \psi$ 的假定。)

图 4.3　生产函数为 CES($0 < \psi < 1$)的内生增长模型中的转移动态

$\dot{\chi} = 0$ 的图像由曲线 $\chi = \varphi + (z - A) - (A/\theta) \cdot [(z/A)^{1-\psi} - 1]$ 决定(否则 $\chi = 0$)。当 z 的值处于低位时,该曲线向下倾斜,且在 $z = A \cdot [(1-\psi)/\theta]^{1/\psi}$ 时达到最小值。如图所示,如果 $\theta > 1 - \psi$,那么该最小值位于 A 的左边。因为 $0 < \psi < 1$,所以如果 $\theta \geqslant 1$,那么该条件成立。(我们将 $\theta \leqslant 1 - \psi$ 的情况留作练习。)当 z 趋于无穷时,图像 $\dot{\chi} = 0$ 的斜率趋于 1。该曲线在 $A - \delta - n$ 的下方穿过垂线 $z = A$(如果 $A > \rho + \delta > n + \delta$,如我们所假定的那样。)

图 4.3 表明,稳定的鞍形路径起始于 $z(0) > A$。与上一节中的模型一样,变量 z 和 χ 在转移过程中单调下降。转移过程再次表现出收敛特征:随着 k 增加,z 趋向 A,而 $\dot{k}/k$ 趋于零。

4.6　结论

本章表明,如果资本收益在长期不会降到一些正的基准值之下,那么内生增长会出现。长期增长率取决于技术水平和储蓄意愿。在一些模型中,生产技术的作用可以推广到包含生产者之间的溢出效应、规模效应以及公共服务的影响。

最简单的内生增长模型——看似 AK 模型——与收敛的经验数据不一致。然而,内生增长模型的扩展版本将新古典增长模型的收敛性与 AK 模型的长期增长特征结合起来。这些理论与收敛的经验证据吻合得更好。

4.7　附录:单部门模型中的内生增长

在本章中,我们学习了几个能产生内生增长的模型。这些例子的重要特征是:资本的平均产出和边际产出存在正的下界,所以报酬递减并不存在,至少在渐近的意义上并不存在。特别地,稻田条件 $\lim\limits_{k \to \infty}[f'(k)] = 0$ 不成立。现在,我们更一般地在这个内生增长的单部门模型中讨论这个条件的作用。

我们来考虑不存在外生技术进步的模型,在这个模型中,动态方程就是第 2 章中所讨论的式(2.23)和式(2.24):

$$\gamma_k \equiv \dot{k}/k = f(k)/k - c/k - (n + \delta) \tag{4.67}$$

$$\gamma_c \equiv \dot{c}/c = (1/\theta) \cdot [f'(k) - \delta - \rho] \tag{4.68}$$

如果 $f'(k)$ 和 γ_k 趋近于有限极限,那么根据式(2.25)所得的横截条件可以表示为:

$$\lim_{t \to \infty}[f'(k) - \delta] > \lim_{t \to \infty}(\gamma_k + n) \tag{4.69}$$

也就是说,资本的渐近收益率(不等式左边)大于资本存量的渐近增长率(不等式右边)。

同往常一样,我们将稳态界定为 K,Y 和 C 等变量的增长率恒定不变的情况。在我们第 2 章学习的稳态中,每单位有效劳动所占有的数量的增长率(如 $\gamma_{\hat{k}}$ 和 $\gamma_{\hat{c}}$)为 0,所以人均增长率 γ_k 和 γ_c 等于 x,而总量增长率 γ_K 和 γ_C 等于 $n + x$。我们

现在假定 $x = 0$，所以人均增长率在第 2 章所讨论的稳态下将为 0。因此，我们想研究什么样的技术修改可以带来稳态：在这种稳态下，当 $x = 0$ 时，人均增长率为正的常量，而不为 0。

假设稳态人均增长率为正，此时有：

$$\lim_{t \to \infty}[\gamma_k] \equiv \gamma_k^* > 0$$

因为 k 的长期增长速度为正，所以 $\lim_{t \to \infty}(k) = \infty$。也就是说，$k$ 会无穷增长。那么，式 (4.69) 中的横截条件要求：

$$\lim_{k \to \infty}[f'(k)] > \gamma_k^* + n + \delta > n + \delta > 0 \tag{4.70}$$

注意，式 (4.70) 中左边表示 $k \to \infty$ 时的极限。如果 k 的长期增长率为正的常数，随着 $t \to \infty$，将有 $k \to \infty$。

标准稻田条件 $\lim_{k \to \infty}[f'(k)] = \infty$ 排除了式 (4.70) 中的不等式，所以内生增长模型不适用于新古典生产函数。然而，如果资本的边际产出的下界为正，那么在该模型中 k 将具有正的长期增长率。我们将渐近趋向的边际产出记为 $A > 0$；也就是说，我们现在假定

$$\lim_{k \to \infty}[f'(k)] = A > 0 \tag{4.71}$$

式 (4.70) 中的不等式表明，$A > 0$ 不是 k 在稳态中增长的充分条件。γ_k^* 为正的必要条件是：

$$A > n + \delta \tag{4.72}$$

因此，资本的渐近收益率 $A - \delta$ 必须超过资本存量的增长率 n。这里的资本存量增长率是在稳态中的 k 恒定不变的情况下取得的（如同在 $x = 0$ 的拉姆齐模型中一样）。

如果 $\gamma_k^* > 0$，所以 $\lim_{t \to \infty}(k) = \infty$，进而 $\lim_{t \to \infty}[f'(k)] = A$，那么式 (4.68) 意味着：

$$(\gamma_c)^* = (1/\theta) \cdot (A - \delta - \rho) \tag{4.73}$$

因此，$(\gamma_c)^* > 0$ 要求：

$$A > \delta + \rho \tag{4.74}$$

我们在第 2 章曾证明，当 $x = 0$ 时，横截条件要求 $\rho > n$。如果 $\rho > n$ 在此处成立——如我们所假设的那样——那么式 (4.74) 中的不等式意味着式 (4.72) 中的不等式成立。如果式 (4.74) 中的不等式不成立，第 2 章中的分析仍然成立——包括结论 $\gamma_k^* = 0$ ——即便技术能从物质上支持 k 的永久增长。对 $\gamma_k^* > 0$ 而言，资本的渐近收益率 $A - \delta$ 在这种情况下因过低而无法达到最优。在后面的分析中，我们假定式 (4.74) 中的不等式成立。

我们现在来证明 $\gamma_k^* = \gamma_c^*$。式(4.67)意味着：

$$\gamma_k^* = \lim_{k \to \infty}[f(k)/k] - \lim_{k \to \infty}[c/k] - (n+\delta)$$

根据罗必塔法则(如果当 k 趋于无穷时，$f(k)$ 也趋于无穷)，我们知道 $\lim_{k \to \infty}[f(k)/k]$ $= \lim_{k \to \infty}[f'(k)] = A$。于是有：

$$\gamma_k^* = A - n - \delta - \lim_{k \to \infty}(c/k) \tag{4.75}$$

如果 $\gamma_c^* > \gamma_k^*$，那么 $\lim_{k \to \infty}(c/k) = \infty$，这明显与式(4.75)中的 $\gamma_k^* > 0$ 不一致。如果 $\gamma_c^* < \gamma_k^*$，那么 $\lim_{k \to \infty}(c/k) = 0$，于是 $\gamma_k^* = A - n - \delta$。该结论表明 $A - \delta = \gamma_k^* + n$，违背了式(4.69)中的横截条件。因此，我们能排除 $\gamma_c^* < \gamma_k^*$。

唯一剩下的可能性是：

$$\gamma_k^* = \gamma_c^* = (1/\theta) \cdot (A - \delta - \rho) \tag{4.76}$$

其中，我们引用了式(4.73)中 γ_c^* 的表达式。如果它满足式(4.69)中的横截条件，也就是说，如果 $A - \delta$ 大于 $\gamma_k^* + n$，那么这个解成立。式(4.76)中 γ_k^* 的表达式意味着横截条件可以被写成：

$$\varphi = (A - \delta) \cdot (\theta - 1)/\theta + \rho/\theta - n > 0 \tag{4.77}$$

该条件对应于式(4.12)。于是，由式(4.75)至式(4.77)可得：

$$\lim_{k \to \infty}(c/k) = \varphi > 0 \tag{4.78}$$

如果我们将 A 定义为 $f'(k)$ 的渐近值，那么在本附录中推导出来的条件可以满足我们在本章所讨论的所有模型。特别地，式(4.76)决定着稳态人均增长率，而且式(4.78)决定着 c/k 的稳态水平。

4.8 习题

4.1 AK 模型作为新古典模型的极限 考虑第 2 章所讨论的新古典模型。假定生产函数是柯布—道格拉斯形式，$\hat{y} = A\hat{k}^\alpha$。

a. α 增加会如何影响式(2.23)和式(2.24)表示的 $\hat{k}$ 和 $\hat{c}$ 的转移方程？因此，α 增加会如何影响图 2.1 中 $\hat{k}$ 和 $\hat{c}$ 的轨迹？它又如何影响稳态值 $\hat{k}^*$ 和 $\hat{c}^*$？

b. 例如，当 α 趋近于 1 时，$\hat{k}^*$ 会出现什么变化？该结论与本章所讨论的 AK 模型有什么关系？

4.2 AK 模型中的过度储蓄(根据 Saint-Paul，1992) 我们从第 1 章可知，如果一个经济体趋近于稳态，且在这种稳态中的收益率 r 小于增长率，那么该经济体存在过度储蓄。假定技术是 $Y = AK$，且 c/k 的比率趋近于其稳态时的常量 $(c/k)^*$。

a. 利用式(4.8)确定 K(进而 Y 和 C)的稳态增长率。这种稳态增长率能否超过式(4.7)中的利率 r？如果经济体趋于稳态，且技术是 $Y = AK$，它有否可能过度储蓄？

b. 假定与 3.7 节所描述的一样，我们将 AK 技术与 Blanchard(1985) 的有限时域消费者模型相结合。这种模型中是否可能出现过度储蓄？如果就像第 3 章附录中所描述的那样，我们将 AK 技术与叠代模型相结合，会出现什么？

4.3 转移动态 证明：在 4.3 节带有知识溢出效应的干中学模型中，转移动态不存在。也就是说，产出和资本总是以式(4.28)中的恒定消费增长率增长。

4.4 工人人均资本的溢出效应 在 4.3 节的模型中，假定企业的生产率参数 A_i 取决于经济体的工人人均资本 K/L，而非总资本存量 K。生产函数被设定为柯布—道格拉斯形式：

$$Y_i = A \cdot (K_i)^{\alpha} \cdot \left[(K/L) \cdot L_i \right]^{1-\alpha}$$

推导出分散决策经济体和中央计划者的增长率。4.3 节所讨论的规模效应在这样的生产技术中为何不存在？

4.5 公共产品模型中的扭曲税率 在 4.4.1 节的模型中假定：公共支出 G 通过对居户资产收入征税筹资，税率为 τ_a。这个变化将如何影响增长率和 G/Y 之间的关系，也就是说式(4.42)会如何改变？

4.6 公共服务的拥挤(根据 Barro and Sala-i-Martin, 1992c) 在 4.4.2 节所讨论的拥挤模型中，假定企业 i 的产出为

$$Y_i = AK_i \cdot f(G/K)$$

也就是说，公共服务的拥挤涉及 G 与 K 之比，而非 G 与 Y 之比。在这种新的拥挤设定下，结论会有什么变化？特别地，请思考：分散决策经济体和中央计划者的解决方案中分别出现的增长率。

4.7 带有 AK 技术的调整成本(根据 Barro and Sala-i-Martin, 1992c) 假定企业所面对的是 AK 模型，但是投资存在 3.3 节所述的调整成本。因为单位调整成本函数是 $\phi(i/k) = (b/2) \cdot (i/k)$，所以 1 单位资本的购买和投资总成本是 $1 + (b/2) \cdot (i/k)$。生产者最大化现金流的现值：

$$\int_0^{\infty} \left\{ AK - I \cdot \left[1 + (b/2) \cdot (I/K) \right] \right\} \cdot e^{-rt} \cdot dt$$

其中，$r = A - \delta$。最大化的约束条件是常量 $\dot{K} = I - \delta K$。

a. 构建汉密尔顿方程，并找出代表性企业的一阶条件。找出利率和资本增长率之间的关系。这种关系是单调的吗？请解释。

b. 假定消费者面临无限视界的拉姆齐问题，所以消费的增长率与利率正相关。又假定消费的增长率等于资本量的增长率。这个条件是否会使增长率固定不变？如果不会，那么能否删除某个横截条件？

c. 证明：消费的增长率等于资本存量的增长率。这对于模型的转移动态意味着什么？请解释。

4.8 具有溢出效应的模型中的增长(基于 Romer, 1986) 假定企业 i 的生产函数为

$$\gamma_i = AK_i^\alpha \cdot L_i^{1-\alpha} \cdot K^\lambda$$

其中,$0 < \alpha < 1$,$0 < \lambda < 1$,且 K 是资本总量。

a. 证明:如果 $\lambda < 1-\alpha$ 且 L 恒定不变,那么模型具有与拉姆齐模型类似的转移动态。在这种情况下,Y,K 和 C 的稳态增长率是什么?

b. 如果 $\lambda < 1-\alpha$ 且 L 的增长率为 $n > 0$,那么 Y,K 和 C 的稳态增长率是什么?

c. 证明:如果 $\lambda = 1-\alpha$ 且 L 不变,那么其稳态与转移动态同 AK 模型的稳态和转移动态相似。

d. 如果 $\lambda = 1-\alpha$ 且 L 的增长率为 $n > 0$,那么会发生什么?

▶5

内生增长的两部门模型（特别关注人力资本的作用）

如果资本收益逐渐趋于恒定，那么我们可以得到不带有外生技术进步的长期人均增长，这是我们在第 4 章所学的内容之一。在那一章中，我们论证了，如果我们广义地看待资本，将人力资本和物质资本都看作其组成部分，那么有可能不出现收益递减。本章将明确探讨区分了物质资本和人力资本的模型。更一般性地，这种结构能被适用于各种资本，包括我们将在第 6 章和第 7 章所探讨的累积的知识。

在第 3 章中我们曾利用一个模型来研究开放经济体，在那个模型中，物质资本和人力资本都通过同一生产函数生产出来。我们通过类似该模型的框架着手研究。在这种设置中，由常见的单部门技术所得到的产出可以被 1 比 1 地转换成消费、物质资本投资和人力资本投资。然而，当我们引入"物质资本和人力资本总投资都必须为非负数"这一约束条件时，新结论出现了。这种约束引入了物质资本积累和人力资本积累之间的失衡对增长过程的影响：物质资本与人力资本之间的比率的实际值与其稳态值差距越大，产出增长率越高。

接着，我们引入一种可能性——物质资本和人力资本通过不同技术生产出来。特别地，我们关注一个经验相关的案例，在这个案例中，教育——新人力资本的生产——在人力资本投入上相对密集。Uzawa(1965)提出且被 Lucas(1988)使用的模型就具有这种特征；在两人的模型中，现有人力资本是教育部门的唯一投入。物质和人力资本的非平衡状态对增长率具有影响，而生产结构的这种修改为这种影响带来了不对称性。这种不对称性根源于物质资本—人力资本比对实际工资率（每单位人力资本）的正向影响，进而源自对投入到教育的人力资本的机会成本的正向影响。在这种构架中，如果人力资本相对充裕，那么广义产出的增长率关于物质资本和人力资本之间的非平衡性递增，但是如果人力资本相对稀缺，那么广义产出的增长率将会对这种非平衡性递减。

人力资本的出现可以缓解广义资本收益递减的约束，并因此能在缺乏外生技术进步的情况下带来长期人均增长。因此，作为一种能带来长期增长的机制，人力资本的生产可以是技术的另一种改善。然而，人力资本积累与技术进步这种形式中的知识创造不同，我们应该重视二者间不同的方面。如果我们将人力资本看作工人身上所体现出来的技术，那么这些技术一旦被用于这种活动，就不能被用于另外那种活动。因此，人力资本是竞争性产品。由于人们对其技术及其原始劳动都具有产权，所以人力资本也是一种排他性产品。相反，思想和知识可以为非竞争性的——因为这两者可以在任意领域的活动中自由传播——而且在一些情境下可以是非排他性的。这些区别表明，技术进步理论（第6—8章的主体）与我们在本章所讨论的人力资本积累模型在基本方面存在差异。

5.1　具有物质资本和人力资本的单部门模型

5.1.1　基本构架

我们从下列的柯布—道格拉斯生产函数开始，该函数关于物质资本 K 和人力资本 H 规模报酬不变：

$$Y = AK^{\alpha}H^{1-\alpha} \tag{5.1}$$

其中，$0 \leqslant \alpha \leqslant 1$。我们能将人力资本 H 看作是工人数量 L 和代表性工人的人力资本 h 之积。这里的假设是，如果生产只决定于组合 Lh，那么工人数量 L 和工人质量 h 在生产中完全替代。这种规定表明，固定的人数 L 将不是收益递减的根源，因为在 L 固定的情况下，K 和 h 的翻倍会导致 Y 的翻倍。为便利起见，我们假定，总劳动量 L 是固定的，因此 H 的增长只源于平均质量 h 的改善。我们也忽略了任何技术进步（也就是说，我们假定 A 是不变的）。

产出可以被用于消费，以及物质资本或人力资本投资。我们假定，物质资本和人力资本存量的折旧率都为 δ。人力资本的折旧是包括技术退化和死亡在内的损失减去从经验中获得的好处。（物质资本和人力资本可以具有不同的折旧率，但是这种一般化会使得代数计算复杂化，而不会带来新观点。）

经济体的资源约束是：

$$Y = AK^{\alpha}H^{1-\alpha} = C + I_K + I_H \tag{5.2}$$

其中，I_K 和 I_H 分别是对物质资本和人力资本的总投资。两种资本量的变化由下式决定：

$$\dot{K} = I_K - \delta K \qquad \dot{H} = I_H - \delta H \tag{5.3}$$

我们在第2章表明，我们实际上可以相同地处理区分了居户和企业的模型和居户直接制造产品的模型。这种等价性在当前的构架中也成立。在这里，我们用到的构架是居户是产品制造者。如果我们忽略人口增长，那么居户在式（5.3）中的两个约束和式(5.2)的经济资源约束下最大化下列这一常见效用函数：

$$U = \int_0^\infty u[c(t)] \cdot e^{-\rho t} dt \tag{5.4}$$

其汉密尔顿方程是：

$$J = u(C) \cdot e^{-\rho t} + v \cdot (I_K - \delta K) + \mu \cdot (I_H - \delta H)$$
$$+ \omega \cdot (AK^\alpha H^{1-\alpha} - c - I_K - I_H) \tag{5.5}$$

其中，v 和 μ 分别是 $\dot{K}$ 和 $\dot{H}$ 的影子价格，而 ω 是与式(5.2)相关的拉格朗日乘子[①]。我们利用下列常见效用函数：

$$u(C) = (C^{1-\theta} - 1)/(1-\theta)$$

我们可以通过以下惯常方法得到其一阶条件：令 J 关于 C，I_K 和 I_H 的偏导数等于 0，以及 $\dot{v}$ 和 $\dot{\mu}$ 分别等于 $\partial J/\partial K$ 和 $\partial J/\partial H$，并引入式(5.2)中的预算约束[②]。如果我们简化这些条件，那么就消费增长率而言，我们可以得到熟悉的结论：

$$\dot{C}/C = (1/\theta) \cdot [A\alpha \cdot (K/H)^{-(1-\alpha)} - \delta - \rho] \tag{5.6}$$

其中，$A\alpha \cdot (K/H)^{-(1-\alpha)} - \delta$ 是物质资本的净边际产品。

第二个条件是，物质资本的净边际产出等于人力资本的净边际产出：

$$A\alpha \cdot (K/H)^{-(1-\alpha)} - \delta = A \cdot (1-\alpha) \cdot (K/H)^\alpha - \delta$$

这个条件意味着，两种资本存量之比为[③]：

$$K/H = \alpha/(1-\alpha) \tag{5.7}$$

关于 K/H 的结论表明，物质资本和人力资本的净收益率为[④]：

$$r^* = A\alpha^\alpha \cdot (1-\alpha)^{(1-\alpha)} - \delta \tag{5.8}$$

因为式(5.1)中的生产函数关于广义资本 K 和 H 规模报酬不变，所以这里的收益率是恒定不变的。因此，当 K/H 恒定不变时[式(5.7)]，也就是说，当 K 和 H 以相同的比率增长时，收益递减不会出现。

如果 K/H 恒定不变，式(5.6)意味着 $\dot{C}/C$ 恒定不变，且等于：

---

① 我们能将汉密尔顿方程等价地写成：

$$J = u(C)e^{-\rho t} + v \cdot (AK^\alpha H^{1-\alpha} - C - \delta K - I_H) + \mu \cdot (I_H - \delta H)$$

该方程明确地引入了条件：

$$I_K = AK^\alpha H^{1-\alpha} - C - I_H$$

上式涉及式(5.5)中的拉格朗日乘子 ω。

② 我们暂时忽略不等式约束 $I_K \geqslant 0$ 和 $I_H \geqslant 0$。

③ 即使两种资本之间的折旧率不同，两个净边际产出仍然相等。这个条件再次决定着 K/H，但一般而言，解无法用基本参数以封闭形式表示。

④ 如果我们在模型中引入竞争性的信贷市场，那么收益率 r 也适用于竞争性的信贷市场。

$$\gamma^* = (1/\theta) \cdot [A\alpha^\alpha \cdot (1-\alpha)^{(1-\alpha)} - \delta - \rho] \tag{5.9}$$

其中,我们用式(5.7)替代了 K/H。我们假定参数满足 $\gamma^* > 0$。

为了弄清楚该模型与前文的分析有什么关联,我们可以将式(5.7)代入式(5.1)中的生产函数,得到:

$$Y = AK \cdot \left(\frac{1-\alpha}{\alpha}\right)^{(1-\alpha)}$$

因此,该模型相当于我们在第 4 章中所学习的 AK 模型。我们可以用那一章的分析方法证明,如果横截条件成立,Y、K 和 H 的增长率必须等于 C 的增长率①。也就是说,所有数量都以式(5.9)所示的不变比率 γ^* 增长。

式(5.8)和式(5.9)中的 r^* 和 γ^*,与第 4 章构建的 AK 模型中的值实质上是一样的。也就是说,到目前为止,在带有两种资本的模型和带有一种广义资本的模型之间,我们未做有意义的区分。

5.1.2　非负总投资的约束

假定经济体的两种资本量的初始值为 $K(0)$ 和 $H(0)$。如果比率 $K(0)/H(0)$ 不等于式(5.7)所显示的 $\alpha/(1-\alpha)$,那么我们求得的解表明,两种存量会作出不连续的调整,以便立刻得到 $\alpha/(1-\alpha)$ 的值。这种调整的特征是,一种存量的增加对应于另一种存量的减少,而总量 $K + H$ 不会立刻变化。

这种方法的困难在于,它取决于这种可能性——对一种资本的投资速度为正无穷,且对另一种资本的投资速度为负无穷。换言之,我们必须假定:投资是可逆的,所以以前的物质资本可以转化成人力资本;反之亦然。这个假设是非常不现实的。我们不难想象,即使投资者事前能决定是投资于人力资本,还是物质资本,但是这个决定一旦作出便不可逆转。从数学上来说,这些不可逆约束将采用不等式约束:$I_K \geqslant 0$ 和 $I_H \geqslant 0$。换言之,人们不能(disinvest)缩减人力资本或物质资本。人们可以选择对某种资本完全不投资(即,人们可以设定 $I_K = 0$,这会使得 K 以速率 $\dot{K}/K = -\delta$ 持续下降),但是实际上却不能减资。注意,在以前的方法中,如果 $K(0)/H(0)$ 不等于 $\alpha/(1-\alpha)$,时点 0 上资本构成的不连续改变要求某种资本的总投资为负(以无穷大的投资速度),所以某种资本的不可逆约束实际上不成立。因此,我们现在在这些不等式约束的框架下重新考虑模型的求解。文中的讨论所忽略的某些细节将会在 5.5 节的附录 5A 中出现。

如果 $K(0)/H(0) < \alpha/(1-\alpha)$ ——即,如果 H 最初相对于 K 充裕——那么此前的解表明,在时点 0,H 下降且 K 增加。试图非连续地降低 H 的值意味着不等式 $I_H \geqslant 0$ 在时点 0 有约束力(且此后会持续一段有限的时间)。当该约束发挥作

---

① 截断条件为 $r^* > \gamma^*$。式(5.8)和式(5.9)表明,该条件可以表示为 $\rho > (1-\theta) \cdot [A\alpha^\alpha \cdot (1-\alpha)^{(1-\alpha)} - \delta]$。

用时,居户选择 $I_H = 0$,进而 H 的增长率为 $\dot{H}/H = -\delta$,且 H 沿着下列路径:

$$H(t) = H(0) \cdot e^{-\delta t}, \quad t = 0, \cdots \tag{5.10}$$

行为人意识到,相对于 K 而言,他们有过多的 H。但是,因为 H 的总投资不能为负,所以行为人允许 H 以外生给定的速率 δ 折旧。

如果 $I_H = 0$,那么居户的最优化问题可以用简化过的汉密尔顿方程来表述:

$$J = u(C) \cdot e^{-\rho t} + v \cdot (AK^\alpha H^{1-\alpha} - C - \delta K) \tag{5.11}$$

其中,v 与 $\dot{K}$ 的表达式相乘(当 $I_H = 0$ 时)①。这种结构相当于标准的新古典增长模型:这种模型中,在能增加另一种要素投入量的外生技术进步的约束下,居户以单一资本 K 的形式来选择消费和投资。在标准模型中,"另一种要素"为有效劳动,其增长率为 x(在人口增长率为零的情况下);而在当前的设定中,另一种投入为 H,其增长率为 $-\delta$。

与标准古典增长模型的关键差异是,K/H 持续提升,并在有限时间内等于式 (5.7) 所示的 $\alpha/(1-\alpha)$。这时,物质资本和人力资本的净边际总投资相等,进而关于人力资本的非负总投资的限制无约束力。因而,这两种资本量的增长率同为式 (5.9) 所示的 γ^*。我们已经假定参数能满足 $\gamma^* > 0$。因此,新古典增长模型的动态将出现在转移过程中,但由于广义资本不存在收益递减,所以长期增长率为正(即使不存在外生技术进步)。

转移动态的一些细节被收纳到了附录中。我们在这里给出一种启发式的分析。我们知道,在稳态时,K、H 和 Y 的增长率都等于 $\gamma^* > 0$,其中 $K/H = \alpha/(1-\alpha)$。在那之前,$K/H < \alpha/(1-\alpha)$ 且 $I_H = 0$。在这种条件下,我们已经证明,K 和 Y 的动态,与新古典增长模型(具有柯布—道格拉斯技术)中的常见形态吻合。因此,第 2 章的分析表明,从增长率 $\gamma_K = \dot{K}/K$ 和 $\gamma_Y = \dot{Y}/Y$ 持续单调下降的意义上讲,该解显示出收敛特征。因为这两个增长率朝着 $\gamma^* > 0$ 单调递减,所以它们在转移过程中必须为正且递减。因此,K/H 持续提高,其部分原因是 H 的下降(速率为 δ),部分原因是 K 的上升(其速率朝着 γ^* 递减)。K/H 的增加意味着,物质资本的净边际产出——进而,收益率——单调下降②。收益率的这种递减路径相当于 γ_C 的典型下降路径。

该结论意味着,只要 K/H 位于其稳态值 $\alpha/(1-\alpha)$ 的下方,那么产出的增长率

---

① 我们通过令式(5.5)右边最后一项中的 $I_H = 0$ 可将汉密尔顿方程等价地改写成:

$$J = u(C) \cdot e^{-\rho t} + v \cdot (I_K - \delta K) + \omega \cdot (AK^\alpha H^{1-\alpha} - c - I_K)$$

式(5.11)已经引入了条件 $I_K = AK^\alpha H^{1-\alpha} - c$。

② K/H 的增加意味着,H 的净边际产出持续增加。然而,该边际产出低于物质资本的净边际产出。因此,对 H 的总投资仍为其最小值 0。如果我们能观测到现有的 H 的市场价格,那么我们将能发现,该价格低于其替代成本 1。但是随着 K/H 向 $\alpha/(1-\alpha)$ 趋近,该价格也趋近于 1。那么,在各时点,持有 H 的总回报率——来自资本收益和"分红"——将等于 K 的净边际产出。因此,K 的净边际产出等于可在信贷市场中观测到的单一回报率。

γ_Y 与 K/H 负相关。γ_Y 与 K/H 的这种关系被称为非平衡效应。越不平衡——即，K/H 越小于其稳态值——增长率越高。

K/H 低的一个可能的原因就是战争——大量的物质资本被战争所摧毁，而人力资本的损失却相对较小。战后的日本和德国就是例子。模型预测，在这种情况下产出将高速增长（远高于其稳态值 γ^*）。

如果经济体开始时具有相对丰富的物质资本 $K(0)/H(0) > \alpha/(1-\alpha)$，那么结论也是相似的。传染病会导致这种情况的发生，例如肆虐于中世纪欧洲的黑死病使人口大量死亡却没有摧毁物质资本。在这种情况下，约束 $I_K \geqslant 0$ 是发挥约束作用的，因此，$I_K = 0$，且 K 的增长速度为 $-\delta$。关于 C 和 H 的选择取决于常见的新古典增长模型的条件，除了投资只与 H 有关，与 K 无关。特别地，γ_K 和 γ_H 都朝着稳态值 γ^* 单调递减。K 的下降（速率为 δ）和 H 的上升（速率朝着 γ^* 递减）意味着 K/H 的持续下降。K/H 的减少降低了 H 的净边际产出，进而减少了收益率和消费的增长率[1]。

该结论意味着，在 $K/H > \alpha/(1-\alpha)$ 的区域内，K/H 和 γ_Y 正相关。因此，非平衡效应仍然存在——以 K/H 超过其稳态值的大小来衡量，越不平衡，增长率越高。

图 5.1 描绘了 K/H 与增长率 γ_Y 的对应关系。边际增长率 γ^* 等于稳态比率 $\alpha/(1-\alpha)$。在稳态值的两边，γ_Y 随着 K/H 与其稳态值之间的差距递增。

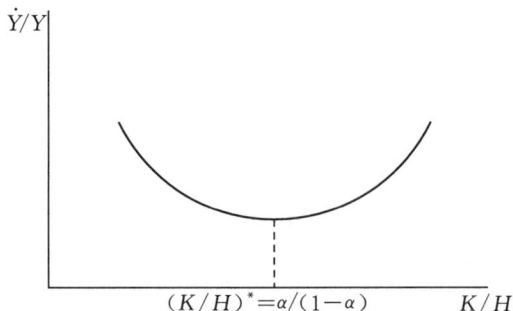

注：产出的增长取决于两种资本比 K/H。最小的增长率等于其稳态比 $(K/H)^* = \alpha/(1-\alpha)$。在稳态的两边，其增长率随着 K/H 与 $(K/H)^*$ 之间差距的增大而对称地增加。

图 5.1　单部门模型中的非平衡效应

在该理论中，物质资本的缺乏（战争摧毁了 K 而非 H）对增长率的影响要小于缺少相同数量的人力资本（例如，流行病减少了 H 而非 K）所产生的影响。在人口突然减少对经济的影响方面，经验证据不多，但是 Hirshleifer（1987，第 1 章和第 2

---

[1]　收益率的行为与 H 相对充裕的情况类似。K/H 的减少意味着 K 的净边际产出增加。然而，该净边际产出低于人力资本的净边际产出，所以 K 的总投资维持在 0 这一最低水平。现存 K 的市场价格低于重置成本 1，但是随着 K/H 趋近于 $\alpha/(1-\alpha)$ 而朝着 1 增加。那么，在各时点，持有 K 的总回报率——来自资本收益和"分红"——将等于 H 的净边际产出。因此，K 的净边际产出等于在信贷市场中观测所得的单一回报率。

章)关于黑死病的讨论表明,在这种情况下,增长并不快。因此,这种可能性也可能存在:当 K/H 高于其稳态值时,K/H 的增加对增长率只有很小的正向影响,甚至是反向影响。

我们可以通过引入我们在第 3 章介绍的资本积累的调整成本来扩展模型,使 K/H 高于和低于稳态值时,对增长率有不对称的影响。H 的调整成本要大大地高于 K 的调整成本,这是很合理的。我们可假定,在投资收益率没有遇到明显回落之前,教育进步是不可能被大大加速的。在这种情况下,H 的相对充裕将导致对 K 的大量投资,进而,相应地带来产出的高增长。然而,K 的相对充裕对 H 的投资影响要小得多,进而,对产出的影响也小得多。图 5.2 描绘了这样一种情况:当 K/H 等于其稳态值 $\alpha/(1-\alpha)$ 时,最小的增长率仍然出现[1],但是其斜率在 $K/H < \alpha/(1-\alpha)$ 的区域比其在 $K/H > \alpha/(1-\alpha)$ 的区域要陡得多。该模型认为,经济体从主要摧毁 K 的战争中恢复的速度要远快于从主要减少 H 的流行病中恢复的速度。

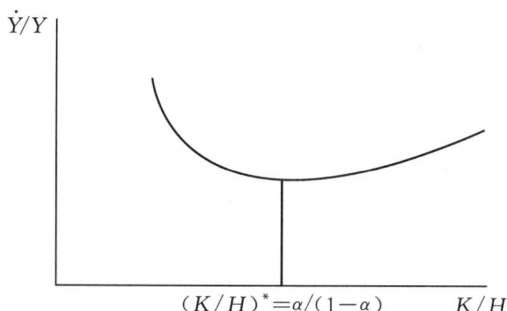

注:我在这里假定,改变人力资本的调整成本大于改变物质资本的调整成本。在这种情况下,增长率对 K/H 的敏感性在 $K/H < (K/H)^*$（物质资本相对缺乏）区间内比在 $K/H > (K/H)^*$（人力资本相对缺乏）区间内更大。

图 5.2　带有人力资本调整成本的非平衡效应

关于投资的调整成本的另一个意义是,当 K/H 不等于其稳态值 $\alpha/(1-\alpha)$ 时,对两种资本的总投资都会表现为正。如果各种资本的收益率在低投资率时很高,在高投资率时很低,那么该结论就会成立。在产品 C 和 $\dot{K}$ 的生产技术与教育 $\dot{H}$ 的技术存在差异的模型中,非稳态状态中两种资本的总投资也有为正的可能性。我们将在下一节讨论该观点。

5.2　生产和教育的不同技术

5.2.1　两部门生产的模型

到目前为止,我们一直假定有形商品与教育具有相同的生产函数。这种规定

---

[1]　调整成本的有些设定会影响到 K 与 H 的稳态比率。参阅第 3 章的讨论。

忽略了教育的一个重要方面：它严重地依赖于受过教育的人作为投入。因此，我们应该修改模型，使其适应该特征——即，人力资本的生产在人力资本方面相对密集。经过这样的修改，关于物质资本和人力资本的失衡对增长的影响，我将会得到一些不同的结论。

我们紧跟 Rebelo(1991)的步伐，用两个柯布—道格拉斯生产函数构建一个框架[①]：

$$Y = C + \dot{K} + \delta K = A \cdot (vK)^{\alpha} \cdot (uH)^{1-\alpha} \tag{5.12}$$

$$\dot{H} + \delta H = B \cdot [(1-v) \cdot K]^{\eta} \cdot [(1-u) \cdot H]^{1-\eta} \tag{5.13}$$

其中，Y 是产品的产出(等于消费品和对物质资本的总投资)；$A > 0$ 和 $B > 0$ 是技术参数；$\alpha(0 \leqslant \alpha \leqslant 1)$ 和 $\eta(0 \leqslant \eta \leqslant 1)$ 是各部门产出中物质资本的比重；$v(0 \leqslant v \leqslant 1)$ 和 $u(0 \leqslant u \leqslant 1)$ 分别是使用于生产中的物质资本和人力资本的份额。教育(生产人力资本)中所使用的物质资本和人力资本的对应份额是 $1-v$ 和 $1-u$。

式(5.12)表明，消费品 C 和物质资本投资 $I_K = \dot{K} + \delta K$ 在供应方面仍然是完全替代的。换言之，C 和 I_K 来自同一个产品产出流[②]。如果 $\eta \neq \alpha$，那么式(5.13)意味着，人力资本的生产技术与产品的生产技术不同。(如果 $\eta = \alpha$，那么该模型相当于我们在前文中所构建的单部门生产。)正如前所述，我们认为经验相关的案例与 $\eta < \alpha$ 的模型吻合，即教育部门在人力资本方面相对密集，而产品部门在物质资本方面相对密集[③]。实际上，模型的该特征可以使其 H 合理地与现实世界中的人力资本相吻合。

式(5.12)和式(5.13)意味着，两种生产活动关于两种资本投入都表现出不变规模效应。出于这个原因，该模型将显现出我们在第 4 章的单部门模型中所发现的内生稳态增长。在稳态中，v 和 u 恒定，且 C、K、H 和 Y 的增长率都为 γ^*。

实测产出(measured output)可以被广义化，使其包括对人力资本的总投资 $\dot{H} + \delta H$，该总投资将被乘上人力资本所对应的影子价格。(我们稍后将讨论该影子价格。)这一更广义的产出在稳态中将以速率 γ^* 增长。标准国民账户中所定义的总产出落在狭义和广义概念之间，因为该实测产出包含了总投资投入在人力资本的部分。例如，总产出包括老师工资，但是忽略了学生所放弃的时间价值，以及在职培训期间的时间价值。根据 Kendrick(1976，表 A-1 和 A-2)对美国的情况所作的大体估算，人力资本总投资中的一半都被纳入了实测产出。

我们可以将式(5.12)和式(5.13)所示的技术嵌入到我们此前所考虑的居户最优化中。此问题的汉密尔顿方程可以表示为[④]：

---

① Bond，Wang 和 Yip(1996)与 Mino(1996)用新古典生产函数的一般形式分析了该模型。

② 通过在消费品和资本品的生产[Uzawa(1964)和 Srinivasan(1964)所使用的两部门模型]中或在不同种类的最终产品的生产(Ventura，1997)中引入不同的要素密度，我们可以研究得更深入。

③ 更一般地，我们可以将 K 和 H 解释为两种不同的资本货物，而并非一定为物质和人力资本。H 的生产在 H 上相对密集的假设或多或少地取决于如何解释 H。

④ 等价地，我们可以令 v 乘以 $I_K - \delta K$ 和 u 乘以 $I_H - \delta H$，然后引入两个拉格朗日乘子，以使其反映两个等式约束 $A \cdot (vK)^{\alpha} \cdot (uH)^{1-\alpha} = C + I_K$ 和 $B \cdot [(1-v) \cdot K]^{\eta} \cdot [(1-u) \cdot H]^{1-\eta} = I_H$。式(5.14)中的表达式已经将这些等式约束包含在内了。

$$J = u(C) \cdot e^{-\rho t} + v \cdot [A \cdot (vK)^{\alpha} \cdot (uH)^{1-\alpha} - \delta K - C]$$
$$+ \mu \cdot \{B \cdot [(1-v) \cdot K]^{\eta} \cdot [(1-u) \cdot H]^{1-\eta} - \delta H\} \quad (5.14)$$

其中，v 乘以 $\dot{K}$ 的表达式，μ 乘以 $\dot{H}$ 的表达式。当非负总投资的不等式条件不具有约束力时，对 J 求关于 C，v 和 u 的导数，并令其为零，以及从条件 $\dot{v} = -\partial J/\partial K$ 和 $\dot{\mu} = -\partial J/\partial H$，可得常见的一阶条件。

如果我们利用这些一阶条件，我们可以得到习见的消费增长表达式：

$$\dot{C}/C = (1/\theta) \cdot [A\alpha \cdot (vK/uH)^{-(1-\alpha)} - \delta - \rho] \quad (5.15)$$

产品生产中物质资本的净边际产出 $A\alpha \cdot (vK/uH)^{-(1-\alpha)} - \delta$ 等于该模型中的收益率 r。

当物质资本被分配到各个部门，且人力资本也具有相同的条件，那么物质资本必然得到相同的收益率。这些条件可推出 v 和 u 之间的下列关系：

$$\left(\frac{\eta}{1-\eta}\right) \cdot \left(\frac{v}{1-v}\right) = \left(\frac{\alpha}{1-\alpha}\right) \cdot \left(\frac{u}{1-u}\right) \quad (5.16)$$

式(5.16)表明 v 和 u 正相关，当 $u = 1$ 时 $v = 1$，且当 $u = 0$ 时 $v = 0$[①]。换言之，如果 α 和 η 给定，那么通过被投入到产品部门的两种投入 K 和 H 的同时增加，产品生产的增长会显现出来。

令 $p \equiv \mu/v$ 是以产品计量的人力资本的影子价格。式(5.16)与 K 和 H 的收益率相等的条件会带来 p 的表达式[②]：

$$p \equiv \mu/v = (A/B) \cdot (\alpha/\eta)^{\eta} \cdot [(1-\alpha)/(1-\eta)]^{1-\eta} \cdot (vK/uH)^{\alpha-\eta} \quad (5.17)$$

该影子价格等于 H 在商品部门的边际产出（工资率）与其在教育部门的边际产出之比。式(5.17)表明，该价格只取决于商品部门所雇用的 K 的数量 vK 与其所雇用的 H 的数量 uH 之比。

p 的表达式使我们可以计算此前所提到的广义总产出：

$$Q = Y + pB \cdot [(1-v) \cdot K]^{\eta} \cdot [(1-u) \cdot H]^{1-\eta} \quad (5.18)$$

---

① 如果 $\alpha = \eta$，那么式(5.16)表明 $v = u$。如果我们将该结论代入式(5.12)和式(5.13)，那么生产函数变成：

$$Y = AuK^{\alpha}H^{1-\alpha}; \quad \dot{H} + \delta H = B \cdot (1-u) \cdot K^{\alpha}H^{1-\alpha}$$

广义产出 Q 可以被定义为：

$$Q = Y + (A/B) \cdot (\dot{H} + \delta H) = AK^{\alpha}H^{1-\alpha}$$

其中，A/B 是以 Y 表示的 H 的不变价格。实际上，我们能调整 H 的数量，使得 $A/B = 1$。在这种定义下，经济体的预算约束是：

$$Q = C + \dot{K} + \delta k + \dot{H} + \delta H$$

那么，该模型等价于本章早些时候所分析的单部门版本。

② 尽管 p 是对应的影子价格，但是，如果我们在模型中引入人力资本市场，那么市场均衡价格将不止一个。理由是，在该模型中，人力资本和货物不能互相转换，所以该均衡是角解。Quah(2002)指出，均衡价格的区间为 $(0, \mu/v)$。我们得感谢 Quah 为我们指明了这个事实。

注意,广义产出 Q 等于狭义产出 Y 加上以商品单位计量的对人力资本的总投资
$pB \cdot [(1-v) \cdot K]^{\eta} \cdot [(1-u) \cdot H]^{1-\eta}$。

我们可以利用式(5.17),以及关于 $\dot{\mu}$ 和 $\dot{v}$ 的一阶条件,得到 p 的增长率的表达式。经过大量的代数计算之后,结果为:

$$\dot{p}/p = A\phi^{\alpha/(\eta-\alpha)} \cdot [\alpha\phi^{1/(\alpha-\eta)} \cdot p^{(1-\alpha)/(\eta-\alpha)} - (1-\alpha) \cdot p^{\eta/(\alpha-\eta)}] \qquad (5.19)$$

其中,$\phi \equiv (A/B) \cdot (\alpha/\eta)^{\eta} \cdot [(1-\alpha)/(1-\eta)]^{1-\eta}$。这里的重要发现是 p 的增长率
只取决于 p,而非其他任何参数。

如果 $\alpha \neq \eta$,那么式(5.17)决定了 p 与 vK/uH 之间的一一对应关系。因此,
式(5.19)表明,vK/uH 的增长率只取决于该比值本身,而非任何其他参数。

关于 vK/uH 的增长率的方程[根据式(5.17)和式(5.19)推出],式(5.15)关
于 $\dot{C}/C$ 的条件,根据式(5.16)推出的 u 和 v 之间的关系,以及从预算约束得到的
关于 $\dot{K}$ 和 $\dot{H}$ 的条件,一起确定了 u, v, C, K 和 H 的持续行为。利用式(5.16),
我们可以消去参数 v。因为式(5.1)和式(5.13)显现出规模报酬不变,所以 K, H
和 C 的绝对量不会影响动态,且该系统可以用这些参数的比值表示。因此,该模型
可以用参数 u, C/K 和 K/H 表示。该系统在稳态时存在恒定不变的 u, C/K 和
K/H。因此,C, K 和 H(以及 Y 和 Q)的增长率在稳态时相等。

式(5.17)直接决定了动态的性质。该关系是单变量 p 的微分方程。如果
$\alpha > \eta$,那么方程可以被证明是稳定的($\partial[\dot{p}/p]/\partial[p] < 0$),且如果 $\alpha < \eta$,则不稳
定。(如果 $\alpha = \eta$,该模型相当于单部门构架。)因此,如果 $\alpha > \eta$(我们认为这种情况
符合经验观察),p 向其稳态值单调收敛。

因为式(5.17)将 p 和 vK/uH 一一对应起来,所以 p 在 $\alpha > \eta$ 时的单调收敛性
表明 vK/uH 也向其稳态值单调收敛。vK/uH 决定着商品生产中物质资本的边
际产出。因此,r(等于商品生产中物质资本的净边际产出)和 $\dot{C}/C$[由式(5.15)确
定]也向其稳态值单调收敛。

在 $\alpha > \eta \geqslant 0$ 这一一般情况下,模型的其他方面的分析难以开展。因此,我们
从 $\eta = 0$ 这一特殊情况着手,因为它可以对转移动态有全面的分析描述。接着,我
们就 $\alpha > \eta > 0$ 这一更一般化的情形给出一些结论。最后,尽管我们认为 $\alpha < \eta$ 不
合常理,但是我们仍对这种情况进行了分析。

5.2.2 宇泽弘文—卢卡斯模型

基本框架 现在我们专门来分析宇泽弘文(Uzawa,1965)和卢卡斯(Lucas,
1988)所研究的模型,即宇泽弘文—卢卡斯模型(The Uzawa-Lucas Model)。在这
种模型中,人力资本的生产不涉及物质资本,也就是说,式(5.13)中的 $\eta = 0$。这种
构架是极端情况,在这种情况中教育部门在人力资本上相对密集($\eta \leqslant \alpha$)。因此,
通过比较宇泽弘文—卢卡斯模型与单部门框架(在这种框架中,各部门中的物质资
本和人力资本的相对密度相同),我们可以得到相对要素密度的假设的主要含义。

附录5B(5.6节)含有宇泽弘文—卢卡斯模型的细节。假定对 K 和 H 的总投资的非负约束不发挥作用。我们从该假定开始对模型结论进行简要介绍。

$\eta = 0$ 的规定意味着 $v = 1$。也就是说,因为 K 在教育部门没有生产能力,所以全部的 K 都被商品部门所利用。因此,式(5.1)和式(5.2)所构建的生产函数可以被简化成[1]:

$$Y = C + \dot{K} + \delta K = AK^\alpha (uH)^{1-\alpha} \tag{5.20}$$

$$\dot{H} + \delta H = B \cdot (1-u) \cdot H \tag{5.21}$$

如同在第4章中一样,我们将发现以在稳态中恒定不变的参数来表示系统是非常有用的。令 $\omega \equiv K/H$ 和 $\chi \equiv C/K$,将有助于动态分析。如果我们用这些定义,以及式(5.20)和式(5.21)中的方程,那么我们就得到了关于 K 和 H 的增长率:

$$\dot{K}/K = A \cdot u^{1-\alpha} \omega^{-(1-\alpha)} - \chi - \delta \tag{5.22}$$

$$\dot{H}/H = B \cdot (1-u) - \delta \tag{5.23}$$

因此,ω 的增长率为:

$$\dot{\omega}/\omega = \dot{K}/K - \dot{H}/H = A \cdot u^{1-\alpha} \omega^{-(1-\alpha)} - B \cdot (1-u) - \chi \tag{5.24}$$

该一阶条件可以被用于证明消费增长率取决于 $\dot{C}/C = (1/\theta) \cdot (1-\rho)$ 这一常见表达式,其中 r 等于商品生产中物质资本的净边际产出 $\alpha A u^{1-\alpha} \omega^{-(1-\alpha)} - \delta$。因此,消费增长率为:

$$\dot{C}/C = \frac{1}{\theta} \cdot [\alpha A u^{1-\alpha} \omega^{-(1-\alpha)} - \delta - \rho] \tag{5.25}$$

根据式(5.25)和式(5.22),χ 的增长率满足下式:

$$\dot{\chi}/\chi = \dot{C}/C - \dot{K}/K = \left(\frac{\alpha-\theta}{\theta}\right) \cdot A u^{1-\alpha} \omega^{-(1-\alpha)} + \chi - \frac{1}{\theta}[\delta(1-\theta) + \rho] \tag{5.26}$$

最后,附录5B证明了,式(5.19)和式(5.17)蕴含着 u 的增长率为:

$$\dot{u}/u = \frac{B \cdot (1-\alpha)}{\alpha} + Bu - \chi \tag{5.27}$$

稳态分析 附录5B证明了,在稳态中,参数 u,ω 和 χ 恒定不变。如果我们构建的参数组合为:

$$\varphi \equiv \frac{\rho + \delta \cdot (1-\theta)}{B\theta} \tag{5.28}$$

那么,其稳态值(对应于 $\dot{u} = \dot{\omega} = \dot{\chi} = 0$)为:

---

[1] 通过用一般形式的新古典生产函数替代式(5.20),Arnold(1997)一般化了该模型。

$$\omega^* = (\alpha A/B)^{1/(1-\alpha)} \cdot \left[\varphi + \frac{\theta-1}{\theta}\right]$$

$$\chi^* = B \cdot \left(\varphi + 1/\alpha - \frac{1}{\theta}\right) \tag{5.29}$$

$$u^* = \varphi + \frac{\theta-1}{\theta}$$

在稳态中,收益率与 C,K,H,Y 和 Q 的共同增长率为:

$$r^* = B - \delta \tag{5.30}$$

$$\gamma^* = \left(\frac{1}{\theta}\right) \cdot (B - \delta - \rho) \tag{5.31}$$

常见的横截条件 $r^* > \gamma^*$ 确保了式(5.29)中的 ω^*,χ^* 和 u^* 都为正。如果式 (5.31)* 中的 $\gamma^* > 0$,那么条件 $u^* < 1$ 成立。

转移动态 关于 ω,χ 和 u 的动态系统由式(5.24)、式(5.26)和式(5.27)构成。令 z 为商品生产中物质资本的总平均产出①:

$$z \equiv Au^{1-\alpha}\omega^{-(1-\alpha)} \tag{5.32}$$

我们将发现,用 z 替代 ω 的变换更利于研究。物质资本的总边际产出等于 αz,且收益率 $r = \alpha z - \delta$。尽管变量 z 是状态变量 ω 和控制变量 u 的组合,但是我们稍后将证明,在均衡中,z 与 ω 的关系简单。特别地,我们能根据初始值 $\omega(0)$ 来确定初始值 $z(0)$。

式(5.24)、式(5.26)和式(5.27)所构建的系统可以用 z,χ 和 u 表述为:

$$\dot{z}/z = -(1-\alpha) \cdot (z - z^*) \tag{5.33}$$

$$\dot{\chi}/\chi = \left(\frac{\alpha-\theta}{\theta}\right) \cdot (z - z^*) + (\chi - \chi^*) \tag{5.34}$$

$$\dot{u}/u = B \cdot (u - u^*) - (\chi - \chi^*) \tag{5.35}$$

其中,z^* 是 z 的稳态值。式(5.29)和式(5.32)中的 z 的定义表明,该稳态值为:

$$z^* = B/\alpha \tag{5.36}$$

物质资本的平均产出的动态,收益率的动态和工资率的动态

式(5.33)是单个变量的微分方程,它决定于物质资本的总平均产出 z 的时间路径。该方程存在封闭形式的解:

$$\left(\frac{z-z^*}{z}\right) = \left[\frac{z(0)-z^*}{z(0)}\right] \cdot e^{-(1-\alpha) \cdot z^* t} \tag{5.37}$$

---

* 原著为"式(5.30)"。——译者注

① 我们也能利用 vK/uH 展开分析。这里的 vK/uH 等于 $(A\alpha/z)^{1/(1-\alpha)}$。

其中，$z(0)$是z的初始值。该方程表明，z从初始值$z(0)$朝着其稳态值z^*单调调整。图5.3对这一稳定特征提供了图示。

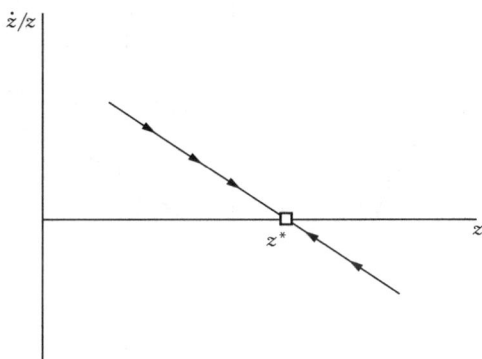

图5.3　资本总平均产出z的稳定性

因为收益率$r = \alpha z - \delta$，所以z的行为决定着r的行为。特别地，如果$z(0) < z^*$，$r(0) < r^*$，那么r朝其稳态值持续单调增加。如果$z(0) > z^*$，那么这些特征都相反。

工资率w等于商品生产所雇用的人力资本的边际产出uH。式(5.20)中的生产函数和式(5.32)中关于z的定义表明，该边际产出可以被表示为：

$$w = A \cdot (1-\alpha) \cdot u^{-\alpha} \omega^{\alpha} = A^{1/(1-\alpha)} \cdot (1-\alpha) \cdot z^{-\alpha/(1-\alpha)} \tag{5.38}$$

因此，如果$z(0) < z^*$，$w(0) < w^*$，那么w朝其稳态值持续单调减少。如果$z(0) > z^*$，则结论相反。

$\chi \equiv C/K$ 的动态

χ的演变取决于参数组合$\alpha - \theta$，它是式(5.34)中$\dot{\chi}/\chi$的决定因素。因为$\alpha \leqslant 1$以及我们通常所假定的$\theta > 1$，不等式$\alpha < \theta$在实践中很可能成立。因此，我们在大部分分析中都假定$\alpha < \theta$。

我们可以将式(5.33)和式(5.34)看作关于z和χ的二元方程组，并在(z, χ)空间中构建常见的相位图。（注意，变量u没有在这些方程式中出现。）图5.4右边位于z^*的垂线对应于式(5.33)中的$\dot{z} = 0$。该方程还意味着，当$z > z^*$时，z下降；当$z < z^*$时，z上升。因此，如图所示，轨迹$\dot{z} = 0$是稳定的。

式(5.34)表明，轨迹$\dot{\chi} = 0$满足下列条件：

$$\chi = \chi^* + \left(\frac{\theta - \alpha}{\theta}\right) \cdot (z - z^*) \tag{5.39}$$

因为$\theta > \alpha$，所以，如图5.4右边所示，该轨迹是线性的，且具有正斜率。此外，其斜率小于1（我们稍后会用到该特征）。式(5.34)表明，位于轨迹$\dot{\chi} = 0$上方的点的χ

上升;反之则反是。换句话说,该轨迹是非稳定的(如图 5.4 所示)。

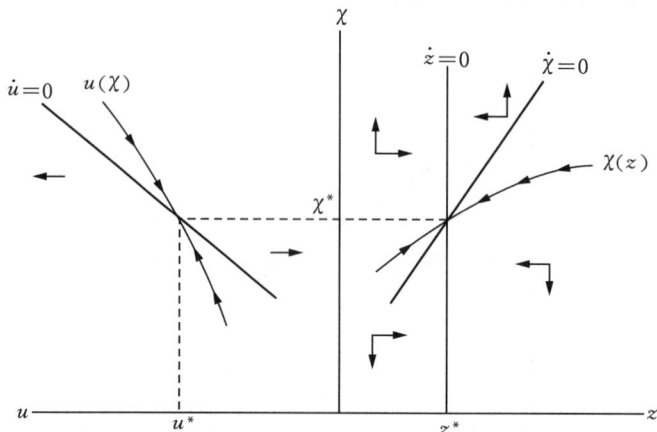

注:右边用(z, χ)空间描绘了轨迹$\dot{z} = 0$,轨迹$\dot{\chi} = 0$,以及z和χ的动态。稳定臂$\chi(z)$是向上倾斜的。左边用(u, χ)空间描绘了$\dot{u} = 0$的轨迹,及u和χ的动态。(在本图中,左边的动态对应于更高的u值。)稳定臂$u(\chi)$是向上倾斜的。如果$z(0) > z^*$,那么$\chi(0) > \chi^*$(见右半部分)且$u(0) > u^*$(见左半部分)。在转移过程中,z,χ和u单调下降。(注意:关于χ和u的结果取决于假设$\alpha < \theta$。)

图 5.4　宇泽弘文—卢卡斯模型中z, χ和u的动态($\alpha < \theta$时)

图 5.4 右边两个轨迹的图形表明,稳定的鞍形路径[记为$\chi(z)$]是向上倾斜的。因此,如果$z(0) > z^*$,那么$\chi(0) > \chi^*$,且z和χ朝其稳态值持续单调递减。相反地,如果$z(0) < z^*$,则$\chi(0) < \chi^*$,且z和χ朝其稳态值持续单调增加。

生产中所使用的人力资本份额u的动态

为弄清楚u的动态,我们利用式(5.35)可知$\dot{u} = 0$意味着:

$$u = u^* + (\chi - \chi^*)/B \tag{5.40}$$

如图 5.4 左边所示,在(u, χ)空间中,该轨迹是线性的,且向上倾斜。(对应于更高的u值,则向左移动。)u的稳定鞍形路径在图中记为$u(\chi)$。注意,如果$z(0) > z^*$,进而$\chi(0) > \chi^*$,那么$u(0) > u^*$。(从图上可证明,位于$\dot{u} = 0$左边的$u(0)$或$u(0) \leqslant u^*$将会导致u与u^*的持续背离。)

简言之,我们已经证明了,如果$\alpha < \theta$,那么$z(0) > z^*$意味着$\chi(0) > \chi^*$且$u(0) > u^*$,且z,χ和u朝着各自的稳态值单调递减。相反地,如果$z(0) < z^*$,那么$\chi(0) < \chi^*$且$u(0) < u^*$,此时z,χ和u朝着各自的稳态值单调递增。

当$\alpha \geqslant \theta$时的动态

我们可以用同样的方法来研究$\alpha \geqslant \theta$的情况。因为我们将这些情况看作在经验上不成立的,所以我们仅给出结论,并将结论的推导留作练习。如果$\alpha > \theta$,χ和u的结论将会与前文的相反。例如,如果$z(0) > z^*$,那么$\chi(0) < \chi^*$且$u(0) < u^*$。因此,z的持续单调下降对应于χ和u的单调增加。

如果$\alpha = \theta$,那么$\chi(0) = \chi^*$且$u(0) = u^*$。即,在这种情况下,从$z(0)$到z^*

的转移过程中,变量χ和u都等于其稳态值。

物质总平均产出z与状态变量$\omega \equiv K/H$之间的关系

现在回到$\alpha < \theta$的情况。为完成该动态分析,我们必须将z的行为(进而χ和u的行为)与状态变量ω的行为联系起来。特别地,我们想利用ω起始于$\omega(0)$这一初始条件。

附录5B证明,$z(0)$和$\omega(0)$是负相关的,当$\omega(0) \leqslant \omega^*$时,$z(0) \geqslant z^*$;当$\omega(0) > \omega^*$时,$z(0) < z^*$。换言之,如果$K$和$H$的比值$\omega$最初较低,那么物质资本总平均产出$z$初始时较高;反之则反是。

例如,如果ω开始高于其稳态值(人力资本相对物质资本稀缺的情况),那么物质资本总平均产出z和收益率r开始时都处于低位,接着朝其稳态位置单调增加。我们还知道,在这种情况下,工资率w开始时高于其稳态值,随后下降;相反,χ和u低于其稳态,随后上升。u的行为表明,初始时相对较少的人力资本被用于商品生产,而相对较多的人力资本被用于教育。渐渐地,人力资本分配从教育移向生产。如果ω开始低于其稳态值,那么这些结论都会相反。

χ和u的策略函数

我们可以用策略函数来总结关于χ和u的结论。图5.5表明,χ和u的选择都是关于ω的向上倾斜的函数①。(为方便起见,我们在这里用一条曲线来表示两个变量。)如图所示,如果我们再次从人力资本相对缺乏的国家入手($\omega > \omega^*$),那么随着χ和u的上升,ω持续下降。因此,该国开始时将相对很少的资源用于消费($\chi \equiv C/K$很低),但是它将在教育方面耗费大量的时间($1-u$很高)。

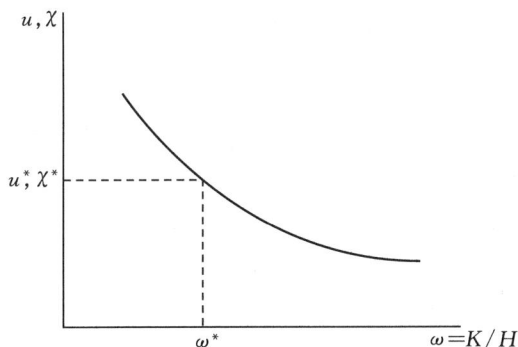

注:策略函数将控制变量u和$\chi \equiv C/K$的最优值与状态变量$\omega \equiv K/H$联系起来。当$\alpha < \theta$时,两个策略函数都是向下倾斜的。(该图给出了一条曲线仅为方便起见。)如果$\alpha = \theta$,策略函数将为平坦直线;如果$\alpha > \theta$,函数将会向上倾斜。

图5.5 u和χ的策略函数($\alpha < \theta$时)

增长率的转移行为

现在我们考虑如何将ω、z、χ和u的动态与增长率的转移行为联系起来。特

---

① 如果$\alpha < \theta$,那么图5.5成立。如果$\alpha > \theta$,则策略函数具有正斜率,而如果$\alpha = \theta$,函数轨迹平坦。

别地,我们考虑 K 和 H 之间的非平衡(即,ω 高于或低于 ω^*)是否会导致模型中各种数量的增长率更高或更低。

● **消费的增长率**　如果经济体初始时具有相对低的物质资本 $\omega < \omega^*$,那么利率 r 朝其稳态值 $B-\delta$ 单调递减。r 的这种下降意味着 $\dot{C}/C$ 的下降。相反地,如果 $\omega > \omega^*$,那么 r 和 $\dot{C}/C$ 在转移过程中稳定上升。如果我们就对应于 ω 的 $\dot{C}/C$ 作图,那么我们可得到一条向下倾斜的曲线,如图 5.6 中所示的最上面的图。

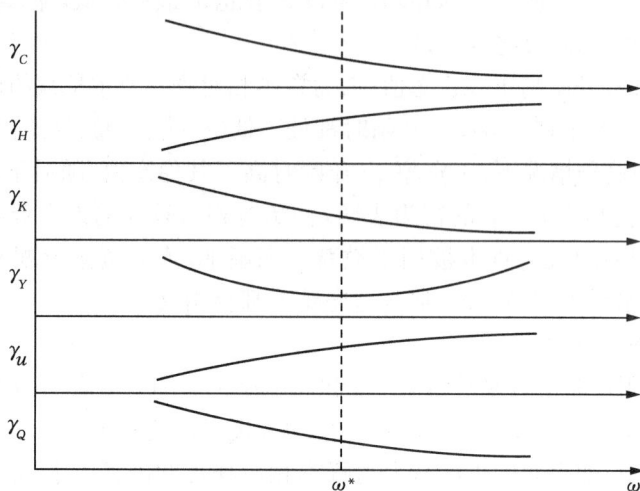

注:该图描绘了消费、人力资本、物质资本、商品产出(Y)、商品生产所使用的资本份额(u)和广义产出(Q)的增长率行为。这些变量都与 $\omega \equiv K/H$ 相关。(注意:$\dot{Y}/Y$ 的最小值出现在稳态值 ω^* 的右边或左边都有可能。)

图 5.6　宇泽弘文—卢卡斯模型中的增长模式

回顾前文,在总投资受不等式约束的单部门模型中,ω 与 $\dot{C}/C$ 之间的关系表现为图 5.1 中所示的 U 形曲线。因此,K 和 H 之间的非平衡,无论多还是少,都导致消费更高的增长率。相反,在宇泽弘文—卢卡斯模型中,对 K 和 H 的总投资的不等式约束是不发挥作用的。由 K 短缺所导致的不平衡($\omega < \omega^*$)意味着更高的 $\dot{C}/C$ 值,由 H 短缺所导致的不平衡($\omega > \omega^*$)意味着更低的 $\dot{C}/C$ 值。

● **人力资本和物质资本的增长率**　其他参数增长率的转移行为更为复杂。附录 5B 证明了,我们可以利用式(5.33)至式(5.35)中的 $\dot{z}/z$、$\dot{\chi}/\chi$ 和 $\dot{u}/u$ 的表达式,以及式(5.25)中关于 $\dot{C}/C$ 的条件,得到 H 和 K 的增长率的表达式:

$$\dot{H}/H = \gamma^* - B \cdot (u - u^*) \tag{5.41}$$

$$\dot{K}/K = \gamma^* + (z - z^*) - (\chi - \chi^*) \tag{5.42}$$

其中,γ^* 为式(5.31)* 中的稳态增长率 $(1/\theta) \cdot (B-\delta-\rho)$。

如果像我们一直所假设的那样存在 $\alpha < \theta$,图 5.5 表明 $u - u^*$ 关于 ω 单调递

---

* 原著为"式(5.30)"。——译者注

减。因此,式(5.41)意味着 $\dot{H}/H$ 关于 ω 单调递增。物质资本相对数量的提升增加了人力资本的增长率。该特征体现在图 5.6 中的第 2 幅小图上。

回顾前文可知,$z-z^*$(资本的平均产出与其稳态值之间的差距)关于 ω 单调递减。根据式(5.42),这股力量倾向于使 $\dot{K}/K$ 关于 ω 单调递减。然而,图 5.5 表明,$\chi-\chi^*$ 关于 ω 单调递减,这股力量会减弱 $\dot{K}/K$ 所带来的下降倾向[1]。

图 5.7 提供了确定 $\dot{K}/K$ 的图表法。首先,我们要想用到图 5.4 右边的鞍形路径,记为 $\chi(z)$。注意,该曲线具有正斜率,但是比 $\dot{\chi}=0$ 的轨迹平坦,至少在稳态附近是这样的。回顾式(5.39)可知,轨迹 $\dot{\chi}=0$ 的斜率为正且小于 1。因此,在稳态附近,曲线 $\chi(z)$ 的斜率必须也小于 1。

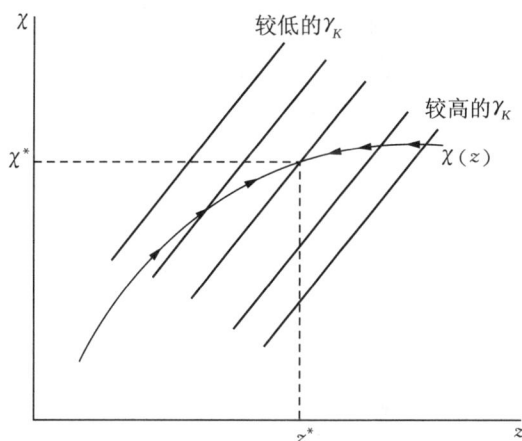

注:在稳态邻域,等增长线比鞍形路径 $\chi(z)$ 陡峭。位于越右边的等增长线对应于更高的 $\dot{K}/K$。因此,在稳态邻域 $\dot{K}/K$ 与 z 正相关。z 和 ω 的反向相关表明 $\dot{K}/K$ 也与 ω 反向相关。

图 5.7 物质资本增长率的确定

我们可以用式(5.42)构建等增长线,也就是对应于各不变 $\dot{K}/K$ 值的 z 和 χ 的轨迹。该方程式表明,这些轨迹都是斜率为 1 的直线。图 5.7 给出了一些等增长线,其中那些位于更右边的直线(具有更高的 z)对应于更高的 $\dot{K}/K$ 值。我们还知道,这些直线的斜率高于曲线 $\chi(z)$ 的斜率,至少在稳态附近是这样的[因为,在该区域内,$\chi(z)$ 的斜率小于 1]。

图 5.7 表明,在稳态邻域内,$\dot{K}/K$ 与 z 正相关。因此,$\dot{K}/K$ 在该区域内与 ω 负相关。换言之,如果 $\omega(0)<\omega^*$,那么随着 ω 的持续上升,式(5.42)中 $z-z^*$ 的下降将超过 $\chi-\chi^*$ 的下降,所以总的来说 $\dot{K}/K$ 随 ω 上升而下降。

我们曾通过数值模拟发现,在 ω 稳态位置附近的很大一个区间内,$\dot{K}/K$ 与 ω 的反向关系成立(见 Mulligan and Sala-i-Martin, 1993)。也就是说,对我们曾考虑

[1] 如果 $\alpha \geqslant \theta$,那么 $\chi-\chi^*$ 不是关于 z 单调递增,就是恒定不变。在这种情况下显然满足 $\dot{K}/K$ 关于 ω 单调递减。

的参数值的组合来说，$z-z^*$ 的下降都会超过 $\chi-\chi^*$ 的下降[①]。因此，该模型意味着物质—人力资本 ω 的更高值与更低的物质资本增长率 $\dot{K}/K$ 有关。我们在图 5.6 中的第三副图描绘了该特征。

● **商品产出 Y 的增长率** 所生产的商品数量（以消费品和物质资本表示）由式 (5.20) 确定为 $Y=AK^\alpha\cdot(uH)^{1-\alpha}$。因此，我们用式 (5.41) 和式 (5.42) 中关于 $\dot{H}/H$ 和 $\dot{K}/K$ 的表达式，以及式 (5.35) 关于 $\dot{u}/u$ 的表达式，可以确定 Y 的增长率为：

$$\dot{Y}/Y=\gamma^*+\alpha\cdot(z-z^*)-(\chi-\chi^*) \tag{5.43}$$

我们可以用与处理 $\dot{K}/K$ 的方法一样的流程来分析 $\dot{Y}/Y$。式 (5.43) 表明，在 (z,χ) 空间中，关于 $\dot{Y}/Y$ 的等增长线是线性的，且斜率 $\alpha<1$。图 5.8 中给出了几条这样的直线。注意，越右边的线与越高的增长率相关联。与前例中的区别是，这里的等增长线在稳态附近也未必比曲线 $\chi(z)$ 更陡峭。因此，$\dot{Y}/Y$ 与 z 的关系在稳态邻域中是不确定的。我们可以这样总结，$\dot{Y}/Y$ 关于 ω 可以递增，也可以递减[②]。

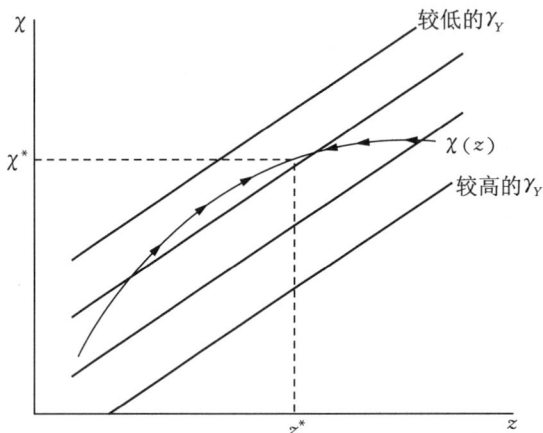

注：在稳态邻域中，等增长线与鞍形路径 $\chi(z)$ 相比，更倾斜或者更平坦都有可能。因此增长率 $\dot{Y}/Y$ 与 z 和 ω 的关系是难以确定的。注意 $\chi(z)$ 曲线即图 5.4 中的右半部分，适用于 $\alpha<0$ 的情况。

图 5.8 货物产出增长率的确定

我们的计算结果也支持上述结论，并表明，如图 5.6 中第 4 副小图所示，$\dot{Y}/Y$ 与 ω 的关系趋于 U 形。$\dot{Y}/Y$ 的最小值可以出现在稳态的左边，也可以出现在稳态的右边——即，在稳态邻域内，$\dot{Y}/Y$ 关于 ω 既可以递增，也可以递减。

例如，假定我们将 α 固定在 0.5 的水平，利用我们此前所考虑的某些参数的标准值（$\rho=0.02$，$n=0.01$，$\delta=0.05$），并设 $B=0.11$，那么可得稳态收益率 $B-\delta$

---

① 我们从数值上发现，当 ω 值非常高时，$\dot{K}/K$ 与 ω 之间的关系可以相反。然而，对极高（低）的 ω 值而言，对总投资的不等式约束会发挥作用（见 2.2.4 节）。如果我们只考察这些约束不发挥作用的 ω 区间测，计算结果会显示，对所有我们考虑过的参数值来说，$\dot{K}/K$ 关于 ω 递减。

② 如果 $\alpha\geqslant\theta$，那么 $\chi-\chi^*$ 关于 z 或递增或恒定不变。因此，$\dot{Y}/Y$ 关于 ω 单调递减。

等于 0.06。[如果 $\theta = 2$，则稳态增长率 $(1/\theta) \cdot (B - \delta - \rho)$ 等于 0.02。]对于这样的参数描述，如果 $\theta = 3.5$，那么 $\dot{Y}/Y$ 的最小值落在 ω 的稳态值上；如果 $\theta > 3.5$，那么最小值位于稳态值左边；如果 $\theta < 3.5$，则位于稳态值右边。（注意，如果 $\dot{Y}/Y$ 的最小值出现于稳态的左边，那么 $\dot{Y}/Y$ 在稳态邻域内关于 z 递增；反之则反是。）因此，我们前文提到的非平衡效应可以是对称的（K 和 H 两者中任一处于相对供给短缺时，产出增长率就会增加），也可以是非对称的（K/H 在其稳态值的一侧会带来产出增长率的提高；而在另一侧会带来产出增长率的降低）。

● **广义产出 Q 的增长率** 广义产出 Q 由式(5.18)给定（$\eta = 0$ 现在成立）。利用式(5.17)中关于 u/v 的表达式，式(5.43)中关于 $\dot{Y}/Y$ 的表达式，式(5.41)中关于 $\dot{H}/H$ 的表达式和式(5.35)中关于 $\dot{u}/u$ 的表达式，那么 Q 的增长率可以被记为：

$$\dot{Q}/Q = \dot{Y}/Y - (\dot{u}/u) \cdot \left(\frac{1-\alpha}{1-\alpha+\alpha u} \right) \tag{5.44}$$

我们已经讨论过 $\dot{Y}/Y$ 的决定过程，因此，为分析 $\dot{Q}/Q$，我们必须分析 $\dot{u}/u$ 的行为。

式(5.35)表明，$\dot{u}/u$ 的等增长线是线性的，且其斜率等于轨迹 $\dot{u} = 0$（它出现在图 5.4 的左边）的斜率。图 5.9 给出了几条等增长线。那些越左边的线（具有更高的 u 值）对应于更高的 $\dot{u}/u$。如果 $z(0) > z^*$，也就是说 $\omega(0) < \omega^*$，那么 $u(0) > u^*$ 且 $\chi(0) > \chi^*$。因此，经济体沿着图 5.9 中的 $u(\chi)$ 曲线朝着更低的 u 和 χ 前进。该图还表明 $\dot{u}/u$ 上升，即，当 z 增加时，$\dot{u}/u$ 从负值向稳态值 0 靠近。我们在图 5.6 的第 5 幅小图中描绘了该行为。

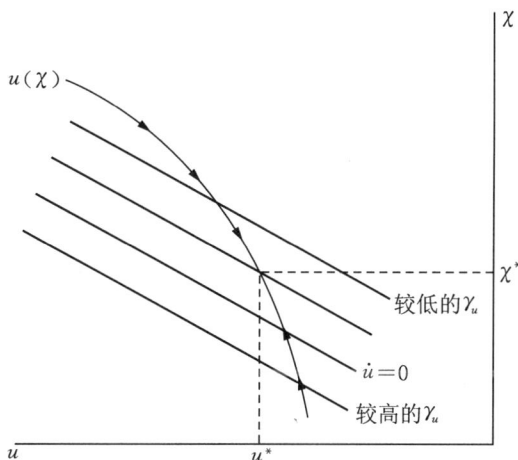

注：在稳态邻域，等增长线比鞍形路径 $\chi(u)$ 平坦。越靠近右上方的等增长线对应于越低的 $\dot{u}/u$ 值。因此，$\dot{u}/u$ 在稳态附近与 χ（进而与 z）负相关。z 与 ω 之间的反向关系意味着 $\dot{u}/u$ 与 ω 正相关。

图 5.9 $\dot{u}/u$ 的确定

现在回到式(5.44)中关于 $\dot{Q}/Q$ 的表达式。当 ω 上升时，$\dot{u}/u$ 增加（如我们刚证明的那样）且 u 递减。因此，等式最右边的项倾向于带来 $\dot{Q}/Q$ 与 ω 之间的反向关系。

$\dot{Q}/Q$ 的表达式包含有 $\dot{Y}/Y$,而后者与 ω 的关系倾向于呈现 U 形曲线(见图 5.6),且其最小值出现在稳态值的左右皆有可能。然而,我们的数值结果表明,对于很大的一个 ω 区间,$\dot{Q}/Q$ 关于 ω 斜向下倾斜①。也就是说,如果参数值与我们此前所考虑的相同,式(5.44)中最右边的新项的影响将足以消除 U 形。因此,图 5.6 中最底端的图表明 $\dot{Q}/Q$ 是关于 ω 的减函数。

● 宇泽弘文—卢卡斯模型中的动态综述　宇泽弘文—卢卡斯模型对研究 K 和 H 之间的非平衡效应提供了新观点,该观点与单部门中的结论不同。在单部门模型中,K 过多或 H 过多都会导致产出和消费的增长。注意,在单部门模型中,产出包括消费品和两种资本。因此,我们将比较单部门框架中产出的增长率和宇泽弘文—卢卡斯模型中广义产出的增长率。

在宇泽弘文—卢卡斯模型中,$\dot{C}/C$ 与 ω 总是反向相关,而 $\dot{Q}/Q$ 倾向于与 ω 反向相关(见图 5.6)。因此,如果人力资本较物质资本相对丰富($\omega < \omega^*$),那么这些增长率倾向于关于人力资本和物质资本之间的失衡程度递增(人力资本相对充裕时);但是,如果人力资本相对稀缺($\omega > \omega^*$),那么它们倾向于关于这种失衡程度递减。相应地,该模型预测,经济体从主要摧毁物质资本的战争中恢复的速度要快于从主要摧毁人力资本的流行病中恢复的速度。

新的结论源于教育部门人力资本相对密集的假设。例如,如果 $\omega > \omega^*$,那么商品部门中人力资本的边际产出高,而且主要因为人力资本的高增长率,增长才会显现。然而,高水平的 ω 意味着高工资率,进而人力资本相对密集的教育部门的运营成本更高。换言之,这种效应驱使人们将人力资本用于商品生产,而非教育(该部门生产相对稀缺的要素 H)。相应地,当 ω 超过 ω^* 时,这股力量倾向于降低经济体的增长率。

储蓄率的行为

在第 2 章中,我们讨论了单部门拉姆齐模型中总储蓄率的行为。如果生产函数是柯布—道格拉斯形式,那么在转移过程中,储蓄率是单调下降、恒定不变、还是单调上升,取决于具体参数组合为正、为零、还是为负(见附录 2B)。我们还注意到,如果我们采纳广义资本概念而设定一个约为 0.75 的较高的资本份额,那么合理的参数值与大体不变的总储蓄率并不矛盾。

如果宇泽弘文—卢卡斯模型具有柯布—道格拉斯形式的商品生产函数,类似的分析也适用于该模型。我们将总储蓄定义为商品产出 Y 未被消费的部分。也就是说,我们采纳了狭义的定义,将人力资本的生产排除在产出和储蓄之外。在这样的设定下,我们可以证明(按照类似于附录 2B 中的步骤),储蓄率的转移行为由下列各式决定:

---

① 如前所述,极低或极高的 ω 值使得对总投资的不等式约束发挥作用。如果我们只考察这些约束不发挥作用的 ω 区间,我们的计算结果显示,对所有我们曾考虑过的参数值来说,$\dot{Q}/Q$ 像 $\dot{K}/K$ 一样关于 ω 递减。

$$\Psi = -B \cdot (1-\alpha)/\alpha + \delta - (\rho+\delta)/\theta > 0 \Rightarrow \mathrm{d}s/\mathrm{d}\omega > 0$$

$$\Psi = -B \cdot (1-\alpha)/\alpha + \delta - (\rho+\delta)/\theta = 0 \Rightarrow s = 1 - \alpha \cdot (\theta-1)/\theta \quad (5.45)$$

$$\Psi = -B \cdot (1-\alpha)/\alpha + \delta - (\rho+\delta)/\theta < 0 \Rightarrow \mathrm{d}s/\mathrm{d}\omega < 0$$

不变储蓄率的条件 $\Psi = 0$ 现在难以被满足。首先,式(5.45)意味着,为得到 $\Psi = 0$, $\alpha\delta > B \cdot (1-\alpha)$。对于我们此前所讨论的参数值 $\delta = 0.05$ 和 $B = 0.11$,该条件意味着 $\alpha > 0.69$。因为假定 α 只指代物质资本,所以该不等式很可能不成立。第二,模型的横截条件[稳态收益率 $B - \delta$ 超过稳态增长率 $(1/\theta) \cdot (B-\delta-\rho)$]可以被用于证明:仅当 $(1/\theta) + (1/\alpha) < 2$ 时,Ψ 才能等于 0。特别地,该条件要求 $\theta > 1/\alpha$。因此,如果第一个不等式中的 α 值更低,那么不变储蓄率将要求更高的 θ 值。

如果储蓄率在转移过程中恒定不变,那么其值 $s = 1 - \alpha \cdot (\theta-1)/\theta$ 将会非常高,除非 α 接近于 1 且 θ 很高。例如,如果 $\alpha = 0.5$ 且 $\theta = 2$,那么 $s = 0.75$。因为这里的储蓄只等于进入物质资本的那部分商品产出(并未包含对人力资本的投资),那么这种高 s 值是不现实的。

合理的参数值,包括远低于 1 的 α 值,对应于式(5.45)中的 $\Psi < 0$,及 $\mathrm{d}s/\mathrm{d}\omega < 0$。我们考虑一个欠发达国家,该国初始时人力资本相对稀缺,所以 $\omega > \omega^*$。模型认为,该国的储蓄率(定义为未被消费的那部分商品产出)的起点很低,但随着经济体趋于稳态而上升。

总投资的不等式约束　在本章第一部分所分析的单部门模型中,如果初始值 $\omega \equiv K/H$ 偏离其稳态值,那么非负总投资的不等式约束之一发挥作用。特别地,$\omega < \omega^*$ 意味着人力资本总投资被设为零;相反地,$\omega > \omega^*$ 意味着物质资本总投资被设为零。在宇泽弘文—卢卡斯模型中,对于稳态值附近的 ω 区间,不等式约束不发挥作用。目前为止我们所讨论的动态适用于该区间。然而,如果 ω 高于或低于其稳态值足够多,那么总投资的不等式约束之一将会发挥作用。

如果同我们所假设的那样,$\alpha < \theta$,那么,如图 5.5 所示,u 和 ω 反向相关。如果 ω 低于 ω^* 足够多,那么约束 $u \leqslant 1$ 起约束作用。也就是说,如果 K 的供给相对 H 足够少,那么对 H 的总投资被设为 0。在这种情况下,H 以不变速率 δ 下降,且该情况与常见的单部门增长模型(其中,产出可以被用于 C 或 K)一致。我们知道,在该区间内,C、K 和 Y 的增长率都与 ω 反向相关。因此,在图 5.6 中,当 ω 足够低,向下倾斜的曲线 $\dot{C}/C$ 和 $\dot{K}/K$,以及曲线 $\dot{Y}/Y$ 向下倾斜的部分,满足 $u \leqslant 1$。

我们可以从数值上确定,ω 低于 ω^* 多少时不等式约束 $u \leqslant 1$,进而 $\dot{H} + \delta H \geqslant 0$ 才具有约束作用。如果参数值如前所述,且 $\alpha = 0.5$ 和 $\theta = 2$,那么 ω 必须降到 ω^* 的 5% 时才能使得约束发挥作用。如果我们允许参数值偏离我们所倾向的数值,类似的结论仍会成立[1]。因此,这些结论表明,在 ω 低于 ω^* 的一个相当大的区间内,我们能放心地忽略约束 $u \leqslant 1$。

---

[1]　如果 $\alpha \geqslant \theta$,约束 $u \leqslant 1$ 永远不具有约束力。

ω 超过 ω^* 足够多会带来 $\dot{K}+\delta K \geqslant 0$ 的约束作用。也就是说,如果 K 相对 H 足够充裕,那么对 K 的总投资将被设为零①。在这种情况下,K 以不变速率 δ 下降,且所有的产出都被用于消费。这里,居户的唯一决策是将 H 分配于生产(u)和教育($1-u$)。这种框架等价于一个两部门模型——在该模型中,消费品由一种技术生产,而资本品(H)通过另一种技术生产。它与标准两部门模型(例如 Uzawa,1964;Srinivasan,1964)的唯一区别是,消费品部门涉及规模报酬递减,而资本品(H)部门则具有规模报酬不变特征。

附录5B表明,在宇泽弘文—卢卡斯模型中,当约束 $\dot{K}+\delta K \geqslant 0$ 发挥作用时,C 和 Y 的增长率都是不变的。也就是说,如果 ω 高到足以令物质投资非负的约束发挥作用,那么 $\dot{C}/C$ 和 $\dot{Y}/Y$,以及 $\dot{K}/K$,都关于 ω 不变。在图 5.6 中,如果 ω 足够高,那么 $\dot{C}/C$、$\dot{Y}/Y$ 和 $\dot{K}/K$ 的轨迹将变成一条水平线。

其他增长率的行为取决于 u 的动态。特别地,即使 $\alpha<\theta$,当约束 $\dot{K}+\delta K \geqslant 0$ 发挥约束力时,关于 ω 的策略函数 u 也不会向下倾斜(如图 5.5 所示)。如果 u 在约束区间内与 ω 反向相关,那么 $\dot{H}/H$ 和 $\dot{Q}/Q$ 在该区间内关于 ω 递增。相反,如果 u 与 ω 正相关,那么 $\dot{H}/H$ 和 $\dot{Q}/Q$ 在该区间内关于 ω 递减。如果 $\theta \leqslant 1$,那么 $\dot{H}/H$ 和 $\dot{Q}/Q$ 关于 ω 一定递减,但是如果 $\theta>1$,那么 $\dot{H}/H$ 和 $\dot{Q}/Q$ 关于 ω 递增、递减都有可能。

我们已经计算出,ω 要多高才能激发物质投资非负的约束的作用。就此前提到的参数值而言,要该约束发挥作用,ω 必须几乎是 ω^* 的 5 倍。如果我们允许参数稍许偏离我们所青睐的数值,那么也会得到类似的结论。因此,该结论表明,在 ω 高于 ω^* 的一个相当大的区间内,我们可以放心地忽略约束 $\dot{K}+\delta K \geqslant 0$。

对合理的参数值而言,不等式约束不存在约束力的 ω 区间(就我们所喜好的参数值而言,该区间相当于从 5% 的 ω^* 到 5 倍的 ω^*)相对大于经验上占主流的 K/H 比率的区间。因此,专注于从该模型(即从图 5.5 和图 5.6 所示的图形中)得到的经验意义,似乎是合理可行的。

5.2.3 宇泽弘文—卢卡斯模型的推广

通过推广,我们可以在宇泽弘文—卢卡斯模型中保持人力资本在教育部门相对密集($\eta<\alpha$)的假设,但将物质资本引入了教育部门($\eta>0$)。关于 $\eta<\alpha$ 的情况,我们已经从式(5.17)和式(5.19)中观察到,vK/uH(生产部门所用物质资本与其所用人力资本之比)朝其稳态值单调收敛。该结论表明,收益率 r 和消费增长率 $\dot{C}/C$ 朝其稳态值单调收敛。因此,这些结论与 $\eta=0$ 时的宇泽弘文—卢卡斯模型

---

① 如果 $\alpha<\theta$,如图 5.5 所示,u 关于 ω 递减。ω 的充分增加将带来不等式 $u \geqslant 0$ 的约束作用。然而,约束 $c \geqslant 0$ 却永远不会发挥约束作用,因为当 $c \rightarrow 0$ 时,$u'(c) \rightarrow \infty$。因此,当 ω 增加时,不等式 $\dot{H}+\delta H \geqslant 0$ 在不等式 $u \geqslant 0$ 之前就开始发挥作用。我们还可以通过计算证明,即便有 $\alpha \geqslant \theta$,只要 ω 足够高,限制条件 $\dot{K}+\delta K \geqslant 0$ 仍将会有约束作用。

中得到的结论相同。

与之前的差异是,我们不能将动态系统简化为两维的结构,因此,不能绘制图5.4所示的相位图。此外,一般而言,我们无法证明 χ 和 u 的策略函数关于 ω 单调递减[1],我们也不能证明 K、H、Y 和 Q 的增长率在性质上与前文表现一样[2]。

我们曾进行了模拟,在这些模拟中,α 设为0.4,且让参数 η 在 0 和 0.4 之间波动。我们假定其他参数取常见的数值,具有代表性的情况是 $\delta = 0.05$,$\rho = 0.02$,$n = 0.01$ 且 $\theta = 3$。如果 $\eta = 0$,我们令 $B = 0.13$,于是得到稳态利率为0.08,且稳态人均增长率为0.02。当 $\eta = 0$ 时,各种增长率的模式与图5.6所示的图形相对应。当我们提高 η 时,我们调整 B 以保持稳态利率和稳态增长率[3]。

当 η 趋近于 α 时,这些模拟表明,χ 和 u 的策略函数与 ω 单调负相关,如图5.5所示的 $\eta = 0$ 的情况。我们还发现,各种增长率的定性行为与图5.6所示的相同,除了更高的 η 值倾向于使得 $\dot{Y}/Y$ 曲线在稳态邻域斜向上倾斜。因此,这些数值结论表明,如果我们赋予基本参数"合理"的值,那么当我们提出了教育部门没有物质资本投入($\eta = 0$)这一不现实的假设时,宇泽弘文—卢卡斯模型中的主要定性结论仍基本成立。特别地,我们之前关于源自 K 和 H 之间的非均衡的影响的讨论很可能仍然成立。

$\eta > 0$ 的模型的另一个不同是,随着 η 朝着 α 增加,不等式约束 $u \leqslant 1$ 和 $K + \delta K \geqslant 0$ 都不发挥作用的区间收窄了。这是我们意料之中的,因为我们从之前单部门模型的分析中得知,当 $\eta = \alpha$ 时,该区间收缩至零。如果我们假定 η 远小于 α(即使 η 现在为正),那么我们会发现稳态值 ω 附近仍存在使得不等式约束不发挥约束作用的一个很大的空间。

5.2.4　要素密度相反的模型

到目前为止,在我们分析的框架中,教育部门都具有相对密集的人力资本,也就是说,$\alpha > \eta \geqslant 0$。本节浅析了要素密度相反时($\alpha < \eta$)的情况。我们对这种情况没有花太多笔墨,因为教育的物质资本相对密集的假设是不合理的。(如果我们不将 K 和 H 解释为物质和人力资本,而用另一种方式解释,那么相反的要素密度有可能成立。)

我们之前曾提到,条件 $\alpha < \eta$ 表明式(5.19)就变量 $p \equiv \mu/v$ 而言是一个不稳定的微分方程。(只要对总投资的不等式约束不发挥作用,那么该方程式就成立。)因

---

① 我们从模拟中发现,u 只有对于少见的基本参数值才与 $\omega \equiv K/H$ 非单调相关。利用一些少见的参数值,我们还发现在某些情况下,χ 的政策函数与 u 的政策函数的倾斜方向相反——当 $\eta = 0$ 时,该结论不成立。

② 当生产函数满足新古典特征时,Bond,Wang 和 Yip(1996)以及 Mino(1996)证明了更一般情况下的局部稳定性。

③ 我们为标准化而总是令 $A = 1$。

此,p 与其稳态值的任何偏离都将变得越来越大。这种不稳定的行为将会传递给比例 vK/uH[根据式(5.17)]。回顾前文可知,该比例决定着商品生产部门中物质资本的边际产出,进而决定着 r 和 $\dot{C}/C$。相应地,vK/uH 的不稳定行为将会传递给 r 和 $\dot{C}/C$。因为 vK/uH 的这种爆炸式行为与居户最优化相冲突,所以我们关注 p 在各时点都等于其稳态值的情况①。

p 的恒定不变意味着 vK/uH 恒定不变[根据式(5.17)]。因此,在整个转移过程中,r 和 $\dot{C}/C$ 都等于其稳态值。

附录5C(5.7节)证明,广义产出的增长率 $\dot{Q}/Q$ 也是恒定不变的,且等于 $\dot{C}/C$。因此,我们得到了一个令人吃惊的结论——C 和 Q 的增长率不会随着状态变量 $\omega \equiv K/H$ 变化(在不等式约束不发挥约束作用的区间)而变化。换言之,当要素密度逆转时,非平衡效应对这些变量的增长率没有影响。

vK/uH、$\dot{C}/C$ 和 $\dot{Q}/Q$ 的恒定不变使得对变量 u、χ、$\dot{H}/H$ 和 $\dot{K}/K$ 的动态的估计变得更为简单。附录5C表明,随着状态变量 ω 朝其稳态值调整,这些变量也各自朝其稳态值单调调调整。这些变量与 ω 的斜率都是确定的;u 和 χ 与其负相关;$\dot{H}/H$ 与其正相关;$\dot{K}/K$ 与其负相关。

5.3　内生增长的条件

迄今为止,在我们所分析的模型中,规模报酬不变同时适用于商品部门和教育部门。也就是说,我们假定生产函数为式(5.1)和式(5.13)的形式。[式(5.20)和式(5.21)所示的宇泽弘文—卢卡斯模型是一种特殊情况,在这种情况下,教育部门只用人力资本作为投入,即 $\eta = 0$。]这些生产函数意味着,当物质资本和人力资本具有相同的增长率时,规模报酬递减不会出现。因此,在稳态中,收益率恒定不变,而经济体以不变速率增长。效法 Mulligan 和 Sala-i-Martin(1993),我们现在考虑对生产函数更一般化的设定是否满足稳态时的正增长,即内生增长。

我们将式(5.1)和式(5.13)改写成:

$$Y = C + \dot{K} + \delta K = A \cdot (vK)^{\alpha_1} \cdot (uH)^{\alpha_2} \tag{5.46}$$

$$\dot{H} + \delta H = B \cdot [(1-v) \cdot K]^{\eta_1} \cdot [(1-u) \cdot H]^{\eta_2} \tag{5.47}$$

因此,我们保留了生产函数的柯布—道格拉斯形式,但是我们允许 $\alpha_1 + \alpha_2$ 之和与 $\eta_1 + \eta_2$ 之和不等于1,所以规模报酬不变未必成立。

如果某部门显现出规模报酬递减($\alpha_1 + \alpha_2 < 1$),那么,如果我们在生产函数中加入总供给固定不变的原始劳动或土地等要素,则我们可沿用该常见的竞争性框架。如果该要素带有指数 $1 - \alpha_1 - \alpha_2$,那么规模报酬不变在单个生产者的层面仍

---

① 对生产函数满足常见新古典特征的更一般的情况,Bond, Wang 和 Yip(1996),以及 Mino(1996)给出了相似的结论。

然成立。一个重要的考虑是,规模报酬递减($\alpha_1 + \alpha_2 < 1$)适用于可积累的生产要素。

如果我们引入第 4 章所分析的溢出效应,那么在竞争性构架中,该模型的规模报酬递增,即 $\alpha_1 + \alpha_2 > 1$。例如,对生产 Y 而言,单个企业的投入 K 和 H 可以分别带有指数 α_1 和 $1 - \alpha_1$,而使得规模报酬不变适用于单个企业。经济体的 H 总量可作为一个投入要素而进入生产函数[如同在 Lucas(1988)中一样]。我们设 H 带有指数 $\alpha_1 + \alpha_2 - 1$,其中 $\alpha_2 > 1 - \alpha_1$。这里的关键考虑因素是,规模报酬递增($\alpha_1 + \alpha_2 > 1$)适用于那些可在整体经济中积累的要素①。

假定我们要寻找一种稳态,在这种稳态下,u 和 v 恒定不变,且 C、Y、K 和 H 具有不变速率,但未必相等。(除非 u 或 v 趋于 0,否则我们不能让 u 和 v 以相同速率增长,因为存在约束 $0 \leqslant v \leqslant 1$ 和 $0 \leqslant u \leqslant 1$。)如果我们将式(5.47)除以 H,再取对数并求关于时间的导数,那么我们得到:

$$\eta_1 \gamma_K^* + (\eta_2 - 1) \cdot \gamma_H^* = 0 \tag{5.48}$$

其中,γ^* 表示其下标所示变量的稳态增长率。

如果我们将式(5.46)除以 K,并取对数和求导,那么我们得到:

$$\left(\frac{C/K}{C/K + \gamma_K^* + \delta} \right) \cdot (\gamma_C^* - \gamma_K^*) = (\alpha_1 - 1) \cdot \gamma_K^* + \alpha_2 \gamma_H^* \tag{5.49}$$

我们可以仿照第 4 章的作法证明 $\gamma_C^* = \gamma_K^*$。[如果 $\gamma_C^* > \gamma_K^*$,那么根据式(5.46)的计算,γ_K^* 趋于 $-\infty$。如果 $\gamma_C^* < \gamma_K^*$,那么 $\gamma_K^* = r$,而 r 为商品部门中 K 的净边际产出。这就违反了横截条件。]那么,式(5.49)可简化为:

$$(\alpha_1 - 1) \cdot \gamma_K^* + \alpha_2 \cdot \gamma_H^* = 0 \tag{5.50}$$

利用式(5.46)所蕴含的条件 $\gamma_Y^* = \alpha_1 \gamma_K^* + \alpha_2 \gamma_H^*$ 和式(5.50),我们可以证明 $\gamma_Y^* = \gamma_K^*$。因此,变量 C、K 和 Y 必定都以相同速率增长。

式(5.48)和式(5.50)构成了关于未知数 γ_K^* 和 γ_H^* 的线性齐次方程组。只有当这些系数的特征矩阵的行列式为零时,该方程组才存在一个 $\gamma_K^* = \gamma_H^* = 0$ 之外的解。这个条件要求参数满足:

---

① 我们在第 4 章注意到,这些溢出的出现意味着,一般而言,竞争性产出将不是帕累托最优的。因此,这些模型倾向于支持政府干涉(基本上是对具有正溢出效应的活动的资助)。在溢出效应非常大的极端情况下,多重均衡是可能的,且均衡可以根据帕累托标准来分级。例如,当我们假定,个人的教育回报与人口的平均教育水平正相关。那么,在一种均衡中,每个人都接受教育,因为当大多数人都接受了教育时,其余人会发现接受教育也是有利的。在另一种均衡中,没有人会接受教育,因为当大多数人都没有受过教育时,其余人发现不接受教育也挺好。我们没有探索具有多重均衡的模型,因为产生这种多重均衡所需的溢出效应的数量似乎大得不切实际。此外,从积极的角度看,不在这些可能的均衡中作选择的模型是不完整的。关于这类模型的分析(以及关于他们的更多赞扬),请参阅 Krugman(1991)、Matsuyama(1991)、Benhabib 和 Farmer(1996)、Boldrin 和 Rustichini(1994)、Chamley(1992)以及 Xie(1992)。

$$\alpha_2 \eta_1 = (1 - \eta_2) \cdot (1 - \alpha_1) \tag{5.51}$$

如果该模型要具备正且恒定的内生增长率,那么式(5.51)是一个必须成立的重要条件。

当各部门的规模报酬不变,即,$\alpha_1 + \alpha_2 = 1$ 且 $\eta_1 + \eta_2 = 1$ 时,式(5.51)得到满足。在这种情况下,$\gamma_H^* = \gamma_K^*$,所以 K/H 在稳态中恒定不变。然而,在其他的参数设定中,式(5.51)也可以得以成立。

如果 $\eta_1 = 0$ 且 $\eta_2 = 0$ [Uzawa(1965)和 Lucas(1988)所假定的情况],那么式(5.51)对所有的 α_1 和 α_2 都成立。因此,如果教育与 H 存在线性关系,即使商品生产涉及规模报酬递减($\alpha_1 + \alpha_2 < 1$),所有变量在稳态时都能增长。Lucas 强调了总人力资本的溢出效应,该溢出效应会导致 $\alpha_1 + \alpha_2 > 1$。我们的结论表明,该条件与内生增长相吻合,但却非内生增长的必要条件。如果如 Lucas 所假设的那样,$\eta_1 = 0$ 且 $\eta_2 = 1$,那么即使不存在人力资本溢出效应,模型也能产生内生增长。

如果 $\alpha_1 \neq 1$,那么式(5.50)意味着:

$$\gamma_K^* = \left(\frac{\alpha_2}{1 - \alpha_1} \right) \cdot \gamma_H^*$$

可见,当 $\alpha_1 + \alpha_2 \lesseqgtr 1$,则 $\gamma_K^* \lesseqgtr \gamma_H^*$。因此,尽管当 $\eta_1 = 0$ 和 $\eta_2 = 1$ 时,所有数量都以恒定速率增长,但是除非 $\alpha_1 + \alpha_2 = 1$,否则 K/H、Y/H 和 C/H 等比值不趋近于常量。

我们来看另一个例子:假定 α_i、$\eta_i > 0$, $i = 1, 2$。如果 $\alpha_1 + \alpha_2 < 1$,那么当 $\eta_1 + \eta_2 > 1$ 时,式(5.51)得以满足。类似地,$\alpha_1 + \alpha_2 > 1$ 对应于 $\eta_1 + \eta_2 < 1$。换言之,一个部门的规模报酬递减可以被另一个部门一定程度的规模报酬递增所抵消。如果 $\alpha_1 + \alpha_2 < 1$,那么 $\gamma_K^* < \gamma_H^*$;反之反是。

最后,如果 $\alpha_1 = 1$ 且 $\alpha_2 = 0$,那么式(5.51)也能得以满足。这相当于第 4 章所研究的 AK 模型。在这种情况下,人力资本没有任何作用:它无助于生产商品,也不在效用函数中出现。因此,最优化行为人将不再积累任何的 H,而且所有的 K 都被用于商品生产[式(5.46)和式(5.47)中的 $v = 1$]。

如果我们想要在稳态时得到内生增长,且 K 和 H 以相同速率增长,那么只要各部门显现出规模报酬不变 [$\alpha_1 + \alpha_2 = 1$ 且 $\eta_1 + \eta_2 = 1$,即,式(5.1)和式(5.13)的规定],则式(5.51)得以成立。因为 K/H 的永远上升或永远下降看似并不现实,所以我们在本章的主要讨论中假定各部门都存在规模报酬不变。

5.4 结论

我们扩展了第 4 章的 AK 模型,引入两个部门:一个部门生产消费品 C 和物质资本 K,而另一个部门创造人力资本 H。如果两个部门具有相同的要素密度,那么关于增长的主要新结论来自对各资本品的总投资必须为非负这一约束。该约束带来了非平衡效应,借此,产出增长率随着 K/H 与其稳态值之间的差距递增。

相等要素密度的假设忽略了教育的一个重要方面:它严重依赖于已受过教育的人们,已受过教育的人是教育生产的一项重要投入。因此,我们修改该框架,以明确人力资本的生产在人力资本方面相对密集。这种假定的变化改变了非平衡效应的结论。如果人力资本相对充裕,那么产出(纳入了人力资本生产的广义生产)的增长率倾向于随着不平衡的程度递增;如果人力资本相对缺乏,那么它则随着不平衡的程度递减。这些结论意味着,经济体能从主要摧毁物质资本的战争中迅速恢复,但是只能从主要摧毁人力资本的流行病中缓慢恢复。

5.5　附录 5A:单部门模型在总投资不等式约束下的转移动态

我们假定 $K(0)/H(0) > \alpha/(1-\alpha)$。回顾前文可知,在这种情况下,居户想不连续地减少 K 并增加 H,所以不等式约束 $I_K \geqslant 0$ 会发挥作用。因此,$I_K = 0$ 且 $\dot{K}/K = -\delta$。在这种情况下,居户的问题实际上是,在 K 和 $\dot{H} = Y - C - \delta H$ 的约束下最大化效用。该问题的汉密尔顿方程是:

$$J = u(C) \cdot e^{-\rho t} + v \cdot [AK^{\alpha}H^{1-\alpha} - \delta H - C] \tag{5.52}$$

其中,$u(C) = (C^{1-\theta} - 1)/(1-\theta)$。由一阶条件 $\partial J/\partial C = 0$ 和 $\dot{v} = -\partial J/\partial H$ 可以通常的方式得到消费增长率的条件:

$$\dot{C}/C = (1/\theta) \cdot [A \cdot (1-\alpha) \cdot (K/H)^{\alpha} - \delta - \rho] \tag{5.53}$$

其中,$A \cdot (1-\alpha) \cdot (K/H)^{\alpha} - \delta$ 是 H 的净边际产出。该条件和预算约束:

$$\dot{H} = AK^{\alpha}H^{1-\alpha} - \delta H - C$$

以及 $K(t) = H(0) \cdot e^{-\delta t}$,确定了 C、K 和 H 的路径。

如同在第 4 章中一样,我们可以定义两个变量 $\omega \equiv K/H$ 和 $\chi \equiv C/K$(它们在稳态时恒定不变)。$\dot{C}$ 和 $\dot{H}$ 的条件可用于推导 ω 和 χ 的转移方程:

$$\dot{\omega}/\omega = -A\omega^{\alpha} + \chi\omega \tag{5.54}$$

$$\dot{\chi}/\chi = (1/\theta) \cdot [A \cdot (1-\alpha) \cdot \omega^{\alpha} - \rho] + \delta \cdot (\theta - 1)/\theta \tag{5.55}$$

图 5.10 给出了 (ω, χ) 空间中的相位图。条件 $\dot{\omega} = 0$ 意味着 $\chi = A\omega^{-(1-\alpha)}$,即图中向下倾斜的曲线。位于该曲线上(下)方的 χ 值对应于 $\dot{\omega} > 0 (\dot{\omega} < 0)$。各点的移动方向都在图中标出。

条件 $\dot{\chi} = 0$ 要求:

$$\omega = \left[\frac{\rho + \delta \cdot (1-\theta)}{A \cdot (1-\alpha)} \right]^{1/\alpha} \equiv \widetilde{\omega} \tag{5.56}$$

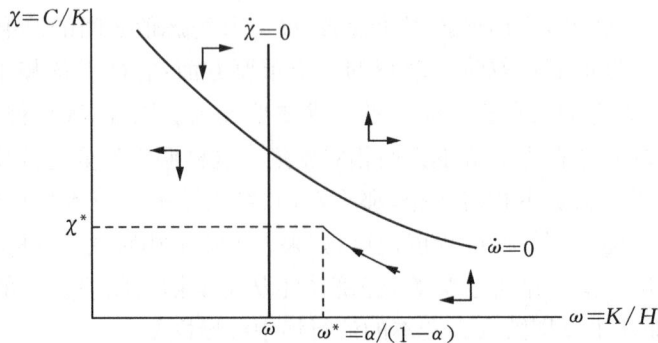

注:当 $\omega \equiv K/H > \omega^* = \alpha/(1-\alpha)$ 时,图中的动态成立。当 $\omega > \omega^*$ 时,经济体沿着这样一条路径移动:$\chi \equiv C/K$ 单调上升,ω 单调下降。只有当 χ 达到 χ^* 时,该经济体才在有限时间内达到 ω^*(在其到达 $\tilde{\omega}$ 之前)。在这一点上,K 的总投资不能为负的不等式约束不再具有约束力。此时变量 K 和 H 的增长率相同,都为正的常数。

图 5.10 $\omega > \omega^*$ 时单部门模型的相位图

我们假定 $\rho + \delta \cdot (1-\theta) \geqslant 0$,所以 $\tilde{\omega}$ 已明确定义且为非负,但是该条件并非该分析所必须。位于 $\tilde{\omega}$ 之上(下)的 ω 值对应于 $\dot{\chi} > 0(\dot{\chi} < 0)$,如图中箭头所示。〔如果 $\rho + \delta \cdot (1-\theta) < 0$,那么 $\dot{\chi} > 0$ 对所有 $\chi \geqslant 0$ 成立。〕

当两种总投资的有效不等式约束不存在时,式(5.7)中的 K/H 之比是 $\alpha/(1-\alpha)$。图 5.10 表明 $\tilde{\omega} < \omega^* = \alpha/(1-\alpha)$。$\tilde{\omega}$ 的表达式表明,$\tilde{\omega} < \omega^*$ 对应于 $\rho + \delta < A\alpha^\alpha \cdot (1-\alpha)^{1-\alpha}$,该结论根据式(5.9)中的假设而得以成立。该图还给出了 χ^* 值,它应用于不存在有效不等式约束的模型。该模型中的 χ^* 值为:

$$\chi^* = \left(\frac{\theta-1}{\theta}\right) \cdot \left[A \cdot \left(\frac{1-\alpha}{\alpha}\right)^{1-\alpha} - \frac{\delta}{\alpha}\right] + \frac{\rho}{\theta\alpha} \tag{5.57}$$

条件 $\tilde{\omega} > \omega^*$ 使得约束 $I_K \geqslant 0$ 发挥约束力。图 5.10 所示的动态与 $\tilde{\omega} > \omega^*$ 相关。该图表明,在这个区域内,χ 单调上升,且 ω 单调下降。最后,ω 等于 ω^*,而约束 $I_K \geqslant 0$ 不再具有约束作用。从那一刻开始,ω 保持在 ω^* 的水平,而 K 和 H 的增长率相同,均为式(5.9)所示的 γ^*。在两种投资的不等式约束都不具约束力的模型中,该增长率适用。动态路径的位置须使得只有当 ω 等于 ω^* 时,χ 才能等于式(5.57)所示的 χ^*。因此,当对物质资本总投资的约束变得无约束力时,消费水平不会发生跳跃[①]。

如果 $K(0)/H(0) < \alpha/(1-\alpha)$,那么结论类似。此时,条件 $I_H \geqslant 0$ 发挥约束作用,且 $\dot{H}/H = -\delta$。关于 ω 和 χ 的转移方程是:

$$\dot{\omega}/\omega = A\omega^{-(1-\alpha)} - \chi \tag{5.58}$$

$$\dot{\chi}/\chi = -A \cdot \left(\frac{\theta-\alpha}{\theta}\right) \cdot \omega^{-(1-\alpha)} + \chi + \delta \cdot (\theta-1)/\theta - \rho/\theta \tag{5.59}$$

---

① 在这里我们感谢松山公纪(Kiminori Matsuyama)的求解。

图 5.11 描绘了 $\alpha < \theta$ 的情况下的相位图。条件 $\dot{\omega} = 0$ 对应于 $\chi = \omega^{-(1-\alpha)}$。条件 $\dot{\chi} = 0$ 对应于:

$$\chi = A \cdot \left(\frac{\theta - \alpha}{\theta}\right) \cdot \omega^{-(1-\alpha)} - \delta \cdot (\theta - 1)/\theta + \rho/\theta \tag{5.60}$$

如图所示,如果 $\alpha < \theta$,那么轨迹 $\dot{\chi} = 0$ 向下倾斜。该轨迹一定比 $\dot{\omega} = 0$ 的轨迹平坦。(但如果 $\alpha > \theta$,那么轨迹 $\dot{\chi} = 0$ 将具有正斜率。)轨迹 $\dot{\omega} = 0$ 和 $\dot{\chi} = 0$ 在 $\tilde{\omega}$ 处相交。根据条件 $\gamma^* > 0$ 可证明 $\tilde{\omega}$ 超过 $\omega^* = \alpha/(1-\alpha)$。

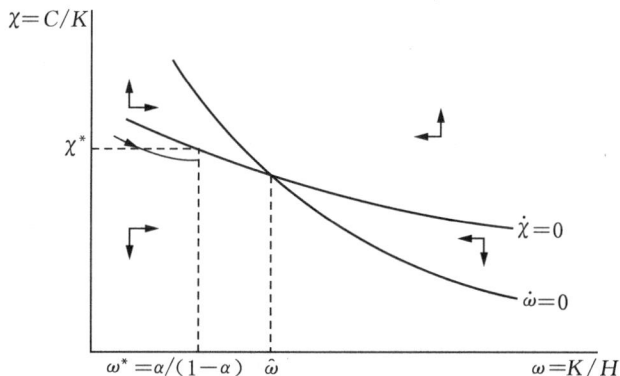

注:当 $\omega \equiv K/H < \omega^* = \alpha/(1-\alpha)$ 时,图中所示的动态成立。当 $\omega < \omega^*$ 时,经济体沿着这样一条路径移动:$\chi \equiv C/K$ 单调下降(如果 $\alpha < \theta$,如我们在这里所假设的那样),ω 单调上升。只有当 χ 达到 χ^* 时,该经济体才在有限时间内达到 ω^*(在其到达 $\tilde{\omega}$ 之前)。在这一点上,H 的总投资不能为负的不等式约束不再具有约束力。此时,变量 K 和 H 的增长率相同,都为正的常数。

图 5.11 $\omega > \omega^*$ 时单部门模型的相位图

如果 $\omega < \omega^*$,那么图 5.11 中的动态成立。该图表明,在这个区域内,χ 单调下降且 ω 单调上升。(如果 $\alpha > \theta$,χ 单调上升;如果 $\alpha = \theta$,χ 恒定不变。)动态路径的位置须使得只有当 ω 趋近于 ω^* 时,χ 才能取得式(5.57)中的 χ^*。

5.6 附录 5B:宇泽弘文—卢卡斯模型之解

关于该模型的汉密尔顿方程是:

$$J = u(C) \cdot e^{-\rho t} + v \cdot [AK^\alpha \cdot (uH)^{1-\alpha} - C - \delta K] + \mu \cdot [B \cdot (1-u) \cdot H - \delta H] \tag{5.61}$$

第一个方括号中的项等于 $\dot{K}$,且第二个方括号中的项等于 $\dot{H}$。如果我们令 $\omega \equiv K/H$ 和 $\chi \equiv C/K$,那么 K 和 H 的增长率为:

$$\dot{K}/K = Au^{1-\alpha}\omega^{-(1-\alpha)} - \chi - \delta \tag{5.62}$$

$$\dot{H}/H = B \cdot (1-u) - \delta \tag{5.63}$$

因此,ω 的增长率为:

$$\dot{\omega}/\omega = \dot{K}/K - \dot{H}/H = Au^{1-\alpha}\omega^{-(1-\alpha)} - \chi - B \cdot (1-u) \qquad (5.64)$$

一阶条件 $\partial J/\partial C = 0$ 且 $\partial J/\partial u = 0$ 分别可推出:

$$u'(C) = v\,\mathrm{e}^{\rho t} \qquad (5.65)$$

$$\mu/v = (A/B) \cdot (1-\alpha) \cdot u^{-\alpha}\omega^{\alpha} \qquad (5.66)$$

条件 $\dot{v} = -\partial J/\partial K$ 意味着:

$$\dot{v}/v = -A\alpha u^{1-\alpha}\omega^{-(1-\alpha)} + \delta \qquad (5.67)$$

条件 $\dot{\mu} = -\partial J/\partial H$ 意味着:

$$\dot{\mu}/\mu = -(v/\mu) \cdot A \cdot (1-\alpha) \cdot u^{1-\alpha}\omega^{\alpha} - B \cdot (1-u) + \delta$$

如果我们用式(5.66)替代 v/μ,经过一些调整可得:

$$\dot{\mu}/\mu = -B + \delta \qquad (5.68)$$

我们可就式(5.65)对时间微分,并用 $u(C) = (C^{1-\theta}-1)/(1-\theta)$ 和式(5.67)中 $\dot{v}/v$ 的表达式,得到消费增长的常见方程式:

$$\dot{C}/C = (1/\theta) \cdot [A\alpha u^{1-\alpha}\omega^{-(1-\alpha)} - \delta - \rho] \qquad (5.69)$$

该结论与式(5.25)相同。那么根据式(5.69)和式(5.62),χ 的增长率一定为式(5.26)中的表达式:

$$\dot{\chi}/\chi = \dot{C}/C - \dot{K}/K = \left(\frac{\alpha-\theta}{\theta}\right) \cdot Au^{1-\alpha}\omega^{-(1-\alpha)} + \chi - (1/\theta) \cdot [\delta(1-\theta)+\rho] \qquad (5.70)$$

如果就式(5.66)对时间微分,并利用式(5.67)中 $\dot{v}/v$ 的表达式、式(5.68)中 $\dot{u}/u$ 的表达式和式(5.64)中 $\dot{\omega}/\omega$ 的表达式,那么我们在简化后可得:

$$\dot{u}/u = B \cdot (1-\alpha)/\alpha + Bu - \chi \qquad (5.71)$$

该结果出现在式(5.27)中。式(5.64)、式(5.70)和式(5.71)构成了关于变量 ω、χ 和 u 的三元方程组,其中状态变量 ω 起始于 $\omega(0)$。

通过设定 3 个式子关于时间的导数为零,我们可以找到该系统的稳态。如果我们如在正文中那样定义参数组合:

$$\varphi \equiv \frac{\rho + \delta \cdot (1-\theta)}{B\theta}$$

结论是:

$$\begin{aligned}
\omega^* &= (\alpha A/B)^{1/(1-\alpha)} \cdot [\varphi + (\theta-1)/\theta] \\
\chi^* &= B \cdot (\varphi + 1/\alpha - 1/\theta) \\
u^* &= \varphi + (\theta-1)/\theta
\end{aligned} \qquad (5.72)$$

这些值与式(5.29)中的相同。稳态收益率应等于商品部门的 K 的净边际产出和教育部门的 H 的净边际产出,其表达式为:

$$r^* = B - \delta$$

Y、C、K 和 H 对应的稳态增长率为:

$$\gamma^* = (1/\theta) \cdot (B - \delta - \rho)$$

r^* 和 γ^* 的值如式(5.30)所示。

令 z 为物质资本的平均总产出:

$$z \equiv A u^{1-\alpha} \omega^{-(1-\alpha)}$$

根据式(5.72),z 的稳态值可被确定为 $z^* = B/\alpha$。那么式(5.64)、式(5.70)和式(5.71)所组成的三元微分方程可以被改写成:

$$\dot{\omega}/\omega = (z - z^*) - (\chi - \chi^*) + B \cdot (u - u^*) \tag{5.73}$$

$$\dot{\chi}/\chi = \left(\frac{\alpha - \theta}{\alpha}\right) \cdot (z - z^*) + (\chi - \chi^*) \tag{5.74}$$

$$\dot{u}/u = B \cdot (u - u^*) - (\chi - \chi^*) \tag{5.75}$$

z 的定义表明:

$$\dot{z}/z = (1-\alpha) \cdot (\dot{u}/u - \dot{\omega}/\omega) = -(1-\alpha) \cdot (z - z^*) \tag{5.76}$$

关于 $\dot{z}/z$、$\dot{\chi}/\chi$ 和 $\dot{u}/u$ 的结论与式(5.33)至式(5.35)中的一致。

调整式(5.76)可得式(5.37):

$$\frac{z - z^*}{z} = \left[\frac{z(0) - z^*}{z(0)}\right] \cdot e^{-(1-\alpha) \cdot z^* t}$$

其中,$z(0)$ 是 z 的初始值。该方程式可以被改写成 z 的解:

$$z = z^* \cdot z(0) / \{z^* \cdot e^{-(1-\alpha) \cdot z^* t} + z(0) \cdot [1 - e^{-(1-\alpha) \cdot z^* t}]\} \tag{5.77}$$

式(5.77)意味着当 $t \to \infty$ 时,$z \to z^*$。如果 $z(0) > z^*$,那么 $\dot{z} < 0$ 且 $z > z^*$ 对所有的 t 成立;相反,如果 $z(0) < z^*$,那么 $\dot{z} > 0$ 且 $z < z^*$ 对所有的 t 成立。

我们现在研究 χ 和 u 的稳定路径的特征,也就是说,χ 沿着什么路径趋近 χ^*,u 沿着什么路径趋近 u^*。假定 $z(0) > z^*$,那么 $z - z^*$ 随时间的推移单调下降。于是,式(5.74)可以被表示成:

$$\dot{\chi}/\chi = (\chi - \chi^*) + \left(\frac{\alpha - \theta}{\alpha}\right) \cdot \Omega(t) \tag{5.78}$$

其中,$\Omega(t) = z - z^*$ 是时间的单调递减函数。如果 $\alpha < \theta$,那么式(5.78)右边的项为负,且其绝对值递减。如果在有限 t 内,$\chi \leqslant \chi^*$,那么该式意味着对所有之后的 t 都有 $\dot{\chi} < 0$。因为 $\dot{\chi}$ 的数量将渐近地超过某一有限下界,所以 χ 将会偏离 χ^* 且在

有限时间内达到 0 的位置。因此,稳定路径对所有 t 都有 $\chi > \chi^*$。如果 $\dot{\chi} \geqslant 0$ 对某个 t 成立,那么式(5.78)意味着 $\dot{\chi} > 0$ 对所有之后的 t 值成立(因为右边的负项的绝对值持续递减)。因此,χ 将会偏离 χ^* 并趋向无穷。所以,稳定路径对所有 t 都有 $\dot{\chi} < 0$。

如果我们假定 $\alpha > \theta$ 或假定初始 $z(0) < z^*$,那么结论也类似。表 5.1 中关于 $\chi - \chi^*$ 和 $\dot{\chi}$ 的栏总结了这些结论。

表 5.1　χ 和 u 的转移行为

$z(0) - z^*$	$\alpha - \theta$	$\chi - \chi^*$	$\dot{\chi}$	$u - u^*$	$\dot{u}$
> 0	< 0	> 0	< 0	> 0	< 0
> 0	> 0	< 0	> 0	< 0	> 0
$= 0$	—	$= 0$	$= 0$	$= 0$	$= 0$
< 0	< 0	< 0	> 0	< 0	> 0
—	$= 0$	$= 0$	$= 0$	$= 0$	$= 0$

给定 χ 的行为,那么由式(5.75)可确定 u 的行为。例如,假定 $z(0) > z^*$ 和 $\alpha < \theta$,那么 $\chi > \chi^*$ 且 $\dot{\chi} < 0$。如果 $u \leqslant u^*$ 对某个 t 成立,那么式(5.75)意味着对所有之后的 t 都有 $\dot{u} < 0$。因此,u 偏离 u^*,并趋近 0。所以,稳定路径对所有 t 都有 $u > u^*$。如果 $\dot{u} \geqslant 0$ 对某个 t 成立,那么 $\dot{u} > 0$ 对所有 t 之后的值都成立,因为式(5.75)中的 $-(\chi - \chi^*)$ 项为负,且其绝对值持续递减。因此,对所有的 t,都有 $\dot{u} < 0$。根据 $z(0) - z^*$ 和 $\alpha - \theta$ 不同的符号组合,表 5.1 列出了 $u - u^*$ 和 $\dot{u}$ 的不同行为。

我们现在想要得到的是,起始值 $z(0) - z^*$ 与状态变量 ω 的起始值如何相关联? 如果我们用式(5.74)替代关于 $\dot{\omega}/\omega$ 的表达式(5.73)中的 $\chi - \chi^*$,那么可得:

$$\dot{\omega}/\omega = (\alpha/\theta) \cdot (z - z^*) - \gamma_\chi + B \cdot (u - u^*) \qquad (5.79)$$

假定 $\alpha \leqslant \theta$ 且 $z(0) > z^*$。在这种情况下,条件 $z - z^* > 0$、$\dot{\chi} < 0$ 和 $u - u^* \geqslant 0$,可推出式(5.79)中的 $\dot{\omega}/\omega > 0$。因此,只要 $\omega(0) < \omega^*$,那么该系统可以位于稳定路径上。而且,ω 从 $\omega(0)$ 朝 ω^* 单调增加。该结论意味着,越低的状态变量 $\omega(0)$ 对应于越高的初始值 $z(0)$。同理,$z(0) < z^*$ 对应于 $\omega(0) > \omega^*$;而 $z(0) = z^*$ 对应于 $\omega(0) = \omega^*$。

为研究 $\alpha > \theta$ 的情况,将式(5.75)中的 $u - u^*$ 代入式(5.73),可得:

$$\dot{\omega}/\omega = (z - z^*) + \dot{u}/u \qquad (5.80)$$

当 $\alpha > \theta$ 时,我们可用该式证明 $z(0) > z^* [z(0) < z^*]$ 对应于 $\omega(0) < \omega^* [\omega(0) > \omega^*]$。

我们可以如此总结,对所有 α 和 θ,$z(0) \gtreqless z^*$ 对应于 $\omega(0) \lesseqgtr \omega^*$。而且,越小的 $\omega(0)$ 对应于越大的 $z(0)$。因此,z 的初始值的高低只取决于物质资本相对人力资

本是稀缺还是充裕。我们由该结论，以及表5.1中的结论，可推导出χ和u关于ω的策略函数。这些结论都体现在图5.5中。

收益率r等于商品生产中物质资本的净边际产出$\alpha z-\delta$。因此，r的变动与z同向，与ω反向。式(5.69)表明C的增长率为：

$$\dot{C}/C=(1/\theta)\cdot(\alpha z-\delta-\rho) \tag{5.81}$$

因为$\dot{C}/C$的变动与z同向，所以其变动与ω反向。

K的增长率为：

$$\dot{K}/K=\dot{C}/C-\dot{\chi}/\chi=(1/\theta)\cdot(\alpha z-\delta-\rho)-\dot{\chi}/\chi$$

其中，我们利用式(5.81)替代了$\dot{C}/C$。如果我们用式(5.79)替代$\dot{\chi}/\chi$，并利用表达式$z^*=B/\alpha$和$\gamma^*=(1/\theta)\cdot(B-\delta-\rho)$，我们得到：

$$\dot{K}/K=\gamma^*+(z-z^*)-(\chi-\chi^*) \tag{5.82}$$

该表达式曾在式(5.42)中出现过。

H的增长率为：

$$\dot{H}/H=\dot{K}/K-\dot{\omega}/\omega$$

如果我们用式(5.82)替代$\dot{K}/K$，用式(5.80)替代$\dot{\omega}/\omega$，用式(5.75)替代$\dot{u}/u$，简化后可以得到：

$$\dot{H}/H=\gamma^*-B\cdot(u-u^*) \tag{5.83}$$

该表达式曾出现于式(5.41)中。

因为$Y=AK^\alpha\cdot(uH)^{1-\alpha}$，所以产出的增长率为：

$$\dot{Y}/Y=\alpha\cdot\dot{K}/K+(1-\alpha)\cdot(\dot{u}/u+\dot{H}/H)$$

如果我们用式(5.82)替代$\dot{K}/K$，式(5.75)替代$\dot{u}/u$，式(5.83)替代$\dot{H}/H$，那么可得：

$$\dot{Y}/Y=\gamma^*+\alpha\cdot(z-z^*)-(\chi-\chi^*) \tag{5.84}$$

该表达式曾出现于式(5.42)中。

广义的产出为：

$$Q=Y+(\mu/v)\cdot B\cdot(1-u)\cdot H$$
$$=AK^\alpha\cdot(uH)^{1-\alpha}+(\mu/v)\cdot B\cdot(1-u)\cdot H$$

其中，以商品计量的人力资本的影子价格μ/v由式(5.66)给出。如果我们替换掉μ/v，可得：

$$Q=Y\cdot(1-\alpha+\alpha u)/u$$

因此，广义产出的增长率为：

$$\dot{Q}/Q = \dot{Y}/Y - \dot{u}/u \cdot (1-\alpha)/(1-\alpha+\alpha u) \qquad (5.85)$$

该表达式在式(5.44)中曾出现过。

关于宇泽弘文—卢卡斯模型的其他分析方法,可参阅 Faig(1995)和 Caballe and Santos(1993)。

5.7 附录 5C:要素密度相反的模型

这里,我们将考虑由式(5.1)和式(5.13),以及条件 $\alpha < \eta$ 所构建的生产结构。令 $p \equiv \mu/v$ 表示以商品计量的 H 的值。文中我们曾提到,式(5.19)是关于 p 的不稳定微分方程,这里的 p 总等于满足下式的稳态值:

$$p = p^* = \psi^{1/(\alpha-\eta)} \cdot \left(\frac{\alpha}{1-\alpha}\right)^{(\alpha-\eta)/(1-\alpha+\eta)} \qquad (5.86)$$

其中,我们有:

$$\psi \equiv \left(\frac{A}{B}\right) \cdot \left(\frac{\alpha}{\eta}\right)^{\eta} \cdot \left(\frac{1-\alpha}{1-\eta}\right)^{1-\eta}$$

相应地,式(5.17)意味着 vK/uH 总等于其稳态值:

$$\frac{vK}{uH} = \left(\frac{vK}{uH}\right)^* = \left[\psi \cdot \left(\frac{\alpha}{1-\alpha}\right)\right]^{1/(1-\alpha+\eta)} \qquad (5.87)$$

那么,收益率和消费增长率都为常数:

$$r = r^* = \alpha A \cdot \left[\left(\frac{vK}{uH}\right)^*\right]^{\alpha-1} - \delta \qquad (5.88)$$

$$\dot{C}/C = \gamma^* = (1/\theta) \cdot (r^* - \rho) \qquad (5.89)$$

我们现在证明,总财富 $K + pH$ 和总产出 $Q \equiv Y + p \cdot (\dot{H} + \delta H)$ 的增长率总为 γ^*,也就是说,与 C 的增长率相同。如果我们认为居户从其总财富中获得收益率 r,那么第 2 章中消费者最优化的分析得以成立。(在这种设定中,原始劳动的工资率为零。)式(2.14)和式(2.15)表明,消费是总财富的倍数,而且,这里的倍数是恒定的,因为 r 是恒定的。因此,$K + pH$ 与 C 具有相同的增长率。

式(5.14)的汉密尔顿方程可以被写成:

$$J = u(C) \cdot e^{-\rho t} + v \cdot (Q - C) - v\delta \cdot (K + pH) \qquad (5.90)$$

其中,

$$u(C) = \frac{C^{1-\theta} - 1}{1-\theta}$$

根据最优化的一阶条件,我们可证得 $j = -\rho \cdot u(C) \cdot e^{-\rho t}$。如果我们对式(5.90)的右边求关于时间的导数,并利用一阶条件 $v = C^{-\theta}e^{-\rho t}$,简化后可得:

$$(\dot{v}/v - \delta) \cdot [C + \delta \cdot (K + pH)] + \delta Q = (\dot{v}/v) \cdot Q + \dot{Q}$$

如果我们代入 $\dot{v}/v = -(\rho + \theta \cdot \dot{C}/C)$ 并整理各项,可以得到关于 Q 的增长率的表达式:

$$\dot{Q}/Q = (\delta + \rho + \theta\gamma_C) \cdot \left\{ 1 - \left(\frac{1}{Q}\right) \cdot [C + \delta \cdot (K + pH)] \right\} \quad (5.91)$$

因为 $\dot{C}/C$ 是恒定的,且 $K + pH$ 是 C 的倍数,且为正常数,式(5.91)将 $\dot{Q}/Q$ 表示为关于 C/Q 单调递减的线性函数。

式(5.91)的一个解是 $\dot{Q}/Q = \dot{C}/C = \gamma^*$,所以 C/Q 为常量 $(C/Q)^*$。换个角度来看,如果 $C/Q < (C/Q)^*$,那么式(5.91)意味着 $\dot{Q}/Q > \gamma^*$ 且 $C/Q \to 0$;相反,$C/Q > (C/Q)^*$ 意味着 $\dot{Q}/Q < \gamma^*$ 且 $C/Q \to \infty$。因此,其稳定路径对所有时点都具有 $\dot{Q}/Q = \gamma^*$。

如果我们利用式(5.91)中 u 和 v 之间的关系,那么式(5.81)允许我们将 u 写成 $\omega \equiv K/H$ 的函数:

$$u = \frac{\eta \cdot (1-\alpha)}{(\eta - \alpha)} - \left[\frac{\alpha \cdot (1-\eta)}{(vK/uH)^* \cdot (\eta - \alpha)} \right] \cdot \omega \quad (5.92)$$

因此,策略函数 u 是关于 ω 的,封闭线性的负函数。因为其截距大于 1,所以式(5.92)给出了 ω 的一个区间,在这个区间中,ω 的取值应使 u 的值位于 (0, 1) 之间,即 $u \in (0, 1)$。方程式的表达式表明,当 $\beta - \alpha$ 趋于 0 时,该区间的宽度趋于 0。

我们可以利用关系 $v = (vK/uH)^* \cdot (u/\omega)$ 以及式(5.92),得到 v 的表达式:

$$v = -\frac{\alpha \cdot (1-\beta)}{\beta - \alpha} + \left[\frac{\beta \cdot (1-\alpha)}{\beta - \alpha} \right] \cdot \left[\left(\frac{vK}{uH}\right)^* \right] \cdot \left(\frac{1}{\omega}\right) \quad (5.93)$$

因此,v 是关于 $1/\omega$ 的线性增函数,进而是 ω 的减函数。我们还能证明,v 的解是一个内部解,即,当 $u \in (0, 1)$ 时,$v \in (0, 1)$。[根据式(5.16),该结果显而易见。]

式(5.13)和式(5.16)表明,H 的增长率为:

$$\dot{H}/H = B \cdot \left[\frac{\eta \cdot (1-\alpha)}{\alpha \cdot (1-\eta)} \right]^\eta \cdot \left[\left(\frac{vK}{uH}\right)^* \right]^\eta \cdot (1-u) - \delta$$

如果我们将式(5.92)代入,可得:

$$\dot{H}/H = -a_1 + a_2 \cdot \omega \quad (5.94)$$

其中,$a_1 > 0$,$a_2 > 0$ 都为常数。因此,$\dot{H}/H$ 是 ω 的线性增函数。

因为总财富 $K + pH$ 以不变速率 γ^* 增长,所以我们可得:

$$\gamma^* = \left(\frac{\omega}{\omega + p}\right) \cdot (\dot{K}/K) + \left(\frac{p}{\omega + p}\right) \cdot (\dot{H}/H)$$

因此,K 的增长率为:

$$\dot{K}/K = \gamma^* + (\gamma^* - \gamma_H) \cdot (p/\omega) \qquad (5.95)$$

因此，$\dot{K}/K$ 是关于 $1/\omega$ 的线性增函数，进而是 ω 的减函数。不等式约束 $\dot{K}/K + \delta \geqslant 0$ 在 ω 的某段区间内不具备约束力，该区间的范围可由式(5.95)找出。

为了确定 $\chi \equiv C/K$ 的动态，我们注意到条件 $Y = C + \dot{K} + \delta K$ 隐含着：

$$\chi = Av \cdot \left[\left(\frac{vK}{uH} \right)^* \right]^{\alpha-1} - \delta - \dot{K}/K$$

如果我们用式(5.93)替代 v，用式(5.95)替代 $\dot{K}/K$，可得：

$$\chi = 常数 + \left\{ A \cdot \left[\frac{\eta \cdot (1-\alpha)}{\eta - \alpha} \right] \cdot \left[\left(\frac{vK}{uH} \right)^* \right]^{\alpha} - p \cdot (\gamma^* + a_1) \right\} \cdot \left(\frac{1}{\omega} \right)$$

$$(5.96)$$

其中，$-a_1$ 是式(5.94)中关于 $\dot{H}/H$ 的表达式的常数项。如果替代 a_1，并利用式(5.86)中关于 p 的表达式，那么我们可以利用横截条件——式(5.88)和式(5.89)中的 $r^* > \gamma^*$ ——证明式(5.96)的大括号中的项为正。因此，χ 是关于 $1/\omega$ 的线性增函数，进而是 ω 的减函数。

5.8 习题

5.1 具有物质资本和人力资本的 CES 生产函数 请思考关于物质资本 K 和人力资本 H 的如下 CES 生产函数：

$$Y = A \cdot \{ a \cdot (bK)^{\psi} + (1-a) \cdot [(1-b) \cdot H]^{\psi} \}^{1/\psi}$$

其中，$0 < a < 1$，$0 < b < 1$，$\psi < 1$。产出可以一比一地转换成消费，或对 K、H 的投资。两种资本的折旧率都是 δ。如同在拉姆齐模型中一样，居户具有常见的无限时域偏好。首先，假定 K 和 H 没有不可逆约束，所以两种资本的总投资皆可为负。

a. 构建汉密尔顿方程，并求其一阶条件。

b. K 和 H 之间的最优关系是什么？将该关系代入给定的生产函数，以得到 Y 和 K 之间的关系。这种"简化"的生产函数的表达式有何特征？

c. 试求物质资本和人力资本之比的稳态值 $(K/H)^*$？

d. 如果初始条件满足 $K(0)/H(0) < (K/H)^*$，那么请描述随着时间的推移，经济体的变化趋势。时点 0 时，两种资本的即时投资速率分别是多少？

e. 假定不等式约束 $I_K \geqslant 0$ 和 $I_H \geqslant 0$ 成立。如果经济体起始于 $K(0)/H(0) < (K/H)^*$，那么这两个约束如何影响转移动态？

5.2 人力资本和物质资本的调整成本 在 5.1 节的模型中，消费品、物质资本和人力资本都由相同的技术生产。而我们这里假定两种资本的变化存在调整成本。类似于 3.3 节中的表达式，K 的单位调整成本为 $(b_K/2) \cdot (I_K/K)$，H 的单位调整成本为 $(b_H/2) \cdot (I_H/K)$。假定每种资本的折旧率为 0。

a. 参数 b_K 和 b_H 哪个更大?

b. 假定 $b_K = b_H$。如果经济体起始于 $K(0)/H(0) < (K/H)^*$，试讨论其短期动态。如果 $K(0)/H(0) > (K/H)^*$ 呢?

c. 现在假定 $b_K < b_H$。重做 b 部分，并讨论结果的主要区别。

5.3　人力资本的外部性(基于 Lucas, 1988)　假设第 i 个商品生产者的生产函数是:

$$Y_i = A \cdot (K_i)^\alpha \cdot (H_i)^\lambda \cdot H^\epsilon$$

其中，$0 < \alpha < 1$，$0 < \lambda < 1$，$0 \leqslant \epsilon \leqslant 1$。变量 K_i 和 H_i 是企业 i 用以生产商品 Y_i 的物质资本和人力资本投入。变量 H 是经济体的人力资本的平均水平;参数 ϵ 表示平均人力资本对各个企业生产率的外部性的强度。商品部门的产出可以被用作消费品 C，或物质资本的总投资 I_K。物质资本的折旧率为 δ。人力资本的生产函数是:

$$(I_H)_j = BH_j$$

其中，H_j 是人力资本的第 j 个生产者所雇用的人力资本。人力资本也以速率 δ 折旧。如同在拉姆齐模型中那样，居户具有常见的无限时域偏好，其时间偏好参数为 ρ 且跨期替代参数为 θ。首先思考 Y 和 H 的生产者都为完全竞争者的竞争性均衡:

a. C、Y 和 K 的稳态增长率是什么? 该答案与人力资本的外部性大小(即参数 ϵ)存在什么样的关系?

b. H 的稳态增长率是什么? 在什么情况下，H 的稳态增长速度等于 K 的稳态增长速度?

c. 中央计划者情境下的解与竞争性情境下的解存在哪些区别?

▶6

技术变革:产品种类增加型模型

在第 4 章和第 5 章中,我们学习了一些内生增长模型。在这些模型中,收益递减不适用于(至少在渐近意义上)广义资本。收益递减消失意味着,长期人均增长在缺乏技术进步的情况下也是可行的。一种不同的观点认为,单靠资本的积累(即使是包括人力资本在内的广义资本)难以支撑长期增长,因为这种积累最终必然会遇上收益率的明显下降。这种观点隐含着,我们必须寻求技术进步(生产方法以及产品种类和质量的持续进步)来规避长期的收益递减。

技术进步的内生增长率 x 决定了第 1—2 章中索洛—斯旺模型和拉姆齐模型的稳态人均增长率。在本章和下一章,我们将阐述最近的一些理论进展。这些模型将技术进步内生化,从而有效地解释了参数 x 的起源。因此,这些理论研究了政府政策和其他因素如何影响经济体的长期人均增长。

在本章介绍的模型中,技术进步表现为产品种类的不断增多。我们将种类的这种变化视为基础创新,类似于开创了一个新行业。当然,将技术水平等同于产品种类的数量,这应该被看作一种比喻。这样的处理只反映了技术进步的一方面,进而为研究长期增长提供了一种易于操作的框架。

下一章采用了另一个比喻——将技术进步比作已有产品种类组合的质量改善。这种质量改善体现了已有行业内或多或少的持续进步。因此,下一章的方法可被看作是本章关于产品种类的分析的补充。

6.1 具有不同种类产品的基准模型

该模型中有三类行为人。首先,最终产品的生产者购买劳动和中间投入,并将它们结合起来生产以单价销售的最终产品。第二,研发公司将资源用于发明新产品。一旦某个产品被研发出来,那么该创新的研发公司将获得一项永久的专利权。这种专利权允许企业选择任何价格来销售这种产品。价格的选择是为了实现利润最大化。第三,居户在常见的预算约束的限制下最大化其效用。

6.1.1 最终产品的生产者

最终产品的生产者能获得某种技术,使其能将劳动和几种中间投入结合起来生产最终产品。稍后,这种产品将在市场上以单价销售。根据 Spence(1976),Dixit 和 Stiglitz(1977),Ethier(1982)以及 Romer(1987,1990),我们将企业 i 的生产函数写作:

$$Y_i = AL_i^{1-\alpha} \cdot \sum_{j=1}^{N} (X_{ij})^{\alpha} \tag{6.1}$$

其中,$0 < \alpha < 1$,Y_i 为产出,L_i 是劳动投入,X_{ij} 是所购买的第 j 种专门的中间品,而 N 是中间品的种类数量[1]。参数 A 是生产率或效率的总体量度。该表达式将中间品的种类看作生产函数的一个要素。作为一种替代方案,我们也可以假设居户效用为不同种类消费品的函数。这种被 Grossman 和 Helpman(1991,第 4 章)所研究的方法也得出了相似的结论。

式(6.1)中的生产函数规定,投入 L_i 和 X_{ij} 都有递减的边际生产力,且所有投入都具有不变规模报酬。$(X_{ij})^{\alpha}$ 的加性可分(odditively separable)形式表明,中间品 j 的边际产出与所使用的中间品 j' 的数量无关[2]。从这一意义上来看,一种新产品对已有产品种类而言,既不是它们的直接替代品,也不是它们的直接互补品。我们认为,这种描述对通常的突破性创新而言是合理的。我们想在本章模拟的就是这种创新。在特例中,新产品 j 可以替代现有的产品 j'(降低 $X_{j'}$ 的边际产出)或是其补充(提升 $X_{j'}$ 的边际产出)。但是,在通常情况下,这种边际产出的不相关性是成立的。这种关于不相关性的假设是重要的,因为它意味着,新产品种类的发现并不倾向于使得任何现有产品种类被淘汰。

相反地,对于在下一章将学习的质量改善而言,合理的设定是,更高质量的产品是更低质量的产品的近似替代品。该假设意味着,当新的更好种类的产品被引进时,更低质量的产品倾向于被淘汰。

式(6.1)意味着,当 $X_{ij} = 0$ 时,各种中间品的边际产出 $\partial Y_i/\partial X_{ij}$ 为无穷大,且随着 X_{ij} 的上升而递减。如果在当前的有限价格下可获得 N 种中间品,那么企业

---

[1] 虽然 Spence(1976)研究的是消费偏好,且该文将效用写成是不同产品种类的积分,而非总和,但是对产品多样化的益处的基本处理方法还是源自 Spence(1976)。Dixit 和 Stiglitz(1977)改善了 Spence 的分析,并利用类似于式(6.1)的方程式表示消费者对各种货物的偏好。Ethier(1982)将这种表示法应用于生产投入。Romer(1987,1990)在技术变革和经济增长的背景下利用了 Ethier 的带有各种生产性投入的模型。

[2] 式(6.1)的另一种表述是:

$$Y_i = AL_i^{1-\alpha} \cdot \Big[\sum_{j=1}^{N} (X_{ij})^{\alpha} \Big]^{\alpha/\sigma}$$

其中,$0 < \sigma < 1$。在这种情况下,参数 σ 可以不等于 α,且参数 σ 决定着中间品 j 的产权所有者所具有的垄断力量。文中考虑的这种情况相当于 $\alpha = \sigma$。

将有动力使用所有这 N 种中间品。

重点注意的是,技术进步的表现形式是可获得的专门中间品种类数量 N 的增加,而非生产性参数 A 的增加。为了研究 N 的增加所带来的影响,假定中间品可以用同一种实物单位计量,且所有中间品被使用的数量都相同 $X_{ij} = X_i$(稳态中成立)。式(6.1)中产出的数量等于

$$Y_i = AL_i^{1-\alpha} NX_i^\alpha = AL_i^{1-\alpha} \cdot (NX_i)^\alpha \cdot N^{1-\alpha} \tag{6.2}$$

给定 N,式(6.2)隐含着:对 L_i 和中间品总数量 NX_i 而言,生产具有不变规模报酬。当 L_i 和 NX_i 的数量给定时,根据 $N^{1-\alpha}$ 项,Y_i 将关于 N 递增。这种效应抓住了技术进步的一种表现形式,反映了中间品总量 NX_i 既定的情况下扩张 N 的区间所获得的收益。由于单个的 X_{ij} 收益递减,所以这种益处才会出现。

在 L_i 给定的情况下,式(6.2)意味着:NX_i 的扩张是在 N 给定的情况下通过 X_i(即所有的 X_{ij})的增加来实现的,那么这种扩张将会遇到收益递减;然而,如果 NX_i 的增加表现为在 X_i 给定的情况下 N 的增加,那么收益递减不会出现。因此,以 N 的持续增加为表现形式的技术进步规避了收益递减的倾向。生产函数的这种特征为内生增长提供了基础。

我们发现,把种类数量 N 看作是连续的,而非离散的,将有助于分析。如果我们将 N 看作是所使用的中间品的种类数量,那么这种假设是与事实不符的,尽管当 N 很大时误差会很小。更一般地说,N 应该被看作是衡量代表性企业生产过程技术复杂性的一个简单的指标,或者说,是衡量代表性企业所使用的生产要素的专业化程度的指标。N 的广义概念应该是连续的,而非离散的[①]。

所有企业生产的最终产品 Y_i 都是同质的。所有企业的产出之和(我们称之为 Y)在各种用途之间是完全替代的。具体而言,这种产出可以被用于消费,中间品 X_j 的生产,以及稍后提到的发明新的中间品所必需的研发(旨在扩张 N)。所有的价格都以同质的产品 Y 的数量来计量。

我们可以将 X_{ij} 假设为来自耐用品的服务流。那么,企业将会租用基本资本品 K_{ij},而企业 i 所租赁的资本总数量 $K_i = \sum_{j=1}^{N} K_{ij}$ 将貌似我们之前模型中的资本投入[②]。如果我们采用这种方法,我们最后将拥有带有两个状态变量的模型:资本总量 K 和产品种类数量 N。那么,模型看起来将类似于第 5 章中所研究的模型。

---

① 通过把式(6.1)中不连续的品种数量之和转变成连续的品种的积分(见下式),我们能从形式上证明 N 在本页上是连续的:

$$Y_i = AL_i^{1-\alpha} \cdot \int_0^N [X_i(j)]^\alpha \mathrm{d}j$$

其中,j 是品种的连续性指标,且 N 是可获得品种的区间。如果我们用该表达式替代式(6.1),那么我们实质上可得到同样的结论。

② 通过假定一组中间品用于增强劳动 L 而另一组用于增强资本 K,Acemoglu(2002)扩展了商品种类模型框架。于是,模型中的研究者们可以选择将其研发努力归于劳动增强的或资本增强的创新。他证明,如果劳动和资本之间的替代弹性小于 1,那么技术进步可以是渐近趋于劳动增强的。

假定 X_{ij} 表示非耐用的商品和服务，是很方便的。就技术变革的决定因素和长期经济增长的决定因素而言，该模型和具有耐用中间品的模型将得到类似的结论。中间投入为非耐用品的模型更简单些，因为它只涉及一个状态变量——产品种类的数量 N。

最终产品生产者的利润为：

$$Y_i - wL_i - \sum_{j=1}^{N} P_j X_{ij}$$

其中，w 是工资率，P_j 是中间品 j 的价格。生产者都是竞争性的，进而 w 和价格 P_j 是给定的。因此，我们得到关于要素价格和边际产出之间的常见方程式，且最后的利润为零。

式(6.1)中的生产函数意味着，第 j 个中间品的边际产出是：

$$\partial Y_i / \partial X_{ij} = A\alpha L_i^{1-\alpha} X_{ij}^{\alpha-1} \tag{6.3}$$

因此，关于 P_j 的边际产出的方程式为：

$$X_{ij} = L_i \cdot (A\alpha / P_j)^{1/(1-\alpha)} \tag{6.4}$$

该结果将 X_{ij} 所需要的第 j 个投入的数量表示为价格 P_j 的函数。各种中间品的需求的价格弹性为常数 $-1/(1-\alpha)$。图 6.1 描绘了该函数。w 和劳动的边际产出之间的方程式为：

$$w = (1-\alpha) \cdot (Y_i / L_i) \tag{6.5}$$

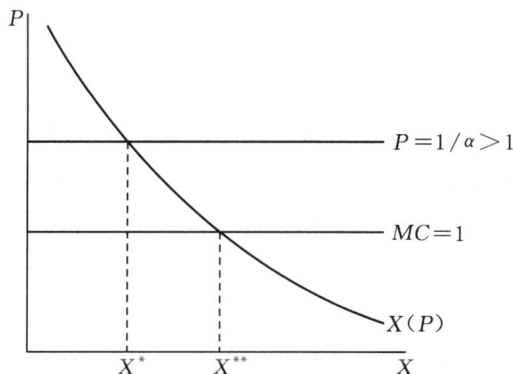

注：对中间投入的需求是等弹性的向下倾斜的函数。当价格等于边际成本时，企业需要的数量是 X^{**}。对于在边际成本之上的价格，其所需求的数量小于 X^{**}。

图 6.1　对中间投入的需求

6.1.2　研发企业

在某时点，现有的技术可生产 N 种中间品。N 的数量的扩展要求某种创新。这种创新是一种发明，它可以生产出新的中间品。我们假定，这种进步离不开表现为研发的有目的的努力。

研发企业面临一个两阶段决策过程。首先,它们决定是否将资源用于发明新的设计。如果未来预期利润的净现值不低于将预先支付的研发支出,那么企业将把这些资源用于发明。在第二个阶段,研发企业决定将其新发明的产品卖给最终产品生产者的最优价格。这些价格决定了各时期的利润大小,进而决定着在第一阶段所考虑的利润的现值。

我们对模型的求解始于第二阶段。首先,假定某种新设计已经被发明出来,进而我们找出该最优价格。第二,我们计算利润的现值,并将其与研发费用比较。如果现值等于研发费用,那么企业将支付研发费用。最后,我们在可以自由进入研发领域的情况下寻找均衡。

阶段 2:产品一旦被研发出来后的最优价格是多少　为了激发研究,成功创新的企业必须能以某种方式得到补偿。这里的基本问题是,新观念和新设计的创造(假定其有利于促进中间品 j 的生产)是代价高昂的,但是之后却可被产品 j 的所有生产者非竞争性地利用。也就是说,一个生产者对该设计的使用不会影响到其他生产者在一定投入的情况下利用该设计所得到的产出。根据事后分析,让所有生产者都可以免费获取已有的发明是有效率的,但是这种安排却无法为以后的发明提供事前诱因。如同在关于专利的常见分析中一样,在现有创意的使用限制(即,某种排他性)和发明活动的奖励之间会出现某种权衡。

值得注意的是,托马斯·杰弗逊早在约 200 年前就很好地理解了这些关于竞争性和排他性的问题。他不仅是第三任美国总统和《独立宣言》的作者,还曾在美国专利委员会工作过一段时间。杰弗逊在 1813 年 8 月 13 日写给艾萨克·麦克弗森(Isaac McPherson)的信中说[①]:

> 如果大自然让某一事物比其他排他性财产更不敏感的话,那就是被称为思想的思维能力的活动。只要个体对其思想活动秘而不宣,那么他可以无限排他地占有其想法;但是,一旦思想被泄露,那么每个人都可以占有它,而且每个接收者都不会再失去它。它还有一个特性,那就是每个人的占有量都不会比其他人少,因为所有其他人都完整地占有了它。从我这里得到一个观念的人,他的思想有所提高,却不会减少我的思想……对本质上不能成为财产的发明,对能带来利润的思想,社会应该赋予其专利权,以鼓励那些追求可带来效用的思想的人们。但是,如果没有来自每个人的要求或抱怨,而仅仅根据社会意志或社会便利性,那么这种鼓励有可能会出现,也可能不会出现。因此,据我所知,在我们模仿英格兰之前,它是地球上唯一一个用完整的法律赋予思想专用法定权利的国家。在其他国家,这种法律权在很多情况下是一种特别的

---

① 我们可以在美国国会图书馆的主页上浏览该信,网址为:lcweb2. loc. gov/ammem/mtjhtml/ktjhome.html。

或个人的行为，但是总体而言，其他国家认为这些垄断权对社会带来的尴尬多于收益。而且，我们也可以看到，就新机器的发明而言，有些不承认发明具有垄断权的国家和英格兰一样卓有成果。

因此，尽管杰弗逊明白专利通过激励发明可带来的潜在收益，但是他最后却反对设法维护思想垄断权的体制。

虽然杰弗逊持有这种观点，但是我们仍然试图构建这样一种制度框架：在这种框架中，产品 j 的发明者在使用其设计的产品 X_j 的生产和销售上持有永久的垄断权①。那么，垄断权租金流将成为发明的诱因。通过明确的专利保护或通过保密，垄断权将得以加强。在任一种情况下，假定发明人的垄断权地位都只持续有限的一段时间或随时间逐渐消失，是更现实的。稍后我们将在本章讨论这种扩展。

从发明第 j 种中间品中获得的收益的现值为：

$$V(t) = \int_t^\infty \pi_j(v) \cdot e^{-\bar{r}(t,\, v) \cdot (v-t)} \mathrm{d}v \tag{6.6}$$

其中，$\pi_j(v)$ 是时点 v 的利润流，且 $\bar{r}(t,\, v) \equiv [1/(v-t)] \cdot \int_t^v r(\omega) \mathrm{d}\omega$ 是时点 t 和时点 v 之间的平均利率。如果该利率等于常数 r——这种情况在均衡时出现——那么，现值因子简化为 $e^{-r \cdot (v-t)}$。

生产者在各时点的收益等于价格 $p_j(v)$ 乘上所销售的产品数量。利润流等于收益减去生产成本。我们假定，一旦第 j 种中间品被发明出来，其单位生产成本为 1 单位的 Y。实际上，产品 j 的发明者在同质的最终产品流上贴上了一个特有的标签，进而将最终产品转化为第 j 种中间品。形式上，我们现在假定产出的边际成本和平均成本是一个常数，且被标准化为 1。因此，利润流是：

$$\pi_j(v) = [P_j(v) - 1] \cdot X_j(v) \tag{6.7}$$

其中，

$$X_j(v) = \sum_i X_{ij}(v) = [A\alpha/P_j(v)]^{1/(1-\alpha)} \cdot \sum_i L_j = L \cdot [A\alpha/P_j(v)]^{1/(1-\alpha)} \tag{6.8}$$

$X_j(v)$ 是所有式（6.4）中的生产者 i 所需求的总量。L 是劳动投入加总，且被假定为恒定不变。

因为生产方不存在状态变量，且需求方不存在跨期要素，X_j 的生产者在各时点选择 P_j 以最大化该时点的垄断利润流②。满足式（6.7）和式（6.8）的最大问题

---

① 为便利起见，我们假定第 j 种设计的发明者也是第 j 种商品的生产者。如果我们假定商品的竞争性生产者在使用该设计时向其发明者支付专利税，并不改变我们的结论。

② 通过建立汉密尔顿方程并求常见的关于 P 的一阶条件，我们可以从熟悉的动态分析中推出该结论。因为 P 是控制变量，所以一阶条件将令利润的导数为零，就像模型是静态时那样。

表达式为：

$$\max_{P_j(v)} \pi_j(v) = [P_j(v) - 1] \cdot L \cdot [A\alpha / P_j(v)]^{1/(1-\alpha)} \tag{6.9}$$

关于垄断价格的解是[①]：

$$P_j(v) = P = 1/\alpha > 1 \tag{6.10}$$

因此，价格 P_j 是恒定的，且对所有中间品 j 都相同。垄断价格是生产的边际成本 1 之上的标高 $1/\alpha$。该价格对所有产品 j 都相同，因为所有产品的生产成本都相同，且每种产品都对称地进入式(6.1)中的生产函数。

如果我们将式(6.10)中的 P_j 代入式(6.4)中，可以得到生产出的每种中间品的总量：

$$X_j = A^{1/(1-\alpha)} \alpha^{2/(1-\alpha)} L \tag{6.11}$$

它不随时间和 j 的取值而变化。值得注意的是，因为价格大于边际成本，所以数量 X_j 小于当价格等于边际成本时本该取得的数量(见图 6.1)。对所有产品和所有时点而言，数量 X_j 都是相同的(如果 L 是恒定不变的)。中间品的总量(记为 X)等于：

$$X = NX_j = A^{1/(1-\alpha)} \alpha^{2/(1-\alpha)} LN \tag{6.12}$$

根据式(6.2)和式(6.12)，总产出水平为：

$$Y = AL^{1-\alpha} X^\alpha N^{1-\alpha} = A^{1/(1-\alpha)} \alpha^{2\alpha/(1-\alpha)} LN \tag{6.13}$$

如果我们用式(6.10)和式(6.11)替代掉式(6.9)中的 P_j 和 X_j，那么我们可以得到利润流的表达式：

$$\pi_j(v) = \pi = LA^{1/(1-\alpha)} \cdot \left(\frac{1-\alpha}{\alpha} \right) \cdot \alpha^{2/(1-\alpha)} \tag{6.14}$$

它也恒定不变，不随时间和产品不同而不同。最后，我们可以将 P_j 和 X_j 的最优值代入式(6.6)，以求得发明者在时点 t 的利润的净现值：

$$V(t) = LA^{1/(1-\alpha)} \cdot \left(\frac{1-\alpha}{\alpha} \right) \cdot \alpha^{2/(1-\alpha)} \cdot \int_t^\infty e^{-\bar{r}(t, v) \cdot (v-t) dv} \tag{6.15}$$

阶段 1：是否进入研发领域的决策　我们现在知道，一旦某种产品被发明出来，那么该制度框架将使得发明者得到式(6.15)所示的现值 $V(t)$。如果该现值不小于对应的研发成本，那么研究者将会发现该研发投资的吸引力。因此，研发投资取决于研发成本的性质。研发过程的合理描述将包括发明所需资源数量的不确定性和发明成功的不确定性。然而，通过假定发明一种新产品所需付出的努力是一个确定数量，我

---

① 该结果表明，中间投入的要素比重 α 等于标高率的倒数。然而，如果假设如第 227 页注释②所示的一般化的生产函数形式，该约束将不成立。在那种情况下，垄断价格为 $P_j = P = 1/\sigma$。

们简化了该分析。（第 7 章中的模型将考虑研发过程中的不确定性。）

发明新产品的决定论框架最终带来了总经济增长的平滑路径。新产品的发现实际上是随机的。该随机性将从总量水平上消除这种平滑性，进而引起长期增长率的变化。这些变化看起来就像真实经济周期模型中出现的变动。（参见 Kydland and Prescott，1982 以及 McCallum，1989）因为我们主要对长期增长趋势的决定因素感兴趣，所以我们假定了一个缺乏周期性因素的决定论的研发过程。

在第一个模型中，我们假定创造一种新产品的成本是 η 单位的 Y。这意味着，我们在将产出投入研发时使用了常规单部门生产模型的假设①。一般而言，如同函数 $\eta(N)$ 所阐述的那样，我们可以假设创造一种新产品的成本取决于之前所发明的产品种类的数量。因为新的点子会越来越少，提出好的创意会越来越难，所以成本关于 N 递增，$\eta'(N) > 0$。但是如果已经提出的理念更有利于新思想的诞生，那么成本关于 N 递减，$\eta'(N) < 0$②。在这里，我们假定这些影响都不存在，所以发明新产品的成本不随时间变化，即：

$$研发成本 = \eta（常数）\tag{6.16}$$

这种描述与总产出的常量增长率相一致。然而，这些描述在规模效应方面存在一些难题。我们稍后将对此进行讨论。如果 $V(t) \geqslant \eta$，那么企业决定把资源用于研发。

自由进入条件 我们假定人们可自由进入发明者的领域，所以每个人能通过支付研发成本 η 来保证式(6.15)中所示的净现值 $V(t)$。如果 $V(t) > \eta$，那么无限数量的资源在时点 t 将涌入研发领域③，因此，$V(t) > \eta$ 在均衡时不成立。如果 $V(t) < \eta$，那么没有资源在时点 t 会进入研发领域，进而产品数量 N 不会随时间发生变化④。我们主要关注研发投入为正，进而 N 在各时点保持增长的情况下的均衡。在这些情况下，下式对所有 t 成立，

$$V(t) = \eta \tag{6.17}$$

如果对式(6.17)表示的自由进入条件关于时间求导，利用式(6.15)中 $V(t)$ 的表达式，并考虑条件 $\bar{r}(t, v) \equiv [1/(v-t)] \cdot \int_t^v r(\omega) d\omega$⑤，那么我们可得：

$$r(t) = \frac{\pi}{V(t)} + \frac{\dot{V}(t)}{V(t)} \tag{6.18}$$

---

① Rivera-Batiz and Romer(1991)在他们称之为研发的试验设备模型中用到了该设定。

② 关于新产品的发明成本递减的假定等价于新产品成本不变但其单位生产率优于旧产品的假定。第 7 章对一个模型进行了思考，在该模型中，新产品比老产品更有生产率。

③ 如果不对利率为 $r(t)$ 的借款利率进行约束，这些债务可以凭投资价值进行抵押，进而投资将趋于无穷。

④ 发明的数量 N 是不可逆的。即，不能遗忘已有的设计，而收回用于研发的支出。如果在这个意义上 N 是不可逆的，那么 $V(t) = \eta$ 将会在所有时点成立。

⑤ 我们在这里利用了莱布尼茨规则(Leibniz's rule)对定积分进行微分。相关讨论见数学附录。

其中，π 是式(6.9)中恒定不变的利润流。式(6.18)表明，债券收益率 $r(t)$ 等于研发的投资收益率。研发收益率等于利润率 $\pi/V(t)$ 加上研发企业的价值变化所带来的收益率或者损失率 $\dot{V}(t)/V(t)$。因为 η 是恒定不变的，那么式(6.17)中的自由进入条件意味着 $\dot{V}(t) = 0$。根据式(6.18)，我们可知利润率恒定不变且等于 $r(t)$ $= r = \pi/\eta$。用式(6.9)替代 π，我们得到：

$$r = (L/\eta) \cdot A^{1/(1-\alpha)} \cdot \left(\frac{1-\alpha}{\alpha}\right) \cdot \alpha^{2/(1-\alpha)} \tag{6.19}$$

基本技术和市场结构将收益率固定为式(6.19)中的取值（假定 N 的基本增长率为正）。因此，该条件与第 4 章中 AK 模型的条件一致。在那里，技术和对投资的激励将收益率固定在 $A - \delta$。

那些将要被发现的中间品带来了垄断利润的现值，而该现值正好等于研发成本 η。即，在式(6.15)中，$V(t) = \eta$。因为新旧产品都可获得相同的垄断利润流，所以各种现有中间品的利润的现值必须也等于 η。因此，η 是计划生产某种中间品的企业的市场价值，而企业的市场总价值是 ηN。（企业并不占有资本，因为模型中没有耐用品。）

6.1.3　居户

居户仍在无限视界的情况下最大化其效用：

$$U = \int_0^\infty \left(\frac{c^{1-\theta} - 1}{1-\theta}\right) \cdot \mathrm{e}^{-\rho t} \mathrm{d}t \tag{6.20}$$

其中，本模型中的人口增长率 n 为 0。居户获得的资产收益率为 r，且从固定不变的劳动总量中获得工资率 w。同往常一样，居户的总预算是：

$$\mathrm{d}(资产)/\mathrm{d}t = wl + r \cdot (资产) - C \tag{6.21}$$

居户满足熟悉的欧拉方程[①]：

$$\dot{C}/C = (1/\theta) \cdot (r - \rho) \tag{6.22}$$

这一常见的横截条件表明，r 必定超过产出 Y 的长期增长率。

6.1.4　一般均衡

在封闭经济体中，所有居户的资产等于企业的市场价值：

$$资产 = \eta N$$

因为 η 不变，所以资产的变化必然为：

---

① 因为人口 L 恒定不变，所以消费增长率等于人均消费的增长率。

$$\mathrm{d}(资产)/\mathrm{d}t = \eta\dot{N}$$

根据式(6.5),工资率为:

$$w = (1-\alpha) \cdot (Y/L)$$

经过一些运算之后,式(6.19)所决定的利率可以改写成:

$$r = \frac{1}{\eta} \cdot (1-\alpha) \cdot \alpha \cdot (Y/N)$$

因此,总收入($wl + r \cdot$资产)等于$Y - \alpha^2 Y$。于是,式(6.21)中的居户预算约束为:

$$\eta\dot{N} = Y - C - X \tag{6.23}$$

其中,我们用到根据式(6.12)和式(6.13)得到的条件$X = \alpha^2 Y$。式(6.23)是整个经济体的资源约束。该条件表明,在任何时点,Y(GDP)必须在消费C、中间品X的生产以及单位成本为η的$\dot{N}$种新产品的研发三者之间分配。

根据式(6.19),替换掉式(6.22)中的r,可得增长率的表达式为:

$$\gamma = (1/\theta) \cdot \left[(L/\eta) \cdot A^{1/(1-\alpha)} \cdot \left(\frac{1-\alpha}{\alpha} \right) \cdot \alpha^{2/(1-\alpha)} - \rho \right] \tag{6.24}$$

该增长率适用于设计数量N、产出Y以及消费C。像AK模型一样,当前的模型未显现出转移动态,且三个变量的增长率相同且恒定[1]。

只有当基本参数使得式(6.24)的$\gamma \geq 0$,式(6.24)才有效。如果$\gamma < 0$,那么潜在发明者没有足够的动机将资源用于研发,进而N保持恒定不变。然后,增长率γ将变为零。今后,我们将假定式(6.24)中的$\gamma \geq 0$。

产品种类的数量N起始于$N(0)$,且增长率为式(6.24)所示的不变速率γ。式(6.13)中的产出表明,如果L不变,那么Y与N比例保持不变。那么,Y与N的增长率相等且为常量。

消费水平C必须满足式(6.23)中的经济体的预算约束,且可被表示为:

$$C = Y - \eta\gamma N - X$$

其中,$\eta\gamma N = \eta\dot{N}$是投入到研发的资源数量。如果我们用式(6.13)替代Y,用式(6.24)替代γ并用式(6.12)替代X,那么简化后可得:

$$C = (N/\theta) \cdot \{ LA^{1/(1-\alpha)} \cdot (1-\alpha) \cdot \alpha^{2\alpha/(1-\alpha)} \cdot [\theta - \alpha \cdot (1-\theta)] + \eta\rho \} \tag{6.25}$$

式(6.25)表明,如果L不变,那么C与N的增长率相等且为式(6.24)所示的γ[2]。

---

① 我们在这里证明存在不具有转移动态的均衡。沿着第4章的思路,我们可以找到证据证明其他均衡不可能存在。我把这个证明当做练习。

② 横截条件是$r > \gamma$。(从前文可知,人口增长率n等于零。)因为$\gamma = (1/\theta) \cdot (r-\rho)$,所以横截条件可以被写作$r \cdot (1-\theta) < \rho$。用式(6.19)替代$r$可得不等式$LA^{1/(1-\alpha)} \cdot (1-\alpha) \cdot \alpha^{2\alpha/(1-\alpha)}\alpha \cdot (1-\theta) < \eta\rho$。该条件保证了式(6.25)中关于$C$的表达式为正。

6.1.5 增长率的决定因素

思考式(6.24)所示的增长率 γ 的决定因素。居户的偏好参数 ρ 和 θ,以及生产技术水平 A,进入模型的方式本质上与其进入第 4 章的 AK 模型的方式一致。更强的储蓄意愿(更低的 ρ 和 θ)以及更好的技术(更高的 A),提高了增长率。

一个新的效应来自新产品的发明成本 η。η 的降低提升了式(6.19)中的收益率 r,进而提高了式(6.24)中的增长率 γ。

因为更大的劳动禀赋可提升式(6.24)中的增长率 γ,所以该模型具有一种规模效应。该效应与第 4 章具有溢出效应的干中学模型和公共物品模型中所出现的那些效应相似。在这些前文所出现的模型中,如果我们允许人口 L 具有正的增长率,那么经济体将不会趋向于人均增长率恒定不变的稳态。当前的模型具有规模效应,因为发明成本为 η 的新产品可以通过一种非竞争性的方式被整个经济体所利用。经济体越大(以 L 来衡量),其平均每单位 L(或 Y)的发明成本越低。因此,随着 η 的降低,L 的增加会带来 γ 的提升。

我们已经在第 4 章中观察到,如果我们将规模等同于国家人口数量或经济活动量,那么从经验的角度,规模效应难以被证实。然而,在当前的背景下,以国家为规模的衡量单位也许不是很恰当。规模在模型中很重要,它包含两层含义:第一,它指能以非竞争性的方式利用新设计的总产出;第二,它衡量了发明者们的专利权的适用范围。如果思想的传播很容易穿越国界,那么以国家为单位将有违于第一层含义。(我们将在第 8 章中考虑技术扩散。)如果专利保护可在国际上得以应用或在国外能以保密的方式部分地支持其垄断地位,那么从第二层含义出发,使用国家作为规模的单位也不太妥。

如果在思想的流动性和专利权的保护上,世界像单一体那样运作,那么 L 将被看作世界人口或世界经济活动总量。这样模型将预测世界人均增长和世界人口水平或世界总产出之间的正向关系。Kremer(1993)论证到,从相当长期的角度来看,这个假说也许是正确的。然而,常见的观点是,模型推理出来的规模效应是违反经验证据的。因此,很多经济学家努力地修改该框架,以消除这种预测。关于这方面文献的概要,请参阅 Jones(1999)。

6.1.6 帕累托最优

中央计划者问题　我们现在证明,在分散决策经济体中的均衡结果不是帕累托最优的。与往常一样,通过将之前的结果[特别的,式(6.24)所示的增长率 γ]与假定的中央计划者解决相同问题所得到的结果进行比较,我们可以对帕累托最优进行评估。

中央计划者力求最大化式(6.20)所示的代表性居户的效用。计划者只受经济体预算约束的制约：

$$Y = AL^{1-\alpha}N^{1-\alpha}X^{\alpha} = C + \eta\dot{N} + X \qquad (6.26)$$

我们曾使用过与式(6.1)中一样的生产函数，但是我们已经引入了条件——即，中间品的数量对所有企业 i 和中间品 j 来说都是一样的。通过最优化每个 X_{ij}，我们能很好地证明，计划者满足高效生产的条件。式(6.26)的右边包含了产出的三种可能的用途：消费、研发和中间品。

中央计划者问题的汉密尔顿方程可以表示为：

$$J = u(c) \cdot \mathrm{e}^{-\rho t} + v \cdot (1/\eta) \cdot (AL^{1-\alpha}N^{1-\alpha}X^{\alpha} - Lc - X) \qquad (6.27)$$

其中，对 $\dot{N}$ 使用了影子价格 v，且我们代入了条件 $C = Lc$。控制变量是 c 和 X，状态变量是 N。

与分散决策经济体的解相比，不同之处在于 X 的决定、中间品数量和 N 的增长率 γ。社会计划者的常见最优化条件可推出关于 X 和 γ 的表达式：

$$X(\text{中央计划者}) = A^{1/(1-\alpha)}\alpha^{1/(1-\alpha)}LN \qquad (6.28)$$

$$\gamma(\text{中央计划者}) = (1/\theta) \cdot \left[(L/\eta) \cdot A^{1/(1-\alpha)} \cdot \left(\frac{1-\alpha}{\alpha} \right) \cdot \alpha^{1/(1-\alpha)} - \rho \right] \qquad (6.29)$$

式(6.28)中 X 的选择表明，产出水平为：

$$Y(\text{中央计划者}) = A^{1/(1-\alpha)}\alpha^{\alpha/(1-\alpha)}LN \qquad (6.30)$$

与式(6.28)中的中央计划者的选择相比较，式(6.11)中分散决策经济体关于 X 的解被乘上了 $\alpha^{1/(1-\alpha)} < 1$。因此，与中央计划者相比，分散决策经济体向中间品投入更少的资源，进而最终的产出水平更低[式(6.13)与式(6.30)之间的比较]。

在图 6.1 中，中央计划者想要生产的中间品的数量为 X^{**}。如果价格等于边际成本，那么 X^{**} 是所需要的量。在分散决策经济体中，中间品的价格为垄断价值 $1/\alpha$，相应的中间品需求为较小的 X^{*}，如图中所示。X^{**} 与 X^{*} 之间的差距等于垄断所造成的静态效率损失。

在式(6.24)关于分散决策经济体增长率的解中，括号内的第一项是式(6.29)中中央计划者对应项的 $\alpha^{1/(1-\alpha)}$（$\alpha^{1/(1-\alpha)} < 1$）倍。从前文可知，式(6.24)中该项等于式(6.19)中的私人收益率 r。因此，分散决策经济体比计划经济体的增长率低，且该较低的增长率等于中央计划者默认的收益率和私人收益率之间的差额。该社会收益率是式(6.29)括号内的第一项：

$$r(\text{中央计划者}) = (L/\eta) \cdot A^{1/(1-\alpha)} \cdot \left(\frac{1-\alpha}{\alpha} \right) \cdot \alpha^{1/(1-\alpha)} \qquad (6.31)$$

第 4 章提到的带有溢出效应的干中学模型中，私人收益率小于社会收益率，因为有部分收益从一个生产者传递到了别的生产者而未得到补偿。如果模型中存在新产品的发明,且这些发明会带来垄断权利,那么社会收益和私人收益之间就会出现差距。而该差距出现的根源与干中学模型不同,其根本扭曲是中间品的垄断定价:式(6.10)中的价格 P 是生产边际成本 1 的 $1/\alpha$ 倍。如果政府能精确地处理税收补贴政策(以"产业政策"的形式),且该政策在没有消除发明家们创造新产品的动机的同时诱发边际成本定价,那么政府可以在分散决策经济构架中激励私人部门实现社会最优。

对中间品购买的补贴 假定经济体是分散决策的,那么政府通过征收定额税的方式对所有中间品的购买提供补贴。如果补贴率为 $1-\alpha$,那么 Y 的生产者只须为每单位的 X 支付 αP。式(6.4)中的需求 X_{ij} 将相应地增加 $(1/\alpha)^{1/(1-\alpha)}$ 的比例。均衡价格 P 仍是边际成本 1 的 $1/\alpha$ 倍,但式(6.11)中的均衡数量 X 将会被乘上一个因子 $(1/\alpha)^{1/(1-\alpha)}$,从而与式(6.28)中的中央计划者的选择一致。得到这个结果是因为 X 的使用价格减去政府补贴等于 1。

中间品数量 X 的增加将会带来静态和动态的效率提升。静态地来看(在 N 不变的情况下),垄断定价意味着 X 的边际产出超过了其生产成本 1,进而该经济体并未最大化可用于消费的产品的生产。如果更多的产出被用于 X,那么 Y 将以大于 1 比 1 的方式扩张,这意味着消费可能增加。政府对购买 X 进行补贴,可确保经济体获得静态收益。

更高水平的 X 也会激励 N 的持续扩张从而产生动态效应。中间品数量的增加使得式(6.6)中的垄断利润流提高了 $(1/\alpha)^{1/(1-\alpha)}$。利润的这种增加使得式(6.19)中的收益率 r 也有了相同数量的提高,进而私人收益率等于式(6.31)中的社会收益率[①]。因此,分散决策经济体的增长率等于式(6.29)所示的中央计划者的增长率。因此,由于 N 现在的增长率是有效的,所以公共补贴带来了动态收益。在更一般化的模型中,仅仅通过对中间品的购买进行补贴,是难以取得最佳解的。例如,在稍后考虑的模型中,发明者的垄断地位是暂时的,而且还需要政府对研发也进行补贴。

对最终产品的补贴 如果政府通过补贴生产来刺激对中间品的需求,那么政府也能诱导私有经济部门实现社会最优。为使得最终产品的生产者从所生产的每单位产品中获得 $1/\alpha$ 单位的收益,那么对产出 Y_i 的补贴率必须为 $(1-\alpha)/\alpha$。

对研发的补贴 对研发进行补贴这一政策看似自然,然而在该模型中却无法实现社会最优。如果政府承担一部分研发成本,那么,根据式(6.19),潜在的发明者会降低研发的净成本 η。这种变化能提升私人选择的 r 和 γ,使其等于中央计划者所选择的值。问题是,从社会角度来看,由于垄断定价的存在,式(6.11)所示的中间品数量 X 仍然不是最优的。

在该模型中,尽管各种政府税收补贴政策可以有效地改善分配,但是要正确地执行这些政策中的任一项都是困难的。政府不仅要选对补贴对象(基本上是对垄

---

① 这种完全一致取决于中间品需求的不变价格弹性,而后者源于式(6.1)所示的生产函数形式。

断定价的产品的需求),而且之后还必须通过非扭曲税来为该计划提供资金。如果对产出征税,那么该方案可能会弄巧成拙。此外,在更切合实际的模型中,所需的补贴将必须随着生产要素或最终产品的不同而不同,换言之,政府将必须以无所不知且公正的方式来选择优胜者。通过区分垄断性产品和竞争性产品,6.2 节阐述了该问题。

6.1.7 规模效应和研发成本

修改关于规模效应的预测的一个方法是改变对研发成本的设定。我们之前的关键假设是,一种新产品的发明成本等于固定数量(η)的产出 Y。该假设意味着,$\dot{N}$ 是研发支出的常数倍,且该倍数为 $1/\eta$。因此,N 的增长率为:

$$\dot{N}/N = (1/\eta) \cdot \left(\frac{研发支出}{N} \right) \tag{6.32}$$

式(6.13)表明,Y/L 与 N 成比例。因此,式(6.32)表明生产力增长率 $\dot{N}/N$,同研发支出与 Y/L 的比率正相关。进而,研发支出、Y、L 等变量所具有的共同的长期趋势将对生产率的变化趋势产生相应的影响。Jones(1995,1999)根据大多数发达国家的时间序列行为从经验角度批评了这一含义,因为尽管研发支出、Y、L 的水平具有向上趋势,但是生产力增长率还是相对稳定的。

与数据更吻合的另一种假定是认为 $\dot{N}/N$ 同研发支出占 Y 的比例正相关。那么,生产力增长趋势的缺失等价于研发支出与 GDP 之比的趋势的缺失。实际上,自从 1970 年以来,美国的研发比率几乎没什么变化,从 1970 年的 2.6%到 1999 年的 2.5%。在英国,该比例从 1970 年的 2.0%微降到 1997 年的 1.8%。其他主要 OECD 国家的研发比率在这一时期内都经历了温和上升——日本的比重从 1970 年的 1.7%升到 1997 年的 2.8%;德国从 1970 年的 2.1%升到了 1998 年的 2.3%;法国从 1970 年的 1.9%升到了 1997 年的 2.2%;意大利从 1970 年的 0.8%升到了 1996 年的 1.4%;加拿大从 1970 年的 1.2%升到了 1998 年的 1.7%[①]。

这些数据是用于正式研发的支出,但是在该理论中至关重要的"研究"(research),其概念相当广泛。如果,看似合理地,在被测量的数据中,研发的实际支出随着国家发展而趋于上升,那么其实际比重在一些 OECD 国家中可能不会上升。因此,研发支出与 GDP 之比保持稳定也可以看作是发达国家行为的合理近似。那么,假定生产力增长 $\dot{N}/N$ 同研发支出占 GDP 之比具有固定的正向关系,作为一阶近似是让人满意的。

在理论模型中,其对应的假设是,一种新中间品的发明成本与该新种类产品所增加的产出成比例。因为产出 Y 与式(6.13)中的 N 成比例,所以与其等价的假设

---

① 这些数据来自世界银行的《World Development Indicators 2002》和美国国家科学基金会的主页 www.nsf.gov。

是研发费用与 Y/N 成比例。因为式(6.13)表明:

$$Y/N = A^{1/(1-\alpha)} \alpha^{2\alpha/(1-\alpha)} L$$

那么新的设定相当于用 $\eta A^{1/(1-\alpha)} \alpha^{2\alpha/(1-\alpha)} L$ 替代原始模型中的 η。因为这一新项仍为常数,所以前文的解的表达式立刻得以满足。因此,收益率和增长率从式(6.19)和式(6.24)简化为:

$$r = \frac{\alpha \cdot (1-\alpha)}{\eta} \tag{6.33}$$

和

$$\gamma = (1/\theta) \cdot \left[\frac{\alpha \cdot (1-\alpha)}{\eta} - \rho\right] \tag{6.34}$$

主要的新情况是,收益率和增长率再也不关于 L 或 A 递增。因此,经济体仍可以内生增长,但是规模效应却不再显现。

这一被修改的设定也容许人口增长,但并不预测产出的增长率会上升。如果 $L(t)$ 的增长率不变且为 n,那么,某种中间品的垄断权的现值将从式(6.15)变成:

$$V(t) = A^{1/(1-\alpha)} \cdot \left(\frac{1-\alpha}{\alpha}\right) \cdot \alpha^{2/(1-\alpha)} \cdot L(t) \cdot \left(\frac{1}{r-n}\right)$$

其中,我们假定 r 恒定,该假设之后会被证明是正确的。新的特征是 $V(t)$ 关于 n 递增,因为更高的 n 意味着未来对中间品的需求更高。

现在,自由进入条件为:

$$\eta A^{1/(1-\alpha)} \alpha^{2\alpha/(1-\alpha)} L(t) = A^{1/(1-\alpha)} \cdot \left(\frac{1-\alpha}{\alpha}\right) \cdot \alpha^{2/(1-\alpha)} \cdot L(t) \cdot \left(\frac{1}{r-n}\right)$$

其中,等式左边是创新成本[它与 $L(t)$ 成比例],而等式右边等于 $V(t)$。对自由进入条件的简化可得到均衡收益率的表达式:

$$r = n + \frac{\alpha \cdot (1-\alpha)}{\eta} \tag{6.35}$$

同往常一样,增长率 $\gamma = (1/\theta) \cdot (r-\rho)$。因此,$r$ 和 γ 与 L 的大小无关,但关于 n 递增。

6.1.8 递增的研发成本

我们现在来考虑这种情况:研发成本是之前所提出的创意的数量的增函数,即,$\eta = \eta(N)$,其中 $\eta'(N) > 0$。该情况是合理的,因为我们认为中间品种类增多的主要影响就是逐渐用光其总数量一定的潜在创意。我们考虑具有不变弹性的简单函数:

$$\eta(N) = \phi N^\sigma \qquad (6.36)$$

其中，$\sigma > 0$ 和 $\phi > 0$ 是外生常数。

首先注意，一旦某种产品被发明出来，之后的定价战略就与研发成本的性质无关。因此，最优价格仍为垄断值 $P = 1/\alpha$，每种中间品的数量再次由式(6.11)确定，且利润流仍由式(6.14)决定。如前文一样，自由进入条件要求：

$$V(t) = \eta(N)$$

与之前的重要区别是，随着 N 的增加[进而，$\eta(N)$ 的增加]，现值 $V(t)$ 一定会相应提升。因为 $\dot{V}(t)$ 不再为零，所以式(6.18)表明利润不是恒定的。相反，我们得到：

$$r(t) = \frac{\pi}{\phi N^\sigma} + \sigma \cdot \left(\frac{\dot{N}}{N} \right) \qquad (6.37)$$

最后一项取决于 $\dot{N}/N$，表示具有中间品垄断权的企业的价值增长率。因为创新成本是递增的，且现有的中间品与新出现的中间品一样好，那么企业的价值是递增的[①]。

如果我们用式(6.37)替代式(6.22)中的 $r(t)$，可得：

$$\frac{\dot{C}}{C} = \frac{1}{\theta} \cdot \left(\frac{\pi}{\phi N^\sigma} + \sigma \cdot \frac{\dot{N}}{N} - \rho \right) \qquad (6.38)$$

因此，消费增长率不再恒定，而且倾向于关于 N 递减，并关于 $\dot{N}/N$ 递增。为得到该模型的解，我们需要关于 $\dot{N}/N$ 的表达式。如果将式(6.36)所示的研发成本表达式代入式(6.23)所示的资源约束，那么我们得到：

$$\frac{\dot{N}}{N} = \frac{\psi_1}{\phi} \cdot N^{-\sigma} - \frac{C}{\phi} \cdot N^{-(1+\sigma)} \qquad (6.39)$$

其中，如果 L 不变，那么 $\psi_1 \equiv (1 - \alpha^2) \cdot A^{1/(1-\alpha)} \alpha^{2\alpha/(1-\alpha)} L$ 是一个正的常数。

通过在 (C, N) 空间构建相位图，我们可以用图解法得到该模型的解。$\dot{N} = 0$ 的轨迹是一条穿过原点的直线 $C = \psi_1 N$。如图 6.2 所示，在该轨迹的上方，箭头指向左边。

我们可以将式(6.39)代入式(6.38)，得到 $\dot{C}/C$ 的表达式，且该表达式是关于 N 和 C 的函数：

$$\frac{\dot{C}}{C} = \frac{1}{\theta} \cdot \left\{ \left(\frac{\pi}{\phi} \right) \cdot N^{-\sigma} + \sigma \cdot \left[\left(\frac{\psi_1}{\phi} \right) \cdot N^{-\sigma} - \frac{C}{\phi} \cdot N^{-(1+\sigma)} \right] - \rho \right\} \qquad (6.40)$$

对应的 $\dot{C} = 0$ 的轨迹由下式决定：

$$C = \left(\frac{\pi}{\sigma} + \psi_1 \right) \cdot N - \frac{\rho \phi}{\sigma} \cdot N^{(1+\sigma)} \qquad (6.41)$$

---

① 当自由进入条件总是满足时，该结论成立。在这种情况中，即使发明成本是上升的，新发明仍会继续出现。

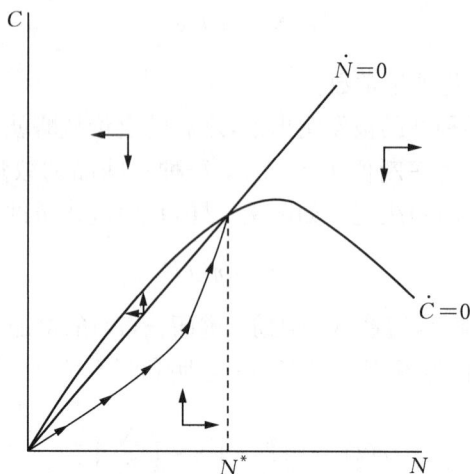

注：$\dot{N}=0$ 的轨迹是一条穿过原点的直线 $C=\psi_1 N$。在该轨迹的上方，箭头指向左边。$\dot{C}=0$ 的轨迹决定于下式：

$$C=\left(\frac{\pi}{\sigma}+\psi_1\right)\cdot N-\frac{\rho\phi}{\sigma}\cdot N^{(1+\sigma)}$$

它是一条驼峰形的曲线，并在 $N^{\max}=\left(\dfrac{\pi+\sigma\psi_1}{\rho\phi\cdot(1+\sigma)}\right)^{1/\sigma}$ 时取得最大值。箭头在该曲线上方时指向下方，在曲线下方时指向上方。注意 $N^*<N^{\max}$，所以其稳态位于图形 $\dot{C}=0$ 的最大值的左边。该稳态表现出鞍形路径的稳定性，且该经济体沿着向上倾斜的路径收敛，在该路径上消费和种类数量都递增。

图 6.2　研发成本递增的模型的相位图

该方程式定义了一条驼峰形曲线，当其取得最大值时：

$$N^{\max}=\left(\frac{\pi+\sigma\psi_1}{\rho\phi\cdot(1+\sigma)}\right)^{1/\sigma}$$

如图 6.2 所示，该曲线上方的箭头指向下方。两条轨迹相交所确定的稳态值 N 为：

$$N^*=\left(\frac{\pi}{\rho\phi}\right)^{1/\sigma}=\left(\frac{LA^{1/(1-\alpha)}\cdot\left(\frac{1-\alpha}{\alpha}\right)\cdot\alpha^{2/(1-\alpha)}}{\rho\phi}\right)^{1/\sigma} \qquad (6.42)$$

注意 $N^*<N^{\max}$，所以其稳态位于 $\dot{C}=0$ 的最大值的左边。

该稳态显示出鞍形路径的稳定性，且该经济体沿着向上倾斜的路径收敛，在该路径上消费和种类数量都递增[1]。然而，长期而言，只要 L 不变，那么创意的数量

---

[1] 在第 2 章中，我们在带有不可逆投资的模型中排除了位于稳定臂上方的路径。这里，我们用类似的方法排除了稳定臂上方的路径。（这里出现了不可逆性。因为创意一旦提出是不太可能被忘记的，所以 $\dot{N}\geqslant 0$ 一定成立。）沿着稳定臂上方的路径，专利权的价格在有限时间内将为负，且这种结果违背了自由处置的假设。更详细的讨论请参阅第 2 章的附录 2B。

是不变的。如果 L 以不变比率 n 增长，那么 N 在稳态中也以该比率增长。因此，在稳态增长率方面，该模型没有规模效应。（更高水平的 L 对应于更高水平的 N，进而更高水平的 y 和 c。从这一意义上说，该模型确实具有规模效应。）注意，长期增长率与储蓄参数 ρ 和 θ 以及研发成本参数 η 都无关。影响稳态增长率的唯一要素是人口增长率 n[①]。

6.2　竞争侵蚀垄断力

我们一直假定，中间品的发明者对其使用具有永久的垄断。更现实的说，当竞争者了解了这种新产品（或新技术）并对其进行模仿或制造出近似的替代品，那么这种垄断地位将随时间流逝而被逐步侵蚀。专利保护只是暂时的，这是垄断力会逐渐减弱的又一个原因。

用模型刻画垄断力逐步被侵蚀的一个可行方法是假定产品根据泊松过程（Poisson process）所产生的概率从垄断性的转变成竞争性的[②]。即，如果中间品 j 当前是垄断性的，那么它在下个时点 dT 变成竞争性的概率是 $p \cdot dT$，其中 $p \geq 0$。因此，如果产品在时点 t 被发明，且最初为垄断性的，那么它在将来时点 $v \geq t$ 仍为垄断性的概率是 $e^{-p \cdot (v-t)}$。（参数 p 类似于我们在第 3 章有限视界模型中的死亡率。）

垄断性中间品与往常一样以垄断价格 $1/\alpha$ 出售。各种垄断中间品的需求数量（现在记为 X^m）仍由式（6.11）决定：

$$X^m = LA^{1/(1-\alpha)} \alpha^{2/(1-\alpha)} \tag{6.43}$$

在垄断状态下，其利润流为：

$$\pi^m = \left(\frac{1-\alpha}{\alpha}\right) \cdot X^m \tag{6.44}$$

而在竞争状态下，利润流为 0。因此，从时点 t 所发明的中间品（最初为垄断性的）中获得的预期现值是式（6.6）的一个修改版本，其中加入了概率项 $e^{-p \cdot (v-t)}$：

$$E[V(t)] = \int_t^\infty \pi^m \cdot e^{-[p+\bar{r}(t, v)] \cdot (v-t)} dv \tag{6.45}$$

我们假定，潜在发明者只关注该预期[③]。

如果我们对式（6.54）关于时间求导，那么我们可以得到类似于式（6.18）的表达式：

[①]　在这方面文献提出的其他一些模型中，非零的长期人均增长率取决于人口的非零增长率，但是这两个增长率不一定相等。请参阅 Jones(1995)、Segerstrom(1998) 以及 Peretto(1998)。

[②]　关于类似模型的讨论，请参阅 Judd(1985)。

[③]　该结论与个人的风险厌恶一致，因为这些风险完全是特定的，且企业的所有权将会是多样化的。

$$r(t) = \frac{\pi^m}{E[V(t)]} + \frac{\mathrm{d}E[V(t)]/\mathrm{d}t}{E[V(t)]} - p \tag{6.46}$$

等式右边的第一项是利润率 $\pi^m/E[V(t)]$。第二项是假定垄断地位仍然存在的资本收益率。最后一项 $-p$ 是指每单位时间失去垄断地位的概率。当这种损失出现时，损失数量为企业的所有价值 $E[V(t)]$，因为垄断地位的损失意味着所有未来利润的预期降为零。由于每单位时间出现这种损失的概率为 p，所以对收益率的影响取决于 $-p \cdot E[V(t)]/E[V(t)] = -p$。

我们现在回到研发成本恒定为 η 的环境中。具有正的研发支出的自由进入条件要求 $E[V(t)] = \eta$，所以 $\mathrm{d}E[V(t)]/\mathrm{d}t = 0$。将这些结果代入式(6.46)，可得：

$$r(t) = \frac{\pi^m}{\eta} - p$$

因为该表达式的右边是常数，所以 $r(t)$ 等于常量 r。将式(6.46)代入上式中的 π^m 可得：

$$r = (L/\eta) \cdot A^{1/(1-\alpha)} \cdot \left(\frac{1-\alpha}{\alpha}\right) \cdot \alpha^{2/(1-\alpha)} - p \tag{6.47}$$

式(6.47)中的解对式(6.19)的唯一修改是在等式右边减去了 p。因此，垄断地位的临时性使得 r 比之前的值少 p。从前文也可知，式(6.19)所示的收益率已低于式(6.31)所决定的社会收益率。因此，发明者垄断地位的临时性造成了社会和私人收益率之间的更大差距。原因是，从社会角度出发，从某项发现中获得的收益是永久的；相反，从私人立场出发，其回报是暂时的。

同往常一样，式(6.47)所确定的不变收益率表明，消费增长率恒定不变[1]：

$$\dot{c}/c = (1/\theta) \cdot \left[(L/\eta) \cdot A^{1/(1-\alpha)} \cdot \left(\frac{1-\alpha}{\alpha}\right) \cdot \alpha^{2/(1-\alpha)} - p - \rho\right] \tag{6.48}$$

一般而言，中间品数量 N 的增长率和产出水平 Y 不再等于 $\dot{c}/c$。为研究其他的增长率，我们必须将 N 分成垄断性的和竞争性的两部分来分析。

令 N^c 表示已成为竞争性的中间品的数量，所以 $N-N^c$ 为垄断性中间品的数量。各种垄断性中间品的产出量为式(6.43)中的 X^m。各种竞争性中间品的定价等于边际成本 1，那么根据式(6.4)，其所生产的数量为：

$$X^c = L \cdot A^{1/(1-\alpha)} \cdot \alpha^{1/(1-\alpha)} > X^m \tag{6.49}$$

根据式(6.1)、式(6.43)和式(6.49)，总产出水平可以表示为：

$$Y = A^{1/(1-\alpha)} \alpha^{2\alpha/(1-\alpha)} LN \cdot [1 + (N^c/N) \cdot (\alpha^{-\alpha/(1-\alpha)} - 1)] \tag{6.50}$$

因此，在 N 给定时，如果 $N^c > 0$（因为 $0 < \alpha < 1$），那么 Y 将超过式(6.13)所示的数量。此外，当 N 给定时，Y 关于 N^c/N 递增，这表示在现有中间品种类保持不变

---

[1]　如果式(6.48)表明 $\dot{c}/c < 0$，那么在 $\dot{c}/c = \dot{N}/N = \dot{y}/y = 0$ 时，出现角解。

的情况下,中间品从垄断性的转变成竞争性的过程中所带来的静态收益。

因为各种垄断性产品在每单位时点变成竞争性产品的概率为 p,所以,如果 $N-N^c$ 很大,那么 N^c 在一定时间内的变动可以被近似地表示为:

$$\dot{N}^c \approx p \cdot (N-N^c) \qquad (6.51)$$

最后,通过利用经济体的预算约束,该模型可确定 C 的水平:

$$C = Y - \eta\dot{N} - N^c X^c - (N-N^c) \cdot X^m \qquad (6.52)$$

也就是说,消费等于产出 Y 减去研发支出 $\eta\dot{N}$,减去竞争性中间品的产出 $N^c X^c$,再减去垄断性中间品的产出 $(N-N^c) \cdot X^m$。

该模型具有两个状态变量 N 和 N^c,并具有转移动态,且在这种转移过程中,比率 N^c/N 趋近于其稳态值 $(N^c/N)^*$。在这方面,该模型类似于在第 5 章所讨论的两部门框架。在那里,两种资本品之比 K/H 逐渐趋向 $(K/H)^*$。在当前的设定下,这种转移分析过于繁琐,所以我们只关注稳态的特征。

在稳态中,N、N^c、Y 和 C 的增长率都相同,且为式(6.48)所示的比率,现记为 γ^*。相应地,式(6.51)意味着:

$$(N^c/N) = \frac{p}{\gamma^* + p} \qquad (6.53)$$

因此,竞争性中间品的比例随 p(中间品变成竞争性产品的概率)的增加而增加,随 r^*(新的垄断性的中间品被发明的概率)的增加而减少。

如果我们将式(6.53)中的 N^c/N 代入式(6.50),那么我们可以得到产出的表达式(在稳态路径上,该表达式都成立):

$$Y^* = A^{1/(1-\alpha)}\alpha^{2\alpha/(1-\alpha)}LN \cdot \left[1 + \left(\frac{p}{\gamma^* + p}\right) \cdot (\alpha^{-\alpha/(1-\alpha)} - 1)\right] \qquad (6.54)$$

(注意 Y^* 和 N 的增长率相同。)如果 $p=0$,那么 $N^c/N=0$[见式(6.53)],且 Y^* 的表达式与式(6.13)中关于完全垄断模型的产出表达式相同。如果 $p \to \infty$(那么中间品瞬间就会转变成竞争性的,进而 $(N^c/N)^* = 1$),那么 Y^* 的表达式趋近于式(6.30)所示的中央计划者的表达式。然而,困难在于 $p \to \infty$ 也意味着 $\gamma^* = 0$[1]。换言之,如果 p 总是无穷大,那么没有东西会被发明出来,且 N 始终等于被赋予的初始值 $N(0)$(它早于任何有目的的研发活动)。

在纯垄断的模型中,我们证明了,如果政府用定额税对购买中间品进行补贴,且补贴率为 $1-\alpha$,那么我们也能得到社会最优。在当前框架下,这种补贴须被局限于对垄断性中间品的购买。在模型中,选择对哪种产品进行补贴是可行的(因为产品被分成两类:要么是完全垄断性的,要么是完全竞争性的),但是在实践中可能

---

[1] 较大的 p 值意味着式(6.47)中的 $r<0$,式(6.48)中的 $\dot{c}/c<0$。因此均衡将是发明者的研发支出为零的角点解(因为发明者无法令研发支出为负),于是 N 保持不变,而 $r^* = 0$。

相当具有挑战性。

无论如何,对垄断性的中间品的比率为 $1-\alpha$ 的补贴无法实现社会最优,因为 p 项使得社会收益率[式(6.31)]和私人收益率[$\alpha^{2/(1-\alpha)}$ 被 $\alpha^{1/(1-\alpha)}$ 所替换的式(6.47)]之间仍有差距。为达到社会最优,政府仍必须对研发支出进行补贴,使得研发的私人收益率提高 p。换言之,现在需要两种政策工具:一种用于鼓励垄断中间品的生产,另一种用于激发研发。

通过试图抑制垄断,例如执行反托拉斯法和限制专利保护,政府也能直接影响参数 p。p 的增加涉及在最优专利政策模型中经常会出现的权衡——竞争性增强所带来的静态收益与新产品过低的增长率所带来的动态损失之间的权衡(参见 Reinganum,1989)[1]。这种分析之所以困难是因为它面临时间一致性问题:政府愿意消除所有现有的垄断权(使得 N 种现有产品可以竞争性价格获得),但是承诺对未来的发明提供产权保护。当然,这种承诺并不可信。一个解决办法是假定:对现有产品而言,政府承诺不会改变其概率 p;但是对那些还没被发明出来的产品而言,政府保留改变其转变成竞争性产品的概率的权力。

6.3 罗默的技术变革模型

正是罗默(Romer,1990)的论文,首次提出了产品种类结构在内生增长建模中的正式应用。他的设定是,一种新产品的发现需要 η 单位的劳动,而非最终产品[2]。因此,N 的增加(它提高了总产出和劳动的边际产品)将提升实际工资率,进而增加产品的研发成本。从这个角度来看,罗默模型类似于 6.18 节所探讨的模型,在该模型中,研发成本关于 N 递增。我们已经知道,就该模型而言,如果 L 同假设的一样是恒定不变的,那么增长最终会停止,且 N 将在稳态中恒定不变。因此,从长期来看,人均产出 Y/L 将会恒定不变。

罗默(Romer,1990)的模型由于另一个不同的设定而具有内生增长。他假设,随着社会积累了更多的创意(以产品数量 N 表示),发明一种新产品的成本会减少[3]。更具体地说,假定劳动中的 λ 部分被用于生产,$1-\lambda$ 部分被用于研发。那么,Romer 的假定是:N 的变化取决于研发劳动数量 $(1-\lambda)\cdot L$ 与 η/N 之比,所以:

$$\dot{N}/N = (1-\lambda)\cdot L/\eta \tag{6.55}$$

Jones(1995,1999)曾批评了这种规定,因为它意味着技术变革率 $\dot{N}/N$ 与研

---

[1] 在当前框架下,更低的发明率构成了社会损失。在其他情况下,如第7章中所讨论的模型,更低的发明率可能是合适的。

[2] Romer(1990)将中间品看作无限寿命的耐用品,而不是非耐用品,但是这种差异不会影响主要结论。

[3] Grossman and Helpman(1991,第3章)作了类似假设。

发所投入劳动的绝对数量 $(1-\lambda) \cdot L$ 之间存在正相关性。Jones 论证道，美国和其他发达国家的数据与这种框架相矛盾，因为参与研发的科学家和工程师数量在一段时期内有了实质性增加，而生产力增长率却并未显示出长期增长的趋势。例如，在美国，研发科学家和工程师的数量从 1970 年的 54.4 万人上升到了 1991 年的 96.0 万人。其他主要 OECD 国家出现了更大比例的上升——日本从 1970 年的 17.2 万人增加到 1992 年的 51.1 万人；德国从 1970 年的 8.2 万人上升到了 1989 年的 17.6 万人；法国从 1970 年的 5.8 万人上升到了 1991 年的 12.9 万人；英国从 1972 年的 7.7 万人上升到了 1992 年的 12.3 万人[①]。我们已经注意到，对于假定生产率增长和研发投入占 GDP 的比重之间存在固定正向关系的模型而言，这种批判是站不住脚的。

如果我们不顾 Jones 的合理反对，继续用式(6.55)中 Romer 关于发明过程的描述来分析，我们得到的推论是发明成本与 w/N 成比例。因为 w 与 N 是成比例的[根据式(6.5)和式(6.13)]，所以最终结果是，以产品数量计量的新产品的发明成本仍不随时间变化。因此，该设定将与 N 和 Y/L 的不变稳态增长率相吻合。

尽管该增长率在均衡时恒定不变，但是在分散决策经济体中这个增长率的决定因素里含有一种新的外部性：个体进行研发（进而扩大 N）的决定减少了随后发明所需的劳动量。因此，当前的研究对未来研究的效率具有正的溢出效应。分散决策经济体不会因这种溢出效应而补偿研发者，这会构成另一种扭曲。因此，除了中间品的垄断定价之外，努力将分散决策经济体带向帕累托最优的政策制定者不得不考虑这种溢出效应。

罗默模型中的自由进入条件为：

$$r = \alpha\lambda L/\eta \tag{6.56}$$

因此，式(6.55)和常见的一阶条件 $\dot{c}/c = (1/\theta) \cdot (r-\rho)$ 意味着：

$$(1-\lambda) \cdot L/\eta = (1/\theta) \cdot (\alpha\lambda L/\eta - \rho) \tag{6.57}$$

我们可以利用该条件来求 λ、r 及 N 的增长率 γ：

$$\lambda = \frac{\theta L + \eta\rho}{L \cdot (\theta + \alpha)}$$

$$r = \frac{\alpha \cdot (\theta L + \eta\rho)}{\eta \cdot (\theta + \alpha)} \tag{6.58}$$

$$\gamma = \frac{\alpha L - \eta\rho}{\eta \cdot (\theta + \alpha)}$$

增长率 γ 的解在很多方面与式(6.24)所得到的解相似。式(6.24)是当研发成本固定为一定量的产品，而非一定量的劳动时，分散决策经济体的解。两者的相似性

---

① 这些数据来自美国国家科学基金会的主页 www.nsf.gov。

为:首先,如果居户更愿意储蓄(更低的 ρ 或 θ),那么 γ 更高;第二,如果研发成本 η 更低,那么 γ 更高;第三,因为如果 L 更大,那么 γ 更高,所以这里存在规模效应。

这些解中的一个区别是,式(6.58)中的 γ 与出现在产品生产函数中的生产力参数 A 无关[见式(6.1)]。该结论源于研发部门不将中间品作为投入的假设。如果中间品以生产性投入的身份进入研发部门(即使其密集度低于产品生产部门),A 的增加将会提升 γ。

为了解释清楚罗默模型中的扭曲,我们可以考虑中央计划者的问题。中央计划者在下列约束下寻求代表性居户的效用最大化:

$$Y = A \cdot (\lambda L)^{(1-\alpha)} N^{1-\alpha} X^{\alpha} = C + X$$

$$\dot{N}/N = (1-\lambda) \cdot L/\eta$$

控制变量是 C、X 和 λ,且状态变量是 N。如果我们使用常规的最优化条件,那么我们发现解为:

$$\gamma = (\text{中央计划者}) = (1/\theta) \cdot (L/\eta - \rho)$$

$$\lambda = (\text{中央计划者}) = (1/\theta) \cdot (L - \rho\eta)/L \tag{6.59}$$

式(6.59)中所选择的 γ 等价于 L/η 的隐含着的社会收益率。

式(6.59)中中央计划者的增长率超过了式(6.58)中分散决策经济体的增长率。这两个增长率之间的差距反映了中央计划者投入到研发的劳动 $(1-\lambda) \cdot L$ 超过私人决策投入量的部分。这种生产和研发之间的不恰当分配反映了潜在的扭曲:垄断定价和研发溢出。为了说清楚这些扭曲的本质,我们可以考虑一些政策,这些政策能使得分散决策经济体的选择与中央计划者所作的帕累托最优选择相吻合。

通过利用定额税对购买中间品实施比率为 $1-\alpha$ 的补贴,政策制定者可以再次抵消垄断定价的直接影响。这些补贴使得分散决策经济体的收益率和增长率高于式(6.58)中对应的值。然而,其增长率仍低于中央计划者的值,因为研发的溢出效应还没有被内化。

消除溢出效应的扭曲需要另一种形式的补贴——直接对研发的补贴。所要求的对研发支出的补贴率为 $(1/\theta) \cdot [1-(\rho\eta/L)]$。这种补贴为研发提供了足够的激励,以至于分散决策经济体的增长率等于式(6.59)所示的中央计划者的选择。等价地,私人收益率为 $r = L/\eta$,该增长率被中央计划者默认地用于确定 γ。

我们在第 4 章介绍过一个模型,其生产存在溢出效应。因为溢出效应而需要对研发进行补贴类似于该模型需要对购买资本品或产出进行补贴。一个成功的补贴政策仍然难以实践,因为它要求政府区分哪些领域的研究具有实质性的溢出效应,且它假定必要的公共财政补贴所引发的扭曲性影响不会超过从内化溢出效益中获得的利益。下一章将提出研发补贴的另一个潜在缺陷:从创新获得的私人收益可能会过高,因为创新会引起租金从现有的垄断者那里转移到发明者那里。这种效应也会出现在相互竞争的研发者争相开发新产品或新工艺的情况（详见 Reinganum，1989）。

6.4　结论

在我们的模型中，技术进步表现为生产者所使用的中间品种类的增多。研究者们都受预期垄断利润的激励而将资源用于发现新的中间品。在我们所考虑的主要设定中（生产对产品种类数量显示出恒定不变的收益率，且以产品计量的研发成本对每次发明都相同），经济体能产生内生增长。增长率取决于各种倾向或技术特征，包括储蓄意愿、生产函数的水平、研发成本和经济体的规模（以固定要素数量来衡量，如原始劳动或人力资本）。研发技术的另一种设定在剔除了显然与事实不符的规模效应的同时，保留了绝大多数增长表达式。

我们得到的增长率（以及关于中间品生产的选择）一般而言都不是帕累托最优的。我们讨论了通过税收和补贴组合等手段来改进均衡结果的可能性。尽管模型中存在这些可能性，但是这类产业政策在更现实的情况下将难以实施。

模型中的均衡增长率等价于第 1、第 2 章索罗—斯旺模型和拉姆齐模型中的外生技术变革率 x。因此，该分析将参数 x 内生化了，进而填补了理论中的一个重要空白。例如，如果思想能很快地从一个经济体传播到另一经济体，那么该模型解释了为什么所有国家的技术水平长远来看都会提高。因此，该模型能解释为什么世界实际人均 GDP 的长期增长率为正。

6.5　习题

6.1　具有不同种类产品模型中的转移动态　我们在 6.1 节的模型中证明了均衡是存在的。在均衡中，N、Y 和 C 的增长率恒定且相等，而且收益率 r 是恒定的。

a. 证明：不存在其他均衡，即，该模型不存在转移动态。（提示：考虑第 4 章相关情况的分析。）

b. 假定式（6.24）所示的增长率为负。这种情况下的均衡是什么？基本参数须满足什么条件才能得到这种情况？

6.2　另一个嵌入了产品种类的生产函数　假定，与式（6.1）不同，该生产函数为：

$$Y_i = AL_i^{1-\alpha} \cdot \Big[\sum_{j=1}^{N} (X_{ij})^\sigma \Big]^{\alpha/\sigma}$$

其中，$0 < \sigma < 1$。参数 σ，而不是参数 α，将决定各种中间品的需求弹性。

a. 垄断性中间品如何定价？各种中间品的数量 X_j 等于多少？

b. 研发的自由进入条件是什么？收益率是如何确定的？

c. 在稳态中，N、X_j 和总产出 Y 的增长率是多少？

6.3　具有不同种类产品模型的政策含义　考虑第一个具有不同种类生产者中间品的模型，假定经济体的均衡增长率由式(6.24)给定。

a. 证明：如果利用定额税对中间品进行恰当的补贴，那么政府能确保得到最优均衡。所需要的补贴率为多少？在设定更详细的模型中，为什么更难实施所需要的政策？

b. 如果仅依靠对研发的补贴(仍通过定额税筹资)，政府能否确保得到最优解？对该答案进行解释。模型要做哪些修改才能使得对研发的补贴变得更重要？

6.4　作为耐用品的中间品(基于 Barro and Sala-i-Martin, 1992)　假定中间投入 X_{ij} 是具有无限寿命的耐用品。1 单位的最终产品可转变为这些耐用品 1 单位的增加量。第 j 种中间品的发明者收取租金价格 R_j，且最终产品的竞争性生产者将 R_j 看作是给定的。

a. 如何确定 R_j？

b. 在稳态中，各种中间品的数量 X_j 等于多少？

c. 经济体的稳态增长率是多少？这个答案与中间投入都为易耗品的情况下的答案有什么不同？

d. 如果中间品是耐用品，那么在向稳态转移的过程中，哪几种动态效应会出现？

6.5　垄断地位的持续　思考 6.2 节的模型，在该模型中，垄断性的中间品在单位时间内转变成竞争性中间品的概率为 p。

a. p 的变化会如何影响模型的稳态特征？

b. 在该模型中，政府实行什么样的政策干预会带来最优产出？特别地，仅对购买垄断性中间品进行补贴，是否可能实现最优？

c. 如果政府能通过各种手段(如执行反托拉斯法和专利保护)影响 p，那么政府应选择怎样的政策才可实现最优？

6.6　规模效应

a. 如果把增长率关于劳动总量 L 递增看作是规模效应的话，那么 6.1 节中技术变革的品种模型为什么具有规模效应？从经验的角度看，将 L 视为一国的人口是否合理？

b. 如果人口 L 的增长率恒定且为正，该模型将发生什么变化？

c. 对该模型做哪些修改能消除这种规模效应？

技术变革:熊彼特的质量阶梯模型

上一章的模型中技术进步表现为产品种类数量 N 的增加。在本章中,我们允许各种产品的质量和生产率都可以得到提高。这种方法后来被称为熊彼特的内生增长法。我们将 N 的增加看作是带来全新产品或全新生产方法的基础创新。相反,现有产品质量的提升只涉及产品和技术的一系列连续的提高和改进。因此,本章的分析是对第 6 章讨论的补充。

图 7.1 描绘了这种基本构架。N 种中间品沿着横轴排列。在第 6 章中,随着时间的推移 N 将增加,但是现在我们将其看作固定不变的。每种中间品的质量水准在这里用纵轴上的数量表示。(我们稍后将详细说明纵轴阶梯上数字的确切含义。)因为质量改进的进程随机地显现出不同的速率,所以该数字表明当前各部门所取得的质量水平呈不规则方式变化。

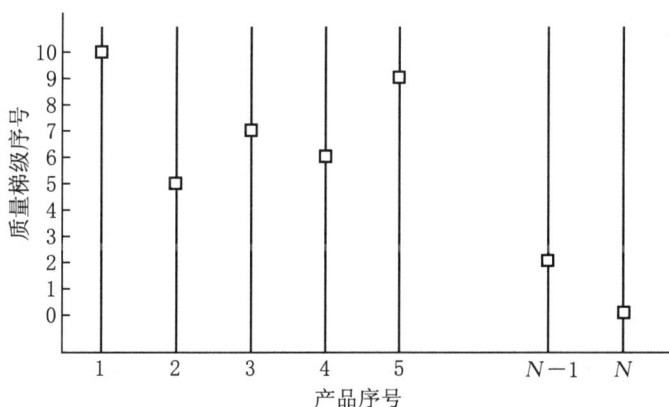

注:横轴表示产品种类数,纵轴表示在各部门中所达到的质量梯级。

图 7.1 质量阶梯和产品种类

关于第 6 章中基础创新的分析,我们曾假定新种类的中间投入与已有种类不存在直接的相互作用。[我们采用了 Spence(1976)或 Dixit-Stiglitz(1977)中的函数形式。在该函数中,中间投入以加性可分的方式进入。]因此,新产品的引入不会使得任何已有产品被淘汰。

熊彼特模型的一个重要方面是,当一个产品或技术被改善时,新产品或方法会倾向于淘汰已有的产品或技术。因此,我们可以自然地将不同质量等级的同一种产品看作近似替代品。我们作一个极端假设,不同质量的同一种中间投入是完全替代的,因此,一种高质量等级中间投入的发现会完全地挤出低质量等级的中间投入。出于这个原因,成功的发明者沿着质量维度倾向于消除或"摧毁"前人的垄断租金,该过程被 Schumpeter(1934)及 Aghion 和 Howitt(1992)称为"创造性破坏"(creative destruction)。从规范的角度来看,这种创造性破坏的过程意味着"生意窃取"(business-stealing)效应,该效应使得公司的研发投入高于社会最优量。因此,分散决策经济体中的增长率可能会过高。

7.1 模型简介

在我们进入技术细节之前,我们先对模型进行简要介绍。我们将构造该模型来分析质量改善。这个经济体中存在三个部门:最终产品的生产者、研发企业和消费者。最终产品的生产者需要从研发企业获得中间品,而且最终产品生产者仍使用 N 种中间投入,但是现在的 N 是恒定不变的。每种中间品都具有某种质量阶梯,其质量能沿着该阶梯得以改善。在各时点,现有的知识可以生产出不同质量等级的同一种中间品。然而,我们只考虑这样一种均衡,在那里,各部门实际上只生产质量最先进的中间品,且最终产品生产者只用这种最先进的中间品制造产出。

研发企业将资源用于提高现有中间品的质量。成功的研发企业对被其改进的中间品具有排他使用权。如果研发企业垄断了某项最新技术的使用,那么该企业将获得利润流。我们从这样的模型着手,在该模型中,新出现的发明者与之前的发明者不是同一个人,所以一项成功的研发能终止先前的研发者的利润流。因此,在考虑投入多少资源进行研发时,企业家会考虑这种利润流的大小及其可能持续的时间。这种持续性是随机的,因为它取决于竞争者研究工作的成败,而竞争对手的研发成功与否是不确定的。

发明者垄断地位的临时性带来了两个值得考虑的因素,正是这两个因素使得当前模型不同于第 6 章中的具有永久垄断权的模型。首先,如果垄断的预期持续性越短,那么从研发获得的预期报酬越小。这是一种扭曲,因为从社会角度来看,这种进步是永久性的。(第 6 章的模型也刻画了这种作用。在该模型中,中间品逐渐转变成竞争性的。)第二,成功研发所得的报酬部分来自创造性破坏或生意窃取效应,这种效应涉及利润从当前发明者到新出现的发明者的转移。因为这种转移没有社会价值,所以这第二种影响力构成了对研发的过度刺激。我们将证明第二个因素的作用大于第一个因素,因为这两种影响力基本上是相同的,不过第二个因素在时间上出现得更早,因而它贴现得不多。因此,净效应是研发的私人收益相对于社会收益的增加。

在后面的章节中，我们假定行业领先企业在研发上具有先发优势，其推行研发的成本也更低。在这种情况下，领先企业倾向于完成所有研究。然而，如果成本优势很小，那么研发成功的可能性取决于潜在进入者的威胁，这与前面的模型基本上类似。如果成本优势很大，那么行业领先企业就能忽略局外人而扮演垄断研发者的角色。

7.2 模型

7.2.1 最终产品的生产者：生产技术中的质量水平

我们将式(6.1)中企业 i 的生产函数修改为：

$$Y_i = AL_i^{1-\alpha} \cdot \sum_{j=1}^{N} (\widetilde{X}_{ij})^\alpha \tag{7.1}$$

其中，如前文一样，L_i 是劳动投入，且 $0 < \alpha < 1$。新元素是 $\widetilde{X}_{ij}$，它是第 j 种中间品的质量调整量。

各种中间品的潜在级别沿着质量阶梯排列，且质量阶梯的梯级之间的距离与间隔 $q > 1$ 成比例[1]。我们对其标准化，使得各种产品的质量起点(刚被发明的时候)等于 1。随后的梯级为 q，q^2，等等。因此，如果在 j 部门出现了 κ_j 次质量改进，那么该部门可获得的级别是 1，q，q^2，$\cdots$，$(q)^{\kappa_j}$。部门内产品可获得的质量的提高——即，κ_j 的增加——源自研究工作的成功，我们稍后将对此进行讨论。这些改进只能按顺序先后出现，每次一个梯级。

图 7.2 描绘了部门 j 中质量水准演化的可能路径。可能达到的最高质量在时点 t_0 等于 1，在时点 t_1 等于 q(梯级 1)，在时点 t_2 等于 q^2(梯级 2)，在时点 t_k 等于 q^k(梯级 k)，以此类推。因此，在 (t_k, t_{k+1}) 区间，最好的质量是 q^k。该图显示了每次质量改进 k 与前一次改进之间长短不一的时间间隔。这些间隔的长度是随机的，且取决于研发者能否想出新创意。

中间品不是耐用品，且需要 1 单位的边际生产成本(以产出 Y 记)。也就是说，生产成本对所有质量 q^k 而言都是相同的，其中 $k = 0$，$\cdots$，κ_j。因此，最新的创新者比本部门中之前的创新者具有效率优势，但是相对于未来的创新者而言，最终会显现出劣势。我们在这里假定每个创新者都是不同的人。

在部门 j 中，每次质量改进的研发者都获得了生产对应质量水平中间品 j 的垄断权。特别地，如果已达到了质量梯级 $k = 1$，$\cdots$，κ_j，那么质量为 q^k 的中间品的唯一来源是第 k 个创新者[2]。

---

① 该假设效法了 Aghion 和 Howitt(1992)，以及 Grossman 和 Helpman(1991，第 4 章)。

② 因为该模型没有考虑一类产品的最初发现，所以我们假设任何人都能生产质量为 1 的商品(梯级 0)。如果实质性的质量改进已经存在于各部门，那么处理这些最低质量的商品将不是问题。

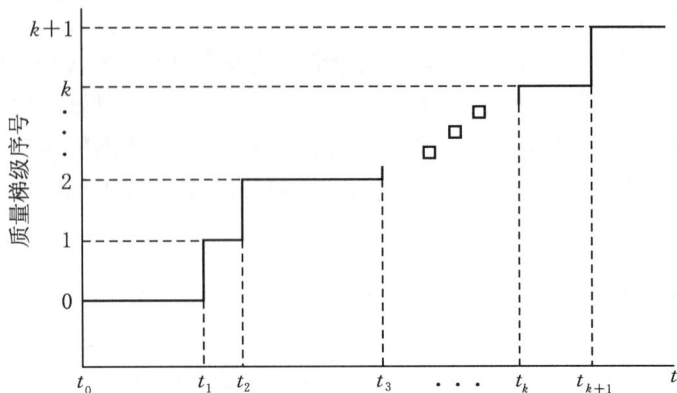

注:随着时间的推移,一个部门内的质量阶梯的位置或者保持不变,或者非连续地跳至下一梯级。这种跳跃发生的时间是随机的,完全取决于研发投入的成果。而研发成功与否是不确定的。

图 7.2 单一部门内的质量阶梯

我们在主要分析中假定:各部门只能获得当前最高质量级别的中间品,且也只生产和使用这种中间品[①]。因此,在部门 j 中,中间品的质量为 q^{κ_j}。如果企业 i 所用的中间品的物理量为 X_{ij},那么这种投入的质量调整量为:

$$\widetilde{X}_{ij} = q^{\kappa_j} X_{ij} \tag{7.2}$$

因此,根据式(7.1),生产函数变成:

$$Y_i = AL_i^{1-\alpha} \cdot \sum_{j=1}^{N} (q^{\kappa_j} X_{ij})^{\alpha} \tag{7.3}$$

在第 6 章中,质量提升未被考虑在内,且在各部门中 $\kappa_j = 0$。因此,式(7.3)中出现的技术进步只源于 N 的增加。因为现在的 N 是固定的,所以我们暗中假定现有的所有中间品都是在(遥远的)过去发现的。但是我们允许 κ_j 在各部门中随着时间推移逐渐增加,作为对应部门中致力于质量改进的研究工作的成果。

式(7.3)意味着中间品 j 的边际产品为:

$$\partial Y_i / \partial X_{ij} = A\alpha L_i^{1-\alpha} q^{\alpha \kappa_j} X_{ij}^{\alpha-1} \tag{7.4}$$

各公司寻求利润最大化,利润由下式表示:

$$Y_i - w \cdot L_i - \sum_{j=1}^{N} P_j X_{ij} \tag{7.5}$$

其中,P_j 是产品 j 的价格。其一阶条件要求边际产品等于价格,所以:

$$A\alpha L_i^{1-\alpha} q^{\alpha \kappa_j} X_{ij}^{\alpha-1} = P_j$$

[①] 该假设实际上相当于条件 $\alpha q \geqslant 1$。如果 $\alpha q < 1$,那么该结论的一般性质将是相同的,在那种情况下,我们将分析限制性定价的均衡,而非垄断定价的均衡。附录(7.6节)详细地探讨了该问题。

调整该表达式,并对所有企业 i 加总,可得产品 j 的总需求函数:

$$X_j = L \cdot [A\alpha q^{\alpha\kappa_j}/P_j]^{1/(1-\alpha)} \tag{7.6}$$

如果 $\kappa_j = 0$,那么该需求函数等价于第 6 章中得到的那些函数[如,参见式(6.4)]。特别地,需求弹性仍等于常量 $-1/(1-\alpha)$。如在第 6 章中一样,我们假定总劳动力 L 恒定不变。

7.2.2 研发部门

研发企业所面临的两阶段决策过程与在第 6 章中所讨论的研发企业所面临的一样。首先,他们必须决定是否要进行研发,而如果研发,他们必须决定对研发的投资是多少。在第二阶段,这些成功的研发者们要确定以怎样的价格向最终产品生产者出售他们之前发明的产品。我们仍然从后往前求解模型,即,我们从寻找某种已被发明的产品的最优价格开始。之后,我们再讨论第一个阶段。

第二阶段:产品被发明出来之后的定价、利润和生产 部门的创新以质量改进的形式表现出来,且这种质量改进是 q 的倍数。在部门 j 中,第 κ_j 个创新者将质量从 q^{κ_j-1} 提升到 q^{κ_j}。该创新者所获得的垄断利润流由下式决定:

$$\pi(\kappa_j) = (P_j - 1) \cdot X_j \tag{7.7}$$

其中,X_j 由式(7.6)决定,且产出的边际成本为 1。企业选择价格以最大化所有未来利润的折现价值。因为这里不存在动态约束,所以该问题等价于分别最大化各期利润。该最优价格 P_j 同式(6.7)中的表达式一样:

$$P_j = 1/\alpha \tag{7.8}$$

因此,垄断价格在各时期和各部门保持恒定[1]。

根据式(7.6)和式(7.8),我们可知中间品 j 的生产总量决定于下式:

$$X_j = L \cdot A^{1/(1-\alpha)} \alpha^{2/(1-\alpha)} q^{\kappa_j\alpha(1-\alpha)} \tag{7.9}$$

因为在第 6 章的模型中 $\kappa_j = 0$,所以各中间品部门的生产数量都保持不变[见式(6.8)]。随着时间的推移,κ_j 在各部门内会逐渐增加,在各部门之间会逐渐发散,从而导致各部门间 X_j 的变化。

因为创新者能够根据式(7.8)确定价格,且能卖出式(7.9)所示的中间品数量,将式(7.8)和式(7.9)代入式(7.7),可知利润流决定于下式:

$$\pi(\kappa_j) = \bar{\pi} \cdot q^{\kappa_j\alpha/(1-\alpha)} \tag{7.10}$$

---

[1] 因为式(7.6)中的需求函数假定质量较低的中间品 j 不会对先进的产品构成任何实质性竞争,所以该垄断价格是成立的。参见附录(7.6 节)。Aghion, Harris, Howitt 和 Vickers(2001)考虑了一个模型,在那里,不同质量水平的产品是不完全替代的,进而共存于市场。

其中，

$$\bar{\pi} = A^{1/(1-\alpha)} \cdot \left(\frac{1-\alpha}{\alpha}\right) \cdot \alpha^{2/(1-\alpha)} L \qquad (7.11)$$

只要人口 L 是恒定不变的，那么式(7.11)就保持恒定。我们将 $\bar{\pi}$ 看作基本利润流，相当于 $\kappa_j = 0$。因为质量水平在第 6 章的框架中不变化，所以利润 $\bar{\pi}$ 与第 6 章中的利润一样[式(6.13)]。如果 $\bar{\pi}$ 给定，那么式(7.10)所示的 $\pi(\kappa_j)$ 是关于 κ_j 的增函数。因此，更高质量产品的发明者所获得的利润将更大。此外，在均衡中，因为 q^{κ_j} 将持续增加，那么利润也将持续增加。

该模型与第 6 章中模型的主要区别之一是，尽管垄断权对一项发明而言是永久的，但是当竞争者带来了新的质量改进时，该垄断权的价值将降为零。（如前所述，假定创新者不是同一个人。）换言之，如果我们令 t_{κ_j} 为第 κ_j 次质量改进的时间，且 t_{κ_j+1} 为竞争者下次改进的时间，那么式(7.10)所示的利润流只适用于从 t_{κ_j} 到 t_{κ_j+1} 的时间区间。值得注意的是，t_{κ_j+1} 由竞争者所付出的研究努力所决定，进而是内生的。第 κ_j 次创新保持其质量先进性的时间区间是：

$$T(\kappa_j) = t_{\kappa_j+1} - t_{\kappa_j}$$

从时点 t_{κ_j} 来看，处于梯级 κ_j 的发明者所获得的全部利润的净现值为：

$$V(\kappa_j) = \int_{t_{\kappa_j}}^{t_{\kappa_j+1}} \pi(\kappa_j) \cdot e^{-\bar{r}(v,\, t_{\kappa_j})} \cdot (v - t_{\kappa_j}) dv \qquad (7.12)$$

其中，如往常一样，$\bar{r}(v,\, t_{\kappa_j}) \equiv [1/(v - t_{\kappa_j})] \cdot \int_{t_{\kappa_j}}^{v} r(\omega) d\omega$ 是时点 t_{κ_j} 和 v 之间的平均利率。注意，如果利率 r 如同在均衡中一样保持不变，那么该现值可简化为：

$$V(\kappa_j) = \pi(\kappa_j) \cdot [1 - e^{-r \cdot T_{\kappa_j}}]/r \qquad (7.13)$$

该现值表示对第 κ_j 个创新的奖励，它被证明取决于利润流 $\pi(\kappa_j)$ 和梯级 j 时发明者的垄断权的持续时间 $T(\kappa_j)$。因为我们已知 $\pi(\kappa_j)$，所以我们必须要确定持续时间 $T(\kappa_j)$，以确定 $V(\kappa_j)$。

如果我们将 L_j 替代成式(7.9)中的 L，那么我们可以确定企业 i 所用的中间品 j 的数量 X_{ij}。如果我们利用式(7.3)，并加总所有企业 i，我们可以得到总产出的表达式：

$$Y = A^{1/(1-\alpha)} \alpha^{2\alpha/(1-\alpha)} L \cdot \sum_{j=1}^{N} q^{\kappa_j \alpha/(1-\alpha)} \qquad (7.14)$$

因为 L 和 N 是常量，所以该模型中总产出增长的关键是各部门中质量阶梯位置 κ_j 的扩张。

我们可以将总质量指标定义为：

$$Q \equiv \sum_{j=1}^{N} q^{\kappa_j \alpha/(1-\alpha)} \qquad (7.15)$$

所以：

$$Y = A^{1/(1-\alpha)} \alpha^{2\alpha/(1-\alpha)} LQ \tag{7.16}$$

指标 Q 是各 κ_j 的组合，而且各 κ_j 的增加会提高 Q，从而影响总产出。如果根据式 (7.9) 对各部门加总，我们还可注意到，所生产的中间品总量（记为 X）与 Q 成比例：

$$X = A^{1/(1-\alpha)} \alpha^{2/(1-\alpha)} LQ \tag{7.17}$$

创新的随机性意味着，创新进程在单个部门是不规则地发生的：通常情况下，创新不会出现，中间品质量保持稳定，但是偶尔出现的创新一旦发生，生产力会出现不连续的跳跃。然而，我们假定，但各部门很小，且各部门之间研究成功的概率是不相关的。那么，大数法则表明，微观经济产出的跳跃将不会传递给宏观经济变量。各个独立部门的大数 N 的加总将使得式 (7.15) 所示的总质量指标 Q 的变化表现为平滑路径，进而带来关于总经济增长的平滑路径。因此，如同在第 6 章中一样，该分析抽象掉了真实经济周期模型所关注的总量波动。我们现在考虑导致各 κ_j 变化的因素。

第一阶段：创新

专卖权的持续时间　当最高质量为 κ_j 时，部门 j 中单位时间成功创新的概率为 $p(\kappa_j)$。换言之，$p(\kappa_j)$ 是其他研究者将部门 j 的质量水平从 κ_j 提升到 $\kappa_j + 1$ 的单位时间概率。该概率取决于研究工作，稍后将对其讨论。然而，此刻，我们将 $p(\kappa_j)$ 看作一个给定的数据，所以现在失去垄断地位的概率符合泊松过程，这类似于第 6 章中具有暂时性垄断地位的模型。

当前的利润现值是式 (7.13) 中的 $V(\kappa_j)$。因为其时间下限 t_{κ_j+1} 是按 $p(\kappa_j)$ 的单位时间概率出现的，所以 $V(\kappa_j)$ 是随机变量。$V(\kappa_j)$ 预期的表达式为：

$$E[V(\kappa_j)] = \pi(\kappa_j)/[r + p(\kappa_j)] \tag{7.18}$$

式 (7.18) 的推导可见附录 (7.6.2 节)，但是其解释是直观的[1]。如果我们将式 (7.18) 改写成：

$$r = \frac{\pi(\kappa_j) - p(\kappa_j) \cdot E[V(\kappa_j)]}{E[V(\kappa_j)]}$$

那么，该等式表明，市场收益率等于研发的收益率。关键点是，等式右边的研发收益包括当前的资本的预期损失 $p(\kappa_j) \cdot E[V(\kappa_j)]$，该损失源自部门 j 内下一次创新的概率。式 (7.18) 表明，失去垄断地位的概率 $p(\kappa_j)$ 与 r 结合可得到一个实际贴现率 $r + p(\kappa_j)$。注意，$p(\kappa_j)$ 的增加会减少 $E[V(\kappa_j)]$。根据式 (7.10) 替代式 (7.18) 中的 $\pi(\kappa_j)$，可得：

$$E[V(\kappa_j)] = \bar{\pi} \cdot q^{\kappa_j \alpha/(1-\alpha)}/[r + p(\kappa_j)] \tag{7.19}$$

---

[1]　该结论等价于第 6 章中的式 (6.18)。

其中，$\bar{\pi}$ 由式(7.11)定义。

研发技术　我们现在必须思考，部门 j 内的研发努力是如何决定概率 $p(\kappa_j)$ 的。当可达到的最高梯级为 κ_j 时，令 $Z(\kappa_j)$ 是部门 j 中潜在创新者用于研发的总支出。我们假定 $p(\kappa_j)$ 只取决于总研发支出 $Z(\kappa_j)$，而与这些支出在部门内各研发企业之间的分配无关。我们还假定，支出 $Z(\kappa_j)$ 越大，研发成功的概率 $p(\kappa_j)$ 就越大。一个合理的假定是，$Z(\kappa_j)$ 对 $p(\kappa_j)$ 的边际影响关于 $Z(\kappa_j)$ 递减。即，研发投资在某时点会遇上递减回报。然而，为了在不改变模型结论的情况下更好地简化我们的分析，我们在主要模型中假定，成功概率与研发支出 $Z(\kappa_j)$ 成比例[①]。

在 $Z(\kappa_j)$ 给定的情况下，创新概率可能还取决于 κ_j。如果创新变得越来越困难，那么成功的概率与 κ_j 负相关。相反地，如果早期的创新使得之后的发明更容易，那么成功的概率将与 κ_j 正相关。不管怎样，我们假定研究成功的概率由下式决定：

$$p(\kappa_j) = Z(\kappa_j) \cdot \phi(\kappa_j) \tag{7.20}$$

其中，函数 $\phi(\kappa_j)$ 刻画了当前技术水平 κ_j 的影响。

式(7.19)表示第 κ_j 个创新的预期回报。注意，构成 $E[V(\kappa_j)]$ 基础的不确定性涉及垄断地位的持续时间，即，涉及第 $(\kappa_j + 1)$ 个创新者取得成功的时刻的随机性。我们尚未考虑另外一种研发企业事前须面对的不确定性，这种不确定性来自他们自己研发成功的随机性。

研发努力的决定因素：自由进入条件　在部门 j 内，总研发支出 $Z(\kappa_j)$ 带来了式(7.20)所示的单位时间成功概率 $p(\kappa_j)$。如果企业研发成功，那么它将获得一份带有预期价值的专利，而该预期价值由式(7.19)确定。我们假定，潜在创新者只关心该预期价值，而不关心收益的随机性。即使个体是风险厌恶的，该假设仍然成立，因为每个研发项目都很小且都具有其特有的不确定性[②]。

只有当单位时间的预期收益 $p(\kappa_j) \cdot E[V(\kappa_j + 1)]$ 不小于其成本 $Z(\kappa_j)$，那么研发投资才具有吸引力，从而 $Z(\kappa_j) > 0$。此外，如果同我们所假设的那样，人们可自由进入研发领域，那么单位时间的净预期收益必定为零，即：

$$p(\kappa_j) \cdot E[V(\kappa_j + 1)] - Z(\kappa_j) = 0 \tag{7.21}$$

如果我们用式(7.20)替代 $p(\kappa_j)$，那么该条件变成：

$$Z(\kappa_j) \cdot \{\phi(\kappa_j) \cdot E[V(\kappa_j + 1)] - 1\} = 0 \tag{7.22}$$

---

① $Z(\kappa_j)$ 中的线性特征意味着研发投入对其成功概率的边际贡献等于平均贡献。换句话说，研发过程没有被模型刻画成鱼塘似的拥挤型资源。如果研发过程会受到拥挤的制约，那么单个研发项目成功的可能性关于总投资水平下降。因此，该模型将不具备某些专利竞赛表达式的特征，在那一类表达式中——出于拥挤原因——从社会角度来看，研发的总体水平倾向于过高。

② 我们必须假定，研发是由辛迪加组织实施的。这些辛迪加组织大到足以通过多样化来克服风险。然而，该辛迪加却无法庞大到足以将模型中出现的扭曲内化。

因为我们正在探讨研发支出为正（$Z(\kappa_j) > 0$）的部门，所以式（7.22）中大括号中的项必须等于零：

$$\phi(\kappa_j) \cdot E[V(\kappa_j + 1)] - 1 = 0 \qquad (7.23)$$

因此，在用式（7.19）替代 $E[V(\kappa_j + 1)]$ 之后，自由进入条件变成：

$$r + p(\kappa_j + 1) = \phi(\kappa_j) \cdot \bar{\pi} \cdot q^{(\kappa_j + 1) \cdot \alpha / (1 - \alpha)} \qquad (7.24)$$

剩下的分析取决于函数 $\phi(\kappa_j)$ 的形式，即式（7.20）中成功的概率如何随质量阶梯位置变化。

$\phi(\kappa_j)$ 最简单的形式是，研发成功的概率恰好与下一级阶梯位置 $\kappa_j + 1$ 上的产出负相关。也就是说：

$$\phi(\kappa_j) = (1/\zeta) \cdot q^{-(\kappa_j + 1) \cdot \alpha / (1 - \alpha)} \qquad (7.25)$$

其中，$\zeta > 0$ 是表示研发成本的参数。式（7.25）意味着，研发成本与预期产出水平按比例提升（进而成功概率按比例下降），而预期产出水平与 $q^{(\kappa_j + 1) \cdot \alpha / (1 - \alpha)}$ 项成比例。如果我们用式（7.25）替代式（7.24）中的 $\phi(\kappa_j)$，可得到：

$$r + p(\kappa_j + 1) = \frac{\bar{\pi}}{\zeta} \qquad (7.26)$$

式（7.26）意味着，对各部门而言，单位时间研发成功的概率是相同的，与质量阶梯的位置无关，且该概率由下式决定：

$$p = \frac{\bar{\pi}}{\zeta} - r \qquad (7.27)$$

如果 r 保持恒定，那么 p 也是恒定不变的。

根据式（7.20）、式（7.25）和式（7.27），投入到部门 j 的研发支出为：

$$Z(\kappa_j) = q^{(\kappa_j + 1) \cdot \alpha / (1 - \alpha)} \cdot (\bar{\pi} - r\zeta) \qquad (7.28)$$

因此，更先进的部门（具有更高的 κ_j）会投入更多的研发努力。然而，成功概率对所有部门都是相同的，因为式（7.20）和式（7.25）意味 $p(\kappa_j)$ 取决于 $Z(\kappa_j) / q^{(\kappa_j + 1) \cdot \alpha / (1 - \alpha)}$。

根据式（7.28），研发总支出（记为 Z）为：

$$Z \equiv \sum_{j=1}^{N} Z(\kappa_j) = q^{\alpha / (1 - \alpha)} Q \cdot (\bar{\pi} - r\zeta) \qquad (7.29)$$

其中，Q 是总质量指标，沿用式（7.15）中的定义。因此，在 r 给定的情况下，Z 与 Q 成比例。

如果我们对式（7.25）中 $\phi(\kappa_j)$ 与 κ_j 的关系作出不同的假设，会得到不同的结论。可能 $\phi(\kappa_j)$ 对 κ_j 不那么敏感，而不像 $q^{-(\kappa_j + 1) \cdot \alpha / (1 - \alpha)}$ 那样关于 κ_j 递减。通过假定 $\phi(\kappa_j) = 1/\zeta$ 这一常数，我们可以很好地刻画这种情况。那么，式（7.24）所示的

自由进入条件意味着[对任何 $Z(\kappa_j) > 0$ 的部门而言]，$p(\kappa_j + 1)$ 是关于 κ_j 的增函数。在这种情况下，更先进的部门比相对不先进的部门具有更高的预期增长率。根据这个结果整个经济体最终会具有上升的增长率。

或者，我们可以假定 $\phi(\kappa_j)$ 与 κ_j 负相关的程度更甚于 $q^{-(\kappa_j+1)\cdot\alpha/(1-\alpha)}$ 与 κ_j 负相关的程度。在这种情况下，式(7.24)中的自由进入条件意味着[对所有 $Z(\kappa_j) > 0$ 的部门]，$p(\kappa_j + 1)$ 是关于 κ_j 的减函数。对整个经济体而言，该结果会带来下降的增长率。

我们主要关注 $\phi(\kappa_j)$ 由式(7.25)确定的情况，所以该设定对应于我们在第 6 章及文中其他地方所采用的 AK 模型。采用该规定，各部门的预期增长率将相等，且整个经济体的增长率最终将恒定不变。下文的分析主要讨论这种情况。

7.2.3 消费者

为完成该模型，我们引入了全书一直所采用的试图平滑消费的居户(如第 2 章所描述)。这里的关键方程式是消费增长：

$$\dot{C}/C = (1/\theta)\cdot(r-\rho) \tag{7.30}$$

其中，C 是总消费。(因为 L 是恒定的，所以该方程式成立。)

经济体的资源约束表明，总产出等于总消费 C 加上中间品所需的总资源 X，加上研发总支出 Z，即：

$$Y = C + X + Z \tag{7.31}$$

式(7.16)、式(7.17)和式(7.29)表明 Y、X 和 Z 是关于 Q 的线性函数。进而，C 也是关于 Q 的线性函数。因此，所有这些数量的增长率等于 Q 的增长率：

$$\dot{C}/C = \dot{X}/X = \dot{Z}/Z = \dot{Y}/Y = \dot{Q}/Q = \gamma$$

根据式(7.27)，我们能将利息率代入式(7.30)中关于消费增长率的表达式，进而求得增长率：

$$\gamma = \dot{C}/C = (1/\theta)\cdot\left(\frac{\bar{\pi}}{\zeta} - p - \rho\right)$$

然而，因为研发成功的概率 p 是内生的，所以该表达式并没有给出模型的最终解。为得到关于增长的最终解，我们必须解释质量指标 Q 的行为。

7.2.4 总质量指标的行为和内生增长

根据式(7.15)，可知 Q 的定义为

$$Q \equiv \sum_{j=1}^{N} q^{\kappa_j\alpha/(1-\alpha)}$$

在部门 j 中，$q^{\kappa_j a/(1-\alpha)}$ 项在没有创新出现时不会变化，但是在研发成功时则会提高至 $q^{(\kappa_j+1)\cdot a/(1-\alpha)}$。成功的单位时间概率是式(7.27)所示的 p。因为 p 对所有部门都一样，所以单位时间内 Q 的预期变化为：

$$E(\Delta Q) = \sum_{j=1}^{N} p \cdot \left[q^{(\kappa_j+1)\cdot a/(1-\alpha)} - q^{\kappa_j \cdot a/(1-\alpha)} \right]$$

$$= p \cdot \left[q^{a/(1-\alpha)} - 1 \right] \cdot \sum_{j=1}^{N} q^{\kappa_j a/(1-\alpha)} = p \cdot \left[q^{a/(1-\alpha)} - 1 \right] \cdot Q \qquad (7.32)$$

因此，Q 在单位时间内的预期变化比例为：

$$E\left(\frac{\Delta Q}{Q}\right) = p \cdot \left[q^{a/(1-\alpha)} - 1 \right] \qquad (7.33)$$

如果部门总数 N 很大，那么大数法则表明，在任何有限的时间段内，Q 的平均增长率将趋近于式(7.33)右边的表达式。特别地，我们假定 N 足够大，以确保我们可将 Q 视作是可微的，且假定 Q 的变化并非随机，而 $\dot{Q}/Q$ 等于式(7.33)的右边。如果我们用式(7.27)替代 p，可以得到 Q 的增长率：

$$\dot{Q}/Q = \left(\frac{\bar{\pi}}{\zeta} - r \right) \cdot \left[q^{a/(1-\alpha)} - 1 \right] \qquad (7.34)$$

式(7.34)表明 Q 的增长率是关于利率 r 的负函数。截距为 $(\bar{\pi}/\zeta)[q^{a/(1-\alpha)} - 1]$，且斜率为 $-[q^{a/(1-\alpha)} - 1]$。图 7.3 描绘了该函数。如前所述，C 和 Q 的增长率同为常量 γ。因此，式(7.30)中的消费增长表达式就增长率和 r 给出了另一种关系。这两条直线的交点确定了均衡，其中 $\dot{Q}/Q = \dot{C}/C$。

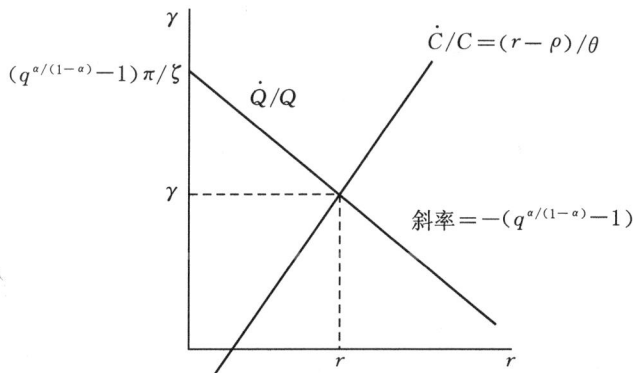

注：模型的利率和增长率由 $\dot{Q}/Q$ 和 $\dot{C}/C$ 图形的交点确定。式(7.34)表明，Q 的增长率是利率 r 的负函数。截距为 $(\bar{\pi}/\zeta) \cdot [q^{a/(1-\alpha)} - 1]$，而斜率为 $-[q^{a/(1-\alpha)} - 1]$。消费增长的表达式式(7.30)表明增长率和 r 正相关。

图 7.3 利率和增长率的确定

式(7.11)表明，如果生产函数参数 A 上升或人口规模 L 扩大，那么基本利润

流 $\bar{\pi}$ 上升。这些变化使得直线 $\dot{Q}/Q$ 平行上移。因此,经济体的增长率上升。ζ 是支配研发成本的参数,它的减少具有相同的影响。q(每两次创新之间的质量梯级的高度)的增加具有两方面的影响:$\dot{Q}/Q$ 图形的截距增加,但是负斜率的绝对值变大。然而,根据式(7.34)可知,在 r 值给定的情况下,只要 $(\bar{\pi}/\zeta - r) > 0$(在增长率为正的均衡中必然成立),那么 q 的增加会提升增长率。因此,q 增加的净影响是提升增长率。

用代数方法,我们将式(7.30)代入式(7.34)可得:

$$r = \frac{\rho + \theta \cdot [q^{\alpha/(1-\alpha)} - 1] \cdot (\bar{\pi}/\zeta)}{1 + \theta \cdot [q^{\alpha/(1-\alpha)} - 1]} \tag{7.35}$$

$$\gamma = \frac{[q^{\alpha/(1-\alpha)} - 1] \cdot [(\bar{\pi}/\zeta) - \rho]}{1 + \theta \cdot [q^{\alpha/(1-\alpha)} - 1]} \tag{7.36}$$

其中,$\bar{\pi} = A^{1/(1-\alpha)} \cdot \left(\frac{1-\alpha}{\alpha}\right) \cdot \alpha^{2/(1-\alpha)} L$。我们假定参数满足如下条件:$\gamma$ 为正数[所以式(7.26)中的自由进入条件取等号],且 $r > \gamma$ 成立(以满足横截条件)[1]。式(7.33)表明,p 的均衡值是式(7.36)中关于 γ 的表达式除以 $[q^{\alpha/(1-\alpha)} - 1]$:

$$p = \frac{(\bar{\pi}/\zeta) - \rho}{1 + \theta \cdot [q^{\alpha/(1-\alpha)} - 1]} \tag{7.37}$$

这些结论类似于从第 6 章具有不同种类产品模型中得到的结论,因为同样不存在转移动态。[2] 唯一的状态变量现在是总质量指标 Q。给定初始值 $Q(0)$,变量 Q、Y、X、Z 和 C 都以式(7.36)所示的常数比率 γ 增长。利率 r 是式(7.35)所示的常数值。

各部门实现的增长取决于研发工作的随机性成果。特别地,各部门的相对质量位置,各部门中间品和研发的相对支出都以随机的方式演变。在某一时点,各部门已达到的质量位置显现出不规则特征,如图 7.2 所示的那样。

注意,如同我们图示的那样,通过代数关系可以看出,增长率是效用函数参数(ρ 和 θ)及研究成本(以参数 ζ 表示)的减函数,是关于 $\bar{\pi}$ 和 q 的增函数[3]。

7.2.5 规模效应

增长率是人口规模 L 的增函数,这是因为基本利润流 π 是式(7.11)中 L 的增函数。第 6 章出现过类似的规模效应。我们在那里曾讨论,如果经济规模以特定

---

[1] 式(7.35)和式(7.36)表明 $r > \gamma$ 的条件是 $\rho > (1-\theta) \cdot [1 - q^{-\alpha/(1-\alpha)}] \cdot (\bar{\pi}/\zeta)$。式(7.36)所示的 $\gamma > 0$ 的条件是 $\rho < \bar{\pi}/\zeta$。

[2] 我们曾在这里和附录中证明了,只存在一个没有转移动态的均衡。采用第 4 章的方法,我们可以利用横截条件证明没有其他均衡存在的可能性。

[3] 如果研究成本被定义为 q 的增函数,那么我们可以用该模型确定 q。

的方式影响研发成本,可能会消除人口规模对增长率的影响。

在现在的模型中,式(7.20)所示的研发成功概率是一个重要的关系:

$$p(\kappa_j) = Z(\kappa_j) \cdot \phi(\kappa_j)$$

我们关注式(7.25)中关于 $\phi(\kappa_j)$ 的描述,在那里,成功概率与下一质量梯级所对应的产出负相关,即:

$$\phi(\kappa_j) = (1/\zeta) \cdot q^{-(\kappa_j+1) \cdot \alpha/(1-\alpha)}$$

这种规定意味着,在更先进的部门中,创新对产出的贡献更大,而研发将更难取得成功。然而,我们假定整个经济体层面的产出变化不会影响 $\phi(\kappa_j)$,进而不会影响 $p(\kappa_j)$。

另一种假设是,当达到下一个质量水平 $\kappa_j + 1$ 时,$\phi(\kappa_j)$ 与产出的绝对水平中可归功于中间投入品 j 的部分反向相关。根据式(7.14),该产出水平为:

$$Y(\kappa_j + 1) = A^{1/(1-\alpha)} \alpha^{2\alpha(1-\alpha)} L \cdot q^{(\kappa_j+1) \cdot \alpha/(1-\alpha)}$$

因此,与式(7.25)不同,我们可以假定:

$$\phi(\kappa_j) = \frac{1}{\zeta \cdot Y(\kappa_j + 1)} = \frac{1}{\zeta \cdot A^{1/(1-\alpha)} \alpha^{2\alpha/(1-\alpha)} L \cdot q^{(\kappa_j+1) \cdot \alpha/(1-\alpha)}} \tag{7.38}$$

其中,$\zeta > 0$ 仍为衡量研发成本的参数。相对于式(7.25)而言,这里的新要素是 $\phi(\kappa_j)$ 与 $A^{1/(1-\alpha)} \alpha^{2\alpha/(1-\alpha)} L$ 之间的逆向关系。

如果我们沿用之前求解该模型的方法,我们将得到一个关于增长率的新表达式:

$$\gamma = \frac{\left[q^{\alpha/(1-\alpha)} - 1\right] \cdot \left\{[\alpha \cdot (1-\alpha)/\zeta] - \rho\right\}}{1 + \theta \cdot \left[q^{\alpha/(1-\alpha)} - 1\right]} \tag{7.39}$$

该表达式与规模(以 L 表示)不相关。因为 $p(\kappa_j)$ 通过式(7.20)和式(7.38)取决于部门 j 中的研发支出 $Z(\kappa_j)$,而研发支出 $Z(\kappa_j)$ 与部门规模相关,而部门规模由该部门对产出的预期贡献 $Y(\kappa_j + 1)$ 来衡量,所以数量 L 不影响增长。因为 L 对 $Z(\kappa_j)$ 和 $Y(\kappa_j + 1)$ 的影响力的大小相同,所以概率 p 与 L 不相关。因为增长取决于式(7.33)中的 p,所以式(7.39)中关于 γ 的解不涉及 L。出于类似的原因,如果生产技术水平由式(7.1)中的参数 A 表示,那么 γ 与生产技术水平不相关。

在6.1.7节中,我们讨论了一种新产品的发明成本随着产出与中间品数量之比 Y/N 递增的情况,其结论类似于本节的这些结论。文献中的一些模型,包括 Young(1998)、Aghion 和 Howitt(1998,第 12 章)、Dinopoulos 和 Thompson(1998),都以类似的方法消除规模效应。这些模型以这样那样的方法假定,规模的增长实际上减弱了研究支出 $Z(\kappa_j)$ 对成功概率 $p(\kappa_j)$ 的影响。

7.3 领先企业的创新

7.3.1 领先企业与局外人的相互关系

迄今为止,我们一直假定所有的研发工作都由局外人来做。现在假定,我们也允许部门领先企业进行研发。令 $Z^o(\kappa_j)$ 为局外人的研发总支出,且 $Z^\ell(\kappa_j)$ 为领先企业的研发总支出,所以 $Z(\kappa_j) = Z^o(\kappa_j) + Z^\ell(\kappa_j)$。如果局外人和领先企业在研发方面都一样出色(目前我们这样假设),那么局外人和领先企业单位时间的研发成功概率分别为:

$$p^o(\kappa_j) = Z^o(\kappa_j) \cdot \phi(\kappa_j)$$
$$p^\ell(\kappa_j) = Z^\ell(\kappa_j) \cdot \phi(\kappa_j) \tag{7.40}$$

单位时间研发成功的总概率为 $p(\kappa_j) = p^o(\kappa_j) + p^\ell(\kappa_j)$。局外人的研发净收益为:

$$p^o(\kappa_j) \cdot E[V(\kappa_j+1)] - Z^o(\kappa_j) = Z^o(\kappa_j) \cdot \{\phi(\kappa_j) \cdot E[V(\kappa_j+1)] - 1\} \tag{7.41}$$

领先企业的研发净收益为:

$$p^\ell(\kappa_j) \cdot E[V(\kappa_j+1)] - Z^\ell(\kappa_j) - p(\kappa_j) \cdot E[V(\kappa_j)]$$
$$= Z^\ell(\kappa_j) \cdot \{\phi(\kappa_j) \cdot E[V(\kappa_j+1)] - 1\} - Z(\kappa_j) \cdot \phi(\kappa_j) \cdot E[V(\kappa_j)] \tag{7.42}$$

注意,局外人和领先企业的研发成功导致了领先企业已有现值 $E[V(\kappa_j)]$ 的下降。

如果局外人正在进行哪怕一项研究,即 $Z^o(\kappa_j) > 0$,那么根据式(7.23),自由进入条件必然成立。该条件意味着式(7.41)所示的研发净收益必须等于零。但是该条件也意味着,关于领先企业净收益的表达式式(7.42)的第一项也为零。因此,如果 $Z(\kappa_j) > 0$,那么领先企业的研发净收益为负。更重要的是,如果领先企业将局外人的研发支出 $Z^o(\kappa_j)$ 看作固定不变,那么研发投入 $Z^\ell(\kappa_j)$ 的增加会提高总研发投入 $Z(\kappa_j)$,并进而降低领先企业的研发净收益。因此,如果局外人的研发投入量是一个给定的正数,那么领先企业的最优选择是令 $Z^\ell(\kappa_j) = 0$。该结果表明,此前得到的均衡(其中,假定领先企业不进行研发)是一个古诺纳什均衡(Cournot-Nash equilibrium)[①]。

该结论表明,行业内部的领导地位会不断易主:当前的领先企业在下一次的质量改进中会被外部竞争者所取代,而新的领先企业又将被另一个外部竞争者所取代,如此循环。这与现实中的情形相矛盾。在现实世界中,现有产品的升级换代大多是由行业领先企业完成的。因此,在这方面模型尚需进一步改进。

在古诺纳什均衡中,领先企业将局外人的研发工作 $Z^o(\kappa_j)$ 看作是给定的,而每

---

① 关于其证明,请参见 Aghion 和 Howitt(1992)。

一个局外人将其他局外人的研究工作和领先企业的研究工作 $Z^\ell(\kappa_j)$（均衡时为零）看作是给定的。因为领先企业要巩固其在生产中的地位，且可以进行各种可见的投资，所以它不可能接受古诺纳什均衡（在该均衡中，领先企业将局外人的行为看作是既定的）。比较而言，斯塔克伯格假定（Stackelberg assumption）可能更合理，在该假定下，领先企业可以先行动，并有效地投入特定的研发支出水平 $Z^\ell(\kappa_j)$。在这种情况下，局外人在 $Z^\ell(\kappa_j)$ 给定时选择 $Z^o(\kappa_j)$，但是领先企业将通过推断对方的反应函数 $Z^o(\kappa_j)$ 来选择 $Z^\ell(\kappa_j)$。

根据既定的 $Z^\ell(\kappa_j)$ 来确定 $Z^o(\kappa_j)$ 等价于我们前面的分析。自由进入条件必成立（如果 $Z^o(\kappa_j) > 0$），于是式（7.41）所示的局外人研发净收益为零。此外，研发成功的总概率 $p(\kappa_j)$ 和对应的研发总支出 $Z(\kappa_j)$ 的决定过程都如前文一样[1]。因此，在选择 $Z^\ell(\kappa_j)$ 以最大化式（7.42）中的净收益时，领先企业将最右边的项看作是既定的（因为 $Z(\kappa_j)$ 是既定的）。局外人的自由进入条件还表明，式（7.42）右边的第一项也为零。因此，只要 $Z^o(\kappa_j) > 0$，领先企业就不会关注 $Z^\ell(\kappa_j)$ 的选择。因此，这里总研发支出如何在领先企业和局外人之间分配仍不清楚。然而，足够高的 $Z^\ell(\kappa_j)$ 将导致 $Z^o(\kappa_j)$ 为零。超出那个临界点，领先企业的净收益将会随着 $Z^\ell(\kappa_j)$ 的进一步增加而下降。因此，领先企业将不会超出 $Z^\ell(\kappa_j)$ 的该临界值。注意，在这种情况下，领先企业将承担所有的研究工作，但是 $Z(\kappa_j)$ 和 $p(\kappa_j)$ 均衡值的决定过程就像之前的模型中一样，即，潜在的局外人研发决定着该均衡。

如果我们修改模型使其允许行业领先企业在研发上具有成本优势，那么研究支出配置的不明确性将消失。这种修改看起来是合理的，因为领先企业一般掌握着最先进的技术，且也可能掌握着降低研发成本的其他优势[2]。此外，如果行为人的研发成本不同，那么成本最低的行为人很可能会成为行业领先企业。

为分析这种情况，将式（7.40）所示的两个概率函数中的 $\phi(\kappa_j)$ 分别替换成 $\phi^o(\kappa_j)$ 和 $\phi^\ell(\kappa_j)$，其中 $\phi^o(\kappa_j) < \phi^\ell(\kappa_j)$。如果局外人仍进行研究，则 $Z^o(\kappa_j) > 0$，那么对式（7.41）略作修改，可得自由进入条件为[3]：

$$Z^o(\kappa_j) \cdot \{\phi^o(\kappa_j) \cdot E[V(\kappa_j+1)] - 1\} = 0 \tag{7.43}$$

根据对式（7.42）所做的修改，领先企业的净收益现在为：

$$Z^\ell(\kappa_j) \cdot \{\phi^\ell(\kappa_j) \cdot E[V(\kappa_j+1)] - 1\} - p(\kappa_j) \cdot E[V(\kappa_j)] \tag{7.44}$$

局外人的行为仍然决定着右边 $p(\kappa_j)$ 的值。然而，式（7.43）中的自由进入条件，结合条件 $\phi^o(\kappa_j) < \phi^\ell(\kappa_j)$，表明与 $Z^\ell(\kappa_j)$ 相乘的项为正，而非为零。因此，只要局外

---

① 如果 $p(\kappa_j)$ 是关于 $Z(\kappa_j)$ 的凹函数，而非线性函数，那么根据局外人选择 $Z^o(\kappa_j)$ 的一阶条件，可轻松推出结论。

② 如第 6 章中所考虑的那样，当前的技术领先企业（公司或国家）在发明一种全新产品时具有成本优势的可能性最小。关于其论证，请参阅 Brezis，Krugman 和 Tsiddon（1993）。

③ 这里的假定是，一旦某局外人取得研发成功，那么就从事研究的成本而言，他就好像之前的业内者。因此，$E[V(\kappa_j+1)]$ 对所有人都是相同的。

人未被驱逐出研究领域,领先企业都有动力提高 $Z^\ell(\kappa_j)$。换句话说,唯一的可能是领先企业将执行所有的研发①。

现在我们假定,领先企业选择的 $Z^\ell(\kappa_j)$ 值正好能阻止局外人的研究。在该点上,$Z^\ell(\kappa_j)$ 的增加会一比一地提高 $Z(\kappa_j)$,进而提高式(7.44)右边的 $p(\kappa_j)$。如果领先企业的成本优势较小,那么对其收益的净效应仍将为负。因此,领先企业将没有动力选择更高的 $Z^\ell(\kappa_j)$ 值。这样,尽管领先企业肯定会执行所有的研发,但是研究成功的概率 $p(\kappa_j)$ 仍由潜在的外部竞争所决定。

如果领先企业在研发上的成本优势足够大,那么他将增加 $Z^\ell(\kappa_j)$,使其大于恰好使局外人被驱逐出研发领域的临界点。在这种情况下,领先企业实际上是一个研发垄断者,并独自决定着研发成功的概率,与潜在的外部竞争无关②。下一节将讨论这种情况。

7.3.2 作为垄断研发者的领先企业

我们现在假定,领先企业的研发成本优势大到足以使其忽略局外人的潜在竞争。假定研发成功的概率仍由式(7.20)和式(7.25)决定:

$$p(\kappa_j) = \frac{Z(\kappa_j)}{\zeta_\ell \cdot q^{(\kappa_j+1)\cdot a/(1-a)}} \tag{7.45}$$

其中,ζ_ℓ 是领先企业的研发成本参数。为方便起见,我们忽略了 p 和 Z 的上标。我们现在必须计算领先企业净收益的预期现值 $E[V(\kappa_j)]$。

当优势地位为 κ_j 时,垄断利润流仍由式(7.10)决定:

$$\pi(\kappa_j) = \bar{\pi} \cdot q^{\kappa_j a/(1-a)} \tag{7.46}$$

其中,$\bar{\pi} = A^{1/(1-\alpha)} \cdot \left(\dfrac{1-\alpha}{\alpha}\right) \cdot \alpha^{2/(1-\alpha)} L$。$E[V(\kappa_j)]$ 的计算可被分为两部分。第一部分是直到下次质量改进之前的净收益现值 $\pi(\kappa_j) - Z(\kappa_j)$。同前文一样,净收益经过一段随机的间隔长度 $T(\kappa_j)$ 之后,会增加。这一预期现值流的表达式与式(7.18)相同:

$$E[V(\kappa_j)](\text{第一部分}) = [\pi(\kappa_j) - Z(\kappa_j)]/[r + p(\kappa_j)]$$

---

① 我们假定研发成功的概率只取决于总研发支出 $Z(\kappa_j)$。如果我们放弃该假设,我们能得到一种研发支出由多个行为人共同承担的均衡。如果单个企业的成功概率 $p_i(\kappa_j)$ 通过某凹函数取决于其研发支出 $Z_i(\kappa_j)$,那么局外人和领先企业在研发领域的行为趋于相似。

② 通过对式(7.44)求关于 $Z^\ell(\kappa_j)$ 的导数,并令其为零,我们可以得到研发参数的微分临界值。计算中,$Z^0(\kappa_j) = 0$ 和 $\mathrm{d}p(\kappa_j)/\mathrm{d}Z^\ell(\kappa_j) = \phi^\ell(\kappa_j)$ 成立。$E[V(\kappa_j + 1)] = 1/\phi^0(\kappa_j)$ 和 $E[V(\kappa_j)] = q^{-a/(1-a)}\phi^0(\kappa_j)$ 都由局外人的自由进入条件决定。由以上各式,我们可以得到 $\phi^\ell(\kappa_j)$ 的临界值:

$$\phi^\ell(\kappa_j) = \frac{\phi^0(\kappa_j)}{1 - q^{-a/(1-a)}}$$

如果 $\phi^\ell(\kappa_j)$ 不小于该值,那么领先企业将忽略竞争,并在研发投入的决策过程中像一个垄断者那样行动。

预期的第二部分涉及下次质量改善的时间之后的时期 $T(\kappa_j)$。该时点上的预期现值为 $E[V(\kappa_j+1)]$，贴现因子为 $\exp[-r \cdot T(\kappa_j)]$。附录（7.6.4 节）证明，第二部分的预期为：

$$E[V(\kappa_j)](\text{第二部分}) = p(\kappa_j) \cdot E[V(\kappa_j+1)]/[r+p(\kappa_j)]$$

如果我们将两部门结合起来，可得：

$$E[V(\kappa_j)] = \frac{[\pi(\kappa_j)-Z(\kappa_j)]+p(\kappa_j) \cdot E[V(\kappa_j+1)]}{[r+p(\kappa_j)]} \tag{7.47}$$

$E[V(\kappa_j)]$ 的表达式为企业的市场价值，该企业当前处于质量水平 κ_j，且对部门 j 中未来的创新活动具有垄断权。

通过改写上一表达式，我们可以了解其经济意义：

$$r = \frac{\pi(\kappa_j)-Z(\kappa_j)+p(\kappa_j) \cdot \{E[V(\kappa_j+1)]-E[V(\kappa_j)]\}}{E[V(\kappa_j)]} \tag{7.48}$$

式（7.48）是一个习见的套利条件。它表明，债券的收益率 r 等于部门领导企业所有权的收益率。企业所有权收益中的第一部分是利润减去研发支出，$\pi(\kappa_j)-Z(\kappa_j)$。第二部分是成功概率 $p(\kappa_j)$ 与来自研发成功的资本利得 $E[V(\kappa_j+1)]-E[V(\kappa_j)]$ 的乘积。企业所有权的收益率是二者之和除以企业的现值 $E[V(\kappa_j)]$。

将式（7.45）代入式（7.47）中的 $Z(\kappa_j)$，可得：

$$E[V(\kappa_j)] = \frac{\pi(\kappa_j)-p(\kappa_j) \cdot \zeta_\ell \cdot q^{(\kappa_j+1) \cdot \alpha/(1-\alpha)}+p(\kappa_j) \cdot E[V(\kappa_j+1)]}{r+p(\kappa_j)}$$

因此，$E[V(\kappa_j)]$ 取决于 $p(\kappa_j)$，以及包括 $E[V(\kappa_j+1)]$ 在内的与 $p(\kappa_j)$ 不相关的其他项。因为模型中不存在"进入"，我们无法像之前那样利用自由进入条件。然而，通过选择 $p(\kappa_j)$［通过选择研发投入 $Z(\kappa_j)$］来最大化 $E[V(\kappa_j)]$，垄断者得以确定自己最优的"进入"。如果我们令 $E[V(\kappa_j)]$ 关于 $p(\kappa_j)$ 的导数为零，以得到一阶条件，那么结果可以写成：

$$E[V(\kappa_j+1)]-E[V(\kappa_j)] = \zeta_\ell \cdot q^{(\kappa_j+1) \cdot \alpha/(1-\alpha)} = Z(\kappa_j)/p(\kappa_j) \tag{7.49}$$

其中，最后一个等式用到了式（7.45）。

式（7.49）中的结果与式（7.21）中的结果在两方面存在不同。首先，$Z(\kappa_j)/p(\kappa_j)$ 现在等于现值的增加 $E[V(\kappa_j+1)]-E[V(\kappa_j)]$，而不等于总现值 $E[V(\kappa_j+1)]$，因为领先企业不在乎自己垄断利润的流失。第二，$E[V(\kappa_j)]$ 的计算与之前不同，因为领导地位被看成是永久的，而非暂时的。

为了弄懂最后一个特征，将式（7.49）中的 $E[V(\kappa_j+1)] = E[V(\kappa_j)]+Z(\kappa_j)/p(\kappa_j)$ 代入式（7.47），可得：

$$E[V(\kappa_j)] = \pi(\kappa_j)/r \tag{7.50}$$

等式右边的项是（假定的）永久利润流 $\pi(\kappa_j)$ 的现值。因为利润流是永久的，所以贴

现率为 r，而非 $r + p(\kappa_j)$。

如果我们将式(7.50)代入式(7.49)，并利用式(7.46)替代 $\pi(\kappa_j)$，我们得到关于 r 的条件。所得到的值 r_ℓ 等于各行业的研发都由行业领先企业实施的环境中的均衡收益率[1]：

$$r_\ell = \frac{\bar{\pi}}{\zeta_\ell} \cdot \left[1 - q^{-\alpha/(1-\alpha)} \right] \tag{7.51}$$

如往常一样，Q 对应的增长率和其他数量由下式决定：

$$\gamma_\ell = \frac{1}{\theta} \cdot (r_\ell - \rho) \tag{7.52}$$

回顾前文可知，之前模型中的收益率满足下列条件[根据式(7.27)]：

$$r_\ell = \frac{\bar{\pi}}{\zeta_\ell} - p \tag{7.53}$$

其中，ζ 是局外人的研发成本参数。该表达式将 p 纳入到了表达式右边[尽管我们可以根据式(7.37)替代均衡时的 p 值]。式(7.51)所示的 r_ℓ 的解在三方面与式(7.53)所示 r 的解不同。首先，$\zeta_\ell < \zeta$ 趋于使 $r_\ell > r$。第二，在式(7.53)中，r 关于 p 递减，因为创新的私人回报是暂时的。这趋向于使得 $r_\ell > r$。最后，式(7.51)包含了 $[1 - q^{-\alpha/(1-\alpha)}] < 1$，因为领先企业只重视从成功研发中获得的现值增加。该项趋向于使得 $r_\ell < r$。

7.4 帕累托最优

通过将分散决策经济体的均衡的帕累托最优解与中央计划者问题的解相比较，我们能够对前者进行评价。中央计划者在经济资源约束下试图最大化代表性居户效用的常见表达式：

$$U = \int_0^\infty \left(\frac{c^{1-\theta} - 1}{1 - \theta} \right) \cdot e^{-\rho t}\, \mathrm{d}t$$

其经济资源约束的表达式为：

$$Y = AL^{1-\alpha} \cdot \sum_{j=1}^{N} (q^{\kappa_j} X_j)^\alpha = C + \sum_{j=1}^{N} \left[X_j + Z(\kappa_j) \right] = C + X + Z \tag{7.54}$$

等式的第一部分表明，总产出取决于质量水平 κ_j 和各部门所使用的最优质的中间品数量 X_j。等式的第二部分表明，产出可以被用于消费 C、中间品 X 和研发工作 Z。

中央计划者的问题也受制于研发技术。这里再次假定概率 $p(\kappa_j)$ 由式(7.45)给出：

---

[1] 如果 $r < r_\ell$，其中 r_ℓ 由(7.51)给定，那么 $E[V(\kappa_j)]$ 关于 $p(\kappa_j)$ 的导数为正，进而领先企业愿意进行无穷大的研发。如果 $r > r_\ell$，那么该导数为负，进而不存在研发，且经济体不增长。因此，增长率为正的均衡要求 $r = r_\ell$。

$$p(\kappa_j) = \frac{Z(\kappa_j)}{\zeta_\ell \cdot q^{(\kappa_j+1)\cdot\alpha/(1-\alpha)}}$$

关于领先企业的研发成本 ζ_ℓ，我们假定其不大于局外人的成本，因为中央计划者可以将研发活动安排给成本最低的研发者。

首先，我们能很方便地找到计划者关于中间品数量的选择，接着可用该解来得到简化的汉密尔顿方程。很容易证明通过选择 X_j 最大化 U 的一阶条件为：

$$X_j(\text{中央计划者}) = LA^{1/(1-\alpha)}\alpha^{1/(1-\alpha)}q^{\kappa_j\alpha/(1-\alpha)} \tag{7.55}$$

回顾式(7.9)可知，分散决策经济体的选择是：

$$X_j = LA^{1/(1-\alpha)}\alpha^{2/(1-\alpha)}q^{\kappa_j\alpha/(1-\alpha)}$$

中央计划者关于 X_j 的选择以常见的方式与分散决策经济体的选择相关联：垄断定价意味着，私人选择的数量小于社会选择的数量（乘上了 $\alpha^{1/(1-\alpha)}$ ）。

将式(7.55)代入式(7.54)消除 X_j，可得到总产出的表达式：

$$Y(\text{中央计划者}) = A^{1/(1-\alpha)}\alpha^{\alpha/(1-\alpha)}LQ \tag{7.56}$$

其中，$Q = \sum_{j=1}^{N} q^{\kappa_j\alpha/(1-\alpha)}$，与我们在式(7.15)中界定的分散决策经济体中的总质量指标相同。相比之下，根据式(7.16)，分散决策经济体的产出水平为：

$$Y = A^{1/(1-\alpha)}\alpha^{2\alpha/(1-\alpha)}LQ$$

因此，如果 Q 给定，那么中央计划者的产出水平超过了分散决策经济体的取值。该结果表明，分散决策经济体未在各部门选择足够多的中间品 X_j，因而无法取得静态效率。

式(7.56)表明，中央计划者的 Y 的增长率等于 Q 的增长率。单位时间内 Q 的预期变化量为：

$$E(\Delta Q) = \sum_{j=1}^{N} p(\kappa_j) \cdot \left[q^{(\kappa_j+1)\cdot\alpha/(1-\alpha)} - q^{\kappa_j\cdot\alpha/(1-\alpha)} \right]$$

根据式(7.45)，替换 $p(\kappa_j)$ 可得：

$$E(\Delta Q) = \frac{Z \cdot \left[1 - q^{-\alpha/(1-\alpha)} \right]}{\zeta_\ell} \tag{7.57}$$

因此，Q（进而 Y）的预期变化只取决于研发总支出 Z，且不取决于它在各部门之间的分布。（该结论反映了这样的假设：即研发的部门收益不会关于当前的研发投资流递减。）我们再次假定，部门数量足够多，以至于我们可以将 Q 看作可微的。因此，我们用式(7.57)来表示质量指标的实际变化 $\dot{Q}$。

利用该结论，我们可以将中央计划者的汉密尔顿方程写成：

$$J = \left(\frac{c^{1-\theta}-1}{1-\theta} \right) \cdot e^{-\rho t} + v \cdot \left[LA^{1/(1-\alpha)} \cdot \left(\frac{1-\alpha}{\alpha} \right) \cdot \alpha^{1/(1-\alpha)}Q - Z - cL \right]$$
$$+ \mu \cdot \frac{Z \cdot \left[1 - q^{-\alpha/(1-\alpha)} \right]}{\zeta_\ell} \tag{7.58}$$

拉格朗日乘数 v 适用于资源限制 $Y = C + X + Z$。用式(7.56)替代式(7.54)中的 Y,用式(7.55)替代式(7.54)中的 X,我们可得到该约束。影子价格 μ 附属于式(7.57)关于 $\dot{Q}$ 的表达式。

现在用我们熟悉的方式来推导式(7.58)中选择 c 和 Z 的动态最优条件。由其一阶条件和 Q 的转移等式,可得中央计划者的增长率为:

$$\gamma(\text{中央计划者}) = (1/\theta) \cdot \left\{ \frac{1}{\zeta_\ell} \cdot LA^{1/(1-\alpha)} \cdot \left(\frac{1-\alpha}{\alpha} \right) \cdot \alpha^{1/(1-\alpha)} \cdot \left[1 - q^{-\alpha/(1-\alpha)} \right] - \rho \right\}$$

$$(7.59)$$

隐含的社会收益率等价于出现在 $-\rho$ 之前的方括号中的表达式,因此:

$$r(\text{中央计划者}) = \frac{1}{\zeta_\ell} \cdot LA^{1/(1-\alpha)} \cdot \left(\frac{1-\alpha}{\alpha} \right) \cdot \alpha^{1/(1-\alpha)} \cdot \left[1 - q^{-\alpha/(1-\alpha)} \right] \quad (7.60)$$

式(7.59)和式(7.60)中中央计划者的增长率和收益率超过了式(7.52)和式(7.51)中关于垄断者的值 γ_ℓ 和 r_ℓ。同往常一样,这种扭曲反映了中间品垄断定价的影响。第6章中我们已经看到,对于购买中间品给予恰当补贴能消除这种扭曲。

如果行业领先企业在研发上具有足够的成本优势,那么其收益率 r_ℓ 将在分散决策经济体中占主导地位。否则,潜在竞争的威胁将使得收益率等于式(7.35)所示的 r。r 与式(7.60)所示的社会收益率的关系不明朗。像我们之前所注意的那样,垄断定价趋于使得私人收益率小于中央计划者的值①。其他影响反映了在竞争情况下关于研发成果的产权的不完全性。首先,从社会角度来看,式(7.35)中的 r 太高,因为它包含了从前任的垄断利润中所攫取的部分。但是第二,就整个社会而言,r 过低,因为它将从创新中获得的收益看成是暂时的。这两种力量的净影响力是明确的,因为它们本质上是相同的,只不过它们在符号上有所差别,且出现的时间一先一后。垄断利润源自从其前任所取得的量。将创新看作是暂时的,这等于忽略了其后来者所能获得的租金。这两项在数量上不同,有两个原因:后者因经济体以速率 γ 增长而更高,却因贴现率 r 而具有更低的现值。$r > \gamma$(横截条件)意味着第一项具有支配地位。因此,不完全产权的净影响会使得 r 过度。因此,在竞争的威胁下,分散决策经济体下的收益率和增长率有可能会超过社会最优值。而且,在这种情况下,受竞争驱使,收益率和增长率显然将超过垄断的行业领先企业所决定的值。(也就是说,因为 r_ℓ 总是小于社会收益率,所以 $r > r_\ell$ 必定成立。)因此,竞争能激发研发和增长,而且可能过度激发研发和增长②。

如果按照 Coase(1960)的设想,赋予行业领先企业对其垄断利润的产权,那么

---

① 还存在另一种影响:r 取决于局外人的研发成本参数 ζ。如果 $\zeta > \zeta_\ell$,r 也会降到社会收益率之下。

② Aghion 等(2002)在 Aghion, Harris, Howitt 和 Vickers(2001)的框架下考察了竞争和增长之间的关系。在这种框架下,具有不同生产力水平的多个企业能在某时点同时生产,因为其产品是不完全替代的。研发投资部分地用于逃脱竞争,部分地用于迎头赶上。其结论是一个倒 U 字形关系,其中研发和增长随着竞争的加剧而先升后降。

我们能消除这种与研发竞争相关的扭曲。这种体制要求创新者补偿其直接前任的租金收入损失。于是,部门 j 的创新者将当前领先企业所要求的补偿纳入创新成本,进而创新成本提高了;但是该创新者也把从下一个创新者那里所得到的预期补偿纳入预期报酬,进而预期报酬也提高了。该机制的第一部分使得创新者仅将垄断租金收入量的净变化看作贡献,也就是说,寻求现有租金的动机被消除了。第二部分激励创新者将其贡献看作永久存在的,而非只持续到下一个创新为止。然而同往常一样,在更完备的模型中很难成功实施这种政策——例如,在政策制定者很难评估质量的改善的情况下。

在领先企业在研发上具有垄断地位的模型中,刚才所说的成本和收益的内化将会自动出现。出于该原因,如果补贴政策被用以消除垄断定价所带来的静态扭曲,那么这种垄断设置会带来社会最优。

7.5 关于增长的总结

本章所学习的质量改进表现了产品和生产工艺的持续改进;相反,上一章所考虑的产品种类增加则描述了基本创新。从建模的角度出发,这两种技术进步的一个区别是,更高质量的产品是较低质量产品的近似替代品,那么质量改进将逐渐使得旧产品被淘汰。我们假定新的产品种类不是现有产品种类的直接替代品或补充品,进而,创新不倾向于将第 6 章中的已有产品种类挤出市场。该区别的一个后果是,在分散决策经济体中,由于存在寻求现有垄断租金的激励,致力于质量改进的研发投入可能会过高。

在假定方面的另一个不同是,行业领先企业的质量改善成本比局外人的质量改善成本小。因此,我们认为,在均衡中,领先企业趋于完成大部分或所有研发,而这些研发构成了产品持续改善的基础。相反,在突破性的研发方面,主要因为没有内部人从事该活动,所以内部人不大可能具有成本优势。因此,现有行业领先企业不太可能会带来根本的创新。

7.6 附录

7.6.1 各种质量等级的中间品

我们在文中假定,只生产和使用可获得的最高质量等级 κ_j 的中间品 j。我们还假定,该等级的定价处于垄断水平。我们现在重新研究这些假定。

我们假定,中间品 j 所能获得的质量等级根据 $k = 0, \cdots, \kappa_j$ 排列。令 X_{ijk} 表示第 i 个企业所使用的位于质量梯级 k 的第 j 种中间品的数量。梯级 k 等价于质量 q^k。那么 $k = 0$ 对应质量 1,$k = 1$ 对应质量 q,以此类推。因此,企业 i 所使用的质量修正的投入品 j 的总量为:

$$\widetilde{X}_{ij} = \sum_{k=0}^{\kappa_j} (q^k X_{ijk}) \tag{7.61}$$

式(7.61)中的假定是,一个部门内部的质量等级作为生产投入而言是完全替代品。因此,某部门的总投入 $\widetilde{X}_{ij}$ 等于各等级所用数量按质量权重加总 $q^k X_{ijk}$。

在部门 j 中,各种质量改进的研发者获得了生产对应质量水平的第 j 种中间品的垄断权。特别地,如果我们已经达到了质量梯级 $k = 1, \cdots, \kappa_j$,那么第 k 个创新者是质量水平 q^k 的中间品的唯一来源。我们从文中可知,如果只生产顶尖质量的产品而较低质量等级产品的潜在提供者可以被忽略,那么中间品的垄断价格水平为 $P = 1/\alpha$。

现在假定:在部门 j 中,质量梯级 κ_j 之下的各种产品也可用于生产。特别地,我们考虑次高质量等级 $\kappa_j - 1$。如果具有领先优势的生产者以垄断价格 $1/\alpha$ 收费,且如果这个价格足够高,那么次高等级质量中间品的生产者可以通过生产获得正利润。

从式(7.61)可知,不同质量等级的产品是完全替代品,但是都以其对应的等级为权重。因此,每单位质量领先的产品相当于 q 单位其下一级质量的产品。如果最高质量产品的定价为 P,那么次高质量等级产品的售价最多为 $(1/q) \cdot P$,再低一个质量等级的产品的最高售价为 $(1/q^2) \cdot P$,以此类推。如果 $(1/q) \cdot P$ 小于产品的单位边际成本,那么次高等级的产品和所有更低质量等级的产品都不可能存在。因此,如果具有领先优势的生产者的垄断定价为 $1/\alpha$,那么次优产品的生产者的定价最多为 $1/(\alpha q)$,再下一级的定价为 $1/(\alpha q^2)$,以此类推。如果 $1/(\alpha q)$ 小于1,那么次优生产者(及所有更低质量的生产者)无法与领先企业的垄断价格相竞争。因此,$\alpha q > 1$ 意味着垄断价格将占优。如果相邻两次质量改进之间的间隔 q 足够大,那么该不等式成立。那么,即使质量最好的产品的价格处于垄断水平,较低等级的产品也会立即被挤出市场。在这种情况下,我们从文中推出的结论是有效的。

如果 $\alpha q \leqslant 1$,那么通过假定某种给定中间品的提供者们相互之间实行伯特兰价格竞争(Bertrand price competition),我们可以采纳 Grossman 和 Helpman (1991,第4章)的观点。在这种情况下,质量领先企业将采取限制性定价策略。也就是说,领先企业设定的价格要远低于垄断价格,以使得次优产品的生产刚好无利可图[①]。该限制性价格为:

$$限制性定价 \Rightarrow P = q \tag{7.62}$$

如果领先企业的定价为 $q - \in$,其中 $\in$ 是一个任意小的量,那么次优产品的生产者的最高定价为 $1 - \in /q$,该价格会导致负利润。因此,更低质量的产品再次被挤出市场。如果 $\alpha q \leqslant 1$(限制性定价条件满足),那么限制性价格 q 不大于垄断价格 $1/\alpha$。

---

① Grossman 和 Helpman(1991,第4章)实际上假定 $\alpha = 0$,所以需求弹性为1,且垄断价格 $1/\alpha$ 将为正无穷。因为不等式 $\alpha q \leqslant 1$ 在这种情况下必成立,所以垄断定价不适用于该模型。

根据式(7.6)，当限制性价格被采用时，产出(最优质量产品)总量为：

$$限制性定价 \Rightarrow X_j = LA^{1/(1-\alpha)} \cdot (\alpha/q)^{1/(1-\alpha)} \cdot (q)^{\kappa_j \alpha/(1-\alpha)} \tag{7.63}$$

与式(7.9)对比可知，如果 $\alpha q \leqslant 1$，限制性定价下所生产的数量不小于垄断时的产品数量。

如果 $\alpha q \geqslant 1$，那么式(7.8)和式(7.9)中的垄断表达式得以成立；如果 $\alpha q \leqslant 1$，那么式(7.62)和式(7.63)中的限制性表达式得以成立。在两种情况下，价格都是在生产的边际成本上的固定溢价，且只有所能获得的最好质量的各种中间品才会被各部门生产，才会被最终产品的制造者所使用。我们在主要讨论中含蓄地假定了 $\alpha q \geqslant 1$，进而式(7.8)和式(7.9)中的垄断表达式成立。然而，如果 $\alpha q < 1$，进而限制性定价占优，结论的大致特征也是相似的[①]。

7.6.2 垄断地位的持续时间

为了得到研发者关于成功的奖赏 $E[V(\kappa_j)]$，我们需要关于垄断地位的持续时间 $T(\kappa_j)$ 的概率密度函数。将 $G(\tau)$ 定义为在时期 $T(\kappa_j)$ 内累积的概率密度函数，即 $T(\kappa_j) \leqslant \tau$ 的概率。$G(\tau)$ 中 τ 的变化表明单位时间内垄断地位因时点 τ 出现下一个创新而终止的概率。为确保创新出现在时点 τ，它不能在 τ 之前发生，创新在 τ 之前发生的概率为 $1-G(\tau)$。那么，在创新仍未发生的条件下，单位时间出现创新的概率为 $p(\kappa_j)$。因此，$G(\tau)$ 关于 τ 的导数是：

$$G'(\tau) = [1-G(\tau)] \cdot p(\kappa_j) \tag{7.64}$$

因为 $p(\kappa_j)$ 恒定，所以我们可以求得式(7.64)所示的微分方程的解。如果我们利用边界条件 $G(0) = 0$，那么结果是：

$$G(\tau) = 1 - \exp[-p(\kappa_j) \cdot \tau]$$

于是，根据累加密度的微分，我们可以得到概率密度函数：

$$g(\tau) = G'(\tau) = p(\kappa_j) \cdot \exp[-p(\kappa_j) \cdot \tau] \tag{7.65}$$

式(7.13)将利润现值 $V(\kappa_j)$ 表示成持续时间 $T(\kappa_j)$ 的函数：

$$V(\kappa_j) = \pi(\kappa_j) \cdot \{1 - \exp[-r \cdot T(\kappa_j)]\}/r$$

其中，$\pi(\kappa_j)$ 是垄断利润流。式(7.65)给出了 $T(\kappa_j)$ 的概率密度。因此，利润的预期现值为：

$$E[V(\kappa_j)] = [\pi(\kappa_j)]/r \cdot p(\kappa_j) \cdot \int_0^\infty (1-e^{-rt}) \cdot \exp[-p(\kappa_j) \cdot \tau] \cdot d\tau$$

---

① 只有相继的创新者不是同一个人时，限制性定价才适用。在行业领先企业从事所有创新的分析中，限制性定价的结果将不适用。

计算可得该积分为：

$$E[V(\kappa_j)] = [\pi(\kappa_j)]/[r + p(\kappa_j)] \qquad (7.66)$$

它是式(7.18)中的表达式。

7.6.3　企业的市场价值

如同在第 6 章中一样，该模型中的财富相当于企业的市场价值。因为低于最优质量的产品不被生产，各部门中唯一具有市场价值的企业是那些掌握着最新（第 κ_j 个）创新的企业。根据式(7.19)，第 κ_j 个创新的市场价值 $E[V(\kappa_j)]$ 为：

$$E[V(\kappa_j)] = \bar{\pi} \cdot q^{\kappa_j \alpha/(1-\alpha)}/[r + p(\kappa_j)]$$

如果我们根据式(7.26)替代 $r + p$，那么上式变成：

$$E[V(\kappa_j)] = \zeta \cdot q^{\kappa_j \alpha/(1-\alpha)} \qquad (7.67)$$

注意，部门越先进（κ_j 越高），技术领先企业的市场价值越高。

企业的市场总价值（记为 V）是对 N 个部门的式(7.67)的加总：

$$V = \zeta \cdot \sum_{j=1}^{N} q^{\kappa_j \alpha/(1-\alpha)} = \zeta Q \qquad (7.68)$$

因此，企业的市场总价值等于一个常数乘以 Q。

7.6.4　行业领先企业的研发

到时间 $T(\kappa_j)$ 为止，行业领先企业获得了净收益 $\pi(\kappa_j) - Z(\kappa_j)$。$T(\kappa_j)$ 的概率密度函数再次为式(7.65)。因此，到 $T(\kappa_j)$ 为止，净收益流的预期现值相当于将式(7.66)中的 $\pi(\kappa_j)$ 替换为 $\pi(\kappa_j) - Z(\kappa_j)$。因此，如同文中一样：

$$E[V(\kappa_j)](\text{第一部分}) = [\pi(\kappa_j) - Z(\kappa_j)]/[r + p(\kappa_j)] \qquad (7.69)$$

从时点 $T(\kappa_j)$ 开始，净收益的现值为 $\exp[-r \cdot T(\kappa_j)] \cdot E[V(\kappa_j + 1)]$。根据式(7.65)，利用 $T(\kappa_j)$ 的密度函数，我们得到：

$$E[V(\kappa_j)](\text{第二部分}) = E[V(\kappa_j + 1)] \cdot p(\kappa_j) \cdot \int_0^\infty \exp\{-[r + p(\kappa_j)] \cdot \tau\} \cdot \mathrm{d}\tau$$

求解该积分的值，可得到下文中的表达式：

$$E[V(\kappa_j)](\text{第二部分}) = p(\kappa_j) \cdot E[V(\kappa_j + 1)]/[r + p(\kappa_j)] \qquad (7.70)$$

7.7　习题

7.1　创新的步长　假定研发成本是关于相邻两次创新之间的步长 q 的函数

$Z(q)$。（我们继续假定 q 是确定已知的。）假定函数 $Z(\cdot)$ 满足 $Z' > 0$ 且 $Z'' > 0$。

a. 在领先企业的研发成本优势大到足以忽略局外人的潜在研发的模型中，q 在均衡时等于什么？

b. 在什么条件下，上面的答案与领先企业可以忽略局外人的潜在竞争的假定是一致的？

7.2　研发的垄断权　假定政府通过禁止局外人的研发来确保行业领先企业的垄断地位。在什么条件下，这种政策能增加福利？在追求这种政策的实践中，会遇到什么困难？

7.3　作为唯一研发者的行业领先企业　假定行业领先企业在质量改进中的研发成本参数 ζ_l 小于局外人在质量改进中的研发成本参数 ζ。

a. 在什么条件下，均衡时该领先企业会完成所有关于质量改进的研发？对于突破型的研发，而非质量改进型研发而言，该结论有何不同？

b. 在什么条件下，质量改进的均衡研发强度与局外人的研发潜力无关？在局外人的潜在研发对均衡存在影响的情况下，试阐述两者是如何相互影响的。可否认为，更多的竞争会提升经济体的增长率？

7.4　研发成功的概率和研发强度之间的取舍关系　假定研发成功的概率 $p(\kappa_j)$ 取决于部门 j 的研发总投入 $Z(\kappa_j)$，这种关系不再由式（7.20）表示，而是修改为：

$$p(\kappa_j) = \left[Z(\kappa_j) \cdot \phi(\kappa_j) \right]^{\epsilon}$$

其中，$0 < \epsilon < 1$。每个研发者的单位时间成功概率为 $p(\kappa_j)$ 乘以该研发者的研发投入占部门 j 研发总投入的比重。

a. 关于部门 j 中研发的自由进入条件是什么？当 $\epsilon = 1$ 时，该条件与之前所得到的条件有什么区别？

b. 如果 $\epsilon < 1$，会出现什么新的扭曲？（提示：类似于可自由进入却受拥挤约束的鱼塘。）

c. 如果 $\epsilon > 1$，会出现什么情况？

d. 在 $0 < \epsilon < 1$ 的情况下，试讨论各部门的均衡研发强度是如何确定的。

▶8

技术扩散

在第 1 章的索洛—斯旺模型中,经济体之间的收敛趋势源自资本的收益递减。贫穷经济体(或至少那些远低于其稳态位置的经济体)中的资本收益率更高,进而带来了更快的人均增长率。我们在第 2 章的拉姆齐模型中阐述了储蓄率的行为会如何改变这种倾向。这种收敛性的快慢取决于贫穷经济体的储蓄占其收入的比例是高还是低。之后,我们在第 3 章中发现,开放经济体间的资本流动倾向于加速收敛过程。

在第 4 章和第 5 章构建的模型中,如果包含人力资本在内的广义资本的收益不变,那么稳态中的经济体将保持正的人均增长。如果广义资本的回报在一段时间内下降,但是最终趋于不变,那么经济体体现出收敛行为,但是还具有长期内生增长的特征。(我们在第 1 章中讨论过一些具有该特征的设定。)我们还在第 5 章中研究了物质资本和人力资本之间的不平衡如何影响转移动态。因此,依赖于广义资本的不变长期收益的内生增长理论具有丰富的转移动态,而收敛行为也包含在其中。

在第 6 章和第 7 章的模型中,如果研发投资(它是这些模型中技术进步的源头)具有不变收益,那么长期增长会出现。我们还没有讨论这些理论是否与收敛的经验证据吻合。在多经济体的构架中,关键问题是领先经济体的发现是怎样快速地扩散到追随经济体的。我们将在本章看到,技术扩散为我们对各经济体之间的收敛模式的预测提供了另一个理由。

本章中,我们将在第 6 章的中间产品不同种类产品模型的框架下研究技术扩散①。然而,如果我们研究第 7 章中所引入的那种质量改进,那么我们将得到类似的结论②。这里的主要思想是,因为研究成果的模仿和实施比创新更便宜,所以追随经济体倾向于追赶上领先经济体。即使资本或研发的收益递减不适用,这种机制也会产生收敛性。

---

① 我们之前所构建的关于技术扩散的理论研究包括了 Nelson 和 Phelps(1966)、Krugman(1979)、Jovanovic 和 Lach(1991)、Grossman 和 Helpman(1991,第 11 章和第 12 章)以及 Segerstrom(1991)的研究成果。

② 关于这方面的理论进展,请参阅 Connolly(1999)。

我们将领先的那个经济体称为国家 1,把追随经济体称为国家 2。现在,我们从国家 1 向国家 2 的技术扩散着手。在第 6 章中,技术水平对应于技术领先企业所开发的中间品的品种数量。我们将采用这种构架。国家 1 的研发者们付出努力发明了这些产品,而且这些产品最先在本国被用于制造最终产品。在国家 1 中,新产品的发明者也是该种产品的垄断提供者。

国家 2 没有发明中间品,但是模仿或改造了国家 1 所开发的这些产品。在国家 2 中,使用这些产品要求对其本地化而有所付出。我们将这种付出看作模仿成本。这种成本类似于第 6 章中的研发支出,不过该成本一般都小于发明成本。我们假定,支付了模仿成本的行为人是这种中间品在国家 2 的垄断提供者。假定,模仿者不对国外发明者支付成本,因此,国家 1 的行为人不能因其发明在国家 2 中的使用而获得任何补偿。我们稍后将讨论一种不同的构架,在那里,某种技术在国家 2 的本地化涉及来自国家 1 的行为人的国外投资。

两国生产的最终产品是同质的,且便于跨国交易。然而,在国家 2,只要某人首先投入资源使某种中间品能被本国所采用,那么该国的最终产品生产者就可以利用这种中间品。我们假定,这里不存在全球资本市场,进而两国在各时点的贸易都是平衡的。因此,实际上两个经济体是封闭的,只有技术通过模仿得以转移。

一些经济发展的成功经验涉及从国外引入技术专业知识,其引进途径大体等同于我们的理论构架。Young(1989,第 6 章)指出,中国香港的很多企业家为了学习业务当过生产工人,相当于是外方经理的学徒。之后,这些本地人用这些知识来创办自己的企业。在新加坡,进入一些先进行业,如电子工业和金融服务,需要大量外资和专业知识。这种国外参与受到新加坡政府的积极鼓励(Young,1992)。在促进先进制造技术的知识流通方面,中国香港对中国大陆的投资与美国对墨西哥的投资都起到了重要作用(Romer,1993)。在毛里求斯,成衣制造的急剧增长急需培训和管理当地工人的国外企业家的涌入。这些外国人主要来自中国香港,他们被出口加工区所吸引。这些出口加工区享受许多优惠的政府政策,包括低税负和允诺的低工资(参阅 Gulhati and Nallari,1990;Bowman,1991;以及 Romer,1992)。

8.1 领先国家的创新者的行为

本节的讨论遵循着 Barro 和 Sala-i-Martin(1997)的思路。国家 1 关于创新者的模型与第 6 章第一部分所构建的模型是一样的。我们在这里对该模型做一个简要总结。如果开发出来的中间品的品种数量为 N_1,那么国家 1 中的企业所生产的最终产品的数量 Y_1 为:

$$Y_1 = A_1 L_1^{1-\alpha} \cdot \sum_{j=1}^{N_1} (X_{1j})^\alpha \tag{8.1}$$

其中，$0 < \alpha < 1$，A_1 为生产率参数，L_1 为劳动投入的数量，且 X_{1j} 为第 j 种非耐用品投入的数量。我们假定人口不变，进而总劳动投入 L_1 不变。参数 A_1 表示国家 1 的技术水平，但它还可以表示国家 1 中影响生产率的政府政策的各方面——如税收、公共服务和产权保护。

各种中间品投入 X_{1j} 的生产成本是唯一的，且如第 6 章中一样，各产品都能以垄断价格 $P = 1/\alpha > 1$ 卖出。X_{1j} 的边际产品与价格的方程决定着国家 1 所使用的各种中间品的数量：

$$X_{1j} = X_1 = (A_1)^{1/(1-\alpha)} \alpha^{2/(1-\alpha)} L_1 \tag{8.2}$$

将式 (8.2) 代入式 (8.1)，可得国家 1 的工人人均产出水平为：

$$y_1 \equiv Y_1/L_1 = (A_1)^{1/(1-\alpha)} \alpha^{2\alpha/(1-\alpha)} N_1 \tag{8.3}$$

因此，工人人均产出 y_1 是关于生产力参数 A_1 和产品数量 N_1 的增函数。工资率 w_1 等于企业的劳动边际产出，且是 y_1 的 $1 - \alpha$ 倍。

式 (8.2) 表明，从国家 1 销售第 j 种中间品所获得的垄断利润为：

$$\pi_{1j} = \pi_1 = \left(\frac{1 - \alpha}{\alpha} \right) \cdot (A_1)^{1/(1-\alpha)} \alpha^{2/(1-\alpha)} L_1 \tag{8.4}$$

所有未来利润的现值为研发企业 V_1 的价值。非套利条件要求，购买研发企业的收益率等于债券的收益率。而购买企业的瞬间收益率等于利润率加上企业价值变化所带来的资本利得：

$$r_1 = \frac{\pi_1 + \dot{V}_1}{V_1} \tag{8.5}$$

式 (8.5) 相当于第 6 章中的式 (6.18)。国家 1 发明一种新产品的成本以产品计量，记为 η_1，且固定不变。我们假定，在国家 1，正的创新数量会出现在均衡状态中，进而均衡增长率为正。在这种情况下，自由进入条件使得企业价值 V_1 与 η_1 相等。因为 η_1 是常数，所以企业的价值必须持续恒定。此时，因为 $\dot{V}_1 = 0$ 和 $r_1 = \pi_1/\eta_1$，所以国家 1 的利率在均衡时不变。式 (8.4) 意味着该利率为：

$$r_1 = \pi_1/\eta_1 = (L_1/\eta_1) \cdot \left(\frac{1 - \alpha}{\alpha} \right) \cdot (A_1)^{1/(1-\alpha)} \alpha^{2/(1-\alpha)} \tag{8.6}$$

常见的消费者最优化条件表明，消费增长率 C_1 为：

$$\gamma_1 = \dot{C}_1/C_1 = (1/\theta) \cdot (r_1 - \rho) \tag{8.7}$$

假定偏好参数 ρ 和 θ 对所有国家都相等。如果我们用式 (8.6) 替代 r_1，那么增长率为：

$$\gamma_1 = (1/\theta) \cdot \left[(L_1/\eta_1) \cdot \left(\frac{1 - \alpha}{\alpha} \right) \cdot (A_1)^{1/(1-\alpha)} \alpha^{2/(1-\alpha)} - \rho \right] \tag{8.8}$$

与在第 6 章中一样，国家 1 总处于稳态中，且数量 N_1、Y_1 和 C_1 都以不变速率 γ_1 增长。

8.2　追随国家的模仿者的行为

8.2.1　最终产出的生产者

国家 2 的生产函数的形式与国家 1 的一样,为式(8.1):

$$Y_2 = A_2 L_2^{1-\alpha} \cdot \sum_{j=1}^{N_2} (X_{2j})^\alpha \qquad (8.9)$$

其中,N_2 是国家 2 所使用的中间品的品种数。因为我们将国家 1 看作技术领先者,将国家 2 看作追随者,所以我们假定 $N_2(0) < N_1(0)$。我们进一步假定,国家 2 所能获得的产品种类数 N_2 是国家 1 所掌握的产品种类数 N_1 的子集[①]。在最初的构架中,国家 2 不会有任何的新发现,只会模仿国家 1 已知的中间品。

生产力参数 A_2 和总劳动投入 L_2 与国家 1 中对应的参数不同。如前所述,A_2 与 A_1 之间的差别反映了政府政策的不同。总劳动投入表示在多大规模上一种中间品可用于生产。因此,L_2 与 L_1 之间的区别反映了两个经济体规模的差异。国家 2 的最终产品的生产者在价格给定的情况下为最大化利润而选择劳动和中间投入。一阶条件表明,中间品 j 的常见的要素需求函数是关于价格 P_{2j} 的减函数:

$$X_{2j} = L_2 \cdot (A_2 \cdot \alpha)^{1/(1-\alpha)} \cdot (P_{2j})^{-\alpha/(1-\alpha)} \qquad (8.10)$$

8.2.2　模仿型企业

模仿成本　沿着第 6 章的分析,我们假定国家 2 的创新成本 η_2 是一个常数(必须不等于 η_1)。该假设意味着,新产品的发现在两个国家都不会出现收益递减。在第 6 章中我们提到,如果我们认为潜在发明的数量是无限的,那么该假定是合理的。

假定:为了在国家 2 使用某种国家 1 的中间品,而对其进行仿制和改造,必须支付一次性支出 $v_2(t)$。模仿与创新不同,某时点可被仿制的产品数量局限于已在其他国家研发出来的有限产品数量。特别地,在当前模型中,国家 2 只能从国家 1 已知的 N_1 种产品的未被仿制的子集中选择产品进行模仿。当 N_2 相对于 N_1 增长时,模仿成本可能上升。例如,如果国家 1 中的产品依据其为适应国家 2 而需支付的改造成本的不同而不同,那么该特征将成立。那些容易被模拟的产品将会最先被仿制,且边际成本 v_2 随着已被模仿的数量而递增。这里,我们根据该特征假定

---

① 我们不对国家 2 如何生产出其第一种产品作出解释。这里的问题是,式(8.9)表明,如果缺少获得任何中间产品的渠道,那么国家 2 什么也不生产。对于国家 1 最初的创新和第 6 章模型中所研发的产品,同样的困难也存在。给定生产函数的形式,我们必须假定,人们一直知道如何生产至少一种中间品。

v_2 是关于 N_2/N_1 的增函数：

$$v_2 = v_2(N_2/N_1) \tag{8.11}$$

其中，$v_2' > 0$。我们还假定 $v_2[N_2(0)/N_1(0)] < \eta_2$，所以对国家 2 而言，模仿的初始成本低于创新。

如果 $N_2/N_1 < 1$，即如果并非所有国家 1 的中间品都被国家 2 所仿制，那么模仿成本 v_2 倾向于小于 η_2，因为仿制显然比开发新产品更便宜。但是如果剩余的未被仿制的发明的集合由难以被国家 2 改造的产品组成，那么当 $N_2/N_1 < 1$ 时，v_2 可以超过 η_2。换言之，在一些情况下，对技术追随者而言，自力更生地发明一些新产品的成本将低于仿造领先者的产品。不过在图 8.1 中，当 $N_2/N_1 < 1$ 时，$v_2(N_2/N_1) < \eta_2$ 这一更简单的情况将成立。对满足 $N_2/N_1 < 1$ 的某个区间，如果有 $v_2(N_2/N_1) > \eta_2$，主要结论仍然成立。图 8.1 还表明，当 N_2/N_1 趋于 1 时，$v_2(N_2/N_1)$ 趋近于 η_2。我们将在后文中修改这一假设。

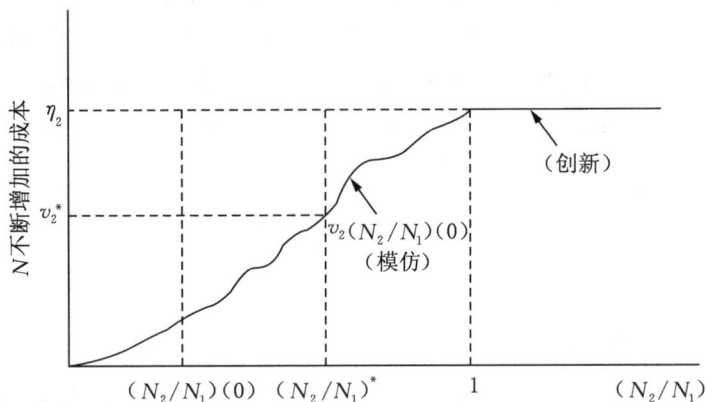

注：国家 2 的模仿成本 v_2 是关于 N_2/N_1 的增函数，且假定当 N_2/N_1 趋近于 1 时接近创新成本 η_2。假定模仿成本的稳态值 v_2^* 小于 η_2。

图 8.1　国家 2 的技术变革成本

模型中的一个关键假设是，模仿成本是非常重要的，也就是说，创新扩散到其他地方的成本是不可忽略的。Mansfield、Schwartz 和 Wagner(1981，第 908—909 页)对美国在化工、医药、电子和机械等行业的 48 种创新产品的仿制成本进行了研究。他们发现，仿制成本平均是创新成本的 65%。然而，成本比例在不同的产品之间差异很大，只有一半的产品维持在 40%—90% 之间。

Griliches(1957)在美国地区性数据中发现，杂交玉米引进的时间，以及该创新传播的速度，都取决于吸收成本和该新技术最终利润的大小。某区域所偏好的杂交品种与玉米带(美国关于杂交玉米的早期研究大多是在这一地区完成)所研发出来的新品种越相似，那么该地区引进新品种的时间越早。市场规模越大，玉米产量增产的潜力越大，引进的速度就越快。

Teece(1977)对跨国公司在各国之间转移技术的成本进行了研究。通过化学、石油提炼和医药方面的 26 个例子，他发现该成本平均占项目总支出的 19%。他还发现，转移成本是关于技术转移经验的减函数，且不取决于技术输入国的经济发展水平。相反，Nelson and Phelps(1966)推断，技术输入地的人力成本越丰富，成本 v_2 越低。无论如何，从 Mansfield，Schwartz 和 Wagner(1981)以及 Teece(1977)的结论中，我们可以得到一个明确的结论：通常，转移成本 v_2 是比较大的。

产品被仿制后的最优定价　如果国家 2 的行为人在时点 t 支付 $v_2(t)$，以模仿国家 1 的第 j 种中间品，那么我们假定该行为人对该产品在国家 2 的使用获得了永久垄断[①]。因此，国家 2 的模仿可以被看作类似于国家 1 的创新。中间品 j 的模仿者选择价格 P_{2j}，以在需求函数式(8.10)的约束下最大化利润。我们还假定，与国家 1 的情况一样，生产中间投入的边际成本为 1。国家 2 的各种中间品的垄断价格是边际成本之上加上一个不变的数值，$P_{2j} = P_2 = 1/\alpha > 1$，这与国家 1 的情况相似，且与 j 无关。将该垄断价格代入式(8.10)中的需求函数，可得到所销售的中间品的数量：

$$X_{2j} = X_2 = (A_2)^{1/(1-\alpha)} \alpha^{2/(1-\alpha)} L_2 \tag{8.12}$$

一旦知道了各种投入的数量，我们就能得到关于工人人均产出的表达式 y_2，以及利润流 π_{2j}：

$$y_2 = Y_2/L_2 = (A_2)^{1/(1-\alpha)} \alpha^{2\alpha/(1-\alpha)} N_2 \tag{8.13}$$

$$\pi_{2j} = \pi_2 = \left(\frac{1-\alpha}{\alpha}\right) \cdot (A_2)^{1/(1-\alpha)} \alpha^{2/(1-\alpha)} L_1 \tag{8.14}$$

注意，这些表达式与国家 1 的方程表达式式(8.2)至式(8.4)类似。工资率 w_2 是 y_2 的 $1-\alpha$ 倍。

式(8.13)和式(8.3)表明，两国工人的人均产出比为：

$$y_2/y_1 = (A_2/A_1)^{1/(1-\alpha)} \cdot (N_2/N_1) \tag{8.15}$$

因此，该比率与生产力参数的相对值 A_2/A_1 正相关，与已知中间品品种数量之比 N_2/N_1 正相关。

利润流之比为：

$$\pi_2/\pi_1 = (A_2/A_1)^{1/(1-\alpha)} \cdot (L_2/L_1) \tag{8.16}$$

该比率也关于 A_2/A_1 递增。源自 L_2/L_1 的正效应是一种规模收益。这里的规模变量是国家 i 中与中间品一起共同创造产出的互补要素 L_i 的总量。

自由进入条件　国家 2 中中间品 j 的仿制品可获得的利润现值为：

---

① 假定：国家 2 的其他生产者不能通过从国家 1 进口中间品 j 而避免本国的垄断。虽然该产品能以低于垄断水平的价格从国外购买，但是生产者仍必须要一次性支付 v_2，以能够在国家 2 使用该产品。

$$V_2(t) = \pi_2 \cdot \int_t^\infty e^{-\int_t^s r_2(v) \cdot dv} \cdot ds \qquad (8.17)$$

其中，$r_2(v)$ 是国家 2 在时点 t 的收益率。两国收益率可以不相同 $[r_2(v) \neq r_1]$，因为国际贷款不存在[1]。如果在国家 2 可自由进入模仿领域，且各时点投入到模仿中的均衡资源量为非零，那么 $v_2(t)$ 在各时点都必须等于模仿成本 $v(t)$：

$$V_2(t) = v_2(N_2/N_1) \qquad (8.18)$$

根据式(8.17)替换 $V_2(t)$，并对式(8.18)的两边微分，可得到习见的非套利条件：

$$r_2 = \frac{\pi_2 + \dot{v}_2}{v_2} \qquad (8.19)$$

因此，如果 v_2 是恒定不变的，那么 r_2 将恒定不变，且等于利润流与为其支付的定额成本之比 π_2/v_2。该结果与式(8.6)中关于 r_1 的结论一致。然而，如果 v_2 随时间改变，那么 r_2 将带有资本利得项 $\dot{v}_2/v_2$。在具有自由进入的条件下，对某种中间品的垄断权必定等于获取它的成本 v_2。如果 v_2 增加[因为 N_2/N_1 在式(8.18)中增加]，那么不断扩大的垄断权价值意味着资本利得为 $\dot{v}_2/v_2$。该利得加上"红利"项 π_2/v_2，就可得到式(8.19)所示收益率的完整表达式。该结论类似于 6.8 节中的结论，在那里，我们允许研发成本为之前所发现的品种数量的函数。

8.2.3　消费者

如果消费者是常见的拉姆齐消费者，那么我们可以完成该模型。消费者的欧拉方程表明，收益率 r_2 以常见的方式决定着国家 2 中的消费增长率：

$$\dot{C}_2/C_2 = (1/\theta) \cdot (r_2 - \rho) \qquad (8.20)$$

注意，我们假设国家 2 与国家 1 的偏好参数 ρ 和 θ 相等。

8.2.4　稳态增长

在稳态中，同 N_1 一样，N_2 的增长率也为 γ_1。因此，比率 N_2/N_1 为常数，记为 $(N_2/N_1)^*$。那么，式(8.11)关于模仿成本的表达式意味着 v_2 在稳态中也是一个常数。现在，假定参数的取值使得追随者永远不能完全赶上领先者，那么 $0 < (N_2/N_1)^* < 1$。下面的分析将该不等式与参数 A_i、L_i 和 η_i 联系了起来。

在稳态中，y_2 的增长率和 C_2 的增长率等于 N_2 的增长率，都为 γ_1。因此，国家 2 的所有数量的稳态增长率（记为 γ_2^*）都等于 γ_1。

因为 C_2 和 C_1 长期的增长率都为 γ_1，而且因为两国的偏好参数 ρ 和 θ 相同，所

---

[1]　如果允许国际贷款存在，那么所有当前的投资都将流入具有最高收益率的研发活动。如果修改该模型，纳入收益率与各种研发投资数量的反向关系，那么对两个以上行业的投资可以共存。

以式(8.6)、式(8.7)和式(8.20)意味着两国的收益率相同：

$$r_2^* = r_1 = \pi_1/\eta_1 \tag{8.21}$$

其中，π_1 由式(8.4)决定。N_2/N_1 调整到$(N_2/N_1)^*$——它确保 $\gamma_2^* = \gamma_1$——意味着 $r_2^* = r_1$。因此，长期而言，技术扩散的过程使得各国收益率都相等，即使两个国家不共享同一个资本市场。

因为 $r_2^* = r_1$，所以式(8.19)和式(8.5)意味着：

$$\pi_2/v_2^* = \pi_1/\eta_1$$

其中，v_2^* 等于稳态值 v_2。(注意，在稳态中资本利得项 $\dot{v}_2/v_2$ 等于零，因为 v_2^* 恒定不变。)因此，式(8.16)关于利润率的表达式为：

$$v_2^* = \eta_1 \cdot (\pi_2/\pi_1) = \eta_1 \cdot (A_2/A_1)^{1/(1-\alpha)} \cdot L_2/L_1 \tag{8.22}$$

到目前为止，我们都假定国家 2 从不选择创新。如果 $v_2(t) < \eta_2$ 在整个路径上都成立，那么该行为对于国家 2 的行为人而言是最优的。因为 v_2 是关于 N_2/N_1 的增函数，所以需要的条件(如果 N_2/N_1 的初始值低于其稳态值)是 $v_2^* < \eta_2$。根据式(8.22)，这意味着：

$$(A_2/A_1)^{1/(1-\alpha)} \cdot (L_2/L_1) \cdot (\eta_1/\eta_2) < 1 \tag{8.23}$$

换言之，生产率参数 A_2/A_1、劳动禀赋 L_2/L_1[1]和创新成本 η_1/η_2 的组合表明，国家 2 必须根本上落后于国家 1。如果不等式(8.23)成立，那么国家 2 没有创新的诱因[因为 $v_2(t) < \eta_2$ 自始至终都成立]。此外，国家 1 从不模仿，因为不存在他们能模仿的外国产品。因此，该均衡如前文所述，国家 1 永远是领先者，而国家 2 永远是追随者。我们在后文中将讨论不等式不成立时的结论。

因为 $(N_2/N_1)^* < 1$，所以式(8.15)意味着如果 $A_2 \leqslant A_1$，那么工人人均稳态产出比$(y_2/y_1)^*$ 小于 1。[注意，如果 $L_2 < L_1$ 或 $\eta_2 > \eta_1$，那么 $A_2 > A_1$ 与式(8.23)中的不等式相吻合。]因此，即使在稳态中，追随国家的工人人均产出也低于领先国家的值。一般地，模仿不足以使得它们的长期工人人均产出值相等。

消费 C_2 的稳态增长率为 γ_1。该消费的路径可由国家 2 的预算约束所决定：C_2 等于产出 Y_2[根据式(8.13)]减去投入于中间品生产的产品 N_2X_2[其中 X_2 由式(8.12)决定]再减去模仿所消耗的资源。沿着稳态路径，模仿的资源消耗量为 $v_2^* \dot{N}_2 = v_2^* \gamma_1 N_2$，其中 v_2^* 由式(8.22)决定。C_2 的表达式以及与之对应的 C_1，可用以证明人均稳态消费的比率$(c_2/c_1)^*$ 等于工人人均稳态产出比$(y_2/y_1)^*$。因此，如果 $A_2 \leqslant A_1$，那么 $(c_2/c_1)^* < 1$。换句话说，从人均消费的角度来看，追随国家也倾向于长期处于落后地位。

---

① 以 L_1 表示的规模是一个确定的元素，因为我们假定创新或模仿的成本是一次性支出，而不取决于某国的经济发展程度。如果同第 6 章中所考虑的一些模型一样，其成本取决于规模，那么该结论将有所不同。

8.2.5 动态路径和收敛

国家 2 的动态行为不像国家 1 的那么简单。(回顾前文可知,国家 1 的增长率在所有时点都是恒定不变的。)原因是由式(8.20)决定的消费增长率是收益率 r_2 的线性函数。式(8.19)表明,该收益率等于 $(\pi_2 + \dot{v}_2)/v_2$,它涉及模仿成本 v_2 的变化率。我们知道,利润流 π_2 是恒定不变的。但是 v_2 取决于比率 N_2/N_1。如果在增长路径上,N_2 的增长率与 N_1 的增长率不同,那么 N_2/N_1 将显示出转移动态,进而收益率 r_2 和消费增长率也如此。

我们在本节将学习国家 2 在稳态之外的动态行为。通过对变量 C_2 和 N_2 的微分方程的思考,我们可以研究该行为。[因为根据式(8.13),Y_2 与 N_2 成比例,所以 Y_2 的动态与 N_2 相同。]我们知道,在稳态中,N_2 和 C_2 的增长率都等于一个常数。沿着我们在第 4 章的分析,如果我们想构建一个反映经济体的定性行为的相位图,那么在稳态时恒定不变的控制变量和状态变量将有助于我们的工作。因为 N_2 和 N_1 具有相同的不变增长率,那么 N_2/N_1 将长期保持不变。因此,我们将该比率当作状态变量来使用。为简化该项,令 $\hat{N} \equiv N_2/N_1$。我们还知道,在稳态中,C_2 和 N_2 的增长率都相等,进而 C_2/N_2 之比恒定。因此,该比率是一个很好的控制变量。我们令 $\chi_2 \equiv C_2/N_2$。因为 Y_2 与 N_2 成比例[式(8.13)],所以 χ_2 与消费—产出比 C_2/Y_2 成比例。

我们现在来阐述关于变量 χ_2 和 $\hat{N}$ 的动态分析。为便于分析,我们根据式(8.11)假定成本函数具有不变弹性的形式:

$$v_2 = \eta_2 \cdot \hat{N}^\sigma \tag{8.24}$$

上式对 $\hat{N} < 1$ 成立,其中 $\sigma > 0$。注意图 8.1 中假定的特征:当 $\hat{N}$ 趋近于 1 时,v_2 趋近于 η_2。式(8.22)和式(8.24)表明,N_2 对 N_1 的稳态比率由下式决定:

$$\hat{N}^* = \left[(A_2/A_1)^{1/(1-\alpha)} \cdot (L_2/L_1) \cdot (\eta_1/\eta_2)\right]^{1/\sigma} \tag{8.25}$$

假定这些参数满足式(8.23)中的不等式,那么如图 8.1 所示,$\hat{N}^* < 1$。

χ_2 的增长率为:

$$\frac{\dot{\chi}_2}{\chi_2} = \frac{\dot{C}_2}{C_2} - \frac{\dot{N}_2}{N_2}$$

我们现在计算 C_2 和 N_2 的增长率。

国家 2 的消费增长率由式(8.20)决定。用式(8.19)替代收益率 r_2,并利用式(8.24)替代模仿成本 v_2,我们可得:

$$\frac{\dot{C}_2}{C_2} = (1/\theta) \cdot \left[\pi_2/v_2 + \sigma \cdot \frac{\dot{\hat{N}}}{\hat{N}} - \rho\right] \tag{8.26}$$

可见，为确定 C_2 的增长率，我们需要知道 $\hat{N}$ 的增长率，它表示 N_2 的增长率和 N_1 的增长率之间的差异：

$$\frac{\dot{\hat{N}}}{\hat{N}} = \frac{\dot{N}_2}{N_2} - \frac{\dot{N}_1}{N_1}$$

N_2 的变化取决于预算约束：$Y_2 = C_2 + N_2 X_2 + v_2 \dot{N}_2$。换言之，总产出 Y_2［式 (8.13)］等于总消费 C_2，加上投入到中间品产出的资源 $N_2 X_2$［其中 X_2 由式(8.12) 决定，且每单位中间品的边际生产成本为 1］，再加模仿所消耗的资源（它等于每种被模仿的产品的成本 v_2 乘以下一时点将要被模仿的新产品种类数 $\dot{N}_2$）。重新调整资源约束，并利用式(8.13)和式(8.12)，我们可得到：

$$\dot{N}_2 = (1/v_2) \cdot [\pi_2 \cdot (1+\alpha) \cdot \alpha \cdot N_2 - C_2] \tag{8.27}$$

我们现在可以在上式两边同除以 N_2，以计算 N_2 的增长率，并利用式(8.24)所示的模仿成本，可得：

$$\frac{\dot{N}_2}{N_2} = \frac{1}{\eta_2 \cdot \hat{N}^\sigma} \cdot [\pi_2 \cdot (1+\alpha)/\alpha - \chi_2] \tag{8.28}$$

我们现在开始计算 $\hat{N}$ 和 χ_2 的增长率。从式(8.28)中减去 γ_1，可得到 $\hat{N}$ 的增长率：

$$\frac{\dot{\hat{N}}_2}{\hat{N}_2} = \frac{1}{\eta_2 \cdot \hat{N}^\sigma} \cdot [\pi_2 \cdot (1+\alpha)/\alpha - \chi_2] - \gamma_1 \tag{8.29}$$

将式(8.29)中的 $\hat{N}/\hat{N}$ 代入式(8.26)，可得到关于 C_2 的增长率的表达式。我们可以根据式(8.28)减去 $\dot{N}_2/N_2$，得到 χ_2 的增长率：

$$\frac{\dot{\chi}_2}{\chi_2} = \frac{1}{\theta\eta_2 \cdot \hat{N}^\sigma} \cdot \{\pi_2 + (\theta - \sigma) \cdot [\chi_2 - \pi_2 \cdot (1+\alpha)/\alpha]\} - \frac{1}{\theta} \cdot (\sigma\gamma_1 + \rho)$$

$$\tag{8.30}$$

式(8.29)和式(8.30)构成一个关于变量 $\hat{N}$ 和 χ_2 的自治微分方程。我们在前文已讨论过该方程组的稳态。借助($\hat{N}$，χ_2)空间内的标准二维相位图，我们可以描述其动态。

轨迹 $\dot{\hat{N}} = 0$ 由下式决定：

$$\chi_2 = [\pi_2 \cdot (1-\alpha)/\alpha] - \eta_2 \cdot \gamma_1 \cdot \hat{N}^\sigma$$

如同在图 8.2 和图 8.3 中所示的那样，该轨迹在 ($\hat{N}$，χ_2) 空间内是向下倾斜的。式(8.29)表明，$\dot{\hat{N}} = 0$ 的轨迹稳定，即，在该轨迹的邻域内，$\hat{N}$ 的增加会减少 $\dot{\hat{N}}$。

$\dot{\chi}_2 = 0$ 的轨迹由下式决定：

$$\chi_2 = \pi_2 \cdot (1+\alpha)/\alpha - \pi_2/(\theta - \sigma) + (\sigma\gamma_1 + \rho) \cdot \eta_2 \cdot \hat{N}^\sigma/(\theta - \sigma)$$

注意，该轨迹的斜率取决于 $\theta - \sigma$ 的符号。如果 $\theta > \sigma$，那么如图 8.2 所示，该轨迹向上倾斜。该轨迹是不稳定的,即,χ_2 的增加会提升 $\dot{\chi}_2$。

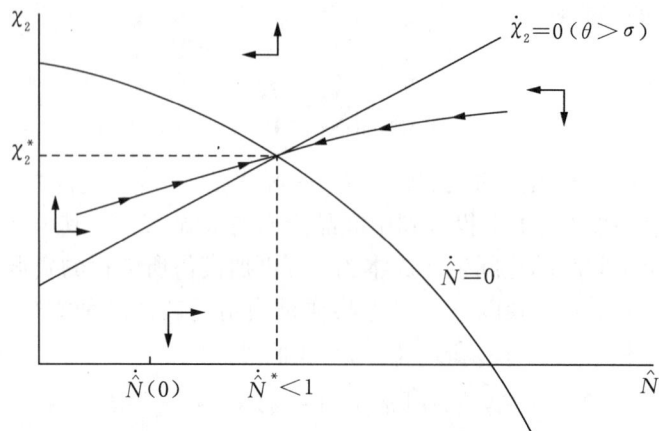

注:轨迹 $\dot{\hat{N}}=0$ 向下倾斜且稳定。如果 $\theta>\sigma$,那么轨迹 $\dot{\chi}_2=0$ 向上倾斜且不稳定。

图 8.2 当 $\theta>\sigma$ 时国家 2 的相位图

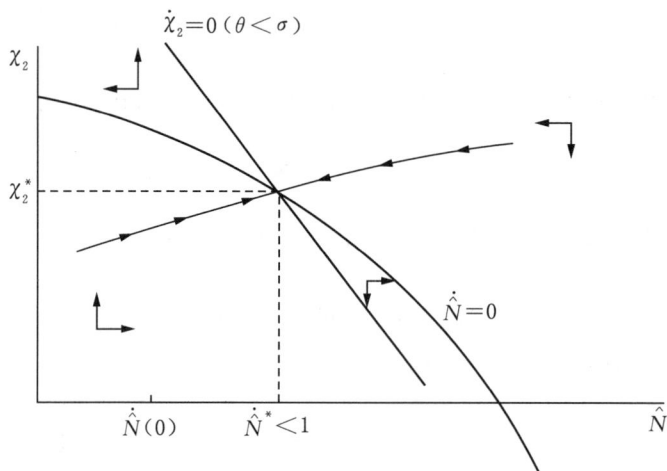

注:轨迹 $\dot{\hat{N}}=0$ 仍向下倾斜且稳定。如果 $\theta<\sigma$,那么轨迹 $\dot{\chi}_2=0$ 向下倾斜且稳定。

图 8.3 当 $\theta<\sigma$ 时国家 2 的相位图

在图 8.2 中,我们用箭头表示四个区域中点的变动方向。带箭头曲线所示的鞍形路径是唯一规避了 $\hat{N}$ 和 χ_2 的不稳定行为的路径。通过类似于第 2 章对新古典模型的论证,我们可知不稳定路径不具有均衡状态。如果国家 2 起始于 $\hat{N}(0)$ $<\hat{N}^*$,那么在向其稳态值转移的过程中,$\hat{N}$ 和 χ_2 单调递增。

图 8.3 描绘了 $\theta<\sigma$ 的情况。式(8.30)表明,轨迹 $\dot{\chi}_2=0$ 向下倾斜且稳定。(可以证明,该轨迹的斜率的绝对值大于轨迹 $\dot{\hat{N}}=0$ 的斜率的绝对值。)这里的重要发现是,稳定的鞍形路径仍向上倾斜,即,在 $\hat{N}(0)$ 向 $\hat{N}^*$ 的转移过程中,$\hat{N}$ 和 χ_2 仍单调递增①。

① 如果 $\theta=\sigma$,那么轨迹 $\dot{\chi}_2=0$ 为垂线。在这种情况下,稳定鞍形路径仍然向上倾斜。

因为 χ_2 和 $\hat{N}$ 总是朝其稳态值单调递增,所以式(8.29)表明,$\hat{N}$ 的增长率朝其稳态值 0 单调下降。($\hat{N}$ 的单调增加表明 v_2 单调递增。)因此,在转移过程中,N_2 比 N_1 增长得快——按比例而论,模仿多于创新——但是 N_2 的增长率稳定地朝着 N_1 的增长率降低。在稳态中,模仿速率和创新速率相等且都为 γ_1,而 $\hat{N} \equiv N_2/N_1$ 保持不变。

在转移过程中,追随者的增长速度因模仿成本 v_2 的稳定增加而降低。v_2 的增加表示了一种收益递减,在这里是指模仿的收益递减。在标准的新古典增长模型中,资本积累的收益递减起着类似的作用。

根据式(8.26),$\hat{N}$ 的单调递增和 $\dot{\hat{N}}/\hat{N}$ 的单调递减,意味着国家 2 的消费增长率 $\dot{C}_2/C_2$ 的单调递减。因此,式(8.20)意味着 r_2 单调递减,它朝着稳态值 r_1 稳步下降。

因为国家 2 的工人人均产出 y_2 与 N_2 [式(8.13)]成比例,所以在转移过程中 y_2 的增长率大于 γ_1,但是会逐步朝着 γ_1 下降。因此,该模型表现出我们所熟悉的收敛特征:虽然追随国家的工人人均产出的增长速度快于领先国家,但是随着追随国家的逐渐赶上,两国人均产出增长速度将越来越接近。

如前文所述,在稳态中追随国家的工人人均产出 y_2 倾向于小于领先国家的 y_1,即 $(y_2/y_1)^* < 1$。式(8.15)和式(8.25)表明,$(y_2/y_1)^*$ 是一个关于 A_2/A_1 和 L_2/L_1 的增函数,是关于 η_2/η_1 的减函数。

8.3 恒定(或缓慢增加)的模仿成本

到目前为止,我们讨论的均衡取决于这样的假设:当 $\hat{N}$ 增加时,模仿成本 v_2 将增加到足够高的水平。特别地,在图 8.1 中,条件是 $\hat{N} \equiv N_2/N_1 < 1$ 时,v_2 增加到 v_2^* 之上。(当 N_2/N_1 趋于 1 时,v_2 是不是趋于 η_2 并不重要。)图 8.4 描绘了另一种情况,在这种情况下 v_2 不变且处于低值,所以 $v_2 < v_2^*$。如果 v_2 增加缓慢,当 N_2/N_1 趋于 1 时,v_2 趋于一个低于 v_2^* 的值,那么分析也类似。

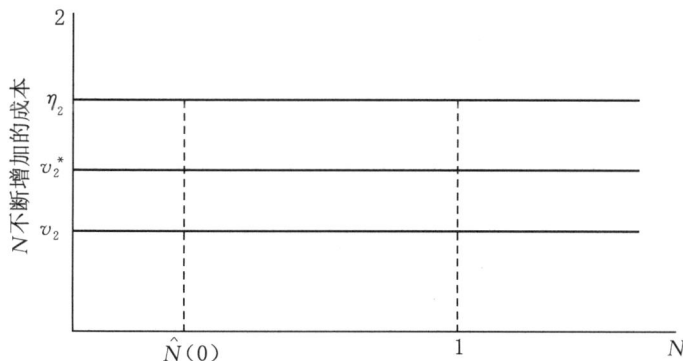

注:国家 2 中的模仿成本 v_2 恒定,且低于稳态值 v_2^*。而 v_2^* 低于创新成本 η_2。

图 8.4 国家 2 中恒定且较低的模仿成本

直观地,如果 v_2 很小(即,低于 v_2^*),那么模仿的速度将会足够快,最终国家 2 会模仿国家 1 所发现的所有产品。也就是说,在有限时间 T 内,$\hat{N} = 1$ 能得以成立。在该点,将会有过多的人愿意支付 v_2 来仿制国家 1 的某种发现。国家 1 的发现流入的速度为 γ_1。这种模仿者的过剩供给必须在均衡时得到解决。此外,如果 $t < T$,其中 $\hat{N} < 1$,那么国家 2 的行为人会认识到,过度供给的状态将来会出现,他们在那之前选择的模仿速率必须与这种预期相吻合。

8.3.1 稳态

从结果开始分析会更简单,也就是说,我们先考虑 $t > T$ 时,$\hat{N}$ 已经等于 1 的情况。在这种情况下,根据前面的分析我们可以很自然地推断,国家 2 将处于稳态,且在稳态中 N_2 的增长速率为 γ_1。这也是 N_1 的增长速率,所以 $\hat{N} = 1$ 永远成立。在这种情况下,国家 1 中所发现的产品会立即被国家 2 仿制和使用[1]。同样地,C_2 的增长速率为 γ_1,所以 $\chi_2 \equiv C_2/N_2$ 永远不变。

如果 $N_2 = N_1$,且国家 2 的模仿者投入的资源量为 $v_2\gamma_1 N_1$,那么 N_2 和 N_1 都以相同的速率 γ_1 增长。然而,如果国家 2 的每个个体都认为他只要支付 v_2 就能仿制一种产品,那么花在仿制上的支出将超过 $v_2\gamma_1 N_1$,也就是说,存在对被仿制产品的超额需求。在这种超额需求下,我们假定,在国家 2 对被仿制产品的垄断权是随机分配的。具体地,我们假定,每个人获得产权的概率与其仿制工作的投入数量成比例。那么,在均衡时潜在模仿者所支出的资源总量将为 $v_2^* \gamma_1 N_1$,其中 $v_2^* > v_2$ 是每种产品的成本,它使得预期收益率下降到 r_1[参阅式(8.21)、式(8.22)及图 8.4][2]。这种被抬高至 v_2^* 的实际仿制成本阻止了潜在模仿者的进一步参与。如果我们利用更详细的模型,考虑潜在模仿者相互赶超或竞争,以获得国家 2 某中间品的使用权,我们会得到相同的结论。

在稳态中,仿制的有效成本是 $v_2^* > v_2$,且国家 2 中模仿的预期收益率为 r_1。这种收益率与 C_2 和 N_2 的稳态增长率 γ_1 是相容的。因此,其稳态解与图 8.1 所示的解相同,只不过 $(N_2/N_1)^* = 1$ 成立。[我们继续假定 $\eta_2 > v_2^*$,如图 8.4 所示。也就是说,不等式(8.23)成立,且国家 2 的行为人没有创新的动力。]

---

[1] 如果我们假定模仿不只需要投入资源,还需要时间,那么模仿的出现会滞后,且国家 1 和国家 2 之间的差距将永远存在。Jovanovic 和 Lach(1991)构建的模型嵌入了模仿的时滞。Mansfield、Schwartz 和 Wagner(1981,第 909 页)在由 48 个创新所构成的样本中发现,模仿所需要的时间与创新所需要的时间的比率平均为 70%。似乎用不了多久,某行业内的进步在一段时间后就会变得众所周知。Mansfield(1985)指出,70% 的产品创新在一年内就会被竞争公司所熟悉。Caballero 和 Jaffe(1993)从专利引用的数据来测量思想对其他研究者产生影响所需要的时间,并从中得到类似的结论。他们发现这种扩散是迅速的,只有 1 至 2 年的滞后。

[2] 如果模仿所涉及的风险可以被分散化,该结果成立,于是潜在模仿者只考虑预期收益。

8.3.2 转移动态

现在来考虑 $t < T$ 的情况,此时 $N_1 < N_2$,且可仿制产品处于充裕供应的状态。那么,国家 2 的收益率必定等于:

$$r_2 = \pi_2/v_2 \tag{8.31}$$

它是恒定不变的。因此,消费的增长率也不变,且决定于下式:

$$\dot{C}_2/C_2 = (1/\theta) \cdot (\pi_2/v_2 - \rho) \tag{8.32}$$

该结果相当于 σ 等于 0 时的式(8.26)[①]。

$\hat{N}/\hat{N}$ 的表达式与式(8.29)一样,且 $\dot{\chi}_2/\chi_2$ 的表达式与 σ 为零时的式(8.30)相同:

$$\hat{N}/\hat{N} = (1/v_2) \cdot [\pi_2 \cdot (1+\alpha)/\alpha - \chi_2] - \gamma_1 \tag{8.33}$$

$$\dot{\chi}_2/\chi_2 = (1/\theta) \cdot (\pi_2/v_2) \cdot [1 - \theta \cdot (1+\alpha)/\alpha] - \rho/\theta + \chi_2/v_2 \tag{8.34}$$

其中,$\chi_2 \equiv C_2/N_2$。

同往常一样,式(8.33)和式(8.34)可以用于在 $(\hat{N}, \chi_2)$ 空间构建相位图,参见图 8.5。注意,现在每个轨迹都是一条水平线。我们可以很容易地证明(如果 $r_2 = \pi_2/v_2 > r_1$),轨迹 $\hat{N} = 0$ 位于轨迹 $\dot{\chi}_2 = 0$ 的上方,如图所示。我们还可以证明,对于位于轨迹 $\hat{N} = 0$ 上方的值,$\hat{N}$ 下降;且对于位于该轨迹下方的值,$\hat{N}$ 上升。同样可以证明,对位于 $\dot{\chi}_2 = 0$ 之上的值,χ_2 上升;且对于 $\dot{\chi}_2 = 0$ 之下的值,χ_2 下降。这些特征表明,稳定的鞍形路径起始于两条水平轨迹之间,且向上倾斜。我们已经画出了这条路径。当 $\hat{N}$ 趋近于 1 时,该路径位于轨迹 $\hat{N} = 0$ 下方,下面的分析之中我们会再次看到这一点。

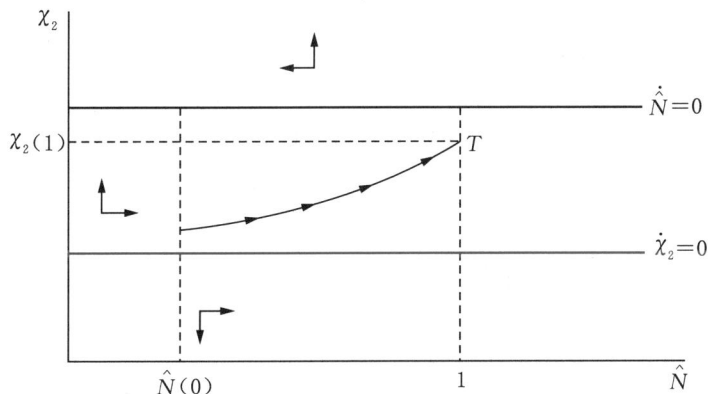

注:$\hat{N} = 0$ 的轨迹是一条水平直线,且位于水平直线 $\dot{\chi}_2 = 0$ 的上方。稳定的鞍形路径位于两条轨迹之间,且向上倾斜。

图 8.5　当 v_2 不变时国家 2 的相位图

[①]　在式(8.24)中,$\sigma = 0$ 表明 v_2 与 N_2/N_1 无关。然而,在当前情况下,$v_2 < \eta_2$ 也适用。

图 8.5 表明了一种转移。在这种转移中，$\hat{N}$ 和 χ_2 单调递增。$\hat{N}$ 的增加意味着 $\dot{N}_2/N_2$ 沿着路径超过了 γ_1。从式(8.29)可知，χ_2 的增加意味着 $\dot{N}_2/N_2$ 的稳定下降。因此，追随者的增长比领先者的增长更快，且增长率上的差距随着追随者的追赶而递减。从这个意义上说，该解与 8.2.5 节的解相一致。与前文分析的一个差别是，$\dot{C}_2/C_2$ 现在恒定不变，且大于 γ_1［见式(8.32)］。

当 $\hat{N}$ 等于 1 时，该解在时点 T 的行为较为复杂。在该时点之后，模仿的实际成本为 $v_2^* > v_2$，且收益率为 r_1；在该时点之前，模仿的成本为 v_2，且收益率为 $\pi_2/v_2 > r_1$。恰好在时点 T 之前的一个时点，任何支付 v_2 来仿制产品的人在下一时点都会得到巨大的资本利得，该利得相当于仿制品的影子价格从 v_2 到 v_2^* 的增加。实际上在该模型中，对时点 T 上的一个瞬间而言，仿制一个产品的收益率是无穷的。在仿制成本很小且不变时，收益率的这种有趣行为支持数量均衡的出现①。

图 8.6 表明了国家 2 的收益率 r_2 以及消费的对数 $\ln(C_2)$ 的均衡路径的全貌。在时点 T 的左边，收益率恒定为 π_2/v_2，且 $\ln(C_2)$ 的斜率是与之相关的常数 $(1/\theta)\cdot(\pi_2/v_2-\rho)$。在时点 T 的右边，收益率恒定处于低值 $r_1=\pi_1/\eta_1$，且 $\ln(C_2)$ 的斜率对应于更小的值 $(1/\theta)\cdot(\pi_1/\eta_1-\rho)$。在时点 T，无限大的(瞬时)收益率使得 $\ln(C_2)$ 出现了一次跳跃。该跳跃须满足国家 2 的整体资源约束，因为投入模仿的资源同时

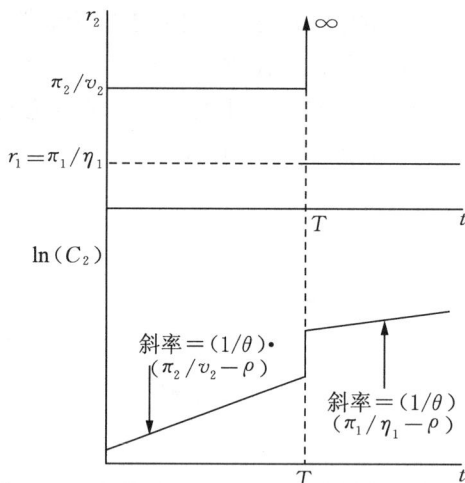

注：收益率 r_2 在时点 T 之前都恒定不变，且在时点 T 之后在一个更低的水平上恒定不变。只有在时点 T 时，收益率为无穷。相应地，$\ln(C_2)$ 在时点 T 之前具有常数斜率，在时点 T 之后具有更平坦的常数斜率，且在时点 T 时向上跳跃。

图 8.6　当 v_2 很小且不变时 r_2 和 $\ln(C_2)$ 的路径

① 如果我们在模型中引入耐用资本品，那么 $r(t)$ 的路径在各时点都将会等于资本的边际产出，且永远不会为无穷。因此，$r(t)$ 在某时点可为无穷的结论取决于所有投入都是非耐用品的假设。

也会向下跳跃相同的数量①。注意，总产出水平在时点 T（或在其他任何时间）没有出现跳跃。

现在假定，v_2 逐渐增加，而非恒定不变，但是在 $\hat{N} = 1$ 时，v_2 的值仍低于 v_2^*。在这种情况下，时点 T 仍会出现无穷大的收益率和消费水平的跳跃。主要的新结论是，当 $t < T$ 时，r_2 会稳步下降，因而 C_2 的增长率在该区间内也会下降。因此，只有当 v_2 完全不变化时，$\dot{C}_2/C_2$ 在时点 T 之前才会恒定不变。

这里的关键是，在追随国家增长率的定性预测方面，模仿成本不变或缓慢增加的情况与前文的模型一致。在各种情况下，更低的 N_2/N_1 意味着 N_2 更高的增长率，进而 Y_2 更高的增长率。该特征可推广至 C_2 的增长率，除了这样一种情况——直到 N_2 在时点 T 达到 N_1 之前，模仿成本 v_2 根本不会增加。

8.4　外国投资和知识产权

我们现在思考技术扩散的过程中外国投资和知识产权的某些方面。在之前的分析中，国家 1 的创新者支付成本 η_1 来垄断在国家 1 中的某种中间品的使用权。创新者对该中间品在国家 2 的使用没有产权。我们现在假定，国家 1 的创新者对其中间品在两国的使用都有永久垄断权。如果两个国家都充分重视外国人的知识产权，那么这种情况将会出现。这是当前世界贸易中中间品谈判的重大议题。知识产权使得国家 2 的行为人不向发明者支付费用就无法模仿其产品。

我们假定，国家 1 的某种中间品必须经过改造才能为国家 2 所用，且其改造成本为常量 v_2。我们现在将该成本看作是国家 1 的该中间品的发明者所花费的支出②。我们假设 $v_2 < v_2^*$［仍由式(8.22)给出］，因此当 $N_2/N_1 < 1$ 时，$\gamma_2 > \gamma_1$ 和 $r_2 > r_1$ 适用于之前的模型。也就是说，使产品与国家 2 匹配的成本足够低，以至于国家 2 的增长速度将快于国家 1。我们还假定，国家 2 的企业家认为创新是不值得做的。因此，所有的创新和改造都来自国家 1 的企业家的努力。

假设：国家 2 此前不对外国投资开放，且没有大量模仿国家 1 的发明。我们还假定，国家 2 自身的发明不多，因为参数 A_2 和 L_2 的值相对较低，或创新成本 η_2 相对较高。如果国家 2 突然对外国资本开放，那么国家 1 的已知产品种类数 N_1 将大大超过国家 2 已有的种类数 N_2。来自国家 1 的外国投资（对产品改造，使之适用

---

① 投入到模仿中的资源量的变化有两个相互抵消的影响。首先，资源使用量下降，因为 N_2 的增长率下降了一个不连续的量；第二，资源使用量上升，因为现在的单位成本是 $v_2^* > v_2$。均衡时（在时点 T 具有无穷大的收益率，进而消费向上跳跃），其净影响必定是模仿资源投入量的减少。同样，为与时点 $T\hat{N}$ 的向下跳跃和 χ_2 的向上跳跃相吻合，图 8.5 所示的稳定鞍形路径在时点 T 必定位于轨迹 $\hat{N} = 0$ 的下方。（轨迹 $\hat{N} = 0$ 和 $\dot{\chi}_2 = 0$ 在时点 T 之后分别向下和向上移动，因为方程式中的 v_2 被更大的 v_2^* 所代替。）

② 我们此前讨论的由 Teece(1977)提供的成本估算直接适用于该情况。

于国家 2)在国家 2 的收益率为 $r_2 = \pi_2/v_2$，如式(8.31)所示。就创新而言，根据式 (8.6)，收益率 r_2 大于收益率 $r_1 = \pi_1/\eta_1$。[该结论源自式(8.22)中的假设 $v_2 < v_2^*$。] 因为该模型假定改造或创新都不存在收益递减，所以国家 1 的研发者一开始就将所 有的研发支出用作在国家 2 的外国投资。(尽管 $r_2 > r_1$，但是因为不存在全球资 本市场，所以研发投资的这种分配之前从未出现过。)

未改造的产品最终不复存在——也就是说，N_2 等于 N_1——且纯粹由改造带 来的收益率 r_2 变得难以获取。那么，国家 1 的研发者们有了向发现新产品投入研 发支出的动机，也就是说，有了增加 N_1 的动机。然而，因为企业家知道，一个成功 的产品可以在支付改造成本 v_2 之后获得其在国家 2 的垄断权，所以现在创新的收 益率超过了式(8.6)所示的 r_1 值。如果如上文所假设的那样，不等式 $v_2 < v_2^*$ 成 立，那么该改造立即变得是值得的。

现在，国家 1 开发一种新产品并将其同时改造后使之适用于国家 2 的垄断总 利润等于式(8.4)和式(8.14)之和：

$$\tilde{\pi} = \pi_1 + \pi_2 = \left(\frac{1-\alpha}{\alpha}\right) \cdot \alpha^{2/(1-\alpha)} \left[(A_1)^{1/(1-\alpha)} \cdot L_1 + (A_2)^{1/(1-\alpha)} \cdot L_2\right] \quad (8.35)$$

式(8.35)的潜在假设是，国家 1 生产产品所用的中间投入通过式(8.1)所示的 技术进入生产——生产力参数为 A_1；而国家 2 生产产品所用的中间投入通过 式(8.9)所示的技术进入生产——生产力参数为 A_2。换言之，外国投资使得 国家 2 能更容易地获得国家 1 的中间品投入，但是假定外国投资不影响支配 着国家 2 生产进程的生产力参数。如果参数 A_2 表示当地政府的政策，如税 收、公共服务供给和产权保护，且该政策适用于所有在国家 2 经营的生产者， 那么该假设是合理的。

现在，为确保得到式(8.35)所示的垄断利润 $\tilde{\pi}$，国家 1 的创新者支付总成本 $\eta_1 + v_2$。相应地，自由进入条件意味着国家 1 的收益率为：

$$\tilde{r} = \tilde{\pi}/(\eta_1 + v_2) = \left(\frac{1-\alpha}{\alpha}\right) \cdot \alpha^{2/(1-\alpha)} \left[\frac{(A_1)^{1/(1-\alpha)} \cdot L_1 + (A_2)^{1/(1-\alpha)} \cdot L_2}{\eta_1 + v_2}\right]$$

$$(8.36)$$

不等式 $v_2 < v_2^*$ 意味着，$\tilde{r}$ 大于式(8.6)所示的 r_1[①]。

式(8.36)所示的不变收益率相当于一种稳态。在这种稳态中，各种数量—— N_1、Y_1、C_1、N_2、Y_2 和 C_2——增长率相同，且等于 $\tilde{\gamma} = (1/\theta) \cdot (\tilde{r} - \rho)$。该稳态具 有的特征是，它同时具有新产品品种数 N_1 和这些产品的改版品种 $N_2 = N_1$。因为 $\tilde{r}$ 高于此前的值，所以 $\tilde{\gamma}_1$ 超过式(8.8)所示的不存在外国投资的模型中的 γ_1。我 们在本章的后文中将讨论外国投资和知识产权的福利效应。

---

① 条件 $v_2 < v_2^*$ 还意味着 $\tilde{r} < r_2 = \pi_2/v_2$。因此，如同我们此前默认假定的那样，国家 1 的企业家将 首先改造全部现有的产品使之适用于国家 2，之后再转向研发新产品。

8.5 追随国家增长率的一般意义

我们所考虑的各种模型表明,国家 2 的工人人均产出的增长率可以写成如下形式:

$$\dot{y}_2/y_2 = \gamma_1 + G[y_2/y_1, (y_2/y_1)^*] \tag{8.37}$$

其中,函数 G 的偏导数满足 $G_1 < 0$ 且 $G_2 > 0$。该函数也满足当 $y_2/y_1 = (y_2/y_1)^*$ 时,$G(\cdot, \cdot) = 0$。从第 1 章所述来看,增长率并不一定表现出绝对收敛,因为富有的领先者的增长率不一定低于落后的追随者的增长率。也就是说,当 $y_2/y_1 < 1$ 时,$\dot{y}_2/y_2 < \gamma_1$ 可以成立。如果穷国收入与富国收入之比的稳态值 $(y_2/y_1)^*$ 很小(如,因为 A_2/A_1 很低),那么即使追随者比领先者更穷($y_2 < y_1$),追随者的增长率 $\dot{y}_2/y_2$ 也可以低于领先者的增长率 γ_1。如果 $y_2/y_1 < (y_2/y_1)^*$,那么国家 2 的增长率 $\dot{y}_2/y_2$ 会超过 γ_1。

在给定 $(y_2/y_1)^*$ 时,随着 y_2/y_1 的增加,追随者的增长率 $\dot{y}_2/y_2$ 递减。从这个意义上说,这些结论体现了条件收敛。同样地,如果 y_2/y_1 给定,那么 $\dot{y}_2/y_2$ 关于 $(y_2/y_1)^*$ 递增。换言之,追随者的增长率是关于它与其稳态之间距离的增函数。例如,如果国家 2 的政府采纳的政策更有利于生产和投资(可能对资本收入征收更低的税收或更有效的产权保护),政策的变化相当于 A_2 的增加。在这种情况下,$(y_2/y_1)^*$ 增加,且增长率 $\dot{y}_2/y_2$ 增加。

在带有劳动增强型技术进步的新古典增长模型中,如第 2 章所述,封闭经济体中人均产出增长率的表达式类似式(8.37)。差别是,γ_1 被记作 x 的外生技术变化率所代替;y_2/y_1 被 $\hat{y}$ 所代替,$\hat{y}$ 是国家的有效工人人均产出(该概念因技术进步而将增长率看作 x);且 $(y_2/y_1)^*$ 被有效工人人均稳态产出 $(\hat{y})^*$ 所替代。因此,标准模型中的增长表达式可以被写成:

$$\dot{y}/y = x + H[\hat{y}, (\hat{y})^*] \tag{8.38}$$

其中函数 H 的偏导数满足 $H_1 < 0$ 且 $H_2 > 0$,且当 $\hat{y} = (\hat{y})^*$ 时,$H(\cdot, \cdot) = 0$。$(\hat{y})^*$ 取决于参数 A 所囊括的政府政策等因素和储蓄意愿。更高的 A 值增加 $(\hat{y})^*$,相反,更高的偏好参数 ρ 和 θ 减少 $(\hat{y})^*$。

两种模型的一个区别是,式(8.37)的截距等于领先经济体的增长率 γ_1;而式(8.38)的截距等于外生技术进步的不变速率 x。从操作上来看,γ_1 可能等于先进国家的工人人均产出的平均增长率[1]。参数 x 无法直接观测得到,而且可能会随时间或国家不同而变化。

---

[1] 虽然两种增长率在当前的模型中相同,但是追随者受到 N_1 的增长的影响,却不受领先国家的工人人均产出 y_1 的影响。虽然计算专利或累计的研发支出是可能的,但是直接测量 N_1 和 N_2 是不可能的。

如果所有追随者面临同样的领先者——因为在所有情况中，模仿成本 v_i 都是一样的——且如果所有国家的外生技术变化率在相同时点都一样，那么两个模型表明，所有国家的截距相等。对某一组横截面数据来说，式(8.37)将使得截距等于可观测值 γ_1，相反式(8.38)却没有这一约束条件。因此，扩散模型相当于受限制的古典增长模型，且这种限制可接受经验测试。

在分组设定中，式(8.37)将允许截距随着时间波动，但须与 γ_1 的可观测变动一致。式(8.38)将固定截距，但是这种情况只存在于技术进步率 x 不变（对所有国家都一样）的新古典增长模型中。如果技术变化率是外生的，但是却不一定是不变的，那么式(8.38)允许截距不受约束限制地随时间变动。在这种情况下，扩散模型再次相当于受限制的新古典增长模型，且该约束可接受经验检验。

至于 $G(\cdot)$ 和 $H(\cdot)$ 项，式(8.37)的关键是增长率取决于某国特征数据与领先国家的特征数据的相对水平；相反，式(8.38)的关键是这些特征数据的绝对水平。例如，假定美国（代表技术领先者）的增长率 γ_1 是每年 2%。式(8.37)认为，在 γ_1 给定时，代表性追随者（如墨西哥）的增长率取决于其政治经济制度（参数 A_2 的决定因素）相对于美国的水平。式(8.38)表明墨西哥的制度特征对墨西哥的增长至关重要，但是却不一定须要相对美国的可比特征对其进行调整。

如果所有国家都面临相同的领先者，那么，对某一组横截面数据来说，领先者的特征将被合并到总截距。然而在分组情境下，领先者特征的变化——特别地，对 γ_1 有影响的变化——随着时间的推移将以可见的方式移动截距。如果模仿成本以可见的方式随国家或时间而变动，那么在经验上将更容易识别。在试图证明追随国家与其相关的领先国家之间贸易额越大，模仿成本越低时，Jaumotte(1999)运用了该思想[①]。这里的要点是：追随国家从领先国家进口有助于从领先国家吸收先进技术。

Jaumotte(1999)用 1960—1994 年间的 63 个发展中国家为样本，以代表追随国家，这些追随国家类似于我们的国家 2。相当于我们的国家 1 的诸领先国家是 OECD 国家，再加上以色列。她采用一种我们将在第 10 章中讨论的增长核算方法来估算两组中各国 N_i 的时间路径。基本上，她排除了某国可观测到的投入增长所带来的对可观测的产出增长的贡献[这种投入包括物质资本、人力资本（以教育计量）和原始劳动]，并将残值视为 N_i。她假设改造成本 v_2 与 N_2/N_1 正相关，如式(8.24)所示，还假定该成本同一个追随国家从诸领先国家的进口量与该国 GDP 之比负相关。

Jaumotte(1999，表 2)发现，以 $\dot{N}_2/N_2$ 计量的追随国家的技术增长率与 N_2 负相关，与 N_1 正相关。此外，我们曾假设只有 N_2 与 N_1 之比才对 $\dot{N}_2/N_2$ 具有

---

① 有人认为，一国的增长取决于其他国家的发展。Chua(1993)及 Easterly 和 Levine(1997)检验了该思想。然而，这些研究专注于对地缘毗邻地区的影响，而非通过国际贸易而关联起来的地区之间的影响。

重大意义,而该结论与此假设相吻合。她还发现,贸易比重越大,$\dot{N}_2/N_2$ 对 N_2/N_1 越敏感。在该模型中,如果更多的贸易降低了技术模仿成本,那么这种影响就会出现。因此,这些经验结论为本章关于技术扩散的分析提供了更多的支持。

通过思考各国高技术设备的进口(大部分为电脑进口),Caselli 和 Coleman (2001)对技术扩散进行了直接计量。特别是对很多没有大量出口计算机的国家而言,这种计量是计算机投资的良好替代品。那么其观点是,计算机累积的同时,先进技术将被更广泛地使用。

Caselli 和 Coleman(2001,表 2)发现,从 OECD 国家进口的制造品的不断增加将提高他们所测度的技术扩散程度,这与 Jaumotte(1999)相吻合。另一个结论是某国的人力资本数量的增加能提升技术扩散的速率,这与之前提到的 Nelson 和 Phelps(1966)的理论相吻合。对该结论的一种解释是,更多可获取的人力资本能降低一国改造复杂技术的成本,或相当于提高这种改造的收益。在他们的框架中衡量人力资本的最具解释力的指标是中学以上的平均受教育年限。这种相关性是有道理的,因为高层次的教育对于新的复杂技术的使用可能特别重要。Caselli 和 Coleman 也发现,产权保护的更有力实施和农产品占总产出比重的下降对他们所衡量的技术扩散是一种鼓励。

8.6 技术领先地位的转换——交互跃进

再次考虑创新者只在本国持有知识产权的情况。到目前为止,我们一直考虑式(8.23)所示的 $(A_2/A_1)^{1/(1-\alpha)} \cdot (L_2/L_1) \cdot (\eta_1/\eta_2) < 1$ 的情况,那么从基本参数上看,国家 2 本质上落后于国家 1。在图 8.1 和图 8.4 中,该不等式保证了在纵坐标轴上 v_2^* 位于 η_2 的下方。出于该原因,国家 2 的行为人从来不愿创新。

现在假定不等式反过来:

$$(A_2/A_1)^{1/(1-\alpha)} \cdot (L_2/L_1) \cdot (\eta_1/\eta_2) > 1 \qquad (8.39)$$

因而国家 2 本质上优于国家 1。因为 $N_2(0) < N_1(0)$ 仍成立,所以国家 2 开始时技术上仍处于劣势。如果国家 2 在相当长时期内落后于国家 1,但是,由于最近政府政策的改善(以 A_2 的增加表示)使得国家 2 本质上更为优越,那么这种情况可能会出现。

现在回到图 8.1 所示的情况,在该情况中,v_2 关于 N_2/N_1 递增,且当 N_2/N_1 趋近于 1 时向 η_2 靠近。然而,式(8.39)中的不等式表明,式(8.22)确定的 v_2^* 值现在大于 η_2。因此,图 8.7 表明,N_2/N_1 达到 1 时,相应地 v_2 达到 η_2,而此时 N_2 增加的成本仍低于 v_2^*。该结论意味着,国家 2 的行为人发现通过成本为 η_2 的创新而将 N_2/N_1 提高到 1 以上是有利可图的。因此,一旦国家 1 的所有发现都已被仿制,国家 2 就转入创新。

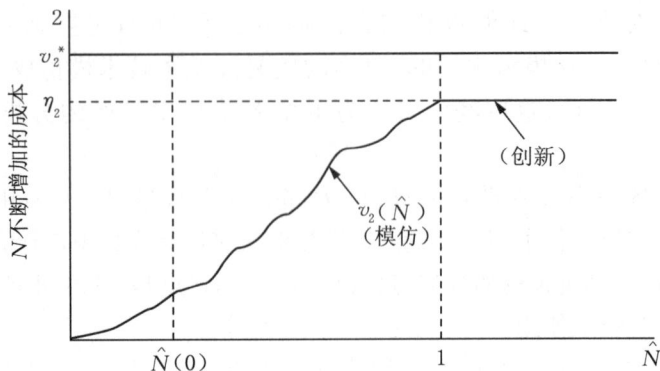

注:国家 2 的模仿成本 v_2 仍是 N_2/N_1 的增函数,且当 N_2/N_1 靠近 1 时,趋近创新成本 η_2。现在假定模仿成本的稳态值 v_2^* 大于 η_2。

图 8.7　当 $v_2^* > \eta_2$ 时国家 2 的技术变革成本

国家 2 的发明带来了诸多能被国家 1 模仿的产品。因此仿制成本低于 η_1,所以国家 1 的行为人现在发现模仿比创新实惠。相应地,国家 1 的角色从领先者变为追随者[1]。注意,技术领先者国家 2 的出现,提高了国家 1 的福利[2]。

初始模型在领导者地位易主之后是适用的,除了角色互换之外。国家 2 现在是永久的技术领先者,且国家 1 是永远的追随者。国家 2 的收益率 r_2 和(N_2、Y_2 和 C_2 的)增长率 γ_2 在转换之后不变。如果式(8.6)和式(8.8)的下标由 1 变成 2,那么它们可确定 r_2 和 γ_2 的值。产品种类数之比的稳态值 $(N_2/N_1)^*$ 仍由式(8.25)给定,但是现在大于 1。

如果 $\hat{N}$ 现在等于 N_2/N_1 而 χ_1 代替 χ_2,那么图 8.2 和图 8.3 描述了国家 1 在转换之后的动态。与之前的唯一差别是,$\hat{N}$ 的初始值为 1,位于 $\hat{N}^*$ 的右边。因此,动态路径的特征是 $\hat{N}$ 值稳定下降且 $\chi_1 \equiv C_1/N_1$。$\hat{N}$ 的稳步下降意味着,在拐点之后,国家 2 的增长一直比国家 1 快。当 $\hat{N}$ 下降时,国家 1 的模仿成本 v_1 下降,且国家 1 的收益率和增长率增加。在稳态时,国家 1 的收益率等于常数 r_2,且其(N_1、Y_1 和 C_1 的)增长率也等于常数 γ_2[3]。

---

[1] 当 N_2/N_1 靠近 1 时,$v_2(N_2/N_1)$ 趋近创新成本 η_2(如图 8.1 和图 8.7)。在这一情况下,国家 1 突然从领先者变成追随者,且国家 2 突然从追随者变成领先者。如果 $v_2(N_2/N_1)$ 在 N_2/N_1 等于 1 之前提高到了 η_2 之上且如果类似的模仿成本函数适用于国家 1,那么这种转换是一种国家内部创新与模仿并存的转移。在这个经过改进的框架下,国家 2 将在某时点从纯粹模仿转向模仿与创新并存。接着,在国家 2 的发现积累到某有限数量时,国家 1 的模仿成本将变得足够低,以至于国家 1 将进入模仿与创新并存的状态。最后,国家 2 将完全不再模仿,而国家 1 完全不再创新。

[2] 因为最终产品物理上是同质的,所以国家 2 生产力的提高不会对国家 1 带来相对价格的不利影响。

[3] 最后的可能性是 $(A_2/A_1)^{1/(1-\alpha)} \cdot (L_2/L_1) \cdot (\eta_1/\eta_1) = 1$。在这种情况下,均衡可能是第一种情况(其中,国家 1 是永远的领先者,国家 2 是永远的追随者),也可能是第二种情况(其中,领先地位被逆转)。在两种情况下,发明和模仿也可能在某个国家同时存在。在稳态中,两国的行为人对创新和模仿持中立态度。

如果基本参数 A_i、L_i 和 η_i 不变,那么技术领先地位的转换只能在模型中出现一次。如果从不等式(8.39)的角度来看,初始时已知产品种类数 N_i 相对较小的国家本质上处于优势地位,那么拐点会在某时点出现。因此,当前的框架与Brezis、Krugman 和 Tsiddon(1993),Jovanovic 和 Nyarko(1996)以及 Ohyama 和Jones(1995)所研究的交互跃进模型不同。在那些条件下,技术领先地位的变化反映了在探索意愿和接受全新思想方面的落后会造成的影响。在当前模型中,后发展起来的国家能从模仿的低成本中获益,但是在尖端技术的发现和使用方面没有优势。

实际上,参数 A_i、L_i 和 η_i 会随时间变化,例如,因为政府政策的转变。这些变动偶尔会导致技术领先地位的变化。(这些变化将明显晚于基本参数的变化。)然而,因为落后并未促进发现或新技术的应用,又因为领先者是根据其占优的基本参数值而选出来的,所以从某特定追随者最终可能超越某特定领先者的意义上说,不存在交互跃进的倾向[1]。不过,领先者最终会被某追随者所取代的概率将会很高。

这些结论与 Brezis、Krugman 和 Tsiddon(1993)所强调的世界技术领先地位变化的大致趋势相吻合。他们提出英国在 18 世纪取代荷兰成为领先者,美国(在某些方面还包括德国)于 19 世纪晚期取代英国,而日本在 20 世纪 80 年代在某些行业超越美国[2]。在更新近的时期,人们认为美国在很多高新技术领域占据着技术领袖的地位。该模式引人注意的地方不是技术领先地位变化的出现,而是领先地位持续的时间过长。特别地,大部分国家从没成为过技术领先者。因此,这种经验证据并未表明在研发和使用最新技术上的落后会带来较大的优势。

8.7   福利因素

我们来思考图 8.1 所描述的模型。在该模型中,国家 1 一直是技术领先者,而国家 2 一直是追随者,且模仿成本是 N_2/N_1 的增函数。该模型中一个扭曲之源是对国家 1 所发现或国家 2 所模仿的中间品的垄断定价。该因素类似于第 6 章的模型。从静态角度来看,这种扭曲反映了对各种中间品所支付的价格中超过生产边际成本 1 的超额部分 $1/\alpha$。通过在各国以税率 $(1-\alpha)/\alpha$ 对购买中间品进行一次性税收补贴的方式,我们可以消除该障碍。这样,一种中间品的各使用者所面临的净价都等于其生产边际成本 1。

该模型的另一个扭曲是,虽然国家 2 能从可仿制的创新思想的数量增加中获得收益,但是因为国家 1 的行为人没有将其考虑在内,所以它们缺乏足够的创新动因。如果国家 1 的各创新者对其思想的使用具有国际产权,那么这种效应将会被

---

[1]   一个有趣却未被解决的经验问题是,这种意义上的交互跃进是否适用于职业体育团队。新人选秀就是一种有望带来交互跃进的力量,通常各队选秀的顺序与上赛季的成绩排名相反。

[2]   在前现代时期,最主要的技术领先者是中国,参见 Temple(1996)。关于最近的内生增长理论语境下的讨论,请参阅 Young(1993)。

内化。我们此前所考虑的具有知识产权和国外投资的框架为实现这种内化提供了一种方法。确保创新具有世界产权将使得研发者们考虑其研发的全球收益[1]。

因为对国家 1 某种概念的模仿提升了将来模仿的成本，而国家 2 的行为人没有考虑到这点，所以另一种扭曲出现了。为了单独分析这种影响，我们假定 N_1 的增长率 γ_1 是给定的，并假定，通过对中间品的使用进行补贴，且补贴率为 $(1-\alpha)/\alpha$，国家 2 垄断定价的影响已被抵消了。通过定额税而获得补贴意味着，使用者获得中间品的净价等于生产的边际成本 1。接着，我们可以将分散决策经济解的产出与国家 2 的中央计划者所决定的产出相比较。（国家 1 的中央计划者在这里是无关紧要的，因为我们假定增长率 γ_1 是给定的，且源自国家 1 垄断定价的扭曲被补贴和税收机制所消除。）

中央计划者在生产函数式(8.9)的约束下最大化国家 2 的代表性消费者的效用。假定式(8.24)决定着仿制成本 v_2，且 N_1 的增长率 γ_1 是给定的。每种中间品 X_2 的最优数量将最大化了产出 Y_2 与中间品所耗支出之差，该最优 X_2 由下式决定：

$$X_2 = L_2 A_2^{1/(1-\alpha)} \alpha^{1/(1-\alpha)} \tag{8.40}$$

动态最优的常见条件可推出关于 N_2 和 C_2 增长率的表达式：

$$\dot{N}_2/N_2 = (1/v_2) \cdot (\Psi - \chi_2) \tag{8.41}$$

$$\dot{C}_2/C_2 = (1/\theta) \cdot (\Psi/v_2 - \rho - \sigma\gamma_1) \tag{8.42}$$

其中，$\chi_2 \equiv C_2/N_2$，且新参数 Ψ 被定义为：

$$\Psi \equiv (1-\alpha) \cdot L_2 A_2^{1/(1-\alpha)} \alpha^{\alpha/(1-\alpha)} \tag{8.43}$$

在购买中间品可享受补贴，且补贴率为 $(1-\alpha)/\alpha$ 的分散决策经济中，Ψ 等于利润流 π_2。[该数量大于式(8.14)所示的 π_2]。

对于分散决策经济条件而言，对购买中间品的补贴意味着，X_2 等于式(8.40)所示的中央计划者的选择。因为 X_2 的值都相等，所以如果关于 χ_2 的选择相同，那么关于 N_2 的分散决策经济路径将与计划者的路径一致。也就是说，在分散决策经济体情况下确定 $\dot{N}_2/N_2$ 的表达式与式(8.41)相同。因此，只有当消费选择存在差异时，结论才会不同。

分散决策经济解的消费增长率为：

$$\dot{C}_2/C_2 = (1/\theta) \cdot [\Psi/v_2 - \rho - \sigma\gamma_1 + (\sigma/v_2) \cdot (\Psi - \chi_2)] \tag{8.44}$$

该表达式与式(8.42)所示中央计划者之解的唯一差别是多了含有 $\Psi - \chi_2$ 的那一

---

[1]　在模型中，外国投资也规避了资本市场的不完善，这种不完善允许两国的收益率 r_1 和 r_2 可以不相等。实际上，创新设计在他国使用的产权为外国投资提供了担保。在初始模型中隐含的假定是，国家 1 的居户不愿意向国家 2 的投资者贷款，即使这些投资者愿意支付的收益率 r_2 超过国家 1 的储蓄者所得到的收益率 r_1。

项。可以证明 $\Psi > \chi_2$ 在稳态中成立。此外,因为我们能证明 χ_2 在转移过程中单调递增(根据此前的相位图分析),所以 $\Psi - \chi_2$ 必定全程为正。对任何给定的 N_2/N_1(进而 v_2),分散决策经济的 $\dot{C}_2/C_2$ 选择大于中央计划者的选择。换言之,分散决策经济体的解涉及更低水平的 χ_2 和更高增长率的 C_2。那么,式(8.41)意味着,无论 N_2/N_1 取什么值,分散决策经济体的 $\dot{N}_2/N_2$ 选择都大于中央计划者的选择。该结论意味着,分散决策经济体的 N_2/N_1 的稳态值超过了中央计划者所选择的对应稳态值①。

在分散决策经济体中,N_2 的增长率太高,因为投入到模仿(进而增长)中的资源类似于在过度拥挤的池塘中增加垂钓者。特别地,为提高 N_2 而支付 $v_2(N_2/N_1)$ 的行为人没有想到,这种行为会提升将来的产品模仿者的成本。换个角度看,私人行为人将资本利得 $\dot{v}_2/v_2$ 看作模仿收益的一部分,但该项没有进入社会收益。如果国家 2 的潜在模仿者开始时就被明确地赋予了对国家 1 各种可仿制产品的产权,那么这种扭曲将不会出现。或者,如果国家 1 的发明者拥有其创新产品在国家 2 的仿制权,那么这种扭曲也将不会出现。

在 8.3 节中,v_2 处于低位且恒定不变。对于 8.3 节中所讨论的情况,我们可以作类似的福利比较。在稳态中,中央计划解和分散决策经济解都具有如下特征:$N_2/N_1 = 1$ 且 N_2 和 C_2 的增长率都为 γ_1。然而,在分散决策经济情况下,潜在仿制者之间的竞争使得实际模仿成本提高到 $v_2^* > v_2$。这种资源浪费意味着,稳态水平的 $\chi_2 \equiv C_2/N_2$ 低于中央计划者的设定。(即使分散决策经济体为国家 2 的中间品使用提供恰当的补贴,该结果也成立。)

回顾前文可知,在分散决策经济情况下,在时点 $TN_2 = N_1$ 时,C_2 向上跳跃,且相应地,投入于仿制的资源向下跳跃。我们能证明,国家 2 的中央计划者的解可以规避这种跳跃。C_2 的增长率在时点 T 不连续地下降,但是 C_2 的值不会跳跃,进而投入于仿制的资源量也不会跳跃。

对于 $t < T$,我们可以证明,分散决策经济体所选择的 $\dot{N}_2/N_2$ 超过了中央计划者的值。(如果分散决策经济体对中间品在国家 2 的使用提供恰当的补贴,那么该结论成立。)在两种环境中,$\dot{C}_2/C_2$ 的值都是相等(和不变)的,但是分散决策经济体的路径具有更低的 $\chi_2 \equiv C_2/N_2$,进而,投入到仿制中的资源 $v_2\dot{N}_2$ 相应更高。

这里的问题仍是国家 2 中对获取产权的过度激励。在仿制成本 $v_2(N_2/N_1)$ 平滑增加的模型中,这种激励表现为在国家 2 拥有垄断权的行为人的资本利得流。在具有不变 v_2 的模型中,动机源自对时点 T 的无穷资本利得率的预期。在两种情况下,资本利得所激发的模仿速率都太快了②。

---

① 我们假定,各参数要使得稳态中的 N_2/N_1 保持在 1 之下。

② 还可以换一种设定,成本 v_2 与 N_2/N_1 不相关,但是与自国家 1 出现该发明以来的时间负相关。其观点是,越急于改造,其成本越高。在这种环境下,行为人在国家 2 的过快模仿会承担过高的社会模仿成本,而扭曲与此有关。该问题再次源自在国家 2 获取产权的诱因。

8.8 扩散和增长的综述

从领先经济体到追随经济体的技术扩散涉及模仿成本和改造成本。我们假定,这些成本在仿制品很少时低于创新成本,但随着未被仿制的创意数量的减少而增加。这种成本设定意味着模仿具有收益递减形式,从而倾向于带来收敛性。与领先经济体之间的差距越大,落后经济体的增长速度倾向于越快。然而,这种过程是有条件的,因为对某给定技术差距来说,增长率取决于政府政策和对落后经济体的模仿收益率存在影响的其他变量。

在稳态中,领先国家和落后国家的增长率相同。因此,即使各国在研发成本、生产率和储蓄率等方面存在差异,长期来看,增长率最后会相等。如果各国具有相同的储蓄偏好(也就是说,具有相同的参数 ρ_i 和 θ_i),增长率相等意味着稳态中的收益率也相等。因此,即使不存在全球资本市场,技术扩散也可以使得各国的长期收益率相等。

在一些例子中,技术扩散涉及本国企业家对其他国家研发出的产品或思想的模仿。该过程是有成本的,但是常常无须对该产品或生产工艺的发明者支付任何费用。在另一些例子中,这种扩散是通过外国投资的方式显现出来的。各国对知识产权的尊重有助于为领先经济体中新产品和技术的发现提供恰当的激励。出于该原因,保护知识产权的制度有助于提高领先经济体与落后经济体的长期增长率。

8.9 习题

8.1 领先者—追随者模型中的帕累托最优 请思考8.1节和8.2节所描述的领先者—追随者模型。

a. 讨论那些导致帕累托非最优的扭曲。这种扭曲与第6章的一国不同种类产品模型中所出现的扭曲有什么不同?

b. 为确保帕累托最优,应该实行什么政策?

c. 假定:领先国家具有无政府干涉下的分散决策经济均衡。当追随国家的政府对领先国家的创新进行补贴时,对追随国家来说是最优的吗?

8.2 领先者—追随者模型中的收益率 再次思考8.1节和8.2节中的领先者—追随者模型。

a. 两国的收益率都是恒定不变的吗? 哪个收益率更高?

b. 如果领先国家和追随国家共享一个完善的信贷市场,那么会发生什么?

8.3 领先者—追随者模型中的收敛

a. 在8.1节和8.2节的模型中,讨论两国是否会收敛至相同的人均产出和工资率。讨论它们是否会收敛至相同的人均产出增长率。

b. 对于初始人均产出水平更低的国家而言,它有无可能具有更高的人均产出水平？就人均产出相对水平而言，之后会否出现另一个拐点？

    c. 从创新和模仿的角度而言，国家能否在某时点转换角色？

    d. 该模型对绝对收敛和相对收敛有怎样的含义？

8.4 不同的收敛理论 扩散理论的收敛结论不同于拉姆齐模型的结论。能否从经验角度对这些理论进行区分？如果可以，如何区分？

8.5 外国投资

    a. 讨论外国投资在扩散模型中扮演的角色。

    b. 是否存在创新经济体国家 1 的行为人能通过在模仿经济体国家 2 投资而获益的潜在可能性？

    c. 是否存在模仿经济体国家 2 通过在外国投资而获益的潜在可能性？国家 2 会一直尊重来自国家 1 的企业家的知识产权吗？

8.6 交互跃进

    a. 讨论交互跃进的概念，并说明它如何不同于绝对收敛？

    b. 第 2 章的拉姆齐模型（增加了对技术的随机冲击）避免了交互跃进吗？我们在文中曾提到存在一个开始在技术改进上落后而后来成为领先者的经济体。该经验观察与本题的模型相矛盾吗？

    8.7 创新和技术转移（基于 Krugman，1979） 假定世界由两个国家组成（南和北），且具有 M 种消费品。这些产品不能储藏，但是可以在两国间交易。各国具有 L 单位的消费者兼工人，且他们的瞬时效用函数为：

$$U = (\sum_{i=1}^{M} (c_i)^\theta)^{1/\theta}$$

其中，$0 < \theta < 1$ 且 c_i 是所消费的产品 i 的数量。这里有两类产品：新产品和老产品。在某时点，M 种产品中有 M_o 种老产品和 $M_n = M - M_o$ 种新产品。生产老产品的技术是共有的，所以南北国家都能生产老产品。北国可自由地获得生产新产品的技术，但是南国却无法获得该技术。1 单位的劳动可生产出 1 单位的任何产品，且所有产品都在完全竞争的条件下生产。

    将每种老产品的价格标准化为 1，且令 P_n 为各种新产品的价格。（注意，各种老产品的价格必须相等，且各种新产品的价格也必须相等。）令 w_N 和 w_S 分别为北南两国的工资率。令 τ 为北国的贸易条件，即北国生产的产品价格与南国所生产的产品价格之比。

    a. w_N 和 w_S 如何决定 τ？w_N 和 w_S 如何决定北国的人均收入与南国的人均收入之比 y？

    b. 令 $\sigma \equiv M_n/M_o$。将世界经济专业分工的模式表示成关于 σ 的函数。用该结论将 w_N、w_S、τ 和 y 同 σ 关联起来。

    c. 令 $\dot{M} = iM$ 表示北国的创新率，其中 i 是外生的。令 $M_o = tM_n$ 表示技术转移率，其中 i 是外生的。找到 σ 的稳态值及其变动规律。世界分工模式随时间会如何变化？随着时间的推进，y 会出现什么变化？

d. 定义存在收敛性(即 $\dot{y} < 0$)的初始条件。在这种模型中,收敛是否相当于长期收入的相等,即 $y^* = 1$?

8.8　技术选择和技术赶超(基于 Ohyama and Jones,1993)　假定在两国构成的世界中只有一种不能储藏的产品。各国都具有 L 单位的消费者兼工人,他们的偏好是线性的,且时间偏好率 $\rho > 0$。这里存在传统技术,其特征为:

$$q_i^T = A_i \cdot (1 - \theta_i)$$

且 $i = 1, 2$,其中,$1 - \theta_i$ 是国家 i 的传统技术所占有的劳动力比重。国家 1 是当前的技术领先者,即 $A_1 > A_2$。

在时点 0,新出现的技术具有如下特征:

$$q_i^N = B_i \theta_i$$

$$B_i = B + \lambda \cdot \int_0^t q_i^N \cdot \mathrm{d}\tau$$

其中,B 为常数且 $0 < B < A_i$,λ 是另一个常数且 $0 < \lambda < \rho$。新技术最初的生产力更低($B < A_i$),但是体现出干中学($\lambda > 0$)。

a. 假定在同一个国家内,技术是相互独立的,所以 θ_i 必须等于 0 或 1。在什么条件下,新技术会被采用,且会被哪国采用?是否有可能出现交互跃进?如果可能,计算国家 2 超越国家 1 所需的时间 T。

b. 现在假定,这些技术可以同时在两国起作用,所以 $0 \leqslant \theta_i \leqslant 1$。在时点 0,各国选择 θ_i 的值,并永远维持在这个水平。在什么条件下,我们可以看到技术的部分采用?交互跃进是否可能?如果可能,界定 T。

c. 现在假定,从传统转向新技术的成本是一次性的,且这些成本由 $c(\theta_i) = c\theta_i/(1-\theta_i)$ 决定,其中 $c > 0$ 是常数。在什么条件下,我们可以看到技术的部分采用?交互跃进是否可能?如果可能,界定 T。

d. (较难)最后,假定 θ_i 可以在各时点取不同的值。再假定从旧技术转向新技术的成本为零。描述 θ_i 的动态和产出的动态。出现交互跃进是否可能?如果可能,界定 T。重新分析一次性转换成本为 $c(\theta_i)$ 的情况。

▶9

劳动力供给和人口

我们在前面几章中假定人口和劳动力的增长率是外生的,且等于 n。我们现在通过三个途径将人口和劳动力内生化。首先,我们认为移民入境和移民出境的可能性与经济机会相对应。在出生率和死亡率给定的情况下,移民改变了人口和劳动力。第二,我们引入关于出生率的选择,它是引入人口和劳动力内生决定因素的另一个通道。最后,我们引入工作投入方面的变动。也就是说,我们放松了劳动力与人口之间的相等关系。

9.1 经济增长模型中的移民

移民是经济体的人口和劳动力供给方面的一个变动机制。这种移民或劳动力流动类似于我们在第 3 章探讨的资本流动。两者的差别是,资本倾向于从收益率低的地方转移到收益率高的地方,而劳动力倾向于从工资率低或其他方面不理想的经济体转移到具有高工资或其他有利因素的经济体。我们之前发现,资本流动性倾向于加快经济体向其稳态收敛的速度,而我们将发现劳动力流动通常也以类似的方法起作用。

在某些方面,移民与自然人口增长不同,而后者等于出生人口减去死亡人口。首先,在移民的情况下,移民接受经济体的人口利得等于移民输出经济体的对应损失。因此,我们必须考虑一个过程的两个方面:移民入境和移民出境。

第二,与新出生者不同,移民带有其所积累的人力资本。因为人的移动使得其人力资本也发生了移动,所以劳动力流动或移民意味着某种程度的资本流动。经济体中的居民倾向于关心新出生者(即,他们的子女),而不关心移民。这是新出生者与移民的另一个区别。这种与现有人口关系上的区别意味着,人口增长与储蓄行为在相互影响的方式上存在差异,进而在人口增长与经济增长率之间的关系上存在差异。

研究移民和增长,一个便利的起点就是索洛—斯旺模型。它假定了一个封闭的经济体和一个外生不变的储蓄率。纳入移民的这种扩展意味着经济体在某种程度上的开放,也就是说,移民进程意味着原始劳动力和人力资本某种程度的流动。尽管该分析引入了经济增长对移民率及工资率的影响,但是对移民而言,基本的最优化问题此时却没有被考虑。也就是说,第一个模型仅假定了移民函数的函数表达式。

我们接着将该分析扩展到拉姆齐模型,在该模型中,储蓄行为反映了居户最优化。该扩展假定,代表性居户确定其消费路径时没有考虑移民的福利。该模型继续使用移民函数的假定表达式。

最后,我们给出了一个模型,该模型允许资本流动,并假定居户最优化确定了移民率。在这种设定中,我们能分析与流动相关的成本或收益的变化是如何影响移民的动态路径和增长的动态路径的。

9.1.1 索洛—斯旺模型中的移民

存在移民的模型 本节将移民引入了封闭经济体的索洛—斯旺模型,因此,我们引入了人的流动性。但是假定该经济体对外国产品和资产而言是封闭的,也就是说,我们不现实地假定人比物质资本更具有流动性。尽管该假设很极端,但是分析确实总结出了移民对增长进程的一些影响。后文将引入资本流动。

令 $M(t)$ 为进入国内经济体的移民流量,且可正可负;$\kappa(t)$ 为每个移民所带有的资本数量。因为我们假定资本自己不能流动,所以每个移民所携带的资本数量引起了某种程度的资本流动。

移民通常不会携带很多物质资本(机器或建筑物),但却持有大量的人力资本。我们发现,这里不区分资本的形式(如同在第 4 章和第 5 章所做的一样),而将其作为包含物质和人力在内的广义资本来处理,更为方便。因此,κ 是每个移民所带有的广义资本的数量①。

本国的人口和劳动力 $L(t)$ 的瞬时增长率为外生速率 n。它等于出生率减去死亡率。因此,本国人口的总增长率为:

$$\dot{L}/L = n + M/L = n + m \tag{9.1}$$

其中,$m \equiv M/L$ 为净移民率。为方便起见,我们忽略了时间下标。

本国资本存量的变化为:

$$\dot{K} = s \cdot F(K, \hat{L}) - \delta K + \kappa M \tag{9.2}$$

其中,s 为恒定不变的总储蓄率。新要素是 κM(入境移民所带来的资本或出境移民所带出的资本)对 $\dot{K}$ 的贡献。根据式(9.1)和式(9.2),有效工人人均资本的增长率 $\hat{k}$ 为:

---

① 在该模型中,移民不能持有任何国外收入。移民放弃或消费完所有他们不能带走的资本。对于移民向其母国的家庭成员的汇款,我们也不考虑。

$$\dot{\hat{k}}/\hat{k} = s \cdot f(\hat{k})/\hat{k} - (x+n+\delta) - m[1-(\hat{\kappa}/\hat{k})] \qquad (9.3)$$

其中，$\hat{\kappa} \equiv \kappa e^{-xt}$ 为"有效入境移民"人均资本。也就是说，"有效入境移民"等于技术因子 e^{xt} 乘以入境移民。（我们在这里假定，国内外经济体的外生技术进步率 x 相等。）从前文可知，在不存在移民的模型中，$x+n+\delta$ 是资本的有效折旧率，也就是说，$\hat{k}$ 的下降率等于有效劳动的增长率 $x+n$ 加上资本量的折旧率 δ。[如索洛—斯旺模型中的式(1.30)。]这种有效折旧率现在因移民项 $m[1-(\hat{\kappa}/\hat{k})]$ 而得以加强。因此，如果 $m=0$ 或如果 $\hat{\kappa}=\hat{k}$ 在所有时点都成立，那么式(9.3)就与之前模型中的情况相同。

因为移民几乎不带有物质资本，所以在国内经济体中就有 $\hat{\kappa}<\hat{k}$，除非人均移民的人力资本大大超过人均工人的人力资本[①]。要是 $\hat{\kappa}<\hat{k}$，那么如果 $m>0$，则有效折旧率要加上 $m[1-(\hat{\kappa}/\hat{k})]$（如果 $m<0$，则减去该项）。如果移民不带有资本，$\hat{\kappa}=0$，那么移民率 m 以1比1的比例加到式(9.3)中的人口增长率 n 中去。如果我们将 n 看作新生儿出生率，那么该结果就容易理解了，因为我们将新生儿看作生命的开始，也不带有人力资本[②]。

如果 $m>0$，数量 $\hat{\kappa}$ 是每位移民所带来的有效工人人均资本。该数量与入境移民输出地的有效工人人均总资本相关。给定移民输出经济体的条件（因而确定 $\hat{\kappa}$），数值 $\hat{\kappa}/\hat{k}$ 会随着移民接受经济体 $\hat{k}$ 的增加而下降[③]。此外，如果我们假定具有代表性的外国接近其稳定位置，那么我们可以粗略地把 $\hat{\kappa}$ 看作是恒定不变的。

如果 $m<0$，那么 $\hat{\kappa}$ 代表出境移民的有效工人人均资本[④]。在这种情况下，$\hat{\kappa}/\hat{k}$ 很可能大体不变，也就是说，$\hat{\kappa}/\hat{k}$ 不会随着 $\hat{k}$ 的增加而变化。

移民函数　在后面一节中，我们将构建一个模型，其中，我们将本国工资率的现值与其他经济体工资率的现值相比较，且移民率与国内工资率的现值正相关。在其他条件不变的情况下，更高的 $\hat{k}$ 值会提高工资率，且相应地倾向于提高移民率 m[⑤]。

在当前的构架中，我们假定 m 与 $\hat{k}$ 之间存在正向关系，如图9.1所示。该假设是，那些影响其他经济体中单位有效劳动工资率的条件不会随着 $\hat{k}$ 的改变而改变。我们也将所有进入居户效用函数的国内或国外便利设施看作是恒定不变的。注意，图中的 $\tilde{k}$ 对应于净移民为零。

---

① 如果 $m>0$，那么我们必须将入境移民的资本与接受移民的经济体的居民资产进行对比。如果 $m<0$，这种比较在移民输出经济体的出境移民和留守居民之间进行。

② 相反地，死亡意味着人力资本的丢失。然而，通过将物质资本和人力资本的折旧看作现有资本量的常数倍数 δ，我们简化了该分析。

③ $\hat{k}$ 的变动可能会改变移民关于 $\hat{\kappa}$ 的选择。我们忽略了这一可能性。

④ 我们假定入境移民和出境移民不会同时出现，所以净移民等同于总移民。通常来讲，人力资本或其他变量所具有的异质性将会使得总流量超过净流量。

⑤. 然而，在没有资本流动的情况下，更高的 $\hat{k}$ 也减少了资本的国内收益率。这里的资本包括了移民代入的人力资本。我们假定，更高的工资率所带来的影响占主导地位。

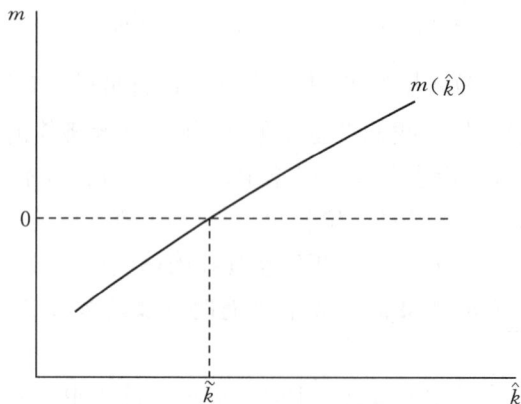

注:给定其他经济体的条件,更高的 $\hat{k}$ 值会提到国内工资率,并倾向于相应地提高移民率 m。$\tilde{k}$ 表示的有效劳动人均资本的数量会导致净移民为零的情况。

图 9.1　移民率

我们想要知道的是移民函数 $m(\hat{k})$ 的移动。我们稍后所采纳的移民理论将这些移动与移民相关的成本或收益等方面的变动联系了起来。例如,外国工资率的减少或便利设施的恶化,都会使得向本国移民更加有吸引力,进而将函数 $m(\hat{k})$ 向上移动。此外,函数的斜率取决于(边际移民的)搬迁成本与移民数量之间的关系。如果移民增加会导致成本的快速增加,那么 $\hat{k}$ 的变化对移民只有很小的影响,也就是说,曲线 $m(\hat{k})$ 更平坦。

将出现在式(9.3)右边的总移民项定义为:

$$\xi(\hat{k}) \equiv m(\hat{k}) \cdot [1-(\hat{\kappa}/\hat{k})] \tag{9.4}$$

所以,$\hat{k}$ 的增长率为:

$$(1/\hat{k}) \cdot \dot{\hat{k}} = s \cdot f(\hat{k})/\hat{k} - [x+n+\delta+\xi(\hat{k})] \tag{9.5}$$

有效折旧率 $x+n+\delta+\xi(\hat{k})$ 以一比一的比例嵌入了 $\xi(\hat{k})$ 项。式(9.4)所示 $\xi(\hat{k})$ 中的 $m(\hat{k})$ 增加了有效劳动的增长率,进而增加了 $x+n$。$\xi(\hat{k})$ 表达式中的 $-m(\hat{k}) \cdot (\hat{\kappa}/\hat{k})$ 是移民的人力资本对国内资本总量增长率的负效应。有效折旧率扣除了人力资本的这种流入。

如果 $m(\hat{k})>0$,那么我们曾提到,可以将 $\hat{\kappa}$ 看作与 $\hat{k}$ 无关。在这种情况下,根据式(9.4),$\hat{k}$ 对 $\xi(\hat{k})$ 的影响由下式决定:

$$\xi'(\hat{k}) = m'(\hat{k}) \cdot [1-(\hat{\kappa}/\hat{k})] + m(\hat{k}) \cdot \hat{\kappa}/(\hat{k})^2$$

因此,根据 $m'(\hat{k})>0$、$\hat{\kappa}<\hat{k}$ 和 $m(\hat{k})>0$,可知 $\xi'(\hat{k})>0$。

如果 $m(\hat{k})<0$,那么我们证明过,我们可以将 $\hat{\kappa}/\hat{k}$ 看作常数。在这种情况下,因为 $m'(\hat{k})>0$ 和 $\hat{\kappa}<\hat{k}$,所以根据式(9.4)我们可以得到 $\xi'(\hat{k})>0$。因此,我们假定:无论移民率为正为负,$\xi'(\hat{k})>0$ 都成立。接着可知,更高的 $\hat{k}$ 会提高式(9.5)中的有效折旧项 $x+n+\delta+\xi(\hat{k})$。相反,在之前的模型中,该项与 $\hat{k}$

不相关。

稳态 图 9.2 是我们标准的增长相位图模型。因为资本平均产出的递减,所以 $s \cdot f(\hat{k})/\hat{k}$ 曲线如往常一样向下倾斜。位于 $x+n+\delta$ 的水平线现在被向上倾斜的曲线 $x+n+\delta+\xi(\hat{k})$ 所替代。如果 $\hat{k}=\tilde{k}$,那么 $m(\hat{k})=0$(见图 9.1)且 $\xi(\hat{k})=0$[根据式(9.4)]。因此,有效折旧曲线在 $\tilde{k}$ 的高度是 $x+n+\delta$。如果 $\hat{k}>\tilde{k}$,那么 $m(\hat{k})>0$ 且该有效折旧曲线位于 $x+n+\delta$ 上方。相反地,如果 $\hat{k}<\tilde{k}$,那么该曲线位于 $x+n+\delta$ 下方。我们在图 9.2 中画出了这些曲线,可见交点位于 $\hat{k}^*$,且在 $\tilde{k}$ 右边。

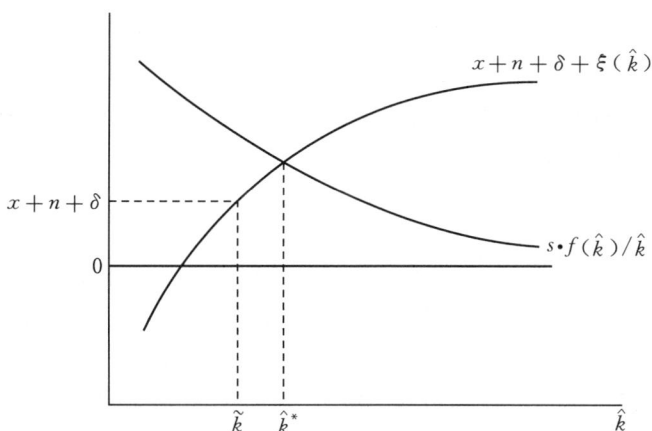

注:净移民对工资率的正向对应意味着,人口增长率是关于 $\hat{k}$ 的增函数。因此,索洛—斯旺模型中的有效折旧项变得向上倾斜。稳态由储蓄曲线 $s \cdot f(\hat{k})/\hat{k}$ 和有效折旧率曲线 $x+n+\delta+\xi(\hat{k})$ 的交点决定。对于 $\hat{k}$ 的所有值,$\hat{k}$ 的增长率都由这两条轨迹之间的垂直距离决定。

图 9.2　允许移民的索洛—斯旺模型

稳态对应于 $s \cdot f(\hat{k})/\hat{k}$ 与 $x+n+\delta+\xi(\hat{k})$ 在 $\hat{k}^*$ 点上的交点。从图中可看出,$\hat{k}^*>\tilde{k}$,$m^*>0$ 且国内经济体在稳态时是移民的接纳国。也就是说,稳态中的经济体是移民的永久接纳国(或者,如果 $\hat{k}^*<\tilde{k}$,将是永远的移民输出国。)[①]。

我们可以用图 9.2 估计各种参数的变化对稳态值的影响。例如,s 的一次增加或生产函数的一次永久性改善,会使得 $s \cdot f(\hat{k})/\hat{k}$ 上移,进而带来 $\hat{k}^*$ 和 m^* 的增加。因为该移动提高了每单位有效劳动的稳态工资率,进而使得国内经济体对外国人更具有吸引力,所以更高水平的 m^* 值会出现。

如果其他经济体的条件恶化,那么图 9.1 中的移民函数 $m(\hat{k})$ 将向上移动。该变化在图 9.2 中将以相同的方式移动有效折旧曲线 $x+n+\delta+\xi(\hat{k})$[参见式(9.4)关于 $\xi(\hat{k})$ 的表达式]。因此,$\hat{k}^*$ 下降且 m^* 增加。于是,入境移民人数的增

---

① 我们在后文中所考虑的移民理论假定,更高水平的人口使得土地等某些固定要素变得拥挤。这种拥挤意味着,各经济体的稳态移民率为零(假设各经济体在稳态中的自然人口增长率 n 也等于零)。

加降低了国内经济体的稳态资本密度。因为，相对而言，入境移民基本上不带有资本，所以该结论成立。

转移动态和收敛　为评估式(9.5)所示的收敛速度，我们沿用我们常用的作法，并假设一个柯布—道格拉斯生产函数 $f(\hat{k}) = A\hat{k}^{\alpha}$。我们还将式(9.4)的 $\xi(\hat{k})$ 函数近似为对数线性函数：

$$\xi(\hat{k}) \equiv m(\hat{k}) \cdot [1 - (\hat{\kappa}/\hat{k})] \approx b \cdot [\ln(\hat{k}/\hat{k}_{世界})] \qquad (9.6)$$

其中，$b \geqslant 0$ 且 $\hat{k}_{世界}$ 表示其他经济体中的资本密度。式(9.6)意味着，如果国内经济体具有的资本密度与世界其他经济体的相同，那么因为不存在移民的诱因（如果我们忽略便利设施中的区别或生产函数形式上的区别），所以 $\xi(\hat{k}) = 0$。我们将 $\hat{k}_{世界}$ 看作常数，也就是说，我们假定世界（平均来说）处于稳态中。

收敛性分析的关键要素是参数 b 的大小。为弄明白该参数代表着什么，我们对式(9.6)求 $\ln(\hat{k})$ 的偏导数，可得[1]：

$$b = \partial \xi(\hat{k})/\partial [\ln(\hat{k})] = [1 - (\hat{\kappa}/\hat{k})] \cdot \partial m(\hat{k})/\partial [\ln(\hat{k})] \qquad (9.7)$$

该等式表明，如果 $\hat{k} < \tilde{k}$，那么 b 取决于移民对 $\ln(\hat{k})$ 的敏感性。我们之前曾提到，如果（边际移民的）迁徙成本随着移民数量的增加而急剧增加，那么图 9.1 中的函数 $m(\hat{k})$ 将相对平坦。在这种情况下，系数 b 将很小。在迁徙成本随着 m 急剧升高时，b 趋近于零。在这种极端情况下，$\xi(\hat{k})$ 趋近于零，且式(9.5)中的有效折旧项约为 $x + n + \delta$，如同在我们之前的模型中一样。

当移民对 $\ln(\hat{k})$ 的敏感性给定，如果 $\hat{\kappa}/\hat{k}$ 上升，则系数 b 下降。特别地，如果 $\hat{\kappa} = \hat{k}$，那么 $b = 0$，且有效折旧项仍为 $x + n + \delta$。

如果我们将处于稳态附近的式(9.5)对数线性化，那么我们可以算出向稳态收敛的速度：

$$\beta = (1 - \alpha) \cdot (x + n + \delta) + b + b \cdot (1 - \alpha) \cdot \ln(\hat{k}^{*}/\hat{k}_{世界}) \qquad (9.8)$$

如果 $b = 0$，那么上式简化为索洛—斯旺模型中的值。

如果我们对代表性经济体进行思考，而该经济体具有 $\hat{k}^{*} = \hat{k}_{世界}$ 并假定 $b > 0$，那么式(9.8)表明，潜在移民提升了收敛系数 β，使之比索洛—斯旺值多出 b。为估计 b 的大小，我们利用了关于移民决定因素的一些经验结论。

Barro 和 Sala-i-Martin(1991)以及 Braun(1993)利用美国各州、日本各地和 5 个欧洲国家（法国、德国、意大利、西班牙和英国）的数据来估计国内移民对人均收入差异的敏感性。净移民率关于初始人均收入或产出对数的回归系数平均为每年 0.012。

国际移民对收入差异的敏感性倾向于比国内地区间的要小。例如，Hatton 和

---

① 在 $m < 0$ 时，我们固定 $\hat{\kappa}/\hat{k}$ 以得到式(9.7)。在 $m > 0$ 时，如果我们固定 $\hat{k}$，方程式右边会多出一项 $m(\hat{k})/(\hat{\kappa}/\hat{k})$。那么，当 $m(\hat{k})$ 相对很小时，式(9.7)是令人满意的一个近似。

Williamson(1994)检测了 1850—1913 年间从欧洲 11 国到美国的移民行为。基于入境移民与工资率的比例差异之间的关系,它们的回归系数平均为每年 0.008。

为了将这些结论与系数 b 相关联,我们可以采用柯布—道格拉斯关系式,$\ln(\hat{y}) = \ln(A) + \alpha \cdot \ln(\hat{k})$,以及式(9.7),可得:

$$b = \alpha \cdot [1 - (\hat{\kappa}/\hat{k})] \cdot \partial m / \partial[\ln(\hat{y})] \tag{9.9}$$

此前的经验预测表明,国内地区之间的 $\partial m/\partial[\ln(\hat{y})]$ 大约为每年 0.012,而国家之间的 $\partial m/\partial[\ln(\hat{y})]$ 约为每年 0.008。我们已经论证了(在第 1 章和第 2 章),约为 0.75 的系数 α 对广义资本概念而言是合理的。所以我们必须界定比率 $\hat{\kappa}/\hat{k}$ 以固定式(9.9)中的系数 b。

Dolado、Goria 和 Ichino(1994,表 2)检测了 1960—1987 年间进入 9 个发达国家的移民的构成。这 9 个国家是澳大利亚、比利时、加拿大、德国、荷兰、瑞典、瑞士、英国和美国。他们观测到,如果假定入境移民的教育水平与其移民输出国的平均教育水平不存在系统上的差异,那么入境移民的受教育水平平均为本国人的 80%左右。Chiswick(1978,表 1)从美国 1970 年的普查数据中发现,国外出生者的受教育水平是本国人的 91%。Borjas(1992,表 1.4)根据美国的普查数据指出,国外出生者的受教育水平从 1940 年的 79%,上升到 1950 年的 82%、1960 年的 87%、1970 年的 94%,再到 1980 年的 93%。

对跨国移民而言,我们认为具有代表性的入境移民的人力资本与本国人的人力资本之比为 80%。如果入境移民不带有物质资本,且如果人力资本占国内经济体的总资本之比为 5/8——我们在第 5 章界定的值——那么,$\hat{\kappa}/\hat{k}$ 为 0.5(5/8 的 0.8 倍)。

对国内各地之间的移民而言,迁入移民与当地人人力资本之比很可能高于国际移民的比重。例如,Borjas、Bronars 和 Trejo(1992)从美国 1986 年的美国年轻男性数据中发现,迁入某州的移民平均比当地居民的受教育年数高 3%[1]。如果我们假定该比值为 100%,那么 $\hat{\kappa}/\hat{k}$ 为 0.62。

在某国地区之间的背景下,我们取 $\hat{\kappa}/\hat{k} = 0.62$ 且 $\partial m/\partial[\ln(\hat{y})] = 0.012$ 每年。如果我们假定 $\alpha = 0.75$,那么我们发现 b 大约为每年 0.003。在国际背景下,我们取 $\hat{\kappa}/\hat{k} = 0.5$ 且 $\partial m/\partial[\ln(\hat{y})] = 0.008$ 每年。如果我们假定 $\alpha = 0.75$,那么我们仍能得到 b 大约为 0.003 每年。因为更高的 $\partial m/\partial[\ln(\hat{y})]$ 值被更高的 $\hat{\kappa}/\hat{k}$ 所抵消,所以两种情况下的结论相似。

对于我们之前曾设定的其他参数值($x = 0.02$、$n = 0.01$、$\delta = 0.05$),当 $\alpha = 0.75$ 时,β 的索洛—斯旺值为 0.020。式(9.8)所隐含的 β 值比索洛—斯旺值高出 b,也就是说,在跨地区和跨国背景下,β 约为 0.023。因此,将移民纳入模型后意味着:首先,在收敛速度上有较小增加;第二,国内地区间的收敛系数估算与国家间的估算没有很大差异。该结论与 Barro 和 Sala-i-Martin(1992a)的发现一致。他们指

---

[1]　该信息从 Steve Trejo 提供给我们的附表中获得。

出，国内各地区间的（条件）收敛率估计值只略微高于各国间的收敛率估计值。

更低的 $\hat{\kappa}/\hat{k}$ 值提升了式(9.9)中的 b，进而增加了收敛系数 β。因此，接受移民的经济体（$m>0$）的收敛性推测不同于输出移民的经济体（$m<0$）的收敛性推测。因为移民接受经济体倾向于比移民输出经济体具有更高的资本密度，所以移民接受经济体的 $\hat{\kappa}/\hat{k}$ 值倾向于更低。因此，相对于移民输出经济体的收敛速度而言，移民的倾向提升了移民接受经济体接近其稳态水平的速度。如同我们将讨论的那样，移民甚至可能会降低移民输出经济体的收敛速度。

因为我们假定 $b>0$，所以移民的潜在性提升了收敛速度。如果移民率与收入正相关——也就是说，如果 $\partial m/\partial[\ln(\hat{y})]>0$——那么，如果 $\hat{\kappa}/\hat{k}>1$，则式(9.9)中的收敛系数 b 将为负。如果移民所持有的人力资本远远大于其母国的平均值，那么这种情况会出现。

对于 $m>0$ 的移民接受经济体而言，条件 $\hat{\kappa}/\hat{k}\geqslant1$ 看起来是不合理的。入境移民持有的人力资本不仅必须比移民接受经济体的平均值要高，而且这种人力资本上的差距还不能因其无法携带大量的非人力资本而被抵消。因为，如前所述，入境移民持有的人力资本比接受其移民的经济体的居民要低，所以这种条件不可能得以满足。

对于 $m<0$ 的移民输出经济体而言，条件 $\hat{\kappa}/\hat{k}\geqslant1$ 在理论上可以成立，但是实际上不太可能会出现。对于国内各地区间的移民而言，常见的观点[如 Greenwood(1995)所说]是，受教育程度高的人更有可能移民。Borjas、Bronars 和 Trejo(1992，表 2 和表 4)为 1986 年美国的年轻男性量化了这种影响。他们的数据表明，移民的受教育水平比其移民输出地本地人的平均值平均高出 2%。然而，人力资本的这种微弱超出会因其无法携带物质资本而被抵消（如果我们继续假定物质资本在美国各州之间不能完全流通。）

Hatton 和 Williamson(1994)观察到，1850—1913 年间，欧洲出境移民通常都是非熟练工，所以在这种情况下 $\hat{\kappa}/\hat{k}<1$ 即使对移民输出经济体的人力资本也成立。对更穷的国家而言比较有可能的是，具有相对更高人力资本的人将更倾向于移民。这种现象被称为人才外流。特别地，这种情况可能适用于殖民者从行将解体的帝国回国，如同英国人从印度回国、法国人从阿尔及利亚回国和葡萄牙人从莫桑比克回国的情况。在一些案例中，这股力量可能足够大，以至于结论不会因为移民无法携带很多非人力资本而改变。因此，在这些情况下，潜在移民将降低移民输出经济体的收敛速度。

在 $b>0$ 时，一个新结论是，在其他参数值不变的情况下，式(9.8)中的 β 随着 $\hat{k}^*$ 的增加而增加。理由是，更高的 $\hat{k}^*$ 意味着更高的稳态移民率 m^*，进而稳态邻域内更快的收敛速度。例如，从前文可知，生产函数的一次永久性提高或国内经济体的储蓄率 s 的增长，会提高 $\hat{k}^*$。我们现在发现，这些变化也会增加收敛速度 β。相反，在索洛—斯旺模型中，β 与生产函数水平或储蓄率无关。

如果我们假定充分的劳动力流动性——也就是说，令移民成本趋近于 0——

那么，$\partial m/\partial[\ln(\hat{y})]$ 变成无穷大。因此，如果 $\hat{\kappa} < \hat{k}$，式(9.9)中的系数 b 将趋于无穷。相应地，式(9.8)表明 β 趋于无穷，也就是说，完全的劳动力流动性带来了无穷大的收敛速度。该结论相当于完全资本流动的影响，如同第 3 章中所学习的那样。

最后，考虑资本比重 α 对收敛速度的影响。常见的结论是，α 的增加隐含着资本具有递减收益的倾向性更小。因此，收敛速度下降，并随着 α 趋近于 1 时向 0 靠近。也就是说，收敛特征没有出现于我们在第 4 章所学的 AK 模型中。

在系数 b 给定的情况下，式(9.8)关于收敛系数 β 的表达式体现了 β 与 α 之间的这种反向关系。[我们在这里假定 $\hat{k}^* = \hat{k}_{\text{世界}}$，那么式(9.8)右边的最后一项为零。]式(9.9)表明了系数 b 是如何被确定的。给定 $\partial m/\partial[\ln(\hat{y})]$ 的值，b 随着 α 的增加而增加。这种影响将抵消 β 与 α 之间的这种反向关系。然而，我们还必须考虑 α 对 $\partial m/\partial[\ln(\hat{y})]$ 的影响。

在柯布—道格拉斯情况下，每单位有效劳动的工资率是 $\hat{w} = (1-\alpha) \cdot A\hat{k}^{\alpha}$，与 $\hat{y}$ 成比例。随着 α 的提高，（原始劳动力）工资的收入比重下降。因此，我们预期，因为从不断迁徙的流动原始劳动力中获得的收益变得更小，所以 $\partial m/\partial[\ln(\hat{y})]$ 也下降。因此，从净值看，b 随着 α 增加还是减少，难以确定。然而，当 α 趋近于 1 时，$\hat{w}$ 趋近于 0，且 $\partial m/\partial[\ln(\hat{y})]$ 趋近于 0（因为从流动原始劳动力中获得的收益为零。）该结论意味着，当 α 趋近于 1，b 趋近于 0，进而式(9.8)中的系数 β 也随着 α 趋近于 1 而趋近于 0。因此，即使存在移民，如果资本的收益递减不存在，那么模型也不会表现出收敛特征。

9.1.2 拉姆齐模型中的移民

在第 2 章中，我们利用居户最优化的拉姆齐模型将索洛—斯旺模型扩展到了可变储蓄率的框架。我们现在将拉姆齐框架应用于含有移民的索洛—斯旺模型。新结论涉及移民和储蓄率选择之间的相互作用。这些结论关系到储蓄的转移行为，进而关系到收敛速度，还涉及储蓄率水平和稳态的一些特征。

构建带有移民的拉姆齐模型 我们所使用的框架将 Weil(1989)对 Blanchard(1985)模型的扩展稍作修改，且在形式上类似于我们在第 3 章所完成的有限时域居户的研究。然而，我们现在假定，国内居民如同在拉姆齐模型中一样由具有无限寿命的家庭组成，也就是说，在 Blanchard 模型中，$p = 0$。每个家庭的规模的增长率外生不变，且为 n。

移民进入经济体的速率仍为 $m(t)$，且每个移民带有的资本数量为 $\kappa(t)$，假定主要为人力资本[1]。一个重要的假定是，与现有居民自己的子女不同，没有人关心

---

① 同以往一样，移民对国外来源的收入不具有任何债权。

移民。也就是说,他们的消费不会以参数的形式出现在居民的效用函数中[①]。

令 $L(t)$ 为时点 t 的国内总人口,见下式:

$$L(t) = L(0) \cdot e^{nt} \cdot \exp\left[\int_0^t m(v)\mathrm{d}v\right] \tag{9.10}$$

时点 0 的居民 $L(0)$ 表示"本地人",他们以 19 世纪 90 年代俄克拉荷马州土地运动的方式一次性到达[②]。之后,人口由本地人的后代和入境移民及其后代构成。今后,我们通过令 $L(0) = 1$ 将其标准化。

入境移民居户标有其到达该国家的年份 $j \geqslant 0$。对本土家庭而言,我们令 $j = 0_-$,也就是说,这些家庭在时点 0 之前的某一时刻就已经到达该国家。

最优化条件和结果的累加　各年份迁入的居户都最大化时点 t 的效用:

$$U(j, t) = \int_t^\infty \{\ln\left[c(j, v)\right] \cdot e^{-(\rho-n)\cdot(v-t)}\}\mathrm{d}v \tag{9.11}$$

其中, $c(j, v)$ 是年份 j 迁入的居户在时点 v 的人均消费。同第 3 章一样,我们假定对数化效用,以简化不同迁入年代的入境移民的累加。

第 2 章的分析表明,每个居户在预算约束下的效用最大化给出了下列条件:

$$\left[1/c(j, t)\right] \cdot \dot{c}(j, t) = r(t) - \rho \tag{9.12}$$

$$\dot{a}(j, t) = \left[r(t) - n\right] \cdot a(j, t) + w(t) - c(j, t) \tag{9.13}$$

$$c(j, t) = (\rho - n) \cdot \left[a(j, t) + \tilde{w}(t)\right] \tag{9.14}$$

其中, $a(j, t)$ 是人均资产, $w(t)$ 是工资率(对所有人都相同),而 $\tilde{w}(t)$ 是未来工资的人均现值,见下式:

$$\tilde{w}(t) = \int_t^\infty w(v) \cdot e^{n(v-t)} \cdot e^{-\bar{r}(v, t)\cdot(v-t)} \cdot \mathrm{d}v \tag{9.15}$$

其中, $\bar{r}(v, t) \equiv \left[1/(v-t)\right] \cdot \int_t^v r(v)\mathrm{d}v$ 是时点 t 和时点 v 之间的平均利率。我们还利用了常见的横截性条件,它要求资产现值渐近地趋于 0。

研究积累的消费和资产的方法本质上与第 3 章对有限时域经济体所使用的方法相同,因此,我们只给出了该分析的大概。对在 j 年($0 \leqslant j \leqslant t$)迁入的移民进行加总,我们可得到时点 t 的总消费:

$$C(t) = \int_0^t \left[c(j, t) \cdot m(j) \cdot L(j) \cdot e^{n(t-j)}\right]\mathrm{d}j + e^{nt} \cdot c(0_-, t)$$

---

① 如果国内居民不关心离开的人,那么该分析对出境移民 $\left[m(t) < 0\right]$ 同样有效。例如,如果移民采取整个大家族全部离开的形式,那么假定剩余家庭并不意愿离开的是谁是很自然的。如果家庭成员移民到了其他地方,并向留在国内的家庭成员汇款或从他们那里获得财政支持,那么问题将更复杂。

② 我们必须以某种方式获得初始国内人口。对遥远未来的时点 $t > 0$,事物以何种精确的方式开始是无足轻重的。关于进一步的讨论,请参阅 Braun(1993)。

$$= e^{nt} \cdot \int_0^t \{c(j,t) \cdot m(j) \cdot \exp\left[\int_0^j m(v)dv\right]\}dj + e^{nt} \cdot c(0_-,t)$$

$$(9.16)$$

其中，$m(j) \cdot L(j)$ 是在 j 年入境移民的初始规模。我们采用了式(9.10)中的 $L(j)$ 的表达式，且最后一项表示本地家庭的消费。总资产的表达式也类似：

$$A(t) = e^{nt} \cdot \int_0^t \{a(j,t) \cdot m(j) \cdot \exp\left[\int_0^j m(v)dv\right]\}dj + e^{nt} \cdot a(0_-,t)$$

$$(9.17)$$

根据式(9.15)，工资收入现值加总为：

$$\widetilde{W}(t) = L(t) \cdot \bar{w}(t) = e^{nt} \cdot \exp\left[\int_0^t m(v)dv\right] \cdot \int_t^\infty w(v) \cdot e^{n(v-t)} \cdot e^{-\bar{r}(v,t)\cdot(v-t)} \cdot dv$$

$$(9.18)$$

根据对式(9.17)和式(9.18)的微分，随着时间的推移，$A(t)$ 和 $\widetilde{W}(t)$ 的变化为：

$$\dot{A}(t) = \kappa(t) \cdot m(t) \cdot L(t) + r(t) \cdot A(t) - C(t)$$

$$+ w(t) \cdot e^{nt} \cdot \{1 + \int_0^t m(j) \cdot \exp\left[\int_0^j m(v)dv\right]\} \quad (9.19)$$

$$\dot{\widetilde{W}} = [r(t) + m(t)] \cdot \widetilde{W}(t) - w(t) \cdot L(t) \quad (9.20)$$

为得到式(9.19)，我们利用了式(9.13)中的单个家庭的预算约束和条件 $a(t,t) = \kappa(t)$ [也就是说，入境家庭进入时持有的人均资产为 $\kappa(t)$]。

式(9.14)意味着 $\dot{C}(t) = (\rho - n) \cdot [\dot{A}(t) + d\widetilde{W}/dt]$。运用式(9.19)和式(9.20)，以及条件 $A(t) = K(t)$，我们最终可得到人均消费增长率的表达式：

$$\dot{c}/c = r(t) - \rho - m(t) \cdot (\rho - n) \cdot [k(t) - \kappa(t)]/c(t) \quad (9.21)$$

其中，$c(t) \equiv C(t)/L(t)$。如果 $m = 0$ 或 $\kappa(t) = k(t)$，那么该关系在对数效用下可简化为标准的拉姆齐结论。如果 $m > 0$ 且 $\kappa(t) > k(t)$，移民的流入通过式(9.21)右边的最后一项减少人均消费。从这个意义上讲，更高的移民量 $m(t)$ 所起的作用同 ρ 的增加一样。因为，正如 Weil(1989) 所指出的那样，入境移民就像 Blanchard 所说的失宠的小孩，所以该效用类似于 Blanchard(1985) 模型中孩子的流入[式(3.32)中的 $\rho + n$ 项]。

模型的稳态和动态 　如同在拉姆齐模型中一样，其动态可以被表示成关于 $\hat{k}$ 和 $\hat{c}$ 的微分方程组。类似于索洛—斯旺背景中的式(9.3)，$\hat{k}$ 的增长率的表达式为：

$$\dot{\hat{k}}/\hat{k} = f(\hat{k})/\hat{k} - \hat{c}/\hat{k} - (x + n + \delta) - m \cdot [1 - (\hat{\kappa}/\hat{k})] \quad (9.22)$$

根据式(9.21)，$\hat{c}$ 的增长率的方程式为：

$$\dot{\hat{c}}/\hat{c} = f'(\hat{k}) - (x + n + \delta) - m \cdot (\rho - n) \cdot (\hat{k} - \hat{\kappa})/\hat{c} \quad (9.23)$$

我们再次采纳了关于索洛—斯旺模型的式(9.6)中对移民的假定：

$$m \cdot [1-(\hat{\kappa}/\hat{k})] = b \cdot [\ln(\hat{k}/\hat{k}_{世界})]$$

其中，$\hat{k}_{世界}$ 是恒定不变的。如果我们将移民的这一表达式代入式(9.22)和式(9.23)，我们能利用常见的方法在$(\hat{k}, \hat{c})$空间构建相位图，并用该相位图来分析稳态和转移动态。

式(9.23)和式(9.6)意味着，如果$\hat{c} \neq 0$，那么$\dot{\hat{c}} = 0$的轨迹为：

$$f'(\hat{k}) = \delta + \rho + x + \frac{(\rho-n) \cdot b \cdot \ln(\hat{k}/\hat{k}_{世界})}{\hat{c}/\hat{k}} \qquad (9.24)$$

该条件与其在第2章的标准形式区别是其等号右边的最后一项。令$\hat{k}^*$表示不带有移民的模型的稳态值，即该值满足$f'(\hat{k}^*) = (x+n+\delta)$。那么，轨迹$\dot{\hat{c}} = 0$的表达式取决于$\hat{k}^*$和$\hat{k}_{世界}$之间的关系。如果$\hat{k}^* = \hat{k}_{世界}$（适用于具有代表性的经济体），那么轨迹是位于$\hat{k}^*$的垂线，如同图9.3中的(a)版块。因此，在这种情况下，该轨迹与不存在移民的模型中的标准形式一致（见图2.1）。

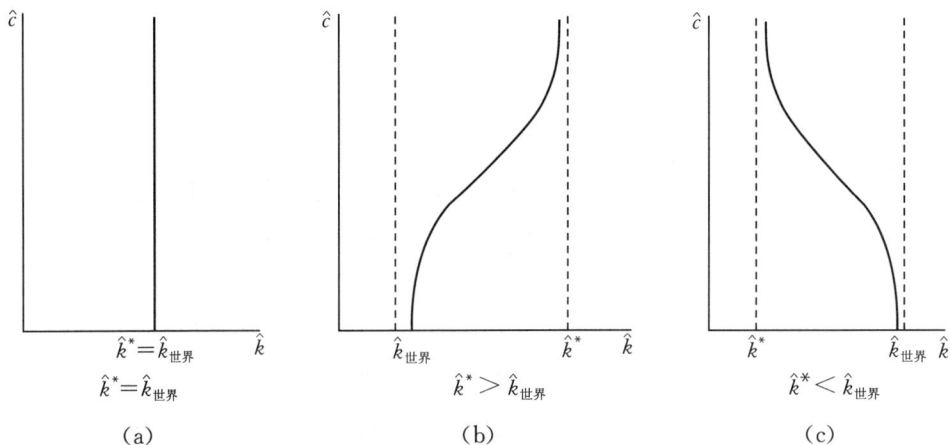

注：轨迹$\dot{\hat{c}} = 0$的表达式取决于$\hat{k}^*$和$\hat{k}_{世界}$之间的关系。如果$\hat{k}^* = \hat{k}_{世界}$，那么轨迹为垂线，如同(a)版块所示；如果$\hat{k}^* > \hat{k}_{世界}$，则轨迹为向上倾斜的(b)版块；且如果$\hat{k}^* < \hat{k}_{世界}$，那么轨迹为向下倾斜的(c)版块。

图9.3　存在移民的拉姆齐模型中$\dot{\hat{c}} = 0$轨迹的形状

如果国内经济体在不存在移民的稳态中对入境移民有吸引力——即如果$\hat{k}^* > \hat{k}_{世界}$——那么该轨迹如图9.3中的(b)版块所示。特别地，如果$\hat{k}_{世界} < \hat{k} < \hat{k}^*$，当$\hat{k}$趋近于$\hat{k}_{世界}$时，$\hat{c}$趋近于0；且当$\hat{k}$趋近于$\hat{k}^*$时，$\hat{c}$趋近于无穷。最后，如果$\hat{k}^* < \hat{k}_{世界}$，那么，当$\hat{k}^* < \hat{k} < \hat{k}_{世界}$，则轨迹如图9.3中的(c)版块所示。

式(9.22)和式(9.6)意味着，轨迹$\dot{\hat{c}} = 0$取决于：

$$\hat{c} = f(\hat{k}) - (x+n+\delta) \cdot \hat{k} - b \cdot \ln(\hat{k}/\hat{k}_{世界}) \cdot \hat{k} \qquad (9.25)$$

该条件与其第2章中标准形式的区别是在等号右边加上了最后一项。如果$\hat{k} <$

$\hat{k}_{世界}$，那么在 $\hat{k}$ 给定的情况下，$\hat{c}$ 比往常高；相反，如果 $\hat{k} > \hat{k}_{世界}$，那么 $\hat{c}$ 低于之前的值。如果 $\hat{k} = \hat{k}_{世界}$，图 9.4 所示的轨迹图形类似于图 2.1 所示的标准图形。

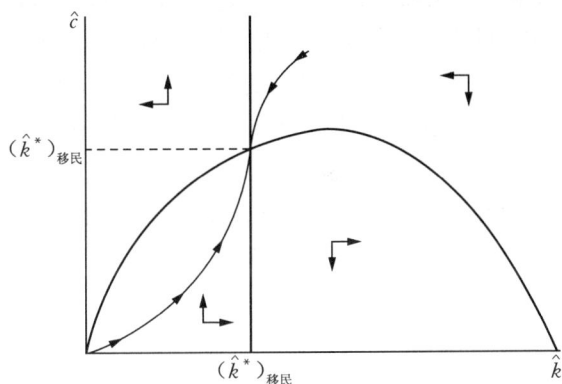

注：该相位图考虑了图 9.3(a) 版块的情况。在这种情况中，$\hat{k}^* = \hat{k}_{世界}$，所以轨迹 $\dot{\hat{c}} = 0$ 是垂直的。轨迹 $\dot{\hat{k}} = 0$ 具有常见的倒 U 形。因为我们假定 $\hat{k}^* = \hat{k}_{世界}$，所以稳态 $\hat{k}^*$ 导致净移民量为零。该模型具有常见的鞍形路径稳定性。如果经济体起始于较低的 $\hat{k}$，那么 $\hat{k}$ 和 $\hat{c}$ 在转移过程中单调上升。净移民量在转移中全程为负，但是渐近于稳态值零。

图 9.4　具有移民的拉姆齐模型的相位图

图 9.4 选取了图 9.3(a) 版块中垂直的轨迹 $\dot{\hat{c}} = 0$。这种情况对应于 $\hat{k}^* = \hat{k}_{世界}$。$\hat{k}$ 的稳态值被记为 $(\hat{k}^*)_{移民}$，此时等于 $\hat{k}^*$。因为 $(\hat{k}^*)_{移民} = \hat{k}^*_{世界}$ 意味着 $m^* = 0$［根据式 (9.6)］，所以该结论成立。因此，对具有代表性的经济体而言，稳态资本密度不受移民潜在性的影响，且稳态移民率为 0。

如果 $\hat{k}^* > \hat{k}_{世界}$，如图 9.3 中 (b) 版块所示，那么轨迹 $\dot{\hat{k}} = 0$ 与轨迹 $\dot{\hat{c}} = 0$ 相交于一点，且该点满足 $\hat{k}_{世界} < (\hat{k}^*)_{移民} < \hat{k}^*$ 和 $m^* > 0$。因此，如果国内经济体在不存在移民的稳态中对入境移民具有吸引力，那么引入移民会带来入境移民为正的稳态，进而资本密度下降（因为相对而言，移民几乎不带有资本）。如果 $\hat{k}^* < \hat{k}_{世界}$，如图 9.3 中 (c) 版块所示，那么结论相反。在这种情况中，$\hat{k}^* < (\hat{k}^*)_{移民} < \hat{k}_{世界}$ 且 $m^* < 0$。

同往常一样，该模型是鞍形稳定的，且可以从图 9.4 中的相位图看出移动的方向。为评估这种收敛速度的意义，我们遵循以往的流程，并利用柯布—道格拉斯生产函数 $f(\hat{k}) = A\hat{k}^{\alpha}$。我们可以将该函数表达式代入式 (9.22) 和式 (9.23)，接着在该系统的稳态邻域对其进行对数线性化。因为该流程我们已经非常熟悉，所以我们将具体过程留作练习，仅指出收敛系数由下式决定：

$$2\beta = \left\{ \zeta^2 + 4b \cdot (\rho - n) + 4(1-\alpha)(\rho + \delta + x) \cdot \left[\frac{\rho + \delta + x}{\alpha} - (n + x + \delta) \right] \right\}^{1/2} - \zeta$$

$$(9.26)$$

其中，$\zeta = \rho - n - b$。如果 $b = 0$（且 $\theta = 1$），那么从第 2 章标准拉姆齐模型得到的结论等价于式 (9.26)。

根据式(9.26),我们可以很容易地证明 β 关于 b 递增。也就是说,如同在拉姆齐模型中一样,移民更大的倾向性将提升收敛速度(如果 $\hat{\kappa} < \hat{k}$)。为从数量上估计这种影响,我们采用了常见的参数值:$\alpha = 0.75$,$x = 0.02$,$n = 0.01$,$\delta = 0.05$ 和 $\rho = 0.02$。对于这样的取值,当 $b = 0$ 时,由式(9.26)决定的收敛系数 β 等于 0.025。[因为对数效用($\theta = 1$)意味着跨期替代弹性高于我们往常所假设的值,所以这里的 β 值相对较高。]我们之前曾提到,移民倾向性的估算和比值 $\hat{\kappa}/\hat{k}$ 的估算表明,在国内地区间框架和国际间框架下,b 都在 0.03 左右。式(9.26)意味着,b 的这些值使得 β 从不存在移民的模型中的 0.025 提高到了 0.027。移民对收敛速度的这种微弱影响类似于在索洛—斯旺模型中的发现。

9.1.3　关于移民和增长的布朗模型

到目前为止,我们所思考的关于移民和增长的理论存在两个重大不足。首先,移民量由假定的移民函数确定,而非由居户的最优化来选择是否搬迁。第二,模型中唯一的资本流动源自移民所携带的人力资本。

布朗(Braun, 1993)构建了几个模型。在这些模型中,移民反映了最优决策,并假定了资本不同程度的流动性。在其分析中,一个重要的起简化作用的假设是完美的世界信贷市场的存在,该市场对所有经济体的居民提供相同的真实利率。在这种情况下,关于移民与否的选择只取决于各经济体之间工资率路径(和便利设施)的比较。

关于物质资本的流动性,布朗作过一些不同的假设:在一个模型中,物质资本在经济体之间是完全流动的;而在另一个模型中,经济体资本总量的变动会带来我们在第3章所学习的那种调整成本。为了在可操作的构架中得出主要观点,我们设定了一种情景,在这种情境中,物质资本完全流动;而且我们研究小经济体,它所面临的世界真实利率是给定不变的。

如果我们利用常见的规模报酬不变的生产函数,并假设所有国家的技术水平都相同,那么如果移民是成本巨大的且资本流动是无成本的,则劳动力不会流动。相反,如果技术水平存在差异,那么人们(资本)倾向于流向更好的地方。实际上,如果自然人口增长率为零,那么我们稍后所界定的移民的成本函数将表明,在长期所有人都会流向技术最好的经济体。引入投资的调整成本并没有违背该结论,因为工人和资本将不断流向更好的地方。

为规避该结论,我们在各经济体中引入了规模报酬递减。特别地,我们采纳了布朗(Braun, 1993)的假定:经济体人口的增加使得自然资源更拥挤,如土地①。这种效应带来了世界人口的稳态分布,并意味着没有地方会成为无人区。

模型的构建　国内经济体和所有其他经济体都采用柯布—道格拉斯生产

---

① 另一个假设是,最初具有规模(L)报酬递增特征的地方,最终会因为拥挤而只具有规模报酬递减。

函数：

$$Y = AK^\alpha \hat{L}^{1-\alpha} \cdot (R/L)^\lambda \tag{9.27}$$

其中，$\hat{L} \equiv Le^{xt}$ 是有效劳动投入，且 $x \geq 0$ 是所有经济体的外生劳动增进型技术进步率。式(9.27)中的新元素是投入要素 R。它是一个常数，表示本地经济体的居民可以免费获得的自然资源。然而，因为人均值 R/L 被纳入了生产函数，所以该产品受拥挤的制约。我们假定 $0 < \lambda < 1-\alpha$，所以在 R 固定不变时，K 和 L 的总收益是递减的，但是 L 的社会边际产品为正。

虽然我们可以将式(9.27)中的 R 看作私人土地，但是，实际上入境移民只有支付租金才能共享土地。换一个角度，我们可以将 R 看作政府提供的服务，这种服务是以总量的方式向居民提供的，且使用者无需付费。移民的诱因也会受税收的影响。例如，对入境移民征收人头税或某种费用将减少外国人前往的激励。在我们研究的环境中，入境移民自动分享 R，并不必征收税费。

竞争性的个体生产者将 R/L 看作是给定的（因为该项中的 L 表示经济体的总人口），并在常见的规模报酬不变的生产函数约束下选择投入 K 和 L。因此，要素价格等于各自的私人边际产出，且对要素的支付等于总国内产出。工资率等于劳动的私人边际产出，且因式(9.27)而决定于下式：

$$w = (1-\alpha) \cdot A\hat{k}^\alpha \cdot (R/L)^\lambda \cdot e^{xt} \tag{9.28}$$

其中，$\hat{k} \equiv K/\hat{L}$。

资本的租金价格为 $r+\delta$，其中 r 是世界真实利率。我们将 r 看作一个常数，且 $r > x$。也就是说，世界经济处于满足横截条件的稳态中①。国内经济体的生产者使得式(9.27)所决定的资本的私人边际产出等于租金价格：

$$\alpha A\hat{k}^{\alpha-1} \cdot (R/L)^\lambda = r+\delta$$

该条件确定国内经济体的资本密度为：

$$\hat{k} = \left[\frac{\alpha A \cdot (R/L)^\lambda}{r+\delta} \right]^{1/(1-\alpha)} \tag{9.29}$$

如果我们将式(9.29)所示的 $\hat{k}$ 代入式(9.28)，那么国内工资率的表达式变成：

$$w = \frac{(1-\alpha) \cdot A^{1/(1-\alpha)} \alpha^{\alpha/(1-\alpha)} \cdot (R/L)^{\lambda/(1-\alpha)}}{(r+\delta)^{\alpha/(1-\alpha)}} \cdot e^{xt} \tag{9.30}$$

因此，如果国内经济体的人均自然资源量 R/L 较大且技术水平 A 相对较高，那么本国工资率相对于其他国家而言较高。从前文还可知，某些形式的政府政策可以用参数 A 表示。

———————————————

① 通过假定世界人口增长率为零，我们将其简化。

决定移民 因为我们假定完全的资本流动性,并忽略被纳入效用函数的便利设施的差异,所以人们只在工资率的基础上对地点进行评价。假定,我们将世界经济看作只提供工资率 $w_{世界}$。在时点 t,从世界经济永久性地涌入国内经济体的收益等于工资差额的现值:

$$B(t) = \int_t^\infty \left[w(v) - w_{世界} \right] \cdot \mathrm{e}^{-r \cdot (v-t)} \,\mathrm{d}v \tag{9.31}$$

如果我们令 $\hat{B}(t) \equiv B(t) \cdot \mathrm{e}^{-xt}$,那么根据式(9.31),$\hat{B}(t)$ 的时间导数为:

$$\dot{\hat{B}}(t) = -\left[\hat{w}(v) - \hat{w}_{世界} \right] + (r - x) \cdot \hat{B}(t) \tag{9.32}$$

其中,$\hat{w}(t) \equiv w(t) \cdot \mathrm{e}^{-xt}$ 且 $\hat{w}_{世界} \equiv w_{世界} \cdot \mathrm{e}^{-xt}$。因为我们现在假定世界经济体处于稳态,所以 $\hat{w}_{世界}$ 是恒定不变的。

在不失一般性的情况下,我们假定 $\hat{w}(t) \geqslant \hat{w}_{世界}$。该条件隐含着 $\hat{w}(v) \geqslant \hat{w}_{世界}$,进而 $\hat{B}(v) \geqslant 0$ 对所有 $v \geqslant t$ 都成立。因此,所有移民都将迁移到该国经济体。如果 $\hat{w}(t) \leqslant \hat{w}_{世界}$,则情况相反。

通过假定国内经济体的人口自然增长率为零,我们可将问题简化。那么,如果 $M(t) \geqslant 0$ 表明时点 t 从世界各国迁徙到国内经济体的数量,那么国内人口的增长率为:

$$\dot{L}/L = M(t)/L(t) \tag{9.33}$$

现在,关键问题是要界定移民成本。假定每个移民的成本都是关于 $M(t)/L(t)$ 的增函数。例如,如果找工作和房子的支出随着移民接纳地新需求者的数量递增,那么该规定是合理的[①]。假定移民成本以所失去的劳动时间来衡量,那么在 $M(t)/L(t)$ 给定的情况下,以产出计量的成本与移民在其移民输出地本应挣得的世界工资率 $w_{世界}$ 成比例。因此,每个移民所支出的数量为:

$$移民成本 = \eta \left[M(t)/L(t) \right] \cdot w_{世界} \tag{9.34}$$

其中,我们假定 $\eta' > 0$ 且 $\eta'' \geqslant 0$。我们还通过假定 $\eta(0) = 0$ 来简化分析;即,我们还忽略了任何与交通相关的固定支出和其他费用,并相应地假定当移民量为 0 时,每位移民的成本为 0(关于进一步的讨论,见 Braun, 1993)。

随着人们向该国迁徙,R/L 下降,且式(9.30)中的 w 相应地下降。如果移民数量足够多,以至于 w 等于 $w_{世界}$,那么移民的诱因将会消失。(如果本国技术参数 A 与世界参数相同,那么当国内的 R/L 值等于世界的 R/L 值时,工资率会相等。)在工资率相等时,国内经济体处于移民数量为零的稳态;人口 L 恒定不变;而且资本密度 $\hat{k}$ 也恒定不变。条件 $\eta(0) = 0$ 表明该系统实际上趋近于这样的稳态,因为

---

① 重要特征是,边际移民者的迁徙成本关于移民者的数量递增。如果移民成本是异质的,那么该关系仍然成立。低成本者迁得更快,进而在边际上迁徙成本关于移民数量递增(尽管在这种情况下,是关于累积量而非当前流量递增)。

如果 $w > w_{世界}$，那么 $B > 0$ 且人们将会在零成本时有迁徙的积极性。因此，更多的人会移民，且只要 $w > w_{世界}$，那么国内人口会一直变化。[如果我们假定 $\eta(0) > 0$，那么国内和世界工资率之间的正差会在稳态中持续。]

因为世界经济体在稳态时不会成为无人区[1]，所以我们知道某些世界居民永远不会迁入该国经济体，也就是说，这些人中有一些不会选择移民。如果人们是同质的，且如果他们都追求最优化，那么，只有当其他所有人最终获得的净收益为零时，才会有人最后处于净收益为零的均衡。因此，该均衡需要各时点都有足够的移民，以至于迁徙的收益和成本相等：

$$B(t) = \eta[M(t)/L(t)] \cdot w_{世界} \tag{9.35}$$

上式对所有 t 都成立。如果我们将等式左边的 $B(t)$ 换成 $\hat{B}(t)$，且右边的 $w_{世界}$ 换成 $\hat{w}_{世界}$，那么该等式仍然成立。

我们可以计算各时点的移民数量，进而可通过式（9.35），计算国内人口的增长率：

$$\dot{L}/L = M(t)/L(t) = \psi(\hat{B}/\hat{w}_{世界}) \tag{9.36}$$

其中，函数 ψ 是式（9.34）所示函数 η 的反函数。因为 $\eta' > 0$ 且 $\eta'' \geqslant 0$，所以函数是一一对应的，而且反函数 ψ 得以很好地界定，也是一一对应的。函数 ψ 满足条件 $\psi' > 0$ 且 $\psi'' \leqslant 0$。$\eta(0) = 0$ 的假设意味着 $\psi(0) = 0$。

在我们关于索洛—斯旺模型和拉姆齐模型的讨论中，我们假定了图 9.1 所示的移民函数。在该函数中，移民率 $m = M/L$ 的变动与 $\hat{w}$ 正向相关，进而与 $\hat{k}$ 正向相关。我们注意到，该函数假定现在以 $\hat{w}_{世界}$ 表示的其他地方的条件保持不变。被假定的函数与当前函数之间的主要区别是，前一关系式中只涉及每单位有效劳动的当前工资率 $\hat{w}$，而后一关系式在有效工资率进入收益表达式 $\hat{B}$ 时涉及有效工资率的整个路径。

动态系统、稳态和转移动态 关于 L 和 $\hat{B}$ 的动态系统由式（9.32）和式（9.36）确定。其中，根据式（9.30），$\hat{w}$ 的变动与 L 相反：

$$\hat{w} = \left[\frac{(1-\alpha) \cdot A^{1/(1-\alpha)} \alpha^{\alpha/(1-\alpha)} \cdot (R/L)^{\lambda/(1-\alpha)}}{(r+\delta)^{\alpha/(1-\alpha)}} \right] \tag{9.37}$$

图 9.5 利用式（9.32）和式（9.36）在 $(L, \hat{B})$ 空间中构建相位图。式（9.36）和 ψ 函数的特征[含有 $\psi(0) = 0$]，意味着 $\dot{L} = 0$（如果 $L \neq 0$）等价于 $\hat{B} = 0$。该等式表明（因为 $\psi' > 0$）：如果 $\hat{B} > 0$，则 $\dot{L} > 0$；如果 $\hat{B} < 0$，则 $\dot{L} < 0$。

式（9.32）表明，$\hat{B} = 0$ 对应于 $\hat{B}$ 和 $\hat{w}$ 之间的正向线性关系。因为 $\hat{w}$ 与式（9.37）中的 L 反向相关，所以 $\hat{B}$ 和 L 之间的关系也是反向的，如图 9.5 所示。因为

---

[1] 因为世界人口的大幅度下降将显著提高世界的 R/L 值，进而提高 $w_{世界}$，所以该条件成立。式（9.28）中工资率的表达式也适用于世界。它表明，在本国或世界经济体的人口等于 0 之前，w 和 $w_{世界}$ 必须相等。

$r>x$,所以 $\hat{B}$ 位于曲线之上的值意味着 $\dot{\hat{B}}>0$,$\hat{B}$ 位于曲线之下的值意味着 $\dot{\hat{B}}<0$。

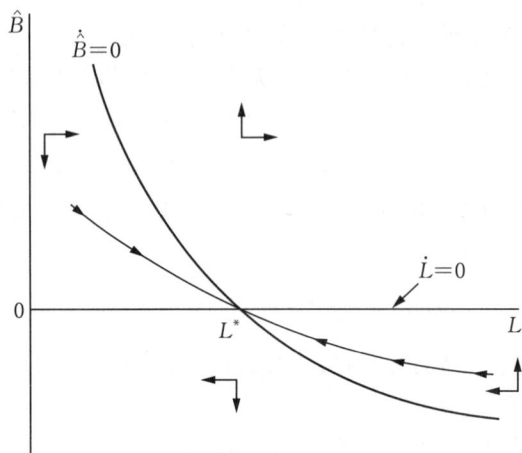

注:该模型的动态可以用从移民收益的现值 $\hat{B}$ 和国内人口 L 表示。该系统是鞍形路径稳定的,且稳定臂向下倾斜。因此,较低的初始人口与向本国的净移民所获得的高收益相关联,进而与净移民率 m 相关联。当人口增加时,移民所获得的净收益减少。在稳态中,净收益 $\hat{B}$ 为零,且人口 L 不变。

图 9.5　当移民为选择变量时的相位图

该图表明,稳态涉及常数 $L=L^*$ 和 $\hat{B}^*=0$。因此,式(9.32)意味着 $\hat{w}^*=\hat{w}_{世界}$,且式(9.37)使得 L^* 满足该等式。特别地,L^* 随着 A(对国内经济体而言)的增加而增加,且与 R(对国内经济体而言)等比率增加。

该系统是鞍形路径稳定的,且图 9.5 表明了移动的方向。如果国内经济体起始于 $L<L^*$,那么 $\dot{\hat{B}}>0$,且 L 持续增加。随之带来的 $\hat{w}$ 下降导致 $\hat{B}$ 的下降,进而导致移民率的下降。随着时间的推进,移民率稳步下降,且当 L 趋于 L^* 时,移民率趋于零。

通过在稳态邻域内线性化这一常规方式,我们可以确定向稳态收敛的速度。在这种情况下,该系统由式(9.32)和式(9.36)描述,且其线性化形式可以用 $\hat{B}$ 和 $\ln(L/L^*)$ 表示。移民率等于 L 的增长率,其表达式见下式:

$$M/L = \dot{L}/L \approx \beta \cdot \ln(L^*/L) \tag{9.38}$$

其中,收敛系数 β 为

$$2\beta = \left[(r-x)^2 + \frac{4\lambda \cdot \psi'(0)}{1-\alpha}\right]^{1/2} - (r-x) \tag{9.39}$$

式(9.39)表明,收敛速度的关键决定因素 $\psi'(0)$,后者表示稳态邻域内移民率对移民相对收益 $\hat{B}/\hat{w}_{世界}$ 的敏感度[参见式(9.36)]。这种敏感度越大,收敛速度越快。回顾前文,函数 ψ 是函数 η 的反函数,它将移民成本与式(9.34)中的移民率关联了起来。斜率 $\psi'(0)$ 与 $\eta'(0)$ 互为倒数;因此,移民成本关于移民量递增的速度越快,移民对相对收益 $\hat{B}/\hat{w}$ 的反应越小,进而收敛速度越低。

L 的收敛速度也是 $\hat{y}$ 的收敛速度。为明白这一点,我们用式(9.27)的生产函数和式(9.29)所示 $\hat{k}$ 的表达式来推导关于 $\hat{y}$ 的表达式:

$$\hat{y} = \frac{A^{1/(1-\alpha)}\alpha^{\alpha/(1-\alpha)} \cdot (R/L)^{\lambda/(1-\alpha)}}{(r+\delta)^{\alpha/(1-\alpha)}} \qquad (9.40)$$

该表达式与式(9.37)所示 $\hat{w}$ 的表达式相同,除了 $\hat{w}$ 的表达式中多了一个乘子 $1-\alpha$。关于 $\hat{y}$ 的结论意味着:

$$\ln(\hat{y}/\hat{y}^*) = [\lambda/(1-\alpha)] \cdot \ln(L^*/L) \qquad (9.41)$$

也就是说,当 L 低于其稳态值时,$\hat{y}$ 高于其稳态值;反之亦然。式(9.40)也表明,$\hat{y}$ 的增长率为:

$$\dot{\hat{y}}/\hat{y} = -[\lambda/(1-\alpha)] \cdot (\dot{L}/L) \qquad (9.42)$$

我们可以用式(9.42),以及式(9.38)和式(9.41),得到关于 $\hat{y}$ 的习见的收敛表达式:

$$\dot{\hat{y}}/\hat{y} = -\beta \cdot \ln(\hat{y}^*/\hat{y}) \qquad (9.43)$$

因此,$\hat{y}$ 的增长率与 $\hat{y}$ 的水平反向相关,且收敛速度 β 由式(9.39)决定。

我们此前曾讨论过关于净移民率的某些经验观察。这些发现将移民率与人均收入或产出的差异关联起来。如果我们用式(9.41)将 $\ln(L^*/L)$ 转换成 $\ln(\hat{y}^*/\hat{y})$,那么我们可以将式(9.38)写成如下形式:

$$M/L = \dot{L}/L \approx \left[\frac{\beta \cdot (1-\alpha)}{\lambda}\right] \cdot \ln(\hat{y}/\hat{y}^*) \qquad (9.44)$$

我们可以将式(9.43)和式(9.44)看成一个方程组的两个方程式,它们涉及产出增长率和移民率。假定某经济群组的参数 α 和 λ 都相等,且我们对该经济群组进行研究。那么,$\psi'(0)$ 更高的经济体具有更高的 β。因此,这些经济体的移民率对式(9.44)所示人均产出差异的反应更灵敏,而且根据式(9.43),其人均参数的收敛速度更快。

我们曾假定移民率的更高敏感性倾向于同人均产出或收入的更高收敛速度相一致。布朗(Braun,1993)对该假设进行了检验。他用到了美国各州、欧洲五国(法国、德国、意大利、西班牙和英国)和日本等国的国内移民和收敛的数据。也就是说,他实际上将移民敏感性的 7 个估值同人均产出或收入的收敛系数的 7 个估值相比较。尽管数据点的数量很小,但是该结论对基本理论提供了一些支持,因为那些具有更高移民敏感性的地方也倾向于具有更高的收敛率。关于该证据的讨论,参见第 11 章。

世界经济的动态 在前文的分析中,我们假定世界经济体处于稳态中,在该稳态中,每单位有效劳动的工资率 $\hat{w}_{世界}$ 不变,且与之相关的资本密度(记为 $\hat{k}_{世界}$)也不变。我们描述了移民的动态过程,在该过程中,本国经济体的有效工资率 $\hat{w}$ 趋向于恒定不变的世界值 $\hat{w}_{世界}$。如果本国经济体具有与世界相同的技术水平 A，那么 $\hat{k}$ 趋向于恒定不变的 $\hat{k}_{世界}$。

更一般地，我们可以引入转移动态，在这种动态中，$\hat{k}_{世界}$ 倾向于其稳态值 $(\hat{k}_{世界})^*$。那么，对于经济体 i 而言，$\hat{k}_i$ 的持续变化可被分成两个部分：第一部分，$\hat{k}_i$ 朝 $\hat{k}_{世界}$ 持续调整；第二部分，$\hat{k}_{世界}$ 朝 $(\hat{k}_{世界})^*$ 持续调整。

Braun(1993)假定世界只有两个地区组成（$i = 1, 2$），并在该假设下完成了分析。在式(9.34)界定的成本下，两地区之间的移民是可能的。对世界经济体而言——即，两地区的加总——有效工人人均总资本和有效工人人均消费（$\hat{k}_{世界}$ 和 $\hat{c}_{世界}$）的演变类似于第 2 章的拉姆齐模型。该进程意味着 $\hat{k}_{世界}$ 逐渐调整向其稳态值 $(\hat{k}_{世界})^*$ 靠近，且收敛速度取决于某些在拉姆齐模型中很重要的参数。

同时，人们向更高工资率的地方移民。这种运动倾向于降低高工资地区的人均产出，并提高低工资地区的人均产出。该过程的速度涉及式(9.39)中的收敛系数。

各地区有效工人人均产出的增长率可近似地被表示为：

$$\frac{\dot{\hat{y}}_i}{\hat{y}_i} = -\beta \cdot \ln(\hat{y}_i / \hat{y}_{世界}) - \mu \cdot \ln\left[\hat{y}_{世界} / (\hat{y}_{世界})^*\right] \tag{9.45}$$

其中，β 由式(9.39)确定，且 μ 由世界经济体的拉姆齐模型确定。式(9.45)将跨地区影响和时间序列影响相结合。跨地区影响涉及不同经济体之间差异的消除；而时间序列影响涉及世界经济体向其稳态位置的调整。如果我们考虑某时刻不同地区的数据，那么各地的相对增长率与初始相对位置 $\hat{y}_i / \hat{y}_{世界}$ 反向相关，而且会涉及系数 β。相反，如果我们考察世界变量 $\hat{y}_{世界}$ 的时间序列数据，那么增长率将与 $\hat{y}_{世界} / (\hat{y}_{世界})^*$ 反向相关，且会涉及系数 μ。在小组设定中，各经济体的增长率取决于 $\hat{y}_i / \hat{y}_{世界}$ 和 $\hat{y}_{世界} / (\hat{y}_{世界})^*$，并涉及 β 和 μ 这两个系数。

不完善的资本流动性　在当前的设定中，经济体朝世界经济的收敛速度涉及式(9.39)中的系数 β，该系数只反映了人们的渐近移民。如果我们假定资本不完全流动，那么在我们前面提到的某些模型中影响收敛的力量也会影响 β。例如，如果投资带来了调整成本或资本市场是不完善的，那么我们将会看到这些额外的因素对收敛的影响。

如果我们保留完全资本市场（见 Braun，1993），那么引入投资的调整成本不是难事。这些调整成本可以以第 3 章所讨论过的方法被引入。主要的新发现是，调整成本对投资数量的敏感性越低，那么收敛系数 β 越高。

如果资本市场是不完善的，那么分析会更复杂。各经济体的收益率不同，而移民的决策基于收益率以及工资率之间的差距。我们还必须关注各地的资产所有权，而消费行为相应地更为复杂。当除移民所携带的人力资本之外，其他资本完全不流动时，我们之前在索洛—斯旺模型和拉姆齐模型中的结论得以成立。

9.2 生育率的选择

对 Malthus(1798)而言,经济因素对生育率和死亡率的影响是经济发展理论的中心议题。几乎没有学者比 Malthus 能带来更大的争议,Malthus 的主要理论认为人口由食物的可获取性控制。Malthus 观点基于下列假设:食物对人类的存活是必须的,且人口的增长能力远大于土地生产食物的能力。Malthus 理论的基础是以下思想:自从公元前 8 000 年前的新石器时代农业革命开始,农业在经济体中占绝对优势。土地收益递减的规律使得 Malthus 总结到,人口数量的膨胀将迫使社会使用生产力更低的土地,它无法生产出足够的食物以支撑更大的人口。之后,食物短缺将迫使家庭推迟结婚和生育,进而出现人口增长率的自我修正。Malthus 如是说:

> 我们将假定,任何国家的生存手段都仅能向其居民提供基本的生活保障。即使在最残酷的社会,我们也能发现人口的不断增长。人口的增长出现在生存手段提升之前。因此,之前只能维持 1 100 万人的食物,现在必须在 1 150 万人之间分配。结果,穷人只能更穷,且他们中的很多人陷入了悲惨的境地……在贫困时期,婚姻的挫折感和家庭所承受的困难是如此的大,以至于人口增长都放缓了脚步。[1]

Malthus 的问题在于,当他正在撰写其著作的时候,英格兰爆发了一场新革命——工业革命。很多市民的生活水平有了显著提高,这在历史上也许还是第一次。但是,与 Malthus 的预测相反,日益的繁荣并没有不可避免地带来人口的增长。实际上,近年的经验证据表明,除了非常贫穷的国家或居户,人均收入的增加倾向于减少生育率。尽管经验研究与 Malthus 的具体预测不吻合,但是这些研究大多发现了经济变量(如人均产出、工资率、男性和女性的受教育水平,以及城市化)同生育率和死亡率之间的重要联系(见 Wahl, 1985;Behrman, 1990;Schultz, 1989;以及 Barro and Lee, 1994)。因此,经验发现坚决地驳斥了人口的自然增长率外生于经济增长的观点。

尽管存在这样的证据,大多数现代的经济增长理论都假定,人口增长率是一个外生的常数。例如,在我们第 1 章和第 2 章的索洛—斯旺模型和拉姆齐模型中,人口增长率 n 在设定上的差异对增长进程很重要,但是我们也没有考虑过增长进程对人口增长率的反向影响。在本章中,我们通过移民允许人口发生内生的变化,但是仍没有考虑人口自然增长率的变动。

在本节,我们构建了一个增长模型,在该模型中,经济发展影响着家庭对子女数量的选择,进而影响着家庭对生育率的选择[2]。我们特别希望设计一个模型来

---

[1] 参见 Malthus(1798, p. 161, n. 19)。

[2] 我们并不试图解释为什么工业革命会出现。在 Lucas(2002)、Galor 和 Weil(2000)、Hansen 和 Prescott(2002),以及 Jones(2001)构建的模型中,人口统计学上的改变和工业革命是作为对不断变化的经济环境的内生反应而出现的。

模拟一些重大的经验发现,特别是生育率和人均收入之间的反向关系(人均收入水平极低的情况除外)。

9.2.1 叠代框架

我们从 Becker 和 Barro(1988)以及 Barro 和 Becker(1989)的理论着手。在这些理论中,父母和孩子通过利他主义联系在一起。父母关于孩子数量的决策是与关于消费和跨代转移的选择同时作出的。虽然孩子的出生和抚养成本是很高的,但是其对效用的增加(从父母的角度来看)也许足以抵消这些成本。如果孩子所带来的边际效用关于其数量递减,或者如果多抚养一个小孩的成本关于其数量递增,那么该模型可根据标准的一阶条件来确定其生育率。子女的质量在模型中由每个人能分配到的消费量和资本存量来表示,孩子数量的选择也与其质量的决定因素相互影响。

Becker 和 Barro(1988)采纳了叠代(overlapping-generations,OLG)框架。在该框架中,人们的生命可划分成两个时期:未成年和成年。(关于 OLG 框架的讨论,请参阅第 3 章的附录。)婚姻未在考虑之列,且第 i 代的单个成年人具有 n_i 个小孩。效用函数采用下列形式:

$$U_i = u(c_i, n_i) + \Upsilon(n_i) \cdot n_i U_{i+1} \tag{9.46}$$

其中,下标 i 是某成年人所处的时期,U_i 是该成年人的效用,c_i 是每位成年人在其成年时期的消费,且 n_i 是每位成年人所具有的孩子数量。$u(c_i, n_i)$ 表示在成年时期消费和孩子的出现所带来的效用。(该框架没有将孩子在未成年时期的消费从其父母的消费中区分出来。)

式(9.46)右边的最后一项表示成年人通过考虑其孩子成年后的幸福预期而获得的效用。U_{i+1} 项是孩子们成年时所获得的效用。当所有变量的时间更新时,其效用也由式(9.46)确定。我们假定孩子之间不存在差异,且父母都能一视同仁,所以他们都能获得相同的效用 U_{i+1}。〔如果每个人都具有相同的效用函数 $u(\cdot)$,且如果该效用是关于向各孩子所提供的资源的凹函数,那么这种平等主义的对待方式将得以成立。〕

式(9.46)中的函数 $\Upsilon(n_i)$ 表示父母对待每个孩子的效用的利他主义程度,因此,$\Upsilon(n_i)$ 乘上了下一代所获得的“总”效用 $n_i U_{i+1}$。假定其特征是 $\Upsilon(n_i) > 0$(父母重视其孩子的幸福)、$\Upsilon'(n_i) < 0$(孩子的递减边际效用的表达式)、$\Upsilon(1) < 1$。最后一个特征意味着,如果每个成年人的孩子数量都为 1,那么父母都是自私的,因为他们认为 1 单位的 $u(c_i, 1)$ 比 1 单位的 $u(c_{i+1}, 1)$ 更重要[①]。

Becker 和 Barro(1988)假定利他主义函数采用不变弹性的形式:

[①] 从第 3 章附录中关于利他主义的讨论来看,Υ 将纯粹的时间偏好(该项涉及 ρ)与对待孩子的态度结合了起来。在当前背景中,我们可以认为纯粹的时间偏好率 ρ 为零。

$$\Upsilon(n_i) = \Upsilon n_i^{-\varepsilon} \tag{9.47}$$

其中，$\varepsilon > 0$ 且 $0 < \Upsilon < 1$。参数 Υ 表示父母与孩子之间的利他主义程度，且当 $n_i = 1$ 时也成立。$\Upsilon > 0$ 表示父母喜欢小孩，且 $\Upsilon < 1$ 表示父母的私心。条件 $\varepsilon > 0$ 造成了孩子数量的递减边际效用，因为 $\Upsilon(n_i)$ 关于 n_i 递减。

如果我们利用式(9.46)和式(9.47)，那么我们可以将 U_i 看作自第 i 代之后各代的未来加权效用之和：

$$U_i = \sum_{j=i}^{\infty} \Upsilon^{j-i} \cdot N_j^{1-\varepsilon} \cdot u(c_j, n_j) \tag{9.48}$$

其中，N_j 是第 j 代时已成年子孙的数量。当 $j = i$ 时（即，当我们从 1 个成年人开始时），该数量等于 1；如果 $j > i$，那么该数量等于各 n_j 的乘积：

$$N_i = 1; \quad N_j = \prod_{k=i}^{j-1} n_k, \quad \text{其中，} j = i+1, \, i+2, \, \cdots \tag{9.49}$$

在前文，我们假定效用函数 $u(c)$ 关于 c 具有不变弹性边际效用 $u'(c)$。我们现在做一个与之一致的假设：效用函数 $u(c_i, n_i)$ 关于 c_j 和 n_j 都具有不变弹性的边际效用：

$$u(c_i, n_i) = [c_i \cdot (n_i)^\phi]^{1-\theta}/(1-\theta) \tag{9.50}$$

其中，$\phi > 0$ 且 $\theta > 0$。为使得 n_j 具有递减边际效用，我们假定 $\phi \cdot (1-\theta) < 1$。如果我们令：

$$\psi \equiv (1-\varepsilon)/(1-\theta)$$

其中，我们假定 $\psi > 0$ [1]，且根据式(9.50)替代式(9.48)中的 $u(c_i, n_i)$，那么我们可得到：

$$U_i = \sum_{j=i}^{\infty} \Upsilon^{j-i} \cdot \{[(N_j)^\psi \cdot c_j \cdot (n_j)^\phi]^{1-\theta} - 1\}/(1-\theta) \tag{9.51}$$

注意，条件 $\varepsilon > 0$ 隐含着 $\phi \cdot (1-\theta) < 1$。我们在大括号中加入了 -1 项，所以当 θ 趋近于 1 时，积分部分的表达式趋近于对数效用形式：

$$U_i = \sum_{j=i}^{\infty} \Upsilon^{j-i} \cdot [\psi \cdot \ln(N_j) + \ln(c_j) + \phi \cdot \ln(n_j)] \tag{9.52}$$

如果我们令 θ 趋近于 1，那么我们可以利用洛必塔法则从式(9.51)推导出式(9.52)。

通过界定生养孩子的成本，并引入跨代预算约束，我们可以如同在 Becker 和 Barro(1988)中一样完成该模型。该约束将父母向孩子的跨代转移，同父母的初始资产、工资量和资产收入，以及子女的抚养和消费开支等关联起来。那么，每一代

---

[1] 条件 $\psi > 0$ 意味着，如果 $\theta < 1$ 则 $\varepsilon < 1$，正如 Becker 和 Barro(1988)所考虑的情况那样。当前的框架还满足：当 $\theta > 1$ 则 $\varepsilon > 1$。如果 $\theta = 1$，那么当 ψ 趋于无穷时，$\varepsilon = 1$ 必须成立。

成年人都在跨期预算约束下通过选择消费和生育率来最大化式(9.51)中的U_i。如果跨代转移得到的是内部解,也就是说,如果父母总选择正的转移,那么该分析不难。这样,我们就没有必要考虑预先排除留债务给孩子的负转移的情况。我们在这里没有给出该分析的细节,因为我们更喜欢与连续时间的模型打交道。

9.2.2　连续时间下的模型

因为跨代时期的长短具有重要意义,所以叠代框架对研究生育率的选择而言非常有用。它表示父母与孩子之间年龄的平均分布,即一代的长短。然而,就总量而言,我们必须对家庭进行加总,这些家庭所处的时点是固定的,并具有不同年龄的孩子。在这种框架下,虽然孩子数量在取整数方面的限制对家庭层次而言是重要的,但是在不同家庭之和这个层面,结果仍然是平滑的。

这些考虑表明,在不连续时间的框架下解决个体家庭的选择问题,并将其直接应用于求解整体经济变量的行为,这也许是徒劳的。在不连续时间中获得的结论——其均衡也许会在稳态附近——反映出我们无法恰当地对居户进行加总。因此,我们要么明确地得出加总,要么把关于代表性居户行为的连续时间表达式看作一个近似值。在家庭层面,这种连续方法是缺乏真实性的——例如,它忽略了孩子数量只能取整数的限制——但是就整个经济体层面变量的研究而言,它仍然是让人满意的。

我们现在用前文中的结论来修改我们在第2章的拉姆齐模型中所引入的无限寿命居户的连续时间模型。无限时域在这里是自然成立的,因为它表明了父母与其子孙后代之间的利他主义联系。拉姆齐模型中的时间偏好率$\rho > 0$相当于叠代模型中的跨代利他主义程度$\Upsilon < 1$。两个新元素是:时间偏好取决于孩子的数量,且孩子的抚养会耗尽资源。

出生和死亡　在离散时间模型中,规模有限的新一代出生在各时期,且每个人都活两期——幼年和成年。在连续时间框架中,我们将出生和死亡看作连续流量。

令$n \geqslant 0$是家庭的出生率,并将其看作各时点的选择变量,且$d > 0$为死亡率。为操作方便,我们假定d不取决于家庭的年龄结构。我们还假定d不取决于医疗卫生方面的家庭和公共支出。当然,纳入这些因素对死亡率的影响将是模型的重要扩展。家庭的规模N根据下式持续变化:

$$\dot{N} = (n-d) \cdot N \tag{9.53}$$

对居户而言,变量N现在是一个新的状态变量。

效用函数　我们利用式(9.51)所示离散时间模型中的居户效用表达式来修改式(2.1)中的标准连续时间表达式,结果如下:

$$U = \int_0^\infty \frac{e^{-\rho t}}{1-\theta} \cdot \{[N^\psi c \cdot (n-d)^\phi]^{1-\theta} - 1\} \cdot dt \tag{9.54}$$

$e^{-\rho t}$项相当于式(9.51)中的利他主义要素Υ^{j-i}。式(9.54)包含了人口净增长率$n -$

d，而非总生育率 n。如果我们将 d 看作婴儿死亡率，那么 $n-d$ 表示存活下来的孩子；该变量出现于效用函数是合理的[1]。注意，人口总量 N 被纳入到效用函数。在求解这一问题时，这一因素却隐含着很大的困难。Jones(2001)用到了与人口总量不相关的一种更简单的效用规定，且该规定可以带来更易于操作的数学求解。

孩子的抚养成本 每个孩子的抚养成本为 η。虽然更贴合实际的模型会认为这些支出出现于孩子成长的漫长过程之中，但是我们假定 η 在孩子出生时就已被全部支付。我们希望这样规避该不足：将 η 看作一项巨大的单笔支出，用它表示对每个孩子的支出现值。因为 nN 是每单位时间内孩子的出生数量，所以 ηnN 是养育孩子的总支出，且 ηn 是抚养子女的人均支出。

一个重要的问题是成本 η 与其他参数之间的关系，如父母的时间价值和孩子养育质量之间的关系，它们对应于模型中的人均消费 c 和人均总资本 k[2]。如果 η 只表示市场货物和服务的购买，那么随着经济体的增长，抚育一个孩子的成本相对于人均收入会下降。在这种情况下，随着经济体的发展，生育率 n——违反事实地——倾向于上升。

Becker(1991)和其他人一起指出，孩子的抚养对父母来说是时间密集的。特别是在女性作为子女抚养工作的主要承担者的社会，母亲的时间尤为密集[3]。换言之，资本积累和技术进步等所带来的生产力进步，适用于市场产品和服务，却被认为并不十分适用于子女的抚育。在这种情况下，随着父母工资率或父母时间机会成本的其他量度的增加，成本 η 倾向于递增。此时，成人所接受的教育水平越高（特别是女性），η 倾向于越高。更一般而言，随着人力资本和物质资本的人均数量的增加（在模型中用变量 k 表示），η 增加。

为引入 η 和父母工资率之间的关系，我们必须引入父母时间的不同用途，如生产货物的时间和养育孩子的时间。这种扩展导致了非线性表达式的技术复杂性。因为该主要观点涉及 η 和 k 之间正向关系，所以我们通过假定一种线性关系来推进研究：

$$\eta = b_0 + bk \tag{9.55}$$

其中，$b_0 \geqslant 0$ 且 $b \geqslant 0$。b_0 项表示抚养孩子所耗费的产品，且 bk 项表示关于资本密度递增的成本。

如果我们假定 $b_0 = 0$，那么式(9.55)中的这种描述会变得非常简单，因为每个孩子的抚养成本 $\eta n = bnk$，而 nk 在居户的预算约束[见式(2.23)]中一直为负项。

---

[1] 该模型还不够详细，以至于死亡率不取决于年龄。然而，如果我们将式(9.54)中的 $N^\psi c \cdot (n-d)^\phi$ 乘上 $d^{-l}(l>0)$，居户的选择将不受影响。该要素可以刻画与成人死亡相关的负效用。

[2] 我们将抚育孩子的成本看作是与孩子的数量成比率。关于家庭拥有其第一个孩子的构建成本表明，也许存在一个区间，在该区间，每个孩子的成本关于孩子的数量递减。然而，成本关于孩子数量的递增最终会突破线性关系，因为抚养更多的孩子意味着两次出生之间的间隔会过短，或父母在怀有孩子时年龄会比较大。

[3] 关于增长模型背景中对这个因素的讨论，请见 Galor 和 Weil(1996)。Becker、Murphy 和 Tamura (1990)也强调了人力资本和孩子的抚育成本之间的关系。

对于嵌入了产品成本 b_0 的规定而言,我们稍后将讨论该规定的一些结论。

家庭的预算约束 我们假定家庭的每个成员接受同样的工资率 w。(更现实地,我们可以允许 w 决定于年龄,所以孩子无需立刻挣取工资。)家庭资产挣取的收益率为 r。

令 c 和 k 分别表示家庭的人均消费和人均资产。(为方便起见,我们强行引入了人均资产 a 等于 k 的封闭经济条件。)那么,预算约束可以被表示为:

$$\dot{k} = w + (r - n + d) \cdot k - bnk - c \tag{9.56}$$

其中,根据 $b_0 = 0$ 的式(9.55),我们用到了孩子抚养成本 η 的表达式。同往常一样,我们假定每个居户具有给定的工资率 w 的路径和给定的收益率 r[①]。与标准表达式不同的是,加入了子女抚养费用的人均支出 bnk。

最优化条件 居户的最优化问题就是通过选择控制变量 c 和 n 来最大化式(9.54)所示的 U。这种最大化问题的约束条件是:初始资本 $k(0)$、式(9.53)和式(9.56)所决定的状态变量 N 和 k 的转移方程、不等式 $c \geqslant 0$ 和 $n \geqslant 0$[由于式(9.54)中的效用函数,这两个不等式永远不会起到约束作用]以及排除连环信式骗贷行为的常见条件(如果我们允许 $k < 0$)。

我们可以构建汉密尔顿方程:

$$J = \frac{e^{-\rho t}}{1-\theta} \cdot \{[N^{\psi} c \cdot (n-d)^{\phi}]^{1-\theta} - 1\}$$
$$+ v \cdot [w + (r+d) \cdot k - (1+b) \cdot nk - c] + \mu \cdot (n-d) \cdot N \tag{9.57}$$

其中,v 和 μ 是关于两个状态变量 k 和 N 的影子价格。因为限制 $c \geqslant 0$ 和 $n \geqslant 0$ 将永不起到约束作用(因为边际效用随着 c 和 n 趋于 0 而趋于无穷,且 $d \geqslant 0$),所以居户满足通过令 $\partial J/\partial c = \partial J/\partial n = 0$、$\dot{v} = -\partial J/\partial k$、$\dot{\mu} = -\partial J/\partial N$ 而得到的常见一阶条件[②]。在对数效用且 $\theta = 1$ 的条件下,结论可以大大简化,而我们将专注于这种情况。

以通常的方式,条件 $\partial J/\partial c = 0$ 和 $\dot{v} = -\partial J/\partial k$ 可用于求 c 的增长率的表达式[③]:

---

① 然而,我们假定子女抚养成本 η 取决于居户的自有资产 k,而非整个经济的人均资本。如果 η 也许通过其与工资率之间的关系而只取决于整体经济层面的变量,那么该分析会有所不同。

② 一个可能出现的问题是,孩子可以是如此便宜,以至于会带来这样的结果——人们有足够的动力来使得 n 足够大。如果成本参数 b 大到足以保证变量 Ω——后文令其等于 $(1+b) \cdot k/c - \phi/(n-d)$——总为正,那么这种困难就不会出现。

③ 在第 2 章所考虑的标准拉姆齐分析中,n 是外生的常数,且 $b = 0$,所以 c 的增长率为:

$$\dot{c}/c = (1/\theta) \cdot \{r - \rho - (n-d) \cdot [1 - \psi \cdot (1-\theta)]\}$$

标准分析也假定 $\psi \cdot (1-\theta)$ 等于 $1-\varepsilon$,且两者都等于 1,所以表达式变成:

$$\dot{c}/c = (1/\theta) \cdot (r - \rho)$$

然而,$\psi \cdot (1-\theta) = 1$(或,相当于 $\varepsilon = 0$)表明,那么在和 n 给定的情况下 N 对效用流的边际贡献在 $\theta > 1$ 时为负,且当 θ 趋近于 1 时变成无限大。出于该原因,Becker 和 Barro(1988),以及 Barro 和 Becker(1989)只研究了 $\theta < 1$ 的情况。我们这里假定,ψ 为正且有限,那么 N 对效用流的边际贡献也为正且有限。

$$\dot{c}/c = (1/\theta)\{r-\rho-(n-d)\cdot[1-\psi\cdot(1-\theta)]-nb+\phi\cdot(1-\theta)\cdot\dot{n}/(n-d)\}$$

在对数效用且 $\theta = 1$ 时,该结论可简化为:

$$\dot{c}/c = r-\rho-(n-d)-bn \tag{9.58}$$

当 $\theta = 1$ 时,人口增长率 $n-d$ 实际上加入了时间偏好 ρ。此外,bn 项从 r 中被减掉,因为更高的 k 会提升 bnk 所决定的子女抚养成本。

我们不妨定义一个新变量 Ω:

$$\Omega \equiv (1+b)\cdot k/c-\phi/(n-d)$$

接着,我们可以用条件 $\partial J/\partial c = \partial J/\partial n = 0$ 得到:

$$\mu = e^{-\rho t}\cdot N^{\psi(1-\theta)-1}\cdot c^{1-\theta}\cdot(n-d)^{\phi(1-\theta)}\cdot\Omega$$

如果我们对 μ 的表达式关于时间求导数,并用条件 $\dot{\mu} = -\partial J/\partial N$ 替代 $\dot{\mu}$,那么我们最后得到:

$$\dot{\Omega} = -\psi+(\Omega/\theta)\cdot\{\rho-(1-\theta)\cdot[r-(1-\psi)\cdot(n-d)-nb+\phi\cdot\dot{n}/(n-d)]\}$$

如果 $\theta = 1$,那么该微分表达式可简化为:

$$\dot{\Omega} = -\psi+\Omega\rho$$

上式是不稳定的。因此,如果 $\Omega(0)$ 偏离其稳态值 ψ/ρ, Ω 将趋向 $\pm\infty$。因为这些不稳定路径违背了与 N 相关的横截条件①,所以最优化行为要求 Ω 在各时点都等于 ψ/ρ。那么,Ω 意味着生育率一直满足该条件:

$$n = d+\frac{\phi\rho\cdot(c/k)}{\rho\cdot(1+b)-\psi\cdot(c/k)} \tag{9.59}$$

式(9.59)表明,当参数 ϕ、ψ、b、ρ 等值给定,且变量 c/k 的值确定时,那么生育率 n 的变动与死亡率 d 一一对应。更高的 ϕ 和 ψ 会增加分别与 n 和 N 对应的边际效用[见式(9.54)],进而提高 n。更高的 b 增加了子女抚养的成本,进而相应地降低 n。更高的 ρ 值阻碍了(对 N 的)投资,进而倾向于降低 n。

变量 c/k 表示对子女的需求的收入效应(表示为 c)与抚育子女的成本之比,且 k 通过式(9.56)所示预算约束中的 $(1+b)\cdot nk$ 项线性地决定 c。因此,c/k 的增加会引起 n 的增加。该结果表明,在 c/k 向稳态移动的过程中,n 与其变化方向相同。

---

① 关于 Ω 的方程式的微分具有一般解:

$$\Omega = \psi/\rho+[\Omega(0)-\psi/\rho]\cdot e^{\rho t}$$

当 $\theta = 0$ 时,关于 μ 的条件简化为 $\mu N = \Omega e^{\rho t}$。将 Ω 的解代入 μN 的表达式中,可得:

$$\mu N = e^{-\rho t}\cdot(\psi/\rho)+\Omega(0)-\psi/\rho$$

因此,只要 $\Omega(0) = \psi/\rho$,那么与 N 相关的横截条件 $[\lim_{t\to\infty}(\mu N) = 0]$ 得以满足。在这种情况下,$\dot{\Omega} = 0$ 对所有 t 都成立,且 Ω 一直等于其稳态值 ψ/ρ。

转移动态和稳态 动态模型由式(9.56)中的 $\dot{k}$ 和式(9.58)中的 $\dot{c}/c$,以及式 (9.59)所示 n 的表达式构成。$\dot{k}$ 和 $\dot{c}/c$ 的表达式涉及被生产函数以常见方式确定的 w 和 r。同以往一样,我们假定劳动投入 L 和人口 N 相等;劳动增进型技术进步具有不变速率 $x \geqslant 0$;且生产函数具有柯布—道格拉斯表达式。

$$\hat{y} = A\hat{k}^{\alpha}$$

其中,$0 < \alpha < 1$,$\hat{k} \equiv K/\hat{L}$ 且 $\hat{y} \equiv Y/\hat{L}$。如果资本以不变速率 δ 折旧,那么竞争性企业的利润最大化行为隐含着常见的表达式:

$$r = \alpha A\hat{k}^{\alpha-1} - \delta, \quad w = (1-\alpha) \cdot A\hat{k}^{\alpha} \cdot e^{xt} \tag{9.60}$$

可将该方程组以下列转换变量表示:

$$\chi \equiv c/k \text{ 和 } z \equiv A\hat{k}^{\alpha-1}$$

其中,z 是资本的平均总产出。接着,我们可以利用式(9.56)、式(9.58)和式(9.60)得到关于 χ 的转移方程式:

$$\dot{\chi}/\chi = -\rho - (1-\alpha) \cdot z + \chi \tag{9.61}$$

如果我们用式(9.59)替代 n,并利用式(9.56)和式(9.60),可得关于 z 的转移方程式:

$$\dot{z}/z = -(1-\alpha) \cdot \left[z - \delta - bd - x - \chi - \frac{\phi\rho\chi \cdot (1+b)}{\rho \cdot (1+b) - \psi\chi}\right] \tag{9.62}$$

图 9.6 利用式(9.61)和式(9.62)在 (z, χ) 空间构建相位图。图中曲线对应于基本参数取下列值的情况:

$$\alpha = 0.75, \delta = 0.05, \rho = 0.02, x = 0.02$$

$$d = 0.01, b = 1, \psi = 0.2, \phi = 0.2$$

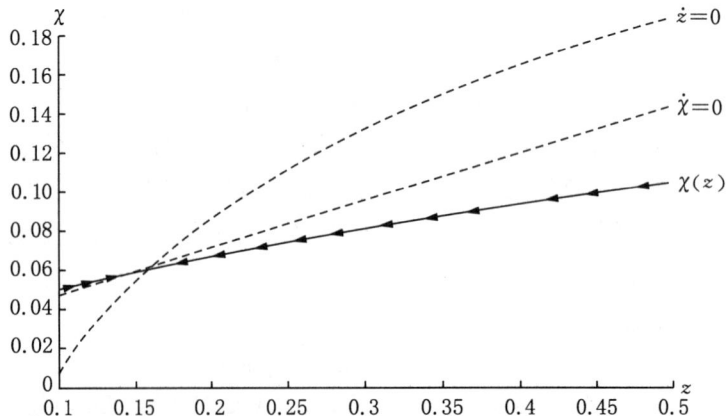

注:该出生率模型体现了鞍形路径稳定。在 (z, χ) 空间,稳定臂向上倾斜。因此,如果经济起始点的资本平均总产出 z 高,那么 z 和 $\chi \equiv c/k$ 在转移过程中单调下降。

图 9.6 (z, χ) 空间中生育率模型的相位图

第一行所显示的值与之前的讨论相似。在第二行中，我们假定死亡率为每年 0.01。参数 b、ψ、ϕ 的设定比较随意，而且我们将讨论结论如何依赖于这些参数变动。不管怎样，相位图的大致形状对这些选择不是十分敏感。

式（9.61）所示轨迹 $\dot{\chi}=0$ 是具有正斜率的直线，且截距为 ρ。该轨迹是不稳定的，即 z 确定时，$\dot{\chi}/\chi$ 关于 χ 递增。

式（9.62）表明轨迹 $\dot{z}=0$ 斜率为正且稳定。也就是说，给定 χ，则 $\dot{z}/z$ 关于 z 递减。沿着该轨迹，χ 与 z 之间的关系是一个二次方程的解。在参数的"合理"区间内，它具有两个正的实数根，其中较大的根总是位于轨迹 $\dot{\chi}=0$ 的上方。图 9.6 所示的轨迹 $\dot{z}=0$ 对应于较小的根。

两个轨迹的交点确定稳态值 z^* 和 χ^*。一旦知道了这些值，那么我们就能用式（9.59）计算出 n^*。根据下式，我们可得出稳态利率：

$$r^* = \alpha z^* - \delta$$

图 9.6 表明，在 (z,χ) 空间中，稳态鞍形路径具有正斜率。因此，如果经济体起始于 $z(0)>z^*$［即 $k(0)<k^*$］，那么 z 与 χ 都朝着其稳态位置单调下降。

式（9.59）意味着，n 沿着转移路径与 $\chi \equiv c/k$ 正相关。因此，图 9.6 中 χ 的下降路径等价于 n 的下降路径。图 9.7 表明了转移过程中 n 和 z 之间的关系。［一旦我们根据图 9.6 获悉了 χ 与 z 之间的关系，我们就能利用式（9.59）中 n 和 z 之间的关系将 n 看作 z 的函数。］当 z 减少时，n 朝其稳态值单调下降。也就是说，当死亡率 d 给定，生育率随着经济发展而稳步下降。

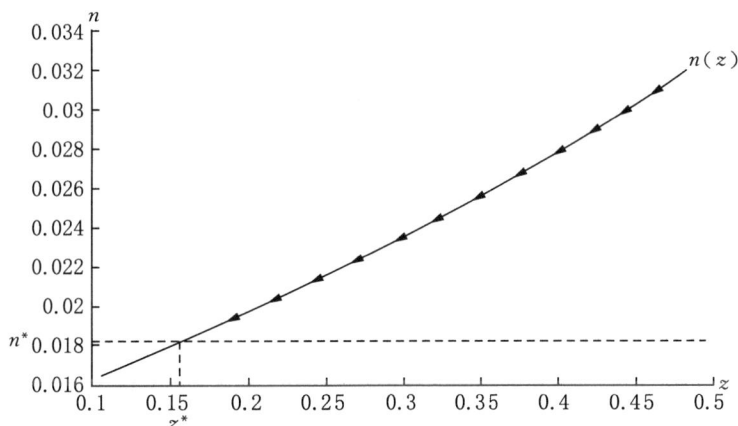

注：如果在经济体的起点时，资本的人均总产 z 高，那么随着 z 的下降——沿着图 9.6 所示的鞍形路径——生育率 n 朝其稳态值下降。从数量上来看，对于这些假定的参数值而言，如果 z 起始于 0.3（对应于 0.25 的收益率），那么 n 起始于 0.023 且逐渐朝其 0.018 的稳态值下降。

图 9.7　生育率的转移行为

对国家而言，生育率随着人均产出的增加而下降的结论与经验观察一致。数据中的一个例外是，当人均 GDP 处于极低的水平时，生育率和人均 GDP 之间似乎正相关。也就是说，对非常穷困的国家而言，这种关系似乎与 Malthus 的理论吻合。如果我们引入养育子女的产品成本，以及另一种关于 k 线性递增的成本，生育率与人均产出的相关性递增的初始阶段很可能会出现在模型之中。产品成本引入了收入效应，它带来了生育率和人均产出之间的正向关系。而且，因为产品成本在穷困国家相对更重要，所以生育率和人均产出之间的净正向关系倾向于只有当人均产出位于低位时才出现。

通过令式(9.55)中的截距 b_0 不等于零，我们可以引入抚育子女的产品成本。尽管当抚育子女的成本表达式具有正截距时，我们的求解办法不再适用，但是我们可以利用数值方法来计算经过修改的模型的动态。特别地，我们对 $b_0 = 50$ 的情况给出了详细结论。我们曾利用参数的某些取值[包括$(b=1)$]来构建图 9.6 和图 9.7，如果我们维持这些参数值不变，那么当 $n = 0.02$ 且 $\hat{k}$ 等于 $\hat{k}^*$ 的 1/10 时，$b_0 = 50$ 意味着抚育一个孩子的产品成本大约为总产出的 1/16(如果令生产函数中的参数 A 等于 1)。

我们在数值上发现，$\eta = 50 + bk$ 的规定可带来图 9.8 所示(z, χ)空间中的相位图。图 9.9 给出了 n 和 z 之间的关系[①]。与图 9.7 相比，图 9.9 的一个有趣特征是，对非常高的 z 而言(即，对非常低的 $\hat{k}$ 而言)，n 现在随着 z 的下降而上升。因此，这一经过扩展的模型符合以下观测结果：对非常贫穷的国家而言，生育率关于人均产出递增；但是在大多数经历中，它随着人均产出的提高而下降。

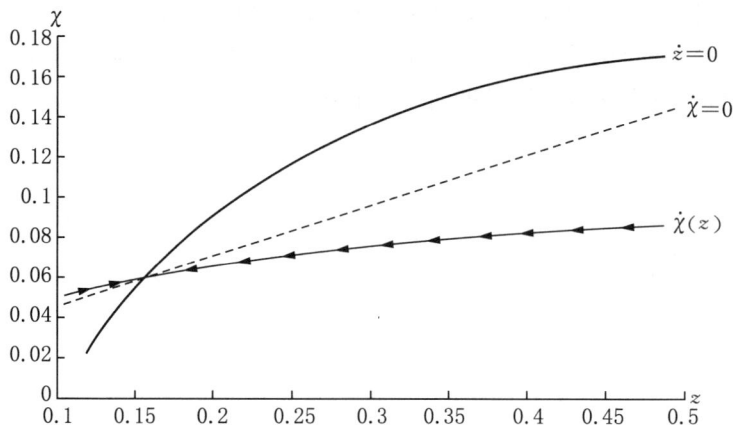

注：该图修改了图 9.6，将抚育子女的产品成本纳入其中。如果在经济体起点的资本平均总产出 z 较高，那么 z 和 $\chi \equiv c/k$ 在转移过程中单调下降。

图 9.8　具有抚育子女的产品成本的(z, χ)空间中的相位图

表 9.1 回到了 $b_0 = 0$ 的规定，以表明参数 ϕ、ψ、b、ρ 的这些取值是如何确定稳态值 n^* 和 r^* 的。对于这些基准参数而言，结论是 $n^* = 0.018$ 且 $r^* = 0.067$。ϕ 或 ψ 的增长提高了从子女获得的收益，进而提高了 n^*。例如，如果 ϕ 或 ψ 提高到 0.4，那么 n^* 将提高到 0.030。如果 ϕ 降到 0.1，那么 n^* 降到 0.014；如果 ψ 降到 0.1，那么 n^* 降到 0.017。因为 $\dot{c}/c = x$ 在稳态中成立，所以我们可以利用式(9.58)来思考

---

① 　这些结论假定，产品成本的起始值为 50，增长率为 $x = 0.02$，与外生技术进步率相等。

n^* 和 r^* 之间的关系。当 ρ、b 和 d 给定时，r^* 的移动与 n^* 同向，且是 n^* 的移动的 $1+b$ 倍。因此，表 9.1 表明，ϕ 或 ψ 的提高会导致 r^* 的增加。

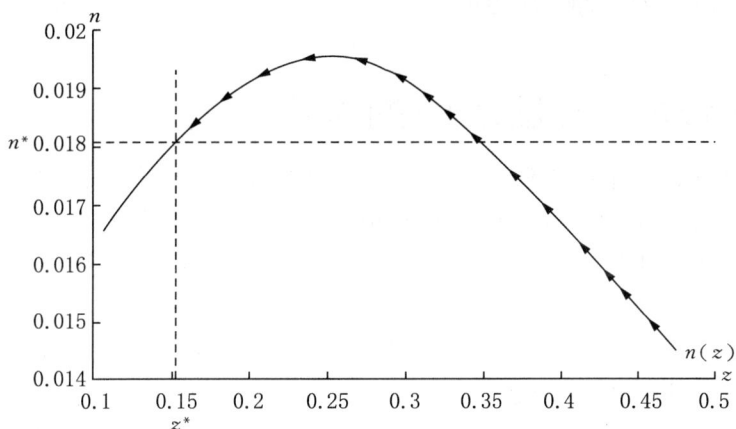

注：该图修改了图 9.7，将抚育子女的产品成本纳入其中。如果资本的平均总产出 z 在经济起点时位于高位，那么随着 z 沿着图 9.8 所示鞍形路径下降，生育率现在以非单调方式调整。与图 9.7 相反，生育率会上升一段时间，然后下降并趋近于其稳态值。这种行为对应于生育率倾向于随着最穷困国家人均产出的提高而提高，但是在主要的经验范围中，它关于人均产出下降。

图 9.9　具有抚育子女的产品成本的生育率的转移行为

表 9.1　参数值变动对 n^* 和 r^* 的影响

参　数　值	n^*	r^*
基准值	0.018 3	0.067
$\phi = 0.4$	0.030 0	0.090
$\phi = 0.1$	0.013 9	0.058
$\psi = 0.4$	0.030 0	0.090
$\psi = 0.1$	0.016 8	0.064
$d = 0.02$	0.029 1	0.078
$d = 0$	0.007 6	0.055
$b = 0.5$	0.022 6	0.064
$b = 2$	0.015 2	0.076

注：基准值是 $\alpha = 0.75$、$\delta = 0.05$、$\rho = 0.02$、$x = 0.02$、$d = 0.01$、$b = 1$、$\psi = 0.2$、$\phi = 0.2$。该表表明，当指定的参数取给定的值，而其他参数保持其基准值时，稳态值 n^* 和 r^* 所受到的影响。

当 c/k 给定，式 (9.59) 表明，n 以一比一的比例与 d 同时变动。因为 d 的增加还会提高 $(c/k)^*$，那么 d 对 n^* 的总效应要大于一比一的比例。例如，如果 d 从 0.01 增加到 0.02，那么表 9.1 表明 n^* 会从 0.018 3 提高到 0.029 1。因为人口增长率 $n^* - d$ 很小，所以式 (9.58) 表明 r^* 的移动方向与 n^* 相同，但约是它的 b 倍。相应地，该表表明，d 的提高导致了 r^* 的提高。

成本参数 b 的增加会导致 n^* 的下降。例如，表 9.1 显示，如果 b 提高到 2，那

么 n^* 下降到 0.015；相反地，如果 b 下降到 0.5，那么 n^* 增加到 0.023。因为 b 的增加伴随着 n^* 的减少，所以式（9.58）表明，对 r^* 的影响将是模糊不清的。在表所考虑的区间内，b 对 r^* 的净效应为正。

9.3 劳动与闲暇之间的选择

到目前为止，我们一直假定劳动力供给和人口之间的关系是固定的；也就是说，我们忽略了劳动力参与程度的变化，或劳动时间和努力程度的变化。在本节，通过引入劳动与闲暇之间的选择，我们在人口给定的情况下令劳动力供给可以变化。该模型中的劳动力供给变化表示劳动力参与度、劳动时间和工作投入程度的某种组合，但是这里的分析却没有区分劳动力供给的这些不同组成部分。

通过将闲暇看作效用函数的另一个参数，我们在拉姆齐框架内进行分析。我们所使用的偏好描述引入了劳动力供给的转移变动，但是该描述保证工作投入所占用时间的比例在稳态时等于常数。因此，该模型允许我们研究工作投入的转移行为，并考虑各参数的变化如何影响工作投入的稳态数量。

人口［记为 $N(t)$］现在必须从劳动投入 $L(t)$ 中区分出来。我们回到 $N(t)$ 具有外生不变的增长率 n 的原有假定，但是在 $N(t)$ 给定时，$L(t)$ 现在可以变动。令 $\ell(t)$ 为时点 t 的代表性行为人的工作投入密度，所以

$$L(t) \equiv \ell(t) \cdot N(t) \tag{9.63}$$

如果 $\ell(t)$ 是用于工作的时间比重，那么它可以用可获得的数据计算出来，且具有自然上限 100%。相反，如果 $\ell(t)$ 允许工作投入（work offort）变动，那么它将难以准确测量，且没有明显的上限。

我们修改式（2.1）中的居户效用表达式，引入工作投入的负效用：

$$U = \int_0^\infty u[c(t), \ell(t)] \mathrm{e}^{-(\rho-n)t} \mathrm{d}t \tag{9.64}$$

其中，偏导数满足常见的凹的条件，包括 $u_c > 0$、$u_\ell < 0$、$u_{cc} < 0$ 和 $u_{\ell\ell} \leqslant 0$ [1]。如果工资率 w 是支付给每单位劳动投入的数量，那么居户的预算约束从式（2.2）修改为：

$$\dot{a} = w\ell + (r-n) \cdot a - c \tag{9.65}$$

同往常一样，我们可以通过构建汉密尔顿方程来推进分析：

---

[1] 该表达式假定，工作投入 ℓ 被纳入效用函数，且会减小效用。Becker（1965）的另一种理论假定，时间不是用于市场劳动，就是用于家庭生产。这种理论的一个重要的不同特征是，家庭劳动的生产率受资本积累和技术进步的影响。那么，时间在市场劳动和家庭劳动之间的分配取决于相对生产率倾向，以及市场制造的产品和家庭制造的产品的相对需求量。关于这种方法在动态背景下的运用，见 Greenwood 和 Hercowitz（1991），以及 Benhabib、Rogerson 和 Wright（1991）。

$$J = u(c, \ell) \cdot e^{-(\rho-n)t} + v \cdot [w\ell + (r-n) \cdot a - c]$$

最大化问题与第 2 章是一样的,除了消费的边际效用 u_c 可能取决于 ℓ,而且我们必须增加一个新的一阶条件 $\partial J/\partial \ell = 0$。

下式所示的一阶条件对应于源自拉姆齐模型的式(2.7):

$$r = \rho - \left[\frac{u_{cc} \cdot c}{u_c}\right] \cdot (\dot{c}/c) - \left[\frac{u_{c\ell} \cdot \ell}{u_c}\right] \cdot (\dot{\ell}/\ell) \tag{9.66}$$

注意,如果 $u_{c\ell} = 0$,那么我们可以根据第 2 章得到最初的表达式。如果 $u_{c\ell} > 0$,那么时间偏好 ρ 将要减去更高的 $\dot{\ell}/\ell$ 值,因为在 ℓ 处于高位的未来,即当他们只有很少闲暇时,居户倾向于消费更多。如果 $u_{c\ell} < 0$(消费和闲暇互为补充,该假定似较合理),结论相反。

下式是新出现的一阶条件,它反映了某时点消费和闲暇的替换:

$$-u_\ell/u_c = w \tag{9.67}$$

经验表明,每个工人的工作小时数(我们粗略地用 ℓ 代替)一般在经济发展早期会下降,但是最终倾向平稳(关于其讨论,见 Barro,1997,第 2 章)。我们希望式(9.67)与该经验规律相同。特别地,我们希望模型具有 ℓ 恒定不变的稳态。

在拉姆齐模型的稳态中,w 和 c 以相同速率 x 增长。因此,我们希望效用函数表达式满足这样的条件:其对应的式(9.67)表明,当 w 和 c 以相同速率增长时,ℓ 恒定不变或至少渐近于恒定不变。我们还希望保留以下特征:模型存在一个稳态,其中 c 以常量速率增长。附录 9A 证明,这些条件要求效用函数渐近于这种形式:

$$u(c, \ell) = \frac{c^{1-\theta} \cdot \exp\left[(1-\theta) \cdot \omega(\ell)\right] - 1}{1-\theta} \tag{9.68}$$

其中,$\theta > 0$,$\omega'(\ell) < 0$ 且 $\omega''(\ell) \leqslant 0$[①]。这种结构对应于 King、Plosser 和 Rebelo(1988a),以及 Rebelo(1991)所采用的一种框架。$u_{c\ell}$ 的符号取决于 θ 的大小:当 $\theta \lessgtr 1$ 时,有 $u_{c\ell} \lessgtr 0$。式(2.8)所采用的标准等弹性函数是 $\omega(\ell) = 0$ 的特殊情况。然而,该规定与有限数量的工作投入选择相矛盾。

如果我们用式(9.68)来计算 u_ℓ 和 u_c,那么式(9.67)中的一阶条件意味着:

$$-\omega'(\ell) = w/c \tag{9.69}$$

虽然对于一般的 θ 而言,模型接下来的代数演算显得过于繁琐,但是我们可以通过考虑 $\theta = 1$ 这一特殊情况来得到主要结论。对式(9.68)运用洛必塔法则表明,当 θ 趋于 1 时,$u(c, \ell)$ 的极限是:

$$u(c, \ell) = \ln(c) + \omega(\ell) \tag{9.70}$$

---

① 这些特征意味着 $u_c > 0$、$u_\ell < 0$、$u_{cc} < 0$。条件 $u_{\ell\ell} < 0$ 要求 $\omega''(\ell) + (1-\theta) \cdot [\omega'(\ell)]^2 \leqslant 0$,该不等式在 $\theta \geqslant 1$ 时必定成立。

也就是说,如果效用是关于 c 的对数,那么该函数在 c 与 ℓ 之间是可分离的,所以 $u_{c\ell} = 0$。如果效用函数采用式(9.70)所示形式,那么式(9.66)的一阶条件简化为我们所熟悉的关于 c 的增长率的表达式:

$$\dot{c}/c = r - \rho \tag{9.71}$$

我们现在令单位有效劳动的变量包括可变化的工作投入 ℓ 的影响,也就是说:

$$\hat{k} \equiv K/(\ell N e^{x})$$

$$\hat{c} \equiv C/(\ell N e^{x})$$

如果我们以常见的方式假设一个封闭的经济体,并引入企业,那么式(9.71)和条件 $r = f'(\hat{k}) - \delta$ 和 $a = k$ 意味着:

$$\dot{\hat{c}}/\hat{c} = f'(\hat{k}) - (\delta + \rho + x) - \dot{\ell}/\ell \tag{9.72}$$

$$\dot{\hat{k}}/\hat{k} = f(\hat{k})/\hat{k} - (x + n + \delta) - \hat{c}/\hat{k} - \dot{\ell}/\ell \tag{9.73}$$

只因为 $\dot{\ell}/\ell$ 增加了有效劳动投入的增长率,这些结论才与标准形式[式(9.23)和式(9.24)]不同。因为稳态时 $\dot{\ell}/\ell = 0$,所以关于 $\hat{k}^{*}$ 和 $\hat{c}^{*}$ 的表达式与拉姆齐模型中的一样。

我们现在假定生产函数是柯布—道格拉斯形式的,$f(\hat{k}) = A\hat{k}^{\alpha}$,且工作带来的负效用采用不变弹性的表达式:

$$\omega(\ell) = -\zeta \cdot \ell^{1+\sigma}$$

其中,$\zeta > 0$ 和 $\sigma \geqslant 0$。因为 $w = (1-\alpha) \cdot A\hat{k}^{\alpha} \cdot e^{x}$(工资率取决于柯布—道格拉斯情况),于是式(9.69)变成:

$$\zeta \cdot (1+\sigma) \cdot \ell^{1+\sigma} = (1-\alpha) \cdot A\hat{k}^{\alpha}/\hat{c} \tag{9.74}$$

(注意,将等式右边的 c 替换为 $\hat{c}$,使得等式左边会多乘上一个 ℓ。)因为 $\hat{y}$ 与 $\hat{k}^{\alpha}$ 成比例,所以式(9.74)意味着,更高的 ℓ(更少的闲暇)对应着更低的 c/y。[如果 $\omega'(\ell) > 0$ 和 $\omega''(\ell) \geqslant 0$,那么该关系式对 $\omega(\ell)$ 的一般表达式都成立。]式(9.74)意味着,ℓ 的增长率取决于:

$$\dot{\ell}/\ell = \left(\frac{\alpha}{1+\sigma}\right) \cdot (\dot{\hat{k}}/\hat{k}) - \left(\frac{1}{1+\sigma}\right) \cdot (\dot{\hat{c}}/\hat{c}) \tag{9.75}$$

如果我们利用关于 $f'(\hat{k})$ 的柯布—道格拉斯表达式和式(9.75)中关于 $\dot{\ell}/\ell$ 的表达式,那么式(9.72)和式(9.73)经过一些代数运算后可得到关于 $\hat{k}$ 和 $\hat{c}$ 的动态方程组:

$$\dot{\hat{k}}/\hat{k} = A\hat{k}^{\alpha-1} - \left(\frac{1}{\alpha+\sigma}\right) \cdot [\sigma \cdot (\hat{c}/\hat{k}) + (1+\sigma) \cdot (x+\delta) + \rho + \sigma n]$$

$$\tag{9.76}$$

$$\dot{\hat{c}}/\hat{c} = \alpha A \hat{k}^{\alpha-1} + \left(\frac{1}{\alpha+\sigma}\right) \cdot [\alpha \cdot (\hat{c}/\hat{k}) - (1+\sigma) \cdot (x+\delta)$$
$$- (1+\alpha+\sigma) \cdot \rho + \alpha n] \tag{9.77}$$

如果 $\theta = 1$（为了得到我们这里所假设的对数效用形式）且 σ 趋于无穷，那么这些结论可以简化为式(2.36)和式(2.37)所示的标准表达式。无穷大的 σ 使得 ℓ 不能随时间变动，进而再次得到了在劳动力供给固定的模型中的结论。

我们已经提到过，$\hat{k}$ 和 $\hat{c}$ 的稳态值与拉姆齐模型中的相同。这一结论可以通过令式(9.76)和式(9.77)为零来证明。这些稳态值可被表示为：

$$r^* = \alpha A (\hat{k}^*)^{\alpha-1} - \delta = \rho + x$$

$$\hat{c}^*/\hat{k}^* = (\rho+\delta+x)/\alpha - (n+x+\delta)$$

我们可以将这些值代入式(9.74)以决定工作投入的稳态水平 ℓ^*：

$$\ell^* = \left\{ \left[\frac{1-\alpha}{\zeta \cdot (1+\sigma)} \right] \cdot \left[\frac{\rho+\delta+x}{\rho+\delta+x-\alpha \cdot (n+x+\delta)} \right] \right\}^{1/(1+\sigma)} \tag{9.78}$$

式(9.76)和式(9.77)所隐含的关于 $\hat{k}$ 和 $\hat{c}$ 的转移动态可以像往常一样，通过在 $(\hat{k}, \hat{c})$ 空间中构架相位图来加以分析。该系统仍是鞍形路径稳定的，我们将相位图的构建留作练习。

如果我们通过惯常方式在稳态附近对数线性化式(9.76)和式(9.77)，那么系统向稳态收敛的速度的表达式为：

$$2\beta = \rho - n - \left\{ (\rho-n)^2 + \left[\frac{4 \cdot (1-\alpha) \cdot (1+\sigma)}{\alpha+\sigma} \right] \cdot (\rho+\delta+\theta x) \right.$$
$$\left. \cdot \left[\frac{\rho+\delta+x}{\alpha} - (n+x+\delta) \right] \right\}^{1/2} \tag{9.79}$$

如果我们令 σ 趋于无穷，那么该表达式简化为标准拉姆齐结论[$\theta = 1$ 时的式(2.34)]。

如果取我们熟悉的参数值（$\alpha = 0.75$，$x = 0.02$，$n = 0.01$，$\delta = 0.05$，$\rho = 0.02$），那么当 $\sigma = 0$ 时，式(9.79)中的 β 值为 0.030。当 σ 大于 0 且趋于无穷时，β 下降且趋于拉姆齐值（在以上假定参数值的情况下，等于 0.025）。因此，纳入劳动与闲暇之间的选择只是适度地提高了收敛速度。

劳动力供给可变时的收敛系数有所提高，其原因是：在向稳态转移的过程中，ℓ 单调下降。也就是说，在该模型中穷人（之后会更富裕）比富人更努力地工作。为了证明这一点，我们将式(9.76)和式(9.77)所示的 $\dot{\hat{k}}/\hat{k}$ 和 $\dot{\hat{c}}/\hat{c}$ 代入式(9.75)中 $\dot{\ell}/\ell$ 的表达式，简化后可得：

$$\dot{\ell}/\ell = \left(\frac{\alpha}{\alpha+\sigma} \right) \cdot (\chi^* - \chi)$$

其中，$\chi \equiv \hat{c}/\hat{k}$。我们可以利用附录2B中的方法来证明：如果 $\hat{k}(0) < \hat{k}^*$，那么 χ 在转移过程中会单调下降，进而 $\chi > \chi^*$ 在整个路径中都成立。（我们将其证明留作练习。)该结论表明 $\dot{\ell}/\ell < 0$，也就是说，ℓ 从其初始值 $\ell(0)$ 向其稳态值 ℓ^* 单调下降。因此，该模型与工作投入在经济发展早期下降的经验观测结果相吻合。

9.4 附录：消费和工作投入的效用函数的表达式

这里，我们在有关劳动与闲暇之间的选择的模型中研究效用函数 $u(c, \ell)$ 须满足的形式。我们希望经济体具有 $\dot{c}/c$ 和 ℓ 都恒定不变的稳态。相应地，式(9.66)表明，消费的边际效用的弹性必须恒定不变（就像在拉姆齐模型中一样）：

$$\frac{u_{cc} \cdot c}{u_c} = -\theta \text{（常数）} \tag{9.80}$$

式(9.67)中的一阶条件可以被写成：

$$\frac{w}{c} = \frac{-u_\ell}{c \cdot u_c}$$

我们将寻找这样的稳态，其中 w 和 c 都以相同速率增长，即 w/c 恒定不变。因此，如果我们对等式右边取对数，并对其时间微分，那么在稳态中有：

$$(u_{\ell c} \cdot \dot{c} + u_{\ell\ell} \cdot \dot{\ell})/u_\ell - (u_{cc} \cdot \dot{c} + u_{c\ell} \cdot \dot{\ell})/u_c - \dot{c}/c = 0$$

因为 $\dot{\ell} = 0$ 且 $\dot{c}/c$ 一般不等于零，所以该条件可以被改写为：

$$\frac{c \cdot u_{\ell c}}{u_\ell} = 1 + \frac{c \cdot u_{cc}}{u_c} = 1 - \theta \tag{9.81}$$

改写式(9.81)可得：

$$\frac{1}{u_\ell} \cdot \frac{\partial(u_\ell)}{\partial c} = \frac{1-\theta}{c}$$

并对 c 积分可得：

$$\ln(u_\ell) = (1-\theta) \cdot \ln(c) + (\ell \text{ 的函数})$$

该结论关于 ℓ 的积分为：

$$u(c, \ell) = c^{1-\theta} \cdot \varphi(\ell) + \psi(c) \tag{9.82}$$

其中，φ 和 ψ 仍为任意函数。

式(9.80)和式(9.82)表明：

$$\frac{u_{cc} \cdot c}{u_c} = \frac{-\theta \cdot (1-\theta) \cdot c^{-\theta} \cdot \varphi(\ell) + c \cdot \psi''(c)}{(1-\theta) \cdot c^{-\theta} \cdot \varphi(\ell) + \psi'(c)} = -\theta$$

且函数 $\psi(c)$ 必须与该式吻合。因此，$\psi(c)$ 必须满足：

$$c \cdot \psi''(c) = -\theta \psi'(c)$$

如果我们对该条件进行二次积分，那么，在剔除乘数项和加数项中的常量之后，我们可得：

$$\psi(c) = c^{1-\theta}, \theta \neq 1$$

$$\psi(c) = \ln(c), \theta = 1$$

我们可以将关于 $\psi(c)$ 的结论代入式(9.82)，以得到 $u(c, \ell)$ 须满足的形式。一个方法就是将该结论写成式(9.68)那样的形式：

$$u(c, \ell) = \frac{c^{1-\theta} \cdot \exp\left[(1-\theta) \cdot \omega(\ell)\right] - 1}{1-\theta} \tag{9.83}$$

在这种表达式中，$\theta > 0$ 且 $\omega'(\ell) < 0$，二者确保了 $u_c > 0$、$u_\ell < 0$、$u_{cc} < 0$。条件 $u_{\ell\ell} \leqslant 0$ 要求 $\omega''(\ell) + (1-\theta) \cdot \left[\omega'(\ell)\right]^2 \leqslant 0$ 在 $\omega''(\ell) \leqslant 0$ 且 $\theta \geqslant 1$ 时必须成立。洛必塔法则的应用表明，当 θ 趋近于 1 时，式(9.83)中的函数趋近于 $\ln(c) + \omega(\ell)$。

9.5 习题

9.1 新古典增长模型中的移民

a. 在什么情况下潜在的移民会提升索洛—斯旺模型中的收敛速度？在拉姆齐模型中情况又会如何？影响收敛性的根源是什么？

b. 接纳移民的国家的政府会否认为限制入境移民的数量是值得的？政府是否会对入境移民收取一定的费用？这种费用会否倾向于随着入境移民所带有的人力资本数量而变动？

c. 如果国家是输出移民的，重新思考问题 b。

9.2 农村—城镇移民模型(根据 Mas-Colell and Razin, 1973) 假定经济体有两个生产部门：农村或农业部门(记为 A)只生产用于消费的产品；城镇或工业部门(记为 I)生产的产品可用于消费和投资。生产函数都是柯布—道格拉斯形式的：

$$Y_A = (K_A)^\alpha \cdot (L_A)^{1-\alpha}; Y_I = (K_I)^\lambda \cdot (L_I)^{1-\lambda}$$

其中，$0 < \alpha < 1, 0 < \lambda < 1$。不存在技术进步。

在没有弹性的情况下，每个人提供 1 单位劳动，且总人口 $L = L_A + L_I$ 的增长率不变且为 $n \geqslant 0$。农村和城镇地区的人口自然增长率相等。资本能在部门间无成本地流动，且 $K = K_A + K_I$。人们在地区之间的移动存在一定的成本。我们假定，向城镇部门的移民率与工资率之间的差异正相关：

$$\dot{\mu}/\mu = b \cdot (w_I - w_A)/w_A$$

其中，$b > 0, \mu$ 是城镇部门所雇用的人口的比例。

人们的储蓄量占收入比重为 s，花费占来自工业品的收入的比重为 η。资本不存在折旧率。工业品的价格以农产品的数量来计量，记为 p。

a. 推导出各时点的资本租金率 R、工资率 w_A 和 w_I，以及工业产出的相对价格 p 的表达式。城镇部门所用总资本的比重是多少？

b. 在 (k, μ) 空间构建相位图，其中 $k \equiv K/L$。稳态值 k^* 和 μ^* 等于多少？该稳态稳定吗？

c. 假定经济起始于 $\mu < \mu^*$。证明：向城镇的移民率随着经济体趋近于稳态而递减。试描述相对价格 p 的行为特征，及转移路径上的资本增长率的特征。该模型是否具有收敛特征？

9.3 移民最优化模型中的增长（基于 Braun，1993） 考虑 9.1.3 节所述布朗模型中的移民。在那节的最后，我们对模型进行了扩展，引入了世界经济体的动态。假定使用 9.1.3 节的框架［包括式（9.27）中的生产函数］，除了一点不同：现在的经济体只有国家 1 和国家 2 这两个经济体。每个国家的自然资源 R_1 和 R_2 都是固定的。两个国家的人口分别记为 L_1 和 L_2，$L = L_1 + L_2$ 为世界人口。各经济体的人口自然增长率为零，而且初始条件使得国家 2 的人口向国家 1 移民。式（9.34）中的 $w_{世界}$ 被 w_2 所代替，并决定着移民成本。随着移民人数趋近于 0，每个移民的迁徙成本仍趋近于 0。资本在各经济体之间可自由流动。总资本量 $K = K_A + K_I$ 在各经济之间流动，并使得资本在各时点的净边际产出相等。世界收益率 r（现在随着时间变动）等于资本的净边际产出。为简化起见，假定不存在技术进步和折旧。各国的消费者具有无限时域的拉姆齐偏好，如第 2 章所假设的那样。

a. 用 k、L_2 和 B 来表示动态系统，其中 B 表示从国家 2 到国家 1 的永久移民的收益现值［类似于式（9.31）］且 $c \equiv C/L$ 是世界的人均消费。注意，系统的状态变量是 k 和 L_2；给定 L，变量 L_2 就决定着两个国家的人口分布。（提示：国家 1 的原始居民不会移民，且其人均消费 c_1 都相同。对国家 2 的原始居民而言，无论他们向国家 1 移民与否、何时移民，其消费路径 c_2 必定相同。这些因素，以及关于消费增长的标准拉姆齐表达式，决定着 c 关于收益率 r 的行为。）

b. k、L_2 和 B 的稳态值是什么？

c. 考虑稳态附近的动态系统的对数线性近似表达式。

（i）可以观察到，在稳态附近，L_2 的小变化对两个国家的工资率、世界产出和收益率的影响微不足道。根据这些事实将这个四维系统分成两个部分：一个应用于世界变量 k 和 c；另一个应用于移民变量 L_2 和 B。

（ii）试求出世界变量的收敛速度 β，并将其与第 2 章拉姆齐模型中的解相比较。

（iii）试求出 L_2 的收敛速度 μ。国家 1 人均产出 y_1 的收敛速度是如何与 β 和 μ 相关的？［见式（9.45）］

9.4 外生死亡率 考虑 9.2.2 节中带有生育率选择的模型。假定：死亡率 d 受用于医疗保健的家庭或公共支出影响。

a. 假定 d 取决于居户的医疗保健支出现值。确定这些支出的最优路径。随着经济的发展，d 如何演变？生育率 n 的行为和资本密度 k 的行为有哪些经济意义?

b. 现在假定 d 取决于医疗保健的人均公共支出。假定:该支出与总产出之比为常数 g,且该支出的资金来源为一次性税收。g 的选择会如何决定生育率 n 的路径和资本密度 k 的路径? 政府关于 g 的最优选择是什么? 让 g 随着时间变动是否明智?

9.5 有关劳动与闲暇之间选择的转移动态 在 9.3 节,我们求解了有关劳动与闲暇之间选择的模型的动态特征。对于对数效用和柯布—道格拉斯生产函数而言,$\hat{k}$ 的增长率和 $\hat{c}$ 的增长率由式(9.76)和式(9.77)决定。式(9.74)将工作投入 l 的选择,同变量 $\hat{k}$ 和 $\hat{c}$ 关联了起来。

a. 在 $(\hat{k},\hat{c})$ 空间构建相位图。

b. 如果 $\hat{k}(0) < \hat{k}^*$,那么试描述 $\hat{k}$、$\hat{c}$ 和 l 的转移路径。

c. 证明:稳态附近的收敛速度 β 由式(9.79)确定。为什么更高的收敛速度高于其在标准拉姆齐模型中的值[见式(2.34)]。

▶ **10**

增长核算

增长核算是一种经验方法论。它可将观测到的 GDP 增长分解成几部分,而各部分分别与各要素投入的变化及生产技术的变化相关。在无法直接测量技术进步的情况下,不能被可观测到的要素投入增长所解释的 GDP 增长率,即"余值增长",可以间接地测量技术增长率。通常,这种计量行为被看作分析经济增长基本决定因素的第一步,因为它没有解释驱使各种投入增长率或要素比重的动力。最后一步涉及找出要素增长率、要素比重、技术变革(余值)与政府政策、居户偏好、自然资源、初始物质和初始人力资本等因素之间的关系。如果对生产要素增长率至关重要的基本决定要素与那些对技术变革至关重要的基本决定要素无关的话,那么增长核算会尤其有用。

基本的增长核算出现于 Solow(1957)、Kendrick(1961)、Denison(1962),以及 Jorgenson 和 Griliches(1967)。Griliches(1997,第 1 部分)对其思想史进行了概述,并强调了索洛余值(Solow residual)的发展。

10.1 标准基本增长核算

10.1.1 基本框架

该分析起始于一个标准生产函数,其表达式为:

$$Y = F(T, K, L) \tag{10.1}$$

其中,T 是技术水平,K 是资本总量,L 是劳动数量。Jorgenson 和 Griliches(1967)认为不同种类、不同质量的资本不能加总,且不同种类、不同质量的劳动不能加总。该生产函数明确表明,只有生产性投入增长,包括技术水平增长,GDP 才能增长。

产出的增长率可以被分解为与要素积累和技术进步相关的不同部分。取式(10.1)的对数,并对时间求导数,可得:

$$\dot{Y}/Y = g + \left(\frac{F_K K}{Y}\right) \cdot (\dot{K}/K) + \left(\frac{F_L L}{Y}\right) \cdot (\dot{L}/L) \tag{10.2}$$

其中，F_K、F_L 是要素的（社会）边际产出，且 g（技术变革所带来的增长）决定于下式：

$$g \equiv \left(\frac{F_T T}{Y}\right) \cdot (\dot{T}/T) \tag{10.3}$$

式（10.2）表明，GDP 的增长率可以被分解成三种投入的增长率：资本、劳动和技术。特别地，这种分解是三种要素的加权平均，其中权数由各要素对 GDP 的相对贡献决定。（这些贡献都等于各自的社会边际产出乘以各自的投入量除以 GDP。）这种表达将希克斯中性和劳动增强型技术进步作为特殊情况而纳入进来。如果技术要素以希克斯中性的方式出现，进而 $F(T, K, L) = T \cdot \tilde{F}(K, L)$，那么 $F_T T = Y$ 且 $g = \dot{T}/T$。如果技术要素以劳动增强的形式出现，进而 $F(T, K, L) = \tilde{F}(K, LT)$，那么 $F_T T = F_L L$ 且 $g = (F_L L / Y) \cdot (\dot{T}/T)$。

我们将在下一节指出，从经验角度来看，Y、K、L 的增长率可以计算（尽管存在困难！）。现在假定我们可以计算社会边际产出 F_K 和 F_L（我们下面要论证，在某些情境下，它们可以用要素价格近似表示）。在式（10.2）中，不能直接被测量的是 g。但是，如果式（10.2）的所有其他组成部分都能在经验上被估算出来，那么我们可以根据其他值来计算 g。特别地，根据式（10.2），技术进步对增长的贡献 g 可以作为某种"残余"而被计算出来，换句话说，等于实际增长率减去增长率中可以被资本和劳动增长率所"解释"的部分：

$$g = \dot{Y}/Y - \left(\frac{F_K K}{Y}\right) \cdot (\dot{K}/K) - \left(\frac{F_L L}{Y}\right) \cdot (\dot{L}/L) \tag{10.4}$$

注意，为从经验上估算 g，我们需要知道社会边际产出 F_K 和 F_L，但是这些值一般无法被直接测量。实际上，研究者们通常假定社会边际产出可被观察到的要素价格计量。如果要素得到的收益是其社会边际产出，进而 $F_K = R$（资本的租金价格）和 $F_L = w$（工资率），那么 $F_L L = wL$，即经济体中支付的工资总量（工资额）。因此，$F_L L / Y = wL/Y$ 是 GDP 中用于支付工资的比重，即所谓的劳动比重，记为 s_L。类似地，$F_K K / Y = RK/Y$ 是 GDP 中用于支付租金的比重，即所谓的资本比重，记为 s_K。这样，技术进步率的估算可以改写成：

$$\hat{g} = \dot{Y}/Y - s_K \cdot (\dot{K}/K) - s_L \cdot (\dot{L}/L) \tag{10.5}$$

在柯布—道格拉斯情况下，要素比重将持续不变（且对应于生产函数中的幂）。然而，这里的分析将更为一般化，因为允许这种比重随时间变动。

$\hat{g}$ 值常被描述为全要素生产率（total factor productivity，TFP）增长的估算。该表达式首次出现于 Solow（1957），所以 $\hat{g}$ 值有时被称作索洛余值。因为刚才所述的方法依赖于投入数量的增长率，所以人们有时会在"全要素增长"（TFP growth）或"索洛残值"前面加上"基本"（primal）的标签。这一标签使得该方法不同于以价格为基础的方法［该理论将在下一节讨论，它贴有"二元"（dual）的标签］。

如果所有与国内生产总值 Y 相关的收入都被分配给了资本和劳动,那么条件 $s_K + s_L = 1$——或者 $Y = RK + wL$——必定成立[①]。在这种情况下,余值的计算简化为:

$$\hat{g} = \dot{Y}/Y - s_K \cdot (\dot{K}/K) - (1 - s_K) \cdot (\dot{L}/L) \qquad (10.6)$$

式(10.6)也可用人均量来表示:

$$\hat{g} = \dot{y}/y - s_K \cdot (\dot{k}/k) \qquad (10.7)$$

其中,$y \equiv Y/L$ 且 $k \equiv K/L$ 都是每单位劳动的数量。

尽管式(10.6)所示的时间连续表达式从概念上而言用处很大,但是从经验的角度出发,它必须被修改,以进行时间不连续数据的相关操作。通过用对数化差异来测量 t 期和 $t+1$ 期之间的增长率,并将 t 期和 $t+1$ 期的要素比重的算术平均数看作权重,Thörnqvist(1936)解决了该问题。利用该方法,希克斯中性情况下的全要素增长率被近似为:

$$\ln[T(t+1)/T(t)] \approx \ln[Y(t+1)/Y(t)] - \bar{s}_K(t) \cdot \ln[K(t+1)/K(t)]$$
$$- [1 - \bar{s}_K(t)] \cdot \ln[L(t+1)/L(t)] \qquad (10.8)$$

其中,$\bar{s}_K(t) \equiv [s_K(t) + s_K(t+1)]/2$ 是 t 期和 $t+1$ 期的资本平均比重[②]。如果希克斯中性不成立,式(10.8)仍可以被近似看作技术进步对增长的贡献。

10.1.2 测量投入

资本 实践前文所概述的观点,需要测量投入的增长率,以及资本和劳动比重。在理想状态下,我们用物质资本的服务流作为资本投入的量度。例如,我们将计算在 t 期间生产进程中的"机器运转时间"数量。因为可获得的数据通常无法实现该测量,所以一般流程是计算某种具体的物质资本数量,接着假定其服务流量与该资本总量成比例。有时,人们尝试将未偿资本存量同当前生产所利用的部分区分开来。

物质资本存量的测量源自总物质投资的累加,以及现有存量的折旧估算。这种方法被称为永续盘存法,它认为 $t+1$ 期间所获得的资本总量 $K(t+1)$ 等于 t 期

[①] 如果生产函数 $F(\cdot)$ 关于 K 和 L 规模报酬不变(如同在新古典生产函数中一样),进而 $Y = F_K K + F_L L$ 成立,那么产出 Y 与要素总收入相等与要素价格等于其边际产出不矛盾。在国际背景下,一些要素净收入归国外要素所有,而 $RK + wL$ 将包括这部分要素净收入。

[②] 如果生产函数采用一般的新古典形式,那么式(10.8)只是一个近似的表达式。然而,Diewert(1976)证明,如果生产函数具有如下超对数性质,那么该方程式完全成立:

$$\ln(Y) = \alpha_0 + \alpha_L \cdot \ln(L) + \alpha_K \cdot \ln(K) + \alpha_t t + (\beta_{KK}/2) \cdot [\ln(K)]^2 + (\beta_{LL}/2) \cdot [\ln(L)]^2$$
$$+ (\beta_{tt}/2) \cdot t^2 + \beta_{KL} \cdot \ln(K) \cdot \ln(L) + \beta_{Kt} \cdot \ln(K) \cdot t + \beta_{Lt} \cdot \ln(L) \cdot t$$

其中,α 和 β 是常量。为确保规模报酬不变,参数值必须满足限制条件:

$$\beta_{KK} + \beta_{KL} = \beta_{LL} + \beta_{KL} = \beta_{Kt} + \beta_{Lt} = 0$$

我们把 Diewert 命题的证明留作练习。

所留下资本总量(等于 t 期资本减去折旧 $K[t] - \delta \cdot K[t]$)加上 t 期所购买的资本或投资 $I(t)$:

$$K(t+1) = K(t) + I(t) - \delta \cdot K(t) \qquad (10.9)$$

其中,δ 是不变折旧率①。如果我们能知道关于 $I(t)$ 的数据,且 δ 已知(常为不切实际的假设),那么实践式(10.9)还需要了解的因素是初始资本存量 $K(0)$。测量 $K(0)$ 的一个方法是获得基准年未清偿资本存量的直接估算值。另一个方法是先粗略估算 $K(0)$,然后利用式(10.9)来计算之后年份的 $K(t)$。头几年资本的估算值对 $K(0)$ 的初始估值很敏感,进而是不可靠的。然而,随着 $K(0)$ 不断折旧,所估算的资本存量会渐趋精确。用该方法,我们必须要得到关于 $I(t)$ 的数据,该数值明显先于我们构建的 $K(t)$ 数列得到应用的时间区间。

劳动 如果特定时期劳动数量增加或如果工人质量提高,那么劳动投入能增加。统计劳动工时时,需要考虑劳动力参与率、失业率和工人人均劳动小时数等因素的变化。

投入要素的质量 增长核算方法论的早期应用是用资本增长率和劳动小时数增长率来加权求和。权数等于各投入在总收入中的比重,且常被假定为持续不变的。将投入增长率的加权总和从总产出的增长率中减去,那么可得到估算的全要素增长率。这些研究,如 Solow(1957)和 Denison(1962,1967),通常可得到很大的余值。换言之,总产出增长率中有较大比重不能被可测量投入的增长率所解释,于是有相当大部分的增长被归因于技术进步。

Jorgenson 和 Griliches(1967)证明,索洛余值中相当大的部分可以被解释为要素质量的变动。例如,劳动力质量的改善反映了平均受教育年限的增加和更好的医疗保健。在资本数量和劳动小时数给定的情况下,劳动质量的改善提升了产出。但是如果劳动投入只能用工人小时数来测量,那么无法被测量的质量改善会显示为全要素生产率的增长。无法被测量的资本质量的改善具有类似的效应。

为考虑劳动质量的改善,根据教育、经验、性别等,工人小时数可被分解成很多不同部分(关于该方法的详细讨论和实践,见 Jorgenson、Gollop 和 Fraumeni,1987)。各类的权重等于测量得到的该类人群的平均工资率——通常作为劳动边际产出的替代物。例如,如果大学毕业者的工资率比高中毕业者的工资率高(具有更高的生产率),那么增加一个大学毕业者所带来的产出增加大于增加一个高中毕业者带来的产出增加。

在这种方法中,总劳动投入是所有种类的加权总和,其中权重是相对工资率。当工人的总小时数给定时,如果工人进入了支付更高工资率的种类,那么劳动力质

---

① 该方法假定:各种机器对资本存量总价值的贡献率等于该机器的替换成本。用 3.6 节的术语来表达,该表达式忽略了投资的调整成本,进而假定 $q = 1$。

量提升——进而,可观测到的劳动投入也将提升。例如,如果劳动力中受过大学教育的比重增加,进而未受过教育的比重下降,那么,即使工人小时数总量不变,总劳动投入仍提高。

在资本存量中引入质量变化也要这种分类。资本投入的总量是所有种类的加权总和,其中权重为相对租金率[1]。为计算租金率,常见的假设是所有投资具有相同的收益率。在有完全预见性的情况下,资本租金率由下列套利条件决定:

$$R_i(t) = [1 + r(t)] \cdot P_i(t) - (1 - \delta_i) \cdot P_i(t+1) \qquad (10.10)$$

其中,$R_i(t)$ 是资本品的租金率,$P_i(t)$ 是资本品的价格,δ_i 是折旧率,且 $r(t)$ 是经济体中的实际利息率。我们希望定义对 $P_i(t)$ 和 δ_i 而言是同质的资本品种类。然而,在实践中,同一种类产品的新品种比老品种具有更高的质量。常见的不足是无法充分考虑这种质量改进,这造成了对资本总量增长的低估(以及对现有产出流的低估)。

式(10.10)表明,在 $P_i(t)$ 给定的情况下,租金率变动的根源是折旧率 δ_i。其他条件不变的情况下,寿命较短的资本比寿命较长的资本的租金要高。从这个意义上讲,寿命较长的资本向寿命较短的资本的转移可被看作是资本"质量"的改善。

10.1.3 增长核算的结论

表 10.1 给出了不同时期一些国家的增长核算关系。该结论源自四个不同的研究,且所有这些结论都利用 Jorgenson 和 Griliches(1967)的方法论调整了投入质量的变化。在表中,实际 GDP 的增长率可被分解成资本和劳动增长率的贡献以及全要素生产率增长(余值)。

表 10.1　样本国家的增长核算

国家或地区	(1) GDP 增长率	(2) 资本的贡献	(3) 劳动的贡献	(4) 全要素生产率增长率
A 部分:1947—1973 年的 OECD 国家				
加拿大 ($\alpha = 0.44$)	0.051 7	0.025 4 (49%)	0.008 8 (17%)	0.017 5 (34%)
法　国[a] ($\alpha = 0.40$)	0.054 2	0.022 5 (42%)	0.002 1 (4%)	0.029 6 (54%)
德　国[b] ($\alpha = 0.39$)	0.066 1	0.026 9 (41%)	0.001 8 (3%)	0.037 4 (56%)
意大利[b] ($\alpha = 0.39$)	0.052 7	0.018 0 (34%)	0.001 1 (2%)	0.033 7 (64%)

---

[1] Feenstra 和 Markusen(1995)拓展了该流程,允许引入资本品的新种类。在第 6 章,技术进步采取的形式是产品种类数量的增加。

国家或地区	(1) GDP 增长率	(2) 资本的贡献	(3) 劳动的贡献	(4) 全要素生产率增长率
日 本[b] ($\alpha = 0.39$)	0.095 1	0.032 8 (35%)	0.022 1 (23%)	0.040 2 (42%)
荷 兰[c] ($\alpha = 0.45$)	0.053 6	0.024 7 (46%)	0.004 2 (8%)	0.024 8 (46%)
英 国[d] ($\alpha = 0.38$)	0.037 3	0.017 6 (47%)	0.000 3 (1%)	0.019 3 (52%)
美 国 ($\alpha = 0.40$)	0.040 2	0.017 1 (43%)	0.009 5 (24%)	0.013 5 (34%)
B 部分：1960—1995 年的 OECD 国家				
加拿大 ($\alpha = 0.42$)	0.036 9	0.018 6 (51%)	0.012 3 (33%)	0.005 7 (16%)
法 国 ($\alpha = 0.41$)	0.035 8	0.018 0 (53%)	0.003 3 (10%)	0.013 0 (38%)
德 国 ($\alpha = 0.39$)	0.031 2	0.017 7 (56%)	0.001 4 (4%)	0.013 2 (42%)
意大利 ($\alpha = 0.34$)	0.035 7	0.018 2 (51%)	0.003 5 (9%)	0.015 3 (42%)
日 本 ($\alpha = 0.43$)	0.056 6	0.017 8 (31%)	0.012 5 (22%)	0.026 5 (47%)
英 国 ($\alpha = 0.37$)	0.022 1	0.012 4 (56%)	0.000 1 7 (8%)	0.008 0 (36%)
美 国 ($\alpha = 0.39$)	0.031 8	0.011 7 (37%)	0.012 7 (40%)	0.007 6 (24%)
C 部分：1940—1990 年的拉丁美洲国家				
阿根廷 ($\alpha = 0.54$)	0.027 9	0.012 8 (46%)	0.009 7 (35%)	0.005 4 (19%)
巴 西 ($\alpha = 0.45$)	0.055 8	0.029 4 (53%)	0.015 0 (27%)	0.011 4 (20%)
智 利 ($\alpha = 0.52$)	0.036 2	0.012 0 (33%)	0.010 3 (28%)	0.013 8 (38%)
哥伦比亚 ($\alpha = 0.63$)	0.045 4	0.021 9 (48%)	0.015 2 (33%)	0.008 4 (19%)
墨西哥 ($\alpha = 0.69$)	0.052 2	0.025 9 (50%)	0.015 0 (29%)	0.011 3 (22%)
秘 鲁 ($\alpha = 0.66$)	0.032 3	0.025 2 (78%)	0.013 4 (41%)	−0.006 2 (−19%)
委内瑞拉 ($\alpha = 0.39$)	0.044 3	0.025 4 (57%)	0.017 9 (40%)	0.001 1 (2%)

（续表）

国家或地区	（1）GDP 增长率	（2）资本的贡献	（3）劳动的贡献	（4）全要素生产率增长率
D 部分:1966—1990 年的东亚国家和地区				
中国香港[e] （$\alpha = 0.37$）	0.073	0.030 （41%）	0.020 （28%）	0.023 （32%）
新加坡 （$\alpha = 0.49$）	0.087	0.056 （65%）	0.029 （33%）	0.002 （2%）
韩　国 （$\alpha = 0.30$）	0.103	0.041 （40%）	0.045 （44%）	0.017 （16%）
中国台湾 （$\alpha = 0.26$）	0.094	0.032 （34%）	0.036 （39%）	0.026 （28%）

注:资本比重 α 的平均值位于国家或地区名称的下方。第 1 列数据是年均实际 GDP 增长率。第 2 列数据是资本比重 α 的产出和经过质量调整的资本投入增长率。圆括号内的数值是资本投入增长可解释的 GDP 增长率的百分比。第 3 列数据是劳动比重 $1-\alpha$ 所带来的产出和经过质量调整的劳动投入增长率。圆括号内的数值是劳动投入增长可解释的 GDP 增长率的百分比。第 4 列数据表明全要素生产率（TFP）的增长率。圆括号中的数值是全要素生产率的增长可解释的 GDP 增长率的百分比。

[a] 1950—1973 年。

[b] 1952—1973 年。

[c] 1951—1973 年。

[d] 1955—1973 年。

[e] 1966—1991 年。

资料来源:A 部分关于 OECD 国家的估算来自 Christenson、Cummings 和 Jorgenson（1980）。B 部分关于 OECD 国家的估算来自 Jorgenson 和 Yip（2001）。C 部分关于拉丁美洲国家的估算来自 Elias（1990），并根据 Victor Elias 未出版的笔记进行过更新。（仅对该资料来源而言,估算假定资本比重 α 保持不变。）D 部分关于东亚国家或地区的估算来自 Young（1995）。

根据 Christensen、Cummings 和 Jorgenson（1980）,表 10.1 的 A 部分涵盖了 1947—1973 年的加拿大、法国、德国、意大利、日本、荷兰、英国和美国。对这些国家而言,全要素生产率的年均增长率是可观的,从美国的 1.4% 到日本的 4.0%。全要素生产率增长占所有国家实际 GDP 总增长率的 1/3 强。

根据 Jorgenson 和 Yip（2001）,表中的 B 部分将同一组 OECD 国家（荷兰除外）1960—1995 年期间的增长也同样分成这三个部分。可以看到,这一时期的全要素生产率增长率远小于 1947—1973 年间的增长率。新近年代的全要素生产率增长率在从加拿大的 0.6% 和美国的 0.8%,到意大利的 1.5% 和日本的 2.6% 的范围中变化。世界范围内生产率增长率的减少被称为生产率减速。尽管对新近年代的所有国家而言,其全要素生产率增长更低,但是在某些国家,全要素生产率变化可解释的总增长比重仍然很高,因为可被要素投入变动所解释的增长也下降了。例如,在德国、意大利和日本,1960—1995 年期间,全要素生产率增长占总增长的比重仍超过 40%。A、B 部分的第 3 列表明,对整个 1947—1995 年期间的法国、德国、意大利和英国而言,劳动投入的增长率实际上微不足道。

表 10.1 的 C 部分给出了 7 个拉丁美洲国家的 GDP 增长率的分解。基本结论源自 Elias(1990)，且这些结论都根据 Victor Elias 未出版的笔记进行了更新。这些国家从 1940—1990 年间的全要素生产率增长估算位于秘鲁的−0.6%和智利的 1.6%之间①。

最后，表的 D 部分表明了东亚四个发展最快的国家和地区的总增长率的分解。根据 Young(1995)，这些结果对应的是 1966—1990 年的中国香港、新加坡、韩国和中国台湾。尽管 GDP 总量的增长率巨大，但是这些经济体的全要素生产率增长估算很小，从新加坡的 0.2%到台湾的 2.6%。原因是，这些经济体的物质资本增长率和劳动增长率都非常大，进而解释了总增长率中很大的一部分。

很多经济学家震惊于这些东亚经济体的低全要素生产率增长估算。在研究了这些结论之后，一些经济学家总结道，东亚经济体的增长不是什么奇迹，因为奇迹被定义为是不可解释的事物，但是这些国家的增长行为在要素积累的简单框架下可以很容易地被解释。然而，我们将在后文重新考察与东亚增长相关的经验观察和结论。

10.1.4　基于回归法的全要素生产率增长估算

表 10.1 中关于全要素生产率增长估算的一个须注意的地方是，它们描绘了式 (10.6)和式(10.8)所示方程的直接应用，而未涉及计量经济学估算。通过利用各时点的 Y、K、L、s_K 和 s_L 值，各时点的索洛余值估计值 $\hat{g}$ 可以被计算出来。实际上，研究者们给出的是计算出来的各指定时期的 $\hat{g}$ 的平均值。

另一个方法是在式(10.2)中对产出增长率 $\dot{Y}/Y$ 关于投入增长率 $\dot{K}/K$ 和 $\dot{L}/L$ 进行回归。（通过适当调整以利用不连续期间的数据，该方法可得以实施。）那么，截距衡量的是 g，且要素增长率的系数分别表示 $F_K K/Y$ 和 $F_L L/Y$。该方法的主要优势是，其分解是在假定要素的社会边际产出等于可观测的要素价格，即 $F_K = R$ 和 $F_L = w$ 的情况下进行的。

这种回归方法的不足之处有如下几点：

首先，变量 $\dot{K}/K$ 和 $\dot{L}/L$ 对 g 的变化而言通常不能视为是外生的——特别地，要素增长率对不可观测的技术变化的相关变动而言是起推动作用的。

其次，如果 $\dot{K}/K$ 和 $\dot{L}/L$（作为不连续期间的平均数）的测量存在误差，那么这些变量系数的标准估值将有可能会得到前后不一致的 $F_K K/Y$ 和 $F_L L/Y$ 估值。该问题对资本投入增长率而言是十分严重的，其中被测量的资本存量不太可能与当前生产所用到的存量完全吻合。当高频率数据被采用时，因为这个问题，往往会低估资本积累对经济增长的贡献。

---

① 1980—1990 年间，拉丁美洲的估算全要素生产率增长率特别低（一般为负）。这些负值很难被解释为技术遗忘意义上的技术衰退，但是它们可以表示源自政策或其他变化的市场组织效率的下降。

最后,该回归框架必须进行拓展,以引入要素比重和全要素生产率增长率的时间变动。

在回归方法存在这些不足的情况下,关于全要素生产率增长估算普遍受到青睐的方法是表 10.1 所示的非计量经济学的方法。

10.2 增长核算的二元估算

Hsieh(2002)使用的是关于增长核算的二元估算,其中索洛余值是根据要素价格的增长率而非要素数量计算出来的。该观点至少可追溯到 Jorgenson 和 Griliches(1967)。

二元法可由产出和要素收入之间的相等关系推出:

$$Y = RK + wL \tag{10.11}$$

对式(10.11)等号两边取对数,并求关于时间的导数,可得:

$$\dot{Y}/Y = s_K \cdot (\dot{R}/R + \dot{K}/K) + s_L \cdot (\dot{w}/w + \dot{L}/L)$$

其中,s_K 和 s_L 仍为要素收入比重。如果把涉及要素数量增长率的项都移到等式左边,那么全要素生产率增长率的估算是:

$$\hat{g} = \dot{Y}/Y - s_K \cdot (\dot{K}/K) - s_L \cdot (\dot{L}/L) = s_K \cdot \dot{R}/R + s_L \cdot \dot{w}/w \tag{10.12}$$

因此,等式中间的全要素生产率增长率的基本估值($\dot{Y}/Y$ 减去按比重加权的要素数量增长)等于等式右边要素价格的比重加权增长。注意,全要素生产率增长的这种估值利用了相同的要素收入比重 s_K 和 s_L 作为基本估值,但是只考虑了要素价格的变动,未考虑要素数量的变动。由于这个原因,它被称为全要素生产率增长的二元估值或基于价格的估值[①]。

式(10.12)右边的二元估算的直观经济意义是,只有当产出在要素给定时增加,提升要素价格(假定要素质量给定)才是可持续的。因此,要素价格增长的合适的加权平均是全要素生产率的增长程度。

式(10.12)的推导只用到了条件 $Y = RK + wL$。认识到这一点是很重要的。我们没有假定要素价格和社会边际产出之间的关系,也没有假定生产函数的表达式。如果 $Y = RK + wL$ 成立,那么全要素生产率增长的基本估值和二元估值必然相等。在某些情况下(特别当要素价格偏离社会边际产品时),根据式(10.12)所得到的估值将偏离实际值 g。然而,从二元估算中得到的误差 $g - \hat{g}$ 将等于基本估

---

① Susanto Basu 给出了该推导。更早的时候,Jorgenson 和 Griliches(1967,第 251—253 页)使用了该方法,他们还扩展了式(10.2),引入了多种产出的相对价格的时间波动。在这种情况下,$\dot{Y}/Y$ 成了不同产出增长率的比重加权平均,且二元核算表达式的右边减掉了产出价格增长率的比重加权平均。在以单一产出的相对价格固定为特征的当前框架下,最后一项为零。

算中得到的差值①。

Hsieh(2002)采用了二元估算——式(10.12)的右边——重做了表 10.1 中关于四个东亚经济体的全要素生产率增长的 Young(1995)估算。Hsieh 采用了关于 L 和 K 的质量分类,结论都在表 10.2 中。这些结论和基本估值都类似于 Young 的发现。最引人注目的结论是,关于新加坡的估值从每年约为零的基本估值变成每年 2.2% 的二元估值。关于中国台湾的估值也明显增加了,但是关于中国香港和韩国的估值几乎没什么变化。Hsieh 也观测到,美国的二元估值类似于基本估值。

表 10.2　TFP 增长率的基本估值和二元估值

国 家 或 地 区	基 本 估 值	二 元 估 值
中国香港,1966—1991 年	0.023	0.027
新加坡,1972—1990 年	−0.007	0.022
韩国,1966—1990 年	0.017	0.015
中国台湾,1966—1990 年	0.021	0.037

注:这些估值源于 Hsieh(2002,表 1)。基本估值是根据要素投入数量增长率的数据计算出来的,并将收入比重作为权重。二元估值是根据要素投入的价格增长率的数据计算出来的,也用同样的要素收入比重作为权重。如文中所述,全要素生产率增长率的基本估值和二元估值的不相等表明所用数据的不同。

如果条件 $Y = RK + wL$ 成立,那么全要素生产率增长的基本估值和二元估值之间的差异反映了在两种计算中不同数据的使用。Hsieh 的讨论表明了新加坡的这种数据差异的一般性。新加坡的国家核算显示出了 K 的显著持续增长。给定 Y 和 wL 的行为,租金价格 R 应遭遇了对应的显著下降。然而,新加坡资本收益的直接估计值(基于观测到的金融市场收益)相对稳定。换句话说,如果观测到的收益率所隐含的 R 的路径是准确的(且如果我们认为关于 Y 和 wL 的信息也是合理的),那么其所隐含的 K 的路径表现出来的增长趋势比国家核算数据所显示的路径要缓和得多。Hsieh 提出,官方统计数据实际上相当程度上夸大了资本存量的增长,进而观测到的 R 值所暗示的较小的资本增长估值是合理的。

Hsieh 关于新加坡的二元估值(每年 2.2%)是稳健的工资率增长(劳动质量给定的情况下)和很小的租金价格增长的加权平均。然而,我们应该注意到,Hsieh 也可根据 K 的时间序列来计算全要素生产率增长的基本估值,且 K 的时间序列蕴含于所观测到并假设为精确的 R 的时间序列之中。(在租金价格 R_j 的估计值给定

---

① 如果要素收入比重 s_K 和 s_L 被边际产出权重 $(F_K K/Y)$ 和 $(F_L L/Y)$ 所替代,那么该等式不会普遍成立。如果这些边际产出权重被使用,那么根据式(10.4)计算出的基本估值 $\hat{g}$ 能精确测量全要素生产率增长率 g。对应的二元估值是:

$$(F_K K/Y) \cdot (\dot{R}/R) + (F_L L/Y) \cdot (\dot{w}/w)$$

如果要素价格与社会边际产出之比(R/F_K 和 w/F_L)不随时间波动,可以证明这种估值等于基本估值。(这些比值不一定等于 1。)然而,这些结论的实际意义是不明确的,因为 F_K 和 F_L 一般都无法观测。

351

的情况下,当存在多种资本 K_j 时,这种计算结果可以适用于每种资本。)因为构建时令 $Y = RK + wL$ 成立,所以基本估值等于二元估值。因此,实际上,甚至并不一定必须进行二元计算。

10.3 增长核算中的问题

增长核算实施过程中的一个重要假设是,要素价格等于社会边际产出。如果该假设被违背了,那么根据式(10.6)计算出来的估值 $\hat{g}$ 将偏离技术变革对经济增长的实际贡献 g。在具有规模报酬递增和溢出效应的模型、具有不同税赋的环境和具有不同要素种类的设定中,下一节分别对这些困难进行了说明。

10.3.1 具有溢出效应的规模报酬递增模型

我们在第 3 章中讨论了一些学者——包括 Griliches(1979),Romer(1986)和 Lucas(1989)——是如何构建具有规模报酬递增和溢出效应的经济增长模型的。Romer 的分析是 Arrow 的干中学模型的一般化,在干中学模型中,生产效率随着经验积累递增。在第 4 章所讨论的 Romer 模型中,企业 i 的产出 Y_i 不仅依赖于标准的私人投入 K_i 和 L_i,还取决于整个经济的资本量 K。其观点是,生产者在投资("干"的一种具体形式)中学习,而投资是着眼于更有效率的生产。此外,知识从一个企业向另一个企业的溢出是如此迅速,以至于企业的生产率取决于全行业的知识总量,而后者由总资本存量来反映。

这些观点可以通过柯布—道格拉斯生产函数来表示:

$$Y_i = AK_i^\alpha K^\beta L_i^{1-\alpha} \tag{10.13}$$

其中,$0 < \alpha < 1$ 且 $\beta \geq 0$。在 K 给定的情况下,该生产函数在私人投入 K_i 和 L_i 上显示出规模报酬不变。如果 $\beta > 0$,那么溢出效应显现为正。

在式(10.13)所示的 Griliches(1979)版本的生产函数中,K_i 表示企业 i 独有的知识资本,相反 K(在模型中为所有 K_i 之和)是某行业的知识总量。因此,溢出效应再次表现为企业间知识的扩散。在 Lucas(1988)的版本中,K_i 是企业所雇用的人力资本,而 K 是某行业或某国的人力资本总量(或均值)。在这种情况下,溢出效应涉及智者之间的互动所带来的收益。

回到式(10.13)中 Romer 的解释,在整体经济要素价格 R 和 w,以及资本总存量 K 不变的情况下,各企业的行为都是竞争性的。因此,私人边际产出都等于要素价格,从而:

$$R = \alpha Y_i / K_i \text{ 且 } w = (1-\alpha) \cdot Y_i / L_i \tag{10.14}$$

因此,同往常一样,要素收入比重为:

$$s_K = \alpha \text{ 且 } s_L = 1 - \alpha \tag{10.15}$$

在均衡中,各企业都采用相同的资本—劳动比 k_i,但各企业的规模是不确定的。式(10.13)中的生产函数可以被改写成:

$$Y_i = AK_i^\alpha K^\beta L_i L^\beta$$

其中,$k \equiv K/L$。那么,均衡条件 $k_i = k$ 表明:

$$Y_i = AK^{\alpha+\beta} L_i L^\beta$$

对各企业进行加总,得到:

$$Y = AK^{\alpha+\beta} L^{1-\alpha} \tag{10.16}$$

该表达式将总产出 Y,与总投入 K 和 L 关联了起来。如果 $\beta > 0$,规模报酬递增适用于整个经济。

式(10.16)的右边表明,用总量数据进行增长核算的正确方法是计算:

$$\hat{g} = \dot{T}/T = \dot{Y}/Y - (\alpha + \beta) \cdot (\dot{K}/K) - (1-\alpha) \cdot (\dot{L}/L) \tag{10.17}$$

因此,$s_L = 1-\alpha$ 是关于 $\dot{L}/L$ 的正确权重,但是系数 $s_K = \alpha$ 由于 $\beta \geqslant 0$ 而低估了 $\dot{K}/K$ 的贡献。之所以会出现这种低估,是因为(已假定了基于投资的知识溢出)资本的社会边际产出 $(\alpha+\beta) \cdot Y/K$ 大于私人边际产出 $\alpha Y/K$。(该私人边际产出确实等于要素价格 R。)还要注意,如果因存在规模报酬递增而有 $\beta > 0$,那么式(10.17)中要素投入增长率的权重之和 $1+\beta$ 大于1。规模报酬递增之所以会出现是因为,关于更有效率生产的知识在本质上是非竞争性的,而且可以在企业之间自由快速地溢出。

关于 K 的解释——该要素得到的权重高于其在式(10.17)增长核算中的收入比重——取决于具体的模型。Griliches(1979)将 K 等同于知识创新活动,如研发。Romer(1986)强调了物质资本本身。Lucas(1988)强调以教育为形式的人力资本。当然,也有可能存在负的溢出效应,如交通拥挤和环境破坏。

实施式(10.17)中的结论存在困难,因为关于要素增长率的正确权重无法从收入比重中推导出来。特别地,对系数 β 而言,其直接估值是无法获得的。如果某人在该模型中计算标准索洛余值,那么他可以得到:

$$g(\text{索洛}) = \dot{T}/T + \beta \cdot (\dot{K}/K) = \dot{Y}/Y - \alpha \cdot (\dot{K}/K) - (1-\alpha) \cdot (\dot{L}/L) \tag{10.18}$$

因此,标准计算结果包括了溢出和规模报酬递增的增长效应——$\beta \cdot (\dot{K}/K)$——以及索洛余值中的外生技术进步率 $\dot{T}/T$。

区分溢出/规模报酬递增效应和外生技术进步,似乎需要回归分析。在这种分析中,常见的索洛余值 $g(\text{索洛})$ 是根据式(10.18)计算出来的。可以对要素增长率 $\dot{K}/K$ 进行回归,而 $\dot{K}/K$ 被认为带有溢出效应。然而,该方法在同时性方面会遇到常见的计量经济学问题。

10.3.2 税收

在大多数情况下,税收不会干扰全要素生产率的计算结果。例如,假定企业的净收益要缴纳赋税,工资和租金支付对企业而言是税收抵扣项支出,而工资和租金收入是在居户层面征收。在这种情况下,竞争性企业使得劳动的边际产出 F_L 等于工资 w,资本的边际产出 F_K 等于租金价格 R。条件 $Y = RK + wL$ 同样成立(均衡时,企业的净收益和税收等于零)。因此,式(10.6)关于 $\hat{g}$ 的表达式仍然成立。

假定:企业通过股权融资获得资本;工资和折旧 δK 对公司而言是税收抵扣的;且 r 是所需要的(包括个人所得税)股权收益率。竞争性的企业仍然要求劳动的边际产出等于工资率 w。企业还使得资本的税后净边际产出 $(1-\tau) \cdot (F_K - \delta)$ 等于 r,其中 τ 是企业收入的边际税率。因此,资本的边际产出为:

$$F_K = \frac{r}{1-\tau} + \delta$$

根据式(10.4)中的增长核算公式,将 F_K 和 F_L 替换之后,得:

$$g = \dot{Y}/Y - \left[\frac{r}{1-\tau} \cdot \frac{K}{Y} + \frac{\delta K}{Y} \right] \cdot (\dot{K}/K) - s_L \cdot (\dot{L}/L) \qquad (10.19)$$

如果对企业收入征收的赋税是比例税,进而 τ 既是平均税率,又是边际税率,那么 $rK/(1-\tau)$ 在均衡时等于企业所得(扣除所得税总额的净折旧额)。因此,如果资本收入等于企业收入(包括所得税)加上折旧,那么式(10.19)方括号中的项等于资本的收入比重 s_K。因此,式(10.6)中全要素生产率的增长率的常见表达式仍然有效。

就针对产出或销售额所征收的税收而言,竞争性企业应满足 $F_L = w/(1-\tau)$ 和 $F_K = R/(1-\tau)$,其中 R 仍为资本的租金价格,且 τ 是针对产出的边际税率。因此,式(10.4)中的增长核算表达式在替换 F_K 和 F_L 之后为:

$$g = \dot{Y}/Y - \left[\frac{R}{1-\tau} \cdot \frac{K}{Y} \right] \cdot (\dot{K}/K) - \left[\frac{w}{1-\tau} \cdot \frac{L}{Y} \right] \cdot (\dot{L}/L) \qquad (10.20)$$

如果对产出征收的税是比例税,进而边际税率和平均税率相等,那么所获得的总收益为 τY。产出 Y 等于要素收入加上间接税所征得的数量:

$$Y = RK + wL + \tau Y$$

那么,总要素收入 $RK + wL$ 等于 $(1-\tau) \cdot Y$。因此,式(10.20)右边中括号中的项分别等于 s_K 和 s_L。(注意,这些比重是相对于要素收入,而非国内生产总值而言。)进而可知,式(10.6)中全要素生产率增长率的常见表达式仍然成立①。

标准的增长核算方程式同样适用于比例增值税(如果该增值税关于资本和劳动投入所带来的价值增加具有相同的税率)。然而,如果对不同要素适用不同税率,那么常见表达式将是不准确的。如果企业对 RK 支付的税率为 τ_K,对 wL 支付

---

① 如果企业受(产出或利润相关的)非比例税务报表的约束,那么该分析更为复杂。如果企业的边际税率是递增的,那么实际上是大企业的惩罚。因此,在规模报酬不变的当前构架下,均衡中的企业将有无限小的规模。非比例税收安排可以被纳入模型中,且在该模型中,企业的构建需要固定成本,或者,控制跨度或其他因素最终造成了企业的规模报酬递减。

的税率为 τ_L，那么式(10.4)中的增长核算表达式变成：

$$g = \dot{Y}/Y - \left(\frac{1+\tau_K}{1+\tau}\right) \cdot s_K \cdot (\dot{K}/K) - \left(\frac{1+\tau_L}{1+\tau}\right) \cdot s_L \cdot (\dot{L}/L) \quad (10.21)$$

其中，τ 是平均税率，其表达式为：

$$\tau = s_K \tau_K + s_L \tau_L$$

例如，如果 $\tau_K > \tau_L$，那么式(10.21)表明，为准确计算 g，$\dot{K}/K$ 的权重应该相对于 $\dot{L}/L$ 的权重提高。

10.3.3 多种要素

现在假定生产函数为：

$$Y = F(A, K_1, K_2, L_1, L_2) \quad (10.22)$$

对式(10.22)的一种诠释是：K_1 和 K_2 表示不同种类或质量的资本品，而 L_1 和 L_2 表示不同种类或质量的劳动。那么，如果各种要素以其收入比重作为权重，常见的增长核算仍可以按 Jorgenson 和 Griliches(1967)所采用的方法往下推进。也就是说，$\dot{K}_1/K_1$ 以 $R_1 K_1/Y$ 为权重，以此类推。通过这种方法得到的常见的索洛余值精确地测量了技术进步对增长 g 的贡献，只要所有要素的收益都等于其社会边际产出。

如果在数据上无法对要素种类进行区分，比如，如果 $\dot{K}_1/K_1$ 和 $\dot{K}_2/K_2$ 都只涉及总资本比重 $(R_1 K_1 + R_2 K_2)/Y$，那么就会出现问题。这类问题的一个根源是，更新更好的资本品可能同旧有的资本品加总在一起。同理，在数据上，不同种类的劳动也可以加总。

式(10.22)的另一种解释是，K_1 和 L_1 表示部门1(称之为城镇制造业)的要素雇佣数量，而 K_2 和 L_2 表示部门2(称之为农村农业)的要素雇佣数量。在部门构成上，变化可以持续出现，例如，从农业转向工业。如果各种要素数量的增长率(按其所在部门来区分)都以其收入比重为权重，那么这种转移不会造成困难。然而，如果资本和劳动可以跨部门累加，而且如果这些总量的增长分别以资本和劳动的总收入比重为权数，问题就会出现。

举例说明，全要素生产率增长率有可能被错误地估计为：

$$\tilde{g} = \dot{Y}/Y - \left[\frac{R_1 K_1 + R_2 K_2}{Y}\right] \cdot (\dot{K}/K) - \left[\frac{w_1 L_1 + w_2 L_2}{Y}\right] \cdot (\dot{L}/L) \quad (10.23)$$

其中，$K = K_1 + K_2$ 和 $L = L_1 + L_2$。而实际上，该估值的正确表达式为：

$$\hat{g} = \dot{Y}/Y - \left(\frac{R_1 K_1}{Y}\right) \cdot (\dot{K}_1/K_1) - \left(\frac{R_2 K_2}{Y}\right) \cdot (\dot{K}_2/K_2) - \left(\frac{w_1 L_1}{Y}\right)$$

$$\cdot (\dot{L}_1/L_1) - \left(\frac{w_2 L_2}{Y}\right) \cdot (\dot{L}_2/L_2) \quad (10.24)$$

如果所有的要素都以其社会边际产出为收益,那么式(10.24)正确地估算了外生技术进步对增长的贡献——即,$\hat{g} = g$。

式(10.23)中关于 $\tilde{g}$ 的表达式与式(10.24)估算的实际全要素生产率增长相比的误差,可以用代数方法求出:

$$\tilde{g} - \hat{g} = \left(\frac{K_1}{K}\right) \cdot \left(\frac{K_2}{K}\right) \cdot \frac{K}{Y} \cdot (R_1 - R_2) \cdot \left(\frac{\dot{K}_1}{K_1} - \frac{\dot{K}_2}{K_2}\right) + \left(\frac{L_1}{L}\right) \cdot \left(\frac{L_2}{L}\right)$$
$$\cdot \frac{L}{Y} \cdot (w_1 - w_2) \cdot \left(\frac{\dot{L}_1}{L_1} - \frac{\dot{L}_2}{L_2}\right) \tag{10.25}$$

因此,如果 $R_1 \neq R_2$ 且 $\dot{K}_1/K_1 \neq \dot{K}_2/K_2$,或者如果 $w_1 \neq w_2$ 且 $\dot{L}_1/L_1 \neq \dot{L}_2/L_2$,那么 $\tilde{g} \neq \hat{g}$。特别地,如果 $R_1 > R_2$,那么 $\dot{K}_1/K_1 > \dot{K}_2/K_2$ 会使得 $\tilde{g} > \hat{g}$;对劳动而言,类似的性质也成立。

如果将要素种类解释为质量类别,那么结论是:如果随着时间的推移要素的构成向具有更高质量的那种要素转移(且这种转移在估算中是不允许的),那么所测量的全要素生产率增长高于实际全要素生产率增长。Jorgenson 和 Griliches (1967)在数据限制的约束下强调并解决了该问题。

对这些结论按部门的诠释涉及劳动力从农村向城镇地区的移民。由于某些原因,包括最低工资立法和工会反对城市劳动者开放,城镇工资率 w_1 可能超过农村工资率 w_2。在这种情况下,劳动力从农村向城市部门的这种流动表明了整体经济生产率的增加。在劳动总量增长率不变的情况下,式(10.25)中涉及劳动的项,反映了部门劳动构成的这种变化所带来的经济增长。这种增长效应表示了劳动从低生产率的农业向高生产率的工业的转移。Kuznets(1961,第 61 页)对这种效应进行了讨论,并推导出了类似于式(10.25)的表达式。

从增长核算的角度来看,涉及部门转移的项将会在某处计算中出现。如果各部门劳动数量的变化以每种劳动的劳动—收入比重为权重,那么部门变化所带来的增长贡献能被式(10.24)中要素数量的变化所解释。如果以式(10.23)所示的方式来加权,那么部门变化带来的贡献率会被当作是估算的全要素生产率增长率的一部分。

10.4 全要素生产率增长和研发

增长核算通常被看作是对式(10.6)估算的全要素生产率增长率 g 进行解释的第一步。例如,Griliches(1973)所总结的研究专注于作为全要素生产率增长率决定因素的研发支出[1]。对在模型中纳入技术变革和研发支出之间的关系而言,我们在第 6—7 章所研究的内生增长理论是有意义的。通过涉及产品种类数量增加和现有产品质量改进的模型,下文探讨了这种关系。

---

[1] 这方面更早的文献包括 Terleckyj(1958)、Minasian(1962)、Griliches(1964)和 Mansfield(1965)。

10.4.1　产品种类增加型模型

在第 6 章的产品种类框架中,根据式(6.13),总生产函数为:

$$Y = TL^{1-\alpha}N^{1-\alpha}X^{\alpha} \tag{10.26}$$

其中,T 是外生技术要素,L 是总劳动投入,N 是我们当前了解并使用的中间品种类数,X 是所雇用的中间投入的总量,且 $0 < \alpha < 1$。技术进步通过研发支出不断提高 N 表现出来。因此,变量 N 表示被内生确定的技术的当前状态。在这个模型中,领先技术(也就是说使用了目前所发现的所有品种的技术)被所有生产者所使用。因此,这种描述最适用于在经济中被广泛应用的通用技术(David,1991;Bresnahan and Trajtenberg,1995)。

产出 Y 的竞争性生产者使得劳动边际产出等于工资率,所以:

$$w = (1-\alpha) \cdot (Y/L)$$

因此,同往常一样,劳动收入比重是:

$$s_L = wL/Y = 1-\alpha \tag{10.27}$$

最终产品的竞争性生产者使得每种中间品投入的边际产出等于其中间品价格,而其价格等于垄断价格 $1/\alpha$。这个条件可被表示成:

$$1/\alpha = \alpha \cdot (Y/X)$$

因此,N 种中间品支出所占收入的比重为:

$$s_X = (1/\alpha) \cdot (X/Y) = \alpha \tag{10.28}$$

根据式(10.26),通过计算可得产出的增长率:

$$\dot{Y}/Y = \dot{T}/T + (1-\alpha) \cdot (\dot{N}/N) + s_L \cdot (\dot{L}/L) + s_X \cdot (\dot{X}/X) \tag{10.29}$$

其中,式(10.27)和式(10.28)关于 s_L 和 s_X 的表达式可以被利用。第 6 章的基准模型假定 $\dot{T}/T = \dot{L}/L = 0$。然而,只要劳动的边际产出和各种中间投入的边际产出都等于要素价格,那么在 T 和 L 都不断变化时,式(10.29)成立。因此,在这个模型中,计算全要素生产率增长率的常见表达式为:

$$\hat{g} = \dot{Y}/Y - s_L \cdot (\dot{L}/L) - s_X \cdot (\dot{X}/X) = \dot{T}/T + (1-\alpha) \cdot (\dot{N}/N) \tag{10.30}$$

因此,不管中间投入的垄断价格如何,索洛余值准确地测量了外生技术变革 $\dot{T}/T$ 和内生品种数扩张 $\dot{N}/N$ 对生产率增长的贡献之和。

从式(10.30)可看到,索洛余值的内生增长部分只反映了品种数增长率 $\dot{N}/N$ 中的 $1-\alpha$ 部分。剩下的 $\alpha \cdot (\dot{N}/N)$ 成了式(10.30)左边 $s_X \cdot (\dot{X}/X) = \alpha \cdot (\dot{N}/N)$ 中的一部分。假定各种中间品的数量是固定的,新品种被发现的速率为 $\dot{N}/N$,这使得中间品总量也以相同速率增长。中间品的这种扩张对增长的贡献率(它涉及系数 α——中间品支出占收入的比重)归因于要素投入的增长,而非潜在的技术进步。实际上,在发现新中间品所带来的技术进步中,有一部分体现在采用先进技术的中间品上。

在第 6 章的基准模型中,$\dot{N}$ 与投入于研发的产出量成比例,也就是说,$\dot{N} = (1/\eta) \cdot$(研发),其中,η 是为使得 N 增加一单位所要求的研发数量。因此,N 的增长率为:

$$\dot{N}/N = (研发)/\eta N = (研发)/(以往研发的市场价值) \qquad (10.31)$$

注意,ηN 是发明数量 N 和各发明的再生产成本 η 的乘积。因此,ηN 是企业的市场价值,它等于其以往研发支出的市场价值。因此,式(10.30)所示的全要素生产率增长率满足:

$$\hat{g} = \dot{T}/T + (1-\alpha) \cdot (研发)/(以往研发的市场价值) \qquad (10.32)$$

在品种模型中,所选择的数量 X 与 L 成比例,所以根据式(10.26)算得的 Y/L 与 N 成比例。因为式(10.32)右边最后一项的分母等于 ηN,所以这最后一项最终同研发支出与工人人均产出(Y/L)之比成比例。因此,式(10.32)中的 $\hat{g}$ 可被表示为关于(研发)/(Y/L)的线性函数。该结论类似于 Griliches(1973),以及 Coe 和 Helpman(1995)等所使用的设定,除了一点区别:研发费用是以其与工人人均支出 Y/L 之比的方式进入基准品种模型的,而非与产出 Y 之比的方式进入模型。差距的根源是因为该模型凸显了 L 增加所带来的规模收益。在第 6 章的另一种设定中,源自 L 的规模效应是被剔除了的,$\hat{g}$ 取决于研发—产出比,如同常见的经验规定那样。

Griliches(1973)所描述的经验方法论与品种模型的总体设定吻合得很好。Griliches 的方法是通过将常见的增长核算分析应用于余值计算展开的。这种方法对应于式(10.30)中 $\hat{g}$ 的计算。与理论模型的主要区别是,中间投入 X 包括一系列资本品带来的服务流,即,中间投入不被专门看作非耐用品。Griliches 用回归法来估算研发变量对算得的全要素生产率增长率的影响。例如,可以将全要素生产率增长率对研发支出(一般表示为与产出或销售的比例)、势变量(以反映外生技术进步)和随机影响进行回归。研发变量的回归系数将给出研发的社会收益率估值。

Griliches 方法论在对美国的企业和行业的一系列研究中得以运用,包括 Griliches 和 Lichtenberg(1984)以及 Griliches(1988)。这种研究的主要问题是研发数据的质量不高。尽管如此,研究倾向于表明研发具有很高的社会收益率,一般高达每年 20%—40%。

Coe 和 Helpman(1995)对 22 个 OECD 国家的总量数据应用了该方法。他们指出各国内部的研发收益率极高——大约每年 100%。如果各国间的溢出效益也算在内,他们的估值更高——大约为每年 130%。

我们已经大体介绍了增长核算的回归方法——Griliches 方法论——的一个不足是,其估值可能由于反向归因问题而带来混乱。在这种情况下,其困难是,研发支出会对生产率增长的外生变化作出反应——式（10.32）中的变量 $\dot{T}/T$——那么，研发变量的估算系数将部分地代表外生技术进步。这个问题可以解释我们此前所述研究中研发收益率的很高的估值。例如，在 Coe 和 Helpman（1995）的分析中，一国研发变量的较大回归系数可能会反映研发支出对增长机会的正响应，而非研发对生产率增长的效应。这种反向归因的风险也存在于对美国企业和行业的研究中。

原则上，通过利用工具变量，同步性问题可以得以解决。不过，合适的工具变量并不一定存在。可能的工具变量包括促进研发的政府政策措施，包括研究补贴、专利体系之类的法律规定，以及关于研发支出的税收政策。

品种模型给出了一种可能的方式来扩展常见的增长核算流程，以评估研发的贡献。一个经过扩展的索洛余值可以被计算出来，只须要从产出增长 $\dot{Y}/Y$ 中剪掉式（10.30）中要素投入增长所带来的贡献 $s_L \cdot (\dot{L}/L) + s_X \cdot (\dot{X}/X)$，以及式（10.32）所显示的项 $(1-\alpha) \cdot$（研发）/（以往研发的市场价值）。然而，计算该结果所需的信息不仅包括劳动比重 $1-\alpha$，研发支出的当前流量，还包括以往研发支出的累积量或已转化为资本的价值。

10.4.2 质量阶梯模型

内生增长文献中另一个主要的技术变革模型是我们在第 7 章所讨论的质量阶梯模型。在该框架下，技术进步包括中间投入质量的改善（或相当于投入数量不变时，成本的减少）。虽然品种数量的变化也能被纳入进来，但是在这种设定中，产品品种数通常被假定为固定不变。

第 7 章所构建的模型［式（7.15）和式（7.16）］表明，总生产函数可以表示为：

$$Y = TL^{1-\alpha}X^{\alpha}Q^{1-\alpha} \tag{10.33}$$

其中，T 是外生技术水平，L 是总劳动投入，$0 < \alpha < 1$，且 X 是所雇用的中间投入总量。变量 $Q \equiv \sum_{j=1}^{N} q^{\kappa_j \alpha/(1-\alpha)}$ 是总质量指数，其中 N 是固定的中间品品种数，$q > 1$ 是各部门质量阶梯的梯级之间的成比例的间距，且 κ_j 是部门 j 当前所取得的最高质量阶梯水平。研发支出使得各部门的质量阶梯上升，每次升一级，技术进步就通过这种研发支出表现出来。

质量阶梯构架最重要的元素是，在模型中，任一部门的不同质量等级的中间品投入都是完全替代品。更高级别的投入显然比低级别的投入要好。由于这个原因，在均衡时，较低质量的中间品 j（位于梯级 $\kappa_j - 1$、$\kappa_j - 2$、…）全部被驱逐出市场。这种技术老化——或创造性破坏——区分了质量阶梯模型和品种模型。在那种框架下——前文已探讨过——没有技术老化出现，且新产品与已有产品一同生产最终产品。

式(10.33)表明,在质量阶梯模型中,由标准增长核算方法将得到:

$$\hat{g} = \dot{Y}/Y - s_L \cdot (\dot{L}/L) - s_X \cdot (\dot{X}/X) = \dot{T}/T + (1-\alpha) \cdot (\dot{Q}/Q) \quad (10.34)$$

其中,如同在品种模型中一样,$s_L = wL/Y$ 且 $s_X = (1/\alpha) \cdot (X/Y)$[①]。因此,在该模型中,索洛余值表示外生技术进步 $\dot{T}/T$ 和权重为劳动比重 $(1-\alpha)$ 的 $\dot{Q}/Q$ 之和。该结论类似于从品种模型得到的式(10.30),除了技术变革的量度为 $\dot{Q}/Q$,而非 $\dot{N}/N$。再一次,技术变革所带来贡献率中的一部分($\alpha \cdot \dot{Q}/Q$ 这部分)被纳入到了投入增长 $\dot{X}/X$ 中,只有剩余部分才出现在索洛余值之中。

根据 $\dot{Q}/Q$ 与研发支出的关系,一些新结论出现了。在第7章所探讨的质量阶梯模型中,Q 的增长率可以被表示为[②]:

$$\dot{Q}/Q = [1 - q^{-\alpha/(1-\alpha)}] \cdot (研发)/(以往研发的市场价值) \quad (10.35)$$

前面的常数项 $[1 - q^{-\alpha/(1-\alpha)}]$ 是它与式(10.31)关于 $\dot{N}/N$ 的表达式的主要区别,且该常数项位于 0 与 1 之间。由于存在质量提升的部门中的旧中间品会被淘汰掉,所以该项小于 1。该常数越大,q 越大,其中,q 表示新发现的质量等级的中间品投入的生产率同与其相邻的下一等级的生产率之比。如果 q 越高,那么创造性破坏的创造性大于破坏性,进而当前的研发支出流对整体质量指数 Q 的贡献越小。

质量指数 Q 可以被看作研发资本存量的量度。然而,在该模型中,沿用构建该存量的习惯作法是不正确的。在永续盘存法中,研发资本存量的变动等于当前的研发支出——对应于总投资——减去当前研发资本存量的折旧。最后一项通常在模型中被看作现有存量的常数比重。我们认为它相当于以前技术的老化。在质量阶梯框架中,正确的流程是对当前研发支出进行贴现,且贴现率为 $[1 - q^{-\alpha/(1-\alpha)}] < 1$,以引入较低质量的中间品投入的同步老化。那么,这个经贴现的研发支出可以一比一地被看作净投资流,且该投资流会改变研发资本存量(即,质量指数 Q)。该存量的折旧率为零,因为模型中没有技术遗忘出现。

根据式(10.34)和式(10.35),该增长核算表达式可以被写成:

---

① 为推导出式(10.34),我们假定 $\dot{N}=0$。基本模型也假定 L 和 T 是持续不变的。然而,即使当 L 和 T 一直变动,式(10.34)也是成立的。

② 式(7.33)表明:

$$\dot{Q}/Q = p \cdot [q^{\alpha/(1-\alpha)} - 1]$$

其中,p 是各部门单位时间研发成功的概率。(在第7章所考虑的均衡中,各部门研发成功的概率 p 是相同的。)根据式(7.19)和式(7.21)得到的概率是:

$$p = \frac{Z(\kappa_j)}{q^{\alpha/(1-\alpha)} \cdot E[V(\kappa_j)]}$$

其中,$Z(\kappa_j)$ 是部门 j 研发支出的当前流量,且 $E[V(\kappa_j)]$ 是部门 j 中领先企业的市场价值。因为只有部门内领先企业具有正的市场价值,所以 $E(V(\kappa_j))$ 等于该部门以往研发的市场价值。式(10.35)中比例常数为 $1 - q^{-\alpha/(1-\alpha)}$,在 0 和 1 之间。

$$\hat{g} = T/T + (1-\alpha) \cdot \left[1 - q^{-\alpha/(1-\alpha)}\right] \cdot (研发)/(以往研发的市场价值)$$

$$(10.36)$$

该结论与式(10.32)一致,除了出现了系数 $\left[1 - q^{-\alpha/(1-\alpha)}\right] < 1$。因此,在质量阶梯模型中,研发变量对研发增长的贡献小于一比一的比例,部分原因是乘上了劳动比重 $1-\alpha$,还有部分原因是乘上了淘汰系数 $\left[1 - q^{-\alpha/(1-\alpha)}\right]$。因为参数 q 无法被直接测量,所以,在质量阶梯框架中,不用回归的方法来估算研发的增长效应似乎是不可能的。

在基本质量阶梯模型中,以往研发的市场价值与工人人均产出 Y/L 成比例[①]。因此,根据式(10.36),全要素生产率增长率可以被表示成关于(研发)/(Y/L) 比率的线性函数。这个比率是研发变量,并在品种的基本模型中出现。同以往一样,如果修改研发成本的定义以剔除模型中的规模效应,那么该变量就变成经验研究中普遍使用的(研发)/Y。

研发对式(10.36)中全要素生产率增长率的影响可以根据回归方法从经验角度进行估算。原则上,其结论可被用于估算淘汰系数 $\left[1 - q^{-\alpha/(1-\alpha)}\right]$。然而,该方法仍会涉及同时性问题,此外还要求为研发找到合适的工具变量。

10.5　增长核算与增长根源

增长核算常被错误地用于探索增长的终极根源,然而,实际上,它只是一种核算分解。为了明白这一点,考虑稳态中的新古典经济体。假定生产函数是柯布—道格拉斯形式的,且具有速率为 x 的外生劳动增强型技术进步:

$$Y = AK^\alpha \cdot (Le^{xt})^{1-\alpha}$$

为简单起见,假定总劳动力 L 是恒定不变的。

我们在第 1 和 2 章中发现,产出和资本总量的稳态增长率也将为 x。因此,如果我们利用本章所述的增长核算,可得:

$$\dot{Y}/Y = \alpha \cdot \dot{K}/K + (1-\alpha) \cdot x$$

其中,$\dot{Y}/Y = \dot{K}/K = x$。因为我们将产出的稳态增长率 x 中的 αx 部分归因于资本增长,所以我们计算出了全要素生产率增长率 $(1-\alpha) \cdot x$。因此,我们只将产出增长率中的 $1-\alpha$ 部分作为技术进步。而实际上,如果没有这种进步,增长是不会出现的。

关于该模型的一个合理看法是,增长的最终根源仅仅是技术,因为没有这种进步,GDP 不会出现增长。虽然如此,但技术进步激发了更多资本的积累,而这种积累所带来的增长比在资本总量不变时的 GDP 增长更大。从这个意义上说,增长核算分解正确地处理了核算。在资本内生并对技术进步有反应的情况下,所有 GDP 的增长都可以被归因于技术。从这个意义上说,只将 GDP 增长率中的 $(1-\alpha) \cdot x$

[①]　参见式(7.68)和式(7.16)。

部分分配给技术进步是令人误解的。然而,实际上,如果资本存量没有作为技术进步的回应而有所增长,GDP 的增长率是 $(1-\alpha)\cdot x$,而非 x。

用图来说明比较容易。图 10.1 给出了人均水平的生产函数。假定经济体起始于具有不变资本量 k^* 和不变人均 GDPy^* 的稳态。假定技术上升,使得生产函数成比例地向上移动。如果资本总量不增加,那么 GDP 将从 y^* 提高到 $y^{*\prime}$。因此,$y^{*\prime}-y^*$ 是 GDP 的增长部分,且可被直接归因于技术改善(如在第 1 和第 2 章所示的那样)。令新稳态资本总量为 k^{**},且新稳态 GDP 水平为 $y^{**}>y^{*\prime}$。注意,$y^{**}-y^{*\prime}$ 是 GDP 的增加中可被归因于资本的内生增长的部分。增长核算正确地指出了,产出从 y^* 到 $y^{*\prime}$ 的增加是对技术进步的反应,而从 $y^{*\prime}$ 到 y^{**} 的增加可被归因于资本存量的作用。然而,从该例子中能清楚看到:没有技术进步,GDP 将不会增长。从这个意义上说,增长的唯一终极根源是技术进步。

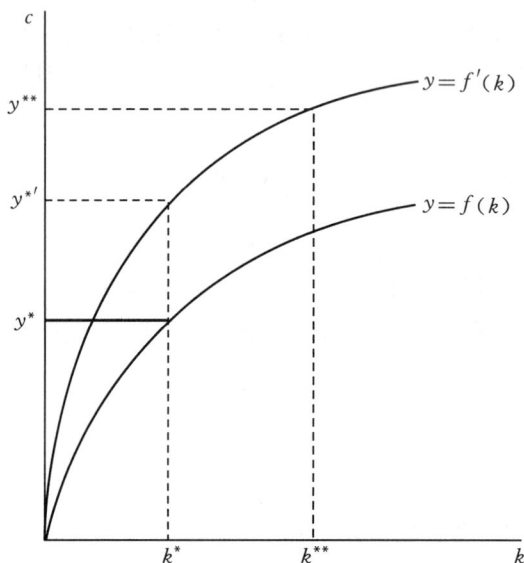

注:该图给出了两个以人均量表示的生产函数。假定经济体起始于具有不变资本量 k^* 和不变人均 GDPy^* 的稳态。假定技术上升,使得生产函数成比例地向上移动。如果资本总量不增加,那么 GDP 将从 y^* 提高到 $y^{*\prime}$。因此,$y^{*\prime}-y^*$ 是 GDP 的增长部分,且可被直接归因于技术改善。然而,资本量的增加是对技术进步的反应。新稳态资本总量为 k^{**},且新稳态 GDP 水平为 y^{**}。差值 $y^{**}-y^*$ 是 GDP 的增加,且可被归因于资本的内生增长。增长核算实践正确地指出,产出从 y^* 到 $y^{*\prime}$ 的增加是对技术进步的反应,而从 $y^{*\prime}$ 到 y^{**} 的增加可被归因于资本存量的作用。然而,从该例子中能清楚地看到:没有技术进步,GDP 将不会增长。从这个意义上说,增长的唯一终极根源是技术进步。

图 10.1　经济对技术进步的反应

如果技术进步的速率为 x 且资本量(和劳动投入)恒定不变,那么产出增长率等于多少? 全要素生产率增长率 $(1-\alpha)\cdot x$ 是该问题的解。类似地,如果资本量以速率 x 增长,且技术进步为零,那么增长率 αx 是该问题之解。假定所有前提都成立,那么虽然这些答案符合逻辑,但是却不是很符合经济因果关系。如果技术进步确实是外生的,那么关于新古典增长模型稳态的合理论断是,长期来看,技术变革的不同速率会一比一地表现为产出增长率上的差异。

如果我们想把 GDP 的直接增长和资本的内生反应所带的 GDP 增长都归因于技术,那么我们不得不将 $\hat{g}$ 除以 $(1-\alpha)$。换言之,我们得到①:

$$x = \frac{\hat{g}}{1-\alpha} \tag{10.37}$$

作为一个例子,表 10.3 对表 10.2 中出现的四个东亚奇迹经济体的数据进行了修正。第 1 列数据显示了总 GDP 的增长率。第 2 列数据显示了从表 10.2 最后一列数据得到的全要素生产率的估计增长率。在圆括号中,我们给出了总增长中可用技术解释的比重。利用式(10.37)所示修正值,第 3 列数据计算了终极根源(直接和间接)为技术进步的 GDP 增长率。注意,GDP 总增长中由技术进步所带来的比重如下:中国香港为 59%,新加坡为 49%,中国台湾为 53%(分别从 37%、25% 和 39% 增长而来)。只有韩国的增长率在较大程度上能被外生要素积累所解释(全要素生产率增长只能解释 GDP 增长中的 20%)。因此,即使全要素生产率增长估值很小,技术进步也可能解释 GDP 增长中的 50% 以上。

表 10.3 经资本的内生反应调整过的全要素生产率增长

国家或地区	(1) GDP 增长率	(2) 全要素生产率增长率	(3) 物质资本修正的全要素生产率增长率	(4) 人力资本修正的全要素生产率增长率
中国香港	0.073	0.027 (37%)	0.043 (59%)	0.090 (123%)
新加坡	0.087	0.022 (25%)	0.043 (49%)	0.073 (84%)
韩国	0.103	0.015 (14%)	0.021 (20%)	0.050 (49%)
中国台湾	0.094	0.037 (39%)	0.050 (53%)	0.123 (131%)

注:第 1 列数据表示表 10.1 中 D 部分的 GDP 增长率。第 2 列数据给出了表 10.2 中二元数据列所示的全要素生产率增长率。第 3 列数据通过将全要素生产率增长率乘上 $1/(1-\alpha)$ 修正了物质资本的反应,其中 α 是表 10.1D 部分所示的资本比重。第 4 列数据通过让全要素生产率增长率乘上 $1/0.3$,即假定广义资本比重 $\alpha = 0.7$,来修正物质资本和人力资本的反应。圆括号中的数据表示全要素生产率增长所能解释 GDP 增长率的百分比。

当我们认识到人力资本也能对技术的外生改善产生内生反应时,问题就扩大了。对这个因素的修正将带来类似于式(10.37)的表达式,除了相关资本比重将等于物质资本和人力资本比重之和。如同本书其他部分所述,该比重是未知的,但是

---

① 该计算结果假定,在观测期内,资本的所有反应都发生了。

关于收敛速度的证据表明,它可能接近于 0.7。表 10.3 的第 4 列数据利用广义资本比重的这一数据表明了在物质资本和人力资本都作出反应时终极根源为技术进步的 GDP 的增长。现在,技术进步对中国香港和中国台湾的 GDP 的所有增长负责。(技术变革所解释的 GDP 增长率超过 100%,因为人力资本和物质资本对技术外生改善的反应实际上应该比之前的要大。)技术也解释了新加坡增长率中的 84%,韩国的 49%。

本节所做的修正无疑夸大了技术进步的作用,因为它们假定资本的所有内生反应都在观测期内出现。该计算结果并不意味着给出了一个切合实际的方法来调整全要素生产率估值,以给出关于增长终极根源的准确估值,其实我们是想让读者知道,这种主张应该被规避。原则上,很小且为正的 $\hat{g}$ 对应的情况是技术进步只能解释很小部分的 GDP 增长,但是它也符合技术进步是所有 GDP 增长的终极根源的情况。因此,同一种增长核算分解满足两种完全不同的增长。

增长核算也许能提供一种机械分解,将产出增长分解为一系列投入的增长和全要素生产率的增长。成功的这类核算很可能是很有用的,且可以刺激有用的增长经济理论的发展。然而,增长核算并没有构成一种增长理论,因为它并没有试着解释投入的变化和全要素生产率的改善如何与基本元素(包括偏好、技术和政府政策等方面)关联起来。

▶ 11

区域数据集的经验性分析

新古典增长模型的一个重要特征是其对条件收敛的预测。当经济体的增长率与经济体收入水平和其稳态之间的差距正相关时,条件收敛成立。条件收敛不应该与绝对收敛混淆。当穷困经济体倾向于比富裕经济体增长地更快时(因此,穷困者会"迎头赶上"),绝对收敛成立。两个国家有可能都是条件意义上的收敛(各经济体的增长速度随着经济体接近其稳态而下降),而非绝对意义上的收敛(如果富裕经济体低于其稳态水平相对比穷国更多,那么其增长速度比穷国更快)。如果一组经济体趋于向相同的稳态收敛,那么两个收敛概念是一样的。我们在第1章和第2章发现,具有类似偏好和技术的新古典经济收敛于相同的稳态。因此,在这种情况下,新古典增长模型具有绝对收敛,即穷困经济体倾向于比富裕经济体增长得更快。因此,检验收敛假设的一种方法是,检查具有类似倾向和技术的经济体(经济体倾向于向相同的稳态收敛)是否具有绝对意义上的收敛。

在本章中,我们通过研究国内各地区的行为来测试新古典增长模型的收敛推论。尽管地区间在技术、偏好和制度上存在差异,但是这种差距比国家间的差距要小。同一国家内部不同地区的企业和居户倾向于获得类似的技术,以及类似的偏好和文化。此外,同一个中央政府管辖的地区,具有类似的制度框架和法律体系。这种相对同质意味着,各地区更可能向类似的稳态收敛。因此,绝对收敛在国家内部各地区间出现的可能性比在各国间出现的可能性更大。

也许用地区数据来证明收敛假设的做法是可以商榷的,因为投入在各地区之间的流动性倾向于比其在国家间的流动性更大。法律、文化、语言和制度等方面对国家内部地区间要素流动的阻碍倾向于比其对国家间要素流动的阻碍要小。因此,就地区间数据集而言,封闭经济体的假设(新古典增长模型的标准条件)可能不成立。然而,我们在第3章发现,如果部分资本量(包括人力资本)不流动或不能作为地区间或国际上信贷市场的担保品,那么对资本流动性开放的经济体的动态特征可能与封闭经济体的动态特征类似。收敛速度因资本流动性的存在而增加,但是在流动资本所占比例取值合理的情况下,其收敛速度维持在相对较窄的区间。另一个结论是,如果技术对资本不会收益递减(即类似某种 AK 模型),那么不管经济体是开放的还是封闭的,这种技术都意味着零收敛速度。

我们还在第 9 章发现,在新古典增长模型中引入移民,倾向于加速收敛进程。这种变化仍为收敛速度的定量修改。因此,主要观点是,尽管国家内部地区对资本和人力相对开放,但是新古典增长模型仍为经验性分析构建了一个有用的框架。

11.1　收敛的两个概念

在国家间或地区间经济增长的讨论中,出现了两个收敛概念。第一个概念(Barro,1984,第 12 章;Delong,1988;Barro,1991a;Barro and Sala-i-Martin,1991,1992a,1992b)是:如果贫穷经济体的人均收入或产出倾向于比富裕经济体增长得更快,进而穷国倾向于赶上富国,那么收敛成立。该性质与我们的 β 收敛概念一致[①]。第二个概念(Easterlin,1960a;Borts and Stein,1964,第 2 章;Streissler,1979;Barro,1984,第 12 章;Baumol,1986;Dowrick and Nguyen,1989;Barro and Sala-i-Martin,1991,1992a,1992b)关注横截面离差。在这种背景下,如果离差(例如,由国家或地区群组间的人均收入或产出的对数的标准偏差来计量)持续下降,那么收敛出现。我们将该过程称为 σ 收敛。虽然第一种收敛(穷国倾向于比富国增长得更快)倾向于带来第二种收敛,但是倾向于增加离差的新扰动会抵消这种进程。

为了使这两个概念之间的关系更准确,我们考虑用第 2 章新古典增长模型推导出来的增长方程式。式(2.35)将经济体 i 在两个时点间的人均收入增长速度与初始收入水平关联了起来。我们在这里将式(2.35)应用于离散期间(以年为单位),而且还要对其进行扩展,嵌入一个随机扰动:

$$\ln(y_{it}/y_{i,\,t-1}) = a_{it} - (1-e^{-\beta}) \cdot \ln(y_{i,\,t-1}) + u_{it} \tag{11.1}$$

其中,下标 t 表示年,下标 i 表示国家或地区。该理论表明,截距 a_{it} 等于 $x_i + (1-e^{-\beta}) \cdot [\ln(\hat{y}_i^*) + x_i \cdot (t-1)]$,其中 $\hat{y}_i^*$ 是 $\hat{y}_i$ 的稳态值,且 x_i 是技术进步率。我们假定随机变量 u_{it} 的平均方差 σ_{ut}^2 为零,且其分布与 $\ln(y_{i,\,t-1})$、$u_{jt}(j \neq i)$ 及滞后扰动无关。

我们可以认为随机扰动反映了预期之外的生产条件或偏好的变动。我们首先令系数 a_{it} 对所有经济体都相同,即 $a_{it} = a_i$。这种规定意味着,稳态值 $\hat{y}_i^*$ 和外生技术进步率 x_i 对所有经济体都是相同的。相对于国家数据集而言,该假设对区域数据集来说更合理,因为就技术和偏好而言,国家内部不同地区的相似度理应比国家间的相似度更高。

如果所有国家或地区的截距 a_{it} 都相同且 $\beta > 0$,那么式(11.1)表明,贫穷经济体倾向于比富裕经济体增长得更快。第 1 章和第 2 章的新古典增长模型得出了这个结论。相反,在第 4 章所讨论的 AK 模型中,β 为零,因而这种收敛不存在。对在

[①]　这种现象有时被称为是"趋中回归"。

生产函数中嵌入了一种线性关系的各种内生增长模型而言（第6章和第7章），同样的结论成立①。

因为式(11.1)中 $\ln(y_{i,\,t-1})$ 的系数小于 1，所以收敛性没有强到足以消除 $\ln(y_{it})$ 的序列关联。或者，在不存在随机扰动的情况下，向稳态的收敛是直接的，且不会涉及振荡或收敛过度。因此，对一组经济体而言，起点落后的经济体被认为未来一直会落后。

令 σ_t^2 是 $\ln(y_{it})$ 在时点 t 的方差。式(11.1)和我们假设的 u_{jt} 的特征表明，σ_t^2 的持续变化符合一阶差分方程②：

$$\sigma_t^2 = e^{-2\beta} \cdot \sigma_{t-1}^2 + \sigma_{ut}^2 \tag{11.2}$$

其中，我们假定截面足够大，以至于 $\ln(y_{it})$ 的样本方差等于人口方差。

如果扰动方差 σ_{ut}^2 持续不变（对所有的 t 都有 $\sigma_{ut}^2 = \sigma_u^2$），那么一阶差分方程式(11.2)的解是：

$$\sigma_t^2 = \frac{\sigma_u^2}{1-e^{-2\beta}} + \left(\sigma_0^2 - \frac{\sigma_u^2}{1-e^{-2\beta}}\right) \cdot e^{-2\beta t} \tag{11.3}$$

其中，σ_0^2 是 $\ln(y_{i0})$ 的方差。［很容易证明，式(11.3)的解满足式(11.2)。］式(11.3)表明，σ_t^2 会单调趋近其稳态值 $\sigma^2 = \sigma_u^2/(1-e^{-2\beta})$，且该稳态值关于 σ_u^2 递增，关于收敛系数 β 递减。如果初始值 σ_0^2 大于（或小于）其稳态值 σ^2，那么 σ_t^2 持续下降（或上升）。因此，正的系数 β（β 收敛）不会意味着下降的 σ_t^2（σ 收敛）。换一种说法是，β 收敛是 σ 收敛的必要非充分条件。

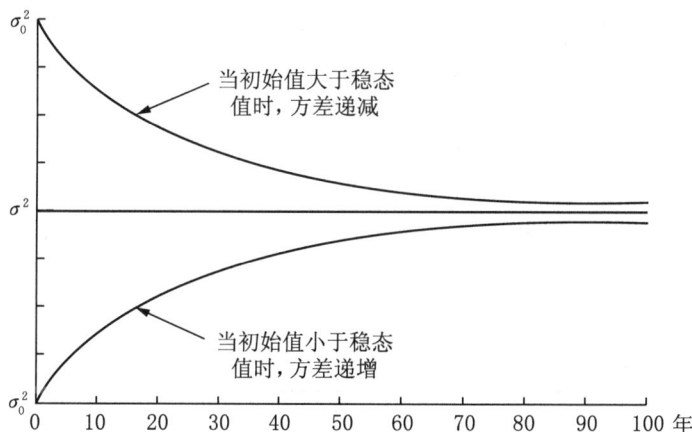

注：上图表明，人均产出离差由各经济体间的人均产出对数的方差来衡量。尽管假定 β 收敛成立，离差下降、上升或不变取决于其初始值高于、低于还是等于其稳态值 σ^2。该图假定 $\beta = 0.02$ 每年。

图 11.1 离差的理论行为

---

① 然而，我们在第 4 章中证明，如果技术渐近于 AK 形式，但是对有限的 K 而言，具有递减报酬的特征，那么 β 收敛适用。

② 在式(11.1)两边加上 $\ln(y_{i,\,t-1})$，计算该方差，并利用 u_{it} 和 $\ln(y_{i,\,t-1})$ 之间的协方差为零的条件，可得到式(11.2)。

图 11.1 表明，σ_0^2 高于或低于 σ^2 时 σ_t^2 的时间路径。所采用的收敛系数 $\beta = 0.02$ 每年对应于我们稍后将给出的估值。当 β 取该值时，横截面方差会以很慢的速率上升或下降。特别地，如果 σ_0^2 严重地偏离稳态值 σ^2，那么 σ_t^2 要耗费约 100 年的时间才能趋近 σ^2。

$\ln(y_{it})$ 的横截面离差对能同样地影响国家或地区子群的冲击很敏感。这些冲击违背了式(11.1)中 u_{it} 与 u_{jt} 无关(其中 $i \neq j$)的条件。回归时对这种冲击的省略，将倾向于使 β 的估值发生偏离，使得这些冲击倾向于让具有高收入或低收入的地区获益或受损(也就是说，使得冲击与解释变量相关)。

能带来产品贸易条件变化的冲击可以作为例子。对美国而言，一个例子是农产品的相对价格在 20 世纪 20 年代的急剧下降。相对工业地区的收入而言，该冲击对农业地区的收入具有不利影响。我们还会想起 20 世纪 70 年代的两次油价上涨和 20 世纪 80 年代的油价下跌。相对于其他地区而言，这些冲击对产油区收入的影响是同向的。美国的另一个例子是内战，相对于北部各州的收入而言，这种冲击对南部各州的收入具有不利影响。

正式令 S_t 为随机变量，它表示 t 时期对整个经济体的干扰。例如，S_t 能表示世界市场所决定的石油相对价格。那么式(11.1)能被改写成：

$$\ln(y_{it}/y_{i, t-1}) = a_{it} - (1 - e^{-\beta}) \cdot \ln(y_{i, t-1}) + \varphi_i S_t + u_{it} \tag{11.4}$$

其中，φ_i 表示总扰动对地区 i 的增长率的影响。如果 S_t 的正值表示相对油价的上涨，那么对大量产油的国家或地区而言，φ_i 将为正[1]。对将石油作为投入来生产汽车等产品的经济体而言，系数 φ_i 将趋于负。我们将系数 φ_i 看作在横截面范围内分布，具有平均值 $\bar{\varphi}$ 和方差 σ_φ^2。

如果 $\ln(y_{i, t-1})$ 和 φ_i 不相关，那么当回归中忽略了冲击时，式(11.4)中 β 的估值将会一致。如果 $\ln(y_{i, t-1})$ 和 φ_i 正相关，那么式(11.4)中关于 $\ln(y_{i, t-1})$ 运用普通最小二乘法(ordinary least squares，OLS)所估算的系数将会随着 S_t 为正或负而偏正或负。例如，如果产油者具有相对较高的人均收入，那么石油价格的上涨将会使得相对富裕的地区收益。因此，对初始收入增长的 OLS 回归将低估实际的收敛系数。在下一节的经验分析中，我们用常数代替 S_t，以获得一致的收敛系数。

式(11.4)表明，人均收入对数的方差将根据下式演变：

$$\sigma_t^2 = e^{-2\beta} \cdot \sigma_{t-1}^2 + \sigma_u^2 + S_t^2 \cdot \sigma_\varphi^2 + 2S_t \cdot e^{-\beta} \cdot \text{cov}[\ln(y_{i, t-1}), \varphi_i] \tag{11.5}$$

其中，方差和协方差的条件是当前和以往出现的总冲击 S_t，S_{t-1}，…。如果

---

[1] 更准确地说，这种冲击对产油国(或地区)的实际收入具有正向影响。这种收入可能属于"外国人"，并显示为来自于"国外"的净要素支付，而正是净要素支付将 GNP 和 GDP 区分开来。例如，怀俄明州的资本投入中有很大一部分为其他州的居民所有。正的石油冲击将增加怀俄明州的名义 GDP(除去价格因素还将增加该 GDP 的实际价值)，但是并不一定提升其 GNP 和个人收入。对美国各州而言，这一特性在一些情况下很重要，特别对石油生产者而言。

$\text{cov}[\ln(y_{i,\ t-1}),\ \varphi_i]$ 等于 0——也就是说，如果冲击与初始收入不相关——式 (11.5)相当于式(11.2)，除了 S_t 的出现实际上使得 σ_u^2 持续摆动。长期的 σ^2 值对应于 S_t 的标准值；S_t 的暂时性提高使得 σ_t^2 高于其长期值 σ^2。因此，如果不出现新的冲击，σ_t^2 将向 σ^2 缓慢回归，如图 11.1 所示。

11.2　美国各州之间的收敛

11.2.1　β 收敛

我们现在用美国各州的人均收入数据来估算收敛系数 β[①]。（该数据的定义和来源都在附录 11.12 节中。）我们暂时假定：我们只有时点 0 和 T 两处的观测结果。那么，式(2.35)意味着，经济体 i 的人均收入在时点 0 和 T 之间的平均增长率为：

$$(1/T) \cdot \ln(y_{iT}/y_{i0}) = x - [(1-e^{-\beta T})/T] \cdot \ln(y_{i0}) + [(1-e^{-\beta T})/T]$$
$$\cdot \ln(\hat{y}_i^*) + u_{i0,\ T} \tag{11.6}$$

其中，$u_{i0,\ T}$ 表示时点 0 和 T 之间的误差项 u_{i0} 所带来的影响；$\hat{y}_i^*$ 是收入的稳态值；x 是技术进步率，根据假定对所有经济体都相同。

式(11.6)中初始收入的系数为 $(1-e^{-\beta T})/T$，当 β 给定时，该表达式关于间隔长度 T 递减。也就是说，如果我们对收入增长率和初始收入的对数之间的线性关系进行估测，那么平均增长率的时间跨度越长，其系数越小。原因是，增长率随着收入增加而下降（如果 $y_{i0} < \hat{y}_i^*$）。因此，如果我们计算更长时间跨度的增长率，那么它将较小的未来增长率与较大的初始增长率结合了起来。进而，当间隔变长时，初始位置对平均增长率的影响下降。当 T 趋于无穷时，系数 $(1-e^{-\beta T})/T$ 趋近于 0；当 T 趋于 0 时，系数 $(1-e^{-\beta T})/T$ 趋近于 β。

注意，式(11.6)将 $[(1-e^{-\beta T})/T] \cdot \ln(\hat{y}_i^*)$ 项作为解释变量而纳入进来。也就是说，经济体 i 的增长率取决于收入的初始水平 $\hat{y}_{i0}$，但是它也取决于收入的稳态水平。这就是为什么我们用条件收敛而非绝对收敛的概念：当我们以稳态为"条件"，经济体的增长率与初始收入水平负相关。

我们下面可以看到地区数据为什么有用。假定我们不对多元方程式(11.6)估值，而对如下的单变量回归估值：

[①]　Barro 和 Sala-i-Martin(1992a)也使用了经济分析局(Bureau of Economic Analysis)提供的州内生产总值(gross state product，GSP)的数据。GSP 类似于 GDP，因为它将各州生产的产品归于各州。相反收入(类似 GNP)将各州的产品归于投入所有者。如果经济体是开放的，且人们倾向于拥有其他州的资本，或者存在很多跨州交往(人们在这个州生活，却在另一个州工作)，那么这个区别是很重要的。Barro 和 Sala-i-Martin(1992a)表明，实际上该区别不会变得那么重要：GSP 收敛速度的估值与人均收入的估值相似。因为 GSP 数据只有 1963 年之后的数据，所以我们将本章的注意力局限于用收入数据得到的结果。

$$(1/T) \cdot \ln(y_{iT}/y_{i0}) = a - [(1 - e^{-\beta T})/T] \cdot \ln(y_{i0}) + w_{i0, T} \qquad (11.7)$$

注意,在式(11.7)中,$[(1-e^{-\beta T})/T] \cdot \ln(\hat{y}_i^*)$ 不再是解释变量。如果式(11.7)中乘上了初始收入的那项为负,那么我们可总结到,贫穷经济体倾向于比富裕经济体发展得快,所以"绝对收敛"成立。出于该原因,类似式(11.7)的回归在文献中被用于测试绝对收敛假设。问题是,无法找到负系数是否是不采纳新古典增长模型的原因。回顾前文,新古典模型给出了像式(11.6)这样的多元关系。假定,我们不估算式(11.6),而估算式(11.7)。如果在我们分析的数据集中,各经济体收敛于不同的稳态,即 $\hat{y}_i^* \neq \hat{y}_j^*$ 对所有 i 和 j 都成立,那么单变量回归式(11.7)被错误地定义了,且把排除掉的那一项归入了误差项:$w_{i0, T} = u_{i0, T} + [(1 - e^{-\beta T})/T] \cdot \ln(\hat{y}_i^*)$。如果收入的稳态水平 $\hat{y}_i^*$ 与解释变量 y_{i0} 相关,那么误差项与等式右边的变量相关,而单变量回归方程式(11.7)给出的 β 估算将是存在偏差的。特别地,如果当前更富有的经济体倾向于向更高的稳态收入水平收敛(即,如果 $\hat{y}_i^*$ 与 y_{i0} 正相关),式(11.7)中的 β 估算会偏向零。换言之,即使条件收敛成立,研发者将发现增长和初始收入不相关。在这种情况下,得到前后一致的 β 估值的唯一方法是找出 $\hat{y}_i^*$ 的大小,并将它们纳入回归。

现在假定,我们的数据集中的各经济体收敛于不同的稳态,但是初始收入和稳态收入之间不相关。尽管单变量回归仍然是错误定义的,但是误差项(仍含有遗漏变量 $\hat{y}_i^*$)与解释变量不相关。因此,式(11.7)的常见估算能提供前后一致的 β 估算。最后,如果在我们所分析的数据集中,所有经济体都具有相同的稳态,即如果 $\hat{y}_i^* = \hat{y}_j^*$ 对所有 i 和 j 都成立,那么 $[(1-e^{-\beta T})/T] \cdot \ln(\hat{y}_i^*)$ 项将被纳入常数项,且式(11.7)的常见估值将再次给出前后一致的 β 估算。

总之,存在两种估算收敛速度 β 的方法。第一种方法采用一般的数据集(也就是说,数据集无法保证初始收入水平与稳态收入水平不相关),并找到代表稳态收入水平的变量。第二种方法采用的数据集中,各经济体倾向于向类似的稳态值收敛,或至少能保证稳态值与初始收入水平不相关。第二种情况下,地区数据集有重要作用。尽管地区间在技术、偏好和制度上存在差异,但是这些差异可能比国家间的差异小。同一个国家不同地区的企业和居户倾向于获得相同的技术,并具有类似的偏好和文化。此外,受同一个中央政府管辖的地区具有类似的制度框架和法律体系。这种相对同质意味着,绝对收敛更可能存在于一国的各地区之间,而不是各国之间。

表11.1给出了根据式(11.7)得出的美国47(或48)个州或地区的不同期间的非线性最小二乘估计。例如,第一行给出了1880—2000年这120年间的数据。第1列针对单个解释变量方程给出了其初始时期的人均收入的对数。第2列加入了4个地区虚拟变量,这4个变量对应于4个主要的普查区:东北部地区,南部地区,中西部地区和西部地区。最后,第3列包含了部门变量,且这些变量刻画了前文所讨论的总冲击。我们已经论证了,这些辅助变量的引入将有助于得到精确的 β 估值。

表 11.1 美国各州个人收入的回归

时　期	(1) 基本方程		(2) 带有地区虚拟变量的方程		(3) 带有结构变量和地区虚拟变量的方程	
	$\hat{\beta}$	$R^2(\hat{\sigma})$	$\hat{\beta}$	$R^2(\hat{\sigma})$	$\hat{\beta}$	$R^2(\hat{\sigma})$
1880—2000 年	0.017 2 (0.002 4)	0.92 [0.001 2]	0.016 0 (0.003 4)	0.95 [0.001 0]	—	—
1880—1900 年	0.010 1 (0.002 2)	0.36 [0.006 8]	0.022 4 (0.004 3)	0.62 [0.005 4]	0.026 8 (0.005 1)	0.65 [0.005 3]
1900—1920 年	0.021 8 (0.003 1)	0.62 [0.006 5]	0.020 9 (0.006 5)	0.67 [0.006 2]	0.027 0 (0.007 7)	0.71 [0.006 0]
1920—1930 年	−0.014 9 (0.005 1)	0.14 [0.013 2]	−0.012 8 (0.007 8)	0.43 [0.011 1]	0.020 9 (0.011 9)	0.64 [0.008 9]
1930—1940 年	0.012 9 (0.003 3)	0.28 [0.007 9]	0.007 2 (0.005 2)	0.34 [0.007 8]	0.014 7 (0.008 3)	0.37 [0.007 8]
1940—1950 年	0.050 2 (0.005 8)	0.73 [0.008 7]	0.051 2 (0.006 2)	0.88 [0.005 9]	0.030 4 (0.006 5)	0.91 [0.005 2]
1950—1960 年	0.019 3 (0.003 9)	0.40 [0.005 1]	0.019 1 (0.005 6)	0.52 [0.004 7]	0.030 5 (0.005 3)	0.74 [0.003 5]
1960—1970 年	0.028 6 (0.003 9)	0.61 [0.004 0]	0.018 1 (0.004 6)	0.73 [0.003 4]	0.019 6 (0.006 1)	0.74 [0.003 5]
1970—1980 年	0.018 6 (0.004 9)	0.27 [0.004 4]	0.007 9 (0.005 5)	0.44 [0.004 0]	0.005 7 (0.006 8)	0.46 [0.004 0]
1980—1990 年	0.003 6 (0.008 5)	0.01 [0.007 7]	0.009 5 (0.007 4)	0.57 [0.005 2]	0.002 9 (0.007 0)	0.69 [0.004 5]
1990—2000 年	0.001 6 (0.003 5)	0.01 [0.003 5]	−0.000 5 (0.004 5)	0.07 [0.003 5]	0.002 9 (0.005 0)	0.14 [0.003 4]
联合估计 (9 个子期间)	0.015 0 (0.001 5)	—	0.016 4 (0.002 1)	—	0.021 2 (0.002 3)	—

注：该回归利用非线性最小二乘法来估算下列形式的方程：

$$(1/T)\cdot\ln(y_{it}/y_{i,t-T})=a-[\ln(y_{i,t-T})]\cdot[(1-e^{-\beta T})/T]+其他变量$$

其中，$y_{i,t-T}$ 是第 i 个州在时期起始时除以 CPI 的人均收入，T 是期间长度，且其他变量为地区虚拟变量和结构变量（见正文描述）。关于美国各州数据的讨论，请见附录（11.12 节）。起始于 1880 年的样本具有 47 个观测值，其样本具有 48 个观测值。每列都含有 β 值、该估值的标准误差（圆括号内）、回归 R^2 和方程的标准误差（方括号内）。关于常数、地区虚拟变量和结构变量的系数估值都没有给出。似然比统计量是指对 9 个子期间的初始收入对数的系数相等性的测试。p 值源自 8 个自由度的 χ^2 分布。

　　每个单元都包含 β 估值、该估值的标准误差（圆括号内）和该回归的标准误差（方括号内）。所有的方程都用常数项估算，但这些常数项未出现在表 11.1 中。

　　根据 1880—2000 年这一长期样本算出的 β 的点估计值是 0.017 2（标准误差 ＝0.002 4）[1]。图 11.2 根据 1880 年人均收入的对数给出了 1880—2000 年间人均收入平均增长率的散点图。我们根据图 11.2，可看出 R^2 的值较高（$R^2=0.92$）。

[1]　该回归包括 47 个州或地区。关于俄克拉荷马地区 1880 年的数据无法获取。

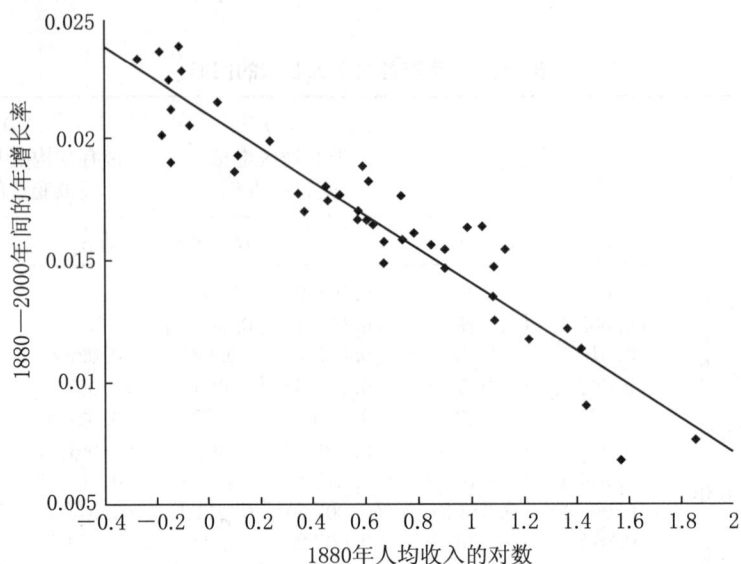

注：1880—2000 年各州人均收入的平均增长率（以纵轴表示）与 1880 年的人均收入对数（以横轴表示）负相关。因此，对美国各州而言，绝对 β 收敛存在。

图 11.2　美国各州个人收入的收敛性：1880 年的个人收入和 1880—2000 年的收入增长

第 1 行的第 2 列给出了纳入 4 个地区性虚拟变量后的收敛速度估值。估算的 β 系数为 0.016 0（0.003 4）。该估值和之前的估值之间的相似性表明，各普查地区平均收入的收敛速度与各地区内各州平均收入的收敛速度没有太大差异。我们可以通过计算四个地区各州平均收入来验证该结论。图 11.3 中描绘了这四个地区 1880 年平均收入的对数与各地区在 1880—2000 年间的平均收入增长率的关系。这种负相关性是显而易见的（相关系数为 -0.97）。该关系所暗含的收敛速度估值为每年 2.1%，差不多等同于第 2 列所示的地区内收敛速率。

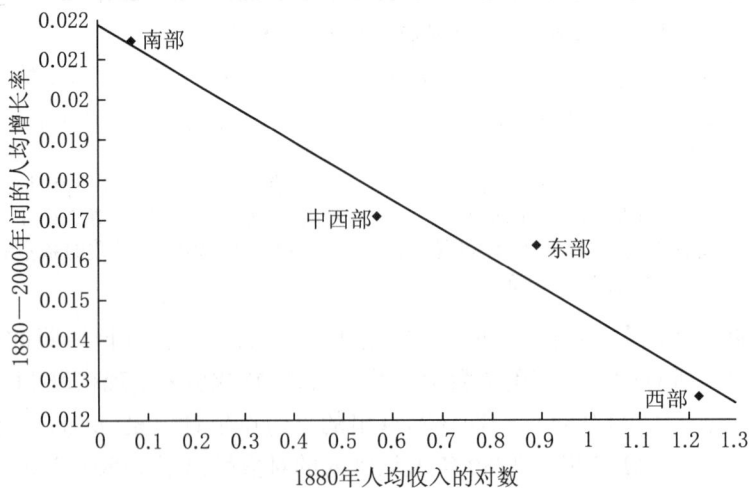

注：图 11.2 表明，对美国各州而言，收入增长与初始收入负相关。这种关系同样适用于图 12.3 中 4 个主要普查区的平均值。

图 11.3　美国各地区个人收入的收敛性：1880 年的个人收入和 1880—2000 年的收入增长

表 11.1 中接下来的 10 行将该样本分成了更短的时期。前两行的时间周期为 20 年(1880—1900 年,1900—1920 年),因为 1890—1910 年的数据无法获取。剩下的 8 个时间区间的长度是 10 年。

对 10 个子期间中的 7 个而言,估算的 β 系数显著为正(意味着 β 收敛)。该系数只在 1920—1930 年这一个期间给出了错误的符号 $(\beta < 0)$。在该期间,农产品的相对价格大幅度下降。该结论的可能性解释是,农业州倾向于较穷困的州,而农业州从农产品下降中遭受的损失最多。20 世纪 80 年代和 90 年代这两个最晚的子期间的估计系数最不显著。如果我们令所有子期间的 β 系数都相同,那么基本方程的联合估计是 0.015 0(0.001 5)。

表 11.1 中的第 2 列加入了地区虚拟变量,其中这些变量的系数在不同期间可以有不同的值。这些地区变量表明,在同一期间,它们对地区内各州具有相同的影响。20 世纪 20 年代的 β 系数估计的符号仍然是错误的,就像 20 世纪 90 年代的系数一样,且它们的估计都具有很大的误差。因此,即使属于同一个地区,20 世纪 20 年代时,穷困的州倾向于比富有的州增长得更慢。9 个子期间的联合估计现在等于 0.016 4(0.002 1),接近基本方程的估值。

总冲击,如农产品或石油相对价格的移动,对各州有不同的影响,这也许可以解释系数估值的不稳定性。按照 Barro 和 Sala-i-Martin(1991,1992a,1992b)的观点,表 11.1 的第 3 列在回归中加入了一个新变量,试图使这些总冲击恒定不变。该变量以 S_{it} [S 意谓"结构"(structure)]表示,并通过下式计算:

$$S_{it} = \sum_{j=1}^{9} \omega_{ij,\,t-T} \cdot \left[\ln(y_{jt}/y_{j,\,t-T})/T\right] \qquad (11.8)$$

其中,$\omega_{ij,\,t-T}$ 是部门 j 在 $t-T$ 时期占第 i 州的个人收入的权重,且 y_{jt} 是部门 j 在 t 时期的工人人均收入的全国均值。这 9 个部门是农业、采掘业、建筑业、制造业、贸易、金融和地产业、交通运输、服务业和政府。我们用 S_{it} 代替式(11.4)中 $\varphi_i S_t$ 项所反映的影响。

如果某州各部门的增长率都为国家平均值,那么结构变量揭示了一个州将会增长多少。例如,如果经济体 i 专业化于汽车生产,且整个汽车部门在 $t-T$ 到 t 之间未增长,那么该地区的 S_{it} 较低。这表明,它不会增长得太快,因为汽车行业因冲击而损失很大。

从式(11.8)可以看出,S_{it} 取决于同期全国均值的增长率,以及第 i 州上一个时期的部门比重。出于该原因,对第 i 州的当前增长历程而言,此变量可以被合理地看成是外生的。

由于缺乏数据,我们只在 1929 年之后的时期引入了结构变量。在 1929 年之前的时期,通过利用农业在该州总收入中所占的比重,我们得到了 S_{it} 的大小。

第 3 列在回归中纳入了结构变量以及地区参数。(各期的地区和结构变量系数可以不相等。)与之前结论一个相矛盾的地方是,20 世纪 90 年代的 β 系数估算为正,且接近 0.02。20 世纪 80 年代和 90 年代的系数也为正,但仍然很小。9 个子期间的 β 联合估值为 0.021 2(0.002 3)。

主要结论是,美国各州倾向于以每年约 2% 的速度收敛。4 个普查区的收敛速度均值接近于地区内各州的收敛速度。如果我们保持结构性冲击恒定,那么我们就不能放弃收敛速度长期保持稳定的假说,尽管最近 20 年的估计值并不显著。

11.2.2　测量错误

收入中暂时性的测量错误的存在倾向于夸大对 β 的估计,也就是说,不断消除测量误差得到的结果将貌似收敛[①]。测量误差出现的一个原因是,各州的名义收入会因全国价格指数而缩小,因为精确的指数不存在于州这一层面。

处理测量误差的一个办法是利用较早时期的收入对数作为回归的工具变量。如果测量误差是暂时的(且各时期的误差项互不相关),那么,对各期起点的收入对数而言,较早时期的收入对数都是令人满意的工具变量。如果我们以上一期的收入对数为工具变量来重新估计表 11.1 中的第 1 列,那么我们可得 β 的联合估值为 0.017 6(0.001 9)。因为 1880—1900 年间的数据无法获得,所以该表利用了 1900 年之后的 9 个子期间。对这 9 个子期间而言,β 的 OLS 估值为 0.016 5(0.001 8)。因此,工具变量的使用可以带来 β 估值的微小变化,这表明增长和收入初始水平之间的显著负相关性不能用测量误差来解释。

当我们分别对各子期间进行估计时,我们再次发现工具变量(instrumental variable,简称 IV)和 OLS 估值之间只有微小的不同。最大的变化出现在 1950—1960 年。在该期间,相对于 0.019 3(0.003 9)的 OLS 值而言,IV 估值为 0.013 9 (0.004 0)。

对表 11.1 中第 2 列和第 3 列得到的结果类似。我们的结论是,测量误差不可能是结论中的关键因素。

11.2.3　σ 收敛

图 11.4 表明了 1880—2000 年间截面范围内,美国 47(或 48)个州或地区扣除转移支付之后的人均收入对数的标准差。该离差从 1880 年的 0.54 降至 1920 年的 0.33,但是之后升至 1930 年的 0.40。这种上升反映了 20 世纪 20 年代期间农业受到的不利冲击:农业州当时都相对贫困,且随着农产品价格的下降而遭受了更多的收入损失。

---

① 短期商业波动具有同样的特征。我们可以构建一个模型,使其中的暂时性产出波动与增长模型中的转移动态不同。

注:该图表明了 1880—2000 年间美国 47(或 48)个州或地区扣除转移之后的人均收入对数的标准差。该离差在 1880—1920 年间下降,在 20 世纪 20 年代上升,从 1930 年至 20 世纪 70 年代中期下降,再上升至 1988 年,并在 1992 年之前下降,之后相对平坦。

图 11.4　1880—2000 年间美国各州个人收入的离差

在 1932 年达到峰值之后,该离差在 1940 年降至 0.36,在 1950 年降至 0.24,在 1960 年降至 0.20,并在 1970 年降至 0.16。这种长期下降在 20 世纪 70 年代终止,期间的最低值为 1976 年的 0.14。此后,σ_t 在 1988 年升至峰值 0.16。离差在 20 世纪 90 年代早期跌至 0.14,之后相对平稳。

11.3　日本各辖区的收敛性

11.3.1　β 收敛

Barro 和 Sala-i-Martin(1992b)分析了日本 47 个辖区之间人均收入的 β 收敛模式(关于其资料来源和定义,请参阅附录 11.12 节)。表 11.2 给出了 1930—1990 年间收敛系数 β 的非线性估值。表 11.2 的结构与表 11.1 的结构一致。

表 11.2　日本辖区间个人收入的回归

时　期	(1) 基本方程		(2) 带有地区虚拟 变量的方程		(3) 带有结构变量和地区 虚拟变量的方程	
	$\hat{\beta}$	$R^2[\hat{\sigma}]$	$\hat{\beta}$	$R^2[\hat{\sigma}]$	$\hat{\beta}$	$R^2[\hat{\sigma}]$
1930—1990 年	0.027 9 (0.003 3)	0.92 [0.001 9]	0.027 6 (0.002 4)	0.97 [0.001 2]	— 	—
1930—1955 年	0.035 8 (0.003 5)	0.86 [0.004 5]	0.038 0 (0.003 7)	0.90 [0.003 8]	— 	—
1955—1990 年	0.019 1 (0.003 5)	0.59 [0.002 7]	0.022 2 (0.003 5)	0.81 [0.002 0]	— 	—
1955—1960 年	−0.015 2 (0.007 9)	0.07 [0.013 3]	−0.002 3 (0.008 2)	0.44 [0.011 1]	0.004 7 (0.011 8)	0.46 [0.011 2]

（续表）

时　　期	(1)　基本方程		(2)　带有地区虚拟变量的方程		(3)　带有结构变量和地区虚拟变量的方程	
	$\hat{\beta}$	$R^2[\hat{\sigma}]$	$\hat{\beta}$	$R^2[\hat{\sigma}]$	$\hat{\beta}$	$R^2[\hat{\sigma}]$
1960—1965 年	0.029 6	0.30	0.036 0	0.55	0.041 4	0.56
	(0.007 2)	[0.010 8]	(0.007 9)	[0.009 3]	(0.009 6)	[0.009 3]
1965—1970 年	−0.001 0	0.00	0.012 7	0.47	0.038 2	0.62
	(0.006 2)	[0.009 7]	(0.006 7)	[0.007 6]	(0.009 1)	[0.006 5]
1970—1975 年	0.096 7	0.78	0.062 5	0.87	0.066 1	0.87
	(0.010 0)	[0.009 5]	(0.009 2)	[0.007 8]	(0.011 8)	[0.007 9]
1975—1980 年	0.033 8	0.23	0.045 5	0.37	0.046 9	0.37
	(0.010 0)	[0.008 7]	(0.011 9)	[0.008 5]	(0.014 5)	[0.008 6]
1980—1985 年	−0.011 5	0.04	0.007 6	0.37	0.010 2	0.37
	(0.007 7)	[0.007 5]	(0.008 9)	[0.006 6]	(0.009 4)	[0.006 7]
1985—1990 年	0.000 7	0.00	0.008 6	0.28	0.008 5	0.28
	(0.006 7)	[0.006 7]	(0.008 2)	[0.006 1]	(0.008 5)	[0.006 2]
联合估计	0.012 5	—	0.023 2	—	0.031 2	—
（7 个子期间）	(0.003 2)	—	(0.003 4)	—	(0.004 0)	—
似然比统计	94.6		40.6		26.4	
（p 值）	(0.000)	—	(0.000)		(0.002)	

注：关于日本辖区数据的讨论，请参阅附录（11.12 节）；关于回归表达式请参见表 11.1 的注释。变量 $y_{i,\,t-T}$ 是第 i 个辖区起始时期除以整体 CPI 后的人均收入。所有样本包括 47 个观察值。该似然比统计指对 7 个子期间的初始收入对数的系数是否相等的测试。p 值源自 6 个自由度的 χ^2 分布。

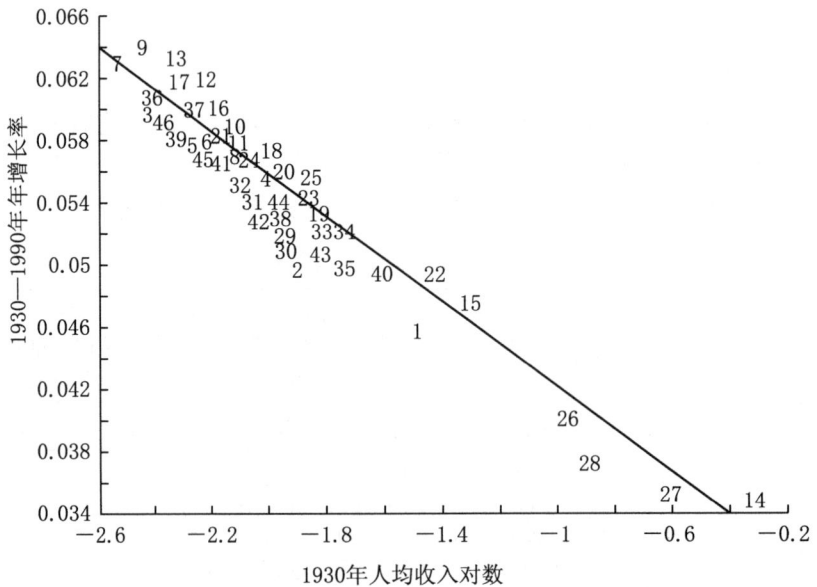

注：1930—1990 年辖区人均收入的增长率（纵轴所示）与 1930 年的人均收入对数（横轴所示）负相关。因此，对日本辖区而言，β 收敛存在。图中数字代表各辖区（见表 11.10）。

图 11.5　日本辖区人均收入的收敛性：1930 年的收入和 1930—1990 年的收入增长

表 11.2 中的第 1 行为对 1930—1990 年整个时期的回归。第 1 列中的基本方程只把初始收入对数作为回归量。在 σ^2 为 0.92 时，估计的 β 系数为 0.027 9(0.003 3)。这种良好性状在图 11.5 中得以反映。1930—1990 年间的增长率与 1930 年人均收入之间的强负相关性证明日本各辖区之间存在 β 收敛。

第 2 列估计的 β 系数大体上相同，该列数据引入了 7 个日本地区的虚拟变量作为解释变量。该发现表明，同一地区内各辖区的收敛速度与各地区之间的收敛速度相似。通过利用各地区人均收入均值水平和增长率的 7 个数据点来进行回归，该观点可得以验证。1930 年至 1990 年间的增长率与 1930 年人均收入之间的负相关性在图 11.6 中得以显现。根据这些观测估计的 β 系数(未在表中出现)为 0.026 1(0.007 9)。因此，我们证明地区间的收敛速度与地区内部的收敛速度相同。

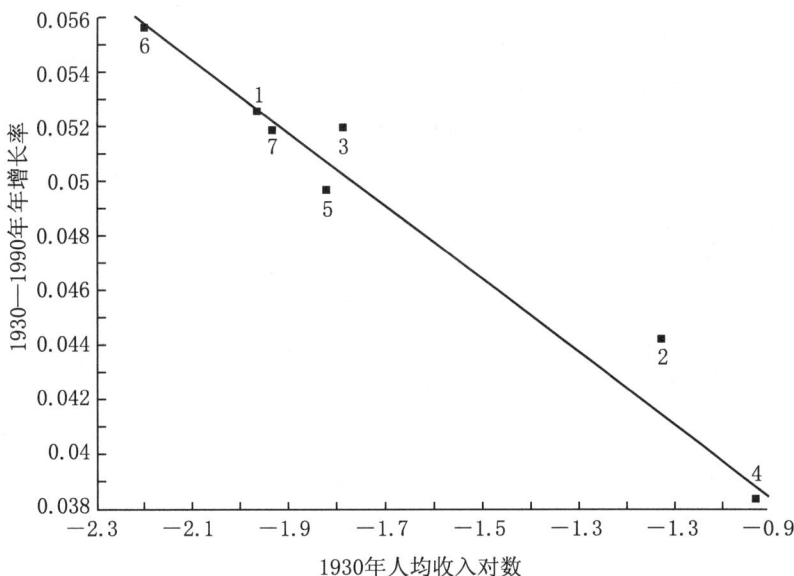

注：图 11.5 所示关于日本辖区收入增长和初始收入的负相关性也适用于图 11.6 中所示的 7 个主要地区的均值。

图 11.6　日本各地区人均收入的收敛性：1930 年的收入和 1930—1990 年收入增长

表 11.2 中的第 2 行和第 3 行将整个样本分为两个较长的子期间：1930—1955 年和 1955—1990 年。对基本方程而言，第 1 个子期间的收敛速度大于第 2 个子期间的收敛速度，分别为 0.035 8(0.003 5)和 0.019 1(0.003 5)。第 2 列也有相同的关系，且该列加入了地区虚拟变量作为解释变量。(这两个子期间的虚拟变量的系数估值不同。)因此，我们可以总结，1955 年之后的收敛速度显然慢于 1930—1955 年间的收敛速度。然而，早期部门数据的缺乏使我们无法研究这种不同的原因。因此，我们将剩下的分析局限于 1955 年之后。

表 11.2 中的下 7 行数据将样本分成 5 年为一期的子期间，以 1955 年为起点。其中对三个子期间而言，基本方程中 β 系数的估算值的符号与预期的符号相反。对 1960—1965 年、1970—1975 年和 1975—1980 年而言，收敛速度为正，且很大。

7 个子期间的联合估值为 0.012 5(0.003 2)。关于随着时间的推移系数是否相等的测试是相当令人失望的,p 值为 0.000。

第 2 列纳入地区参数后的结果允许各子期间的参数具有不同的系数。在这种情况下,只有 1955—1960 年间的 β 系数估算值的符号是错误的,且该值也不明显。联合估值为 0.023 2(0.003 4)。然而,我们仍否定了系数的时间稳定性,p 值再次为 0.000。

第 3 列加入了式(11.8)所定义的结构变量 S_{it}。该变量类似于为美国各州而构建的变量,各期的结构变量系数可以不同。与之前两列的数据相反,当部门变量被纳入之后,没有一个子期间会出现错误的符号。对这 7 个子期间的联合估值为 0.031 2(0.004 0)。我们仍然否定了系数持续稳定的假设,p 值现在为 0.002。

β 系数估算不稳定的一个根源是,在 20 世纪 80 年代,东京为异常值。东京在 1980 年是最富的辖区,且遥遥领先,而且在 1980—1990 年具有最高的增长率,但这一结果并没有被我们所引入的结构变量所刻画。如果我们为 20 世纪 80 年代的东京引入一个虚拟变量,那么我们可知 1980—1985 年期间的 β 系数估值为 0.021 8(0.011 2),且 1985—1990 年的 β 系数估值为 0.020 3(0.009 6)。将该参数纳入后,p 值为 0.010,系数相等性的测试不合格。

不稳定性的另一个来源是 1970—1975 年,期间的 β 系数估算为 0.066 1(0.011 8),远高于其他值。这一 β 高估值的可能解释是,1973 年的石油冲击对富裕工业区具有特别不利的影响。虽然假定结构变量维持这种冲击不变,但是我们一直以来能测量的概念似乎无法捕捉出这种影响。

如同对美国各州所作的处理一样,我们以上一时期的收入为工具变量来重新估算关于日本辖区的方程。结论再次为:估值没有受到实质性影响。例如,当工具变量被采用时,在表 11.2 的第 3 列中,β 的联合估值从 0.031 2(0.004 0)降到 0.028 2(0.004 2)。

11.3.2　辖区间的 σ 收敛

我们现在想估计,在什么情况下日本辖区间存在 σ 收敛。对 1930—1990 年间的 47 个辖区而言,我们计算了未加权的人均收入对数的横截面标准差 σ_t。图 11.7 表明,人均收入的离差从 1930 年的 0.47 增加到 1940 年的 0.63。这种现象的一种解释是该期间的军事支出的增长。地区 1(北海道东北地区)和地区 7(九州)的平均增长率(主要为农业)分别为 −2.4% 每年和 −1.7% 每年。相反,东京、大阪和爱知等工业地区分别为 3.7%、3.1% 和 1.7% 每年。

在第二次世界大战之后,辖区间离差单调下降:1950 年为 0.29,1960 年为 0.25,1970 年为 0.23,且在 1978 年达到最小值 0.12。然后离差稍微上升:1980 年升至 0.13,1985 年为 0.14,1987 年为 0.15,但是在 1987 年之后变得相对稳定。因此,该模式类似于美国各州的模式。

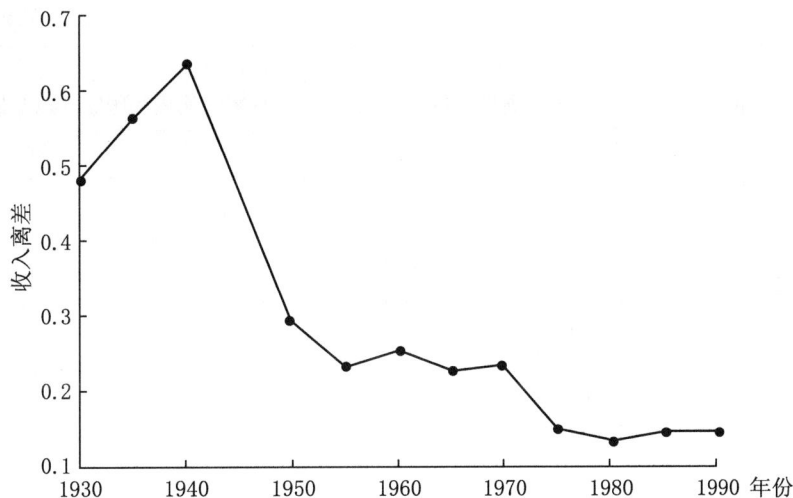

注：该图表明了 1930—1990 年间 47 个辖区的人均收入对数的横截面标准差 σ_t。离差的大小从第二次世界大战末到 1980 年一直下降。

图 11.7　日本辖区间人均收入离差（1930—1990 年）

11.4　欧洲各地区间的收敛性

11.4.1　β 收敛

Barro 和 Sala-i-Martin(1991)分析了欧洲 8 国 90 个地区的收敛性，包括：德国的 11 个地区，英国的 11 个地区，意大利的 20 个地区，法国的 21 个地区，荷兰的 4 个地区，比利时的 3 个地区，丹麦的 3 个地区，西班牙的 17 个地区。附录所示(11.12 节)的数据对应于前 7 个国家的人均 GDP 和西班牙的人均收入。

表 11.3 给出了 1950—1990 年间对式(11.6)所示 β 进行的估值。该回归包含了各期的国家虚拟变量，以代表式(11.6)中稳态值 x_i 和 $\hat{y}_i^*$ 的差异以及误差项中全国性的固定效应。这些国家虚拟变量并没有出现在表 11.3 中，但却具有明显的解释力。第 1 列的前 4 行给出了 4 个 10 年期的结果。β 估值显然是持续稳定的；它们的范围从 20 世纪 80 年代的 0.010(0.004)变到 20 世纪 60 年代的 0.023(0.009)。这 40 年的联合估值为 0.019(0.002)。按照通常的显著性标准，β 持续不变的假设是无法被推翻的，p 值为 0.18。

表 11.3　欧洲各地区间的收敛性

时　　期	(1)　带有国家虚拟变量的方程		(2)　带有部门比重和国家虚拟变量的方程	
	$\hat{\beta}$	$R^2[\hat{\sigma}]$	$\hat{\beta}$	$R^2[\hat{\sigma}]$
1950—1960 年	0.018 (0.006)	0.83 [0.009 9]	0.034 (0.009)	0.84 [0.009 4]

（续表）

时　　期	(1) 带有国家虚拟变量的方程		(2) 带有部门比重和国家虚拟变量的方程	
	$\hat{\beta}$	$R^2[\hat{\sigma}]$	$\hat{\beta}$	$R^2[\hat{\sigma}]$
1960—1970 年	0.023	0.97	0.020	0.97
	(0.009)	[0.006 5]	(0.006)	[0.006 4]
1970—1980 年	0.020	0.99	0.022	0.99
	(0.009)	[0.007 9]	(0.007)	[0.007 7]
1980—1990 年	0.010	0.97	0.007	0.97
	(0.004)	[0.006 6]	(0.005)	[0.006 4]
联合估计	0.019	—	0.018	—
(4 个子期间)	(0.002)	—	(0.003)	—
似然比统计	4.9		8.6	
（p 值）	(0.179)		(0.034)	

注：关于欧洲地区数据的讨论，请参阅附录（11.12 节），关于回归表达式请参见表 11.1 的注释。变量 $y_{i,\,t-T}$ 是第 i 个地区起始时期的人均 GDP 指数。所有样本共有 90 个观测值。该似然统计指 4 个子期间的初始收入对数的系数相等性的测试。p 值源自 3 个自由度的 χ^2 分布。

图 11.8 表明了这 90 个地区 1950—1990 年间（西班牙为 1955—1987 年）的人均 GDP（西班牙为收入）增长率与时期起点的人均 GDP（或收入）的对数之间的关系。这些变量都是相对于各自国家平均值的相对数。上图呈现出的负相关性，我们已从美国各州和日本各辖区中熟悉了。图 11.8 中增长率和初始人均 GDP（或

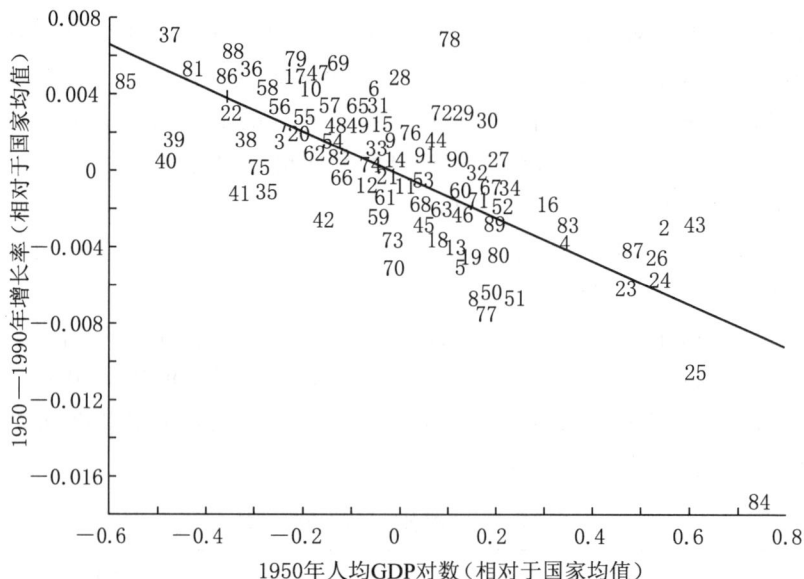

注：1950—1990 年间，地区人均 GDP 增长率（以纵轴表示）与 1950 年人均 GDP 的对数（以横轴表示）负相关。人均 GDP 的增长率及其大小都以其与国家均值的相对值表示。因此，该图表明，德国、英国、意大利、法国、荷兰、比利时、丹麦和西班牙等国存在国内各地的绝对 β 收敛。图中数字代表这些地区（见表 11.9）。

图 11.8　欧洲 90 个地区 1950—1990 年间的增长率与其 1950 年的人均 GDP

收入)的对数之间的相关性为-0.72。因为根本数据都是由各国均值的相对值来表示,所以图11.8中的关系属于国家内部的β收敛,而非国家间的β收敛。因此,该图与包含表11.3第1列的国家虚拟变量在内的估值相对应。

第2列在各期起始点的总就业率或GDP中加入了农业和工业的比重①。我们让这些比重变量尽量接近我们所用的欧洲各地区的当前数据,以测量式(11.8)出现的结构变量。该结果引入了特定时期的部门比重系数。

4个子期间的β联合估值现在是0.018(0.003)。各期间β稳定性假设的测试带来了0.034的p值。因此,与我们关于美国和日本的发现相反,比重变量的引入使得β系数的持续稳定性变差。可能,对产业结构组成的更好量度会带来更令人满意的结果。

我们也用5个大国(德国、英国、意大利、法国和西班牙)各自的β系数来估算欧洲的联合系统。这个系统相当于表11.3第2列所示的4期间回归,除了β系数可以随国家不同而不同(但是不能随子期间不同而不同)。该系统包含了国家虚拟变量(不同子期间具有不同系数)和比重变量(其系数随子期间而变化,但不随国家变化)。得到的β的估计值如下:德国(11个地区),0.022 4(0.006 7);英国(11个地区),0.027 7(0.010 4);意大利(20个地区),0.015 5(0.003 7);法国(21个地区),0.012 1(0.006 1);西班牙(17个地区),0.018 2(0.004 8)。注意,单个点估值都接近于每年2%;它们的波动范围是从法国的每年1.2%到英国的每年2.8%。

关于5国的β系数相等性的测试求得p值为0.55。因此,我们无法否认欧洲五国国内各地的收敛速度相等的假设。

我们也可以用人均GDP或收入的前一期数据作为工具变量来重新估算欧洲的方程。这需要消除第一个子期间,因此,我们只涉及1960—1990年这30年。工具的使用对只包含国家虚拟变量的结论几乎没什么影响,这相当于表11.3中的第1列。在OLS情况下(只含有3个子期间),β的联合估值从0.018 7(0.002 2)变成0.016 5(0.002 3)。然而,如果农业和工业比重变量都被纳入进来,那么β的联合估值将从0.015 3(0.003 4)变成0.007 3(0.003 8)。我们认为β系数的估值在这种情况下的剧烈下降表明比重变量并非产业结构变迁的一个理想量度。

11.4.2 σ收敛

图11.9描绘了5个大国国内地区的σ_t的性质,这5国为德国、英国、意大利、法国和西班牙。这些国家按照离差的降序排列,依次为:意大利、西班牙、德国、法国和英国。尽管就德国和英国而言,国内各地的离差从1970年以来就几乎没出现过净变化,但是总体趋势却表明各国的σ_t持续下降。就英国(欧洲样本中唯一的产油国)而言,σ_t在1974—1980年间上升,可能反映了石油冲击的影响。在1990年,五国的σ_t分别为:意大利0.27,西班牙0.22(1987年),德国0.19,法国0.14和英国0.12。

---

① 前3个子期间的比重数值都以就业率为基础。1980—1990年间的值以GDP为基础。

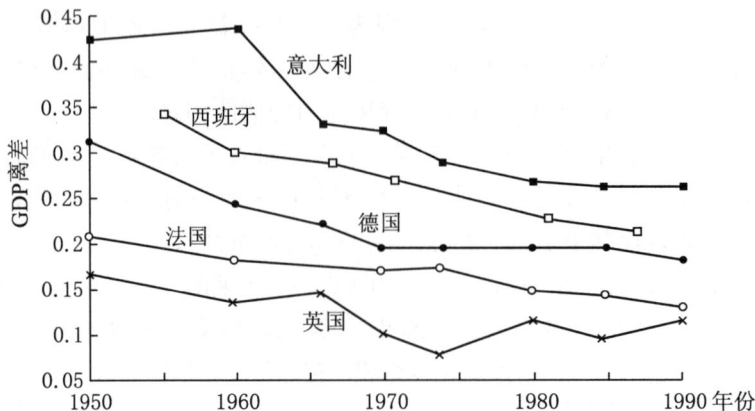

注：针对德国 11 个地区、英国 11 个地区、意大利 20 个地区、法国 21 个地区和西班牙 17 个地区而言，该图给出了它们在 1950—1990 年间的人均 GDP 对数的横截面标准差。虽然这个离差值在 1950 年之后总体上下降，但是从 1970 年开始，该指标在德国和英国大体稳定。

图 11.9　欧洲五国各国内部的人均 GDP 离差

11.5　世界其他地区间的收敛性

很多研究者们最近研究了世界各国国内地区间的收敛模式。Coulomber 和 Lee(1993)发现，相对于我们所发现的美国各州、日本各辖区和欧洲地区每年 2% 的收敛速度，加拿大国内地区间的收敛速度与 2% 相去甚远。Persson(1997)发现 1911—1993 年间瑞典 24 个郡具有类似的结果。Cashin 和 Sahay(1995)找到了印度各州绝对收敛的有力证据。近期文献中的其他地区性研究有：O'Leary(2000)对爱尔兰的研究；Petrakos 和 Saratsis(2000)对希腊的研究；Hossain(2000)对孟加拉国的研究；Utrera 和 Koroch(1998)对阿根廷的研究；Magalhaes, Hewings 和 Azzoni(2000)对巴西的研究；Cashin(1995)对澳大利亚的研究；Yao 和 Weeks(2000)对中国的研究；Cashin 和 Loayza(1995)对南太平洋国家的研究；Gezici 和 Hweings(2001)对土耳其的研究；以及 Sanchez-Robles 和 Villaverde(2001)对西班牙的研究。

11.6　美国各州间的移民

本节考虑了美国各州间净移民的实证性决定因素。9.1.3 节的分析表明，在第 $t-T$ 年和第 T 年之间进入地区 i 的年均净移民率 m_{it} 可用下式描述：

$$m_{it} = f(y_{i, t-T}, \theta_i, \pi_{i, t-T}; \text{取决于} t \text{而非} i \text{的若干变量}) \qquad (11.9)$$

其中，$y_{i, t-T}$ 是该期起点的人均收入，θ_i 是固定不变的生活环境的矢量(如气候和地理)，以及 $\pi_{i, t-T}$ 是该期起点时地区 i 的人口密度[①]。取决于 t 而非 i 的变量包含了

---

① 一些生活环境因素，如税率和法规这样的政府政策，会随时间变化。我们在当前的分析中不处理这些变量。

影响其他经济体人均收入和人口密度的任何因素。像供热和空调这样的技术进步的影响也包括在内，因为这些变革改变了人们对气候和人口密度的态度。

人均收入——工资的替代物——对移民具有正效应；相反，人口密度具有负效应。我们实证上所采用的函数表达式为：

$$m_{it} = a + b \cdot \ln(y_{i,\,t-T}) + c_1\theta_i + c_2\pi_{i,\,t-T} + c_3\,(\pi_{i,\,t-T})^2 + v_{it} \qquad (11.10)$$

其中，v_{it} 是误差项，$b > 0$，且该表达式引入了人口密度 $\pi_{i,\,t-T}$ 的平方值。如果 $c_2 + 2c_3 < 0$，则 $\pi_{i,\,t-T}$ 对 m_{it} 的边际效应为负。

尽管关于作为生活环境变量被纳入进来的 θ_i 的文献相当多，但是当前的分析只包含了平均供暖天数的对数，记为 $\ln($供暖天数$_i)$，且它是一个不利条件，进而 $c_1 < 0$。变量 $\ln($供暖天数$_i)$ 对美国各州间的净移民具有强大的解释力。我们考虑过天气的另一些量度，但是它们都不是很合适。将退休移民纳入进来也许能解释佛罗里达这样的异常值。然而，这些修改不太会改变我们目前给出的关于净移民率和州人均收入之间的关系的基本发现。

美国各州的净移民数据以 1900 年为起点，而且除 1910 年和 1930 年外，各人口普查年的数据都可以获得——见 Barro 和 Sala-i-Martin(1991)。将 $t-T$ 时期和 t 时期之间的净移民数量除以 $t-T$ 时期的州人口量，我们可以计算 10 年内的年均移民率。

图 11.10 表明了移民率和初始人均收入对数之间的简单长期关系[1]。横坐标描

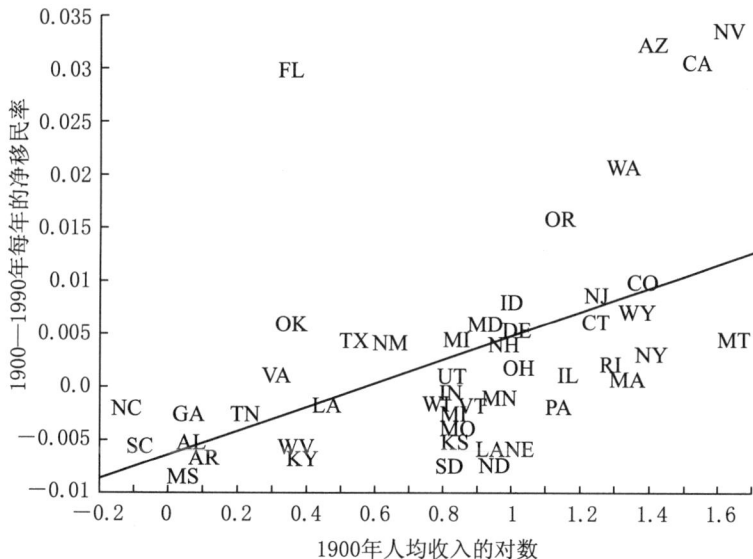

注：纵轴表示的 1900—1990 年美国 48 个州(或地区)的净移民率与横轴表示的初始人均收入的对数正相关。佛罗里达、亚利桑那、加利福尼亚和内华达的净移民率明显高于这四个州的初始收入水平所预测的值。

图 11.10　1900—1990 年的移民和初始状态收入

[1]　纵轴上的变量是 1900—1987 年各州年均入境移民率。该变量是各子期间按期间长度加权的平均值。

述了 1900 年州人均收入的对数。正相关性显而易见（相关值为 0.51）。主要的异常值是佛罗里达，它的初始人均收入低于均值，而其净移民率非常高，为每年 3%。

表 11.4 以式(11.10)给出了美国各州净入境移民的回归结论。所述结论都是以 1900—1920 年为起点的 8 个子期间。回归包括了 $\ln(y_{i,\,t-T})$ 和供暖天数的对数特定时期的系数。〔尽管如果供暖天数变量只能被估计出一个单一值，则 $\ln(y_{i,\,t-T})$ 的系数估值基本没什么变化，但是 $\ln(供暖天数_i)$ 的系数在子期间持续稳定的假设在 5% 的水平上仍被拒绝。〕因为人口密度变量系数持续稳定的假设在 5% 的水平被接受，所以我们用密度的一个系数和密度平方的一个系数来估算式 (11.10)。该回归还包括地区虚拟变量和结构比重变量的特定时期的系数。（这两个系数估值有时会起很大作用，但是整体而言作用不大。）

表 11.4 1900—1989 年美国各州净入境移民的回归

时　　期	人均收入对数	供暖天数的对数	人口密度	人口密度的平方	$R^2\,[\hat{\sigma}]$
1900—1920 年	0.033 5 (0.007 5)	−0.006 6 (0.003 7)	−0.043 3 (0.007 9)	0.030 7 (0.009 5)	0.70 [0.011 1]
1920—1930 年	0.036 3 (0.007 8)	−0.012 4 (0.002 7)	−0.043 3 (0.007 9)	0.030 7 (0.009 5)	0.61 [0.007 9]
1930—1940 年	0.019 1 (0.003 7)	−0.004 8 (0.001 4)	−0.043 3 (0.007 9)	0.030 7 (0.009 5)	0.71 [0.004 1]
1940—1950 年	0.026 1 (0.005 5)	−0.013 5 (0.002 2)	−0.043 3 (0.007 9)	0.030 7 (0.009 5)	0.82 [0.006 5]
1950—1960 年	0.043 8 (0.008 6)	−0.020 5 (0.003 1)	−0.043 3 (0.007 9)	0.030 7 (0.009 5)	0.70 [0.009 1]
1960—1970 年	0.043 5 (0.008 3)	−0.005 6 (0.002 5)	−0.043 3 (0.007 9)	0.030 7 (0.009 5)	0.70 [0.006 9]
1970—1980 年	0.024 0 (0.009 1)	−0.007 7 (0.002 4)	−0.043 3 (0.007 9)	0.030 7 (0.009 5)	0.73 [0.007 2]
1980—1989 年	0.016 3 (0.006 1)	−0.006 6 (0.001 9)	−0.043 3 (0.007 9)	0.030 7 (0.009 5)	0.72 [0.005 3]
联合估计 (8 个子期间)	0.026 0 (0.002 3)	individual coefficients	−0.042 7 (0.007 9)	0.030 0 (0.009 7)	—

注：似然比统计指对 8 个子期间的收入系数相等性的测试。在 p 等于 0.017(源自 7 个自由度的 χ^2 分布)时，该似然比统计量等于 17.1。回归用到了迭代加权最小二乘法，并利用以下表达式：

$$m_{it} = a_t + b_t \cdot \ln(y_{i,\,t-T}) + c_{1t} \cdot \ln(供暖天数_i) + c_2 \cdot \pi_{i,\,t-T} + c_3 \cdot \pi_{i,\,t-T}^2 + c_{4t} \cdot 地区_i + c_{5t} \cdot S_{it}$$

其中，m_{it} 是在 $t-T$ 年和 t 年间流入第 i 州的移民净流量，记为其与 $t-T$ 时期的人口之比；供暖天数$_i$ 是供暖天数；$\pi_{i,\,t-T}$ 是人口密度（每平方英里千人数）；地区$_i$ 是 4 个主要人口普查区的虚拟变量集；S_{it} 是文中所述的结构变量。a_t、c_{4t} 和 c_{5t} 等估值未给出。这些数据都在附录中被讨论 (11.12 节)。所有样本共有 48 个观测值。括号中是标准误差。

表 11.4 中 $\ln(供暖天数_i)$ 的系数估值都为负，且绝大多数显然不等于 0。在其

他条件不变的情况下,人们偏好更暖和的州。在线性项上,密度系数的联合估值为—0.043(0.008);在平方项上,其值为0.030(0.010)。这些点估计值意味着,人口密度对移民的边际效用对所有州而言都为负,除了3个人口密度最高的州:新泽西、1960年以来的罗德岛和1970年以来的马萨诸塞。

初始人均收入对数的系数对所有子期间而言显然为正,联合估值为0.026 0(0.002 3)。然而,移民对初始收入水平对数的反应并未保持稳定:拒绝该假设的 p 等于0.017。不稳定的主要根源是20世纪50年代和60年代收入的异常大的系数:这两个子期间的系数分别为0.043 8(0.008 6)和0.043 5(0.008 3)。

尽管非常显眼,但是初始收入的联合估计系数为0.026,从经济学意义上而言,这是很小的。该系数意味着,在其他情况不变的情况下,人均收入每变动10%,增加的净入境移民仅足以使得该州的人口增长率每年提升0.26%。我们之前的结论表明,人均收入上的差距倾向于以缓慢的速率自动消失,大约为每年2%。移民的结论和收入收敛性结论结合起来可以表明,净移民率具有很高的时间稳定性。数据证实了这样的观点:1900—1940年间的平均移民率和1940—1989年间的平均移民率之间的相关性为0.70。

11.7 日本各辖区之间的移民

在我们分析日本各辖区间的移民并对日本应用式(11.10)之前,我们有必要指出,就面积而言,通常日本的各辖区与美国的各州有着巨大的差异。日本一个辖区的平均面积是6 394平方千米[①],约为美国康乃狄格州面积的一半。最大的辖区是北海道,有83 520平方千米,大体等于南卡罗莱纳州的面积。第二大的辖区为岩手县,其面积为15 277平方千米,比康乃狄格州稍大,比新泽西州稍小。相比之下,美国各州的平均面积为163 031平方千米,且得克萨斯州是美国大陆面积最大的州,为691 030平方千米。加利福尼亚的面积为411 049平方千米,比全日本的面积(377 682平方千米)还稍大一点。

面积的比较表明,日本辖区更像大城市,而不像美国的州,所以辖区间的日常通勤很重要。像Henderson(1988)这样的城市经济学家认为,人们喜欢居住在城市的原因有两个。首先,需求或消费的外部性。也就是说,城市提供令人愉悦的设施,如剧场和博物馆,而只有在存在足够需求的情况下,这些设施才能被提供。第二,生产的外部性,这种效应倾向于在大城市创造高工资。一种相反的趋势是,人们希望离开过分拥挤的城市,因为这些城市倾向于具有高犯罪率,缺少邻里之情,以及(均衡时的)高地价和房价(见Roback,1982)。因此,向城市移民的决定涉及一种权衡。如果人们居住在郊区,并坐公交车去中心城市,那么这种权衡可被排

[①] 该数字没有包括北海道,其面积约为其他辖区面积的5倍。加入北海道后的平均面积为8 036平方千米,是康乃狄格州面积的2/3。

除。当中心城市的密度极大时，人们特别愿意支付高额的交通成本。

为在实证研究中处理这些问题，我们希望引入对于毗邻辖区的密度的量度。从概念上来说，通过用临近地区的距离来对该地区的密度进行加权的方法，我们可构建一个量度。实际上，我们注意到，日本的东京和大阪这两个主要地区具有异常高的人口密度。在 1990 年，东京的密度是 5 470 人/平方千米，大阪的密度是 4 673 人/平方千米，而其他辖区的平均密度为 624 人/平方千米①。因此，我们所说的困难可能只会在这两个地区出现。通过考虑白天人口与夜晚人口之比（通勤的量度），我们可以确认该观点②。如果某辖区的该比率小于 1，那么它表明有人在该辖区居住，却在其他辖区工作；且如果该比率大于 1，情况相反。其他所有辖区的该比率都接近于 1，除了东京和大阪周边地区：东京的比率为 1.184，且大阪为 1.053。东京地区的比例如下：埼玉为 0.872，千叶为 0.876，神奈川为 0.910。对大阪地区而言，其密度如下：兵库为 0.955，奈良为 0.871，歌山为 0.986③。

我们构建了一个被称为毗邻地区密度（neighbor's density）的参数，设东京地区（包括东京，以及埼玉县、千叶县和神奈川县等与其接壤的地区）和大阪地区（包括大阪，以及兵库县、奈良县和歌山县等与其接壤的地区）的密度等于与其直接接壤的地区的平均密度。对其他辖区而言，该变量等于其本身的人口密度。我们希望得到移民与该毗邻地区密度变量之间的正相关性，以及移民与辖区密度之间的负相关性。这种关系表明，人们不想居住在人口密集区（他们必须支付拥塞成本），但却想靠近这些地区（以获得大城市的好处）。

我们估算所用的函数形式为：

$$m_{it} = a + b \cdot \ln(y_{i, t-T}) + c_1 \theta_i + c_2 \pi_{i, t-T} + c_3 \pi_{i, t-T}^{ne} + v_{it} \tag{11.11}$$

其中，v_{it} 是误差项，且 $\pi_{i, t-T}^{ne}$ 是周边辖区的人口密度。为计算该生活环境（天气）变量，我们对最高温度与平均温度之差进行平方，加上最低气温与平均气温之差的平方值，之后求其平方根。因此，该变量衡量了极端气温。我们无法获得与应用于美国各州间的供暖天数相似的变量。我们也尝试过其他的天气变量，如最高和最低气温，以及年均降雪。但是这些变量都不是很合适。

图 11.11 表明了 1955—1987 年间年均移民率和 1955 年人均收入对数之间的关系。其明显的正相关性（简单相关性为 0.58）表明，净移民率对收入差异作出正向反应。有意思的是，图上顶部的三个异常值是东京周边地区千叶市、埼玉县和神奈川县。表 11.5 表明了式（11.10）所示移民方程式的估算结果。第 1 行指 1955—1990 年整个期间的平均移民率。人均初始收入对数的系数是 0.012 6（0.006 1）。如预料的一样，净移民率与本县密度负相关[－0.004 9（0.002 2）]，并与毗邻地区

---

① 相比之下，美国人口密度最大的州在 1990 年为新泽西，其密度为 390 人/平方千米。

② 数据的来源是日本总务厅统计局。

③ 京都和爱知县附近地区各辖区间似乎有一些通勤，但是数量却小得多：爱知县的比率为 1.016（而其毗邻辖区岐阜的密度为 0.977），京都的比率为 1.011。

的密度[0.019 0(0.003 4)]正相关。极端天气变量并不显著。

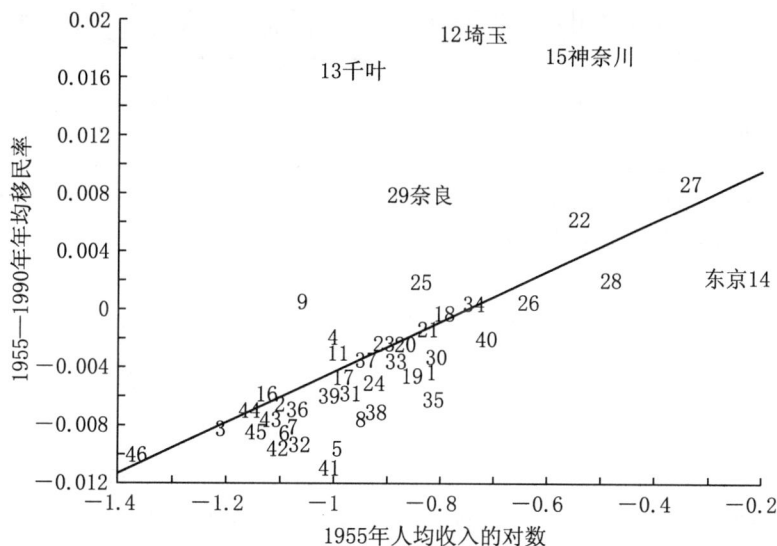

注：从 1955—1990 年间，47 个日本辖区的平均净移民率（以纵轴表示）与 1955 年人均收入对数（以横轴表示）正相关。东京周围的三个辖区——千叶县、埼玉县和神奈川县——的实际净移民率比按其初始收入水平所估算的值要高得多。

图 11.11　1955—1990 年间的移民和初始辖区收入

表 11.5　1955—1990 年间日本各辖区的净入境移民的回归

时　　期	人均收入对数	极端温度	本辖区的人口密度	毗邻地区的人口密度	$R^2[\hat{\sigma}]$
1955—1990 年	0.012 6 (0.006 1)	0.000 14 (0.000 62)	−0.004 9 (0.002 2)	0.019 0 (0.003 4)	0.62 [0.006 1]
1955—1960 年	0.021 6 (0.003 6)	−0.000 14 (0.000 12)	0.006 0 (0.001 3)	0.002 5 (0.001 9)	0.85 [0.003 8]
1960—1965 年	0.031 7 (0.005 8)	−0.000 14 (0.000 12)	−0.001 9 (0.002 0)	0.014 7 (0.003 1)	0.74 [0.007 1]
1965—1970 年	0.034 4 (0.007 0)	−0.000 14 (0.000 12)	−0.006 5 (0.001 7)	0.014 2 (0.002 5)	0.71 [0.006 6]
1970—1975 年	0.019 4 (0.006 0)	−0.000 14 (0.000 12)	−0.006 4 (0.001 5)	0.011 4 (0.002 3)	0.53 [0.007 0]
1975—1980 年	0.006 0 (0.006 7)	−0.000 14 (0.000 12)	−0.003 7 (0.001 1)	0.005 2 (0.001 4)	0.32 [0.004 3]
1980—1985 年	0.010 1 (0.004 4)	−0.000 14 (0.000 12)	−0.002 3 (0.000 6)	0.003 7 (0.008 6)	0.39 [0.003 0]
1985—1990 年	0.014 8 (0.004 0)	−0.000 14 (0.000 12)	−0.002 6 (0.000 6)	0.004 6 (0.008 4)	0.56 [0.002 9]

（续表）

时　　　期	人均收入对数	极端温度	本辖区的人口密度	毗邻地区的人口密度	$R^2[\hat{\sigma}]$
联合估计 （7 个子期间）	0.018 8 (0.001 9)	−0.000 40 (0.000 15)	individual coefficients	individual coefficients	— —

注：该似然比统计对应于以下假设：收入系数都相同且为 18.0，p 等于 0.006。该回归用迭代加权最小二乘法来估算下列形式的方程：

$$m_{it} = a_t + b \cdot \ln(y_{i,\,t-T}) + c_1 \cdot 气温_i + c_{2t} \cdot \pi_{i,\,t-T} + c_{3t} \cdot \pi^n_{i,\,t-T} + c_{4t} \cdot 地区_i + c_{5t} \cdot S_{it}$$

其中，m_{it} 是在 $t-T$ 年和 t 年间流入辖区 i 的移民净流量，表达为与 $t-T$ 年的人口之比；气温$_i$ 是极端温度的量度，计量最高和最低气温对平均气温的偏离；$\pi_{i,\,t-T}$ 是人口密度（每平方公里千人数）；$\pi^n_{i,\,t-T}$ 是毗邻辖区的人口密度（见正文）；地区$_i$ 是该地区的虚拟变量集；S_{it} 是文中所述的结构变量。所有样本共有 47 个观测值。（关于其他信息，参见表 11.4 的注释。）

表 11.5 中接下来的 7 行给出了以 1955—1960 年为起点，5 年为一子期间的各期结论。对所有子周期而言，初始收入的系数估值都为较大的正数，但是 1975—1980 年除外（其系数为正，却很小）。联合估值为 0.018 8（0.001 9），它意味着，在其他情况不变的情况下，辖区的人均收入每增加 10%，增加的净入境移民足以使得该辖区的人口增长率每年提升 0.19%。该结论接近于从美国各州中求得的结论。在 p 值为 0.006 时，收入系数的持续稳定性测试不合格。

本辖区密度变量为较大的负数，但第 1 个子期间除外；毗邻地区的密度变量对所有子期间（特别是其中的 4 个子期间）而言都为正。极端天气变量为负，但是只有很小的影响。因此，天气在日本国内移民过程中似乎没有发挥非常重要的作用。

简而言之，一些主要的结论是，某辖区的净入境移民率与其密度负相关，并与其邻近地区的密度正相关。在其他条件不变的情况下，移民与初始人均收入正相关。一个值得注意的地方是美国和日本收入系数的相似性，美国各州的联合估算值为 0.026，而日本各辖区的联合估算值为 0.019。

回顾前文可知，人均收入上的差异倾向于慢慢消失，对日本而言，其差异消失的速率为每年 2.5%—3%。将该结论与关于移民的那些结论结合起来，可以看出，净移民率具有高度的时间稳定性。这些数据确认了这个观点：1955—1970 年的平均移民率与 1970—1990 年的平均移民率之间的相关性为 0.60。

11.8　欧洲各地区间的移民

我们现在来估算净移民率对欧洲五大国国内各地区收入的敏感性，这 5 个国家是德国、英国、意大利、法国和西班牙。因变量是以 1950 年为起点的 40 年中每个 10 年期的平均净移民率。我们缺失的是 20 世纪 50 年代和 80 年代的英国以及 20 世纪 80 年代的法国的观测值。

我们用类似于美国和日本的回归系统进行估算。解释变量是 10 年期的起点人均 GDP（或收入）的对数、10 年期的起点人口密度、部门变量（在各 10 年期的初始农业和工业就业率或 GDP 比重），温度变量和国家虚拟变量。我们估算所用的五国方程组，其人口密度和温度变量不会随时间和国家不同而变动，但是其他变量的系数随时间和国家不同而变动。

表 11.6 给出了初始人均 GDP（或收入）的对数的系数估值。第 1 列包括了对 20 世纪 50 年代的估值，第 2 列给出了 20 世纪 60 年代的估值，以此类推。最后一列限定每个 10 年期的系数都相等。第 1 行是关于德国，第 2 行是关于英国，第 3 行是关于意大利，第 4 行是关于法国，第 5 行是关于西班牙。最后一行要求五国的系数都相等。

表 11.6　1950—1990 年间欧洲地区净入境移民的回归（估计人均 GDP 对数的系数）

国　　家	20 世纪 50 年代	20 世纪 60 年代	20 世纪 70 年代	20 世纪 80 年代	总　　计
德　国	0.031 1 (0.012 1)	0.007 4 (0.008 8)	0.004 0 (0.003 8)	0.002 4 (0.008 6)	0.007 6 (0.001 4)
英　国	—	0.004 9 (0.001 1)	−0.006 9 (0.001 3)	—	−0.004 1 (0.002 3)
意大利	0.018 2 (0.004 1)	0.020 8 (0.002 7)	0.008 9 (0.002 0)	0.030 9 (0.010 6)	0.011 7 (0.001 8)
法　国	0.009 0 (0.005 6)	−0.000 8 (0.009 5)	0.009 7 (0.004 1)	—	0.010 0 (0.003 6)
西班牙	0.012 6 (0.006 8)	0.013 5 (0.011 2)	0.011 7 (0.006 3)	0.003 1 (0.007 0)	0.003 4 (0.002 1)
合　计	0.010 7 (0.003 8)	0.007 2 (0.004 0)	0.004 6 (0.002 4)	0.014 1 (0.007 0)	0.006 4 (0.002 1)

注：该回归估算下列形式的方程：

$$m_{it} = a_{jt} + b_{jt} \cdot \ln(y_{i,\,t-T}) + c_1 \cdot 气温_{ij} + c_2 \cdot \pi_{ij,\,t-T} + c_3 \cdot （国家虚拟变量）$$
$$+ c_{4jt} \cdot AG_{ij,\,t-T} + c_{5jt} \cdot IN_{ij,\,t-T}$$

其中，m_{ijt} 是在 $t-T$ 年和 t 年间流入国家 j 地区 i 的移民净流量，表示为与 $t-T$ 年的人口之比；气温$_{ij}$ 是平均最高温度；$AG_{ij,\,t-T}$ 是（20 世纪 80 年代）农业中的就业率或农业占 GDP 的比重；$IN_{ij,\,t-T}$ 是工业中的对应比重。所有的估算都是从迭代的、看似不相关的步骤中取得的。该表只给出了系数 b_{jt} 的估值。当每个国家在各期具有不同系数时，前 5 行和前 4 列的数字适用。最后一列要求各国的系数相同。最后一行要求各国在每个 10 年期的系数相等。当所有国家在各个时期的系数都相同时，最后一行和最后一列相交处的数字适用。

与美国和日本的结论相比，关于欧洲国家的人均 GDP（或收入）对数的系数都无法精确估算。对德国而言，其 20 世纪 50 年代的系数估值为正且较大，等于 0.031(0.012)；而另外三期的系数估算都很小。意大利的收入系数估值为较大的正数，但是对英国、法国和西班牙而言，这些值大多很小。

如果我们令这些系数在时间上持续不变，但是允许它们随国家改变，那么其估值如下：德国为 0.007 6(0.001 4)，英国为−0.004 1(0.002 3)，意大利为 0.011 7

(0.001 8),法国为 0.010 0(0.003 6),西班牙为 0.003 4(0.002 1)。如果我们令系数不随国家变动,而随时间变动,那么估值如下:20 世纪 50 年代为 0.010 7(0.003 8),20 世纪 60 年代为 0.007 2(0.004 0),20 世纪 70 年代为 0.004 6(0.002 4),20 世纪 80 年代为 0.014 1(0.007 0)。最后,如果我们令系数不随时间和国家而变化,那么我们得到的估值为 0.006 4(0.002 1)。尽管该估值显著为正,但是其系数的数值远远小于美国的对应值(0.026)和日本的对应值(0.019)。因此,主要的发现是,欧洲地区的移民率同人均 GDP(或收入)正相关,但是该关系的强度很小,且这些系数无法精确估算。

11.9 移民和收敛性

我们在第 9 章中发现,人力资本持有量低的工人从贫穷经济体向富裕经济体的迁移倾向于加快人均收入和产出的收敛速度。增长回归中所估算的收敛系数将包含源自移民的这种效应。在本节,通过把净移民率看作增长回归中的解释变量,我们尝试着估算移民对收敛性的影响。如果移民是收敛性的一个重要根源——且如果我们能将移民率视为外生于增长方程中的误差项——那么当移民保持稳定时,收敛系数估算值 β 将变得更小。

我们在表 11.7 中的增长回归中输入同时期的净移民率。第 1 行表示美国的收敛系数估值 β。样本期 1920—1990 年被分成了 7 个以 10 年为期的子期间。该回归包括了常数项的特定时期系数、4 个主要人口普查区的虚拟变量和此前讨论的结构变量。对各期而言,初始人均收入对数的系数都相同。该结构与表 11.1 第3 列所示的联合估值相吻合,只是删除了最早的两期。

表 11.7　移民和收敛

	(1) 未包括移民	(2) 包括移民(OLS)		(3) 包括移民(IV)	
	β	β	移民	β	移民
美 国 1920—1990 年	0.019 6 (0.002 5)	0.023 1 (0.002 8)	0.093 1 (0.030 5)	0.017 4 (0.003 3)	−0.006 (0.048)
日 本 1955—1990 年	0.031 2 (0.004 0)	0.034 0 (0.004 4)	0.090 7 (0.004 1)	0.031 1 (0.004 2)	−0.108 (0.112)
德 国 1950—1990 年	0.024 3 (0.008 8)	0.024 0 (0.009 1)	−0.014 (0.235)	0.018 1 (0.009 3)	−0.542 (0.429)
英 国 1960—1980 年[a]	0.017 6 (0.013 2)	0.022 0 (0.020 3)	0.116 (0.395)	0.026 1 (0.026 7)	0.222 (0.570)
意大利 1950—1990 年	0.020 6 (0.005 8)	0.024 4 (0.007 0)	0.166 (0.156)	0.018 0 (0.009 8)	−0.121 (0.370)
法 国 1950—1980 年[b]	0.022 4 (0.026 5)	0.017 2 (0.006 3)	−0.038 (0.126)	0.017 7 (0.006 5)	−0.084 (0.178)

	(1) 未包括移民	(2) 包括移民（OLS）		(3) 包括移民（IV）	
	β	β	移民	β	移民
西班牙 1950—1990 年	0.024 5 (0.010 2)	0.029 5 (0.009 6)	−0.124 (0.102)	0.026 8 (0.011 9)	−0.068 (0.203)

注：人均收入或人均 GDP 增长率的回归类似于关于美国的表 11.1 第 3 列的联合估算、关于日本的表 11.2 的第 3 列、关于欧洲地区的表 11.3 的第 2 列(只是五大欧洲国家在这里是被分别对待的)。β 系数指人均收入或人均 GDP 的对数，且移民系数指净移民率。在第 1 列中，移民没有被作为回归量。在第 2 列中，移民率被纳入进来，且估算采用了最小二乘法。在第 3 列中，工具估算被采用。这些工具变量就是移民方程中所包含的回归量，如同关于美国的表 11.4、关于日本的表 11.5 和关于欧洲的表 11.6 所表述的那样。

[a] 2 个子期间。

[b] 3 个子期间。

上表第 1 列给出了回归未包含移民率时的 β 估值。其收敛速度为 0.019 6 (0.002 5)，接近于我们所熟悉的每年 2%。第 2 列将净移民率作为回归量。(对各期而言，该变量的系数相同。)移民率的系数估值显著为正，等于 0.093(0.030)，而且 β 估值为 0.023 1(0.008)，实际上高于第 1 列所示的 β 估值。因此，与我们的期待相反，当净移民率保持不变时，β 估值不会消失。

结论可能会被净移民率的内生性所影响。特别地，具有更好增长前景的州(由于解释变量无法控制的因素)可能具有更高的人均增长率和更高的净移民率。通过将解释变量作为解释表 11.4 中净移民率的工具，我们希望分离出移民中的外生变动。这些变量包括人口密度和供暖天数。(假设移民的这些决定因素不直接进入增长方程。)表 11.7 第 3 列所包含的结论为：移民率的系数较小，为 −0.006 (0.048)；β 估值为 0.017 4(0.003 3)，略小于第 1 列中的值。这些结论表明，移民无法解释美国收敛系数中的大部分。

表 11.7 第 2 行对日本采用了同样的步骤。第 1 列给出了移民率未被作为回归量时的 7 个 5 年期的 β 联合估值。β 估值为 0.031 2(0.004 0)，与表 11.2 第 3 列的数据相等。当移民率被加入到表 11.7 第 2 列之后，移民的系数估值为正，且类似于美国的值 0.090 7(0.004 1)，而且 β 估值增加到 0.034 0(0.004 4)。第 3 列包括了移民工具变量。在第 3 列中，移民的系数估值不明显，为 −0.11(0.11)，而且 β 的估值等于 0.031 1(0.004 2)，实质上与第 1 列的数值相等。因此，如同美国的情况一样，对日本各辖区的 β 收敛而言，移民似乎不是一个主要因素。

表 11.7 的最后 5 行对五大欧洲国家采用了类似的步骤。其主要发现与从美国和日本得到的发现类似：当移民率不变时，β 系数估值变化不大。一个令人惊奇的结果是，在欧洲的 OLS 回归中，净移民率不重要，而通常的内生理论却预测正的系数。欧洲国家的地区性净移民率的测量也许是有问题的；该可能性也能解释这些情况下所估计的移民方程中存在的问题。

从第 9 章的移民理论中得到的第二个推测是,净移民率对人均收入的敏感性更高的经济体将具有更高的收敛系数 β。为验证该可能性,我们在图 11.12 中描绘了移民方程中的人均 GDP(或收入)对数的系数估值与估计的 β 值之间的关系。该图有 7 个数据点,分别对应美国、日本、德国、英国、意大利、法国和西班牙。该图展示了两个系数之间的弱正向相关(相关性为 0.27)。我们在估算欧洲国家的移民方程式时所得系数估计值的不精确性表明,图中这种关系应该被谨慎解读。关于该方法的进一步阐述,见 Braun(1993)。

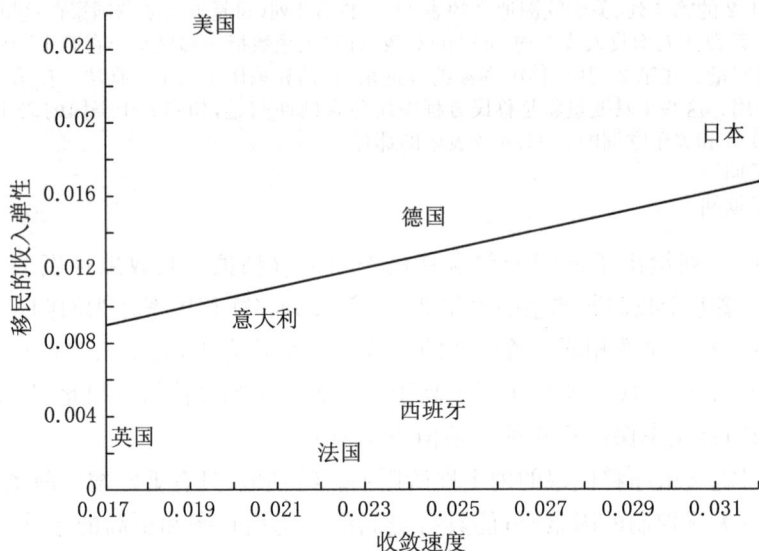

注:纵轴表示从移民回归中得到的人均收入或 GDP 的对数的系数估值。横轴表示从增长回归中得到的 β 收敛系数估值。这 7 个数据点——美国、日本、德国、英国、意大利、法国和西班牙——展示出两者的正相关性,就像移民和增长理论所预测的那样。

图 11.12　移民的收入系数和收敛速度

11.10　具有固定效应的面板数据的 β 收敛

沿着 Islam(1995)的步伐,一些研究者们尝试着利用面板数据集和固定效应估值的变体来估算收敛速度。例如,Caselli、Esquivel 和 Laffort(1996)采用了各国的横截面面板数据,而 Canova 和 Marcet(1995)则用地区性数据。有人宣称横截面面板数据的好处是,人们不需要维持稳态不变,因为用固定效应可对其进行准确地估算。主要结论是,从具有固定效应的面板数据中得到的收敛速度倾向于远远大于从横截面或不具有固定效应的面板数据中得到的每年 2% 的估算值。在本文中,位于 12% 到 20% 之间的年收敛速度并非罕见。

固定效应方法的一个潜在问题是,为了有效,人们必须引入很多时间序列的观测值。而只有缩短被计算的增长率所涵盖的区间,这套流程才能完成。换言之,因变量倾向于是年增长率,或 2—5 年期的增长率。时间跨度过短的困难是,增长率倾向于刻画围绕趋势的短期调整,而不是长期收敛性。特别地,经济周期的存在趋于偏向于提高收敛速度估值。在本文中,Shioji(1997)给出了论据:一旦修正了经济周期所带来的测量误差,那么从具有固定效应的面板中获得的收敛速度估值仍接近于每年2%。

11.11　结论

我们研究了1880年以来美国各州的特征,1930年之后日本各辖区的特征,以及1950年之后欧洲8国各地区的特征。结论表明,对这些地区性经济体而言,绝对 β 收敛是常态。也就是说,这些国家的穷困地区的人均增长率倾向于比富裕地区要快。因为当除了初始人均产出水平或收入水平之外,没有其他解释变量维持恒定时,绝对收敛成立,所以该收敛是绝对的。

如果某国国内各地区具有大体相似的偏好、技术和政治制度,那么我们能说明该结论是与第1章和第2章所描述的新古典增长模型相一致。这种相对同质带来了类似的稳态位置。然而,所观测到的收敛效应也与第8章所描述的技术扩散模型相一致。

一个让人吃惊的结论是数据集之间 β 收敛速度的相似性。这种缓慢的收敛速度意味着,消除初始人均收入差距的一半需要25—35年的时间。如果资本比重接近1/3,那么这种特征偏离了新古典增长模型的定量预测。然而,如果资本比重约为3/4,那么实证论据与该理论吻合。

移民的分析表明,一旦其他解释变量集保持不变,那么净移民率倾向于对初始人均产出水平或收入作出正向反应。这种关系对美国各州和日本各辖区而言是明确的,但是对五大欧洲国家内部的地区而言却很弱。我们还检验了,地区性数据所显现出来的 β 收敛能否被净移民率的特征所解释。我们的证据并非是决定性的,但是却表明,移民只在收敛方面发挥着很小的作用。

11.12　关于地区性数据集的附录

我们描述的数据涉及美国各州、欧洲八国(德国、英国、意大利、法国、荷兰、比利时、丹麦和西班牙)的各地区,以及日本各辖区。其他国家的地区数据也是可获得的,这些国家是阿根廷、巴西、中国、印度、墨西哥和俄罗斯。其他一些城市和郡县的数据也是可以获得的,如,见 Ades 和 Glaeser(1995)。

11.12.1　美国各州的数据

表11.8给出了美国各州(见图11.13中的美国地图)的数据样本。我们可以从美国商业部(U. S. Commerce Department)(经济分析局,2002;各期《美国现代商业概览》(U. S. Survey of Current Business)对其进行了更新)获得自1929年以来的各州名义个人收入和名义人均个人收入。在这些区域核算中所使用的个人收入

概念相当于国家核算所使用的概念。这些数据每年都会公布,但是 1965 年之前的数据都是五年期估值的修正,包括和不包括转移支付的数据都会被公布;从 1963 年之后,每年的州总产值都是可获取的。

表 11.8 美国各州数据

州	缩写	1900 年实际人均收入(以 1982—1984 年为基数,1 000 美元)	2000 年实际人均收入(以 1982—1984 年为基数,1 000 美元)	实际人均收入增长率	1900 年人口数量(百万人)	1990 年人口数量(百万人)	1900—1990 年人口增长率	1900—1989 年净移民量(百万人)
阿拉巴马	AL	1.00	12.95	0.025 6	1.829	4.046	0.008 8	−1.32
亚利桑那	AZ	3.69	13.79	0.013 2	0.093	3.681	0.040 9	2.03
阿肯色	AR	1.03	12.11	0.024 6	1.312	2.353	0.006 5	−1.14
加利福尼亚	CA	4.20	17.78	0.014 4	1.403	29.956	0.034 0	16.59
科罗拉多	CO	3.66	17.90	0.015 9	0.529	3.302	0.020 3	1.11
康乃迪克	CT	3.19	22.55	0.019 6	0.908	3.290	0.014 3	0.76
特拉华	DE	2.52	17.15	0.019 2	0.185	0.669	0.014 3	0.18
佛罗里达	FL	1.29	15.36	0.024 8	0.529	13.044	0.035 6	9.37
乔治亚	GA	0.98	15.33	0.027 5	2.222	6.504	0.012 0	−0.28
爱达荷	ID	2.54	13.04	0.016 4	0.154	1.011	0.020 9	0.04
伊利诺斯	IL	2.99	17.57	0.017 7	4.822	11.443	0.009 6	−0.17
印第安纳	IN	2.09	14.81	0.019 6	2.516	5.554	0.008 8	−0.30
爱荷华	IA	2.33	14.55	0.018 3	2.232	2.780	0.002 4	−1.41
堪萨斯	KS	2.15	15.12	0.019 5	1.470	2.480	0.005 8	−0.65
肯塔基	KY	1.38	13.27	0.022 6	2.147	3.690	0.006 0	−1.54
路易斯安那	LA	1.47	12.71	0.021 6	1.382	4.211	0.012 4	−0.52
缅因	ME	2.16	14.02	0.018 7	0.694	1.231	0.006 4	−0.11
马里兰	MD	2.34	18.55	0.020 7	1.188	4.802	0.015 5	1.26
马萨诸塞	MA	3.49	20.81	0.017 9	2.850	6.020	0.008 3	0.14
密歇根	MI	2.13	16.04	0.020 2	2.421	9.314	0.015 0	0.62
密西西比	MS	0.97	11.51	0.024 7	1.551	2.574	0.005 6	−1.62
密苏里	MO	2.16	15.00	0.019 4	3.107	5.127	0.005 6	−0.83
蒙大纳	MT	4.77	12.44	0.009 6	0.226	0.799	0.014 0	−0.07
内布拉斯加	NE	2.43	15.26	0.018 4	1.066	1.580	0.004 4	−0.71
内华达	NV	4.54	16.31	0.012 8	0.035	1.224	0.039 5	0.79
新罕布什尔	NH	2.46	18.23	0.020 0	0.412	1.111	0.011 0	0.31
新泽西	NJ	3.19	20.48	0.018 6	1.884	7.735	0.015 7	2.20
新墨西哥	NM	1.70	12.08	0.019 6	0.180	1.520	0.023 7	0.16
纽约	NY	3.71	19.04	0.016 4	7.269	18.002	0.010 1	1.13
北卡罗莱纳	NC	0.82	14.81	0.028 9	1.894	6.653	0.014 0	−0.30
北达科他	ND	2.40	13.67	0.017 4	0.312	0.637	0.007 9	−0.49
俄亥俄	OH	2.55	15.40	0.018 0	4.158	10.859	0.010 7	0.14
俄克拉荷马	OK	1.31	13.01	0.023 0	0.670	3.146	0.017 2	−0.19
俄勒冈	OR	2.85	15.26	0.016 8	0.395	2.861	0.022 0	1.27
宾夕法尼亚	PA	2.88	16.30	0.017 3	6.302	11.893	0.007 1	−1.99

州	缩写	1900 年实际人均收入（以1982—1984年为基数，1 000 美元）	2000 年实际人均收入（以1982—1984年为基数，1 000 美元）	实际人均收入增长率	1900 年人口数量（百万人）	1990 年人口数量（百万人）	1900—1990年人口增长率	1900—1989年净移民量（百万人）
罗德岛	RI	3.36	16.09	0.015 7	0.429	1.005	0.009 5	0.05
南卡罗来纳	SC	0.86	13.22	0.027 3	1.340	3.498	0.010 7	−0.75
南达科他	SD	2.11	14.34	0.019 2	0.381	0.696	0.006 7	−0.43
田纳西	TN	1.16	14.28	0.025 1	2.021	4.887	0.009 8	−0.46
德克萨斯	TX	1.58	15.30	0.022 7	3.049	17.055	0.019 1	3.33
犹他	UT	2.11	12.89	0.018 1	0.272	1.729	0.020 6	0.06
佛蒙特	VT	2.19	14.85	0.019 1	0.344	0.565	0.005 5	−0.05
弗吉尼亚	VA	1.27	17.14	0.026 0	1.854	6.213	0.013 4	0.61
华盛顿	WA	3.40	17.18	0.016 2	0.496	4.909	0.025 5	2.16
西弗吉尼亚	WV	1.35	12.01	0.021 9	0.959	1.790	0.006 9	−1.10
威斯康星	WI	2.05	15.49	0.020 2	2.058	4.906	0.009 7	−0.33
怀俄明	WY	3.57	15.14	0.014 4	0.089	0.452	0.018 1	0.03

注：各州名称之前的两个字母是 48 个州各自的缩写（邮政编码）。

美国人口普查地区划分如下：

东北部地区：ME、NH、VT、MA、RI、CT、NY、NJ、PA。

南部地区：DE、MD、VA、WV、NC、SC、GA、FL、KY、TN、AL、MS、AR、LA、OK、TX。

中西部地区：MN、IA、MO、ND、SD、NE、KS、OH、IN、IL、MI、WI。

西部地区：MT、ID、WY、CO、NM、AZ、UT、NV、WA、OR、CA。

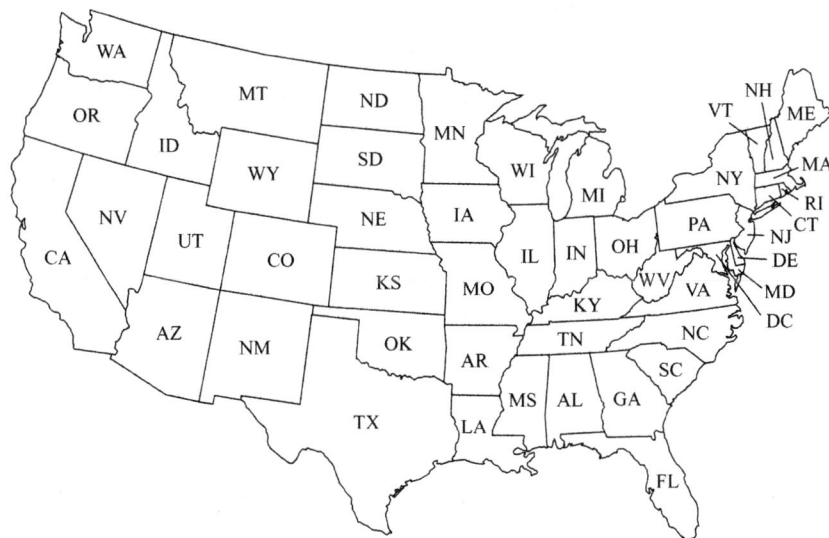

图 11.13　美国各州分布图

尽管一些城市存在一些资料,但是关于各州价格水平的可靠数据是难以获得的。我们用个人收入的名义值除以全国的消费价格指数值(1982—1984 年价格=1.0)来计算实际收入。(从 1947 年开始,我们除避税项目之外的所有科目都来自 *Citibase*。在 1947 年之前,我们使用来自美国商业部的综合指标,1975,序列 E135。)只要各州在各时点都采用相同的指标,那么所选用的具体指标不会影响各州间的相对水平和增长率。

Easterlin(1960a, 1960b)给出了更早的数据,如 1920 年的数据(48 个州)、1900 年的数据(48 个州或地区)、1880 年的数据(47 个州或地区,俄克拉荷马州未计在内)和 1840 年的数据(29 个州或地区)。这些数据都没有包含转移支付,且 1840 年的数值并没有覆盖个人收入的所有组成部分。所有消费价格指数的估值(美国商业部,1975,序列 E135)都被用于压缩这些早期的数值。

对于 1930 年之后的普查年而言,劳动收入(包括那些自我雇佣所得)可以被分成 9 个部分:农业,采掘业,建筑业,制造业,交通运输和公共事业,批发零售业,金融、保险和地产业,服务业,以及政府和公有企业。对于 1930 年之后的时期而言,源自农业的收入比重的相关信息是可以获得的。

人口密度是人口与其(水陆)总面积之比;面积数据来自美国商务部普查局(Bureau of the Census)(1990)。通过考虑某一期间的人口变化,减去出生人口数并加上死亡人口数,我们也能根据普查数据算出净移民流量。

11.12.2　欧洲各地区的数据

表 11.9 是欧洲国家(如图 11.14 中的地图所示)国内各地区的数据样本。我们具有 GDP、人口和欧洲八国国内各地区相关变量等方面的数据。这八个国家为:德国(11 个地区)、英国(11 个地区)、意大利(20 个地区)、法国(21 个地区)、荷兰(4 个地区)、比利时(3 个地区)、丹麦(3 个地区)和西班牙(17 个地区)。

表 11.9　欧洲各地区的数据

地　区	1950 年实际人均 GDP(与国家平均值的成比例偏离[a])	1990 年实际人均 GDP(与国家平均值的成比例偏离[b])	实际人均 GDP 与国家均值的偏差的增长率[c]	1950 年的人口[d] (百万人)	1990 年的人口[e] (百万人)	人口增长率[f]	各期净移民[g] (百万人)
德国							
1. Schleswig-Holstein	−0.36	−0.20	0.003 9	2.595	2.615	0.000 2	0.31
2. Hamburg	0.54	0.42	−0.002 9	1.606	1.641	0.000 5	0.13
3. Niedersachsen	−0.25	−0.18	0.001 9	6.797	7.342	0.001 9	0.21
4. Bremen	0.34	0.20	−0.003 4	0.559	0.679	0.004 9	0.10
5. Nordrhein-Westfalia	0.12	−0.08	−0.004 9	13.207	17.248	0.006 7	2.05

地　区	1950 年实际人均 GDP（与国家平均值的成比例偏离[a]）	1990 年实际人均 GDP（与国家平均值的成比例偏离[b]）	实际人均 GDP 与国家均值的偏差的增长率[c]	1950 年的人口[d]（百万人）	1990 年的人口[e]（百万人）	人口增长率[f]	各期净移民[g]（百万人）
6. Hessen	−0.06	0.12	0.004 4	4.324	5.718	0.007 0	1.19
7. Rheinland-Pfalz	−0.25	−0.15	0.002 3	3.005	3.735	0.005 4	0.25
8. Saarland	0.17	−0.10	−0.006 7	0.955	1.071	0.002 9	0.00
9. Baden-Württemberg	−0.03	0.02	0.001 4	6.430	9.729	0.010 4	1.78
10. Bayern	−0.19	−0.01	0.004 5	9.185	11.337	0.005 3	1.52
11. Berlin(West)	−0.02	−0.04	−0.000 5	2.147	2.118	−0.000 3	0.26
英国							
12. North	−0.07	−0.07	−0.000 8	3.133	3.075	−0.000 5	−0.24
13. Yorkshire-Humberside	0.11	−0.01	0.003 9	4.494	4.952	0.002 4	−0.16
14. East Midlands	−0.02	0.04	0.000 5	2.909	4.019	0.008 1	0.21
15. East Anglia	−0.04	0.10	0.002 7	1.381	2.059	0.010 0	0.34
16. South-East	0.30	0.27	−0.001 6	15.174	17.458	0.003 5	−0.45
17. South-West	−0.22	0.03	0.005 6	3.238	4.667	0.009 1	0.66
18. North-West	0.08	−0.02	0.003 4	6.424	6.389	−0.000 1	−0.48
19. West Midlands	0.14	−0.01	−0.004 5	4.422	5.219	0.004 1	−0.20
20. Wales	−0.24	−0.10	0.002 5	2.584	2.881	0.002 7	0.08
21. Scotland	−0.03	0.00	−0.000 2	5.096	5.102	0.000 0	−0.45
22. Northern Ireland	−0.35	−0.22	0.003 1	1.371	1.589	0.003 7	−0.20
意大利							
23. Piemonte	0.47	0.23	−0.006 6	3.504	4.357	0.005 4	0.87
24. Valle d'Aosta	0.53	0.31	−0.005 7	0.095	0.116	0.005 0	0.02
25. Liguria	0.61	0.18	−0.010 6	1.555	1.723	0.002 6	0.30
26. Lombardia	0.52	0.34	−0.004 5	6.433	8.928	0.008 2	1.25
27. Trentino-Alto Adige	0.19	0.22	0.000 7	0.735	0.889	0.004 8	−0.03
28. Veneto	−0.01	0.19	0.005 0	3.841	4.392	0.003 4	−0.35
29. Fruili-Venezia-Giulia	0.12	0.24	0.003 0	1.200	1.202	0.000 0	−0.58
30. Emilia-Romagna	0.17	0.28	0.002 7	3.509	3.925	0.002 8	0.19
31. Marche	−0.06	0.08	0.003 6	1.352	1.433	0.001 5	−0.13
32. Toscana	0.16	0.13	−0.000 6	3.152	3.562	0.003 1	0.29
33. Umbria	−0.04	0.03	0.001 6	0.806	0.822	0.000 5	−0.07
34. Lazio	0.21	0.17	−0.000 8	3.322	5.181	0.011 1	0.62
35. Campania	−0.29	−0.33	−0.001 1	4.276	5.831	0.007 8	−0.88
36. Abruzzi	−0.32	−0.10	0.005 4	1.238	1.269	0.000 6	−0.27
37. Molise	−0.49	−0.20	0.007 1	0.398	0.336	−0.004 2	−0.14
38. Puglia	−0.33	−0.26	0.001 7	3.181	4.076	0.006 2	−0.77
39. Basilicata	−0.47	−0.41	0.001 6	0.617	0.624	0.000 3	−0.25

（续表）

地　区	1950年实际人均GDP(与国家平均值的成比例偏离[a])	1990年实际人均GDP(与国家平均值的成比例偏离[b])	实际人均GDP与国家均值的偏差的增长率[c]	1950年的人口[d]（百万人）	1990年的人口[e]（百万人）	人口增长率[f]	各期净移民[g]（百万人）
40. Calabria	−0.48	−0.46	0.000 5	1.987	2.153	0.002 0	−0.79
41. Sicilia	−0.32	−0.37	−0.001 2	4.422	5.185	0.004 0	−1.08
42. Sardegna	−0.16	−0.27	−0.002 7	1.259	1.661	0.006 9	−0.23
法国							
43. Region Parisienne	0.61	0.50	−0.002 6	7.009	10.227	0.009 4	1.02
44. Champagne-Ardenne	0.05	0.11	0.001 5	1.110	1.341	0.004 7	−0.06
45. Picarde	0.05	−0.05	−0.002 6	1.355	1.804	0.007 2	0.04
46. Haute Normandie	0.13	0.05	−0.002 0	1.232	1.731	0.008 5	0.03
47. Centre	−0.18	0.02	0.004 9	1.758	2.363	0.007 4	0.30
48. Basse Normandie	−0.14	−0.04	0.002 4	1.145	1.385	0.004 8	0.10
49. Bourgogne	−0.11	−0.01	0.002 5	1.376	7.602	0.003 8	0.10
50. Nord-Pas de Calais	0.17	−0.09	0.006 7	3.309	3.945	0.004 4	−0.39
51. Lorraine	0.24	−0.03	−0.006 7	1.874	2.293	0.005 0	−0.22
52. Alsace	0.19	0.14	−0.001 4	1.196	1.619	0.007 5	0.15
53. Franche-Comte	0.05	0.03	0.000 5	0.841	1.092	0.006 5	0.02
54. Pays de la Loire	−0.11	−0.03	0.002 0	2.293	3.048	0.007 1	0.03
55. Bretagne	−0.20	−0.08	0.003 0	2.358	2.784	0.004 2	0.03
56. Poitou-Charente	−0.25	−0.11	0.003 5	1.379	1.588	0.003 5	−0.03
57. Aquitaine	−0.15	0.00	0.003 6	2.206	2.787	0.005 8	0.35
58. Midi-Pyrénées	−0.27	−0.10	0.004 3	1.982	2.423	0.005 0	0.29
59. Limousin	−0.05	−0.14	−0.002 3	0.760	0.719	−0.001 4	0.04
60. Rhône-Alpes	0.12	0.09	−0.000 9	3.580	5.338	0.010 0	0.77
61. Auvergne	−0.06	−0.09	−0.000 9	1.261	1.314	0.001 0	0.03
62. Languedoc-Roussillon	−0.18	−0.14	0.000 8	1.453	2.119	0.009 4	0.48
63/64. Provence-Alpes-Côtes d'Azur-Corse	0.08	−0.01	−0.002 1	2.533	4.499	0.014 4	1.52
荷兰							
65. Noord	−0.10	0.04	0.003 5	1.215	1.596	0.006 8	—
66. Oost	−0.12	−0.13	−0.000 3	1.788	3.050	0.013 4	—
67. West	0.18	0.12	−0.001 5	5.155	6.996	0.007 6	—
68. Zuid	0.04	−0.03	−0.001 6	2.007	3.306	0.012 5	—
比利时							
69. Vlaanderen	−0.14	0.09	0.005 7	3.963	4.486	0.003 0	—
70. Wallonie	−0.01	−0.21	−0.004 9	2.841	3.251	0.003 4	—
71. Brabant	0.15	0.12	−0.000 8	1.849	2.248	0.004 9	—

地　　区	1950 年实际人均 GDP(与国家平均值的成比例偏离[a])	1990 年实际人均 GDP(与国家平均值的成比例偏离[b])	实际人均 GDP 与国家均值的偏差的增长率[c]	1950 年的人口[d] (百万人)	1990 年的人口[e] (百万人)	人口增长率[f]	各期净移民[g] (百万人)
丹麦							
72. Sjalland-Lolland-Falster-Bornholm	0.08	0.19	0.003 1	1.984	1.718	−0.004 0	—
73. Fyn	−0.02	−0.14	−0.003 4	0.396	0.586	0.010 9	—
74. Jylland	−0.06	−0.05	0.000 3	1.902	2.817	0.010 9	—
西班牙							
75. Andalucia	−0.29	−0.29	0.000 2	5.621	6.920	0.005 3	−1.67
76. Aragon	0.01	0.08	0.002 2	1.095	1.213	0.002 6	−0.12
77. Asturias	0.17	−0.06	−0.007 4	0.893	1.126	0.005 9	−0.02
78. Balears	0.08	0.34	0.008 0	0.423	0.682	0.012 2	0.12
79. Canaries	−0.22	−0.03	0.005 9	0.800	1.485	0.015 8	0.02
80. Cantabria	0.18	0.05	−0.004 3	0.406	0.527	0.006 7	−0.04
81. Castilla-La Mancha	−0.43	−0.26	0.005 2	2.028	1.714	−0.004 3	−0.91
82. Castilla-Leon	−0.13	−0.11	0.000 7	2.864	2.626	−0.002 2	−0.97
83. Catalunya	0.34	0.25	−0.002 9	3.271	6.008	0.015 6	1.42
84. Euskadi(Basque)	0.74	0.11	−0.019 7	1.075	2.129	0.017 5	0.43
85. Extremadura	−0.58	−0.43	0.004 7	1.366	1.129	−0.004 9	−0.70
86. Galicia	−0.36	−0.20	0.005 0	2.604	2.804	0.001 9	−0.41
87. Madrid	0.48	0.34	−0.004 2	1.956	4.876	0.023 4	1.40
88. Murcia	−0.35	−0.15	0.006 2	0.759	1.027	0.007 8	−0.16
89. Navarra	0.19	0.13	−0.001 9	0.384	0.521	0.007 8	0.00
90. La Rioja	0.11	0.14	0.000 8	0.230	0.260	0.003 2	−0.03
91. Valencia	0.05	0.10	0.001 4	2.316	3.787	0.012 6	0.54

注:代表地区的数字对应于图 11.4 地图中的数字。

[a] 1950 年人均 GDP 的对数与 1950 年国家均值之间的差异。西班牙的数据都是 1955 年的。

[b] 1990 年人均 GDP 的对数与 1990 年国家均值之间的差异。丹麦的数据是 1985 年的,西班牙的数据都是 1987 年的。

[c] 1950 年到 1990 年的人均 GDP 年均增长率与国家均值增长率之间的差异。丹麦的数据是 1950—1985 年的,而西班牙的数据都是 1955—1987 年的。

[d] 西班牙的数据是 1951 年的。

[e] 丹麦的数据是 1986 年的。

[f] 1950—1990 年的人口年均增长率。丹麦的数据是 1950—1986 年的,而西班牙的数据是 1951—1990 年的。

[g] 德国的时间区间是 1954—1988 年,英国的时间区间是 1961—1985 年,意大利是 1951—1987 年,法国是 1954—1982 年,西班牙是 1951—1987 年。

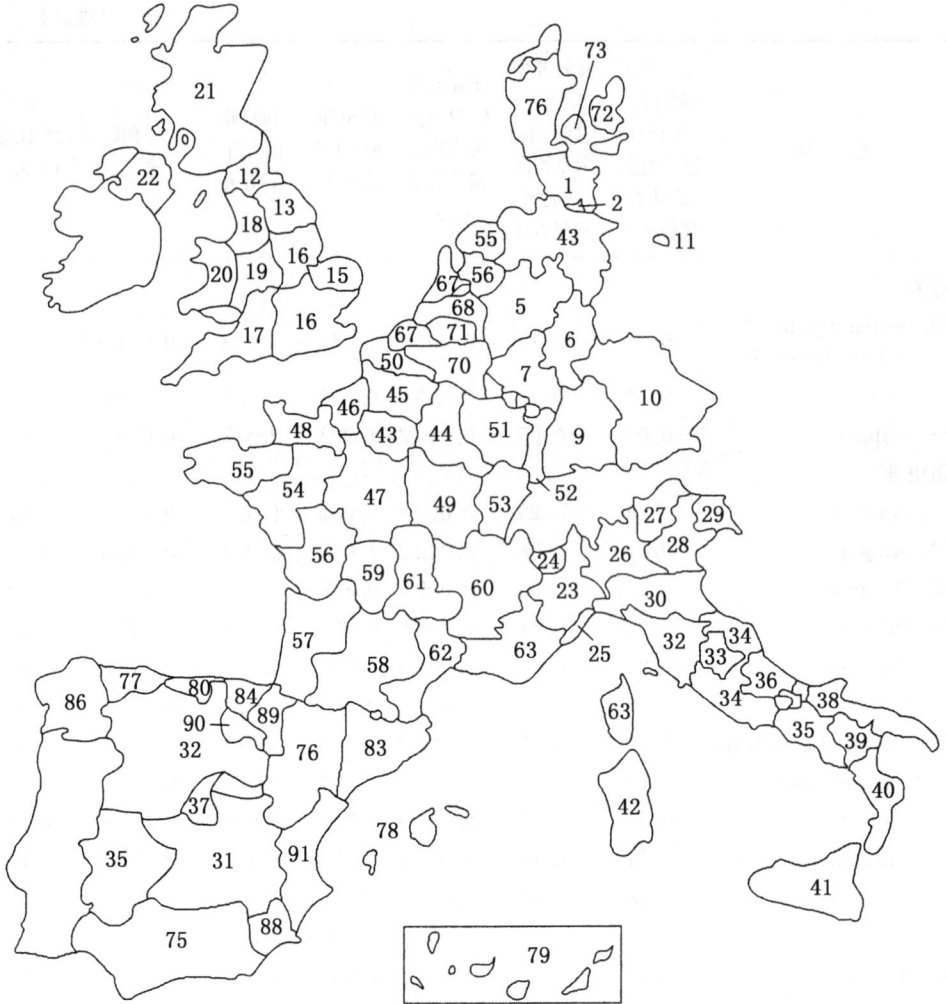

图 11.14　欧洲各地区分布图

对除西班牙之外的上述国家而言,其 1950 年、1960 年和 1970 年的 GDP 和人口等数据均来自 Molle、Van Holst 和 Smits(1980)。关于 1966 年(缺法国和丹麦)、1970 年(缺丹麦)、1974 年、1980 年、1985 年和 1990 年(缺丹麦)等年份的数据来自欧盟统计局(Eurostat)。对西班牙而言,毕尔巴鄂银行(Banco de Bilbao)提供了 1955—1987 年期间各年的地区收入和 GDP 等数据。人口数据来自西班牙统计局(Instituto Nacional de Estadistica)发布的各期《西班牙统计年鉴》(*Anuario Estadistico de Espana*)。这些数据原本适用于 50 个省份,而现在被加总成 17 个地区。

我们没有地区价格数据。此外,有些 GDP 数据表现为指数形式,难以跨国比较。因此,我们专注于偏离了各国均值的地区性 GDP 数据。

对除西班牙之外的国家而言,Molle、Van Holst 和 Smits(1980)将 1950 年、1960 年和 1970 年的就业人数分成 3 部分——农业、工业和服务业。对其他年份,欧盟统计局将 GDP 也分成同样的三个部门。对西班牙而言,GDP 也被分成 3 块。

从毕尔巴鄂银行，我们可以获得西班牙历年的 GDP 数据。

根据人口、出生率和死亡率等方面的信息，五大国的净移民流量可以被计算出来。各国数据来源如下。德国：Statistischen Bundesamtes, *Statistisches Jahrbuch für die Bundesrepublik Deutschland*，各年。英国：*Population Trends 51*，1988 年春。法国：INSEE, *Statistiques et Indicateurs des Regions Francaises*，1978；INSEE, *Donnes de Demographie Regionale 1982*，1986。意大利：ISTAT, *Sommario Storice di Statistiche Sulla Populazzione：Anni 1951—1987*，1990。西班牙：INE, *Anuario Estatistico de España*，各期。

11.12.3　日本各辖区的数据

日本各辖区的数据都在表 11.10 中（图 11.15 为辖区分布图）。日本的经济计划署（Economic Planning Agency，EPA）收集了自 1955 年以来的收入数据。该核算的构建应符合"辖区经济核算标准方式（1983 年版）"（1983 standardized system of prefectural accounts），进而所有的数据都是可比较的。47 个辖区的收入数据加总理论上应等于日本的国家收入。《辖区经济核算年报》（*Annual Report on Prefectural Accounts*）每年收集并公布该数据。我们由国民经济研究协会（National Economy Studies Association）获得 1930 年的辖区收入数据。我们没有各辖区的价格数据，因而只能用全国价格指数来平减各地收入值。

表 11.10　日本各辖区的数据

辖　　区	1955 年实际人均收入[a]（以 1985 年为基期，百万日元）	1990 年实际人均收入（以 1985 年为基期，百万日元）	实际人均收入的增长率[b]	1955 年的人口（百万人）	1990 年的人口（百万人）	人口增长率（100%）	1955—1990 年间的净移民[c]（百万人）
1. 北海道	0.441	2.396	0.048 4	4.784	5.644	0.003 0	−0.76
2. 青森	0.326	2.045	0.052 5	1.391	1.483	0.001 2	−0.36
3. 岩手	0.298	2.093	0.055 7	1.437	1.417	−0.000 3	−0.41
4. 宫城	0.367	2.453	0.054 3	1.748	2.249	0.004 6	−0.11
5. 秋田	0.371	2.137	0.050 0	1.362	1.227	−0.001 9	−0.44
6. 山形	0.337	2.206	0.053 7	1.370	1.258	−0.001 6	−0.38
7. 福岛	0.339	2.413	0.056 1	2.120	2.104	−0.000 1	−0.57
8. 新潟	0.388	2.398	0.052 0	2.501	2.475	−0.000 2	−0.63
9. 茨城	0.348	2.648	0.058 0	2.099	2.845	0.005 5	0.09
10. 栃木	0.518	2.788	0.056 1	1.571	1.935	0.003 8	−0.13
11. 群马	0.369	2.640	0.056 2	1.624	1.966	0.003 5	−0.15
12. 埼玉	0.460	2.825	0.051 9	2.279	6.405	0.018 8	2.41
13. 千叶	0.368	2.880	0.058 8	2.225	5.555	0.016 6	1.93
14. 东京	0.811	4.238	0.047 2	8.016	11.855	0.007 1	0.10
15. 神奈川	0.564	2.960	0.047 4	2.901	7.980	0.018 4	2.58

辖　区	1955 年实际人均收入[a]（以1985 年为基期,百万日元）	1990 年实际人均收入（以1985 年为基期,百万日元）	实际人均收入的增长率[b]	1955 年的人口（百万人）	1990 年的人口（百万人）	人口增长率(100%)	1955—1990年间的净移民[c]（百万人）
16. 山梨	0.321	2.557	0.059 3	0.819	0.853	0.000 7	−0.16
17. 长野	0.374	2.633	0.055 8	2.050	2.157	0.000 9	−0.33
18. 静冈	0.452	2.883	0.053 0	2.638	3.671	0.006 0	−0.02
19. 富山	0.426	2.616	0.051 8	1.028	1.120	0.001 6	−0.16
20. 石川	0.412	2.608	0.052 7	0.964	1.165	0.003 4	−0.09
21. 岐阜	0.441	2.551	0.050 2	1.599	2.067	0.004 7	−0.07
22. 爱知	0.579	2.971	0.046 7	3.779	6.690	0.010 4	0.86
23. 三重	0.406	2.621	0.053 3	1.505	1.793	0.003 2	−0.11
24. 福井	0.395	2.429	0.051 9	0.758	0.824	0.001 5	−0.13
25. 滋贺	0.434	2.794	0.053 2	0.857	1.222	0.006 5	0.09
26. 京都	0.531	2.664	0.046 1	1.928	2.603	0.005 4	0.02
27. 大阪	0.709	3.190	0.043 0	4.586	8.735	0.011 7	1.27
28. 兵库	0.618	2.668	0.041 8	3.660	5.405	0.007 1	0.29
29. 奈良	0.418	2.190	0.047 3	0.777	1.375	0.010 4	0.30
30. 和歌山	0.438	2.109	0.044 9	1.012	1.074	0.001 1	−0.15
31. 鸟取	0.373	2.193	0.050 6	0.615	11.616	0.000 0	−0.12
32. 岛根	0.336	2.121	0.052 7	0.931	11.781	−0.003 2	−0.26
33. 冈山	0.413	2.555	0.052 1	1.716	1.926	0.002 1	−0.16
34. 广岛	0.478	2.678	0.049 2	2.180	2.850	0.004 9	0.00
35. 山口	0.445	2.299	0.046 9	1.619	1.573	−0.000 5	−0.34
36. 德岛	0.344	2.297	0.054 2	0.898	0.832	−0.001 4	−0.20
37. 香川	0.394	2.524	0.053 1	0.951	1.023	0.001 3	−0.11
38. 爱媛	0.397	2.157	0.048 3	1.563	1.515	−0.000 6	−0.37
39. 高知	0.367	2.025	0.048 4	0.917	0.825	−0.001 9	−0.18
40. 福冈	0.490	2.502	0.046 6	3.867	4.811	0.004 0	−0.28
41. 佐贺	0.368	2.131	0.050 2	0.982	0.878	−0.002 0	−0.34
42. 长崎	0.369	2.027	0.048 7	1.795	1.563	−0.002 5	−0.65
43. 熊本	0.326	2.294	0.055 8	1.898	1.840	−0.000 6	−0.47
44. 大分	0.316	2.218	0.055 6	1.298	1.237	−0.000 9	−0.30
45. 宫崎	0.317	2.078	0.053 7	1.155	1.169	0.000 2	−0.28
46. 鹿儿岛	0.255	2.019	0.059 1	2.084	1.798	0.002 7	−0.68
47. 冲绳岛	0.282	1.880	0.054 2	0.801	1.222	0.007 7	−0.01

注:代表辖区的数字对应于图 11.15 所示地图中所用的数字。地区划分如下:地区 1(北海道丰北),辖区 1—8。地区 2(关东甲信),辖区 9—17。地区 3(中部),辖区 18—24。地区 4(近畿),辖区 25—30。地区 5(山阴山阳),辖区 31—35。地区 6(四国),辖区 36—39。地区 7(九州),辖区 40—47。

[a] 枥木的值是 1960 年的。

[b] 枥木的值是 1960—1990 年的。

[c] 冲绳岛的值是 1960 年的。

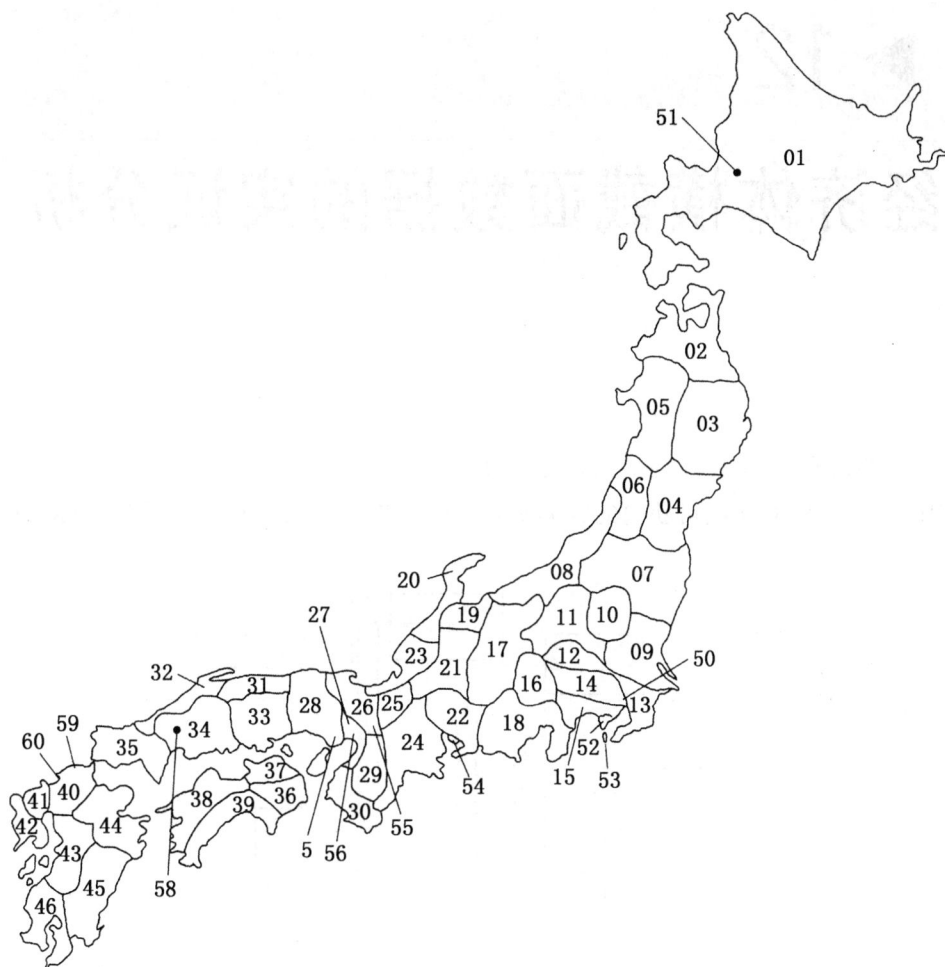

图 11.15　日本辖区分布图

人口数据都来自总务厅统计局。这些数据的主要来源是统计局的五年间人口普查。

移民数据由统计局收集。这些数字来自《住民基本台账》(*Basic Resident Registers*)和《出入国管理统计调查》(*Statistical Survey on Legal Migrants*)。这些数据将没有日本国籍的人排除在外。

▶ 12

经济体横截面数据的实证分析

长期来看,经济体间的增长率变化很大。图 12.1(它是导论中图 0.3 的翻版)利用 1960—2000 年间可获得的数据绘制了柱状图,以显示 112 个经济体实际人均

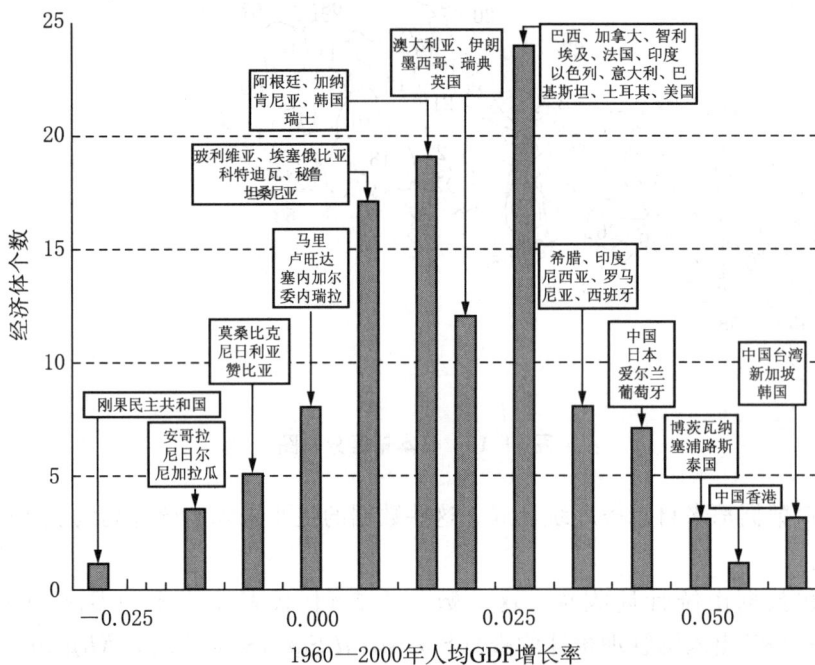

注:根据图 1.1 和图 1.2 所示 1960—2000 年间的人均 GDP,我们计算了 112 个经济体的增长率。对刚果民主共和国而言,给出的是 1960—1995 年间的增长率。这些资料主要来自《世界主要经济数据》(Penn-World table)6.1 版,如 Summers 和 Heston(1991),以及 Heston、Summers 和 Aten(2002)所述。GDP 值都是链式加权的,并以 1996 年的美元计。对 112 个经济体而言,增长率均值为每年 0.018,且标准差为 0.017。最高的增长率为 0.064,且最低的是 -0.032。各组都给出了代表性经济体。

图 12.1 1960—2000 年间人均 GDP 增长率柱状图

GDP 的增长率上的差距①。其平均增长率为每年 1.8%，标准差为 1.7。11 个年均增长率低于 −0.5% 的经济体组成了最低的十分位数，11 个年均增长率高于 3.9% 的经济体组成了最高的十分位数。就五分位数而言，最低的 22 个经济体的年均增长率低于 0.4%，而最高的 22 个经济体的年均增长率为 3.0%。

每年 −1.3% 的人均增长率（最低十分位数经济体的均值）与每年 5.0% 的人均增长率（最高十分位数经济体的均值）之间的不同是，前者的实际人均 GDP 在 40 年间下降了 41%，而后者提升了 7 倍多。更极端的是，两个增长最慢的经济体，刚果民主共和国［刚果（金），原扎伊尔］和中非共和国，其实际人均 GDP 分别从 1960 年的 980 美元和 2 180 美元（1996 年的美元）变成了 2000 年的 320 美元和 1 120 美元（刚果民主共和国为 1995 年数据）。1960—2000 年，两个增长最快的经济体是新加坡和中国台湾，分别从 2 160 美元和 1 430 美元增加到了 26 100 美元和 18 700 美元。因此，尽管在 1960 年中非共和国比中国台湾富裕 50%，但是在 2000 年中国台湾是中非共和国的 17 倍。在这 40 年中，增长率方面可观测的差异造成了各国家和地区居民平均生活水平方面的巨大不同。

12.1 1960—2000 年间的成功经济体和失败经济体

表 12.1 列举的是 1960—2000 年间 20 个人均增长率最低的经济体。这些经济体按增长率的升序排列，如同第 2 列所示。在该组中，撒哈拉沙漠以南的非洲经济体多到令人吃惊的 18 个，另外两个经济体位于拉丁美洲（尼加拉瓜和委内瑞拉）。该表还给出了 1965—1975 年、1975—1985 年、1985—1995 年这三十年间的人均增长率。这些区间给出的拟合值将在后文中讨论。

表 12.1　20 个增长最慢的经济体的详情

国家或地区	1960—2000 年[a] 增长	1965—1975 年 增长	1965—1975 年 拟合值	1975—1985 年 增长	1975—1985 年 拟合值	1985—1995 年 增长	1985—1995 年 拟合值	1995—2000 年[b] 增长
刚果（金）	−0.032	0.001	0.005	−0.040	−0.003	−0.069	−0.026	—
中非共和国	−0.017	0.012	—	−0.019	—	0.035	—	0.004
尼日尔	−0.015	−0.041	−0.015	−0.026	−0.067	−0.008	−0.004	0.012
安哥拉	−0.014	−0.032	—	−0.011	—	−0.040	—	0.021

---

① 这些 GDP 资料来自《世界主要经济数据》（Penn-World Tables）6.1 版并经过了购买力修正，如 Summers 和 Heston（1991），以及 Heston、Summers 和 Aten（2002）所述。对 11 个缺失 2000 年数据的经济体而言，1995—2000 年的增长率是根据世界银行的数字计算的。对中国台湾而言，1995—2000 年间的增长率来自当地数据发布者。对刚果民主共和国（原扎伊尔）而言，显示的是 1960—1995 年间的增长率。

国家或地区	1960—2000年[a]增长	1965—1975年增长	1965—1975年拟合值	1975—1985年增长	1975—1985年拟合值	1985—1995年增长	1985—1995年拟合值	1995—2000年[b]增长
尼加拉瓜	−0.012	0.012	0.003	−0.037	−0.009	−0.050	0.024	0.006
莫桑比克	−0.011	0.004	—	−0.081	—	0.003	0.001	0.051
马达加斯加	−0.010	0.004	—	−0.021	—	0.015	—	0.004
尼日利亚	−0.009	0.000	—	−0.004	—	−0.010	—	−0.054
赞比亚	−0.008	−0.008	0.021	−0.021	0.007	−0.029	−0.003	0.018
乍得	−0.007	−0.012	—	−0.004	—	−0.014	—	0.003
科摩罗	−0.005	0.007	—	−0.005	—	−0.031	—	−0.011
委内瑞拉	−0.005	−0.019	0.014	−0.019	0.006	0.004	0.004	−0.020
塞内加尔	−0.003	−0.008	−0.005	−0.006	−0.003	−0.002	0.005	0.021
卢旺达	−0.001	0.015	—	0.023	—	−0.037	—	0.038
多哥	−0.001	0.004	−0.005	0.011	—	−0.039	0.004	−0.002
布隆迪	−0.001	0.024	—	−0.004	—	−0.007	—	−0.056
马里	0.000	0.008	0.014	0.002	0.000	−0.006	0.011	0.036
几内亚	0.001	−0.016	—	−0.006	—	0.015	—	0.015
赤道几内亚	0.002	0.015	—	−0.084	—	−0.041	—	0.229
贝宁	0.003	−0.013	—	0.018	—	−0.009	—	0.026

注：Summers 和 Heston(1991)，以及 Heston、Summers 和 Aten(2002)对这些来自《世界主要经济数据》(Penn-World Tables)6.1 版的资料都进行过描述。这些拟合值都来自表 12.3 第 2 列所示的回归系统。

[a] 刚果(金)的增长率是 1960—1995 年的。

[b] 对那些《世界主要经济数据》无法提供 1995—2000 年数据的经济体(中非共和国和安哥拉)，其值来自世界银行。

表 12.2 列举了 20 个人均增长率最高的经济体。这些经济体按照增长率的降序排列，如第 2 列所示。在这些成功经济体中，东亚地区占 9 个(中国台湾、新加坡、韩国、中国香港、泰国、中国、日本、马来西亚和印度尼西亚)，西欧占 4 个(爱尔兰、葡萄牙、西班牙和卢森堡公国)，撒哈拉沙漠以南非洲占 2 个[博茨瓦纳和刚果(布)]。这 20 个经济体中还包括塞浦路斯、巴巴多斯、罗马尼亚，以及两个岛国佛得角和毛里求斯。

表 12.2　20 个增长最快的经济体的详情

国家或地区	1960—2000年增长	1965—1975年增长	1965—1975年拟合值	1975—1985年增长	1975—1985年拟合值	1985—1995年增长	1985—1995年拟合值	1995—2000年[a]增长
中国台湾	0.064	0.069	0.056	0.065	0.050	0.068	0.041	0.047
新加坡	0.062	0.094	—	0.054	0.074	0.052	0.062	0.028
韩国	0.059	0.071	0.052	0.059	0.048	0.072	0.052	0.032
中国香港	0.054	0.048	0.062	0.062	0.052	0.053	0.041	0.008

国家或地区	1960—2000 年增长	1965—1975 年增长	1965—1975 年拟合值	1975—1985 年增长	1975—1985 年拟合值	1985—1995 年增长	1985—1995 年拟合值	1995—2000 年[a]增长
博茨瓦纳	0.051	0.082	—	0.062	0.027	0.036	0.007	0.043
泰国	0.046	0.043	0.046	0.045	0.042	0.073	0.051	0.003
塞浦路斯	0.046	0.012	0.043	0.075	0.036	0.052	0.015	0.029
中国	0.043	0.017	—	0.049	0.055	0.065	0.044	0.057
日本	0.042	0.065	0.055	0.030	0.033	0.027	0.030	0.012
爱尔兰	0.041	0.035	0.027	0.025	0.012	0.046	0.012	0.085
巴巴多斯	0.039	0.064	—	0.023	—	0.028	—	0.036
马来西亚	0.039	0.036	0.031	0.042	0.041	0.047	0.037	0.026
葡萄牙	0.038	0.049	0.054	0.021	0.026	0.035	0.015	0.040
毛里求斯	0.037	0.010	—	0.038	—	0.050	—	0.041
罗马尼亚	0.035	0.072	—	0.063	—	−0.020	—	−0.020
佛得角	0.035	0.022	—	0.076	—	0.023	—	0.048
西班牙	0.034	0.047	0.047	0.005	0.024	0.033	0.021	0.020
印度尼西亚	0.034	0.046	0.018	0.047	0.025	0.047	0.014	0.000
卢森堡公国	0.033	0.022	—	0.021	—	0.054	—	0.049
刚果（布）	0.032	0.041	0.029	0.059	0.018	−0.021	−0.017	0.005

注：Summers 和 Heston(1991)，以及 Heston、Summers 和 Aten(2002)对这些来自《世界主要经济数据》(Penn-World Tables)6.1 版的资料都进行过描述。这些拟合值都来自表 12.3 第 2 列所示的回归系统。

[a] 对那些《世界主要经济数据》无法提供 1995—2000 年数据的经济体，其值来自世界银行（新加坡、博茨瓦纳和塞浦路斯）或当地的数据发布者（中国台湾）。

我们将讨论的关于人均增长率的主要回归是针对 1965—1975 年、1975—1985 年、1985—1995 年这三个 10 年期。在某种程度上，这种计量经济学旨在确定是哪些特征决定一个经济体最终是进入表 12.1 成为失败经济体，还是进入表 12.2 成为胜利经济体。从这三个 10 年期的拟合值（针对具备统计分析必须数据的经济体）中可以看出，这些回归能解释增长率中的多大一部分。

这三个 10 年期的增长率相互具有正相关性，但不是很强——1975—1985 年和 1965—1975 年两个期间的增长的相关性为 0.43，1985—1995 年和 1975—1985 年之间的相关性为 0.42。因此，尽管经济体或快或慢的增长具有持续性，但是这种分组也会随时间出现显著变化。如果我们研究 5 年期的跨度，那么这种相关性会更弱。例如，对从 1960—1965 年到 1995—2000 年这 7 个期间而言，当期与前期之间的平均相关性只有 0.17。由于 5 年期倾向于对与"经济周期"相关的短期因素更敏感，所以这一更低的相关性成立。值得注意的是，最后一个5 年期几乎是与历史无关的——1995—2000 年与 1990—1995 年之间增长率的相关性只有 0.05。

12.2　增长率的实证分析

本节考虑实证研究的增长决定因素;也就是说,考察了潜藏在表 12.1 和表 12.2 所示的拟合值之下的回归分析结论。附录表 12.8 中罗列的 87 个经济体的样本涵盖了从发展中经济体到发达经济体的经验。被包含在内的经济体的数据都是可获取的。

一个有意思的实证问题是,穷困经济体倾向于"迎头赶上",也就是说,倾向于比富裕经济体增长得更快。这是第 1 章和第 2 章所说的绝对收敛的概念。图 12.2 表明,从跨国(地区)数据来看,该命题是可以存疑的:对 112 个具有基本数据的经济体而言,1960—2000 年间的增长率实际上与 1960 年的人均 GDP 对数不相关。(其相关性实际上为 0.19,为正但不显著)。一些研究者曾以增长和初始收入水平的不相关性为论点来质疑索洛—斯旺和拉姆齐等新古典增长模型。然而,在第 1、2、11 章中,我们证明,如果数据集里的不同经济体倾向于朝着不同的稳态收敛,那么经济体间不存在绝对收敛的情况完全与新古典理论吻合。换言之,新古典模型预测了条件收敛,而非绝对收敛:在代表稳态的变量不变的情况下,该理论认为增长和初始收入水平之间存在负偏相关性。我们在维持一些令各经济体相互区别的变量不变的时候,必须研究增长率和初始水平之间的关系。

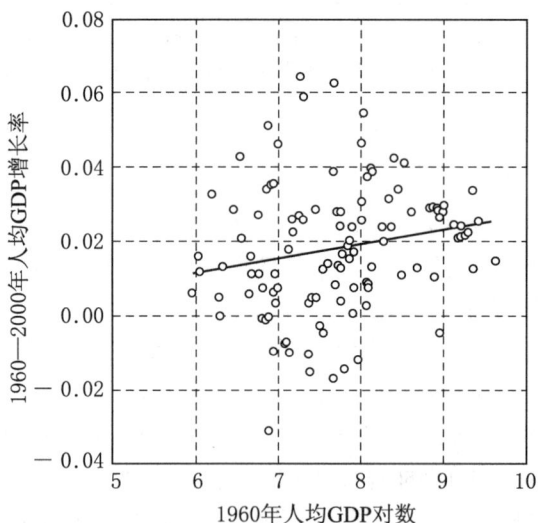

注:这些数据是图 12.1 中所描述的 112 个经济体的数据。1960 年人均 GDP 的对数以横轴表示,而 1960—2000 年间的人均 GDP 增长率以纵轴表示。两者之间的相关性为正但不显著(0.19)。因而在大量跨经济体样本中没有绝对收敛的证据。

图 12.2　增长率与 GDP(简单相关)

我们采纳的实证框架将实际人均增长率与以下两类变量关联起来了:第一,状态变量的初始水平,如物质资本存量,以及表现为教育程度和健康状况的人力资本存量;第二,控制或环境变量(或为政府所选择,或为私人行为人所选择),如政府消费与 GDP 之比、国内投资与 GDP 之比、国家开放程度、贸易条件的变化、生育率、宏观经济稳定性指标、法治水平和民主水平，等等。

正如 Barro 和 Lee(2001)所构建的那样，不同水平的教育程度是我们所使用的状态变量之一。我们用各年龄预期寿命的标准联合国数值来表示健康水平。1 岁时的预期寿命最具有解释力。我们所获得的关于物质资本的数据可能并不可靠，尤其是对发展中经济体，甚至相对于人力资本的量度而言，这些数据也是不可靠的，因为物质资本数据依赖于任意假设折旧，还依赖于不准确的基准存量和投资规模等数据。如果不用所获得的物质资本的有限数据，我们可以假定，在教育程度和健康水平不变的情况下，更高的初始人均 GDP 表示更大的人均物质资本量(或更多的自然资源量)。

我们可以用函数 Dy_t 来表示在时期 t 一个经济体的人均增长率，其表达式如下：

$$Dy_t = F(y_{t-1}, h_{t-1}, \cdots) \tag{12.1}$$

其中，y_{t-1} 是初始人均 GDP，h_{t-1} 是初始人均人力资本(基于教育程度和健康水平)。被忽略的变量记为"$\cdots$"，它包含了控制和环境影响因素。这些变量包括对储蓄和生育率的偏好，关于支出和市场扭曲的政府政策，等等。

12.2.1 状态变量的影响

索洛—斯旺模型和拉姆齐模型认为，在环境和控制变量的大小不变的情况下，y_{t-1} 和 h_{t-1} 的等比例增加会减少式(12.1)中的 Dy_t。也就是说，由于可再生要素的收益递减，更富裕的经济体(y 和 h 的初始水平越高)倾向于以更慢的速率增长。环境和控制变量决定着这些模型中每位"有效"工人的产出水平的稳态值。在状态变量值不变的情况下，这些变量中任何一个发生变化，如储蓄率或政府政策工具或人口增长率，都会影响增长率。例如，在 y_{t-1} 和 h_{t-1} 不变的情况下，更高的储蓄率倾向于增加式(12.1)中的 Dy_t。

第 5 章所示的具有人力资本和物质资本的模型显示了物质资本和人力资本之间的不平衡对增长的一些影响。特别地，当 y_{t-1} 不变时，式(12.1)中更高的 h_{t-1} 倾向于提升增长率。例如，当主要摧毁物质资本的战争发生之后，这种情况成立。因此，虽然 y_{t-1} 对式(12.1)所示 Dy_t 的影响为负，但是 h_{t-1} 的影响倾向于为正。

从实证研究来看，我们将人均 GDP 的初始水平以 $\ln(y_{t-1})$ 的形式嵌入了增长方程，所以该变量的系数表示收敛速率，也就是 Dy_t 所引起的 y_{t-1} 的比例变化[1]。在回归分析中，变量 h_{t-1} 表示受教育和预期寿命的平均年数。

---

[1] 如果这些数据的观测对象的时间跨度是可忽略的，那么这种界定将是准确的。假定数据都是 T 期间的，那么收敛会以速率 β 持续出现，且等式右边除 $\ln(y)$ 之外的所有变量都不随时间变化。在这种情况下，从第 2 章中获得的式(2.42)意味着，平均增长率 $(1/T) \cdot (y_t/y_{t-T})$ 的回归分析中 $\ln(y_{t-T})$ 的系数为 $-(1-e^{-\beta T})/T$。当 T 趋于 0 时，该表达式趋于 β；且当 T 趋于无穷时，该表达式趋于 0。

12.2.2 控制和环境变量

在我们将要考虑的基本回归分析中,控制和环境变量是国家开放性的程度[1]、政府消费与 GDP 之比[2]、法治水平的主观指标、民主(选举权)水平的主观指标、总生育率的对数、实际国内投资总值与实际 GDP 之比,以及通货膨胀率。该系统还包括同期贸易条件的增长率,后者与国际开放程度(进出口与 GDP 之比)相互影响。我们以滞后值为工具来考虑解释变量的似内生性。因为方程式中关于人均增长率的误差项几乎没有显示出序列相关性,所以这些滞后变量也许能令人满意[3]。

在索洛—斯旺和拉姆齐等新古典增长模型中,控制和环境变量对增长率的影响相当于其对稳态水平的影响。例如,一个外生的更高的法治水平指标会提高每位有效工人的稳态产出水平。在状态变量值不变的情况下,增长率 Dy_t 会趋于相应地增长。类似地,(非生产性)政府消费与 GDP 之比更高,倾向于降低每位有效工人的稳态产出水平,进而在状态变量不变时降低增长率。

在新古典模型中,控制或环境变量的变化影响了每位有效工人的稳态产出水平,但是不会影响长期人均增长率。长期或稳态增长率为外生技术进步率。相反,在第 6 章和第 7 章的外生增长模型中,影响研发强度的变量也会影响长期增长率。然而,即使在索洛—斯旺模型和拉姆齐模型中,如果向新稳态位置的调整耗费了很长时间——似乎与实证研究吻合——那么,像法治水平指标或政府消费率等变量的增长效应会持续很长时间。

我们在主要分析中所使用的教育程度的量度是基于教育年限,并不随教育质量的变化而进行调整。质量的量度取决于具有国际可比性的考试成绩,它对增长具有更大的解释力。然而,这种考试成绩的大小对很多样本而言是无法获取的,进而未被纳入基本系统。

在基本系统中,健康资本以 1 岁时预期寿命的倒数表示。如果死亡的概率与年龄无关,那么该倒数将等于每年的死亡概率。我们稍后也将考虑婴儿死亡率(1 岁以下)和儿童死亡率(1—5 岁之间),以及疟疾这种疾病的发生率。

我们假定,政府消费变量衡量那些不直接影响生产率却会扭曲私人决策的支出。这些扭曲可能是因为政府活动本身,也可能是因为公共财政的不利影响[4]。政府消费率越高,每位有效工人的稳态水平越低,进而,在状态变量值不变时,增长率越低。

---

[1] 该变量等于进出口总额与 GDP 之比,没有考虑该比率与以人口和面积的对数表示的国家规模之间的比较。

[2] 在主流分析中所采用的变量等于政府消费的标准量度中减去国防和教育支出。

[3] 系统没有引入滞后的通胀,而是包括了虚拟变量,来表明一个经济体是否为西班牙或葡萄牙的前殖民地或者是否为英国和法国之外的某国的前殖民地。这些殖民地虚拟变量对通胀具有显著的解释力。

[4] 理想情况下我们将直接保持税收影响不变,但实际上却无法实现,因为公共财政方面可获取的数据是不充分的。如果希望更多地了解如何计量相关边际税率,参见 Easterly 和 Rebelo(1993)。

生育率对人口增长具有重要影响,它会降低新古典增长模型中资本与有效工人的稳态比率。因此,我们认为生育率对经济增长具有负效应。更高的生育率也表明投入养育孩子的资源更多,如同在第9章构建的模型一样。

在新古典增长模型中,从实证研究来看,实际投资与实际 GDP 之比可衡量储蓄率的影响。回顾前文,我们试图以滞后值(此处以滞后投资率)为工具分离出储蓄率对增长的影响,而非分离出增长对储蓄率的影响。

我们假定,如果从某家国际咨询公司 Political Risk Services 所提供的主观指标来看,法治水平改善了,这意味着更好的专利保护和更高的投资与增长的激励。更一般地说,功能良好的政治和法律制度有助于维持增长。一些历史分析想将法治水平等当前的制度特征与很早之前的殖民政权行为关联起来。Acemoglu、Johnson 和 Robinson(2002)认为,欧洲殖民者更可能在那些原本穷困或荒芜的地方建立机构和制度,尤其是当今的加拿大和美国,因为那里的矿产和原著民都尚未被开发。Acemoglu、Johnson 和 Robinson(2001)强调,在部分拉丁美洲地区和非洲所出现的过高死亡率会限制在那些殖民地的制度投资。Woodberry(2002)指出,传教士们在一些地区构建的高质量的学校教育可能对政治制度有长期影响。这些分析给出了一些工具变量(源自长期历史),且这些变量可以被用于更好地估计法治水平指标等当前变量的影响。

我们还从非政府组织 Freedom House 引入了另一个主观变量:以选举权来衡量的民主程度。从理论上讲,民主对增长的影响是不确定的。一些政治模型中大多数选民会利用其政治权力使得资源远离富有的少数人。在这样的模型中,负效应会出现。对政府而言,作为一种保证不没收私人部门所积累的资本的机制,民主也许是富有成效的。实证分析引入了民主的线性项和平方项,进而引入一种可能性——净效应的符号是正还是负将取决于民主程度。

解释变量也引入了国际开放程度的量度(进出口总额与 GDP 之比)。众所周知,开放性随国家规模而变动——大国倾向于更小的开放程度,因为国内贸易所开发的广大市场实际上可以取代国际贸易。在这种对增长的分析中所使用的解释变量滤去了国际开放度与人口和面积的对数之间的常见关系(可在另一个回归系统被估算出来)。这个被过滤掉的参数尤为能反映关税、贸易限制等政府政策对国际贸易的影响。

我们还引入了各10年期的贸易条件的增长率,以出口价格与进口价格之比表示。该比率受一个经济体的开放程度的影响,开放程度等于进出口总额与 GDP 之比。这种贸易条件变量测量了国际价格变化对国内居民的收入水平的影响。这种实际收入水平会因更高的出口价格而上升,也会因为更高的进口价格而下降。我们将贸易条件看作是受世界市场决定,进而外生于单个经济体的行为。因为贸易条件的改善会提高经济体的实际收入,所以我们预测国内消费会增加。然而,GDP对生产的影响取决于资源的分配和投入对相对价格变化的反应。如果某经济体所生产产品的相对价格的增加将带来更多的产出(也就是说,供给方面反应积极),那么该变量对增长率的影响将是积极的。有一种影响是,石油(多数国家的进口产品)相对价格的增加将减产以石油作为投入的产品。

最后,基本系统引入了平均通胀率,以作为宏观经济稳定性的量度。另一些变量也可以被考量,财政变量就属于此类。

12.3 增长率的回归分析结论

12.3.1 基本回归分析

表 12.3 给出了实际人均 GDP 增长率的回归分析结果。就第 2 列所示的基本分析而言,1965—1975 年收录了 72 个经济体,1975—1985 年收录了 86 个经济体,且 1985—1995 年收录了 83 个经济体。附录中的表 12.9 给出了存在于各种回归分析中的变量的平均值和标准差。

表 12.3　各经济体增长的基本回归分析

(1) 解释变量	(2) 系数	(3) 低收入样本的系数	(4) 高收入样本的系数	(5) p 值[a]	(6) 5 年期数据的系数
人均 GDP 的对数	−0.024 8 (0.002 9)	0.020 7 (0.005 2)	0.031 8 (0.004 9)	0.12	−0.023 7 (0.002 9)
男性高等教育程度	0.003 6 (0.001 6)	0.005 6 (0.004 5)	0.002 0 (0.001 6)	0.44	0.002 3 (0.001 5)
1/(1 岁时的预期寿命)	−5.04 (0.86)	−5.13 (1.18)	−1.28 (1.44)	0.040	−4.91 (0.90)
总生育率的对数	−0.011 8 (0.005 0)	−0.020 9 (0.012 0)	−0.021 1 (0.005 4)	0.99	−0.016 0 (0.004 8)
政府消费率	−0.062 (0.023)	−0.102 (0.031)	−0.000 (0.031)	0.021	−0.066 (0.021)
法治水平	0.018 5 (0.005 9)	0.023 7 (0.009 9)	0.022 3 (0.006 3)	0.90	0.017 4 (0.006 2)
民　主	0.079 (0.028)	0.044 (0.049)	0.105 (0.038)	0.32[b]	0.032 (0.017)
民主平方项	−0.074 (0.025)	−0.054 (0.052)	−0.080 (0.031)	0.67	−0.028 (0.016)
开放率	0.005 4 (0.004 8)	0.016 9 (0.011 3)	0.006 1 (0.004 6)	0.38	0.009 4 (0.004 3)
贸易条件的变化	0.130 (0.053)	0.181 (0.076)	0.036 (0.070)	0.16	0.029 (0.021)
投资率	0.083 (0.024)	0.109 (0.035)	0.077 (0.027)	0.46	0.058 (0.022)
通胀率	−0.019 (0.010)	−0.019 (0.012)	−0.019 (0.009)	0.99	−0.031 (0.007)
常　量	0.296 (0.034)	0.294 (0.052)	0.295 (0.052)	0.99[c]	0.306 (0.035)

(1) 解释变量	(2) 系数	(3) 低收入样 本的系数	(4) 高收入样 本的系数	(5) p 值[a]	(6) 5 年期数 据的系数
虚拟变量,1975—1985 年	0.007 8 (0.002 6)	0.007 8 (0.003 8)	−0.006 6 (0.003 2)	0.81	[d]
虚拟变量,1985—1995 年	−0.012 8 (0.003 4)	−0.019 4 (0.005 1)	−0.005 2 (0.004 0)	0.031	
观测值的数量	72, 86, 83	26, 38, 33	46, 48, 50		72, 79, 86, 84, 79, 80, 60
R^2	.60, .49, .51	.78, .53, .65	.56, .56, .40		.40, .26, .27, .31, .46, .19, .04

注:通过三阶段最小二乘法取得估值。在第 2 列中,因变量为 1965—1975 年、1975—1985 年、1985—1995 年等期间的人均 GDP 增长率。工具包括 1960 年、1970 年、1980 年的实际人均 GDP 对数值,预期寿命变量和生育率变量,1960—1964 年、1970—1974 年、1980—1984 年的政府消费变量和投资率等的平均值,1965 年、1975 年、1985 年的教育程度变量值和民主变量,开放性和贸易条件等变量(1965—1975 年、1975—1985 年、1985—1995 年等期间的增长率,与各自对应的进出口同 GDP 之比的平均值相互作用),以及西班牙或葡萄牙殖民地及其他殖民地(除英国、法国外)的虚拟变量。不同时期误差项的方差可相互关联,且不同时期具有不同方差。第 3、4 列以人均 GDP 水平(1960 年、1970 年和 1980 年)中值为限将样本分成两组,一组高于中值,一组低于中值。第 6 列利用了 1965—1970 年,……,1995—2000 年 7 个 5 年期的经济增长方程。

[a] p 值满足两个收入组群的系数都相等这一假设。

[b] 民主和民主的平方之间的联合 p 值为 0.022。

[c] 常量与两个时间虚拟变量之间的联合 p 值为 0.10。

[d] 五年期的时间虚拟变量分别为:1970—1975 年为 −0.001 4(0.004 0),1975—1980 年为 −0.000 0(0.004 0),1980—1985 年为 −0.018 0(0.004 0),1985—1990 年为 −0.011 2(0.003 7),1990—1995 年为 −0.018 4(0.004 5),且 1995—2000 年为 −0.016 5(0.004 2)。

如前文所述,该估算使用了工具变量,并允许各时期的误差项互相关联,且不同时期具有不同方差。假定各国之间的误差项不相关,且误差方差不随国家变化。该系统为不同时期分别引入了虚拟变量。因此,该分析没有解释为什么世界的平均增长率随时间变化。下面关于结论的讨论适用于表 12.3 中的第 2 列。

初始人均 GDP 变量 ln(GDP) 在 1965—1975 年的回归分析中是 1965 年的实际人均 GDP 对数的观测值,在 1975—1985 年的回归分析中是 1975 年的值,在 1985—1995 年的方程式中是 1985 年的值。更早期的值(1960 年、1970 年和 1980 年)被纳入到了工具列表中。这种工具性分析可以降低由于暂时性测量误差而出现的过高估计收敛率的可能性。[例如,如果 1965 年的 ln(GDP)因暂时性测量误差而过低,那么 1965—1975 年的增长率将倾向于较高值,因为 1975 年的测量结果将不太会犯同样的错误。]

ln(GDP)的系数估值为 −0.025(标准差等于 0.003),它证明了 Barro(1991),以及 Mankiw、Romer 和 Weil(1992)等研究中所提到的条件收敛。该收敛是条件性的,因为它认为,只有其他解释变量(其中某些变量与人均 GDP 高度关联)维持不变,更高的增长才会对应于更低的初始人均 GDP。该系数估值意味着,收敛的速率约为每年 2.5%[①]。根据该系数,人均 GDP 对数一个标准差(1985 年为 1.03)的下降将增加增长率约 0.026。与我们将要讨论的其他影响相比,这个影响是非常大的;也就是说,条件收敛对增长率具有重大影响力。

图 12.3 给出了增长率和人均 GDP 水平之间部分相关的图像。横轴表示三个 10 年期各期起始点的人均 GDP 对数值:1965 年、1975 年和 1985 年。纵轴表示 1965—1975 年、1975—1985 年、1985—1995 年各期的人均 GDP 增长率。这些增长率已经过滤掉了表 12.3 的第 2 列其他解释变量的效应估值,而保留了人均 GDP 对数。(其均值也被标准化为 0 均值。)因此,从概念上来讲,该图描绘了在所有其他解释变量不变时,人均 GDP 对数对之后增长的影响估值。图形表明,所估算的关联性不会受明显的异常值的影响,也没有偏离线性的任何明显迹象。我们将对各个解释变量采用类似的处理。

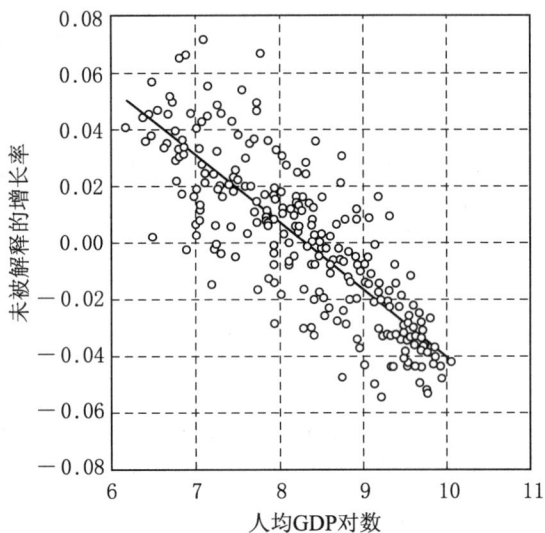

注:横轴给出了 1965 年、1975 年、1985 年的人均 GDP 对数值。纵轴描绘了 1965—1975 年、1975—1985 年、1985—1995 年期间所对应的实际人均 GDP 增长率。这些增长率已经过滤掉了解释变量的效应估值,而保留了人均 GDP 对数,这些被过滤的值被标准化为 0 均值。因此,该图描绘了人均 GDP 增长率与人均 GDP 对数的部分相关性。

图 12.3　增长率与 GDP(部分相关)

教育程度　教育程度变量与之后的增长关系巨大,它指男性所接受的高中及其以上的教育(指高等教育)的平均年限,且各期的起点分别为 1965 年、1975 年和

[①]　该结论用到了第 409 页注释①中的公式。然而,只有当等式右边的其他变量不随人均 GDP 变化时,该结论才是正确的。

1985 年。因为这些变量都是业已决定的,所以它们以其自身工具的方式进入回归分析。女性的教育程度或两性的初等教育程度,与增长率的关系不大,稍后我们将对此进行讨论。系数估值 0.003 6(0.001 6)意味着,如果男性高等教育程度增加一个标准差(表 12.9 所示的 1985 年的该值为 1.3 年),那么增长率会增加 0.005。图 12.4 描绘了经济增长和教育程度变量之间的部分相关性。

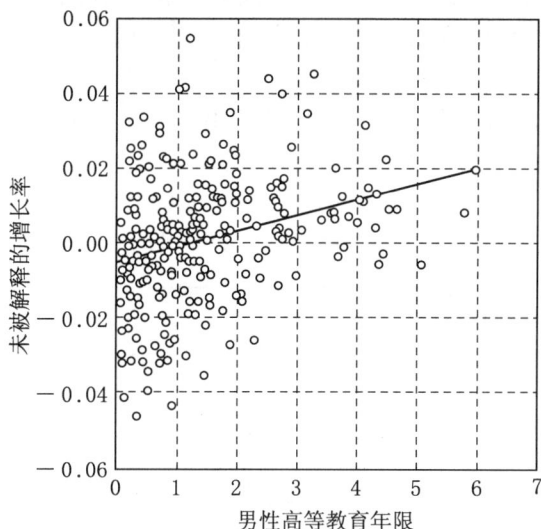

注:此图描绘了人均 GDP 增长率与男性所接受高等教育(大学教育加高中教育)平均年限之间的部分相关性。横轴上的变量测量的是 1965 年、1975 年和 1985 年的值。关于通用步骤,见图 12.3 的描述。

图 12.4　增长率与教育程度(部分相关)

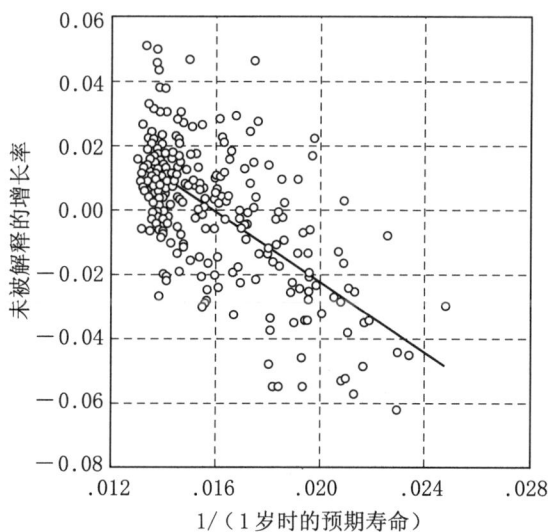

注:此图描绘了人均 GDP 增长率与 1 岁时预期寿命的倒数之间的部分相关性。横轴上的变量测量的是 1960 年、1970 年和 1980 年的值。关于通用步骤,见图 12.3 的描述。

图 12.5　增长率与预期寿命(部分相关)

预期寿命 对三个增长方程而言,其预期寿命变量(1 岁时预期寿命的倒数)分别对应于 1960 年、1970 年和 1980 年的值。如果死亡率与年龄无关(这是不符合事实的),那么这些值将等于每年的死亡率。与基于出生时或 5 岁时预期寿命的变量相比,1 岁时预期寿命的倒数的解释力略胜一筹。(1 岁时预期寿命的倒数也被列入了工具清单。)−5.0(标准误差等于 0.9)的系数估值相当明显。它表明,更好的健康预示着更高的经济增长。经估算,如果 1 岁时预期寿命的倒数下降一个标准差,那么增长率将提高 0.011。图 12.5 以图形证明了增长与这种健康指标之间的部分相关性。

生育率 进入回归分析是 1960 年、1970 年和 1980 年的生育率(女性一辈子平均生出的新生儿数量与其终生预期寿命之比)的对数。这些变量也进入了工具清单。系数估值为负且显著:−0.012(标准误差为 0.005)。经估算,如果生育率的对数下降一个标准差,那么增长率会提升 0.006。图 12.6 描绘了这种部分相关性。

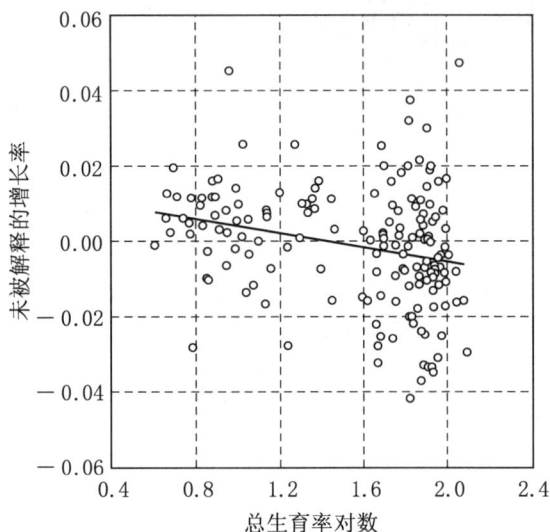

注:上图描绘了人均 GDP 的增长率与总生育率的对数之间的部分相关性。横轴上的变量测量的是 1960 年、1970 年和 1980 年的值。关于通用步骤,请见图 12.3 的描述。

图 12.6 增长率与生育率(部分相关)

政府消费率 通过在政府消费中扣除国防实际支出和教育的非资本实际支出,我们对实际政府消费与实际 GDP[①] 之比进行了调整。之所以要消除国防和教育等支出(政府消费的标准计量是包括这类支出的),是因为这些项目被看作消费是不恰当的。特别地,他们很可能对生产率或财产权的安全具有直接影响。1965—1975 年间的增长方程将经调整的 1965—1974 年的政府消费率均值作为回归量,还将经过调整的 1960—1964 年的比率纳入了工具清单。其他两个 10 年期的增长方程也应用了类似的时间安排。

---

① 这些数据来自《世界主要经济数据》6.1 版,见 Summers 和 Heston(1991)的描述。

政府消费率的系数估值为负且显著：-0.062(0.023)。这个估值表明，如果该比率下降 0.059(其 1985—1994 年间的标准差)，那么增长率将提高 0.004。图 12.7 描绘了这种部分相关性。

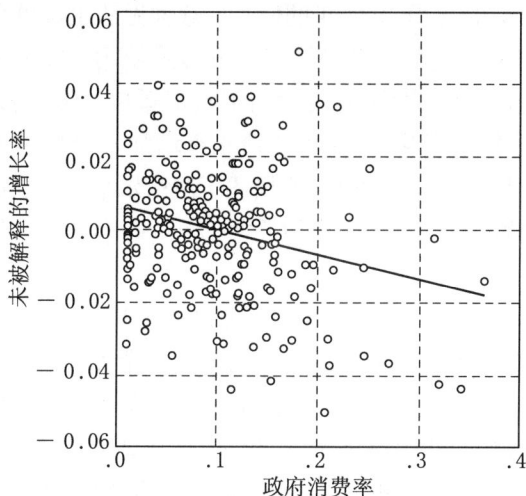

注:该图描绘了人均 GDP 增长率与政府消费—GDP 之比之间的部分相关性。该比值需要从政府消费的标准量度中减去国防和教育的实际支出估值。横轴上的变量是 1965—1974 年、1975—1984 年和 1985—1994 年的均值。关于通用步骤，请见图 12.3 的描述。

图 12.7　增长率与政府消费(部分相关)

法治水平　法治水平变量源自国际咨询公司 Political Risk Services 所编纂的《国家风险指南》(*International Country Risk Guide*)。该变量由 Knack 和 Keefer

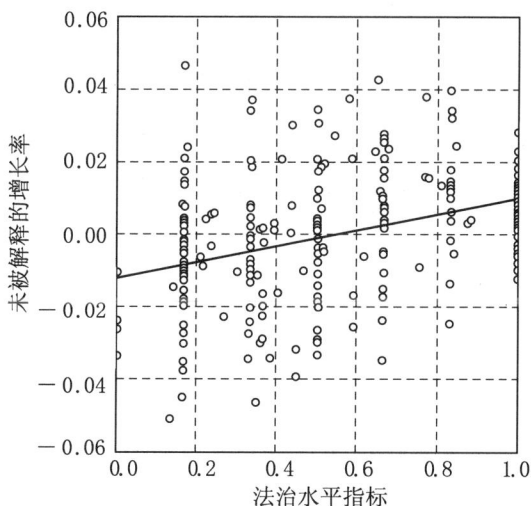

注:该图描绘了人均 GDP 增长率与提供的法治水平指标之间的部分相关性。横轴上与 1965—1975 年和 1975—1985 年间增长率相关的变量取的是 1982 年或 1985 年的值。与 1985—1995 年的增长相关的值是 1985—1994 年的均值。关于通用步骤，请见图 12.3 的描述。

图 12.8　增长率与法治水平(部分相关)

(1995)首次提出。基本数据被分成 7 类,并在本文中被调整成位于 0 到 1 之间的值 (其中,1 代表法治水平最好的环境)。这些数据直到 1982 年才出现。表 12.3 所示估值在 1965—1975 年和 1975—1985 年间的增长方程中使用了可获取的最早的值(通常是 1982 年的值,但有时也用 1985 年的值)。(这种做法也许可令人满意,因为法治水平变量表现出明显的时间稳定性。)第三个方程式使用 1985—1994 年的法治水平均值作为回归量,并将 1985 年的值输入到工具清单中。该系数估值为正且显著: $0.0185(0.0059)$。该估值意味着,如果法治水平增加 1 个标准差(1985—1994 年为 0.26),那么增长率将提高 0.005。图 12.8 描述了法治水平与增长的这种部分相关性。 (注意,很多法治水平的观测值属于 7 个种类之一。1985—1994 年的均值带来了介值。)

民主 民主变量来自 Freedom House 提供的主观量度[1]。所使用的变量衡量的是选举权——后文将考虑关于公民自由的另一个量度。基本数据被分为 7 类而进入面板,并在本文中被调整成 0 到 1 之间的值:1 表示完全代议民主;0 表示完全极权主义制度。这些数据的起点为 1972 年,但是从其他渠道获得的信息可以被用于获取 1960 年或 1965 年的数据。为引入对经济增长的非线性影响,该系统也引入了民主的平方项。第一个增长方程式将 1965—1974 年间的民主均值及其平方的均值作为回归量引入。工具清单引入了 1965 年(有时是 1960 年)的值及其平方值。另外两个增长方程式分别将 1975—1984 年和 1985—1994 年间的平均值作为回归量,且将各期初始年份的值列入工具清单。

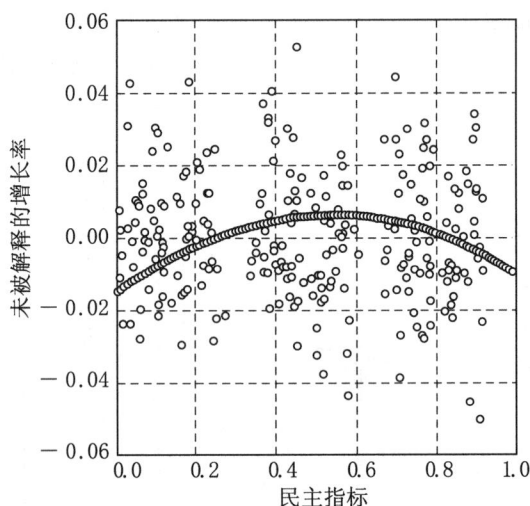

注:该图表明了人均 GDP 增长率与 Freedom House 给出的民主(选举权)指标之间的部分相关性。横轴的变量是 1965—1974 年、1975—1984 年和 1985—1994 年期间各自的均值。实曲线是民主的线性项和平方项的系数估值所表示的拟合关系。关于通用步骤,请见图 12.3 的描述。

图 12.9 增长率与民主(部分相关)

---

[1] 关于早期的讨论,见 Gastil(1987)。

该结论表明,民主的线性项和平方项在统计上都很显著:分别为 0.079 (0.028)和—0.074(0.025)。联合显著性的 p 值为 0.011。这些估值表明,以完全极权主义制度为起点(其民主变量取值为 0),民主的增加倾向于鼓励增长。然而,随着民主增加,其积极影响逐渐减弱,并且当指标取 0.53 的中列数时,其积极影响变为 0。(注意,1985—1994 年的民主变量均值为 0.64。)因此,对于那些不十分民主的经济体而言,民主化似乎有助于强化其增长;而对于已经取得较高程度民主的经济体而言,会妨碍其增长。图 12.9 显示了该非线性关系,其中的实践表明民主的线性项和平方项所表示的拟合值。

国际开放度　国际开放程度以进出口之和与 GDP 之间的比值计量。该量度对国家规模非常敏感,因为大国倾向于相对更依赖于国内贸易。为考虑到这种相关性,进出口之和与 GDP 之比在回归分析框架中被过滤掉了与人口和面积的对数的关系。我们稍后将考虑国家规模本身与经济增长之间的关系。

开放度变量将对应的 10 年期(1965—1974 年,等等)均值输入各自的增长方程。在基本体系中,这些变量也会出现在各自的工具清单中。如果贸易比(大部分)外生于经济增长,那么该规定是合适的。开放度变量的系数估值为正,但在统计上并不显著,等于 0.005 4(0.004 8)。因此,"更大的国家开放度会刺激经济增长"的观点的统计论据不足。该点估值表明,如果开放度增加一个标准差(在 1985—1994 年期间的值为 0.39),那么增长率将增加 0.002。图 12.10 显示了增长和开放度变量之间的部分相关性。

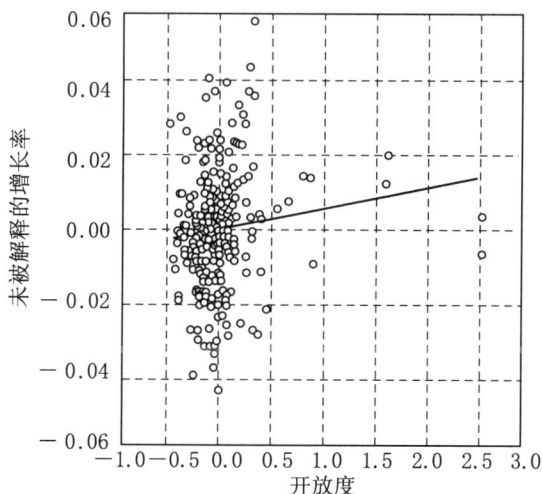

注:上图表明了人均 GDP 增长率与开放度之间的部分相关性。该变量是进出口之和与 GDP 之比,这里过滤掉了其与人口和面积的对数的关系。横轴的变量是 1965—1974 年、1975—1984 年和 1985—1994 年期间各自的均值。关于通用步骤,请见图 12.3 的描述。

图 12.10　增长率与开放度(部分相关)

贸易条件　该变量以各期(1965—1974 年,等等)进出口总额与 GDP 之比的平均值乘上各 10 年期(1965—1975 年,等等)的贸易条件(出口价格与进口价格之比)的增长率来衡量。这些变量也被列入工具清单。这里的思想是,贸易条件的变化主要取决于全世界的经济状况,进而很大程度上外生于单个经济体的同期经济增长[1]。该系数估值为正且显著:0.130(0.053)。因此,贸易条件的变化对各 10 年期的增长而言关系重大。这些结论表明,如果变量增加 1 个标准差(1985—1995 年为 0.017),那么增长率将增加 0.002。图 12.11 给出了增长与贸易条件变量之间的部分相关性。

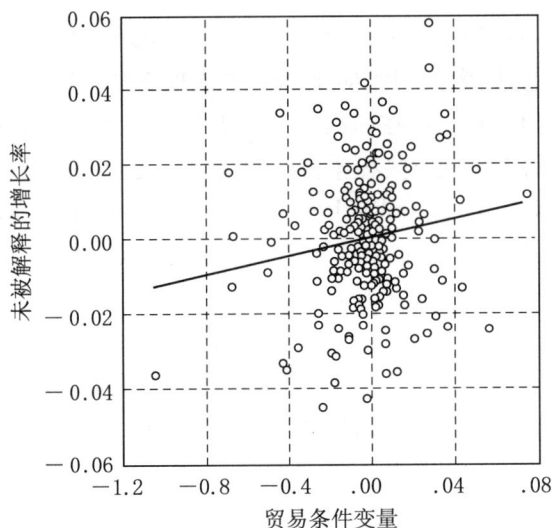

注:上图表明了人均 GDP 增长率与贸易条件变量之间的部分相关性。该变量是进出口总额与 GDP 之比的平均值乘上贸易条件(出口价格与进口价格之比)增长率。这里的贸易条件增长率对应的时期分别是 1965—1975 年、1975—1985 年和 1985—1995 年。关于通用步骤,请见图 12.3 的描述。

图 12.11　增长率与贸易条件(部分相关)

投资率　各个 10 年期(1965—1974 年,等等)的实际国内总投资(私人投资加公共投资)与实际 GDP 之比的均值进入了回归分析[2]。对应的工具变量是该比值前 5 年(1960—1964 年、1970—1974 年和 1980—1984 年)的平均值。该系数估值为正,等于 0.083(0.024),且在统计上显著。该点估值表明,如果投资率增加 1 个标准差(在 1985—1994 年为 0.081),那么增长率将提高 0.007。图 12.12 显示了该变量与增长之间的部分相关性。

---

[1]　如果工具清单包含的贸易条件的增长率,同进出口与 GDP 之比的滞后值而非其同期比值相互影响,结论大致相同。

[2]　该数据来自《世界经济主要数据》6.1 版,如同 Summers 和 Heston(1991)所描述的那样。

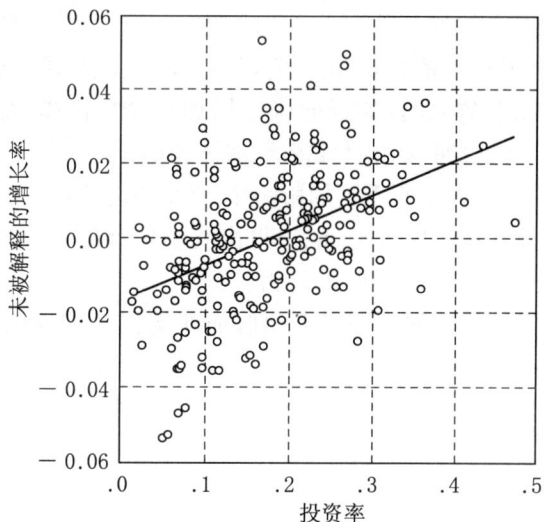

注:该图表明了人均 GDP 增长率与投资—GDP 之比的部分相关性。横轴上的变量对应的是 1965—1974 年、1975—1984 年和 1985—1994 年的均值。关于通用步骤,请见图 12.3 的描述。

图 12.12 增长率与投资(部分相关)

通胀率 通胀变量是各 10 年期(1965—1975 年,等等)的零售价格平均通货膨胀率。通货膨胀的跨国分析将历史上的殖民状态作为工具虚拟变量。特别地,西班牙和葡萄牙以及其他国家(除英国和法国外)的前殖民地对通胀具有很大的解释能力。当工具变量包含了这两个殖民地虚拟变量——西班牙或葡萄牙的前殖民

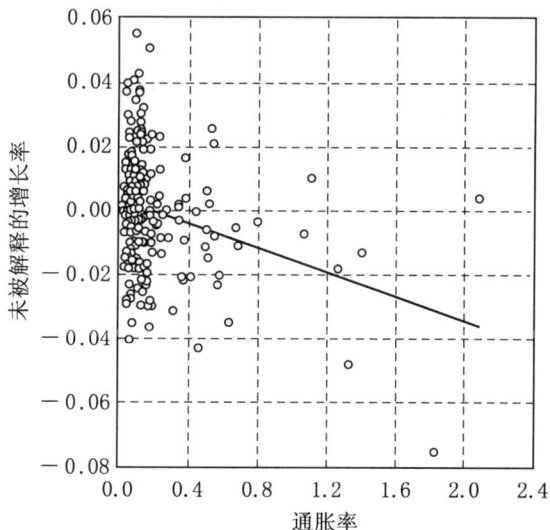

注:该图表明了人均 GDP 增长率与平均零售价格通货膨胀率之间的部分相关性。横轴上的变量对应 1965—1975 年、1975—1985 年和 1985—1995 年之间的值。关于通用步骤,请见图 12.3 的描述。

图 12.13 增长率与通货膨胀(部分相关)

地,以及除英国、法国之外的其他国家的殖民地——而非其同期或滞后的通胀本身,表12.3的结论成立。系数估值为负,且在统计上刚好可被视为显著,等于−0.019(0.010)。该系数表明,如果通胀率增加一个标准差,那么增长率会降低0.007。然而,该系数也表明,如果大多数经济体经历了通货膨胀的温和变化(每年变化0.05左右),那么增长率所受到的影响小于0.001。图12.13显示了增长与通胀之间的部分相关性。从图中可见,能够得出我们估计的相关性主要是由于高通胀率(年通胀率大于20%—30%)时的行为。

如果出现在工具清单中的是同时期通胀而非殖民地的虚拟变量,那么通货膨胀率系数的点估值是相似的,等于−0.018(0.005)。然而,如果工具清单中包含了(1960—1965年、1970—1975年和1980—1985年间的)滞后通胀,而非同时期通胀,那么系数估值接近于0,等于0.003(0.009)。因为滞后通胀对通胀应该有相当大的解释力,所以该结论让人吃惊。

常数项　回归分析中包含了一个总常数项,以及对应于1975—1985年和1985—1995年两期的相互独立的时间虚拟变量。这两个时间虚拟变量都为负且显著:−0.007 8(0.002 6)和−0.012 8(0.003 4)。因此,世界的经济增长率从1965年到1995年似乎是下降了[①]。

12.3.2　系数稳定性的测试

当以各期中值为标准将经济体分成高于中值和低于中值两组时得到的结论总结在表12.3的第3列和第4列。这种划分以1960年、1970年和1980年的人均GDP值为基础。因为所有具备GDP数据的经济体都被计算了其中值,所以在回归分析样本中,人均GDP高于中值的经济体所占的比重远远超过一半。(更高收入的经济体更可能具有回归分析样本所需的其他变量的数据。)

由于 p 值非常低,所以两个收入群组之间所有系数相等性的联合测试不成立。然而,当考虑单个变量时,结论表明高收入群组和低收入群组之间存在相当大的稳定性。特别地,就表12.3第5列所示的 p 值而言,只有小于0.05的值才可以充当预期寿命变量、政府消费率和1985—1995年间的虚拟变量。值得注意的是,低收入经济体比高收入经济体对预期寿命和政府消费具有更高的敏感性。此外,增长率从1965—1975年到1985—1995年的下降主要适用于低收入经济体。尽管存在这些预期,但是该表第3—5列中最引人注目的发现是,贫穷经济体和富裕经济体在多大程度上具有类似的系数。

当这些数据被用于5年期,而非此前所说的10年期时,表12.3第6列给出了

---

① 各个10年期的平均增长率也取决于回归量的均值。对所有三个10年期的回归分析中所包含的70个经济体而言,其增长率均值如下:1965—1975年为0.025 5;1975—1985年为0.016 2;1985—1995年为0.013 8。

其系数估值。在 5 年期的情况下,这里就有 7 个方程式,其中,因变量是从 1965—1970 年到 1995—2000 年的人均 GDP 增长率。在大多数情况下,第 6 列 5 年期所示的系数类似于第 2 列中 10 年期的估值。主要的不同是出现于贸易条件变量(5 年期样本的系数更小)、开放性变量(5 年期中的值更大且在统计学上更显著)和民主变量(5 年期中两个系数值更小)。如 R^2 所估测的那样,与 5 年期的方程式相匹配的值显然比 10 年期的值小。该模式表明,短期或临时性力量("商业周期"),对 5 年期的增长结论有巨大影响。这些短期或临时性力量不会在长期经济增长理论中被考虑。一个值得注意的发现是,贫穷经济体与 1995—2000 年这最后一个 5 年期相匹配。在这种情况下,R^2 为 0.04。造成该结论的一个原因是,位于东亚的几个过去的增长冠军由于亚洲金融危机而在 1995—2000 年间表现不佳。

表 12.4 引入了三个 10 年期的各自不同的系数数组。(在初始估计之中,各期之间只有常数项不同。)不同时期所有系数相等性的联合测试由于 p 值非常低而不成立。然而,当变量被单独考虑时,不大于 0.05 的 p 值只有通货膨胀率和生育率(表 12.4 第 5 列)。总而言之,从表 12.4 中得到的最引人瞩目的发现是系数估值在时间上持续稳定的程度。

表 12.4 跨经济体增长回归系数的时间稳定性

(1) 解释变量	期 间 系 数			(5) p 值[a]
	(2) 1965—1975 年	(3) 1975—1985 年	(4) 1985—1995 年	
人均 GDP 的对数	−0.022 2 (0.004 1)	−0.023 1 (0.006 4)	−0.033 8 (0.006 1)	0.25
男性高等教育程度	0.003 8 (0.002 6)	0.007 0 (0.002 8)	0.002 2 (0.002 9)	0.13
1/(1 岁时的预期寿命)	−5.48 (1.48)	−3.74 (1.59)	−7.94 (1.86)	0.13
总生育率的对数	0.000 8 (0.007 9)	−0.014 3 (0.010 4)	−0.030 7 (0.010 1)	0.052
政府消费率	−0.060 (0.035)	−0.017 (0.035)	−0.099 (0.059)	0.35
法治水平	0.026 2 (0.008 7)	0.019 1 (0.011 7)	0.007 9 (0.017 3)	0.64
民主	0.129 (0.070)	0.111 (0.055)	0.120 (0.053)	0.98
民主平方项	−0.127 (0.058)	−0.109 (0.051)	−0.097 (0.048)	0.93
开放率	−0.000 5 (0.012 3)	0.004 3 (0.009 5)	0.002 8 (0.007 9)	0.95
贸易条件的变化	0.063 (0.094)	0.225 (0.110)	−0.120 (0.133)	0.16
投资率	0.117 (0.037)	0.068 (0.050)	0.095 (0.056)	0.73

				(续表)
		期 间 系 数		
(1)	(2)	(3)	(4)	(5)
解释变量	1965—1975 年	1975—1985 年	1985—1995 年	p 值[a]
通胀率	0.061 (0.031)	−0.046 (0.032)	−0.018 (0.014)	0.033
常量	0.239 (0.056)	0.252 (0.062)	0.428 (0.068)	0.046
观测值的数量	72	86	83	
R^2	0.55	0.48	0.57	

注:第 2—4 列给出了,在系数可随着所对应 10 年期的不同而发生波动时,表 12.3 第 2 列回归系统的估值。这里的 3 个 10 年期分别是 1965—1975 年、1975—1985 年和 1985—1995 年。

[a] p 值是针对所有 3 期的系数都相等的假设。

12.3.3 其他的解释变量

关于经济增长决定因素的实证文献十分丰富,并给出了大量的其他解释变量。如果向表 12.3 第 2 列所示的基本回归分析中每次只加一个候选变量,那么表 12.5 给出了一些这类候选变量的系数估值。

表 12.5 经济体间增长回归分析的其他解释变量

(1) 新解释变量	(2) 系数	(3) 附加的新变量	(4) 系数	(5) p 值[a]
人口对数	0.000 4 (0.000 9)			
人均 GDP 对数的平方	−0.003 5 (0.002 0)			
女性高等教育程度	−0.003 4 (0.004 1)			
男性初级教育程度	−0.001 1 (0.002 5)	女性初级教育程度	0.000 7 (0.002 4)	0.90
男性大学教育程度[b]	0.010 5 (0.009 3)	男性高中教育程度	0.002 4 (0.002 0)	0.075
学生考试成绩[c]	0.121 (0.024)			
婴儿死亡率	−0.001 (0.057)			
1/(出生时的预期寿命)	−0.97 (2.52)			

(1) 新解释变量	(2) 系数	(3) 附加的新变量	(4) 系数	(5) p 值[a]
1/(5 岁时的预期寿命)	0.90 (2.00)			
疟疾发病率	0.001 9 (0.004 5)			
官员腐败情况	0.009 3 (0.006 8)			
官僚机构质量	0.007 6 (0.008 8)			
公民自由[d]	−0.045 (0.081)	公民自由平方项	0.003 (0.070)	0.36
撒哈拉沙漠以南非洲虚拟变量[e]	−0.008 0 (0.005 1)	拉丁美洲虚拟变量	0.003 1 (0.003 9)	0.011
东亚虚拟变量	0.0100 (0.004 7)	OECD 虚拟变量	0.000 4 (0.005 4)	
人口比重(<15 岁)	−0.070 (0.070)	人口比重(>64 岁)	−0.080 (0.110)	0.61
政府教育支出	−0.057 (0.068)	政府国防支出	0.064 (0.028)	0.069
黑市交易溢价的对数	−0.012 2 (0.005 8)			
私人金融系统贷款	−0.004 1 (0.006 5)			
金融系统存款	−0.002 (0.011)			
英国法律构架虚拟变量	−0.001 8 (0.004 4)	法国法律构架虚拟变量	0.004 7 (0.004 5)	0.10
绝对纬度(度数÷100)	0.066 (0.027)	纬度平方项	−0.085 (0.044)	0.036
内陆虚拟变量	−0.008 8 (0.003 2)			
人种细分	−0.008 0 (0.005 9)			
语言细分	−0.008 4 (0.005 0)			
宗教细分	−0.008 8 (0.005 8)			

（续表）

(1) 新解释变量	(2) 系数	(3) 附加的新变量	(4) 系数	(5) p 值[a]
英国殖民地虚拟变量[f]	−0.006 4 (0.004 3)	法国殖民地虚拟变量	0.003 (0.005 3)	0.39
西班牙/葡萄牙殖民地虚拟变量	−0.001 9 (0.005 3)	其他殖民地虚拟变量	0.005 5(0.007 5)	

注：每个新的解释变量或新变量组都被加入到表 12.3 第 2 列所示的系统。

[a] p 值是对新的解释变量的联合系数为零的假设的测试。

[b] 男性高等教育程度被忽略了。关于大学和中学变量相等性的 p 值等于 0.44。

[c] 该样本的观测值的数量是 39、45 和 44。

[d] 该系统只适用于 1975—1985 年和 1985—1995 年这两期。

[e] 这 4 个地区虚拟变量被一起输入。

[f] 这 4 个殖民地虚拟变量被一起输入。

第一个变量是人口对数，它是想确定经济体规模对其增长结果是否重要。这一变量被输入到 1960 年、1970 年和 1980 年，并出现在工具清单中。该系数估值不显著，等于 0.000 4(0.000 9)。因此，没有迹象表明经济体规模对经济增长很重要。

为观察收敛速度是否取决于人均 GDP 水平，人均 GDP 对数值的平方值被输入进来。该新变量输入对应的时期与人均 GDP 对数的线性项相同。如果平方变量的系数为负，那么收敛率将关于人均 GDP 递增。估计结果是，系数为负且在统计上显著，等于−0.003 5(0.002 0)。该结论与理论预测相矛盾。理论认为，随着人均 GDP 的增加（向稳态移动），收敛速度放缓。

我们考虑了一些对教育年限的其他量度，所有这些量度对应的时期与男性高等教育程度变量相同。女性高等教育程度具有负系数，且在统计上不显著，等于−0.003 4(0.004 1)。对男性和女性而言，初级教育程度都有统计上不显著的系数：−0.001 1(0.002 5)和 0.000 7(0.002 4)。因此，增长和教育年限之间的主要关系涉及的是男性高等教育程度，该变量被包含于表 12.3 第 2 列。男性大学教育程度和高中教育程度变量的分离带来了两个正系数：0.010 5(0.009 3)和 0.002 4 (0.002 0)。二者之间的差异不显著（关于相等性的 p 值为 0.46）。

所有这些教育变量指的是教育数量，以教育年限而非教育质量来衡量。一个可能的质量量度是具有国际可比性的考试的结果。当然，这些考试分数可能反映了正式教育之外的其他因素的影响，如家庭成员的影响。无论如何，这里的困难是，只有来源自初始回归样本中的部分经济体和部分时期的数据才能获取。由于数据的局限性，我们构建了考试分数的单一横截面，并对每个经济体来说，其增长所考虑的 3 个时期的系数取值相同。（因此，基本考试分数适用于各方程式中的不同时点，且有些数据是所测量的经济增长率之后的分数。）考试分数变量的系数估值为正且非常显著，等于 0.121(0.024)。这种规定的另一个结论是，男性高等教育程度的系数估值变得不显著了,等于 0.001 3(0.001 5)。因此,总结论是,对经济发展而言,教育质量远比教育年限重要。不过很遗憾,与考试分数相关的国际数据的有限性使得继续推进该分析困难重重。

另一组结论涉及健康的量度。回顾前文可知,我们之前纳入了 1 岁时预期寿命的倒数。(该量度比 1 岁时的预期寿命和该预期寿命的对数更有解释力。)如果该变量固定不变,那么(1960 年、1970 年和 1980 年的)婴儿死亡率不显著,等于 $-0.001(0.057)$。同样地,出生时和 5 岁时预期寿命的倒数也不显著,分别为 -0.97(标准误差等于 2.52)和 0.90(标准误差为 2.00)。(这些变量也对应于 1960 年、1970 年和 1980 年的值。)Gallup 和 Sachs(1998)提供了大量关于具体疾病的影响的量度。一旦基本预期寿命变量被考虑,我们发现其与增长之间没有重要关联性。例如,1966 年的疟疾发病率变量是不显著的,为 0.001 9(0.004 5)。

该文献也提到了另一种法治水平指标。在我们的法治水平量度(以及其他解释变量,包括民主)不变的情况下,Political Risk Services 所提供的官员腐败程度指标为正但不显著,等于 0.006 7(0.007 1)[1]。(注意,对该指标而言,更高的值意味着更少官员腐败的"更好"的制度。)同样地,Political Risk Services 所提供的官僚机构质量指标也不显著,等于 0.005 4(0.009 1)。官员腐败情况和官僚机构质量指标对应的时期都与我们之前所讨论的法治水平变量相同。

表 12.3 第 2 列所包含的民主变量是 Freedom House 的选举权指标。因为其相关性很高,所以在实证上将该指标从其他衡量公民自由的 Freedom House 指标中区分出来是不可能的。如果选举权被输入到该系统(p 值等于 0.53),那么公民自由的线性和平方项都是不显著的[2]。然而,如果公民自由变量已被包含在该系统中,那么选举权的线性项和平方项也是联合不显著的(p 值等于 0.12)。

本章早先的讨论表明了,撒哈拉沙漠以南非洲经济体充斥着经济增长最慢的经济体组群,而东亚经济体充斥着经济增长最快的经济体组群。一个显而易见的问题是,在表 12.3 第 2 列基本回归分析系统中包含的解释变量维持不变时,地区性的低增长结论和高增长结论是否继续成立。也就是说,被包含在内的解释变量是否已经测量了地区因素对增长的影响。表 12.5 所示的地区性虚拟变量的系数估值如下:撒哈拉沙漠以南非洲为 0.009(0.005),拉丁美洲为 0.006(0.004),中东为 0.009(0.005)和 OECD 为 $-0.001(0.006)$[3]。因此,只有中东虚拟变量在通常的临界水平上是显著的。这里主要的结论是,由基本回归分析系统所包含的解释变量,已经包含了地区因素的大部分影响。

---

[1]　关于腐败的讨论,见 Mauro(1995)。

[2]　因为无法获取 1972 年之前的选举权和公民自由的独立量度,该系统只包含了 1975—1985 年和 1985—1995 年两个 10 年期的增长。公民自由变量对应的时期与此前所讨论的选举权指标相同。

[3]　OECD 经济体指自 1960 年起就是 OECD 成员的经济体,但不包括土耳其。

一个合理的预期是,生产率取决于年龄结构——值得注意的是,如果处于15—65岁的青壮年人口比重更大,而15岁之下和65岁之上的人口比重更小,那么人均产出将更高。然而,如果两个人口比重变量被纳入回归分析系统,那么二者不具备联合显著性。(联合p值为0.78;这些年龄结构变量对应于1960年、1970年和1980年的值。)

该基本系统将剔除了国防和教育支出的政府消费定义为政府支出而纳入进来。如果这两个被剔除的政府支出(以实际支出与实际GDP之比的估值)被分别输入,那么系数估值如下:教育为0.009(0.074),国防为0.033(0.028)。这两个变量对应的时期与此前所讨论的政府消费率相同。这两个变量不具有联合显著性(p值为0.4)①。

国际汇兑的黑市溢价优势也作为某类市场扭曲的替代物而进入增长方程式。然而,这种指标也能更广泛地代表宏观经济的不稳定性,特别是那种与收支平衡相关的不稳定性。1与黑市溢价之和的对数的系数估值为负且边际显著:-0.010(0.006)。(该变量为1965—1974年、1975—1984年和1985—1992年的均值。工具清单收录的值所对应的时间段为1960—1964年、1970—1974年和1980—1984年。)因此,有迹象表明,这种扭曲量度对经济增长具有逆向预测能力。

King和Levine(1993)以及Greenwood和Jovanovic(1990)等其他分析强调了国内金融系统作为增长引擎的特殊作用。我们在这里考虑这种金融发展的两个替代物。一个是私人金融系统贷款与GDP之比,而另一个是金融系统存款(M3总和减去与交易相关的M1总和,再除以GDP)的量度。这些变量值对应的时点都是各10年期的起点:1965年、1975年和1985年。当然,金融系统的发展是外生于一般经济发展的。因此,这些金融替代物只在那些对经济发展水平而言不常见的价值领域意义重大——在实证上以人均GDP或一些其他解释变量来计量。无论如何,这些金融替代物的系数估值都与0相差不大:贷款量度为-0.005(0.007),储蓄量度为0.000(0.011)。

以La Porta等人(1998)为代表的研究思路强调法律构架的作用。特别地,该文献认为,作为经济发展的基础而言,英国普通法传统优于法国成文法体系。这些数据包括了五类法律传统(英国、法国、斯堪的纳维亚、德国和社会主义)的虚拟变量。英国和法国法律结构的虚拟变量对增长几乎没什么解释力:英国变量的系数为0.0027(0.0045)和法国变量的系数为0.0095(0.0046)。当p值为0.04时,这两个变量具有联合显著性——但是,与基本假设相反,法国体系某种程度上似乎比英国体系(或其他体系)更适于增长。然而,注意,这些法律结构变量已经进入了表12.3第2列的基本系统,而该系统已经假定法律规则和民主等量度恒定不变。

---

① 因为表12.3所包含的变量以标准政府消费为基础,再剔除教育和国防支出,所以我们也能测试,将标准政府消费量度输入增长系统是否恰当。我们得到的p值等于0.022,该假设不成立。

Gallup 和 Sachs(1998)的研究中强调了地理因素。一个常被采用的指标是纬度绝对值。该观点是,离赤道太近的地方因过度炎热和过度潮湿而气候不好。因为离赤道太远将意味着过度寒冷,所以我们也将纬度的平方纳入该系统。结论是,当 p 值为 0.07 时,线性项(0.065,标准误差为 0.028)和平方项(-1.01,标准误差为 0.047)联合边际显著。该点估值表明,从经济发展的角度来看,最优(绝对)纬度为 32 度。

另一个地理要素是内陆状况。从鼓励贸易和与世界其他地方沟通往来的角度来看,它可能很重要。(然而,注意,国际开放度已经在基本回归分析系统中被视为固定不变的了。)内陆水平的虚拟变量为负且显著:$-0.011\,0(0.003\,3)$。

有学者提出,人种、语言和宗教细分等各种量度,对政治决策和冲突很重要,进而对经济增长很重要。细分化的标准量度是 1 减去(人种、语言或信仰群组中)成员比重的市场集中度指标(Herfindahl index)。该量度提供了这种可能性:某国随机选出的两个人来自两个不同的群体。表 12.5 所考虑的 3 个细分化量度的系数在增长方程式中都为负,且在统计上不显著[1]。

最后,殖民地影响被证明对增长很重要。这些影响常被看作是源于对法律或金融制度的继承——因此,重要的是要注意到,该解释变量已经被包含在表 12.3 第 2 列中了。无论如何,当 p 值为 0.39 时,四个殖民种类(英国、法国、西班牙或葡萄牙,以及其他)的虚拟变量对增长而言不具有联合显著性[2]。

12.4 关于增长的概述和结论

各国间人均增长率方面的差异是很大的,且在系统上与可计量的解释变量集相关。该集合的元素之一就是净收敛项。净收敛项衡量的是,当实际人均 GDP 初始水平,与以预期寿命和教育程度表示的初始人力资本量相比很低,且与刻画国家特征和政策的解释变量相比很低时,增长率所获得的正效应。有证据表明,具有更高初始人力资本的国家向其稳态水平的收敛速度更快。

关于条件收敛的实证发现与第 1、2 章的新古典增长模型相吻合,且与第 5 章所描述的关于物质资本和人力资本的非均衡效应相一致。如第 8 章所述,该收敛效应也出现在技术扩散模型中。

在人均 GDP 和人力资本确定的情况下,增长与法治水平和国际开放程度正相关,且与政府消费—GDP 之比反通货膨胀率负相关。增长随着贸易条件的改善而提高,随着生育率的提高而下降。如果此前提到的这些变量都维持不变,且滞后投资率被作为工具,那么增长和投资率具有弱正相关性。

---

[1] 这些种族性和语言指标来自 ALesina 等人(2003),并适用于 20 世纪 90 年代。关于宗教的值是根据 Narrett(1982)关于 1970 年十大团体之间的宗教联盟的数据计算而来的。

[2] 表 12.3 第 2 列中的系统将西班牙或葡萄牙及其他殖民地的虚拟变量纳入到了工具清单,并剔除了通货膨胀量度。当前的系统加入了其他两个殖民地虚拟变量,并引入了滞后通胀率。

12.5　稳健性

　　无论是一般而言,还是特别对经济增长而言,实证经济学的核心问题是,哪些解释变量应该被纳入,哪些应该被剔除。这里的困难是,变量与增长的巨大相关性是建立在哪些其他变量不变的基础上的。特别地,哪些变量应该被引入增长回归分析? 尽管到目前为止,我们已经研究了 3 个 10 年期的面板或 7 个 5 年期的面板,但是,我们是在单一横截面回归分析的框架下描述该问题及其可能解的。原因是,我们一步步地遵循着 Sala-i-Martin(1997a, 1997b)以及 Sala-i-Martin、Doppelhoffer 和 Miller(2003)的分析思路。

　　我们从下列形式的国家间回归分析开始我们的讨论:

$$\gamma = \alpha + \beta_1 x_1 + \beta_2 x_2 + \cdots + \beta_n x_n + \varepsilon \tag{12.2}$$

其中,γ 是经济增长率向量,而 x_1, $\cdots$, x_n 是潜在解释变量向量。我们所考虑的问题是,哪些变量 x_j 应被纳入到回归分析中。一个问题是,经济理论还没有精确到足以指出增长的确切的决定因素。例如,通观全文,我们介绍了很多增长理论,每种理论都给出了不同的潜在回归量的集合。第二个问题(或许更重要)是理论间的相互矛盾:物质资本积累对增长至关重要,这是合理的;而同时,人力资本、技术进步和政府政策同样至关重要,这也是合理的。

　　注意,我们不能在一个回归分析中引入所有的潜在变量,并"让数据说话",因为潜在变量比世界上的经济体更多,这使得囊括一切的回归分析在计算上是不可能的。实证增长分析者经常使用的方法论在于对被当作增长的潜在重要决定因素的变量进行简单地"试验"[①]。然而,一旦人们用这些变量进行回归分析时,他们会发现,x_1 在引入 x_2 和 x_3 的回归分析中是显著的,但是当 x_4 被引入时,却变得不显著了。因为人们无法在"正确"变量被引入之前就知道答案,所以他们就遇到了一个问题——哪些变量与增长真正相关?

12.5.1　Levine 和 Renelt(1992)

　　这个问题的初步回答是由 Levine 和 Renelt(1992)给出的。他们利用修改过的 Leamer(1983, 1985)极限边界分析来界定经济增长的"稳健的"实证关系。简言之,极限边界测试工作如下。假定我们有潜在的 K 个变量,并且想知道变量 z 是否是"稳健的"。我们将对下式进行回归分析估算:

$$\gamma = \alpha_j + \beta_{zj} z + \beta_{zj} x_j + \varepsilon \tag{12.3}$$

---

① 经济增长论文通常都是先提出一个理论,紧接着是实证部分。实证部分将证明,当其他变量不变时,刻画该理论所强调的现象的变量与增长相关。论文一般还会接着证明,甚至当解释变量出现变动时,中心变量也具有显著性。

其中，x_j 是从可获取的 K 个变量中选取的变量向量[1]。人们需要对所有可能的 x_j 组合进行回归分析估算。对每个模型 j 而言，人们找到一个 $\hat{\beta}_{zj}$ 估值和一个对应的标准偏差 $\hat{\sigma}_{zj}$。极限边界下限对应于所有可能的模型 j 中的最低值 $\hat{\beta}_{zj}-2\hat{\sigma}_{zj}$，极限边界上限对应于最大值 $\hat{\beta}_{zj}+2\hat{\sigma}_{zj}$。变量 z 的极限边界测试认为，如果极限边界的下限为负，上限为正，那么变量 z 是不可靠的。接着，对数据集合中所有变量重复该测试。

注意，如果某个模型进行数以百万计次的可能的回归法都表明 $\hat{\beta}_{zj}$ 与零相差不大，那么这个极限边界测试表明，该变量是不稳健的。原因是，我们认为，当区间 $[\hat{\beta}_{zj}-2\hat{\sigma}_{zj}, \hat{\beta}_{zj}+2\hat{\sigma}_{zj}]$ 包含 0 时，那么 $\hat{\beta}_{zj}$ 不"显著"。因此，每个回归分析都有一个"否决权"（与回归的实际拟合情况无关），因为如果该特定回归的系数 β_{zj} 恰巧不显著，那么无论其他将 z 作为解释变量而引入的数以百万计的回归的结果如何，变量 z 都被贴上了不稳健的标签。Levine 和 Renelt(1992)分析中的主要结论是，毫无意外地，所有变量都是"不可靠的"。

12.5.2　古典估计的贝叶斯平均

任一回归都具有导致变量不稳健的否决权，这一事实使得 Sala-i-Martin(1997a，1997b)认为，该测试过于严格而不具有意义[2]。他建议偏离这种"极限"测试，不对某变量贴上"稳健"或"不稳健"的标签，而是赋予每个变量一个"信心水平"。出于该目的，他构建了所有 $\hat{\beta}_{zj}$ 估值的加权平均，并利用与各模型似然估计成比例的权重来构建其对应的标准差 $\hat{\sigma}_{zj}$。换言之，在 OLS 系数加权平均中，来自拟合度很好的模型的 $\hat{\beta}_{zj}$ 具有较大的系数。为衡量其显著性，Sala-i-Martin 计算了正态累积分布函数的似然权重总和。他发现，Levine 和 Renelt 的悲观结论并非一定正确，而且很多变量与增长显然相关。为了维持可比较性，Sala-i-Martin(1997a，1997b)追随 Levine 和 Renelt，假定存在可归入所有模型的"固定回归量"，而且他令所有的回归都具有 7 个解释变量。这种方法的一个缺点是，这些加权平均的统计特征不好理解，因为他不是从统计理论中推导出这些特征的。

Sala-i-Martin、Doppelhoffer 和 Miller(2003)（后文简称"SDM"）证明，Sala-i-Martin 的方法是我们马上要讨论的贝叶斯模型平均的特殊情况。对模型不确定性进行思考的一个显而易见的方法是，承认我们不知道哪个模型是"正确"的，并赋予各可能的模型一个概率。虽然在直观上很有吸引力，但是该方法要求偏离古典

---

[1]　沿着 Leamer(1983，1985)的思路，Levine 和 Renelt 也包含了一些出现在所有回归且未被测试的"固定"变量。研究者应该知道，这些变量被确定是属于回归的。因为我们不肯定是否存在明确归属于真实模型的变量，所以我们忽略了在我们关于 Levine 和 Renelt(1992)的描述中提到的固定变量。

[2]　关于极限边界测试的批评，见 Durlauf 和 Quah(1999)，以及 Temple(1999)。Granger 和 Uhlig(1990)曾提到过所谓的合理极限边界，而且 Doppelhoffer(2000)将该边界应用于经济增长回归。

框架,而在古典框架中,对某模型设定条件是必要的。近来,这种方法被称为贝叶斯模型平均。其流程符合标准贝叶斯推理,该观点可至少追溯到 Jeffreys(1961),并被 Leamer(1978)扩展。

纯粹的贝叶斯方法被用于解决各种问题。例如,Raftery、Madigan 和 Hoeting (1997),以及 York 等(1995)。纯理论的贝叶斯方法需要有取决于各可能模型的所有相关参数的先验分布的详细说明。在理想状态下,得到先验参数很困难,这实际上也是贝叶斯方法无法普及的主要原因之一。当可能的回归量的数量为 K 时,可能的线性模型的数量为 2^K,所以在 K 很大的情况下,完全事先确定是不可行的。因此,那些作者在实施完全贝叶斯方法时也是随机设定先验变量的。这种技巧以难以言明的方法使得最终估值取决于任意选择的先验参数。在这种方法的现有应用中,这些先验参数的影响无法检验,也无法解释。

遵循古典主义精神,SDM(2003)用贝叶斯方法来求模型的均值。为确定跨国增长回归分析中的"重要"参数,他们提出了模型平均技术,并称之为古典估计的贝叶斯平均(Bayesian Averaging of Classical Estimates,BACE)。他们证明,当先验信息由数据"支配"时,加权方法可以当作受限制的标准贝叶斯分析。BACE 将模型间的平均估值(一个贝叶斯概念)与古典 OLS 估值(基于先验概率是分散的假设)结合起来。

在 SDM(2003)中给出了 BACE 方法论的完整推导,我们在这里给出其主要发现。令模型 M_j 是带有特定解释变量集合的统计增长模型。贝叶斯法则和基本概率理论表明,参数的后验分布是所有的可能的条件后验密度的加权平均,且权重决定于各可能模型的后验概率:

$$g(\beta \mid y) = \sum_{j=1}^{2^K} P(M_j \mid y) \cdot g(\beta \mid y, M_j) \qquad (12.4)$$

其中,$g(\beta|y)$ 是(取决于数据集的)β 的后验分布,$g(\beta|y, M_j)$ 是取决于数据和模型 M_j 的 β 的分布,且 $P(M_j|y)$ 是取决于数据的模型 j 的后验概率。如果我们具有 K 个潜在解释变量,那么可能的模型就有 2^K 个。如果研究者只有分散的先验概率(也就是说,如果我们无法或不愿意指定先验概率),而且我们假定先验概率由数据决定①,那么第 j 个模型的后验概率可以被表示为:

$$P(M_j \mid y) = P(M_j) \cdot \omega(j) \qquad (12.5)$$

其中,有:

$$\omega(j) = \frac{T^{-k_j/2} \cdot SSE_j^{-T/2}}{\sum_{i=1}^{2^K} P(M_i) T^{-k_j/2} \cdot SSE_i^{-T/2}}$$

---

① 见 SDM(2003)。

SSE_j 是模型 j 余值平方的加总，T 是观测值数量，且 k_j 是模型 j 的规模（回归量的数量）。换言之，式(12.4)中各模型的权重是模型 j 的先验概率 $P(M_j)$ 乘以模型 j 的拟合度与所有可能的模型的拟合度之比的积。注意，按照 Schwarz(1978)模型选择标准，式(12.5)中的权重由自由度（模型越大其权重损失越大）来修正。

唯一剩下的问题是决定模型 j 的先验概率。换言之，在我们分析数据之前，我们赋予 2^K 个可能的模型的概率分别是多少。

在统计文献中，解决该问题的一个普遍方法是认为各模型具有相同的概率。该方法承认了无知：在分析数据之前，我们不知道哪个模型合适，所以我们假定他们都一样合适。在一些应用中，该方法是有道理的，但是在我们所讨论的情况中，至少有两个理由可以认为其不合理。首先，因为我们具有大量的潜在回归量，所以这种先知先觉会带来古怪且令人烦恼的暗示，暗示我们预期规模（预期的回归量的数量）会很大。特别地，因为我们将采用 67 个变量构成的数据集，那么所有模型都同样合适的假定意味着，我们预期跨国回归分析的解释变量的数量平均为 33.5。第二个不良暗示是，模型的预期规模取决于所使用的数据集合。如果我们利用 32 个变量构成的数据集，并假定所有模型都同样适合，那么我们已含蓄地假定了模型的预期规模为 16。相反，如果我们利用 100 个潜在回归量构成的数据集，那么我们将会假定，其预期规模为 50。因为我们不相信"解释"增长的回归分析规模应该取决于恰巧所使用的数据集，所以我们需要修改自己对各模型的先验看法。

通过假定各变量具有先验概率 $\bar{k}/K$，并将其代入各特定回归分析，SDM(2003)确定了模型的先验概率；其中，$\bar{k}$ 是模型规模的先验均值且 K 是潜在回归量的总数量。[①]因此，对规模为 k_j 的模型而言，先验 $P(M_j)$ 为：

$$P(M_j) = \left(\frac{\bar{k}}{K}\right)^{k_j} \left(1 - \frac{\bar{k}}{K}\right)^{K-k_j} \tag{12.6}$$

注意，"各可能的模型的概率相等"是 $\bar{k} = K/2$ 时的特殊情况。该方法的优点之一是，研究者需要事前界定的唯一参数是"预期模型规模" $\bar{k}$。而且，因为我们只需要确定一个参数，所以我们能很容易地通过改变这个唯一的先验参数来进行稳健性测试。

式(12.4)、式(12.5)和式(12.6)描述了 β 的后验分布。一旦该分布被确定，那么我们就能找到其均值、方差和其他统计矩。例如，利用式(12.4)中的 β 预期，那么我们有：

$$E(\beta \mid y) = \sum_{j=1}^{2^K} P(M_i \mid y) \cdot \hat{\beta}_j \tag{12.7}$$

---

① 在绝大多数应用中，对大多数研究者而言，包含某一个特定变量的先验概率并非与包含其他任一变量的概率不相关。例如，在增长回归分析中，如果代表政治不稳定的变量包含在内，如革命次数，那么很多研究者们很少考虑的另一个类似的量度，如暗杀数量，也会被纳入在内。虽然这类内在相关性可以被纳入 BACE 框架，但是 SDM(2003)没有沿着该道路往下走。

其中，$\hat{\beta}_j = E(\beta \mid y, M_j)$ 是模型 j 中的回归量给出的 β 的 OLS 估值。在贝叶斯项中，$\hat{\beta}_j$ 是取决于模型 j 的后验均值。注意，从特定模型中被剔除的任一变量都在 0 这一点具有一个减弱的后验分布。换言之，β 的预期值是 OLS 估值的加权平均，其中权重与拟合度和先验模型规模成比例[1]。

β 的后验方差为：

$$\text{var}(\beta \mid y) = \sum_{j=1}^{2^K} P(M_i \mid y) \cdot \text{var}(\beta \mid y, M_j) + \sum_{j=1}^{2^K} P(M_i \mid y)$$
$$\cdot \left[\hat{\beta}_j - \sum_{j=1}^{2^K} P(M_j \mid y) \cdot \hat{\beta}_j \right]^2 \tag{12.8}$$

式(12.8)的验算证明，后验方差包含了单个模型的方差和不同模型的 β 估值方差。

尽管后验均值和方差非常有趣，但是还有其他方法可以总结完全后验分布所给出的大量信息。特别地，一个有趣的统计数值是后验概率，它是回归分析中的一个特定变量（也就是，具有非零系数）。SDM(2003)将其称为变量的后验纳入概率——它是含有该变量的所有模型的后验模型概率之和。以纳入该特定变量为条件的后验均值和方差也能被估算。真实的（无条件的）后验均值可根据式(12.7)计算出来，而后验标准差是式(12.8)中方差方程的平方根。实际后验均值是所有回归分析的 OLS 估值的加权平均，不存在变量，进而具有 0 系数的回归分析也被包含在内。因此，无条件均值除以后验纳入概率等于条件后验均值[2]。

12.5.3　Sala-i-Martin、Doppelhofer 和 Miller(2003)的主要结论

SDM(2003)将 BACE 应用于含有 67 个变量的集合。这些变量是用下列标准选出的：(1)采用可获取的且与样本起点 1960 年的值尽量接近的变量。该限制意味着，文献中的一些有趣的变量（如前文所考虑的法治水平和腐败等量度）被从分析中剔除了。(2)采用引入了"均衡"数据集的变量。"均衡"是指所有回归的观测值个数相同。通过均衡，对 88 个经济体而言，数据集的总规模变成 68 个变量（包括因变量：1960—1996 年间的人均 GDP 增长率）。

表 12.6 第 1 列给出了当我们将每个变量与剩余 67 个变量的所有可能的组合相结合时的一些回归分析片段。对各解释变量而言，95％的回归分析都很显著。注意，当我们只使用一部分模型时，所有的变量都不显著。因此，Levine 和 Renelt (1992)的极限边界测试将给所有变量都贴上不稳健的标签。

---

[1]　注意，OLS 系数的加权平均值与 Sala-i-Martin(1997a，1997b)所假定的相似，其中权重与拟合度指标成比例。当所有的回归分析具有相同的规模时，这是完全成立的。

[2]　类似地，无条件方差可以根据下列步骤由条件方差计算而得：

$$\sigma^2_{\text{无条件}} = (\sigma^2_{\text{条件}} + \beta^2_{\text{条件}}) \cdot (\text{后验纳入概率}) - \beta^2_{\text{无条件}}$$

表 12.6 所有 67 个变量的基准估值

序号	变量	回归分析片段，$\|t\,stat\|>2$ (1)	后验纳入概率 (2)	以被纳入为条件的后验均值 (3)	以被纳入为条件的后验标准差 (4)	后验无条件均值 (3)′	后验无条件标准差 (4)′	符号一致的概率 (5)
1	东亚	0.99	0.823	0.021 805	0.006 118	0.017 935	0.010 010	0.999
2	1960 年的初级教育程度	0.96	0.796	0.026 852	0.007 977	0.021 386	0.012 945	0.999
3	投资价格	0.99	0.774	−0.000 084	0.000 025	−0.000 065	0.000 041	0.999
4	1960 年 GDP 的对数	0.30	0.685	−0.008 538	0.002 888	−0.005 845	0.004 631	0.999
5	热带面积（或人口）比重	0.59	0.563	−0.014 757	0.004 227	−0.008 312	0.007 977	0.997
6	20 世纪 60 年代的沿海地区人口密度	0.85	0.428	0.000 009	0.000 003	0.000 004	0.000 005	0.996
7	20 世纪 60 年代的疟疾肆虐	0.84	0.252	−0.015 702	0.006 177	−0.003 956	0.007 489	0.990
8	1960 年的预期寿命	0.79	0.209	0.000 808	0.000 354	0.000 168	0.000 366	0.986
9	儒家信奉者比重	0.97	0.206	0.054 429	0.022 426	0.011 239	0.024 275	0.988
10	非洲虚拟变量	0.90	0.154	−0.014 706	0.006 866	−0.002 260	0.005 948	0.980
11	拉丁美洲虚拟变量	0.30	0.149	−0.012 758	0.005 834	−0.001 905	0.005 075	0.969
12	采掘行业的 GDP 比重	0.07	0.124	0.038 823	0.019 255	0.004 818	0.014 487	0.978
13	西班牙殖民地	0.24	0.123	−0.010 720	0.005 041	−0.001 320	0.003 942	0.972
14	经济开放年数	0.98	0.119	0.012 209	0.006 287	0.001 457	0.004 514	0.977
15	穆斯林比重	0.11	0.114	0.012 629	0.006 257	0.001 446	0.004 545	0.973
16	佛教徒比重	0.90	0.108	0.021 667	0.010 722	0.002 348	0.007 604	0.974
17	人种语言学细分	0.52	0.105	−0.011 281	0.005 835	−0.001 181	0.003 936	0.974
18	20 世纪 60 年代的政府消费比重	0.77	0.104	−0.044 171	0.025 383	−0.004 586	0.015 761	0.975
19	1960 年的人口密度	0.01	0.086	0.000 013	0.000 007	0.000 001	0.000 004	0.965

序号	变 量	回归分析片段，|t stat|>2 (1)	后验纳入概率 (2)	以被纳入为条件的后验均值 (3)	以被纳入为条件的后验标准差 (4)	后验无条件均值 (3)'	后验无条件标准差 (4)'	符号一致的概率 (5)
20	实际汇率扭曲	0.92	0.082	−0.000 079	0.000 043	−0.000 006	0.000 025	0.966
21	讲外语者的比重	0.43	0.080	0.007 006	0.003 960	0.000 559	0.002 204	0.962
22	（进口＋出口）/GDP	0.67	0.076	0.008 858	0.005 210	0.000 674	0.002 754	0.949
23	政治权利	0.35	0.066	−0.001 847	0.001 202	−0.000 121	0.000 551	0.939
24	GDP 中的政府比重	0.58	0.063	−0.034 874	0.029 379	−0.002 205	0.011 253	0.935
25	1960 年的高等教育程度	0.10	0.061	−0.069 693	0.041 833	−0.004 282	0.019 688	0.946
26	热带的人口比重	0.85	0.058	−0.010 741	0.006 754	−0.000 622	0.002 990	0.940
27	1970 年的初级产品出口	0.75	0.053	−0.011 343	0.007 520	−0.000 604	0.003 082	0.926
28	公共投资比重	0.00	0.048	−0.061 540	0.042 950	−0.002 964	0.016 201	0.922
29	新教徒比重	0.29	0.046	−0.011 872	0.009 288	−0.000 544	0.003 180	0.909
30	印度教徒比重	0.07	0.045	0.017 558	0.012 575	0.000 790	0.004 512	0.915
31	15 岁以下人口比重	0.24	0.041	0.044 962	0.041 100	0.001 850	0.012 216	0.871
32	大城市间的空中飞行距离	0.18	0.039	−0.000 001	0.000 001	0.000 000	0.000 000	0.888
33	经 GDP 价格调整过的政府消费比重	0.05	0.036	−0.033 647	0.027 365	−0.001 195	0.008 087	0.893
34	绝对纬度	0.37	0.033	0.000 136	0.000 233	0.000 004	0.000 049	0.737
35	天主教徒比重	0.16	0.033	−0.008 415	0.008 478	−0.000 278	0.002 155	0.837
36	20 世纪 60 年代的生育率	0.46	0.031	−0.007 525	0.010 113	−0.000 232	0.002 199	0.767
37	欧洲虚拟变量	0.19	0.030	−0.002 278	0.010 487	−0.000 068	0.001 858	0.544
38	外向经济	0.01	0.030	−0.003 296	0.002 727	−0.000 098	0.000 730	0.886

（续表）

序号	变量	回归分析片段，$\lvert t\,stat\rvert>2$ (1)	后验纳入人概率 (2)	以被纳入人为条件的后验均值 (3)	以被纳入人为条件的后验标准差 (4)	后验无条件均值 (3)'	后验无条件标准差 (4)'	符号一致的概率 (5)
39	殖民地虚拟变量	0.44	0.029	−0.005 010	0.004 721	−0.000 147	0.001 169	0.858
40	公民自由	0.15	0.029	−0.007 192	0.007 122	−0.000 207	0.001 705	0.846
41	革命和政变	0.07	0.029	−0.007 065	0.006 089	−0.000 202	−0.001 565	0.877
42	英国殖民地虚拟变量	0.09	0.027	0.003 654	0.003 626	0.000 097	0.000 835	0.844
43	1993年的碳氢化合物储存量	0.01	0.025	0.000 307	0.000 418	0.000 008	0.000 081	0.773
44	65岁以上人口比重	0.20	0.022	0.019 382	0.119 469	0.000 435	0.018 127	0.566
45	国防支出比重	0.26	0.021	0.045 336	0.076 813	0.000 967	0.012 992	0.737
46	1960年的人口	0.07	0.021	0.000 000	0.000 000	0.000 000	0.000 000	0.806
47	20世纪60年代贸易条件增长	0.00	0.021	0.032 627	0.046 650	0.000 693	0.008 265	0.752
48	20世纪60年代公共教育支出/GDP	0.11	0.021	0.129 517	0.172 847	0.002 698	0.031 056	0.777
49	内陆国家虚拟变量	0.04	0.021	−0.002 080	0.004 206	−0.000 043	0.000 671	0.701
50	宗教量度	0.18	0.020	−0.004 737	0.007 232	−0.000 097	0.001 233	0.751
51	经济规模	0.18	0.020	−0.000 520	0.001 443	−0.000 011	0.000 218	0.661
52	社会主义虚拟变量	0.00	0.020	0.003 983	0.004 966	0.000 081	0.000 903	0.788
53	说英语的人口	0.07	0.020	−0.003 669	0.007 137	−0.000 073	0.001 132	0.686
54	1960—1990年的平均通胀	0.01	0.020	−0.000 073	0.000 097	−0.000 001	0.000 017	0.784
55	产油国虚拟变量	0.00	0.019	0.004 845	0.007 088	0.000 094	0.001 193	0.751
56	1960—1990年的人口增长率	0.21	0.019	0.020 837	0.307 794	0.000 401	0.042 787	0.533
57	独立时间	0.11	0.019	0.001 143	0.002 051	0.000 022	0.000 324	0.716

（续表）

序号	变 量	回归分析片段，|t stat|>2 (1)	后验纳入概率 (2)	以被纳入为条件的后验均值 (3)	以被纳入为条件的后验标准差 (4)	后验无条件均值 (3)'	后验无条件标准差 (4)'	符号一致的概率 (5)
58	通航水域的陆地面积比重	0.35	0.019	−0.002 598	0.005 864	−0.000 048	0.000 875	0.657
59	1960—1990 年通胀的平方值	0.00	0.018	−0.000 001	0.000 001	0.000 000	0.000 000	0.736
60	1960—1990 年的战争支出比重	0.00	0.016	−0.001 415	0.009 226	−0.000 022	0.001 176	0.555
61	陆地面积	0.01	0.016	0.000 000	0.000 000	0.000 000	0.000 000	0.577
62	热带气候地区	0.16	0.016	−0.002 069	0.006 593	−0.000 032	0.000 864	0.616
63	贸易条件排名	0.23	0.016	−0.003 730	0.009 625	−0.000 058	0.001 288	0.647
64	资本主义	0.06	0.015	−0.000 231	0.001 080	−0.000 003	0.000 136	0.589
65	东正教徒比重	0.00	0.015	0.005 689	0.013 576	0.000 086	0.001 804	0.660
66	1960—1990 年参战情况	0.02	0.015	−0.000 734	0.002 983	−0.000 011	0.000 377	0.593
67	内陆地区人口密度	0.00	0.015	−0.000 001	0.000 016	0.000 000	0.000 002	0.532

对于 4 个选出的变量（投资价格、人均 GDP 初始水平、初级教育程度和经济开放的年数），图 12.14 给出了其系数估值的后验密度（以柱状图近似表示）[1]。注意，在图 12.14 中，每个分布由两部分构成：首先是连续部分，它是后验密度，而该后验密度以被纳入模型为条件；第二是集中在 0 点的不连续概率，它表示变量不属于该模型的概率（1 减去后验纳入概率）。

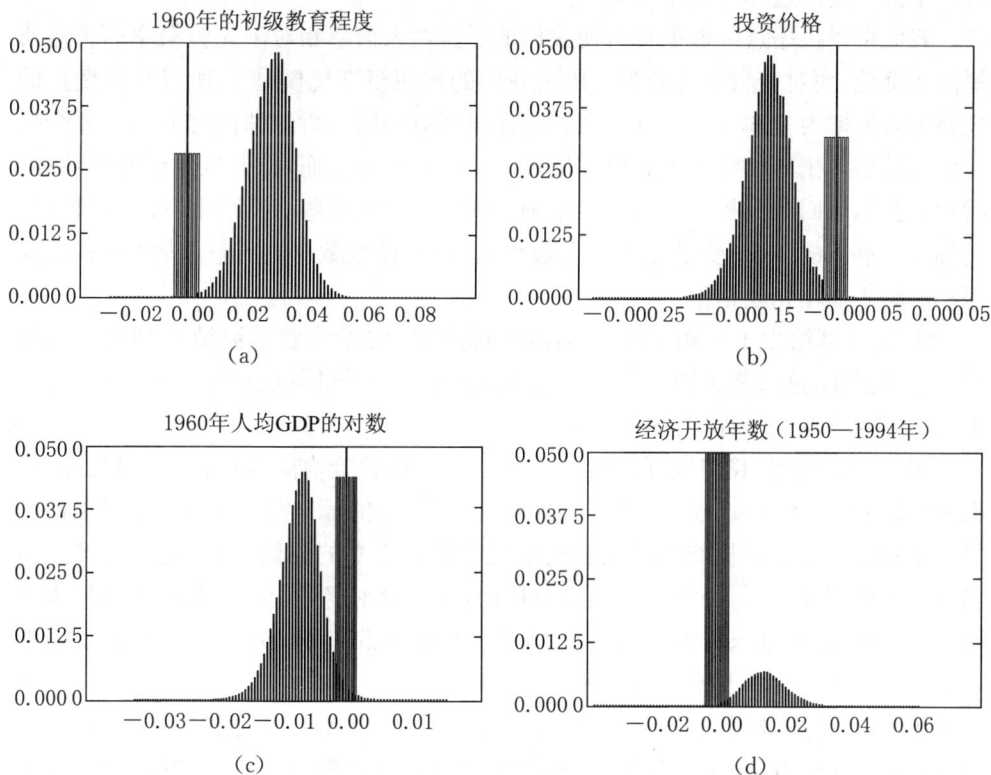

注：对于 4 个被选出的变量而言，上图描绘了其系数估值的后验密度（以柱状图近似表示）。图(a)、图(b)、图(c)和图(d)描绘的是初级教育程度、投资价格、人均 GDP 初始水平和经济开放年数。每个分布都由两部分构成：首先是连续部分，它是后验密度，而该后验密度以该变量被纳入模型为条件；其次是集中在 O 点的不连续概率，它表示变量不属于该模型的概率（1 减去后验纳入概率）。

图 12.14　后验密度

基准估值　本节给出了先验预期模型规模 $\bar{k} = 7$ 时的基准估值结果。大多数实证增长研究都纳入适当数量的解释变量，这一事实指引着基准模型规模的选择。基准估值的后验模型规模等于 7.46，与先验模型规模非常接近。在下一节中，我们通过改变先验平均模型规模来检验我们所得结果的稳健性。该结果以约 8 900

---

①　关于剩余变量的结论，请参见 SDM(2003)。

万次的随机回归分析为基础[1]。

表 12.6 第 2 列给出了增长回归分析中变量的后验纳入概率。变量按该后验概率的降序排列。后验纳入概率包含了该变量的所有回归分析的后验概率之和。高度参数化的模型在拟合度指标经过施瓦茨模型选择标准（Schwarz model selection criterion）调整之后会受到不利影响。因此，具有高纳入概率的变量，对回归分析模型拟合度的边际贡献率较高。

我们可以根据这些数据会否使我们的后验纳入概率相对于先验概率而言有所提高或降低，而对变量进行分类。因为我们的预期模型规模是 7，所以每个变量的先验纳入概率为 7/67 = 0.104。在我们完成所有回归分析的估值之后，有 18 个变量的后验纳入概率相对于先验概率增加了。对这些变量而言，一旦我们看到数据，我们对其属于回归分析的信念就会增强。我们可以给这些变量贴上"强"且"稳健"的标签。剩下的 49 个变量几乎不会被纳入：看到这些数据，会进一步降低其已经很小的纳入概率初始估值。

第 3、4 列给出了分布的后验均值和标准差，均以该变量被纳入到模型为条件。也就是说，这些都是图 12.14 所示分布的驼峰部分的均值和标准差。第 3′、4′列给出了对应的无条件均值和方差[2]。

根据后验密度，我们也可以估计一个系数与其后验均值具有符号一致的后验概率（以纳入为条件）。这个"符号一致的概率"出现在第 5 列。它是变量显著性的另一个量度。该后验概率与该系数的后验均值位于 0 的同侧，且以变量的纳入为条件。如前所述，对每个单个的回归分析而言，后验密度等于该系数的古典样本分布。在古典项中，如果样本分布中的 97.5% 的概率都与系数估计处于 0 的同侧，那么系数在双面检验中具有 5% 的显著度。所以，如果系数在每一个回归分析中都正好等于 5% 的显著度，那么其符号确定的概率为 97.5%。应用 0.975 这一数字可以确定一个包含 13 个变量的集合，且所有这些参数都位于 18 个"强"变量群中（对这 18 个"强"变量而言，其后验纳入概率都比先验纳入概率大）。剩下的 5 个变量具有非常大的符号一致的概率（在 0.970 和 0.975 之间）。注意，理论上不能排除某个变量具有很高的后验纳入概率，而其符号一致的概率却很低的情况。我们的数据中只是碰巧不存在这样的变量[3]。

另一个有趣的统计量是后验平均模型规模。对基准估值而言，先验模型规模

---

[1] 可能的回归分析模型的总数量等于 2^{67}，约等于 1.48×10^{20} 个模型。然而，估值的收敛会相对更快。经过 3 300 万次随机抽签之后，系数估值的最大变化在经过回归量与因变量之比的标准偏差的标准化处理之后，每 10 000 个系数估值的最大变化小于 10^{-3}；且经过 89 万次随机抽签之后，其最大变化小于 10^{-6}。

[2] 回顾前文可知，无条件均值等于条件均值乘以后验纳入概率，且无条件变量和条件变量之间的关系式为第 434 页注释②中的表达式。

[3] 例如，如果某变量对模型拟合度具有巨大贡献，但是在另一个重要变量出现时会改变符号，那么该情况会出现。注意，式(12.5)中的 BACE 权重不利于与其他已纳入的回归量具有强相关性的附加变量的加入，不过却无法解释因变量的更多变化的额外变量的纳入。

为 7,而后验平均模型规模为 7.46。当然,正如我们将在下文所描述的那样,该数量对先验平均模型规模的假定很敏感。

我们现在可以开始分析与增长具有强相关性的变量。

与增长的相关性很强或稳健的变量 毫不奇怪,排第一位的变量是东亚经济体的虚拟变量,该变量与经济增长正相关。当然,该发现反映了东亚经济体从 1960 年至 20 世纪 90 年代中期异常强劲的增长特征[①]。第 5 列中的符号一致概率表明,位于 0 左侧的概率密度分布等于 0.999 2。注意,t 统计值的绝对值大于 2 的东亚虚拟变量的回归分析比重为 99%。

第二个变量是人力资本量度:1960 年的初级教育招生率与增长正相关,且其纳入概率为 0.80。图 12.14 的第一幅图描绘了该系数估值的后验分布。因为纳入概率相对较高,所以 0 点的概率(表示为 1 减去纳入概率)相对较小。以被纳入模型为条件,如果初级教育招生率增加 10%,那么增长率会提高 0.27。这与 1960—1996 年的 1.82% 的平均样本增长率形成对比。该变量的符号一致概率也为 0.999,且 t 统计值大于 2 的回归分析占比为 96%。

第三个变量是 1960—1964 年间投资货物的平均价格,其纳入概率为 0.77。图 12.14 的第二幅图描绘了该变量。其后验平均系数可以被精确的估算出来,且为负。这表明样本初期的投资物品的相对高价与之后的收入增长具有强且负的相关性[②]。第 5 列给出的符号一致概率表明,位于 0 左边的概率密度等于 0.99。图 12.14 也给出了该结论,其中,几乎所有的连续密度都位于 0 之下。

下一个变量是人均 GDP 的初始水平,它是条件收敛的量度。其纳入概率为 0.69。图 12.14 中的第 3 幅图给出了关于初始收入的系数估值的后验分布。以纳入为条件,该后验平均系数为 -0.009(标准差为 0.003)。换言之,尽管相对于第 1、2 章新古典模型所预测的(或第 8 章所述的技术扩散模型的)收敛系数,平均系数在某种程度上更小,但是与条件收敛相关的系数却可以被精确估算。第 5 列中符号一致的概率为 0.999。初始收入的系数的 t 统计值的绝对值大于 2 时的回归分析比重只有 30%,所以该变量很容易被极限边界测试贴上不稳健的标签。

下一个变量反映了热带经济体糟糕的经济表现:经济体在热带的面积比重和疟疾肆虐指数都与增长具有负相关性。另一个很好用的地理变量是沿海地区的人口密度,它与增长正相关。这表明人口密集且毗邻大海的地区具有更高的增长率。

1960 年的预期寿命与增长正相关,它反映了营养、医疗保健和识字率。1960 年的预期寿命高的经济体倾向于在接下来的 40 年具有更快的发展。该变量的纳

[①] 注意,尽管增长与儒家信奉者比重具有稳健的正相关性(位于表 12.6 的第 9 项),但是该虚拟变量(东亚)还是出现了。

[②] 一旦投资物品的相对价格被纳入到解释变量池,那么在其他结论不受影响的情况下,1961 年的投资占 GDP 的比重变得不显著,且具有"错误的符号"。包括投资比重在内的估值结果都是从作者那里索要来的。

入概率为 0.21。

撒哈拉沙漠以南非洲和拉丁美洲等虚拟变量与收入增长负相关。其以纳入为条件的后验均值都为负,这意味着拉丁美洲经济体和撒哈拉沙漠以南非洲经济体在 1960—1996 年间的人均收入增长率(分别为 1.47 和 1.28)低于用其他特征估算得到的值。(相比之下,该样本的平均增长率为 1.82。)非洲虚拟变量在 90% 的回归分析中很显著,且符号一致的概率为 98%。尽管拉丁美洲虚拟变量只在 33% 的回归分析中显著,但是其符号一致性几乎和非洲一样高,达到了 97%。

采掘业的 GDP 比重与增长正相关,且纳入概率为 0.12。该变量刻画了具有大量自然资源禀赋的经济体的成功。很多经济学家预测,与更多政治不稳定因素或更多寻租行为相关的高租金将降低经济增长。然而,我们的研究表明,具有更大的采掘部门的经济体倾向于发展得更好。

西班牙前殖民地倾向于增长得更慢,而经济体开放的年数则具有正的符号。穆斯林和佛教徒的人口比重都与增长正相关。人种语言细分指标与增长负相关,且表现出稳健性。

最后,政府消费在 GDP 中的比重可以被稳健地估算,且其符号为负。或许真正让人吃惊的是,公共投资比重的系数为负。表 12.6 表明,当先验模型规模为 $\bar{k} = 7$ 时,该变量不稳健。然而我们稍后将看到,有些变量在越大的模型中越重要,而政府消费与 GDP 之比就是其中之一,且其符号保持为负。

与增长边际相关的变量　有这样 3 个变量,其后验概率某种程度上低于其先验概率,但是如果它们被纳入增长回归分析,那么就可以被非常精确地估算(也就是说,其符号确定概率大于 95%)。这些变量是 1960 年的整体人口密度(它与增长正相关)、实际汇率扭曲(与增长负相关)和说外语的人口比重(与增长正相关)。

与增长没有稳健相关性的变量　很少有证据能证明剩下的 46 个变量与增长具有稳健的偏相关性。它们既对增长回归分析的拟合度没有重大贡献(由后验纳入概率来衡量),在不同的条件变量集合间的估值稳健性也不高。有趣的是,有些政治变量,如革命、政变的次数或政治权利指标等,与经济增长的相关性也不稳健。类似地,资本主义指标或社会主义虚拟变量等变量的大小与增长没有强关联性。一些宏观经济变量,如通货膨胀率等,也没有显示出与增长之间的强关联性。其他出人意料地弱的变量有公共教育支出、高等教育指标、纬度等地理量度,以及总人口、总 GDP 或经济体总面积等表示"规模效应"的指标。

12.5.4　稳健性分析

直到现在,我们专注从先验模型规模 $\bar{k} = 7$ 中推导出来的结论。如前所述,尽管我们认为它是一个合理的预期模型规模,但它在某种程度上是主观臆断的。我们需要弄清先验因素对我们的结论有怎样的影响。表 12.7 正好服务于此目的,它分别列出了 $\bar{k}$ 等于 5、9、11、16 和 22 时的后验纳入概率和条件后验均值。注意,每个 $\bar{k}$ 都有一个对应的先验纳入概率,它显示在表的第 1 行。因此,为判断一个变量能否相对于先验值提高其纳入概率,我们需要将后验概率与其对应的先验概率相比较。有些变量在 $\bar{k}=7$ 的基准情况下是重要的,但在其他先验模型规模下不重要。那些在 $\bar{k}=7$ 时不重要,但是在其他规模中重要的变量,其单元格被加上了框架。

表 12.7 不同先验模型规模下的后验纳入概率

序号	变 量	$\bar{k}=5$	$\bar{k}=7$	$\bar{k}=9$	$\bar{k}=11$	$\bar{k}=16$	$\bar{k}=22$	$\bar{k}=28$
	先验纳入概率	0.075	0.104	0.134	0.164	0.239	0.328	0.418
1	东亚	0.891	0.823	0.757	0.711	0.585	0.481	0.455
2	1960 年的初级教育程度	0.709	0.796	0.826	0.862	0.890	0.924	0.950
3	投资价格	0.635	0.774	0.840	0.891	0.936	0.968	0.985
4	1960 年 GDP 的对数	0.526	0.685	0.788	0.843	0.920	0.960	0.978
5	热带面积(或人口)比重	0.536	0.563	0.548	0.542	0.462	0.399	0.388
6	20 世纪 60 年代的沿海地区人口密度	0.350	0.428	0.463	0.473	0.433	0.389	0.352
7	20 世纪 60 年代的疟疾肆虐	0.339	0.252	0.203	0.176	0.145	0.131	0.138
8	1960 年的预期寿命	0.176	0.209	0.262	0.278	0.368	0.440	0.467
9	儒家信奉者比重	0.140	0.206	0.272	0.333	0.501	0.671	0.777
10	非洲虚拟变量	0.095	0.154	0.223	0.272	0.406	0.519	0.565
11	拉丁美洲虚拟变量	0.101	0.149	0.205	0.240	0.340	0.413	0.429
12	采掘行业的 GDP 比重	0.072	0.124	0.209	0.275	0.478	0.659	0.761
13	西班牙殖民地	0.130	0.123	0.119	0.116	0.124	0.148	0.182
14	经济开放年数	0.090	0.119	0.124	0.132	0.145	0.155	0.177
15	穆斯林比重	0.078	0.114	0.150	0.178	0.267	0.366	0.450
16	佛教徒比重	0.073	0.108	0.152	0.190	0.320	0.465	0.563
17	人种语言学细分	0.080	0.105	0.131	0.140	0.155	0.160	0.184
18	20 世纪 60 年代的政府消费比重	0.090	0.104	0.135	0.147	0.213	0.262	0.297
19	1960 年的人口密度	0.043	0.086	0.137	0.175	0.257	0.295	0.316
20	实际汇率扭曲	0.059	0.082	0.117	0.134	0.205	0.263	0.319
21	讲外语者的比重	0.052	0.080	0.110	0.149	0.247	0.374	0.478
22	(进口+出口)/GDP	0.063	0.076	0.085	0.099	0.131	0.181	0.240
23	政治权利	0.042	0.066	0.082	0.095	0.114	0.130	0.154
24	GDP 中的政府比重	0.044	0.063	0.087	0.112	0.186	0.252	0.291
25	1960 年的高等教育程度	0.059	0.061	0.066	0.070	0.079	0.103	0.131
26	热带的人口比重	0.047	0.058	0.061	0.074	0.099	0.132	0.157

序号	变 量	$\bar{k}=5$	$\bar{k}=7$	$\bar{k}=9$	$\bar{k}=11$	$\bar{k}=16$	$\bar{k}=22$	$\bar{k}=28$
27	1970 年的初级产品出口	0.047	0.053	0.065	0.072	0.104	0.137	0.162
28	公共投资比重	0.023	0.048	0.096	0.151	0.321	0.525	0.669
29	新教徒比重	0.035	0.046	0.055	0.061	0.083	0.120	0.156
30	印度教徒比重	0.028	0.045	0.059	0.077	0.126	0.179	0.227
31	15 岁以下人口比重	0.035	0.041	0.045	0.050	0.067	0.093	0.123
32	大城市间的空中飞行距离	0.024	0.039	0.054	0.072	0.097	0.115	0.141
33	经 GDP 价格调整过的政府消费比重	0.021	0.036	0.056	0.075	0.137	0.225	0.310
34	绝对纬度	0.029	0.033	0.040	0.042	0.059	0.086	0.115
35	天主教徒比重	0.019	0.033	0.042	0.056	0.104	0.163	0.223
36	20 世纪 60 年代的生育率	0.020	0.031	0.043	0.063	0.108	0.170	0.232
37	欧洲虚拟变量	0.020	0.030	0.043	0.049	0.094	0.148	0.201
38	外向经济	0.019	0.030	0.043	0.054	0.085	0.134	0.178
39	殖民地虚拟变量	0.022	0.029	0.039	0.049	0.075	0.105	0.146
40	公民自由	0.021	0.029	0.037	0.044	0.069	0.106	0.155
41	革命和政变	0.019	0.029	0.038	0.056	0.106	0.188	0.282
42	英国殖民地虚拟变量	0.022	0.027	0.034	0.041	0.057	0.085	0.119
43	1993 年的碳氢化合物储存量	0.015	0.025	0.035	0.048	0.089	0.143	0.196
44	65 岁以上人口比重	0.020	0.022	0.029	0.038	0.069	0.119	0.169
45	国防支出比重	0.016	0.021	0.027	0.033	0.049	0.073	0.102
46	1960 年的人口	0.016	0.021	0.040	0.041	0.063	0.092	0.118
47	20 世纪 60 年代贸易条件增长	0.015	0.021	0.026	0.033	0.051	0.068	0.104
48	20 世纪 60 年代公共教育支出/GDP	0.014	0.021	0.027	0.037	0.063	0.102	0.141
49	内陆国家虚拟变量	0.012	0.021	0.029	0.033	0.055	0.080	0.109
50	宗教量度	0.012	0.020	0.025	0.037	0.048	0.068	0.092
51	经济规模	0.016	0.020	0.026	0.033	0.051	0.076	0.104
52	社会主义虚拟变量	0.012	0.020	0.024	0.032	0.054	0.091	0.144
53	说英语的人口	0.015	0.020	0.025	0.028	0.043	0.063	0.087
54	1960—1990 年的平均通胀	0.015	0.020	0.024	0.030	0.043	0.064	0.100
55	产油国虚拟变量	0.012	0.019	0.025	0.033	0.050	0.071	0.095
56	1960—1990 年的人口增长率	0.014	0.019	0.023	0.029	0.046	0.074	0.098
57	独立时间	0.014	0.019	0.024	0.031	0.048	0.076	0.099

序号	变 量	$\bar{k}=5$	$\bar{k}=7$	$\bar{k}=9$	$\bar{k}=11$	$\bar{k}=16$	$\bar{k}=22$	$\bar{k}=28$
58	通航水域的陆地面积比重	0.013	0.019	0.024	0.031	0.055	0.092	0.142
59	1960—1990 年通胀的平方值	0.013	0.018	0.022	0.027	0.041	0.063	0.105
60	1960—1990 年的战争支出比重	0.010	0.016	0.019	0.024	0.039	0.060	0.087
61	陆地面积	0.010	0.016	0.022	0.026	0.043	0.071	0.103
62	热带气候地区	0.012	0.016	0.020	0.028	0.042	0.067	0.100
63	贸易条件排名	0.011	0.016	0.019	0.026	0.039	0.063	0.086
64	资本主义	0.010	0.015	0.020	0.026	0.047	0.084	0.128
65	东正教徒比重	0.011	0.015	0.020	0.025	0.036	0.059	0.083
66	1960—1990 年参战情况	0.010	0.015	0.019	0.025	0.040	0.060	0.089
67	内陆地区人口密度	0.010	0.015	0.019	0.023	0.039	0.062	0.085

变弱的强变量　注意，无论从其纳入概率还是从其系数估值的角度来看，大多数最强的变量对先验模型规模的选择几乎不敏感。一些重要的变量似乎随着先验模型规模增加而有较大提高。例如，对于采掘行业的 GDP 比重而言，其后验纳入概率从 $\bar{k}=5$ 时的 5% 提高到了 $\bar{k}=22$ 时的 66%。该结论表明，采掘是这样的变量，其全部重要性的展现需要其他条件变量。在具有更多的条件变量时，儒家信奉者比重和撒哈拉沙漠以南非洲虚拟变量变得更强，且具有稳定的系数估值。

尽管大多数强变量仍然很强，但是当我们扩大先验模型规模时，其中有 5 个倾向于失去其重要性。也就是说，对更大的模型而言，后验概率降到其先验数值之下。这些变量是疟疾肆虐指标、西班牙前殖民地、经济开放的年数、人种语言细分指标和政府消费比重。这些发现表明，这些变量实际上反映了各种其他变量的影响。例如，开放性指标刻画了国家贸易开放的多个方面（关税壁垒和非关税壁垒、黑市溢价、社会主义程度和政府的出口垄断。）在基准模型中稳健的其他 13 个变量，在不同的先验规定中也表现出了稳健性。

变强的弱变量　另一方面，在基准估值中几乎没有表现出什么偏相关性的 46 个变量中，其大部分都无法从其他先验情况下获益。其后验纳入概率随着 $\bar{k}$ 的增加而提高，但其先验纳入概率同样在提升。这个过程中，其后验纳入概率保持低于其先验值，所以我们不得不认为它们是"弱"变量。

有 3 个变量，它们在基准研究中很弱，但是在某些先验模型规模中变强了。它们是人口密度、说外语（国际社会资本和开放性的量度）人口的比重和公共投资比重。如前所述，公共投资比重特别有意思，因为虽然在更大的先验模型规模中，它变强了,但是其相关性符号却为负。也就是说,更大的公共投资比重倾向于同更低的增长率相关。

我们对这些结论的解释是,我们的基准结论比其他先验规模假设更稳健。这种稳健性也适用于符号一致概率。我们在这里不展开阐述。

非线性特征　本文已经确定了一些变量,它们会以高度非线性的方式影响增长:例如,通胀对增长有重要的负效应,但是这只适用于非常高水平的通货膨胀。为测试该假设,我们将 20 世纪 60 年代、70 年代和 80 年代的平均通胀率及其平方值作为回归量纳入进来。BACE 过程允许单个地输入这种变量。对非线性关系,其数据将赋予高拟合度模型更大的权重。通胀及其平方的后验纳入概率都非常低,而且条件系数估值都等于零。

12.6　附录:GDP 的长期数据

Maddison(1991)及其之后未出版的更新描述了 16 个经济体的实际 GDP 的长期数据和人口。其估值试图根据国界的变化进行调整。从 1870 年和 1900 年之间到 1990 年,我们可以获取其每年的数据。实际 GDP 数量以 1985 年的美元计。实际 GDP 值的转换以 1985 年欧盟统计局或 OECD 为 1985 年做的基准研究为基础。这些研究遵循联合国际比较项目(International Comparison Project,ICP)的方法。该方法类似于 Summers 和 Heston(1991),以及 Heston、Summers 和 Aten(2002)针对更近期数据所采用的处理步骤。

表 12.8　被纳入增长样本的经济体(表 12.3 第 2 列)

阿尔及利亚	萨尔瓦多	肯尼亚	南非
阿根廷	芬兰	马拉维	韩国
澳大利亚	法国	马来西亚	西班牙
奥地利	冈比亚	马里	斯里兰卡
孟加拉国	加纳	墨西哥	瑞典
比利时	希腊	莫桑比克	瑞士
玻利维亚	危地马拉	荷兰	叙利亚
博茨瓦纳	圭亚那	新西兰	中国台湾
巴西	海地	尼加拉瓜	泰国
喀麦隆	中国香港	尼日尔	多哥
加拿大	洪都拉斯	挪威	特立尼达拉岛
智利	匈牙利	巴基斯坦	突尼斯
中国	冰岛	巴拿马	土耳其
哥伦比亚	印度	巴布亚新几内亚	乌干达
刚果(布)	印度尼西亚	巴拉圭	乌拉圭

(续表)

刚果(金)	伊朗	秘鲁	英国
哥斯达黎加	爱尔兰	菲律宾	美国
塞浦路斯	以色列	波兰	委内瑞拉
丹麦	意大利	葡萄牙	联邦德国
多米尼加共和国	牙买加	塞内加尔	赞比亚
厄瓜多尔	日本	塞拉利昂	津巴布韦
埃及	约旦	新加坡	

表 12.9　基本增长系统变量的平均值和标准差

	1965—1975 年回归分析	1975—1985 年回归分析	1985—1995 年回归分析
增长率	0.026(0.020)	0.016(0.024)	0.014(0.026)
人均 GDP 对数	8.15(0.94)	8.32(0.97)	8.45(1.03)
男性高等教育程度	1.04(0.96)	1.39(1.15)	1.91(1.34)
$1/$(1 岁时的预期寿命)	0.016 5(0.002 7)	0.015 9(0.002 4)	0.015 2(0.002 2)
总生育率的对数	1.58(0.41)	1.50(0.46)	1.31(0.53)
政府消费比	0.093(0.061)	0.104(0.070)	0.091(0.059)
法治水平指标	0.56(0.33)	0.55(0.33)	0.58(0.26)
民主指标	0.60(0.32)	0.56(0.33)	0.64(0.32)
民主平方项	0.49(0.37)	0.44(0.38)	0.52(0.37)
开放度	−0.02(0.18)	−0.01(0.35)	0.00(0.39)
贸易条件变量	−0.004(0.020)	0.000(0.021)	−0.003(0.017)
投资率	0.185(0.092)	0.179(0.078)	0.178(0.081)
通货膨胀率	0.100(0.110)	0.180(0.209)	0.231(0.375)
观测值的数量	72	86	83

注:这些数据是表12.3第2列面板回归所列变量的均值和标准差(在括号中)。该统计值只适用于各子期间所用样本。

　　有13个经济体(澳大利亚、奥地利、比利时、加拿大、丹麦、芬兰、法国、德国、意大利、挪威、瑞典、英国和美国)的实际人均GDP数据以1870年为起点,日本以1885年为起点,瑞士以1889年为起点,荷兰以1900年为起点。Maddison(1991,表A.5)提供了除加拿大之外的16个经济体某些年份的数据;其数据的起始年都为1820年,只有加拿大的数据起始于1850年。该数据源也给出了英国在1700年和1780年的数据,以及荷兰在1700年的数据。

　　表12.10列出了以1870年为起点的20年期的人均GDP数据(其计量单位为1985年的美元)与美国人均GDP的相应比值和人口水平。该表还表明了各期实际人均GDP和人口的年增长率。

表 12.10　当前 16 个发达经济体的长期数据

	人均 GDP （1985 年美元）	与美国人均 GDP 之比	人均 GDP 的增长率	人口（千人）	人口增长率
澳大利亚					
1870 年	3 143	1.40	—	1 620	—
1890 年	3 949	1.27	0.011 4	3 107	0.032 6
1910 年	4 615	1.02	0.007 8	4 375	0.017 1
1930 年	3 963	0.70	−0.007 6	6 469	0.019 6
1950 年	5 970	0.69	0.020 5	8 177	0.011 7
1970 年	9 747	0.76	0.024 5	12 507	0.021 2
1990 年	13 514	0.74	0.016 3	17 806	0.017 7
奥地利					
1870 年	1 442	0.64	—	4 520	—
1890 年	1 892	0.61	0.013 6	5 394	0.008 8
1910 年	2 547	0.56	0.014 9	6 614	0.010 2
1930 年	2 776	0.49	0.004 3	6 684	0.000 5
1950 年	2 869	0.33	0.001 6	6 935	0.001 8
1970 年	7 547	0.59	0.048 4	7 467	0.003 7
1990 年	12 976	0.71	0.027 1	7 718	0.001 7
比利时					
1870 年	2 009	0.90	—	5 096	—
1890 年	2 654	0.86	0.013 9	6 096	0.009 0
1910 年	3 146	0.69	0.008 5	7 498	0.010 4
1930 年	3 855	0.68	0.010 2	8 076	0.003 7
1950 年	4 229	0.49	0.004 6	8 640	0.003 4
1970 年	8 235	0.64	0.033 3	9 638	0.005 5
1990 年	13 320	0.73	0.024 0	9 967	0.001 7
加拿大					
1870 年	1 330	0.59	—	3 736	—
1890 年	1 846	0.60	0.016 4	4 918	0.013 7
1910 年	3 179	0.70	0.027 2	7 188	0.019 0
1930 年	3 955	0.70	0.010 9	10 488	0.018 9
1950 年	6 112	0.71	0.021 8	13 737	0.013 5
1970 年	10 200	0.80	0.025 6	21 324	0.022 0
1990 年	17 070	0.93	0.025 7	26 620	0.011 1
丹　麦					
1870 年	1 543	0.69	—	1 888	—
1890 年	1 944	0.63	0.011 6	2 294	0.009 7
1910 年	2 856	0.63	0.019 2	2 882	0.011 4
1930 年	4 114	0.73	0.018 2	3 542	0.010 3
1950 年	5 227	0.61	0.012 0	4 269	0.009 3
1970 年	9 575	0.75	0.030 3	4 929	0.007 2
1990 年	14 086	0.77	0.019 3	5 140	0.002 1

	人均 GDP （1985 年美元）	与美国人均 GDP 之比	人均 GDP 的增长率	人口（千人）	人口增长率
芬 兰					
1870 年	933	0.42	—	1 754	—
1890 年	1 130	0.36	0.009 6	2 364	0.014 9
1910 年	1 560	0.34	0.016 1	2 929	0.010 7
1930 年	2 181	0.39	0.016 8	3 449	0.008 2
1950 年	3 481	0.40	0.023 4	4 009	0.007 5
1970 年	7 838	0.61	0.040 6	4 606	0.006 9
1990 年	14 012	0.77	0.029 0	4 986	0.004 0
法 国					
1870 年	1 582	0.70	—	38 440	—
1890 年	1 955	0.63	0.010 6	40 107	0.002 1
1910 年	2 406	0.53	0.010 4	41 398	0.001 6
1930 年	3 591	0.64	0.020 0	41 610	0.000 3
1950 年	4 176	0.49	0.007 5	41 836	0.000 3
1970 年	9 245	0.72	0.039 7	50 772	0.009 7
1990 年	14 245	0.78	0.021 6	56 420	0.005 3
（联邦）德国					
1870 年	1 223	0.55	—	24 870	—
1890 年	1 624	0.52	0.014 2	30 014	0.009 4
1910 年	2 256	0.50	0.016 4	39 356	0.013 5
1930 年	2 714	0.48	0.009 2	44 026	0.005 6
1950 年	3 542	0.41	0.013 3	49 983	0.006 3
1970 年	9 257	0.72	0.048 0	60 651	0.009 7
1990 年	14 288	0.78	0.021 7	63 232	0.002 1
意大利					
1870 年	1 216	0.54	—	27 888	—
1890 年	1 352	0.44	0.005 3	31 702	0.006 4
1910 年	1 891	0.42	0.016 8	36 572	0.007 1
1930 年	2 366	0.42	0.011 2	40 791	0.005 5
1950 年	2 840	0.33	0.009 1	47 105	0.007 2
1970 年	7 884	0.62	0.051 1	53 661	0.006 5
1990 年	13 215	0.72	0.025 8	57 647	0.003 6
日 本					
1890 年	842	0.27	—	40 077	—
1910 年	1 084	0.24	0.012 6	49 518	0.010 6
1930 年	1 539	0.27	0.017 5	64 203	0.013 0
1950 年	1 620	0.19	0.002 6	83 563	0.013 2
1970 年	8 168	0.64	0.080 9	104 334	0.011 1
1990 年	16 144	0.88	0.034 1	123 540	0.008 4

	人均 GDP （1985 年美元）	与美国人均 GDP 之比	人均 GDP 的增长率	人口（千人）	人口增长率
荷 兰					
1910 年	2 965	0.65	—	5 902	—
1930 年	4 400	0.78	0.019 7	7 884	0.014 5
1950 年	4 708	0.55	0.003 4	10 114	0.012 5
1970 年	9 392	0.73	0.034 5	13 194	0.013 3
1990 年	13 078	0.72	0.016 6	14 947	0.006 2
挪 威					
1870 年	1 190	0.53	—	1 735	—
1890 年	1 477	0.48	0.010 8	1 997	0.007 0
1910 年	1 875	0.41	0.011 9	2 384	0.008 9
1930 年	3 086	0.55	0.024 9	2 807	0.008 2
1950 年	4 541	0.53	0.019 3	3 265	0.007 6
1970 年	8 335	0.65	0.030 4	3 879	0.008 6
1990 年	15 418	0.84	0.030 8	4 241	0.004 5
瑞 典					
1870 年	1 401	0.62	—	4 164	—
1890 年	1 757	0.57	0.011 2	4 780	0.006 9
1910 年	2 509	0.55	0.017 8	5 449	0.006 5
1930 年	3 315	0.59	0.013 9	6 131	0.005 9
1950 年	5 673	0.66	0.026 9	7 015	0.006 7
1970 年	10 707	0.84	0.031 8	8 043	0.006 8
1990 年	14 804	0.81	0.016 2	8 559	0.003 1
瑞 士					
1910 年	2 979	0.66	—	3 735	—
1930 年	4 511	0.80	0.020 7	4 051	0.004 1
1950 年	6 546	0.76	0.018 6	4 694	0.007 4
1970 年	12 208	0.95	0.031 2	6 267	0.014 5
1990 年	15 650	0.86	0.012 4	6 796	0.004 1
英 国					
1870 年	2 693	1.20	—	29 312	—
1890 年	3 383	1.09	0.011 4	35 000	0.008 9
1910 年	3 891	0.86	0.007 0	41 938	0.009 0
1930 年	4 287	0.76	0.004 8	45 866	0.004 5
1950 年	5 651	0.66	0.013 8	50 363	0.004 7
1970 年	8 994	0.70	0.023 2	55 632	0.005 0
1990 年	13 589	0.74	0.020 6	57 411	0.001 6
美 国					
1870 年	2 244	1.0	—	40 061	—
1890 年	3 101	1.0	0.0162	63 302	0.022 9
1910 年	4 538	1.0	0.019 0	92 767	0.019 1

	人均 GDP （1985 年美元）	与美国人均 GDP 之比	人均 GDP 的增长率	人口（千人）	人口增长率
1930 年	5 642	1.0	0.010 9	123 668	0.014 4
1950 年	8 605	1.0	0.021 1	152 271	0.010 4
1970 年	12 815	1.0	0.019 9	205 052	0.014 9
1990 年	18 258	1.0	0.017 7	251 394	0.010 2

注：数据来自 Maddison(1991) 及其更新。

Maddison(1989) 提供了其他一些经济体的长期数据。他在该文的表 B.4 和 B.5 列出了某些年份的实际 GDP 指标的数据，这些数据包括 1900 年以来所选年份的数据和 1950—1987 年每年的数据。这些经济体包括 9 个亚洲经济体（孟加拉国、中国、印度、印度尼西亚、巴基斯坦、菲律宾、韩国、台湾和泰国）和 6 个拉丁美洲经济体（阿根廷、巴西、智利、哥伦比亚、墨西哥和秘鲁）。人口数据见该文的表 C.3 和 C.4，且实际人均 GDP 值都以表 A.1 中 1980 年的国际美元表示。前苏联的数据也被提供，尽管 1990 年后的经验表明苏联的这些数值都极不准确。

表 12.11 给出了 1900 年、1913 年、1950 年、1973 年和 1987 年的 9 个亚洲经济体和 6 个拉丁美洲经济体的数据。该表给出了以 1980 年国际美元计的实际人均 GDP、这些值与美国实际人均 GDP 的比值、以及人口水平。该表还给出了各期实际人均 GDP 和人口的年增长率。

表 12.11　当前 15 个发展中经济体的长期数据

	人均 GDP （1985 年美元）	与美国人均 GDP 之比	人均 GDP 增长率	人口（千人）	人口增长率
孟加拉国					
1900 年	349	0.12	—	29 012	—
1913 年	371	0.10	0.004 7	31 786	0.007 0
1950 年	331	0.05	−0.003 1	43 135	0.008 3
1973 年	281	0.03	−0.007 1	74 368	0.023 7
1987 年	375	0.03	0.020 6	102 961	0.023 2
中　国					
1900 年	401	0.14	—	400 000	—
1913 年	415	0.11	0.002 6	430 000	0.005 6
1950 年	338	0.05	−0.005 5	546 815	0.006 5
1973 年	774	0.07	0.036 0	881 940	0.020 8
1987 年	1 748	0.13	0.058 2	1 069 608	0.013 8
印　度					
1900 年	378	0.13	—	234 655	—
1913 年	399	0.11	0.004 2	251 826	0.005 4
1950 年	359	0.05	−0.002 9	359 943	0.009 7

	人均 GDP （1985 年美元）	与美国人均 GDP 之比	人均 GDP 增长率	人口（千人）	人口增长率
1973 年	513	0.05	0.015 5	579 000	0.020 7
1987 年	662	0.05	0.018 2	787 930	0.022 0
印度尼西亚					
1900 年	499	0.17	—	40 209	—
1913 年	529	0.14	0.004 5	48 150	0.013 9
1950 年	484	0.07	−0.002 4	72 747	0.011 2
1973 年	786	0.07	0.021 1	124 189	0.023 3
1987 年	1 200	0.09	0.030 2	170 744	0.022 7
巴基斯坦					
1900 年	413	0.14	—	19 759	—
1913 年	438	0.12	0.004 5	20 007	0.001 0
1950 年	390	0.06	−0.003 1	37 646	0.017 1
1973 年	579	0.05	0.017 2	67 900	0.025 6
1987 年	885	0.07	0.030 3	101 611	0.028 8
菲律宾					
1900 年	718	0.25	—	7 324	—
1913 年	985	0.26	0.024 3	9 384	0.019 1
1950 年	898	0.13	−0.002 5	20 062	0.020 5
1973 年	1 400	0.13	0.019 3	39 701	0.029 7
1987 年	1 519	0.11	0.005 8	57 011	0.025 8
韩 国					
1900 年	549	0.19	—	8 772	—
1913 年	610	0.16	0.008 1	10 277	0.012 2
1950 年	564	0.08	−0.002 1	20 557	0.018 7
1973 年	1 790	0.16	0.050 2	34 103	0.022 0
1987 年	4 143	0.31	0.059 9	42 512	0.015 7
中国台湾					
1900 年	434	0.15	—	2 858	—
1913 年	453	0.12	0.003 3	3 469	0.014 9
1950 年	526	0.08	0.004 0	7 882	0.022 2
1973 年	2 087	0.19	0.059 9	15 427	0.029 2
1987 年	4 744	0.35	0.058 7	19 551	0.016 9
泰 国					
1900 年	626	0.22	—	7 320	—
1913 年	652	0.17	0.003 1	8 690	0.013 2
1950 年	653	0.10	0.000 0	19 442	0.021 8
1973 年	1 343	0.12	0.031 4	39 303	0.030 6
1987 年	2 294	0.17	0.038 2	53 377	0.021 9
阿根廷					
1900 年	1 284	0.44	—	4 693	—

	人均 GDP （1985 年美元）	与美国人均 GDP 之比	人均 GDP 增长率	人口（千人）	人口增长率
1913 年	1 770	0.47	0.024 7	7 653	0.037 6
1950 年	2 324	0.35	0.007 4	17 150	0.021 8
1973 年	3 713	0.34	0.020 4	25 195	0.016 7
1987 年	3 302	0.24	−0.008 4	31 500	0.016 0
巴 西					
1900 年	436	0.15	—	17 984	—
1913 年	521	0.14	0.013 7	23 660	0.021 1
1950 年	1 073	0.16	0.019 5	51 941	0.021 3
1973 年	2 504	0.23	0.036 8	99 836	0.028 4
1987 年	3 417	0.25	0.022 2	140 692	0.024 5
智 利					
1900 年	956	0.33	—	2 974	—
1913 年	1 255	0.33	0.020 9	3 491	0.012 3
1950 年	2 350	0.35	0.017 0	6 091	0.015 0
1973 年	3 309	0.30	0.014 9	9 899	0.021 1
1987 年	3 393	0.25	0.001 8	12 485	0.016 6
哥伦比亚					
1900 年	610	0.21	—	3 998	—
1913 年	810	0.21	0.021 0	5 195	0.020 1
1950 年	1 395	0.21	0.015 0	11 597	0.021 7
1973 年	2 318	0.21	0.022 1	22 571	0.029 0
1987 年	3 027	0.22	0.019 1	29 496	0.019 1
墨西哥					
1900 年	649	0.22	—	13 607	—
1913 年	822	0.22	0.018 2	14 971	0.007 3
1950 年	1 169	0.17	0.009 5	27 376	0.016 3
1973 年	2 349	0.21	0.030 3	56 481	0.031 5
1987 年	2 667	0.20	0.009 1	81 163	0.025 9
秘 鲁					
1900 年	624	0.21	—	3 791	—
1913 年	819	0.22	0.020 9	4 507	0.013 3
1950 年	1 349	0.20	0.013 5	7 630	0.014 2
1973 年	2 357	0.21	0.024 3	14 350	0.027 5
1987 年	2 380	0.18	0.000 7	20 756	0.026 4

注：数据来自 Maddison(1989)。

　　Maddison(1992)阐述了 11 个经济体的储蓄率和投资率的长期数据，这 11 个经济体是澳大利亚、加拿大、法国、德国、日本、荷兰、英国、美国、印度、韩国和中国台湾。这些数据的起始年份如下：法国为 1820 年，澳大利亚、加拿大、英国和美国为 1870 年，其他经济体要再晚一些。其中，有些经济体的中间年份存在数据缺失。导论中的表列出了 8 个经济体 20 年期的数据；这些数据构建了一幅长期画卷。

▶ A

数学方法附录

本附录讨论了正文中所用到的主要数学方法。我们考虑了微分方程、静态最优化、动态最优化以及矩阵理论和微积分中的一些结论。

A.1 微分方程

A.1.1 导论

微分方程式就是包含了变量导数的方程。如果只有一个自变量,那么它被称为常微分方程(ordinary differential equation,ODE)。常微分方程的阶是最高导数的阶。也就是说,如果方程中的最高阶导数是一个 n 阶导数,那么它就是一个 n 阶的常微分方程。当方程的函数形式为线性时,那么它就是一个线性常微分方程。我们在本书中遇到的大多数微分方程都是关于函数对时间的导数。

下面就是一个微分方程的实例:

$$a_1 \cdot \dot{y}(t) + a_2 \cdot y(t) + x(t) = 0 \tag{A.1}$$

其中,$y(t)$ 上面的点表示 $y(t)$ 对时间的导数,$\dot{y}(t) \equiv dy(t)/dt$;$a_1$ 和 a_2 是常数;且 $x(t)$ 是已知的时间函数。函数 $x(t)$ 有时被称为扰动函数。式(A.1)是系数为常数的一阶线性常微分方程。如果 $x(t) = a_3$ 是一个常数,那么该方程式被称作自治的。(当一个方程只通过变量 $y(t)$ 而取决于时间时,该方程是自治的。)如果 $x(t) = 0$,那么该方程被称作齐次的。

系数为常数的二阶线性常微分方程采取如下形式:

$$a_1 \cdot \ddot{y}(t) + a_2 \cdot \dot{y}(t) + a_3 \cdot y(t) + x(t) = 0 \tag{A.2}$$

其中,a_1、a_2 和 a_3 都是常数,且 $\ddot{y}(t) \equiv d^2 y(t)/dt^2$。

下式是带有变量系数的一阶线性常微分方程,其中,$a_2(t)$ 是一个已知的时间函数:

$$a_1 \cdot \dot{y}(t) + a_2(t) \cdot y(t) + x(t) = 0 \tag{A.3}$$

下式是一个非线性一阶常微分方程:

$$\ln[\dot{y}(t)] + 1/y(t) = 0 \qquad (A.4)$$

在解微分方程时,其目标是发现 $y(t)$ 的特征。我们所使用的第一种解法是图形法。这种技巧可以应用于非线性和线性的微分方程。其缺点是,它只能用于自治方程。第二种方法是分析型。在一些情况下,我们可以找到 $y(t)$ 的确切表达式,即使方程并非自治。其缺点是,它适用的函数表达式有限,不过,其中之一就是式(A.1)中的线性函数。当我们遇到非线性微分方程时,我们常常通过泰勒级数展开式来线性化方程式,进而求得近似解。(见 A.6.2 节。)

解微分方程的第三种方法依赖于数量分析。大多数现代数学计算机软件包都带有从数量上解微分方程的子程序。例如,Matlab 就有子程序 ODE23 和 ODE45,而 Mathematica 也有 NDSOLVE 命令。

A.1.2　一阶常微分方程

图解法

构建图形　考虑一个自治常微分方程的表达式:

$$\dot{y}(t) = f[y(t)] \qquad (A.5)$$

其中,$f(\cdot)$ 为已知方程。式(A.5)是自治的,因为函数 $f(\cdot)$ 不取决于独立于 y 的时间。函数 $f(\cdot)$ 可以是线性的,也可以不是。

为了用图形解式(A.5),我们在图 A.1 中将 $f(\cdot)$ 描绘成关于 y 的函数。横轴表示 y 的值,且纵轴为 $f(\cdot)$ 和 $\dot{y}$。由式(A.5),正的 $f(\cdot)$ 对应于正的 $\dot{y}$ 值。因为 $\dot{y}$ 是 y 关于时间的导数,正的 $\dot{y}$ 值对应于不断增加的 y 值。为反映这种关系,当 $f(\cdot)$ 位于横轴上方时,我们画了指向右方的箭头(y 增加);且当 $f(\cdot)$ 位于横轴下方时,我们画了指向左方的箭头(y 减少)。这些箭头揭示了 y 的移动方向,进而给出了微分方程定性解。

有时,微分方程可以用两个不同的函数表示,如

$$\dot{y}(t) = f[y(t)] - g[y(t)]$$

我们可以分别画出 $f(\cdot)$ 和 $g(\cdot)$ 的图,而不用绘制 $f(\cdot) - g(\cdot)$ 的图。$\dot{y}(t)$ 是 $y(t)$ 的变化率,且在这种情况下由 $f(\cdot)$ 和 $g(\cdot)$ 之间的垂直距离表示。当 $f(\cdot)$ 位于 $g(\cdot)$ 上方时,$\dot{y}(t)$ 为正,且 $y(t)$ 持续增加。当 $f(\cdot)$ 位于 $g(\cdot)$ 下方时,结论相反。稳态为曲线 $f(\cdot)$ 和 $g(\cdot)$ 的交点。

例如,思考 $f(\cdot)$ 的线性表达式:

$$\dot{y}(t) = f[y(t)] = a \cdot y(t) - x \qquad (A.6)$$

其中,a 和 x 是常数,且 $a > 0$。$f(\cdot)$ 的图像是一条直线,且斜率为正。据图 A.1a 推断,该直线与纵坐标交于 $\dot{y}(t) = -x$,且与横坐标交于 $y^* = x/a$。对于大于 y^* 的 y 而

言,函数位于横轴上方。因此,$\dot{y}$ 为正且 y 增加。进而,在 y^* 的右边,我们画的箭头指向右上方(见图 A. 1a)。在 y^* 的左边,结论相反,且我们画出的箭头指向左下方。

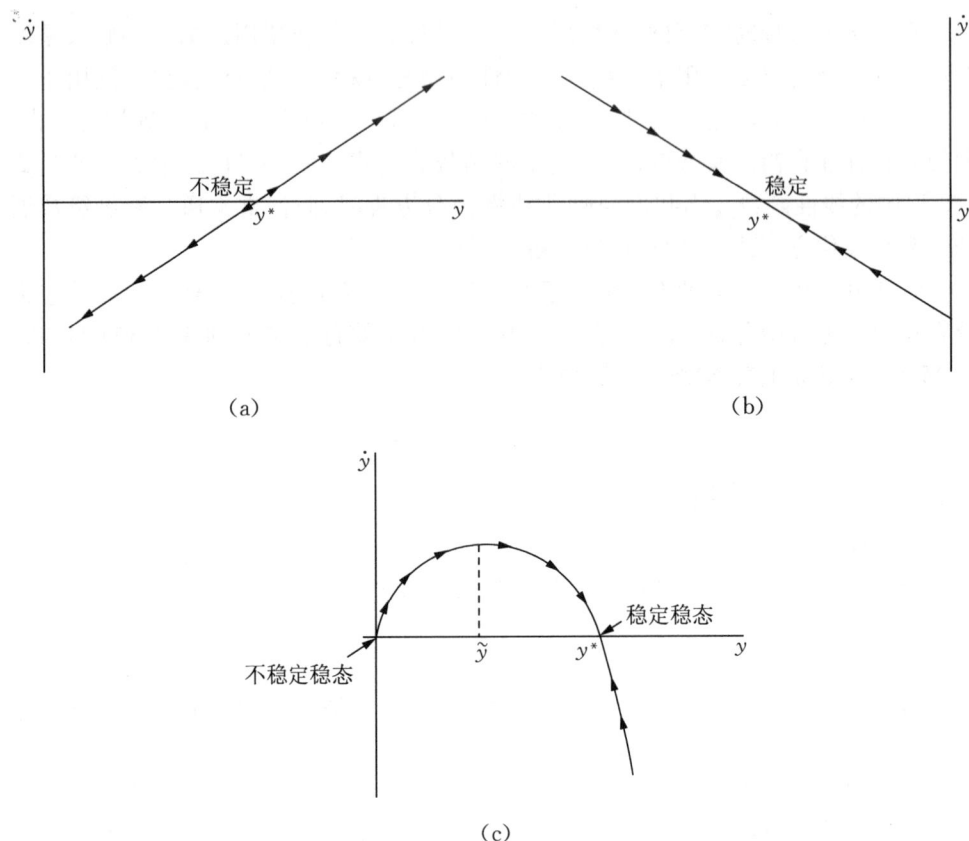

注:(a) **线性常微分方程。**如果式(A. 6)中的系数 a 为正,那么 y 的微分方程是不稳定的。
(b) **线性常微分方程。**如果式(A. 6)中的系数 a 为负,那么 y 的微分方程是稳定的。
(c) **非线性常微分方程。**在式(A. 7)中,关于 y 的函数 $f(\cdot)$ 的斜率开始为正,之后为负。0 处的稳态是不稳定的;而 y^* 处的稳态是稳定的。

图 A. 1

如果初始值 $y(0)$ 等于 y^*,那么式(A. 6)意味着 $\dot{y}$ 等于 0,所以 y 不随时间改变。进而,$y(t)$ 永远等于 y^*。y^* 值被称为 y 的稳态值。

如果 $y(0) > y^*$,那么 $\dot{y} > 0$,进而 y 持续增加。相反,如果 $y(0) < y^*$,那么 $\dot{y} < 0$,进而 y 持续减少。$y(t)$ 的定性动态完全被图 A. 1a 确定了。有趣的是,除非 $y(0) = y^*$,否则,当 $a > 0$ 时,方程的动态会使得 y 偏离稳态。当初始值低于和高于 y^* 时,这种特征都会成立。在这种情况下,我们说该微分方程是不稳定的。

现在假定 $a < 0$。那么,如图 A. 1b 所描述的那样,$f(\cdot)$ 是一条向下倾斜的直线,而且与纵轴交于 $\dot{y} = -x$,与横轴交于 $y^* = -x/a$。在 y^* 的左边,$\dot{y}$ 为正,进而 y 持续增加。相应地,图中的箭头指向右下方。在 y^* 的右边,结论相反。注意,无论初始值 $y(0)$ 等于多少,该方程式的动态使得 $y(t)$ 回到稳态 y^*。在这种情况下,

我们说式(A.6)是稳定的。

　　该图示法可以被用于分析更复杂的非线性函数的动态。例如，思考下列微分方程：

$$\dot{y}(t) = f[y(t)] = s \cdot [y(t)]^\alpha - \delta \cdot y(t) \tag{A.7}$$

其中，s、δ 和 α 均为正且 $\alpha < 1$。第1章表明，索洛—斯旺模型的基本方程采用了表达式(A.7)，其中 $y(t)$ 为资本存量。在这种解释下，式(A.7)表明，资本存量的净增加等于总储蓄和总折旧之差。假定，总储蓄占产出 y^α 的比重固定，为 s，且总折旧与现有资本存量成比例。

　　因为只有非负的资本存量才有经济意义，所以我们只看图 A.1c 的第一象限。当 y 处于低位时，函数 $f(\cdot)$ 是向上倾斜的。当 $s\alpha \tilde{y}^{\alpha-1} = \delta$ 时，函数达到最大值，且当 y 取更高的值时，它开始向下倾斜。函数 $f(\cdot)$ 与横坐标相交于两点：$y = 0$ 和 $y = y^* = (\delta/s)^{1/(\alpha-1)}$。

　　在 y^* 的右边，$\dot{y}$ 为负，所以 y 下降。因此，我们画出的箭头指向左方。在 y^* 的左边，$\dot{y}$ 为正，所以 y 上升，且我们画出的箭头指向左方。那么，该方程式具有两个稳态。第一个是 y^*。它是稳定的：对所有正初始值 $y(0)$，方程的动态都使得 $y(t)$ 向 y^* 移动。第二个稳态是 0。它是不稳定的：如果 $y(0) > 0$，那么该动态会使其偏离 0。

　　稳定性　前面的讨论表明，如果 $f(\cdot)$ 在稳态值 y^* 时向上倾斜，那么该稳态是不稳定的。也就是说，如果 $y(0) \neq y^*$，那么 $y(t)$ 将远离 y^*。原因很简单：如果当 $f(y^*) = 0$ 时，$f(\cdot)$ 向上倾斜，那么当 $y > y^*$，则有 $f(y) > 0$。因此，$\dot{y} > 0$，所以 y 持续增加。结论是 y 处于不稳定状态：当 y 已经过大时，y 仍增加；当 y 已经过小时，y 仍下降。

　　相反，如果 $f(\cdot)$ 在稳态值 y^* 时向下倾斜，那么该方程稳定。在这种情况下，如果 $y(0) \neq y^*$，那么 $y(t)$ 趋向 y^*。

　　总之，如果我们对微分方程在稳态邻域的稳定性感兴趣，那么我们所要做的就是计算 $f(\cdot)$ 的导数，并估算其位于稳态 y^* 时的值：

$$\begin{aligned}&\text{如果 } \partial \dot{y}/\partial y \,|_{y^*} > 0\text{，那么 } y \text{ 局部不稳定。}\\&\text{如果 } \partial \dot{y}/\partial y \,|_{y^*} < 0\text{，那么 } y \text{ 局部稳定。}\end{aligned} \tag{A.8}$$

尽管非线性微分方程可以拥有一个以上稳态，但是这些稳态各自的局部稳定特征仍将由式(A.8)中的条件决定。

　　分析型解　一些方程的解很容易求，因为方程能被积分。例如，$y(t) = b + at$ 显然是 $\dot{y}(t) = a$ 的解，其中 b 是任意常数。

　　涉及时间函数多项式的方程式都同样容易解，例如：

$$\dot{y}(t) = a_0 + a_1 t + a_2 t^2 + \cdots + a_n \cdot t^n$$

的解是：

$$y(t) = b + a_0 t + a_1 \cdot (t^2/2) + \cdots + a_n \cdot [t^{n+1}/(n+1)]$$

一般而言，我们工作中遇到的函数式不会这么简单。我们现在来求线性一阶常微分方程的一般解。

系数为常数的线性一阶微分方程 具有常系数的线性一阶常微分方程的一般表达式为：

$$\dot{y}(t) + a \cdot y(t) + x(t) = 0 \qquad (A.9)$$

其中，a 是常数，且 $x(t)$ 是已知的时间函数。下列步骤是解该方程最简便的方法。

首先，将所有含有 y 的项及其导数移到方程式的一边，并将剩下的移至另一边，得：

$$\dot{y}(t) + a \cdot y(t) = - x(t)$$

其次，在等号两边同乘以 e^{at}，并积分，可得：

$$\int e^{at} \cdot [\dot{y}(t) + a \cdot y(t)] \cdot dt = - \int e^{at} \cdot x(t) \cdot dt \qquad (A.10)$$

e^{at} 被称为积分因子。乘上积分因子的原因是，左边积分内的项变成了 $e^{at} \cdot y(t)$ 关于时间的导数：

$$e^{at} \cdot [\dot{y}(t) + a \cdot y(t)] = (d/dt)[e^{at} \cdot y(t) + b_0]$$

其中，b_0 是任意常量。注意，式(A.10)左边的积分是某个函数的导数的积分，进而等于该函数本身（见 A.5.5 节）。因此，式(A.10)左边的项等于 $e^{at} \cdot y(t) + b_0$。

第三步，计算式(A.10)右边的积分，加上另一个常数项 b_1。注意，该积分是关于 t 的函数。将该结果叫做 $INT(t) + b_1$。因为 $x(t)$ 是已知的关于时间的函数，所以 $INT(t)$ 也是一个关于时间的已知函数。

第四步，两边同乘以 e^{-at}，得到 $y(t)$ 如下的表达式：

$$y(t) = - e^{-at} \cdot INT(t) + be^{-at} \qquad (A.11)$$

其中，$b = b_1 - b_0$ 是一个任意的常量。式(A.11)是式(A.9)所示的常微分方程的一般解。

例如，考虑如下微分方程：

$$\dot{y}(t) - y(t) - 1 = 0 \qquad (A.12)$$

在这个例子中，扰动函数 $x(t)$ 等于常数 -1。为解该方程式，我们可以遵循上述步骤。首先，将所有涉及 $y(t)$ 的项及其导数放到等式的左边，并将所有其他项放到右边。接着，在两边同乘以 e^{-t}，并积分：

$$\int e^{-t} \cdot [\dot{y}(t) - y(t)] \cdot dt = - \int e^{-t} dt \qquad (A.13)$$

左边积分内的项是 $e^{-t} \cdot y(t) + b_0$ 关于时间的导数。故，左边的积分等于 $e^{-t} \cdot y(t)$

$+b_0$，右边的积分等于 $\mathrm{e}^{-t}+b_1$。因此，式(A.12)的解为：

$$y(t)=-1+b\mathrm{e}^t \tag{A.14}$$

其中，$b=b_1-b_0$ 是一个任意的常量。我们可证明式(A.14)满足式(A.12)[通过对时间求导，就可得到 $\dot{y}(t)=b\mathrm{e}^t=y(t)+1$]。

式(A.11)所示的解是方程式(A.9)的通解。为得到特定解或精确的解，我们必须界定任意积分常数 b。为确定无限多条可能路径中的哪条适用，我们需要知道至少一个时点的 $y(t)$ 值。这个边界条件将确定微分方程的唯一解。

图 A.2 以式(A.12)为例展示了一系列该常微分方程的解。为从中选择，假定我们知道当 $t=0$ 时，$y(t)=0$ 成立。这种边界条件被称为初始条件，因为它通过界定初始时点的 $y(t)$ 值，来确定解的路径。在我们的例子中，我们将 $t=0$ 和 $y(0)=0$ 代入式(A.14)可求得 $y(0)=-1+b\mathrm{e}^0=0$，这意味着 $b=1$。因此，我们将 $b=1$ 代入式(A.14)，可求得特定解：

$$y(t)=-1+\mathrm{e}^t \tag{A.15}$$

该方程式决定着 y 在各时点的一个唯一值，且对应于图 A.2 中路径 A。

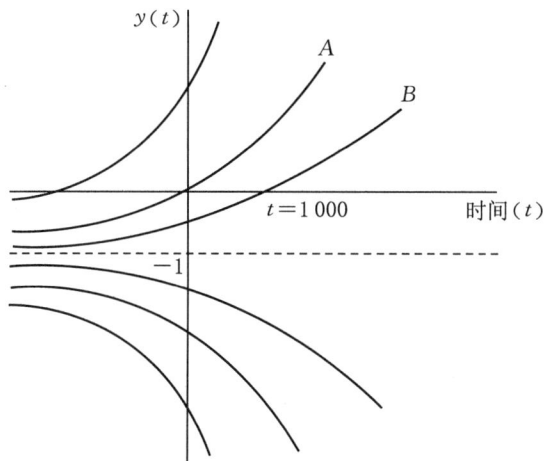

注：图中描绘了式(A.12)所示微分方程的一系列解。

图 A.2　微分方程的解

也许我们只知道函数在某个时期终点的值，而不知道函数的初始值；也就是说，我们可以有一个终端条件[①]。例如，假定时期终点为 $t_1=1000$，且 $y(t)$ 在那个时点的值为 0。因此，$y(1000)=-1+b\cdot\mathrm{e}^{1000}=0$。其解为 $b=\mathrm{e}^{-1000}$，它意味着：

$$y(t)=-1+(\mathrm{e}^{-1000})\cdot\mathrm{e}^t \tag{A.16}$$

---

① 当我们用无限时域处理增长模型时，我们可以知道某个变量时间趋于无穷时的极限值。该信息将带给我们一个终端条件。

该结果对应于图 A.2 中路径 B。

系数为变量的线性一阶微分方程 现在思考下列微分方程：

$$\dot{y}(t) + a(t) \cdot y(t) + x(t) = 0 \tag{A.17}$$

其中，$a(t)$ 是已知的关于时间的方程，但是不再是常数。我们可遵循与前面相同的步骤。差别是，积分因子现在是 $e^{\int_0^t a(\tau)d\tau}$，所以左边变成了 $y(t) \cdot e^{\int_0^t a(\tau)d\tau}$ 的导数[1]。再次，当我们对该函数的导数积分时，我们可以重新得到其原始方程。用该信息，我们可以求得常微分方程的解：

$$y(t) = -e^{-\int_0^t a(\tau)d\tau} \cdot \int e^{\int_0^t a(\tau)d\tau} \cdot x(t) \cdot dt + b \cdot e^{-\int_0^t a(\tau)d\tau} \tag{A.18}$$

其中，b 是一个任意的积分常数。为找到特定或确切的解，我们不得不再次利用边界条件。

A.1.3 线性常微分方程组

我们现在来学习下列形式的线性一阶常微分方程组：

$$\dot{y}_1(t) = a_{11}y_1(t) + \cdots + a_{1n}y_n(t) + x_1(t)$$
$$\cdots$$
$$\dot{y}_n(t) = a_{n1}y_1(t) + \cdots + a_{nn}y_n(t) + x_n(t)$$

用矩阵表示，该方程组为：

$$\dot{y}(t) = A \cdot y(t) + x(t) \tag{A.19}$$

其中，$y(t)$ 是 n 个关于时间的函数所组成的列向量 $\begin{bmatrix} y_1(t) \\ \cdots \\ y_n(t) \end{bmatrix}$，$\dot{y}(t)$ 是 n 个对应的导数组成的列向量，A 是常数系数构成的 $n \times n$ 方阵，$x(t)$ 是由 n 个函数构成的向量。

我们考虑用三种方法来解该方程组。第一种方法是被称为相位图的图形工具，类似于我们对单个微分方程所使用的相位图。相位图的优点是，它简单且能给出定性解。此外，该技巧对非线性和线性方程组都有效。相位图的缺点是，它只对 2×2 方程组并且只对具有稳态的自治方程有效。

第二种方法是分析法。分析法的优点是，它给出数量解，并可以运用于更大的方程组。其缺点是，它一般只对线性方程有效。此外，在本节稍后我们将用到非线

---

① 该积分下限可以是任意常数。对于某确切积分的微分而言，莱布尼兹定则（Leibniz's rule）指出 $d\left[\int_0^t f(\tau)d\tau\right]/dt = f(t)$。注意，我们现在使用的是积分上限导数。见 A.6.6 节。

性方程组的线性近似。

第三种方法是数量法。在本节后文中,我们将描述从数量上解非线性方程组的时间消元法。

相位图

对角线系统 我们从简单的情况开始。假定 A 是一个 2×2 的对角矩阵,且方程是其次的[也就是说,向量 $x(t)$ 的分量都是 0]。方程组可被改写成:

$$\dot{y}_1(t) = a_{11} \cdot y_1(t)$$
$$\dot{y}_2(t) = a_{22} \cdot y_2(t) \tag{A.20}$$

其中,a_{11} 和 a_{22} 都是实数。

相位图是一个图形工具,与前文所用的类似,它让我们可以看到方程组的动态。在图 A.3 中,y_1 位于横轴上,y_2 位于纵轴上。空间各点都代表 (y_1, y_2) 在某个给定时点的位置。假定,在 0 时点上,我们位于图中的 0 点上;也就是说,y_1 等于 $y_1(0)$,y_2 等于 $y_2(0)$。如果我们想看到该经济体在"下个瞬间"处于什么位置,我们需要第三个维度来表示时间。更简单地,我们可以用箭头来表示其动态。该箭头指向移动的方向,就如同在 A.1.2 节中那样。例如,0 点上的箭头指向右上方,这表明变量 y_1 和 y_2 都持续增长。如果箭头指向正上方,那么 y_2 增长且 y_1 不动,等等。

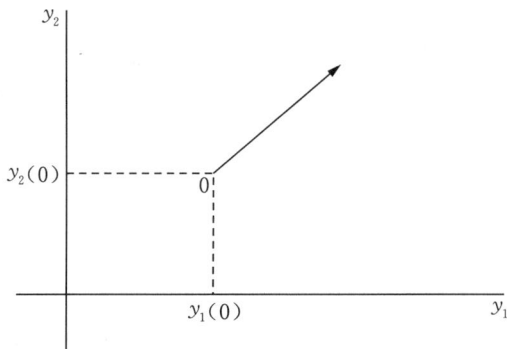

注:该图表示了式(A.20)所示对角线系统中 y_1 和 y_2 的移动方向。

图 A.3 移动方向

相位图的目标是将两个微分方程所表示的动态转换成描述经济体随着时间推移的定性行为的箭头系统。一个简单的例子就是我们上面所学习的对角线系统。该动态取决于 A 的两个对角元素的符号。我们现在来思考下列三个案例。

案例 1,$a_{11} > 0$ 且 $a_{22} > 0$。

我们遵循下列步骤构建该相位图:

1. 从图 A.4(a)入手,描绘满足 $\dot{y}_1$ 等于 0 时的各点的轨迹,称之为 $\dot{y}_1 = 0$ 的图像。在本例中,该轨迹对应于 $y_1(t) = 0$ 上的各点,也就是说,是纵坐标。

2. $\dot{y}_1 = 0$ 的图像带来了两个区域。分析 y_1 在两个区域中的动态。当 y_1 为正时(即,位于图像 $\dot{y}_1 = 0$ 的右边),因为 $a_{11} > 0$ 和 $y_1 > 0$,所以 $\dot{y}_1$ 为正。因此,箭头指向右方。位于纵坐标左边时,情况相反。因为在该区域中,$\dot{y}_1$ 是正数 $a_{11} > 0$ 和负数 $y_1 < 0$ 的乘积。因此,箭头指向左方。

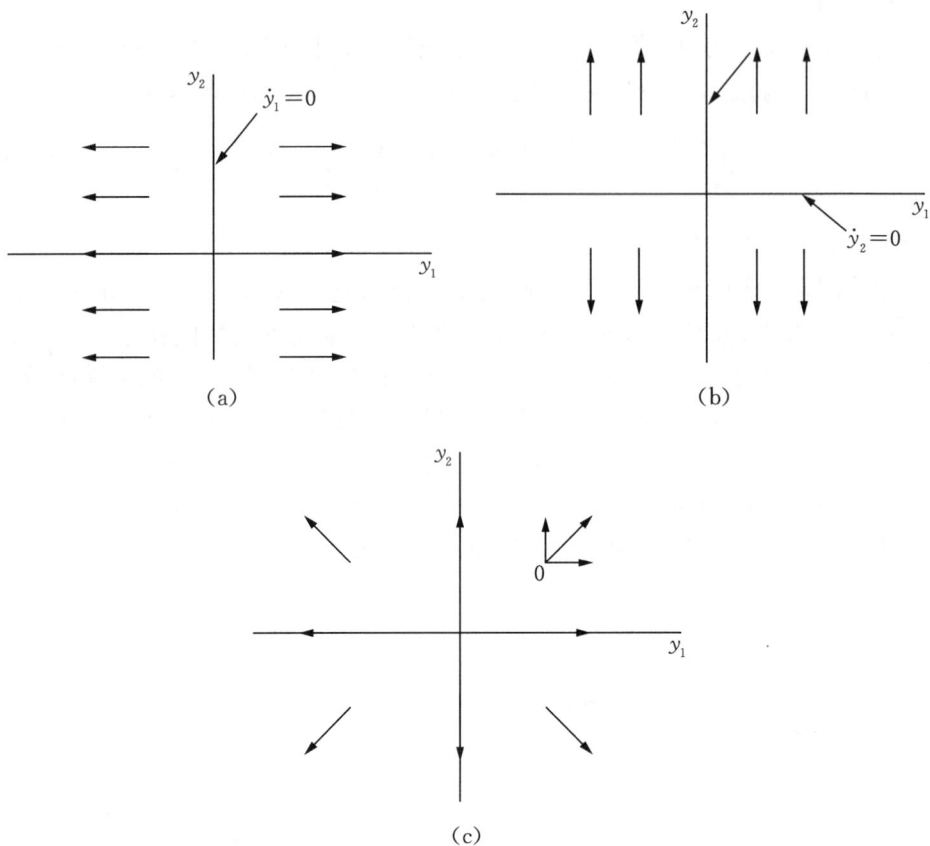

(a)

(b)

(c)

注:(a)**轨迹 $\dot{y}_1 = 0$**。该图给出了 $a_{11} > 0$ 时对应于方程组式(A.20)的图像 $\dot{y}_1 = 0$(在本例中,是纵坐标)。箭头表明了 y_1 的动向。(b)**轨迹 $\dot{y}_2 = 0$**。该图给出了 $a_{22} > 0$ 时对应于方程组式(A.20)的图像 $\dot{y}_2 = 0$(在本例中,是纵坐标)。箭头表明了 y_2 的动向。(c)**不稳定情况下的相位图**。源自图 A.4(a)和图 A.4(b)的结果放在一起可获得一个简单的相位图。箭头表明了 $a_{11} > 0$ 和 $a_{22} > 0$ 时 y_1 和 y_2 的动向。该系统是不稳定的。

图 A.4

3. 对 y_2 使用上述流程。在这个例子中,图像 $\dot{y}_2 = 0$ 为图 A.4(b)中所示的横坐标。对为正的 y_2 而言,$\dot{y}_2$ 是两个正数的乘积,进而为正。因此,y_2 是递增的,且对应地,箭头指向上方。类似地,当 y_2 为负数时,箭头指向下方。

4. 在图 A.4(c)中,两个图被放在了一起。这两个图像将空间分成 4 个部分。(在这个最简单的情况下,该区域对应于 4 个象限,但这不是一个普遍性结论。)在第 1 象限中,一个箭头指向右方,另一个箭头指向上方。我们将这两个箭头合并成一个指向右上方的箭头。该结构表明,如果经济体落在该区域,那么 y_1 和 y_2 都递增。第 2、3、4 个合并箭头分别指向左上、左下和右下。沿着纵坐标,y_2 为正时,箭头朝上;y_2 为负时,箭头朝下。在横坐标上,y_1 为正时,箭头朝右;y_1 为负时,箭头朝左。最后,在原点,$\dot{y}_1$ 和 $\dot{y}_2$ 均为零。因此,如果经济体恰巧处于原点,那么它将永远停在那里。该点是稳态,但是它是不稳定的。如果初始值向任何方向偏离原点一个很小的值,那么动态系统(箭头)将使其远离该稳态。

5. 利用边界条件来甄别图中所绘众多路径中的哪条构成了精确解。例如,假定在 0 时点,y_1 的值为 1 且 y_2 的值为 2。(在这种情况下,两个边界条件都是初始条件;但是在我们所考虑的其他情况中,我们可以有一个初始条件和一个终端条件,或者两个终端条件。)这些初始条件表明,该经济体起始于图 A.4(c)中的 0 点。如图 A.4(c)所示,y_1 和 y_2 后来的行为可以用穿过"0"点的路径表示。

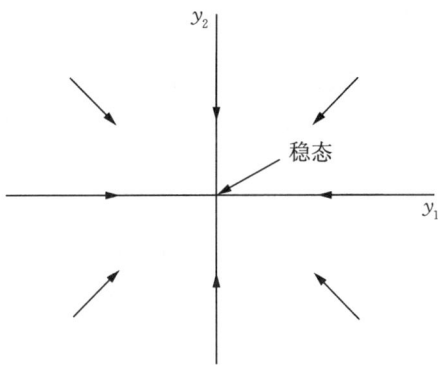

注:在本例中,$a_{11} < 0$ 且 $a_{22} < 0$ 在式(A.20)中成立。该系统是稳定的。

图 A.5　稳定情况下的相位图

案例 2,$a_{11} < 0$ 且 $a_{22} < 0$。

采取和前面部分类似的分析可以看到,图像 $\dot{y}_1 = 0$ 再次位于纵轴,而图像 $\dot{y}_2 = 0$ 再次位于横轴。在图 A.5 中,我们按上述步骤可发现第 1 象限的箭头指向左下,第 2 象限的箭头指向右下,第 3 象限的箭头指向右上,第 4 象限的箭头指向左上。稳态是原点,与上一个案例不同,该点是稳定的。无论 y_1 和 y_2 取任何初始值,该系统的动态都将使(y_1,y_2)回到该稳态。

案例 3,$a_{11} < 0$ 且 $a_{22} > 0$。

如前例中一样,图像 $\dot{y}_1 = 0$ 是纵轴,而图像 $\dot{y}_2 = 0$ 是横轴。然而,图 A.6 所示的这第三个案例中的动态比前面的都复杂。在第 1 象限中,箭头指向左上,第 2 象限的箭头指向右上,第 3 象限的箭头指向右下,第 4 象限的箭头指向左下。这些箭头沿着横坐标指向原点,又沿着纵坐标偏离原点。原点仍为稳态。

新元素是,该系统既不稳定,也并非不稳定。如果该系统起始于稳态,那么它会维持稳态。如果它起始于横轴,该系统的动态会将其带回稳态。但是如果系统起始于纵轴上的任意一点,那么无论该点多靠近原点,该动态会将其带离稳态。从当 t 倾向于无穷时,y_2 趋于无穷的意义上来讲,系统是爆发性的。

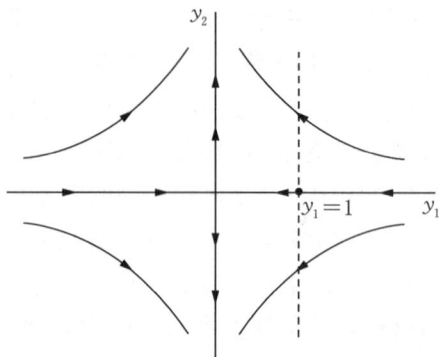

注:本例中,式(A.20)中的 $a_{11} < 0$,$a_{20} > 0$。系统是鞍形路径稳定的。

图 A.6　鞍形路径稳定情况下的相位图

这种情况被称为鞍形路径稳定。名字的由来是因为它类似于马鞍上的大理石。马鞍上有一点,如果大理石被放在上面,那么它就不会移动。马鞍上有一个轨迹带有以下特征:如果大理石被放在该轨迹上的任意一点,那么它将向稳态移动。但是,如果大理石被放到该轨迹之外的任一点上,那么它会掉到地上。

图 A.6 所示动态路径的两个结论是值得强调的。首先,路径互不相交。第二,只有两条路径穿过稳态:一条是我们刚提到的鞍形路径,另一条是对应于纵轴的不稳定路径。这些路径分别被称为稳定臂和非稳定臂。所有显示出鞍形路径稳定性的二元常微分方程组,都有一条稳定臂和一条非稳定臂,二者都穿过稳态。

图 A.6 表明了所有可能的点上的经济体动态。而实际遵循的特定路径取决于两个必须确定的边界条件。例如,假定初始值为 $y_1(0) = 1$,且终端条件是 $\lim_{t\to\infty}[y_2(t)] = 0$。初始条件表明,经济体起始于垂线 $y_1 = 1$ 上的任意一点(见图A.6)。在这条线上的所有可能的点上,只有横坐标上的点才具有以下特征:当时间趋于无穷时,y_2 趋于0。因此,终端条件确保了该经济体的起点为 $y_2(0) = 0$,位于稳定臂的右边。

对称地,$a_{11} > 0$ 和 $a_{22} < 0$ 的情况也显示出鞍形路径稳定性。唯一的不同是,横坐标现在是不稳定的,而纵坐标是稳定的。

本节的关键是,如果与常微分方程相关的矩阵是对角线的,那么其稳定性取决于系数的符号。如果两个都为正,那么系统是不稳定的。如果两个都为负,那么系统是稳定的。如果二者符号相反,那么系统是鞍形路径稳定的。

一个非对角线的例子　如果常微分方程组是非对角线的,我们可沿用相同的步骤来构建相位图。下面就是一个例子:

$$\dot{y}_1(t) = 0.06 \cdot y_1(t) - y_2(t) + 1.4$$
$$\dot{y}_2(t) = -0.004 \cdot y_1(t) + 0.04$$

(A.21)

其中,边界条件为 $y_1(0) = 1$ 和 $\lim_{t\to\infty}[e^{-0.06t} \cdot y_1(t)] = 0$。

$\dot{y}_1 = 0$ 的轨迹是向上倾斜的直线 $y_2 = 1.4 + 0.06 \cdot y_1$。如果我们的起始点位于图像 $\dot{y}_1 = 0$ 上,且稍微提高 y_1,那么在式(A.21)中,$\dot{y}_1$ 的表达式的右边会增加。

进而，$\dot{y}_1$ 为正，且 y_1 在该区域内递增。因此，该区域的箭头指向右边。对称地可以表明，对于位于图像 $\dot{y}_1 = 0$ 左边的点而言，其箭头指向右边。

$\dot{y}_2 = 0$ 的轨迹是垂线 $y_1 = 10$，也就是说，该轨迹与 y_2 不相关。式（A.21）中 $\dot{y}_2$ 的表达式意味着，如果 y_1 提高，那么 $\dot{y}_2$ 下降。因此，对于轨迹 $\dot{y}_2 = 0$ 右边的点而言，$\dot{y}_2$ 为负且箭头朝下。对于该轨迹左边的点而言，结论相反。

这两个轨迹将空间分成 4 个部分，在图 A.7(a) 中以数字 1 到 4 标出。稳态位于两个轨迹的交点。在这里，就是 $y_1^* = 10$ 和 $y_2^* = 2$ 的交点。在区域 1 中，合力箭头指向左下；在区域 2 中，指向左上；在区域 3 中，指向右上；在区域 4 中，指向右下。

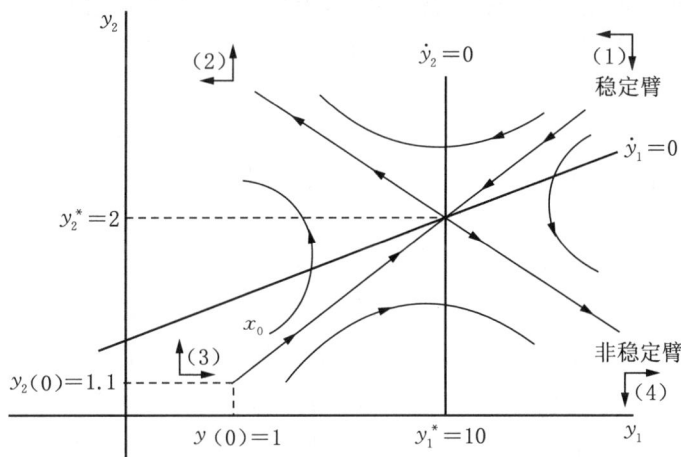

(a)

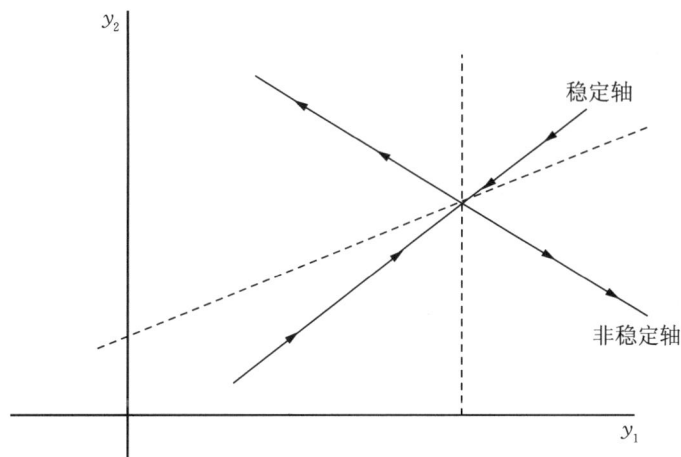

(b)

注：(a)**具有鞍形路径稳定性的非线性实例的相位图**。该图描绘了方程组式（A.21）的相位图。该系统是鞍形路径稳定的。(b)**稳定臂和非稳定臂**。该图通过去掉图 A.7(a) 中的轨迹 $\dot{y}_1 = 0$、轨迹 $\dot{y}_2 = 0$ 和法线轴后得到。*

图 A.7

---

* 此处的"$\dot{y}_1$"、"$\dot{y}_2$"原文中为"y_1"、"y_2"。——译者注

为评估该系统的稳定性特征,我们可以提出下列问题:在这四个区域中,多少个区域的箭头允许该系统向其稳态移动? 如果答案是有两个,那么该系统是鞍形路径稳定的,且鞍形路径处于这两个区域之中。

图 A.7(a)表明,当且仅当系统起始于第 1、3 区域时,该系统才能朝其稳态移动。落于第 1、3 区域的鞍形路径穿过稳态。如果该系统起始于该路径,那么它将收敛于稳态。如果它的起点略高于第 3 区域的鞍形路径[例如,图 A.7(a)中的点 x_0],那么在一段时间内,其箭头会指向右上。该路径最终穿过轨迹 $\dot{y}_1 = 0$,且该系统之后向左上移动,偏离稳态。我们还能很容易地证明,如果它的起点位于第 3 区域的稳定臂下方,那么该系统也会偏离稳态。实际上,只要该系统的起点不位于稳定臂之上,那么系统就会背离稳态。

该系统演变所遵循的确切路径取决于边界条件。这个例子制定了一个初始条件和一个终端条件。该初始值表明,该系统起始于垂线 $y_1 = 1$ 上的某一点。终端条件表明,y_1 与以年速率 0.06 趋于 0 的那项的乘积随着 t 趋于无穷而趋于 0。如果该系统以稳态终结,那么 y_1 将是常量,所以常量和趋于 0 的项的乘积将等于 0。因此,如果长期而言,y_1 趋于一个常数,那么终端条件将得以满足。如果系统最终不处于稳态,那么 y_1 将以递增的速率上升或下降。(这些箭头会使得经济体偏离 $\dot{y}_1 = 0$ 轴,且 y_1 以递增速率增长。)因为一个以年速率 0.06 下降的因子和其绝对值以递增速率增长的因子的乘积不等于 0,所以终端条件要求系统最终处于稳态。这意味着,因为 $y_1(0)$ 不处于稳态,那么对应的值 $y_2(0)$ 必须使得该系统处于稳定臂,如图 A.7(a)所示。

假定,我们去掉法线轴、轨迹 $\dot{y}_1 = 0$ 和轨迹 $\dot{y}_2 = 0$,如图 A.7(b)所示。那么我们只看到(箭头指回稳态的)稳定臂和(箭头背离稳态的)非稳定臂。这两条直线将空间化成 4 个区域,且这 4 个空间的对应动态以箭头表示。注意图 A.7(b)和图 A.6 之间的相似性。实际上,我们可以将图 A.7(b)看作图 A.6 的扭曲版本。这个视角有助于我们理解这些方程组的分析解。

一个非线性的例子　我们将用一个非线性实例来结束关于相位图的本节。考虑下列方程组:

$$\dot{k}(t) = k(t)^{0.3} - c(t) \tag{A.22}$$

$$\dot{c}(t) = c(t) \cdot [0.3 \cdot k(t)^{-0.7} - 0.06] \tag{A.23}$$

其中,边界条件是 $k(0) = 1$ 和 $\lim_{t\to\infty}[e^{-0.06t} \cdot k(t)] = 0$。该方程组与我们此前所讨论的方程组的主要区别是,现在的方程表达式是非线性的。然而,我们沿着与前文相同的步骤来构建非线性方程图的相位图。

根据式(A.22)求轨迹 $\dot{k} = 0$,我们可以得到 $c = k^{0.3}$。如果我们将 k 放在横轴上,并将 c 放在纵轴上,那么该轨迹是一条向上倾斜且凹的曲线,如图 A.8 所示。考虑在轨迹 $\dot{k} = 0$ 右边与其紧邻的点,也就是说,k 略微偏高,且 c 不变。式

（A.22）表明，新出现的点的位置更偏右；进而$\dot{k}$必定为正。因此，在轨迹$\dot{k}=0$的右边时，k上升，且其箭头朝右。对称性论证表明，在轨迹$\dot{k}=0$的左边时，其箭头朝左。

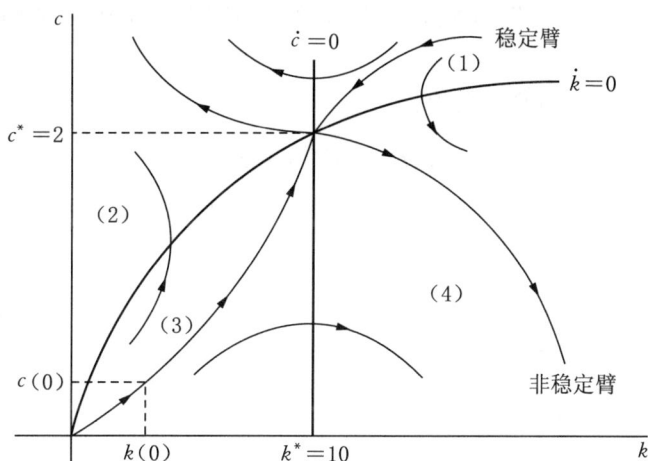

注：该图描绘了对应于式（A.22）和式（A.23）所示方程组的相位图。该系统是鞍形路径稳定的。

图 A.8　非线性模型的相位图

令$\dot{k}=0$，根据式（A.23），图像$\dot{c}=0$为一条垂线（见图 A.8）。考虑轨迹$\dot{c}=0$右边的点，也就是说，c不变且k更高。式（A.23）表明$\dot{c}<0$，因此，箭头朝下。通过类似的论证，轨迹$\dot{c}=0$左边的箭头朝上。

我们现在可以合并k和c的动态。稳态位于轨迹$\dot{k}=0$和$\dot{c}=0$的交点。在这里，它对应于$k^*=10$和$c^*=2$的交点。图 A.8 表明，只有区域 1 和区域 3 中的箭头才能使得该系统趋近于稳态。于是我们总结，该系统是鞍形路径稳定的。在这种情况下的稳定臂不是一个线性函数。然而，稳定臂处于区域 1 和区域 3 并穿过稳态，仍然成立。非稳定臂存在于区域 2 和区域 4。

我们能再次利用边界条件来选择系统将会遵循的路径。在这个例子中，边界条件确保了该系统起始于稳定路径，进而持续朝其稳态移动。

线性齐次方程组的分析解　我们现在来考虑线性常微分方程组的分析解。我们从齐次的情况入手，因为一般情况的求解涉及非常复杂的符号标记。于是，式（A.19）所示的$x(t)$向量为 0，所以该方程组变成：

$$\dot{y}(t) = A \cdot y(t) \qquad\qquad (A.24)$$

其中，$y(t)$是时间函数$y_i(t)$构成的$n\times 1$列向量，A是常数系数$n\times n$矩阵，$\dot{y}(t)$是对应于$y(t)$的时间导数的向量。

假定，某$n\times n$矩阵V具有如下特征：如果我们在A的前后分别乘以V^{-1}和V，那么我们可得到对角的 $n \times n$ 矩阵：

$$V^{-1}AV = D \qquad (A.25)$$

其中，D 是一个方阵，且在该方阵中，所有的非对角元素都为 0。A.5 节证明了 V 和 D 是可以存在的：它们分别是特征向量矩阵和与 A 相关的特征向量对角矩阵[1]。

我们可以将变量 $z(t)$ 定义为：

$$z(t) = V^{-1} \cdot y(t)$$

因为 V^{-1} 是一个常数方阵，$\dot{z}(t) = V^{-1} \cdot \dot{y}(t)$。因此，我们能将源自式（A.24）的方程组改写成经转换的变量 $z(t)$ 的表达式：

$$\dot{z}(t) = V^{-1} \cdot \dot{y}(t) = V^{-1}A \cdot y(t) = V^{-1}AVV^{-1} \cdot y(t) = D \cdot z(t)$$

$$(A.26)$$

该方程组由 n 个一元微分方程组成：

$$\begin{aligned}
\dot{z}_1(t) &= \alpha_1 \cdot z_1(t) \\
\dot{z}_2(t) &= \alpha_2 \cdot z_2(t) \\
&\cdots \\
\dot{z}_n(t) &= \alpha_n \cdot z_n(t)
\end{aligned} \qquad (A.27)$$

我们在 A.2.2 节证明，这些微分方程各自的解都满足表达式 $z_i(t) = b_i \cdot e^{\alpha_i t}$，其中 b_i 是由边界条件确定的一个任意积分常数[见式（A.11）]。我们可用矩阵形式将该结论表示为：

$$z(t) = Eb \qquad (A.28)$$

其中，E 是第 i 个对角线项为 $e^{\alpha_i t}$ 的对角矩阵，且 b 是常数 b_i 组成的列向量。

我们可以利用关系式 $y = Vz$ 将变量 z 的解转换成变量 y 的解。y 的解是：

$$y = VEb$$

如果不用矩阵表示，解可以表达为：

$$y_i(t) = v_{i1} e^{\alpha_1 t} \cdot b_1 + v_{i2} e^{\alpha_2 t} \cdot b_2 + \cdots + v_{in} e^{\alpha_n t} \cdot b_n \qquad (A.29)$$

总之，解式（A.24）所示的表达式构成的方程组的一般方法如下：

1. 求矩阵 A 的特征值，并称之为 $\alpha_1, \cdots, \alpha_n$；
2. 求对应的特征值，并将其变成矩阵 V 中的列向量；
3. 用式（A.29）所示表达式来表示方程的解；
4. 用边界条件来确定任意积分常数（b_i）。

---

[1] 矩阵可对角化的充分条件是所有的特征值都不相等。在这种情况下，特征值是线性不相关的，所以 $\det(V) \neq 0$ 且 V^{-1} 存在。

图形解和分析解之间的关系　我们现在将图形法和分析法关联起来。回顾前文可知,当我们构建相位图时,我们指出,如果我们去掉图 A.7(b)中的轴线和 $\dot{y}_i = 0$ 的轨迹,然后保留剩下的图形,就可以得到图 A.6 中图像的扭曲版本,且对图 A.6 而言,矩阵 A 是对角的。我们还看到,分析解涉及一个特征值对角矩阵。这两种方法的相似之处并非巧合:当我们对角化一个矩阵的时候,我们间接地发现一组轴线(或矢量);在这些轴线的基础上,A 所表示的线性化应用能被表示成一个对角矩阵(见 A.5 节)。新的轴线为特征向量,且对应对角矩阵中的元素是特征值。

该方程组的图形求解本质上是相同的。稳定臂和非稳定臂对应于两个特征向量。如果我们将这两个臂看作一组新的轴线——也就是说,如果我们去掉轴线和轨迹 $\dot{y}_i = 0$ ——那么,原矩阵 A 可以被对角特征值矩阵表示。非对角情况下的相位图看起来像对角情况相位图的扭曲版本。

稳定性　回顾前文,对角线方程组的稳定性特征取决于对角元素的符号。因此,不出意料的是,非对角方程组的稳定性特征也取决于其特征值的符号。共有以下几种情况:

1. 两个特征值都是实数且为正。在这种情况下,系统是不稳定的。

2. 两个特征值都是实数且为负。在这种情况下,系统是稳定的。

3. 两个特征值都是实数且符号相反。在这种情况下,系统是鞍形稳定的。此外,当系统鞍形稳定时,稳定臂对应于和负特征值相关的特征向量[1]。类似地,非稳定臂对应于与正特征值相关的特征向量。从直观上来看,与对角矩阵相关的轴由特征向量给出。如同我们在实例中看到的那样,如果方程组是对角线的,那么与对角矩阵中负元素相关的轴线是稳定臂,与正元素相关的轴线为非稳定臂。

4. 这两个特征值都是实部为负的复数。系统在这种情况下以振荡的方式向稳态收敛(见 A.9a)。

5. 这两个特征值都是实部为正的复数。系统是振荡且不稳定的,如图 A.9(b)所描述的那样。

6. 这两个特征值都是实部为零的复数。轨迹是围绕稳态的椭圆,如图 A.9(c)所示。

7. 这两个特征值相等。在这种情况下,特征向量矩阵不可逆,且本节早先提到的分析解不适用。这种情况下的解采用下列形式:

$$y_i(t) = (b_{i1} + b_{i2} \cdot t) \cdot e^{at}$$

其中,b_{i1} 和 b_{i2} 是积分常数和 A 中系数的函数,且 α 为唯一的特征值。如果 $\alpha < 0$,该解不稳定;如果 $\alpha > 0$,那么该解稳定。

---

① 通观全文,我们能可交换地使用负特征向量和与负特征值相关的特征向量。

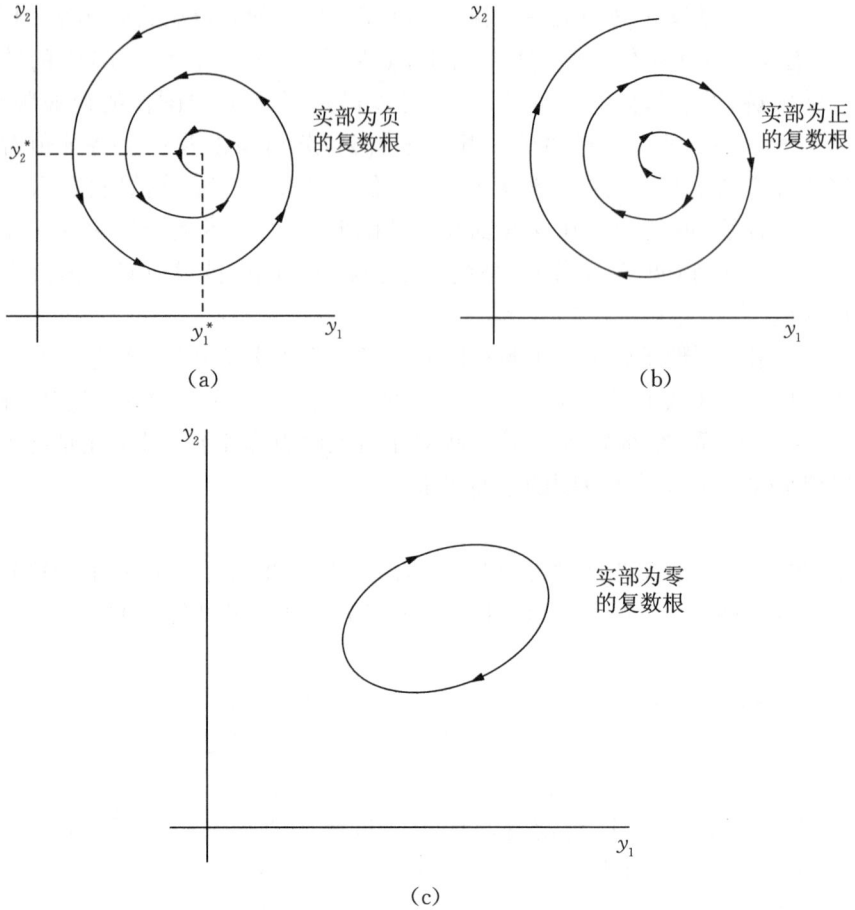

注:(a)**稳定且振荡的动态。**如果两个特征值是实部为负的复数,那么系统在这种情况下以振荡的方式向稳态收敛。(b)**不稳定且振荡的动态。**如果两个特征值是实部为正的复数,那么系统是振荡且不稳定的。(c)**振荡动态。**如果两个特征值都是实部为零的复数,那么轨迹是围绕稳态的椭圆。系统既不收敛也不发散。

图 A.9

我们应该指出,在线性方程组中,存在一个以上的被称为极限循环(limit cycle)的均衡。稳定极限循环是收敛型轨迹,而非稳定极限循环是发散型轨迹。

具有更多元的方程组的稳定特征也是相似的。如果所有特征值都为正,那么该系统是不稳定的。如果所有特征值都为负,那么该系统是稳定的。如果特征值具有不同的符号,那么该系统是鞍形路径稳定的。因为,如前所述,稳定臂对应于与负特征值相关的特征向量,稳定臂的维度等于负特征值的个数。例如,在具有一个特征值的 3×3 系统中,其稳定臂是一条穿过稳态的直线,并对应于负特征向量。如果存在两个特征值,那么该稳定流形(stable manifold)是穿过稳态的平面。该平面由两个负特征值确定。在一个 $n \times n$ 系统中,稳定臂(有时被称为稳定流形)是由相关特征向量构成的超平面,其维度等于负特征值的数量。

线性非齐次方程组的分析解　现在考虑非齐次的微分方程：

$$\dot{y}(t) = A \cdot y(t) + x(t) \tag{A.30}$$

其中，$y(t)$ 是时间函数的 $n \times 1$ 向量，$\dot{y}(t)$ 是对应时间导数的向量，A 是 $n \times n$ 的常数矩阵，$x(t)$ 是已知时间函数的 $n \times 1$ 向量（其中这些函数可能为常数）。求解式（A.30）的过程与我们之前解齐次方程的方法一致，仍从矩阵 V 开始（该矩阵由 A 的特征向量构成）。因此 $V^{-1}AV$ 产生了一个对角矩阵 D，且该矩阵包含 A 的特征值。对该方程组进行转换，对所有项乘以 V^{-1}，然后令 $z \equiv V^{-1}y$，可得到：

$$\dot{z} = V^{-1}\dot{y} = V^{-1} \cdot (Ay + x) = V^{-1}AVV^{-1}y + V^{-1}x = Dz + V^{-1}x$$

该矩阵方程界定了一个由 n 个下列形式的线性微分方程构成的方程组：

$$\dot{z}_i(t) = \alpha_i \cdot z_i(t) + V_i^{-1} \cdot x(t)$$

其中，V_i^{-1} 是 V^{-1} 第 i 行的值。如我们在 A.2.2 节所看到的那样，这些具有固定系数的线性常微分方程各自的解都采用式（A.11）中的表达式：

$$z_i(t) = \mathrm{e}^{\alpha_i t} \cdot \int \mathrm{e}^{-\alpha_i \tau} \cdot V_i^{-1} \cdot x(\tau) \cdot \mathrm{d}\tau + \mathrm{e}^{\alpha_i t} \cdot b_i$$

其中，$i = 1, \cdots, n$，b_i 仍为任意积分常数。我们可将这些解写成矩阵的形式：

$$z = E\hat{X} + Eb \tag{A.31}$$

其中，再次地，E 是带有 $\mathrm{e}^{\alpha_i t}$ 项的对角矩阵，$\hat{X}$ 是以下列积分为元素的列向量：

$$\int \mathrm{e}^{-\alpha_i \tau} \cdot V_i^{-1} \cdot x(\tau) \cdot \mathrm{d}\tau$$

且 b 是任意常数的列向量。一旦时间路径 z 已知，那么我们可以在 z 前面乘上 V 来求 y 的时间路径。

例如，请思考式（A.21）所示常微分方程组。采用矩阵形式，该方程组可被写成：

$$\begin{bmatrix} \dot{y}_1(t) \\ \dot{y}_2(t) \end{bmatrix} = \begin{bmatrix} 0.06 & -1 \\ -0.004 & 0 \end{bmatrix} \cdot \begin{bmatrix} y_1(t) \\ y_2(t) \end{bmatrix} + \begin{bmatrix} 1.4 \\ 0.04 \end{bmatrix} \tag{A.32}$$

其边界条件是 $y_1(0) = 1$ 且：

$$\lim_{t \to \infty}\left[\mathrm{e}^{-0.06 \cdot t} \cdot y_1(t) \right] = 0$$

在该例子中，x 是常数向量。在 A.5 节，我们介绍了如何求特征值和与矩阵相关的特征向量。我们将会看到，特征值的对角矩阵 D 和特征向量 V 为：

$$D = \begin{bmatrix} 0.1 & 0 \\ 0 & -0.4 \end{bmatrix}, \quad V = \begin{bmatrix} 1 & 1 \\ -0.04 & 0.1 \end{bmatrix}$$

471

其中：

$$V^{-1} = \begin{bmatrix} 0.1/0.14 & -1/0.14 \\ 0.04/0.14 & 1/0.14 \end{bmatrix}$$

令 $\dfrac{z_1}{z_2} = V^{-1} \cdot \dfrac{y_1}{y_2}$。借助新变量可以将方程组表示成我们知道如何求解的形式：

$$\dot{z}_1 = 0.1 \cdot z_1 + 10/14$$
$$\dot{z}_2 = -0.04 \cdot z_2 + 9.6/14$$

其解为：

$$z_1(t) = -100/14 + b_1 e^{0.1 \cdot t}$$
$$z_2(t) = 240/14 + b_2 e^{-0.04 \cdot t}$$

其中，b_1 和 b_2 都是积分常数，并受边界条件约束。我们可以在 z 前面乘以 V 而将 z_1 和 z_2 的解转换成 y_1 和 y_2 的解：

$$y_1(t) = 10 + b_1 e^{0.1 \cdot t} + b_2 e^{-0.04 \cdot t} \tag{A.33}$$

$$y_2(t) = 2 - 0.04 \cdot b_1 e^{0.1 \cdot t} + 0.1 \cdot b_2 e^{-0.04 \cdot t} \tag{A.34}$$

我们现在需要确定常数 b_1 和 b_2 的值。初始条件 $y_1(0) = 1$ 意味着 $b_1 + b_2 = -9$。我们可以在式 (A.33) 两边同乘以 $e^{-0.06 \cdot t}$，取 t 趋于无穷时的极限，并用终端条件 $\lim_{t \to \infty}[e^{-0.06 \cdot t} \cdot y_1(t)] = 0$ 可得到：

$$\lim_{t \to \infty}[e^{-0.06 \cdot t} \cdot y_1(t)] = \lim_{t \to \infty}[10 \cdot e^{-0.06 \cdot t} + b_1 e^{0.04 \cdot t} + b_2 e^{-0.1 \cdot t}] = 0$$

当 t 趋于无穷时，中间表达式中的第 1、3 项等于 0。但是除非 b_1 等于 0，否则第 2 项趋于无穷。因此，整个表达式等于 0 的条件是 $b_1 = 0$，这意味着 $b_2 = -9$。因此，该常微分方程组的确切解是：

$$y_1(t) = 10 - 9 \cdot e^{-0.04 \cdot t}$$
$$y_2(t) = 2 - 0.9 \cdot e^{-0.04 \cdot t}$$

注意，$y_1(t)$ 在 $t = 0$ 时等于 1，随着时间的推移不断增加，渐近于其稳态值 $y_1^* = 10$ [见图 A.10(a)]。变量 y_2 在 $t = 0$ 时等于 1.1，随着时间的推移不断增加，渐近于其稳态值 $y_2^* = 2$（见图 A.10b）。换言之，边界条件所选的 y_2 的初始值可以使得系统最终处于稳态。从图 A.7(a) 的角度来看，所选择的 $y_2(0)$ 将使系统处于稳定臂上。在初始点 $\begin{bmatrix} y_1(0) \\ y_2(0) \end{bmatrix} = \begin{bmatrix} 1 \\ 1.1 \end{bmatrix}$ 时，趋于稳态的向量是负特征向量 $\begin{bmatrix} 9 \\ 0.9 \end{bmatrix}$，或是将第 1 个元素标准化为 1 而得到的 $\begin{bmatrix} 1 \\ 0.1 \end{bmatrix}$。因此，如前所述，稳定臂穿过稳态，且对应于与负特征值相关的特征向量。

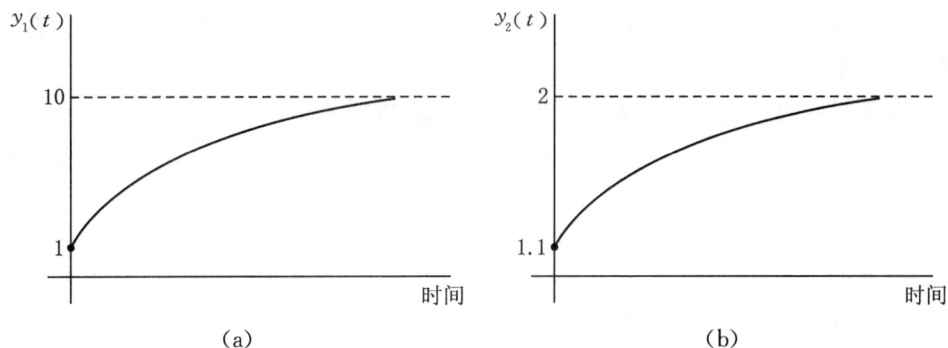

注：(a) $y_1(t)$ **的解。** 该图描绘了式(A.32)所示方程组中 $y_1(t)$ 的解。 (b) $y_2(t)$ **的解。** 该图描绘了式(A.32)所示方程组中 $y_2(t)$ 的解。

图 A.10

非线性方程组的线性化　我们在本书中遇到的很多常微分方程组是非线性的。在这种情况下，我们可以用之前所讨论的相位图技巧，或用泰勒级数展开法取其近似线性方程。

考虑下列常微分方程组：

$$
\begin{aligned}
\dot{y}_1(t) &= f^1[y_1(t),\,\cdots,\,y_n(t)] \\
\dot{y}_2(t) &= f^2[y_1(t),\,\cdots,\,y_n(t)] \\
&\cdots \\
\dot{y}_n(t) &= f^n[y_1(t),\,\cdots,\,y_n(t)]
\end{aligned}
\tag{A.35}
$$

其中，函数 $f^1(\cdot)$、$f^2(\cdot)$、$\cdots$、$f^n(\cdot)$ 是非线性的。我们可以用泰勒序列展开式来研究该方程组在稳态领域内的动态。（泰勒定理见 A.6.2 节。）一阶展开式可以被表示成：

$$
\dot{y}_1(t) = f^1(\bullet) + (f^1)_{y_1}(\bullet) \cdot (y_1 - y_1^*) + \cdots + (f^1)_{y_n}(\bullet) \cdot (y_n - y_n^*) + R_1
$$

$$
\cdots
$$

$$
\dot{y}_n(t) = f^n(\bullet) + (f^n)_{y_1}(\bullet) \cdot (y_1 - y_1^*) + \cdots + (f^n)_{y_n}(\bullet) \cdot (y_n - y_n^*) + R_n
$$

$$
\tag{A.36}
$$

其中，$f^1(\bullet)$、$\cdots$、$f^n(\bullet)$ 是函数 $f^1(\bullet)$、$\cdots$、$f^n(\bullet)$ 位于稳态的值，且 $(f^1)_{y_i}(\bullet)$、$\cdots$、$(f^n)_{y_i}(\bullet)$ 是其处于稳态时关于 y_i 的偏导数。R_i 项是泰勒余值。如果该系统接近于稳态，那么这些余值很小且可被忽略。在稳态邻域线性化的好处就是，根据稳态的定义，每个方程的第一个元素$[f^1(\bullet),\,\cdots,\,f^n(\bullet)]$等于 0。也就是说，对所有 i 而言，$\dot{y}_i$ 的稳态值为零。

式(A.36)的线性化方程可用矩阵表示为：

$$
\dot{y} = A \cdot (y - y^*)
\tag{A.37}
$$

其中，A 是对应于稳态一阶偏导数的 $n \times n$ 常数矩阵。该线性方程与前文所分析的那些方程相似。

考虑我们前面的非线性方程组的例子，该方程组如下：

$$\dot{k} = k^{0.3} - c \tag{A.22}$$

$$\dot{c} = c \cdot (0.3 \cdot k^{-0.7} - 0.06) \tag{A.23}$$

其边界条件为 $k(0) = 1$ 和 $\lim_{t \to \infty} [e^{-0.06t} \cdot k(t)] = 0$。稳态值为 $k^* = 10$ 和 $c^* = 2$。我们对该方程组线性化后，可得：

$$\dot{k} = 0.3 \cdot (k^*)^{-0.7} \cdot (k - k^*) - (c - c^*) = 0.06 \cdot k - c + 1.4$$

$$\dot{c} = c^* \cdot [0.3 \cdot (-0.7) \cdot (k^*)^{-1.7}] \cdot (k - k^*) - 0 \cdot (c - c^*) \tag{A.38}$$

$$= -0.008 \cdot k + 0.08$$

我们知道如何解该线性方程。实际上，我们已经解过该方程。如果我们将 k 和 c 分别换成 y_1 和 y_2，那么它将与式（A.32）所示的方程组相同。

例如，式（A.22）和式（A.23）的方程构成了一个非线性方程组。我们针对该方程构建了一个相位图，如图 A.8 所示。现在我们就来考虑该相位图。图中的轨迹都是非线性的。然而，在稳态附近，轨迹 $\dot{c} = 0$ 是一条垂线，且轨迹 $\dot{k} = 0$ 向上倾斜。我们能将这两个轨迹近似地看作是通过同一个稳态的垂线和向上倾斜的直线。当该系统靠近其稳态时，该近似值是准确的。随着我们偏离稳态，该近似值的准确性会下降，因为 $\dot{k} = 0$ 是严格凹的。非线性系统的动态类似于稳态邻域内线性系统的动态。实际上，在稳态时，非线性稳定臂对应于经过线性化的方程的负特征向量。定性地讲，通过比较图 A.7(a) 和图 A.8，我们可以看到两个系统有类似的动态特征。

非线性方程组的时间消除法　在 A.2.3 节，我们发现，利用图像是得到非线性微分方程组的定性解的一个方法。这种图像法的困难是，我们无法从数量上评价该模型。在那一节的后面，我们给出了该方程组的线性版本的分析解。这种方法的困难是，量化是局部的，且只能适用于稳态附近的近似值。本节描述了求解常微分方程组的全局数量解的方法。在给定参数结构的情况下，该方法能给出一个精确解。

再次考虑式（A.22）和式（A.23）所构建的非线性方程组：

$$\dot{k} = k^{0.3} - c \tag{A.22}$$

$$\dot{c} = c \cdot (0.3 \cdot k^{-0.7} - 0.06) \tag{A.23}$$

其边界条件为 $k(0) = 1$ 和 $\lim_{t \to \infty} [e^{-0.06t} \cdot k(t)] = 0$。该方程组的相位图是图 A.8。如果我们知道该初始值 $c(0)$ 和 $k(0)$，那么通过对式（A.22）和式（A.23）关于时间

求积分,解微分方程的标准数值法可以让我们得到 c 和 k 的整个路径[①]。

问题是,$c(0)$ 是未知的。相反,我们知道横截条件,该条件使得 c 的初始值位于稳定臂之上。难点是用所要求的 $c(0)$ 来表达该条件。常用的解涉及被称为打靶(shooting)的方法。从 $c(0)$ 的估值入手,然后找出微分方程式(A.22)和式(A.23)所隐含的时间路径。接着,检查时间路径方法是否趋近稳态,进而满足横截条件。如果路径脱靶了——第一次的尝试基本上都是这样的——那么该系统最终偏离稳态。在这种情况下,相应地调整估值:如果上一次估值太高,那么降低 $c(0)$ 的估值;反之亦然。通过这种方法多次重复,正确的 $c(0)$ 近似值可以被找到。

Mulligan 和 Sala-i-Martin(1991)提出了一套高效得多的数值技巧,称之为时间消除法(time-elimination method)。该方法的重点是根据方程式消除时间,正如我们在构建相位图时所作的那样。回顾前文,图 A.8 所示的稳定臂将 c 表示成关于 k 的函数。在动态规划中,这个函数有时被称为策略函数(policy function)。暂时假定,我们已知该策略函数 $c = c(k)$ 的封闭解。在这种情况下,我们可以用式(A.22)将 $\dot{k}$ 表示成关于 k 的函数:$\dot{k} = k^{0.3} - c(k)$。因为我们知道 $k(0)$,所以我们能用标准数值法来求解 k 的一阶微分方程。一旦我们知道了 k 的路径,那么我们可以确定 c 的路径[因为我们知道策略函数 $c(k)$]。

时间消除法提供了一种算出策略函数 $c = c(k)$ 的数值技巧。关键是要注意到,该函数斜率为 $\dot{c}$ 和 $\dot{k}$ 之比:

$$\mathrm{d}c/\mathrm{d}k = c'(k) = \dot{c}/\dot{k} = \frac{c(k) \cdot [0.3 \cdot k^{-0.7} - 0.06]}{k^{0.3} - c(k)} \qquad (A.39)$$

其中,我们用到了来自式(A.22)和式(A.23)的 $\dot{k}$ 和 $\dot{c}$ 的表达式。式(A.39)未出现时间;因此,称之为时间消除法。

注意,式(A.39)是 c 的微分方程,其中导数 $\mathrm{d}c/\mathrm{d}k$ 是关于 k 的导数,而不是关于 t 的导数。为从数值上用标准方法解出该方程,我们需要一个边界条件。也就是说,我们必须知道稳定臂上的一点 (c, k)。尽管我们不知道初始数对 $[c(0), k(0)]$,但是我们知道策略函数穿过稳态 (c^*, k^*)。因此,我们从该点入手,并从数值上求解方程式(A.39),以确定剩下的策略函数[②]。注意,通过消除时间,我们将复杂的边值问题转换成了简单的初始值问题。

在我们实施该方法之前,还有一个必须解决的问题。策略函数在稳态时的斜

[①] 对某一个时点的所有变量而言,当问题的边界条件表现为同一个时点上的一组数值时,我们称之为初始值问题(initial value problem)。例如,如果我们将横截条件 $\lim_{t\to\infty}[\mathrm{e}^{-0.06t} \cdot k(t)] = 0$ 替换为某一个关于 $c(0)$ 的值,那么当前的问题将成为初始值问题。相反,边值问题(boundary value problem)适用于不同时点的边界条件。因为已经得到了初始条件 $k(0) = 1$(在 $t = 0$ 时成立)和终端条件 $\lim_{t\to\infty}[\mathrm{e}^{-0.06t} \cdot k(t)] = 0$(在 $t = \infty$ 时成立),所以当前方程组是一个边界值问题。初始值问题更容易从数值上解决。

[②] 我们也许会考虑从稳态入手,并回溯时间以从数值上求得两个微分方程所组成的原始方程组。但该方法是不奏效的,因为 $\dot{k}$ 和 $\dot{c}$ 在稳态时为零。也就是说,我们无法知道我们的起点在哪里。

率是下列不定式：

$$c'(k^*) = (\dot{c})^* / (\dot{k})^* = 0/0$$

解决该问题的方法有两个。第一个是利用求解不定式的罗必塔法则（见 A. 6.3 节）。在该例中，应用罗必塔法则可得：

$$c'(k^*) = [c^* \cdot (-0.21) \cdot (k^*)^{-1.7}]/[0.3 \cdot (k^*)^{-0.7} - c'(k^*)]$$

它隐含着一个关于 $c'(k)$ 的二次方程式：

$$[c'(k^*)]^2 - [0.3 \cdot (k^*)^{-0.7}] \cdot c'(k^*) - 0.21 \cdot c^* \cdot (k^*)^{-1.7} = 0$$

该方程式有两个关于 $c'(k^*)$ 的解：

$$c'(k^*) = [0.3 \cdot (k^*)^{-0.7} - \{[0.3 \cdot (k^*)^{-0.7}]^2 + 4 \cdot (0.21) \cdot c^* \cdot (k^*)^{-1.7}\}^{1/2}]/2 \tag{A.40}$$

$$c'(k^*) = [0.3 \cdot (k^*)^{-0.7} + \{[0.3 \cdot (k^*)^{-0.7}]^2 + 4 \cdot (0.21) \cdot c^* \cdot (k^*)^{-1.7}\}^{1/2}]/2 \tag{A.41}$$

之所以有两个解，是因为有两条轨迹穿过稳态：稳定臂和非稳定臂。在图 A. 8 中的相位图表明，稳定臂是向上倾斜的，而非稳定臂是向下倾斜的。因为在稳态时，稳定臂的斜率为正，所以它应该为式（A.41）所示的解。

计算稳态的第二个方法是认识到，在稳态时，该策略方程对应于负特征向量。换言之，负特征向量的斜率与策略函数的稳态斜率相等。因此，我们能用该值作为初始值斜率，并接着用式（A.39）来计算策略函数的完整表达式。与罗必塔法则相比，特征值法的优点是，它无需事先知道关于稳态斜率符号的先验定性信息。

时间消除法能被扩展，以很好地适用于带有两个控制变量和一个状态变量的三个微分方程所构成的方程组（见 Mulligan and Sala-i-Martin, 1991, 1993）。思考下列线性方程组：

$$\dot{c}(t) = c[c(t), u(t), k(t)]$$
$$\dot{u}(t) = u[c(t), u(t), k(t)] \tag{A.42}$$
$$\dot{k}(t) = k[c(t), u(t), k(t)]$$

其中，$c(t)$ 和 $u(t)$ 是控制变量，且 $k(t)$ 是状态变量。假定我们已知初始值 $k(0)$ 和两个横截条件（在 $t = \infty$ 时成立），并假定，c^*、u^* 和 k^* 是稳态值。再一次地，如果我们已知 $c(0)$ 和 $u(0)$，那么我们能通过对时间积分而找到式（A.42）的解。然而，问题是，$c(0)$ 和 $u(0)$ 是未知的。

暂时假定，我们已知 $c(k)$ 和 $u(k)$ 的封闭表达式，即问题的策略函数。在这种情况下，我们可以将这两个方程代入 $\dot{k}$ 的方程，以得到一个关于 k 的微分方程。因为我们已知 $k(0)$，所以通过对该微分方程关于时间积分就能得到 $k(t)$ 的完整时间路径。一旦我们知道了 k 的时间路径，那么将 $k(t)$ 代入函数 $c(k)$ 和 $u(k)$，我们就

能确定 c 和 u 的路径。

时间消除法提供了一个从数值上求解 $c(k)$ 和 $u(k)$ 的简单方法。用这种微积分链式法则来消除式(A. 42)中的时间,可得到 $c(k)$ 和 $u(k)$ 的斜率,如下:

$$dc/dk = c'(k) = \dot{c}/\dot{k} = \frac{c[c(k), u(k), k]}{k[c(k), u(k), k]}$$

$$du/dk = u'(k) = \dot{u}/\dot{k} = \frac{u[c(k), u(k), k]}{k[c(k), u(k), k]} \qquad (A. 43)$$

我们可以将稳态 (c^*, u^*, k^*) 作为初始条件从数值上解该方程组。利用罗必塔法则,或计算与负特征值相关的特征向量的斜率,我们可以求得该稳态的斜率。

A.2 静态最优化

A.2.1 无约束的极大值

思考单变量的实函数 $u(\cdot)$。我们说,如果对所有在 $\bar{x}$ 邻域内的 x(也就是说,对所有位于区间 $[\bar{x}-\varepsilon, \bar{x}+\varepsilon]$ 的 x,其中 ε 是某个正数)都有 $u(\bar{x}) \geqslant u(x)$,那么函数 $u(x)$ 在 $\bar{x}$ 具有局部最大值。我们说,如果对 u 的定义域内的所有 x 都有 $u(\bar{x}) \geqslant u(x)$,那么 $u(x)$ 具有绝对最大值[1]。

令 $u(x)$ 在封闭区间 $[a, b]$ 内是二次可微方程,且 $\bar{x}$ 是 $[a, b]$ 内的最大值。$\bar{x}$ 成为内部局部极大值的必要条件是在 $\bar{x}$ 时 $u(\cdot)$ 的一阶导数为 $0[u'(\bar{x}) = 0]$,且其二阶导数为正 $[u''(\bar{x}) \leqslant 0]$。如果 $u'(\bar{x}) = 0$ 且 $u''(\bar{x}) \leqslant 0$,那么 $\bar{x}$ 是内部局部极大值。也就是说,如果目标函数是严格凹的(二阶导数为负),那么必要条件 $u'(\bar{x}) = 0$ 也是充分条件。

就实际用途而言,如果我们想要求得一个函数在某区间内的最大值,那么我们要计算该函数的一阶导数,并求出满足方程 $u'(\bar{x}) = 0$ 的 x 值。该条件给了我们一些候选点(我们常常称之为临界点)。接着,我们计算 $u(\cdot)$ 的二阶导数,并估算其在临界点的值。如果其值为负,那么该临界点就是一个局部极大值。然后,我们将 $u(\bar{x})$ 与函数在区间端点 a、b 的函数值进行比较。$u(\cdot)$ 在区间 $[a, b]$ 内的绝对最大值在 $\bar{x}$、a 或 b 这三点上出现,这取决于哪个值最大。

多元情况类似于我们刚刚所讨论的单元情况。考虑函数 $u: R^n \to R$,二阶连续可微。$u(x)$ 在 $\bar{x}$ 时具有内部局部极大值的必要条件是在点 $\bar{x}$ 时所有偏导数为零(其中 x 现在是 n 维向量,$x \equiv (x_1, \cdots, x_n)$)。换言之,如同在一元情况中一样,函数是"顶部平滑的"。

然而,这些必要条件是不充分的,因为局部最小值和鞍点都满足这些条件。与

---

[1]   如果 $-u(\cdot)$ 在点 $\bar{x}$ 上取得一个极大值,那么函数 $u(\cdot)$ 在该点取得极小值。因此,为分析函数 $u(\cdot)$ 的极小值,我们可以分析 $-u(\cdot)$ 的极大值。

一元情况相同的是,充分条件是函数 u 在临界点为严格凹[①]。

A.2.2　古典非线性规划:等式约束

假定我们想求下列函数 u 的最大值: $R^n \rightarrow R$,约束条件为,所选择的点都位于限制条件 $g(x) = a$ 所构建的平面上,其中 $g: R^n \rightarrow R$,且 x 是一个 n 维向量 $x \equiv (x_1, \cdots, x_n)$。也就是说,问题是:

$$\max_{x_1, \cdots, x_n} [u(x_1, \cdots, x_n)], \text{ s. t. } g(x_1, \cdots, x_n) = a \qquad (A.44)$$

我们假定, $u(\cdot)$ 和 $g(\cdot)$ 是二次连续可微的。解决该问题的一个简单方法是认识到,限定条件描述了一个隐函数 $x_1 = \tilde{x}(x_2, \cdots, x_n)$。(我们在这里假定,在已知值 $x_2, \cdots, x_n$ 时,限制条件唯一地确定了 x_1。)我们将关于 x_1 的该结论代入 $u(x)$,可得到 $(x_2, \cdots, x_n)$ 无约束函数:

$$u[\tilde{x}_1(x_2, \cdots, x_n), (x_2, \cdots, x_n)] \equiv \tilde{u}(x_2, \cdots, x_n) \qquad (A.45)$$

如前所述,某方程无约束极大值的必要条件是所有偏导数等于 0。当考虑 $u(\cdot)$ 关于各参数 x_i (其中, $i = 2, \cdots, n$)的偏导数时,我们一定要认识到 $u(\cdot)$ 直接取决于 x_i,而且还通过 x_1 与 x_i 的关系间接取决于 x_i。因此,有约束最大值的必要条件是:

$$\partial \tilde{u}(\cdot)/\partial x = [\partial u(\cdot)/\partial x_1] \cdot \partial \tilde{x}_1/\partial x_i + \partial u(\cdot)/\partial x_i = 0 \qquad (A.46)$$

其中, $i = 2, \cdots, n$。根据隐函数定理(见 A.6.1 节),我们可算得偏导数 $\partial \tilde{x}_1/\partial x_i = -[\partial g(\cdot)/\partial x_i]/[\partial g(\cdot)/\partial x_1]$。将该表达式代入式(A.46),我们得到:

$$\frac{\partial g(\cdot)/\partial x_i}{\partial g(\cdot)/\partial x_1} = \frac{\partial u(\cdot)/\partial x_i}{\partial u(\cdot)/\partial x_1} \qquad (A.47)$$

另一个满足这些条件的方法是令 g 关于 x_i 的各个偏导数与 u 关于 x_i 的各个偏导数成比例,其中对所有 i 的比例系数都为 μ。这组条件可以被写成矩阵的形式:

$$Du(\bar{\bar{x}}) = \mu \cdot Dg(\bar{\bar{x}}) \qquad (A.48)$$

其中, $\bar{\bar{x}}$ 是一个 n 维向量,且 Dg 和 Du 分别是 g 和 u 关于各自参数的偏导数的向量($Dg \equiv [\partial g(\cdot)/\partial x_1, \cdots, \partial g(\cdot)/\partial x_n]$,且 Du 以此类推)。向量 Dg 和 Du 分别

[①]　检查严格凹的一个方法是确定海赛矩阵(二阶导数矩阵)的定性:如果海赛矩阵是负定性的,那么该函数严格凹。当且仅当矩阵所有的特征值为负时,该矩阵才是负定性的。当且仅当矩阵所有的特征值为非负的,该矩阵才是半负定性的。当且仅当矩阵的所有特征值为正,该矩阵才是正定性的。当且仅当矩阵的所有特征值为非负,该矩阵才是半正定性的。如果矩阵的特征值符号不全相同,那么该矩阵是未定性的。如我们在前文所论证的那样,如果我们想要知道特征值的符号,我们没有必要计算它们。例如,在 2×2 的情况下,如果矩阵的行列式为负,那么其特征值必定具有相反的符号,因为矩阵的行列式等于其特征值之积。

被称为 g 和 u 的梯度。函数 $u(\cdot)$ 在点 $\bar{x}$ 的梯度是与函数在那点的切线相垂直的向量(见图 A.11)。式(A.48)表明，$\bar{x}$ 成为约束问题极大值的必要条件是，限制条件的梯度与目标函数在那点的梯度成比例。比例系数通常被称为拉格朗日乘子 μ。如果我们将 $u(\cdot)$ 看作效用函数，且将 $g(\cdot) = a$ 看作预算约束[总支出 $g(\cdot)$ 等于总收入 a]，那么式(A.48)是我们所熟悉的关于边际替代率和边际转换率(或相对价格)之间的等式。

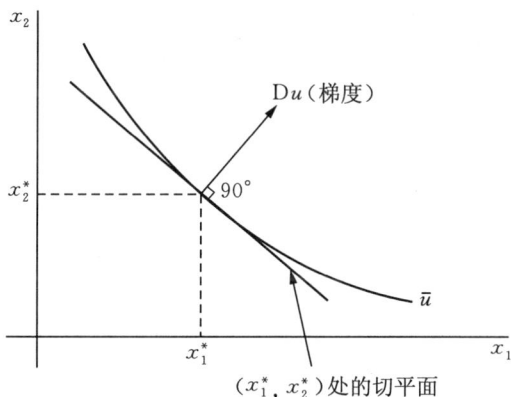

注:该图图示式(A.48)之解，它涉及拉格朗日乘子 μ。

图 A.11　等式约束条件下的最大化问题之解

一个关于这些一阶条件的导数的简便工具是拉格朗日表达式，它向目标函数加入了一个常数 μ 与其约束的乘积:

$$L(\cdot) = u(x_1, \cdots, x_n) + \mu \cdot [a - g(x_1, \cdots, x_n)] \tag{A.49}$$

式(A.48)中的一阶条件是通过对拉格朗日表达式求各自参数的导数而获得的。注意，关于拉格朗日乘子 μ 的导数涵盖了该约束。

为了对拉格朗日乘子进行经济学解释，请思考当收入 a 变化时，效用 $u(\cdot)$ 的变化。效用的总变化为:

$$\mathrm{d}u(\cdot)/\mathrm{d}a = \sum_{i=1}^{n} [\partial u(\cdot)/\partial x_i] \cdot \partial \bar{x}_i/\partial a$$

其中，$\partial \bar{x}_i/\partial a$ 是产品 x_i 的最优数量在约束被数量 ∂a 放松时的变化。我们能利用式(A.48)中的一阶条件将该表达式改写成:

$$\mathrm{d}u(\cdot)/\mathrm{d}a = \sum_{i=1}^{n} \mu \cdot [\partial g(\cdot)/\partial x_i] \cdot \partial \bar{x}_i/\partial a \tag{A.50}$$

如果我们求预算约束关于 a 的全导数，可得到:

$$\mathrm{d}g(\cdot)/\mathrm{d}a = \sum_{i=1}^{n} [\partial g(\cdot)/\partial x_i] \cdot \partial \bar{x}_i/\partial a = 1$$

将该结论代入式(A.50),可得:

$$\mathrm{d}u(\cdot)/\mathrm{d}a = \mu \qquad (A.51)$$

换言之,拉格朗日乘子 μ 表示,当约束条件放松 1 单位时,行为人所得到的额外效用。因此,拉格朗日乘子常被称作影子价格或约束的影子值。该解释很重要,并适用于全书。

A.2.3　不等式约束:库恩—塔克条件

现在假定,某行为人面临 m 个不等式限制,且该不等式限制具有如下形式:

$$g_i(x_1, \cdots, x_n) \leqslant a_i,\ i = 1, \cdots, n$$

所有函数 $g_i(\cdot)$ 都是二阶连续可微的,且每个 a_i 都是常数。问题可被表示为:

$$\max_{x_1, \cdots, x_n} [u(x_1, \cdots, x_n)]$$
$$\text{s. t. } g_1(x_1, \cdots, x_n) \leqslant a_1 \qquad (A.52)$$
$$\cdots$$
$$g_m(x_1, \cdots, x_n) \leqslant a_m$$

大多数经济约束采用了式(A.52)中的表达式。例如,预算约束不要求行为人用光所有的收入,但是却指出,他的消费不能大于收入。

解决式(A.52)所示问题的一个简单方法是使用库恩—塔克(Kuhn and Jucker, 1951)定理。该定理认为,如果 $\bar{x} = (\bar{x}_1, \cdots, \bar{x}_n)$ 是式(A.52)所示问题的解[①],那么存在如下所示的 m 个拉格朗日乘子:

$$\text{(a)} \quad \mathrm{D}u(\cdot) = \sum_{i=1}^{m} \mu_i \cdot [\mathrm{D}g_i(\cdot)]$$
$$\text{(b)} \quad g_i(\cdot) \leqslant a_i,\ \mu_i \geqslant 0 \qquad (A.53)$$
$$\text{(c)} \quad \mu_i \cdot [a_i - g_i(\cdot)] = 0$$

式(A.53)中的条件(a)表明,目标函数的梯度必定是限制条件的梯度的线性组合。该线性组合的权重是拉格朗日乘子。在只有一个限制条件($m=1$)的特殊情况下,该条件相当于式(A.48)。式(A.53)中的条件(b)认为,当 $\bar{x}$ 为最优值时,约束必定得以满足,且影子价格必定为非负。也就是说,$\mathrm{D}u(\cdot)$ 必定处于 $\mathrm{D}g_i(\cdot)$ 所构建的圆锥体上。

式(A.53)中的条件(c)通常被称为互补松弛性条件。它认为该影子价格和约束之积等于 0。该条件表明,如果约束 $g_i(\cdot) - a_i$ 不具有约束作用(如果它不满足严格相等),那么影子价格必定为零。也就是说,$\mathrm{D}g_i(\cdot)$ 在带来 $\mathrm{D}u(\cdot)$ 的线性组

---

① 另一个额外的条件是,"约束条件"得以满足。该条件要求约束的梯度是线性不相关的。

合中不占权重。相反,如果价格严格为正,那么与其相关的约束具有约束作用。

思考图 A.12 中的例子。这里有两个约束,$g_1(\cdot) \leqslant a_1$ 和 $g_2(\cdot) \leqslant a_2$。第一个约束要求该空间内的点的集合位于曲线 g_1 和原点之间的空间。类似地,第二个约束要求点落在 g_2 和原点之间的空间。目标函数可以由记为 u_i 的一组无差异曲线表示,这些曲线朝东北方向递增。这两个约束的梯度(其方向与具体某点的切线垂直)记为 Dg_1 和 Dg_2。条件(a)认为,如果 $\bar{x}$ 是一个最优值,那么 $u(\cdot)$ 的梯度必定是 Dg_1 和 Dg_2 这两个梯度的线性组合。条件(b)认为,该线性组合只会涉及非负权重。用图像表示就是,这些条件意味着,u 的梯度必须位于这两个约束所构建的圆锥体上①。

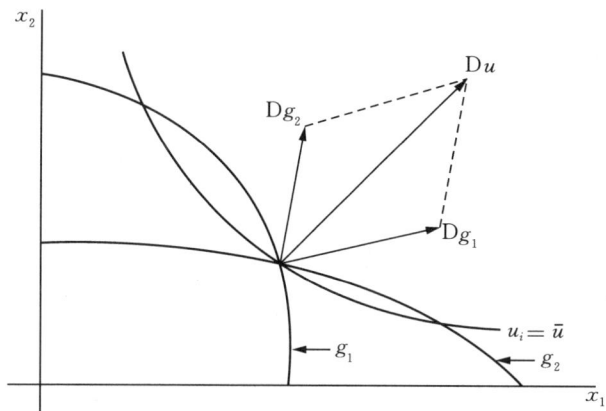

注:该图图示了式(A.53)在两个不等式约束下的最大化问题之解。

图 A.12 不等式约束下的最大化问题之解

为弄懂互补松弛性条件的意义,假定钟形曲线是对某一对商品的偏好[图 A.13(a)]。中心点产生最优效用,而无差异曲线都是围绕着该点的圆圈。(该点对应于一种满意水平,无论价格如何,行为人都不愿意偏离该满意水平。)假定预算约束位于该饱和点的左边[见图 A.13(b)]。那么,虽然行为人希望增加这两种产品的消费量,但是预算约束不允许他/她这样做。因此,该约束是具有约束作用的。库恩—塔克定理表明,目标函数在其最优时的梯度与约束的梯度成比例。因为该梯度与该函数垂直,所以该条件意味着最值出现在切点上。

现在思考:当饱和点(satiation point)完全位于预算约束集合之内时[见图 A.13(c)],会发生什么?在约束集合之内,个体显然获得了最有效用。换言之,因为约束是不具有约束作用的,行为人会像没有约束那般行事。库恩—塔克定理认为,在最优点,目标函数的梯度与约束的梯度成比例。互补松弛性条件认为,当约束不绑定时,比例系数为 0。因此,目标函数的梯度必为 0,这是无约束极大值

① 从经济学角度来看,互补松弛性条件表明,如果某个约束是不具有约束作用的(也就是说,如果它是不重要的),那么我们将其放松 1 单位,所获得效用也不会改变。

的条件。总之,互补松弛性条件认为,如果约束是不具有约束作用的,那么它不会影响最优化选择。

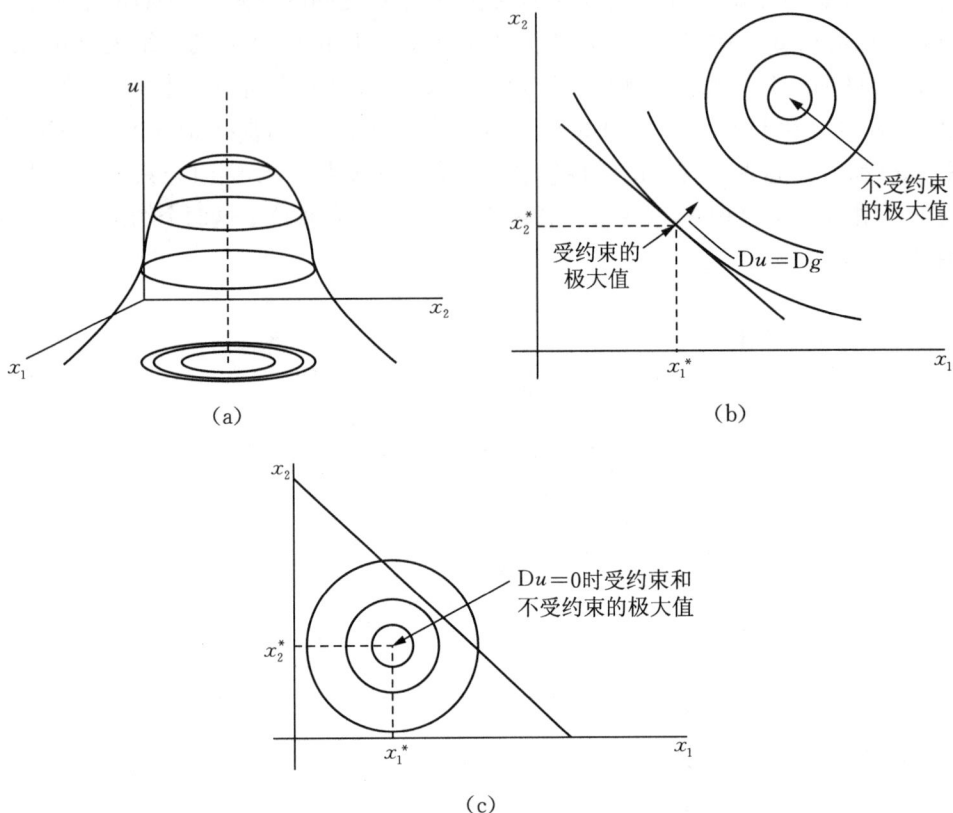

(a)

(b)

(c)

注:(a)**对两种产品的偏好。**假定关于 x_1 和 x_2 的无差异曲线采用钟形形式。(b)**绑定不等式约束条件下的最大化效用。**在这个例子中,关于 x_1 和 x_2 的预算约束是绑定的。(c)**不绑定不等式约束条件下的最大化效用。**在这个例子中,关于 x_1 和 x_2 的预算约束是不绑定的。

图 A. 13

通过将拉格朗日函数写成如下形式,我们还可以换一种方式来理解库恩—塔克条件。

$$L(x_1, \cdots, x_n; \mu_1, \cdots, \mu_m) = u(x_1, \cdots, x_n)$$
$$+ \sum_{i=1}^{m} \mu_i \cdot [a_i - g_i(x_1, \cdots, x_n)] \quad (A.54)$$

式(A.53)中的条件(a)表明:向量 $\bar{x}$ 成为约束情况下的极大值的必要条件是,它必须是相关拉格朗日表达式的极大值。式(A.53)中的条件(b)、(c)表明,在最优点,拉格朗日表达式具有极小的向量 $\mu \equiv (\mu_1, \cdots, \mu_m)$。[条件(b)表明,条件(c)中的两个元素为非负,因此,二者之积等于 0 时最小。]综合起来看,式(A.53)中的条件(a)到条件(c)表明,$\bar{x}$ 成为最优值的必要条件是拉格朗日表达式在 $(\bar{x}, \mu)$ 上具有鞍点;也就是说,关于 x 极大且关于 μ 极小。

根据库恩—塔克定理,式(A.53)中的条件(a)到条件(c)都是必要条件集:如果某点为最优,那么它必须满足这些条件。如果目标函数 $u(\cdot)$ 是凹函数,而该约束形成一个凸集,那么这些必要条件也是充分条件[①]。

A.3 连续时间下的动态最优化

A.3.1 导论

长久以来,数学家们一直为动态问题困扰。人们一般都认为,Bernoulli 在 1696 年成为解答这类问题的第一人。欧拉和拉格朗日也研究过动态问题。他们的理论发现绝大多数都被应用于物理学,特别是与汉密尔顿原理或最小作用量原理(the principle of least action)相关的物理学。至少自 Hotelling 和 Ramsey 在 20 世纪 20 年代的著作发表以来,经济学家们一直都对动态问题感兴趣。然而,直到 20 世纪 60 年代,动态数学技巧才被广泛地引入经济学,主要出现在新古典增长理论。现在,这些技巧已进入大多数现代经济学家的工具箱。

古典数学家们用以解决动态问题的方法论,被称为变分法(calculus of variations)。从一开始,该方法就可被归纳为两类。第一类是美国数学家 Richard Bellman 在 20 世纪 50 年代研究出来的动态规划方法。该方法特别适用于离散时间的问题,对随机模型(stochastic models)尤其有效。第二类是 L. Pontryagin 所领导的一群俄罗斯数学家研发出来的最优控制的最大值原理(maximum principle of optimal control),提出的时间也是 20 世纪 50 年代。(然而,该著作的第一本英译本直到 1962 年才出现。)

在本章,我们将演示如何运用 Pontryagin 的技巧。该最大值原理是古典变分法的一般化,因为即使当问题的一个或更多约束涉及某个状态变量的导数时,这种方法也能对其求解。这类约束是经济增长理论的核心。

本节的目标不是证明最大值原理,而是提供一种启发式的推导和对求解过程的描述。该方法将教给我们一整套工具,从而帮助我们求解在本书中遇到的各种动态模型[②]。

A.3.2 典型问题

我们想要解决的典型问题具有这样的形式:为在某些约束下最大化目标函数,行为人选择或控制若干变量(这些变量被称为控制变量)[③]。这些约束都是动态

[①] Arrow 和 Enthoven(1961)给出了一组略微宽松的充分条件:他们要求目标函数是拟凹的(quasi-concave),即,要求目标函数表现为凸的上限集合。

[②] Pontryagin 等(1962)给出了最大值原理的全部证明。

[③] Pontryagin 等(1962)将这些变量称为操纵变量(steering variable)。

的,因为它们描述了经济状态的持续演变(以状态变量表示)。问题可由下式表达:

$$\max_{c(t)} V(0) = \int_0^T v[k(t), c(t), t] \cdot \mathrm{d}t$$

$$\text{s.t.} \quad \text{(a)} \quad \dot{k}(t) = g[k(t), c(t), t]$$

$$\text{(b)} \quad k(0) = k_0 > 0 \qquad\qquad\qquad \text{(A.55)}$$

$$\text{(c)} \quad k(T) \cdot \mathrm{e}^{-\bar{r}(T) \cdot T} \geq 0$$

其中,$V(0)$ 是目标函数起始于初始时点 0 的值,$\bar{r}(t)$ 是 0 与 t 之间的平均贴现率,且 T 是终点规划日期(它既可以是有限的,也可以是无限的)。我们在 A.4.7 节中讨论了有限时域和无限时域的区别。

变量 $k(t)$ [出现在式(A.55)的(a)部分中时头上有一点]是状态变量,而变量 $c(t)$ 是控制变量。每个变量都是时间的函数。式(A.55)所示目标函数是瞬时幸福函数 $v(\cdot)$ [1] 从 0 到 T 的积分。这些幸福函数取决于状态变量 $k(t)$、控制变量 $c(t)$ 以及时间 t。

式(A.55)中(a)部分表示的累积约束是关于 $k(t)$ 的微分方程。该约束展示了控制变量 $c(t)$ 的选择如何转换成状态变量 $k(t)$ 的运动模式。$\dot{k}(t)$ 的表达式被称为传递方程式或运动方程。尽管我们只有一个传递方程式,但是在 0 到 T 之间的每一时点经济体都受制于问题中的约束条件[2]。

式(A.55)中(b)部分所示的初始条件表明,状态变量 $k(t)$ 起始于某给定值 k_0。式(A.55)中最后的约束(c)部分表明,在规划时域终点所选择的状态变量 $k(T)$ 在经过贴现率为 $\bar{r}(T)$ 的贴现之后,必须为非负。对有限的 T 而言,只要贴现率 $\bar{r}(T)$ 为正且有限,那么该约束意味着 $k(T) \geq 0$。如果 $\bar{r}(T)$ 表示一个人的净资产,且 T 表示一个人的生命,那么式(A.55)中(c)部分的约束排除了死亡时欠债的情况。如果规划时域是无限的,那么该条件表明,净资产可以为负,且其规模可以永远增加,只要增长速率小于 $\bar{r}(T)$。该约束排除了连环信式借贷骗局或庞氏骗局。

如果某增长模型中的 $v(\cdot)$ 是取决于消费水平和按时间偏好因子贴现的瞬时效用函数,那么该增长模型就是这种动态问题的一个经济实例。$v(\cdot)$ 表达式如下:

$$v(k, c, t) = \mathrm{e}^{-\rho t} \cdot u[c(t)] \qquad\qquad \text{(A.56)}$$

在该例子中,$v(\cdot)$ 不取决于资本存量 $k(t)$,而只通过贴现因子 $\mathrm{e}^{-\rho t}$ 取决于时间。

---

[1] 幸福函数的例子有,消费者的效用函数、企业的利润函数和政府的目标函数。为统一起见,我们在本章中将其等同于效用函数。

[2] 该积累方程式原本是一个不等式限制,$\dot{k}(t) \leq g(\cdot)$。通常,在严格的不等式限制下,个体无法找到满足该条件的最优值,因为增加 $c(t)$ 以提高当前效用流量,或增加 $k(t)$ 以提高未来效用流量,都是有利可图的。因此,我们将该条件取作等式。

该约束变量描述了变量 $k(t)$ 的积累。如果我们将 $k(t)$ 看作物质资本,那么该约束的一个例子是:

$$\dot{k}(t) = g[k(t), c(t), t] = f[k(t), t] - c(t) - \delta \cdot k(t) \qquad \text{(A.57)}$$

其中,δ 是资本存量在各时点所折旧的比重。式(A.57)表明,资本存量的增长(净投资)等于总储蓄减去折旧。反过来,总储蓄等于产出 $f(\cdot)$ 与消费 $c(t)$ 之差。如果 $k(t)$ 给定,那么产出对时间的依赖能反映某给定时点的技术或知识状态。

A.3.3 一阶条件的启发式推导

最大值原理的正式证明是本书范围之外的事情,我们将只给出一个启发式推导。那些只对一阶条件求解过程感兴趣的读者,而对该推导不感兴趣的读者,可以跳过 A.3.3—A.3.9 节*,而直接进入 A.3.10 节** 。

出发点是求解非线性最优化问题的静态方法——库恩—塔克定理。A.2.3 节*** 阐述的这个定理给出了下列表达式的拉格朗日结构:

$$L = \int_0^T v[k(t), c(t), t] \cdot dt + \int_0^T \Big\{ \mu(t) \cdot \big(g[k(t), c(t), t]$$
$$- \dot{k}(t) \big) \Big\} \cdot dt + v \cdot k(T) \cdot e^{\overline{r}(T) \cdot T} \qquad \text{(A.58)}$$

其中,$\mu(t)$ 是与式(A.55)(a)部分所示约束相关的拉格朗日乘子,且 v 是与式(A.55)(c)部分所示约束相关的拉格朗日乘子①。根据(a)部分,可知存在一个约束的连续体(其中每一个约束都对应于 0 到 T 之间一个时刻),所以存在对应的拉格朗日乘子的连续体 $\mu(t)$。$\mu(t)$ 被称为共态变量或动态拉格朗日乘子。为保持与静态情况的一致性,这些共态变量可被解释为影子价格:$\mu(t)$ 是在时点 t 所增加的 1 单位资本存量的价格或价值,其计量单位是 0 时点的效用。因为每个限制 $g(\cdot) - \dot{k}$ 都等于 0,所以每个乘积 $\mu(t) \cdot [g(\cdot) - \dot{k}]$ 也都等于 0。于是,所有这些约束之和等于 0:

$$\int_0^T \Big\{ \mu(t) \cdot \big(g[k(t), c(t), t] - \dot{k}(t) \big) \Big\} \cdot dt = 0$$

该表达式出现在式(A.58)的中间项。

为求得静态问题中的一阶必要条件组,我们将在 0 到 T 之间通过 $c(t)$ 和 $k(t)$ 来最大化 L。求解过程中的问题是,我们不知道如何求 $\dot{k}$ 关于 k 的导数。为

---

* 　原著中为"A.4.3—A.4.9 节"。——译者注

** 　原著中为"A.4.10 节"。——译者注

*** 　原著中为"A.3.3 节"。——译者注

① 　虽然我们也可以得到约束 $c(t) \geqslant 0$,但是,通常假设的效用函数表达式表明,这些约束条件是不具有约束力的。因此,我们在当前讨论中忽略这些不等式。

规避该问题，我们可以通过对 $\mu(t) \cdot \dot{k}(t)$ 项分部积分，将拉格朗日表达式改写成[1]：

$$L = \int_0^T \Big(v[k(t), c(t), t] + \mu(t) \cdot g[k(t), c(t), t] \Big) \cdot dt$$
$$+ \int_0^T \dot{\mu}(t) \cdot k(t)dt + \mu(0)k_0 - \mu(T)k(T) + v \cdot k(T) \cdot e^{-\bar{r}(T) \cdot T} \quad (A.59)$$

第一项积分内的表达式被称为汉密尔顿函数：

$$H(k, c, t, \mu) \equiv v(k, c, t) + \mu \cdot g(k, c, t) \quad (A.60)$$

该汉密尔顿函数有一个经济学解释（见 Dorfman，1969）。在某个时刻，行为人消费 $c(t)$ 并持有 $k(t)$ 单位资本存量。这两个变量通过两个渠道影响效用。第一个渠道是消费（也许还有资本）对效用的直接贡献，被纳入到了式（A.60）中的 $v(\cdot)$ 项。第二个渠道是，根据式（A.55）(a)部分关于 $\dot{k}$ 的传递方程式，消费的选择对资本存量的变化产生影响。资本存量的这个变化值等于式（A.60）中的 $\mu \cdot g$（$\cdot$）项。因此，在影子价格 μ 给定的情况下，该汉密尔顿方程刻画了 $c(t)$ 选择对效用的总贡献。

根据式（A.59），拉格朗日表达式可被改写为：

$$L = \int_0^T \{H[k(t), c(t), t] + \dot{\mu}(t) \cdot k(t)\} \cdot dt + \mu(0)$$
$$\cdot k_0 - \mu(T) \cdot k(T) + v \cdot k(T) \cdot e^{-\bar{r}(T) \cdot T} \quad (A.61)$$

令 $\bar{\bar{c}}(t)$ 和 $\bar{\bar{k}}(t)$ 分别表示控制变量和状态变量的最优时间路径。如果我们通过一个任意的扰动函数扰动该最优路径 $\bar{\bar{c}}(t)$，我们可以得到该控制变量的邻近路径（neighboring path）：

$$c(t) = \bar{\bar{c}}(t) + \varepsilon \cdot p_1(t)$$

当 $c(t)$ 被这样干扰时，$k(t)$ 和 $k(T)$ 必定存在对应的扰动量，以满足该预算约束：

$$k(t) = \bar{\bar{k}}(t) + \varepsilon \cdot p_2(t)$$

$$k(T) = \bar{\bar{k}}(T) + \varepsilon \cdot dk(T)$$

如果初始路径是最优的，那么 $\partial L / \partial \varepsilon$ 应该等于 0。在我们计算该微分项之前，

---

[1] 为分部积分 $\int_0^T (\dot{k}) \cdot \mu dt$，我们从 $(d/dt)(\mu k) = \dot{\mu}k + \dot{k}\mu$ 开始。对该表达式的两边在 0 到 T 之间进行积分，并注意 $\int_0^T (d/dt)(k\mu)dt = k(T) \cdot \mu(T) - k(0) \cdot \mu(0)$。从该表达式减去 $k\mu$ 的积分，可得 $\int_0^T (\dot{k}) \cdot \mu dt = k(T) \cdot \mu(T) - k(0) \cdot \mu(0) - \int_0^T (\dot{\mu}) \cdot kdt$，这就是用于计算式（A.59）的表达式。关于进一步的讨论，见 A.5.4 和 A.5.5 节。*

* 原著中为"A.6.4 和 A.6.5 节"。——译者注

我们可以很方便地将该拉格朗日表达式改写成关于 ε 的形式：

$$\bar{\bar{L}}(\cdot, \varepsilon) = \int_0^T \{H[k(\cdot, \varepsilon); c(\cdot, \varepsilon)] + \dot{\mu}(\cdot) \cdot k(\cdot, \varepsilon)\} \cdot dt + \mu(0) \cdot k_0$$
$$- \mu(T) \cdot k(T, \varepsilon) + v \cdot k(T, \varepsilon) \cdot e^{-\bar{r}(T) \cdot T}$$

我们现在可以求拉格朗日表达式关于 ε 的导数，并令其为零：

$$\partial\bar{\bar{L}}/\partial\varepsilon = \int_0^T [\partial H/\partial\varepsilon + \dot{\mu} \cdot \partial k/\partial\varepsilon] \cdot dt + [ve^{-\bar{r}(T)T} - \mu(T)] \cdot \partial k(T, \varepsilon)/\partial\varepsilon$$
$$= 0$$

微积分链式法则表明 $\partial H/\partial\varepsilon = [\partial H/\partial c] \cdot p_1(t) + [\partial H/\partial k] \cdot p_2(t)$ 且 $\partial k(T, \varepsilon)/\partial\varepsilon = dk(T)$。利用这些公式，并重新调整 $\partial\bar{L}/\partial\varepsilon$ 各项，可得：

$$\partial L/\partial\varepsilon = \int_0^T [[\partial H/\partial c] \cdot p_1(t) + [\partial H/\partial k + \dot{\mu}] \cdot p_2(t)] \cdot dt$$
$$+ [ve^{-\bar{r}(T)T} - \mu(T)] \cdot dk(T) = 0 \tag{A.62}$$

式（A.62）对所有以 $p_1(t)$、$p_2(t)$ 和 $dk(T)$ 表述的扰动路径都成立，但其前提是方程式中各要素等于零，也就是说：

$$\partial H/\partial c = 0 \tag{A.63}$$

$$\partial H/\partial k + \dot{\mu} = 0 \tag{A.64}$$

$$v \cdot e^{-\bar{r}(T)T} = \mu(T) \tag{A.65}$$

式（A.63）中对控制变量的一阶导数表明，如果 $\bar{c}(t)$ 和 $\bar{k}(t)$ 是该动态问题的解，那么，对所有 t 而言，该汉密尔顿函数关于控制变量 c 的导数等于 0。该结论被称为最大值原理。式（A.64）表明，汉密尔顿函数关于状态变量的偏导数等于乘子导数的相反数 $-\dot{\mu}$。该结论和式（A.55）（a）部分的传递方程式通常被称作欧拉方程。最后，式（A.65）表明，在终点时刻，共态变量 μ 等于与 k 的非负约束相关的静态拉格朗日乘子 v 以比率 $\bar{r}(T)$ 贴现之后的值。

A.3.4　横截条件

A.3.3 节证明，库恩—塔克一阶必要条件包含了与不等式约束相关的互补松弛性条件。在静态问题中，这些条件表明，如果某个限制是不具有约束力的，那么与其相关的影子价格为 0。在当前的动态问题中，存在这样一个不等式，它表明，规划期间终点所剩下的资本存量，经过比率为 $\bar{r}(T)$ 的贴现之后，不能为负数，即 $k(T) \cdot e^{-\bar{r}(T)T} \geqslant 0$。与该约束相关的条件要求 $v \cdot k(T) \cdot e^{-\bar{r}(T)T} = 0$，其中 $v \geqslant 0$。式（A.65）表明，我们可以将该互补松弛性条件改写成：

$$\mu(T) \cdot k(T) = 0 \tag{A.66}$$

该边界条件通常被称为横截条件。它表明,如果剩余资本数量为正[即,$k(T)>0$],那么其价格必定等于 0[即,$\mu(T)=0$]。换一种思路,如果终点时刻的资本价值为正[即,$\mu(T)>0$],那么行为人必定不会留下资本[即,$k(T)=0$]。我们稍后将讨论当 T 为无穷时式(A.66)的意义。

A.3.5 汉密尔顿函数的特征变化

为了弄明白汉密尔顿函数的最优值如何随时间变化,求 H 关于时间的全导数,得:

$$dH(k, c, \mu, t)/dt = [\partial H/\partial k] \cdot \dot{k} + [\partial H/\partial c \cdot c] + [\partial H/\partial \mu] \cdot \dot{\mu} + \partial H/\partial t$$

$$(A.67)$$

式(A.63)中的一阶条件表明,在最优值时,$\partial H/\partial c = 0$,因此,式(A.67)右边第二项等于 0。式(A.64)要求 $\partial H/\partial k = -\dot{\mu}$。因为 $\partial H/\partial \mu = g = \dot{k}$,所以式(A.67)右边的第 1 项和第 3 项为零。因此,在最优值时,汉密尔顿函数关于时间的全导数等于偏导数 $\partial H/\partial t$。如果该问题是自治的(即,如果目标函数和约束条件都不直接依赖于时间),那么汉密尔顿函数关于时间的导数等于 0。换言之,与自治问题相关的汉密尔顿函数在所有时间都是不变的。本附录稍后将用到这个关于汉密尔顿函数特征的结论。

A.3.6 充分条件

在静态非线性最大化问题中,如果目标函数为凹函数,且限制条件构建了凸集,那么库恩—塔克必要条件也是充分条件。Mangasarian(1966)扩展了该结论,将其应用于动态问题,并证明,如果式(A.55)中的 $v(\cdot)$ 和 $g(\cdot)$ 都是关于 k 和 c 的凹函数,那么该必要条件也是充分条件。这个充分性结论很好用,但是却存在某些局限性。

Arrow 和 Kurz(1970)给出更一般的充分条件。令 $H^0(k, \mu, t)$ 是当 k、μ 和 t 给定时,$H(k, c, \mu, t)$ 关于 c 的极大值。阿罗—库尔兹定理(Arrow-Kurz theorem)指出,如果 μ 和 t 给定,$H^0(k, \mu, t)$ 是关于 k 的凹函数,那么这些必要条件也是充分的。如果阿罗—库尔兹条件(Arrow-Kurz condition)得以满足,那么 $v(\cdot)$ 和 $g(\cdot)$ 的凹性是充分非必要的。这个更一般的结论的不足是,与检验 $v(\cdot)$ 和 $g(\cdot)$ 的性质相比,验证 H^0 等导函数性质的难度倾向于更大。

A.3.7 无限时域

我们在本书所讨论的大多数增长模型都涉及具有无限规划时域的经济行为人。这种代表性的问题具有如下形式:

$$\max_{c(t)} V(0) = \int_0^\infty v[k(t),\, c(t),\, t] \cdot \mathrm{d}t$$

s. t. (a) $\dot{k}(t) = g[k(t),\, c(t),\, t]$ (A.68)

     (b) $k(t) = k_0$

     (c) $\lim_{t \to \infty}[k(t) \cdot \mathrm{e}^{-\bar{r}(t) \cdot t}] \geqslant 0$

式(A.68)和式(A.55)唯一的区别是,式(A.68)中的规划时域(积分上限)是无穷大,而非 $T < \infty$。该无限时域问题的一阶条件与有限时域情况下的一阶条件相同,即都为式(A.63)和式(A.64)。重要区别是,式(A.66)中的横截条件不再适用于有限的 T,而是适用于当 T 趋于无穷大时的极限。换言之,现在的横截条件为:

$$\lim_{t \to \infty}[\mu(t) \cdot k(t)] = 0 \tag{A.69}$$

这个新出现的条件的直观解释是,资本存量的值必须渐近于 0,否则,某些有价值的东西会成为遗产。如果 $k(t)$ 的数量仍然渐近于某正数,那么 $\mu(t)$ 的价格必须渐近于 0。如果 $k(t)$ 永远以某正速率增长——如同在我们本书中所学习的一些模型中出现的那样——那么价格 $\mu(t)$ 必定以更快的速率趋近于 0,以使得 $\mu(t) \cdot k(t)$ 等于 0。

尽管式(A.69)是式(A.66)极限值的直观表现形式,但是二者之间的不同是,式(A.69)实际上是式(A.68)所示无限时域问题的必要条件。回顾前文可知,关于其正确性我们给出的唯一论据就是它与有限时域情况中的横截条件的相似性。一些研究者们发现了反例——在这些例子中,式(A.69)不是最优化的必要条件。我们在 A.3.9 节* 中会讨论一个反例。

Michel(1982)发现了一个总是成立的横截条件。他提出,该横截条件要求汉密尔顿函数值在 t 趋于正无穷时趋近于 0:

$$\lim_{t \to \infty}[H(t)] = 0 \tag{A.70}$$

如果我们按照 Michel 的思路,将无限时域情况看作行为人选择时间终点 T 的情况,那么我们可以推导出该横截条件。如果我们用 $\varepsilon \cdot \mathrm{d}T$ 来干扰时间终点 T,我们将发现,积分极限现在取决于 ε。当我们求拉格朗日表达式关于 ε 的导数时,我们发现式(A.62)中有一项等于 $H(t) \cdot \mathrm{d}t$。这一项是通过求积分极限 $T(\varepsilon)$ 关于 ε 的导数而得到的。当式(A.62)中所有项都不变,那么该项在最优时等于 0。如果时间终点是固定的,进而 $\mathrm{d}T = 0$,那么 $H(t)$ 可取任何值。但是如果时间终点是变化的,进而 $\mathrm{d}T$ 不等于 0,那么 $H(t)$ 必须等于零。如果我们取 T 趋于无穷时的极限,那么我们得到式(A.70)中的横截条件。在我们本书所学习的大多数模型中,该条件是多余的,因为只要式(A.69)得以满足,那么该条件都将会被满足。因此,在大多数情况下,我们用式(A.69),而忽略式(A.70)。

---

*   原著中为"A.4.9 节"。——译者注

A.3.8 实例:新古典增长模型

我们在这里思考一个例子,它具有柯布—道格拉斯生产函数的新古典增长模型。(详见第 2 章)。假定:经济行为人为最大化下列目标函数而选择消费路径 $c(t)$ 和资本 $k(t)$:

$$U(0) = \int_0^\infty e^{-\rho t} \cdot \ln \left[c(t) \right] \cdot dt$$

$$\text{s. t.} \quad (a) \quad \dot{k}(t) = \left[k\ (t)^\alpha - c(t) - \delta \cdot k(t) \right] \qquad (A.71)$$

$$(b) \quad k(0) = 1$$

$$(c) \quad \lim_{t \to \infty} \left[k(t) \cdot e^{-\bar{r}(t) \cdot t} \right] \geqslant 0$$

其中, α 为一常数,且 $0 < \alpha < 1$。我们将初始资本 $k(0)$ 标准化为 1。利率 $\bar{r}(t)$ 等于 $(1/t) \cdot \int_0^t r(v) \cdot dv$。

行为人可以被看作是希望最大化效用的居户生产者,其中,效用以瞬时幸福流量的现值表示。这些幸福取决于消费的瞬时流量。假定幸福函数为式(A.71)所示的对数形式。贴现率为 $\rho > 0$。行为人可获得将资本转化为产出的技术(第 1 章所述的柯布—道格拉斯函数式),即 $y(t) = \left[k(t) \right]^\alpha$。式(A.71)(a)部分的累积约束表明,总产出必须在消费 $c(t)$、折旧 $\delta \cdot k(t)$ 和资本累积 $\dot{k}(t)$ 之间分配。式(A.71)(b)部分的初始条件表明,资本存量在 0 时点时等于 1。式(A.71)(c)部分的限制表明,在规划时域终点,剩余资本量经过平均利率 $\bar{r}(t)$ 的贴现之后为非负。[如果 $k(t)$ 表示居户资产,那么该条件就排除了连环信式借贷骗局——在连环信式借贷骗局下,债务永远至少以等于利率的速率增长。]

为解出该最优化问题,构建如下汉密尔顿函数:

$$H(c, k, t, \mu) = e^{-\rho t} \cdot \ln (c) + \mu \cdot (k^\alpha - c - \delta \cdot k) \qquad (A.72)$$

式(A.63)和式(A.64)表明,一阶条件为:

$$H_c = e^{-\rho t} \cdot (1/c) - \mu = 0 \qquad (A.73)$$

$$H_k = \mu \cdot (\alpha k^{\alpha-1} - \delta) = -\dot{\mu} \qquad (A.74)$$

且式(A.69)意味着,横截条件为:

$$\lim_{t \to \infty} \left[\mu(t) \cdot k(t) \right] = 0 \qquad (A.75)$$

式(A.74)和式(A.71)(a)部分的传递方程构成了一个常微分方程组,其中 $\dot{\mu}$ 和 $\dot{k}$ 取决于 μ、k 和 c。式(A.73)将 μ 和 c 关联了起来,所以我们可以消除方程组中这两个变量中的一个。如果我们消除 μ,并对数化式(A.73)关于时间的导数,可得:

$$-\rho - \dot{c}/c = \dot{\mu}/\mu$$

我们可以将该结论代入式(A.74)消除 $\dot{\mu}/\mu$,可得:

$$\dot{c}/c = (\alpha k^{\alpha-1} - \rho - \delta) \tag{A.76}$$

该条件表明,以某速率积累的消费等于资本的净边际产出 $\alpha k^{\alpha-1} - \delta$ 与贴现率 ρ 之差。

式(A.71)(a)部分和式(A.76)构成了关于 k 和 c 的常微分方程组。在稳态时,$\alpha k^{\alpha-1}$ 等于 $\rho + \delta$,它确定了稳态资本存量为 $k^* = [(\rho+\delta)/\alpha]^{-1/(1-\alpha)}$。接着,式(A.71)(a)部分确定了稳态消费水平为 $c^* = (k^*)^\alpha - \delta k^*$。式(A.74)意味着,当 t 趋向正无穷时,$\dot{\mu}/\mu$ 趋向于 $-\rho$,所以 $\mu(t)$ 趋向于 $\mu(0) \cdot e^{-\rho t}$。因此,式(A.75)中的横截条件可以被表示为:

$$\lim_{t\to\infty}[e^{-\rho t} \cdot k(t)] = 0 \tag{A.77}$$

式(A.77)给出了一个终端条件。它与初始条件 $k(0) = 1$ 一起给出了该常微分方程组的准确解。

如果我们令 $\rho = 0.06$、$\delta = 0$ 且 $\alpha = 0.3$,那么该方程组相当于我们在 A.2.3 节所学习的一个非线性方程组。在 A.2.3 节中,它带有式(A.22)和式(A.23),且在那里被线性化为式(A.38)。我们从前文可知,该系统具有鞍形路径稳定性,且其初始条件和终端条件确保了经济体的起点恰好落在稳定臂上。我们在这里采用了该模型更复杂的版本。

最后,我们可以证明:上述条件表明,汉密尔顿函数的稳态值为 0,如式(A.70)所示:

$$\lim_{t\to\infty}[H(t)] = \lim_{t\to\infty}\{e^{-\rho t} \cdot \ln[c(t)]\} + \lim_{t\to\infty}\{\mu(t) \cdot [k(t)^\alpha - c(t) - \delta \cdot k(t)]\}$$
$$= \ln(c^*) \cdot \lim_{t\to\infty}(e^{-\rho t}) + 0 \cdot \lim_{t\to\infty}[\mu(t)] = 0 + 0 = 0$$

因此,尽管式(A.70)是最优化的必要条件,但是它其实已经被其他条件所暗示出来。

A.3.9　无限时域问题中的横截条件

式(A.75)中的横截条件作为无限时域问题的必要条件,并未被普遍接受。Halkin(1974)给出了一个例子,在该例子中,最优值不满足横截条件[1]。一个更著名的反例是 Ramsey(1928)古典增长模型。Ramsey 模型原型和上一节所描述的模型的区别是,Ramsey 假定没有贴现。其原始模型如下:

---

[1]　该例子第一次出现在 Arrow 和 Kurz(1970,第 46 页)。然而他们指出,该观点源自 Halkin。Halkin 后来在《计量经济学期刊》(*Econometrica*)中发表了该结论。

$$U(0) = \int_0^\infty \ln\left[c(t)\right] \cdot \mathrm{d}t$$

$$\text{s. t.} \quad \text{(a)} \quad \dot{k}(t) = \left[k(t)^\alpha - c(t) - \delta \cdot k(t)\right]$$

$$\text{(b)} \quad k(0) = 1 \tag{A.78}$$

$$\text{(c)} \quad \lim_{t \to \infty}\left[k(t)\right] \geqslant 0$$

与之前式(A.71)的主要区别是，ρ 现在被假定为 0。式(A.78)的一个直接问题是，如果 $c(t)$ 渐近于某一个常数(如同在前文中的问题一样)，那么效用是无界的。为解决该问题，Ramsey 将该被积分式改写成"极乐点"(bliss point)的导数。如果极乐点的导数以足够快的速率趋近于 0，那么修改后的规定将带来有限的效用。

我们在前文中发现，当 $c^* = (k^*)^\alpha - \delta k^*$［其中，$k^*$ 满足 $\alpha \cdot (k^*)^{\alpha-1} = (\rho+\delta)$］时，稳态消费收敛于某个常数。因此，我们从以下猜想着手：当前模型中的稳态消费为 $\widetilde{c} = \widetilde{k}^\alpha - \delta \widetilde{k}$，其中，$\widetilde{k}$ 满足 $\alpha \widetilde{k}^{\alpha-1} = \delta$。对应的类似于 Ramsey 形式的目标函数为：

$$U(0) = \int_0^\infty \left(\ln\left[c(t)\right] - \ln\left[\widetilde{c}\right]\right) \cdot \mathrm{d}t \tag{A.79}$$

为对式(A.79)中 $U(0)$ 的最大化问题求解，我们构建了汉密尔顿函数：

$$H(c, k, \mu) = \left[\ln(c) - \ln(\widetilde{c})\right] + \mu \cdot (k^\alpha - c - \delta k) \tag{A.80}$$

一阶条件为：

$$H_c = 1/c - \mu = 0 \tag{A.81}$$

$$H_k = \mu \cdot (\alpha k^{\alpha-1} - \delta) = -\dot{\mu} \tag{A.82}$$

它对应于式(A.73)和式(A.74)。

如果当 t 趋于无穷时，c 趋于 $\widetilde{c}$，那么式(A.81)意味着：

$$\lim_{t \to \infty}\left[\mu(t)\right] = 1/\widetilde{c} > 0 \tag{A.83}$$

因为 $\lim_{t \to \infty}\left[k(t)\right] = \widetilde{k} > 0$，所以 $\lim_{t \to \infty}\left[\mu(t) \cdot k(t)\right] \neq 0$。因此，式(A.75)所示的常见横截条件不成立。

文献中有若干这类例子。在这些例子中，标准横截条件不是最优化的必要条件。Pitchford(1977)观察到，所有已知情况都没有涉及时间贴现。Weitzman(1973)证明，对离散时间问题而言，当存在时间贴现且目标函数收敛时，与式(A.75)相似的横截条件是必要的。Benveniste 和 Scheinkman(1982)证明，该结论在连续时间情况下也成立。

本书所讨论的所有模型都具有时间贴现和目标函数收敛的特征。因此，我们假定式(A.75)所示的横截条件是我们的无限时域最优化问题的必要条件。

A.3.10 一阶条件求解流程的概述

遇到动态问题时我们不会每次都求其全导数，而是应该采用如下流程：

第一步:通过让幸福函数 $v(\cdot)$ 加上拉格朗日乘子与传递方程的右边部分的乘积构建一个汉密尔顿函数:

$$H = v(k, c, t) + \mu(t) \cdot g(k, c, t) \tag{A.84}$$

第二步:求汉密尔顿函数关于控制变量的导数,并令该导数为 0:

$$\partial H / \partial c = \partial v / \partial c + \mu \cdot \partial g / \partial c = 0 \tag{A.85}$$

第三步:求汉密尔顿函数关于状态变量的导数(在传递方程式中,该变量的头上有一点),并令其等于乘子关于时间的导数的相反数:

$$\partial H / \partial k \equiv \partial v / \partial k + \mu \cdot \partial g / \partial k = -\dot{\mu} \tag{A.86}$$

第四步(横截条件):

情况 1:有限时域。令影子价格与规划时域终点的资本存量之积等于 0:

$$\mu(T) \cdot k(T) = 0 \tag{A.87}$$

情况 2:存在贴现的无限时域。横截条件为:

$$\lim_{t \to \infty} [\mu(T) \cdot k(T)] = 0 \tag{A.88}$$

情况 3:不存在贴现的无限时域。拉姆齐反例表明,式(A.88)不成立。在这种情况下,我们使用米歇尔条件(Michel's condition):

$$\lim_{t \to \infty} [H(T)] = 0 \tag{A.89}$$

如果我们将式(A.85)和式(A.86)同式(A.55)(a)部分中的传递方程结合起来,那么我们可以构建一个关于变量 μ 和 k 的方程组。换一种思路,我们可以将式(A.85)用于将关于 $\dot{\mu}$ 的常微分方程转化成关于 $\dot{c}$ 的常微分方程。就所构建的方程组而言,我们需要两个边界条件。一个是初始条件,它等于状态变量的起始值 $k(0)$。另一个是终端条件,它是式(A.87)、式(A.88)或式(A.89)等所示的横截条件,具体取决于问题的类型。

A.3.11 汉密尔顿函数的现值

我们在本书中学习的大部分模型都有如下形式的目标函数:

$$\int_0^T v[k(t), c(t), t] \cdot \mathrm{d}t = \int_0^T \mathrm{e}^{-\rho t} \cdot u[k(t), c(t)] \cdot \mathrm{d}t \tag{A.90}$$

其中,ρ 是常数贴现率,且 $\mathrm{e}^{-\rho t}$ 是折现因子。一旦折现因子被纳入考虑范畴,那么瞬时幸福函数就不直接取决于时间。如果其约束条件与之前的相同,那么我们可通过构架如下汉密尔顿函数来求解该问题:

$$H = \mathrm{e}^{-\rho t} \cdot u(k, c) + \mu \cdot g(k, c, t)$$

在该表达式中,影子价格 $\mu(t)$ 表示以 0 时点的效用来衡量的 t 时点的资本存量的价值。

有时,以现值价格来表述问题更为方便;也就是说,时点 t 的资本存量价格以时点 t 的效用单位表示。为实现这种调整,我们将汉密尔顿函数改写成:

$$H = e^{-\rho t} \cdot [u(k, c) + q(t) \cdot g(k, c, t)]$$

其中,$q(t) \equiv \mu(t) \cdot e^{\rho t}$。变量 $q(t)$ 是现值影子价格。令 $\hat{H} \equiv H \cdot e^{\rho t}$ 为现值汉密尔顿函数:

$$\hat{H} \equiv u(k, c) + q(t) \cdot g(k, c, t) \tag{A.91}$$

一阶条件仍为 $H_c = 0$ 和 $H_k = -\dot{\mu}$。然而,它们可以用现值汉密尔顿函数和现值价格表示如下:

$$\hat{H}_c = 0 \tag{A.92}$$

$$\hat{H}_k = \rho q - \dot{q} \tag{A.93}$$

横截条件 $\mu(T) \cdot k(T) = 0$ 可被表示为:

$$q(T) \cdot e^{-\rho T} \cdot k(T) = 0 \tag{A.94}$$

式(A.93)一个有趣的地方是,它看似资产定价公式:q 是以当前效用表示的资本价格;$\hat{H}_k$ 是行为人所获得的股息(资本对效用的边际贡献);$\dot{q}$ 是资本利得(资产价格的变化);且 ρ 是另一种资产(消费)的收益率。式(A.93)表明,在最优时,行为人对两种投资之间的选择是无所谓的,因为资本的总收益率 $(\hat{H}_k + \dot{q})/q$ 等于消费的收益 ρ。

A.3.12 多元变量

我们来思考更一般性的动态问题,即具有 n 个控制变量和 m 个状态变量的动态问题。行为人选择 $c_1(t)$, $c_2(t)$, $\cdots$, $c_n(t)$ 以最大化:

$$
\begin{aligned}
&\int_0^T u[k_1(t), \cdots, k_m(t); c_1(t), \cdots, c_n(t)] \cdot dt \\
&\text{s. t.} \quad \dot{k}_1(t) = g^1[k_1(t), \cdots, k_m(t), c_1(t), \cdots, c_n(t), t] \\
&\qquad\quad \dot{k}_2(t) = g^2[k_1(t), \cdots, k_m(t), c_1(t), \cdots, c_n(t), t] \\
&\qquad\qquad\qquad \cdots \\
&\qquad\quad \dot{k}_m(t) = g^m[k_1(t), \cdots, k_m(t), c_1(t), \cdots, c_n(t), t]
\end{aligned} \tag{A.95}
$$

其中,$k_1(0) > 0$, $\cdots$, $k_m(0) > 0$ 给定;$k_1(T) \geq 0$, $\cdots$, $k_m(T) \geq 0$ 未给定。

其解类似于前文所分析的一个控制变量和一个状态变量的解。汉密尔顿函数为:

$$H = u[k_1(t), \cdots, k_m(t); c_1(t), \cdots, c_n(t); t] + \sum_{i=1}^{m} \mu_i \cdot g^i(\bullet) \tag{A.96}$$

最大值的一阶必要条件为：

$$\partial H/\partial c_i(t) = 0, \quad i = 1, \cdots, n \tag{A.97}$$

$$\partial H/\partial k_i(t) = -\mu_i, \quad i = 1, \cdots, m \tag{A.98}$$

且横截条件为

$$\mu_i(T) \cdot k_i(T) = 0, \quad i = 1, \cdots, m \tag{A.99}$$

A.4 矩阵代数中的有用结论：特征值、特征向量和矩阵的对角化

给定某 n 维方阵 A，我们可以求得其标量 α 及其对应的非零列向量 v，以满足：

$$(A - \alpha I) \cdot v = 0 \tag{A.100}$$

其中，I 是 n 维单位矩阵。注意，式（A.100）构建了一个 n 阶齐次线性方程组（也就是说，所有方程的常数项为零）。如果我们想要得到非无效解，以满足 $v \neq 0$，那么（$A - \alpha I$）的行列式必须等于零：

$$\det(A - \alpha I) = 0 \tag{A.101}$$

式（A.101）定义了一个关于 α 的 n 次多项式方程，该方程被称为特征方程。通常，该方程具有 n 个解。这些解被称为特征值的特征根。

通过对式（A.101）调整和移项，每个特征值 α_i 都与满足下式的一个向量 v_i 相关（由标量倍数决定）：

$$Av_i = v_i \alpha_i, \quad i = 1, \cdots, n \tag{A.102}$$

向量 v_i 被称作特征向量。对每个 α_i，式（A.102）确定一个 $n \times 1$ 列向量（A 是 $n \times n$，v_i 是 $n \times 1$，且 α_i 是 1×1）。我们可以用这些列向量构成一个 $n \times n$ 矩阵 V，得：

$$AV = VD \tag{A.103}$$

其中，V 是 $n \times n$ 特征向量矩阵，且 D 是特征值为对角元素的 $n \times n$ 对角矩阵。

如果 $\det(V) \neq 0$，即如果特征向量是线性不相关的，那么 V 可逆且式（A.103）可被改写成：

$$V^{-1}AV = D \tag{A.104}$$

换言之，如果我们在 A 之前乘以 V 的逆矩阵，并在其之后乘以 V，那么我们可得到一个特征值为对角元素的对角矩阵。该流程被称为矩阵 A 的对角化。该结果对解微分方程组很有用。

从直觉上看，当我们对角化矩阵时，我们发现了一组轴线（向量基）。对这些轴线而言，A 所表示的线性化应用可以被表示为一个对角矩阵。新的轴线对应于这

些特征向量。在这些经过转换的轴线中的线性应用由特征值的对角矩阵给出。

我们可以指出两个有用的结论。第一个是，如果所有特征值都不同，那么特征向量是非奇异的，也就是说，det $(V) \neq 0$。在这种情况中，V^{-1}存在，进而矩阵 A 可被对角化。

第二个有意思的定理指出，对角矩阵的行列式和迹（主对角元素之和）分别等于原矩阵的行列式和迹。当我们想要知道特征值符号时，该结论将很有用。例如，假定 A 是 2×2 矩阵，且我们想知道两个特征值的符号是否相同。如果 A 的行列式为负，那么 D 的行列式为负。但是因为 D 是对角的，所以其行列式正好是两个特征值的乘积。因此，两个特征值必定具有相同的符号。

例如，思考 $A = \begin{bmatrix} 0.06 & -1 \\ -0.004 & 0 \end{bmatrix}$ 的特征值、特征向量和对角矩阵。首先，构建方程组：

$$(A - \alpha I) \cdot v = \begin{bmatrix} 0.06 - \alpha & -1 \\ -0.004 & 0 - \alpha \end{bmatrix} \cdot \begin{bmatrix} v_1 \\ v_2 \end{bmatrix} = 0 \tag{A.105}$$

为得到有效解（其中 $v \neq 0$），那我们必须有：

$$\begin{bmatrix} 0.06 - \alpha & -1 \\ -0.004 & 0 - \alpha \end{bmatrix} = 0$$

该等式确定了特征方程 $\alpha^2 - 0.06 \cdot \alpha - 0.004 = 0$，且有两个 α 值满足该特征方程：$\alpha_1 = 0.1$ 和 $\alpha_2 = -0.04$。因此，与 A 相关的对角矩阵为：

$$D = \begin{bmatrix} 0.1 & 0 \\ 0 & -0.04 \end{bmatrix}$$

为求得与正特征值 $\alpha_1 = 0.1$ 相关的特征向量，将 α_1 代入式（A.105）：

$$\begin{bmatrix} 0.06 - 0.1 & -1 \\ -0.004 & -0.1 \end{bmatrix} \cdot \begin{bmatrix} v_1 \\ v_2 \end{bmatrix} = 0$$

该方程引入了关于 v_{11} 和 v_{21} 之间关系式的两个条件：$-0.04 \cdot v_{11} - v_{21} = 0$ 和 $-0.004 \cdot v_{11} - 0.1 \cdot v_{21} = 0$。第二个条件是与第一个线性相关的，故可被忽略。因此，v_{11} 和 v_{21} 唯一解的出现次数只取决于各值的任意标量倍数。如果我们将 v_{11} 标准化为1，那么我们得到 $v_{21} = -0.04$。因此，第一个特征向量是 $\begin{bmatrix} 1 \\ -0.004 \end{bmatrix}$。

如果我们对 $\alpha_2 = -0.04$ 重复以上流程，那么我们会发现 v_{12} 和 v_{22} 之间的关系：$0.1 \cdot v_{12} - v_{22} = 0$。如果我们将 v_{12} 标准化为1，那么我们得到 $v_{22} = 0.1$，且第二个特征向量为 $\begin{bmatrix} 1 \\ 0.1 \end{bmatrix}$。这两个特征向量是线性不相关的，且其标准化的矩阵为：

$$V = \begin{bmatrix} 1 & 1 \\ -0.04 & 0.1 \end{bmatrix}$$

实际上,我们现在通过计算 V 的逆矩阵(如下)检验了 $V^{-1}AV = D$:

$$V^{-1} = \begin{bmatrix} 0.1/0.14 & -1/0.14 \\ 0.04/0.14 & 1/0.14 \end{bmatrix}$$

现在,我们很容易就能证明 $V^{-1}AV$ 就是前文所示的对角矩阵 D。

A.5 微积分中的有用结论

A.5.1 隐函数定理

设 $f(x_1, x_2)$ 是一个位于实空间的双变量函数。假定 $f(\cdot)$ 二次连续可微。令 $\phi(x_1, x_2) = 0$ 是由 $f(x_1, x_2)$ 决定的 x_1 和 x_2 的相关方程式,且该方程式隐含地将 x_2 定义为关于 x_1 的函数:$x_2 = \tilde{x}_2(x_1)$。例如,$\phi(x_1, x_2) = f(x_1, x_2) - a = 0$,其中,$a$ 是常数。该隐函数定理表明,隐函数 $\tilde{x}_2(x_1)$ 的斜率是:

$$\frac{\mathrm{d}\tilde{x}_2}{\mathrm{d}x_1} = -\frac{\partial f(x_1, x_2)/\partial x_1}{\partial f(x_1, x_2)/\partial x_2} \tag{A.106}$$

不管 $\tilde{x}_2(x_1)$ 是否存在显解或闭合解,该结论都成立。

例如,思考函数 $f(x_1, x_2) = 3x_1^2 - x_2$ 和方程 $\phi(x_1, x_2) = 3x_1^2 - x_2 - 1 = 0$。在这个例子中,我们可以求得 $\tilde{x}_2(x_1) = 3x_1^2 - 1$ 的一个显解。如果我们根据式(A.106)利用隐函数定理,我们可得到:

$$\mathrm{d}\tilde{x}_2/\mathrm{d}x_1 = -(6x_1)/(-1) = 6x_1$$

在这个例子中,我们不需要用隐函数定理来计算 $\mathrm{d}\tilde{x}_2/\mathrm{d}x_1$,因为我们可以直接对 $\tilde{x}_2(x_1) = 3x_1^2 - 1$ 微分就可得到 $6x_1$。然而,当 $\tilde{x}_2(x_1)$ 不存在闭合解时,该定理就会发挥作用。

又如,请思考 $f(x_1, x_2) = \ln(x_1) + 3 \cdot (x_1)^2 \cdot x_2 + e^{x_2}$ 和隐含地将 x_2 定义为关于 x_1 的函数的方程 $\phi(x_1, x_2) = \ln(x_1) + 3 \cdot (x_1)^2 \cdot x_2 + e^{x_2} - 17 = 0$。我们无法解出 $\tilde{x}_2(x_1)$ 的显解。然而,通过利用隐函数定理,我们可以计算该函数的导数:

$$\mathrm{d}\tilde{x}_2/\mathrm{d}x_1 = -[(1/x_1) + 6x_1 x_2]/[3 \cdot (x_1)^2 + e^{x_2}]$$

隐函数定理的多元版本也是存在的。令 $f(x_1, \cdots, x_n)$ 是位于实空间的 n 元函数。假定 $f(\cdot)$ 二次连续可微。令 $\phi(x_1, \cdots, x_n) = 0$ 是由 $f(x_1, \cdots, x_n)$ 决定的与 $x_1, \cdots, x_n$ 相关的方程式,且该方程式隐含地将 x_n 定义为关于 $x_1, x_2, \cdots, x_{n-1}$ 的函数:$x_n = \tilde{x}_n(x_1, x_2, \cdots, x_{n-1})$。该隐函数定理表明,隐函数 $x_n = \tilde{x}_n(x_1, x_2, \cdots, x_{n-1})$ 导数为:

$$\frac{\partial \tilde{x}_n}{\partial x_i} = -\frac{\partial f(\cdot)/\partial x_i}{\partial f(\cdot)/\partial x_n}, \quad i = 1, \cdots, n \tag{A.107}$$

A.5.2　泰勒定理

令 $f(x)$ 是位于实空间的单变量函数。根据泰勒定理认为,我们可以用如下 n 次多项式来近似地估算点 x^* 附近的函数:

$$\begin{aligned} f(x) = f(x^*) &+ (\mathrm{d}f/\mathrm{d}x)|_{x^*} \cdot (x - x^*) + (\mathrm{d}^2 f/\mathrm{d}x^2)|_{x^*} \cdot (x - x^*)^2 \cdot (1/2!) \\ &+ (\mathrm{d}^3 f/\mathrm{d}x^3)|_{x^*} \cdot (x - x^*)^3 \cdot (1/3!) + \cdots \\ &+ (\mathrm{d}^n f/\mathrm{d}x^n)|_{x^*} \cdot (x - x^*)^n \cdot (1/n!) + R_n \end{aligned} \tag{A.108}$$

其中,$(\mathrm{d}^n f/\mathrm{d}x^n)|_{x^*}$ 是 f 在 x^* 点上关于 x 的 n 阶导数值,$n!$ 是 n 的阶乘$[n(n-1) \cdot \cdots \cdot 2 \cdot 1]$,且 R_n 是余值。式(A.108)中的表达式将 R_n 省略,就可得到 $f(x)$ 在点 x^* 上的泰勒展开式。R_n 在方程式中的出现表明,泰勒展开式不是 $f(x)$ 的准确表达式。该定理让人满意的地方是,它描述了在什么条件下其估值随着 n 的增大而趋于精确。

我们可以通过计算一个多项式的估值来验证泰勒公式的精确性(也就是说,R_n 的大小)。如果该公式是有效的,那么它将能够复制该多项式。例如,如果我们用 3 次方多项式来估算 x 等于 1 的 x^3,可得

$$\begin{aligned} x^3 &= 1^3 + (3 \cdot 1^2) \cdot (x-1) + (6 \cdot 1) \cdot (x-1)^2/2 + 6 \cdot (x-1)^3/6 + R_3 \\ &= 1 + (3x-3) + 3 \cdot (x^2 - 2x + 1) + (x^3 - 3x^2 + 3x - 1) + R_3 \\ &= x^3 \end{aligned}$$

在这里,余值 R_3 等于 0。

又如,我们能利用 4 次方的多项式来估算 x 等于 0 时的非线性函数 e^x:

$$\begin{aligned} e^x &= e^0 + e^0 \cdot x + e^0 \cdot (x^2/2) + e^0 \cdot (x^3/6) + e^0 \cdot (x^4/24) + R_4 \\ &= 1 + x + x^2/2 + x^3/6 + x^4/24 + R_4 \end{aligned}$$

其估值(忽略 R_n)随着 n 的增大而越发精确。

如果我们用阶数为 1 的多项式来估算 x^* 附近的函数,那么可称,我们在 x^* 附近线性化了该函数。通过在 $\ln(x^*)$ 应用 $\ln(x)$ 的一阶泰勒展开式,我们也可以对数线性化函数 $f(x)$。对数线性化在本书中使用的频率很高,且通常对实证分析很有效。

泰勒定理的二元版本如下。令 $f(x_1, x_2)$ 是二次连续可微实函数。我们可用如下二阶展开来估算 (x_1^*, x_2^*) 附近的 $f(x_1, x_2)$:

$$\begin{aligned} f(x_1, x_2) = f(x_1^*, x_2^*) &+ f_{x_1}(\cdot) \cdot (x_1 - x_1^*) + f_{x_2}(\cdot) \cdot (x_2 - x_2^*) \\ &+ (1/2) \cdot [f_{x_1 x_2}(\cdot) \cdot (x_1 - x_1^*)^2 + 2 \cdot f_{x_1 x_2}(\cdot) \cdot (x_1 - x_1^*) \\ &\cdot (x_2 - x_2^*) + f_{x_2 x_2}(\cdot) \cdot (x_2 - x_2^*)^2] + R_2 \end{aligned} \tag{A.109}$$

其中，$f_{x_i}(\cdot)$ 是在 $f(\cdot)$ 在点 (x_1^*, x_2^*) 上关于 x_i 的偏导数，且 $f_{x_ix_j}(\cdot)$ 是 $f(\cdot)$ 在点 (x_1^*, x_2^*) 上关于 x_i 和 x_j 的二阶偏导数。$f(\cdot)$ 在 (x_1^*, x_2^*) 附近的线性估值等于式(A. 109)右边的前三项。

A.5.3　罗必塔法则

设 $f(x)$ 和 $g(x)$ 是两个二次连续可微的实函数。假定两个函数的极限在 x 趋于 x^* 时等于 0，也就是说：

$$\lim_{x \to x^*}[f(x)] = \lim_{x \to x^*}[g(x)] = 0$$

假定，在 x 趋于 x^* 时，我们对二者的极限之比 $f(x)/g(x)$ 感兴趣。在这种情况下，当 x 趋于 x^* 时，该比率表现为未定式 $0/0$。罗必塔法则是：

$$\lim_{x \to x^*}\left(\frac{f(x)}{g(x)}\right) = \lim_{x \to x^*}\left(\frac{f'(x)}{g'(x)}\right) \tag{A. 110}$$

只要右边的极限存在。如果右边仍然等于 $0/0$，那么我们可以再次利用罗必塔法则，直到我们得到我们所想要的确定表达式。罗必塔法则不仅适用于 $0/0$ 这种未定式，而且还适用于 ∞/∞ 这种示定式。然而，如果，当 x 趋于 x^* 时，$f(x)/g(x)$ 趋于无穷，那么该法则不适用。

例如，思考 $f(x) = 2x$ 和 $g(x) = x$。随着 x 趋于 0 时 $f(x)/g(x)$ 之比的极限等于：

$$\lim_{x \to x^*}\left(\frac{f(x)}{g(x)}\right) = \frac{0}{0} = \lim_{x \to x^*}\left(\frac{f'(x)}{g'(x)}\right) = \frac{2}{1} = 2$$

A.5.4　分部积分法

为分部对函数积分，注意两个函数 $v_1(t)$ 和 $v_2(t)$ 之积关于时间的导数：

$$\mathrm{d}[v_1 v_2] = v_2 \cdot \mathrm{d}v_1 + v_1 \cdot \mathrm{d}v_2$$

其中，$\mathrm{d}v_1 = v_1'(t) \cdot \mathrm{d}t$ 且 $\mathrm{d}v_2 = v_2'(t) \cdot \mathrm{d}t$。对上式两边积分可得：

$$v_1 v_2 = \int v_2 \cdot \mathrm{d}v_1 + \int v_1 \cdot \mathrm{d}v_2$$

调整各项可得到分部积分的公式：

$$\int v_2 \cdot \mathrm{d}v_1 = v_1 v_2 - \int v_1 \cdot \mathrm{d}v_2 \tag{A. 111}$$

例如，计算积分 $\int t e^t \mathrm{d}t$。令 $v_1 = t$ 且 $\mathrm{d}v_2 = e^t \mathrm{d}v$。通过积分 $\mathrm{d}v_2$，我们得到 $v_2 = e^t$。取 v_1 的导数，可得 $\mathrm{d}v_1 = 1$。用式(A. 111)中分部积分公式，可得：

$$\int t e^t \mathrm{d}t = t e^t - \int e^t \mathrm{d}t = e^t \cdot (t-1)$$

A.5.5　微积分的基本定理

令 $f(t)$ 在 $a \leqslant t \leqslant b$ 区间内是连续的。如果 $F(t) = \int f(t) \cdot \mathrm{d}t$ 是 $f(t)$ 的不定积分，进而 $F'(t) = f(t)$，那么其定积分是：

$$\int_a^b f(t)\mathrm{d}t = \int_a^b F'(t)\mathrm{d}t = F(b) - F(a) \qquad (A.112)$$

定积分的含义是，它表示位于函数 $f(t)$ 之下，且介于点 a 和点 b 之间的面积（见图 A.14）。

A.5.6　积分的微分法则

关于积分变量的微分　条件 $F'(t) = f(t)$ 意味着，一个不定积分关于积分变量 t 的导数是函数 $f(t)$ 本身：

$$\frac{\partial}{\partial t}\left(\int f(t)\mathrm{d}t\right) = \frac{\partial}{\partial t}[F(t)] = F'(t) = f(t) \qquad (A.113)$$

关于定积分的微分的莱布尼茨法则　令 $F(a, b, c)$ 是描述 $f(c, t)$ 的定积分的函数，其中 a 和 b 分别是积分的下上限，且 c 是函数 $f(\cdot)$ 的一个参数：

$$F(a, b, c) = \int_a^b f(c, t) \cdot \mathrm{d}t \qquad (A.114)$$

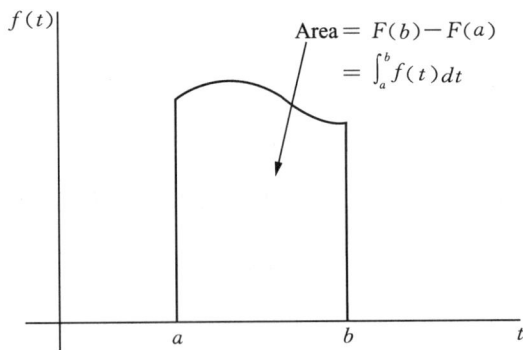

注：该定积分对应于曲线之下积分上下限之间的区域。

图 A.14　定积分

我们假定 $f(c, t)$ 关于 c 具有连续偏导数，$f_c(\cdot) = \partial f(\cdot)/\partial c$。$F(\cdot)$ 关于 c 的导数是：

$$\frac{\partial F(\cdot)}{\partial c} = \int_a^b f_c(c, t) \cdot \mathrm{d}t \tag{A.115}$$

$F(\cdot)$ 关于积分限的导数是：

$$\frac{\partial F(\cdot)}{\partial b} = \frac{\partial}{\partial b}\left\{\int_a^b f_c(c, t) \cdot \mathrm{d}t\right\} = f(c, t)\mid_{t=b} = f(c, b) \tag{A.116}$$

$$\frac{\partial F(\cdot)}{\partial a} = \frac{\partial}{\partial a}\left\{\int_a^b f_c(c, t) \cdot \mathrm{d}t\right\} = - f(c, t)\mid_{t=a} = - f(c, a) \tag{A.117}$$

我们结合式(A.115)至式(A.117)，可得到莱布尼茨积分法则。假定 a 和 b 都是关于 c 的函数：

$$F(c) = \int_{a(c)}^{b(c)} f(c, t) \cdot \mathrm{d}t \tag{A.118}$$

那么，莱布尼茨法则是：

$$\frac{\mathrm{d}F(c)}{\mathrm{d}c} = \int_{a(c)}^{b(c)} f_c(c, t) \cdot \mathrm{d}t + f[c, b(c)] \cdot b'(c) - f[c, a(c)] \cdot a'(c) \tag{A.119}$$

参 考 文 献

Abel, Andrew, and Olivier Blanchard (1983). "An Intertemporal Equilibrium Model of Saving and Investment." *Econometrica,* 51, May, 675–692.

Acemoglu, Daron (2002). "Labor- and Capital-Augmenting Technical Change." Unpublished, MIT, November.

Acemoglu, Daron, Simon Johnson, and James A. Robinson (2001). "The Colonial Origins of Comparative Development: An Empirical Investigation." *American Economic Review,* 91, December, 1369–1401.

Acemoglu, Daron, Simon Johnson, and James A. Robinson (2002). "Reversal of Fortune: Geography and Institutions in the Making of the Modern World Income Distribution." *Quarterly Journal of Economics,* 117, November, 1231–1294.

Ades, Alberto F., and Edward L. Glaeser (1995). "Trade and Circuses: Explaining Urban Giants." *Quarterly Journal of Economics,* 110, February, 195–227.

Aghion, Philippe, Nicholas Bloom, Richard Blundell, Rachel Griffith, and Peter Howitt (2002). "Competition and Innovation: An Inverted U Relationship." National Bureau of Economic Research, working paper 9269, October.

Aghion, Philippe, Christopher Harris, Peter Howitt, and John Vickers (2001). "Competition, Imitation, and Growth with Step-by-Step Innovation." *Review of Economic Studies,* 68, July, 467–492.

Aghion, Philippe, and Peter Howitt (1992). "A Model of Growth Through Creative Destruction." *Econometrica,* 60, March, 323–351.

Aghion, Philippe, and Peter Howitt (1998). *Endogenous Growth Theory,* Cambridge MA: MIT Press.

Ainslie, George W. (1992). *Picoeconomics.* Cambridge: Cambridge University Press.

Alesina, Alberto, Arnaud Devleeschauwer, William Easterly, Sergio Kurlat, and Romain Wacziarg (2003). "Fractionalization." Unpublished, Harvard University, January.

Arnold, Lutz (1997). "Stability of the Steady-State Equilibrium in the Uzawa–Lucas Model: A Simple Proof." *Zeitschrift für Wirtschafts- und Sozialwissenschaften,* 117, January, 197–207.

Arrow, Kenneth J. (1962). "The Economic Implications of Learning by Doing." *Review of Economic Studies,* 29, June, 155–173.

Arrow, Kenneth J., Hollis B. Chenery, Bagicha S. Minhas, and Robert M. Solow (1961). "Capital-Labor Substitution and Economic Efficiency." *Review of Economics and Statistics,* 43, August, 225–250.

Arrow, Kenneth J., and Alain C. Enthoven (1961). "Quasiconcave Programming." *Econometrica,* 29, October, 779–800.

Arrow, Kenneth J., and Mordecai Kurz (1970). "Optimal Growth with Irreversible Investment in a Ramsey Model." *Econometrica,* 38, March, 331–344.

Asher, H. (1956). *Cost-Quantity Relationships in the Airframe Industry,* R-291. Santa Monica, CA: Rand Corporation.

Banco de Bilbao (various issues). *Renta Nacional de España y su Distribucion Provincial.* Bilbao, Banco de Bilbao-Vizcaya.

Barrett, David B. (1982). *World Christian Encyclopedia,* 1st ed. Oxford: Oxford University Press.

Barro, Robert J. (1974). "Are Government Bonds Net Wealth?" *Journal of Political Economy,* 81, December, 1095–1117.

Barro, Robert J. (1984). *Macroeconomics,* 1st ed. New York: Wiley.

Barro, Robert J. (1987). "Government Spending, Interest Rates, Prices, and Budget Deficits in the United Kingdom, 1701–1918." *Journal of Monetary Economics,* 20, September, 221–247.

Barro, Robert J. (1990a). "The Stock Market and Investment." *Review of Financial Studies,* 3, 115–130.

Barro, Robert J. (1990b). "Government Spending in a Simple Model of Endogenous Growth." *Journal of Political Economy,* 98, October, part II, S103–S125.

Barro, Robert J. (1991). "Economic Growth in a Cross Section of Countries." *Quarterly Journal of Economics,* 106, May, 407–443.

Barro, Robert J. (1997). *Macroeconomics,* 5th ed. Cambridge, MA: MIT Press.

Barro, Robert J. (1999). "Laibson Meets Ramsey in the Neoclassical Growth Model." *Quarterly Journal of*

Economics, 114, November, 1125–1152.

Barro, Robert J., and Gary S. Becker (1989). "Fertility Choice in a Model of Economic Growth." *Econometrica*, 57, March, 481–501.

Barro, Robert J., and Jong-Wha Lee (1994). "Sources of Economic Growth." *Carnegie-Rochester Conference Series on Public Policy*.

Barro, Robert J., and Jong-Wha Lee (2001). "International Data on Educational Attainment: Updates and Implications." *Oxford Economic Papers*, 53, July, 541–563.

Barro, Robert J., N. Gregory Mankiw, and Xavier Sala-i-Martin (1995). "Capital Mobility in Neoclassical Models of Growth." *American Economic Review*, 85, March, 103–115.

Barro, Robert J., and Xavier Sala-i-Martin (1991). "Convergence across States and Regions." *Brookings Papers on Economic Activity*, no. 1, 107–182.

Barro, Robert J., and Xavier Sala-i-Martin (1992a). "Convergence." *Journal of Political Economy*, 100, April, 223–251.

Barro, Robert J., and Xavier Sala-i-Martin (1992b). "Regional Growth and Migration: A Japan–United States Comparison." *Journal of the Japanese and International Economies*, 6, December, 312–346.

Barro, Robert J., and Xavier Sala-i-Martin (1992c). "Public Finance in Models of Economic Growth." *Review of Economic Studies*, 59, October, 645–661.

Barro, Robert, and Xavier Sala-i-Martin (1997). "Technological diffusion, convergence, and growth." *Journal of Economic Growth*, 2, March, 1–26.

Baumol, William J. (1986). "Productivity Growth, Convergence, and Welfare: What the Long-Run Data Show." *American Economic Review*, 76, December, 1072–1085.

Becker, Gary S. (1965). "A Theory of the Allocation of Time." *Economic Journal*, 75, September, 493–517.

Becker, Gary S. (1991). "The Demand for Children," chapter 5 in *A Treatise on the Family*. Cambridge, MA: Harvard University Press.

Becker, Gary S., and Robert J. Barro (1988). "A Reformulation of the Economic Theory of Fertility." *Quarterly Journal of Economics*, 103, February, 1–25.

Becker, Gary S., Kevin M. Murphy, and Robert Tamura (1990). "Human Capital, Fertility, and Economic Growth." *Journal of Political Economy*, 98, October, part II, S12–S37.

Behrman, Jere R. (1990). "Women's Schooling and Nonmarket Productivity: A Survey and a Reappraisal." Unpublished, University of Pennsylvania.

Benhabib, Jess, and Roger E. A. Farmer (1996). "Indeterminacy and Sector-Specific Externalities." *Journal of Monetary Economics*, 37, 397–419.

Benhabib, Jess, Richard Rogerson, and Randall Wright (1991). "Homework in Macroeconomics: Household Production and Aggregate Fluctuations." *Journal of Political Economy*, 99, December, 1166–1187.

Benveniste, Lawrence M., and Jose A. Scheinkman (1982). "Duality Theory for Dynamic Optimization Models of Economics: The Continuous Time Case." *Journal of Economic Theory*, 27, June, 1–19.

Bernheim, B. Douglas, and Kyle Bagwell (1988). "Is Everything Neutral?" *Journal of Political Economy*, 96, April, 308–338.

Bhalla, Surjit S. (2002). *Imagine There's No Country: Poverty, Inequality and Growth in the Era of Globalization*. Washington, DC: Institute for International Economics.

Blanchard, Olivier (1985). "Debt, Deficits, and Finite Horizons." *Journal of Political Economy*, 93, April, 223–247.

Blanchard, Olivier, and Stanley Fischer (1989). *Lectures on Macroeconomics*. Cambridge, MA: MIT Press.

Blanchard, Olivier, Changyong Rhee, and Lawrence H. Summers (1993). "The Stock Market, Profit, and Investment." *Quarterly Journal of Economics*, 108, February, 115–136.

Boldrin, Michele, and Aldo Rustichini (1994). "Growth and Indeterminacy in Dynamic Models with Externalities." *Econometrica*, 62, March, 323–343.

Bollen, Kenneth A. (1990). "Political Democracy: Conceptual and Measurement Traps." *Studies in Comparative International Development*, Spring, 7–24.

Bond, Eric, Ping Wang, and C. K. Yip (1996). "A General Two-Sector Model of Endogenous Growth with Human and Physical Capital: Balanced Growth and Transitional Dynamics." *Journal of Economic Theory*, 68, 149–173.

Borjas, George J. (1992). "Ethnic Capital and Intergenerational Mobility." *Quarterly Journal of Economics*, 107, February, 123–150.

Borjas, George J., Stephen G. Bronars, and Stephen J. Trejo (1992). "Self-Selection and Internal Migration in the United States." *Journal of Urban Economics*, 32, September, 159–185.

Borts, George H., and Jerome L. Stein (1964). *Economic Growth in a Free Market*, New York, Columbia University

Press.

Bowman, Larry W. (1991). *Mauritius: Democracy and Development in the Indian Ocean,* Boulder, CO: Westview.

Brainard, William C., and James Tobin (1968). "Pitfalls in Financial Model Building." *American Economic Review,* 58, May, 99–122.

Braun, Juan (1993). *Essays on Economic Growth and Migration.* Ph.D. dissertation, Harvard University.

Bresnahan, Tim, and Manuel Trajtenberg (1995). "General Purpose Technologies—Engines of Growth?" *Journal of Econometrics,* 65, 1, 83–108.

Brezis, Elise, Paul Krugman, and Daniel Tsiddon (1993). "Leapfrogging in International Competition: A Theory of Cycles in National Technological Leadership." *American Economic Review,* 83, December, 1211–1219.

Brock, William A. (1975). "A Simple Perfect Foresight Monetary Model." *Journal of Monetary Economics,* 1, April, 133–150.

Caballe, Jordi, and Manuel S. Santos (1993). "On Endogenous Growth with Physical and Human Capital." *Journal of Political Economy,* 101, December, 1042–1067.

Caballero, Ricardo J., and Adam B. Jaffe (1993). "How High are the Giants' Shoulders: An Empirical Assessment of Knowledge Spillovers and Creative Destruction in a Model of Economic Growth." In *NBER Macroeconomics Annual, 1993,* 15–74. Cambridge, MA: MIT Press.

Cannon, Edmund S. (2000). "Economies of Scale and Constant Returns to Capital: A Neglected Early Contribution to the Theory of Economic Growth." *American Economic Review,* 90, March, 292–295.

Canova, Fabio, and Albert Marcet (1995). "The Poor Stay Poor: Non-Convergence across Countries and Regions." Unpublished, Universitat Pompeu Fabra.

Caselli, Francesco, and Wilbur John Coleman (2001). "Cross-Country Technology Diffusion: The Case of Computers." National Bureau of Economic Research, working paper 8130, February.

Caselli, Francesco, Gerardo Esquivel, and Fernando Lefort (1996). "Reopening the Convergence Debate: A New Look at Cross-Country Growth Empirics." *Journal of Economic Growth,* 1996.

Caselli, Francesco, and Jaume Ventura (2000). "A Representative Consumer Theory of Distribution." *American Economic Review,* 90, September, 909–926.

Cashin, Paul (1995). "Economic Growth and Convergence across Seven Colonies of Australasia: 1861–1991." *The Economic Record,* 71, 213 June, 132–144.

Cashin, Paul, and Norman Loayza (1995). "Paradise Lost? Growth, Convergence and Migration in the South Pacific." IMF working paper no. 95/28, International Monetary Fund.

Cashin, Paul, and Ratna Sahay (1995). "Internal Migration, Center-State Grants and Economic Growth in the States of India." IMF working paper.

Cass, David (1965). "Optimum Growth in an Aggregative Model of Capital Accumulation." *Review of Economic Studies,* 32, July, 233–240.

Chamley, Christophe (1992). "The Last Shall Be First: Efficient Constraints on Foreign Borrowing in a Model of Endogenous Growth." *Journal of Economic Theory,* 58, December, 335–354.

Chiswick, Barry R. (1978). "The Effect of Americanization on the Earnings of Foreign-Born Men." *Journal of Political Economy,* 86, October, 897–921.

Christensen, Laurits R., Dianne Cummings, and Dale W. Jorgenson (1980). "Economic Growth, 1947–1973: An International Comparison." In John W. Kendrick and Beatrice Vaccara, eds., *New Developments in Productivity Measurement and Analysis,* NBER Conference Report. Chicago: University of Chicago Press.

Chua, Hak B. (1993). "Regional Spillovers and Economic Growth," Ph.D. Dissertation, Harvard University.

Coase, Ronald W. (1960). "The Problem of Social Cost." *Journal of Law and Economics,* 3, October, 1–44.

Coe, David T., and Elhanan Helpman (1995). "International R&D Spillovers." *European Economic Review,* 39, 859–887.

Cohen, Daniel, and Jeffrey Sachs (1986). "Growth and External Debt under Risk of Debt Repudiation." *European Economic Review,* 30, June, 526–560.

Collins, Susan M., and Won Am Park (1989). "External Debt and Macroeconomic Performance in South Korea." In Jeffrey D. Sachs, ed., *Developing Country Debt and the World Economy,* 121–140. Chicago: University of Chicago Press.

Connolly, Michelle (1999). "North-South Technological Diffusion: A New Case for Dynamic Gains from Trade." Unpublished, Duke University, September.

Coulombe, Serge, and Frank C. Lee (1993). "Regional Economic Disparities in Canada." Unpublished, University of Ottawa, July.

David, Paul A. (1991). "Computer and Dynamo: The Modern Productivity Paradox in a Not-Too-Distant Mirror."

In *Technology and Productivity: The Challenge for Economic Policy.* Paris: OECD.

DeLong, J. Bradford (1988). "Productivity Growth, Convergence, and Welfare: Comment." *American Economic Review,* 78, December, 1138–1154.

Denison, Edward F. (1962). "Sources of Growth in the United States and the Alternatives Before Us." Supplement Paper 13. New York: Committee for Economic Development.

Denison, Edward F. (1967). *Why Growth Rates Differ.* Washington, DC: Brookings Institution.

Denison, Edward F. (1974). *Accounting for United States Economic Growth, 1929–1969.* Washington, DC: Brookings Institution.

Diamond, Peter (1965). "National Debt in a Neoclassical Growth Model." *American Economic Review,* 55, December, 1126–1150.

Diewert, W. Erwin (1976). "Exact and Superlative Index Numbers." *Journal of Econometrics,* 4, May, 115–146.

Dinopoulos, Elias, and Peter Thompson (1998). "Schumpeterian Growth Without Scale Effects." *Journal of Economic Growth,* 3, December, 313–335.

Dixit, Avinash K., and Joseph E. Stiglitz (1977). "Monopolistic Competition and Optimum Product Diversity." *American Economic Review,* 67, June, 297–308.

Dolado, Juan, Alessandra Goria, and Andrea Ichino (1994). "Immigration, Human Capital, and Growth in the Host Country: Evidence from Pooled Country Data." *Journal of Population Economics,* 7, June, 193–215.

Domar, Evsey D. (1946). "Capital Expansion, Rate of Growth, and Employment." *Econometrica,* 14, April, 137–147.

Doppelhofer, Gernot (2000). "Three Essays on the Determinants of Economic Growth." Unpublished Ph.D. dissertation, Columbia University.

Dorfman, Robert (1969). "An Economic Interpretation of Optimal Control Theory." *American Economic Review,* 59, December, 817–831.

Dougherty, Christopher (1991). "A Comparison of Productivity and Economic Growth in the G-7 Countries." Ph.D. dissertation, Harvard University.

Douglas, Paul H. (1972). *In the Fullness of Time: The Memoirs of Paul H. Douglas,* New York, Harcourt Brace Jovanovich.

Dowrick, Steve, and Duc Tho Nguyen (1989). "OECD Comparative Economic Growth, 1950–85: Catch-Up and Convergence." *American Economic Review,* 79, December, 1010–1030.

Duczynsti, Petr (2001). "Capital Mobility in Neoclassical Models of Growth." *American Economic Review,* 90, June, 687–694.

Durlauf, Steven N., and Danny T. Quah (1999). "The New Empirics of Economic Growth." In *Handbook of Macroeconomics,* vol. 1, ed. John B. Taylor and Michael Woodford. Amsterdam: North Holland.

Easterlin, Richard A. (1960a). "Regional Growth of Income: Long-Run Tendencies." In Simon Kuznets, Ann Ratner Miller, and Richard A. Easterlin, eds., *Population Redistribution and Economic Growth, United States, 1870–1950. II: Analyses of Economic Change.* Philadelphia: American Philosophical Society.

Easterlin, Richard A. (1960b). "Interregional Differences in Per Capita Income, Population, and Total Income, 1840–1950." In *Trends in the American Economy in the Nineteenth Century.* Princeton, NJ: Princeton University Press.

Easterly, William (1993). "How Much Do Distortions Affect Growth?" *Journal of Monetary Economics,* 32, November, 187–212.

Easterly, W., and Ross Levine (1997). "Africa's Growth Tragedy: Politics and Ethnic Divisions." *Quarterly Journal of Economics,* 112(4), 1203–1250.

Easterly, William, and Sergio Rebelo (1993). "Fiscal Policy and Economic Growth: An Empirical Investigation." *Journal of Monetary Economics,* 32, December, 417–458.

Elias, Victor J. (1990). *Sources of Growth: A Study of Seven Latin American Economies.* San Francisco: ICS Press.

Ethier, Wilfred J. (1982). "National and International Returns to Scale in the Modern Theory of International Trade." *American Economic Review,* 72, June, 389–405.

Faig, Miguel (1995). "A Simple Economy with Human Capital Accumulation: Transitional Dynamics, Technology Shocks, and Fiscal Policies." *Journal of Macroeconomics,* 17, summer, 421–446.

Feenstra, Robert C., and James R. Markusen (1995). "Accounting for Growth with New Intermediate Inputs." *International Economic Review,* 35, May, 429–447.

Fischer, Stanley (1979). "Anticipations and the Nonneutrality of Money." *Journal of Political Economy,* 87, April, 225–252.

Fishburn, Peter C., and Ariel Rubinstein (1982). "Time Preference." *International Economic Review,* 23, October, 677–693.

Fisher, I. (1930). *The Theory of Interest.* New York: Macmillan.

Frankel, Marvin (1962). "The Production Function in Allocation and Growth: A Synthesis." *American Economic Review,* 52, December, 995–1022.

Galor, Oded, and Harl E. Ryder (1989). "Existence, Uniqueness, and Stability of Equilibrium in an Overlapping-Generations Model with Productive Capital." *Journal of Economic Theory,* 49, December, 360–375.

Galor, Oded, and David N. Weil (1996). "The Gender Gap, Fertility, and Growth." *American Economic Review,* 86, June, 374–387.

Galor, Oded, and David N. Weil (2000). "Population, Technology, and Growth: From Malthusian Stagnation to the Demographic Transition and Beyond." *American Economic Review,* 90, September, 806–828.

Galor, Oded, and Joseph Zeira (1993). "Income Distribution and Macroeconomics." *Review of Economic Studies,* 60, January, 35–52.

Gallup, John L., and Jeffrey D. Sachs (1998). "Geography and Economic Development." National Bureau of Economic Research, working paper no. 6849, December.

Gastil, Raymond D. (1987). *Freedom in the World.* Westport, CT: Greenwood Press.

Geary, Robert C. (1950–51). "A Note on 'A Constant Utility Index of the Cost of Living.' " *Review of Economic Studies,* 18, 1, 65–66.

Gezici, Ferhan, and Geoffrey Hewings (2001). "Regional Convergence and the Economic Performance of Peripheral Areas in Turkey." Mimeograph, University of Illinois at Urbana-Champaign.

Goldman, Steven M. (1980). "Consistent Plans." *Review of Economic Studies,* 47, April, 533–537.

Granger, Clive, and Harold Uhlig (1990). "Reasonable Extreme-Bounds Analysis." *Journal of Econometrics,* 44, 159–170.

Greenwood, Jeremy, and Zvi Hercowitz (1991). "The Allocation of Capital and Time over the Business Cycle." *Journal of Political Economy,* 99, December, 1188–1214.

Greenwood, Jeremy, and Boyan Jovanovic (1990). "Financial Development, Growth, and the Distribution of Income." *Journal of Political Economy,* 98, October, 1076–1107.

Greenwood, Michael J. (1975). "Research on Internal Migration in the United States: A Survey." *Journal of Economic Literature,* 13, June, 397–433.

Griliches, Zvi (1957). "Hybrid Corn: An Exploration in the Economics of Technological Change." *Econometrica,* 25, October, 501–522.

Griliches, Zvi (1964). "Research Expenditures, Education, and the Aggregate Agricultural Production Function." *American Economic Review,* 54, December, 961–974.

Griliches, Zvi (1973). "Research Expenditures and Growth Accounting." In B. R. Williams, ed., *Science and Technology in Economic Growth.* New York: Macmillan.

Griliches, Zvi (1979). "Issues in Assessing the Contribution of Research and Development to Productivity Growth." *Bell Journal of Economics,* 10(1), 92–116.

Griliches, Zvi (1988). "Productivity Puzzles and R&D: Another Explanation." *Journal of Economic Perspectives,* 2, Fall, 9–21.

Griliches, Zvi (1997). "The Simon Kuznets Memorial Lecture." Unpublished, Harvard University, October.

Griliches, Zvi, and Frank Lichtenberg (1984). "R&D and Productivity Growth at the Industry Level: Is There Still a Relationship." In Zvi Griliches, ed., *R&D, Patents, and Productivity.* Chicago: University of Chicago Press.

Grossman, Gene M., and Elhanan Helpman (1991). *Innovation and Growth in the Global Economy.* Cambridge, MA: MIT Press.

Gulhati, Ravi, and Raj Nallari (1990). "Successful Stabilization and Recovery in Mauritius." EDI Development Policy Case Series, Analytical Case Studies, no. 5. Washington, DC: World Bank.

Halkin, Hubert (1974). "Necessary Conditions for Optimal Control Problems with Infinite Horizons." *Econometrica,* 42, March, 267–272.

Hansen, Gary D., and Edward C. Prescott (2002). "Malthus to Solow." *American Economic Review,* 92, September, 1205–1217.

Harrod, Roy F. (1939). "An Essay in Dynamic Theory." *Economic Journal,* 49, June, 14–33.

Harrod, Roy F. (1942). *Toward a Dynamic Economics: Some Recent Developments of Economic Theory and their Application to Policy.* London: Macmillan.

Hart, Peter E. (1995). "Galtonian Regression Across Countries and the Convergence of Productivity." *Oxford Bulletin of Economics and Statistics,* 57, August, 287–293.

Hatton, Timothy J., and Jeffrey G. Williamson (1994). "What Drove the Mass Migrations from Europe in the Late Nineteenth Century?" *Population and Development Review,* 20, September, 1–27.

Hayashi, Fumio (1982). "Tobin's Marginal q and Average q: A Neoclassical Interpretation." *Econometrica*, 50, January, 213–224.

Heckman, James J. (1976). "A Life-Cycle Model of Earnings, Learning, and Consumption." *Journal of Political Economy*, 84, August, Part 2, S11–S44.

Henderson, J. Vernon (1988). *Urban Development: Theory, Fact, and Illusion.* Oxford: Oxford University Press.

Heston, Alan, Robert Summers, and Bettina Aten (2002). *Penn World Table Version 6.1.* Center for International Comparisons at the University of Pennsylvania (CICUP), October.

Hicks, John (1932). *The Theory of Wages.* London: Macmillan.

Hirshleifer, Jack (1987). *Economic Behavior in Adversity.* Chicago: University of Chicago Press.

Hossain, Akhtar (2000). "Convergence of Per Capita Output Levels Across Regions of Bangladesh, 1982–97." IMF working paper.

Hsieh, Chang-Tai (2002). "What Explains the Industrial Revolution in East Asia? Evidence from the Factor Markets." *American Economic Review*, 92, June, 502–526.

Inada, Ken-Ichi (1963). "On a Two-Sector Model of Economic Growth: Comments and a Generalization." *Review of Economic Studies*, 30, June, 119–127.

International Currency Analysis (1991). *World Currency Yearbook, 1988–89.* Brooklyn, NY.

International Monetary Fund (1991). *International Financial Statistics Yearbook*, Washington, DC, International Monetary Fund.

Jaumotte, Florence (1999). "Technological Catch-up and the Growth Process." Unpublished, Harvard University, November.

Jeffreys, Harold (1961). *Theory of Probability*, 3rd ed. Oxford: Oxford University Press.

Jones, Charles I. (1995). "R&D-Based Models of Economic Growth." *Journal of Political Economy*, 103, August, 759–784.

Jones, Charles I. (1999). "Growth: With or Without Scale Effects." *American Economic Review*, 89, May, 139–144.

Jones, Charles I. (2001). "Was an Industrial Revolution Inevitable? Economic Growth over the Very Long Run." *Advances in Economics*, 1(2), Article 1.

Jones, Larry E., and Rodolfo E. Manuelli (1990). "A Convex Model of Equilibrium Growth: Theory and Policy Implications." *Journal of Political Economy*, 98, October, 1008–1038.

Jorgenson, Dale W., Frank M. Gollop, and Barbara M. Fraumeni (1987). *Productivity and U.S. Economic Growth.* Cambridge, MA: Harvard University Press.

Jorgenson, Dale W., and Zvi Griliches (1967). "The Explanation of Productivity Change." *Review of Economic Studies*, 34, July, 249–280.

Jorgenson, Dale, and Eric Yip (2001). "Whatever Happened to Productivity Growth?" In E. R. Dean, M. J. Harper, and C. Hulten, eds., *New Developments in Productivity Analysis*, 205–246. Chicago: University of Chicago Press.

Jovanovic, Boyan, and Saul Lach (1991). "The Diffusion of Technological Inequality among Nations." Unpublished, New York University.

Jovanovic, Boyan, and Yaw Nyarko (1996). "Learning by Doing and the Choice of Technology." *Econometrica*, 64, November, 1299–1310.

Judd, Kenneth L. (1985). "On the Performance of Patents." *Econometrica*, 53, May, 567–585.

Judson, Ruth (1998). "Economic Growth and Investment in Education: How Allocation Matters." *Journal of Economic Growth*, 3, December, 337–359.

Kaldor, Nicholas (1963). "Capital Accumulation and Economic Growth." In Friedrich A. Lutz and Douglas C. Hague, eds., *Proceedings of a Conference Held by the International Economics Association.* London: Macmillan.

Kamien, Morton I., and Nancy L. Schwartz (1991). *Dynamic Optimization, The Calculus of Variations and Optimal Control in Economics and Management*, 2nd ed. Amsterdam: North Holland.

Kendrick, John W. (1961). *Productivity Trends in the United States.* Princeton, NJ: Princeton University Press.

Kendrick, John W. (1976). *The Formation and Stocks of Total Capital.* New York: Columbia University Press.

Kimball, Miles S. (1987). "Making Sense of Two-Sided Altruism." *Journal of Monetary Economics*, 20, September, 301–326.

King, Robert G., and Ross Levine (1993). "Finance, Entrepreneurship, and Growth: Theory and Evidence." *Journal of Monetary Economics*, December, 513–542.

King, Robert G., Charles I. Plosser, and Sergio Rebelo (1988a). "Production, Growth and Business Cycles: I. The Basic Neoclassical Model." *Journal of Monetary Economics*, 21, 2/3 (March/May), 195–232.

King, Robert G., Charles I. Plosser, and Sergio Rebelo (1988b). "Production, Growth and Business Cycles: II. New Directions." *Journal of Monetary Economics*, 21, March/May, 309–341.

King, Robert G., and Sergio Rebelo (1993). "Transitional Dynamics and Economic Growth in the Neoclassical Model." *American Economic Review,* 83, September, 908–931.

Knack, Stephen, and Philip Keefer (1995). "Institutions and Economic Performance: Cross-Country Tests Using Alternative Institutional Measures." *Economics and Politics,* 7, 207–228.

Knight, Frank H. (1944). "Diminishing Returns from Investment." *Journal of Political Economy,* 52, March, 26–47.

Koopmans, Tjalling C. (1960). "Stationary Ordinal Utility and Impatience." *Econometrica,* 28, April, 287–309.

Koopmans, Tjalling C. (1965). "On the Concept of Optimal Economic Growth." In *The Econometric Approach to Development Planning.* Amsterdam: North Holland, 1965.

Kremer, Michael (1993). "Population Growth and Technological Change: One Million B.C. to 1990." *Quarterly Journal of Economics,* 108, August, 681–716.

Kremer, Michael, and James Thomson (1998). "Why Isn't Convergence Instantaneous? Young Workers, Old Workers, and Gradual Adjustment." *Journal of Economic Growth,* 3, March, 5–28.

Krugman, Paul (1979). "A Model of Innovation, Technology Transfer, and the World Distribution of Income." *Journal of Political Economy,* 87, April, 253–266.

Krugman, Paul (1991). "History Versus Expectations." *Quarterly Journal of Economics,* 106, May, 651–667.

Kuhn, Harold W., and Albert W. Tucker (1951). "Nonlinear Programming." In J. Neyman, ed., *Proceedings of the Second Berkeley Symposium on Mathematical Statistics and Probability,* 481–492. Berkeley: University of California Press.

Kurz, Mordecai (1968). "The General Instability of a Class of Competitive Growth Processes." *Review of Economic Studies,* 35, April, 155–174.

Kuznets, Simon (1961). "Economic Growth and the Contribution of Agriculture: Notes on Measurement." *International Journal of Agrarian Affairs,* 3, April, 56–75.

Kuznets, Simon (1973). "Modern Economic Growth: Findings and Reflections." *American Economic Review,* 63, June, 247–258.

Kuznets, Simon (1981). "Modern Economic Growth and the Less Developed Countries." *Conference on Experiences and Lessons of Economic Development in Taiwan.* Taipei: Institute of Economics, Academia Sinica.

Kydland, Finn E., and Edward C. Prescott (1982). "Time to Build and Aggregate Fluctuations." *Econometrica,* 50, November, 1345–1370.

Laibson, David (1994). "Self-Control and Saving." Unpublished, Harvard University, May.

Laibson, David (1996). "Hyperbolic Discount Functions, Undersaving, and Savings Policy." National Bureau of Economic Research, working paper no. 5635, June.

Laibson, David (1997a). "Golden Eggs and Hyperbolic Discounting." *Quarterly Journal of Economics,* 112, May, 443–477.

Laibson, David (1997b). "Hyperbolic Discount Functions and Time Preference Heterogeneity." Unpublished, Harvard University, March.

La Porta, Rafael, Florencio Lopez-de-Silanes, Andrei Shleifer, and Robert W. Vishny (1998). "Law and Finance." *Journal of Political Economy,* 106, December, 1113–1155.

Leamer, Edward E. (1978). *Specification Searches.* New York: John Wiley and Sons.

Leamer, Edward E. (1983). "Let's Take the Con Out of Econometrics." *American Economic Review,* 73, March, 31–43.

Leamer, Edward E. (1985). "Sensitivity Analysis Would Help." *American Economic Review,* 75, June, 308–313.

Leontief, Wassily (1941). *The Structure of the American Economy, 1919–1929.* Cambridge, MA: Harvard University Press.

Levine, Ross, and David Renelt (1992). "A Sensitivity Analysis of Cross-Country Growth Regressions." *American Economic Review,* 82, September, 942–963.

Lewis, William Arthur (1954). "Economic Development with Unlimited Supplies of Labor." *Manchester School of Economics and Social Studies,* 22, May, 139–191.

Loewenstein, George, and Drazen Prelec (1992). "Anomalies in Intertemporal Choice: Evidence and an Interpretation." *Quarterly Journal of Economics,* 107, May, 573–598.

Lucas, Robert E., Jr. (1988). "On the Mechanics of Economic Development." *Journal of Monetary Economics,* 22, July, 3–42.

Lucas, Robert E. (2002). "The Industrial Revolution: Past and Future." In *Lectures in Economic Growth.* Cambridge, Mass.: Harvard University Press.

Maddison, Angus (1982). *Phases of Capitalist Development.* Oxford: Oxford University Press.

Maddison, Angus (1989). *The World Economy in the Twentieth Century.* Paris: OECD.

Maddison, Angus (1991). *Dynamic Forces in Capitalist Development.* Oxford: Oxford University Press.

Maddison, Angus (1992). "A Long-Run Perspective on Saving." *Scandinavian Journal of Economics,* 94, 2, 181–196.

Magalhaes, Andre, Geoffrey Hewings, and Carlos Roberto Azzoni (2000). "Spatial Dependence and Regional Convergence in Brazil." Mimeograph, University of Illinois at Urbana-Champaign.

Malthus, Thomas R. (1798). *An Essay on the Principle of Population.* London: W. Pickering, 1986.

Mangasarian, O. L. (1966). "Sufficient Conditions for the Optimal Control of Nonlinear Systems." *SIAM Journal of Control,* 4, February, 139–152.

Mankiw, N. Gregory, David Romer, and David N. Weil (1992). "A Contribution to the Empirics of Economic Growth." *Quarterly Journal of Economics,* 107, May, 407–437.

Mansfield, Edwin (1965). "Rates of Return from Industrial R&D." *American Economic Review,* 55, March, 310–322.

Mansfield, Edwin (1985). "How Rapidly Does New Industrial Technology Leak Out?" *Journal of Industrial Economics,* 34, December, 217–223.

Mansfield, Edwin, Mark Schwartz, and Samuel Wagner (1981). "Imitation Costs and Patents: An Empirical Study." *Economic Journal,* 91, December, 907–918.

Mas-Colell, Andreu, and Assaf Razin (1973). "A Model of Intersectoral Migration and Growth." *Oxford Economic Papers,* 25, March, 72–79.

Matsuyama, Kiminori (1991). "Increasing Returns, Industrialization, and the Indeterminacy of Equilibrium." *Quarterly Journal of Economics,* 106, May, 617–650.

Mauro, Paolo (1995). "Corruption and Growth." *Quarterly Journal of Economics,* 110, August, 681–712.

McCallum, Bennett T. (1984). "Are Bond-Financed Deficits Inflationary? A Ricardian Analysis." *Journal of Political Economy,* 92, February, 123–135.

McCallum, Bennett T. (1989). "Real Business Cycle Models." In Robert J. Barro, ed., *Modern Business Cycle Theory.* Cambridge, MA: Harvard University Press.

Michel, Philippe (1982). "On the Transversality Condition in Infinite Horizon Optimal Problems." *Econometrica,* 50, July, 975–985.

Minasian, Jora R. (1962). "The Economics of Research and Development." In Richard R. Nelson, ed., *The Rate and Direction of Inventive Activity,* NBER Special Conference Series. Princeton, NJ: Princeton University Press.

Mino, Kazuo (1996). "Analysis of a Two-Sector Model of Endogenous Growth with Capital Income Taxation." *International Economic Review,* 37, February, 227–251.

Molle, Willem, Bas Van Holst, and Hans Smits (1980). *Regional Disparity and Economic Development in the European Community.* Westmead, England: Saxon House.

Mulligan, Casey B. (1993). "On Intergenerational Altruism, Fertility, and the Persistence of Economic Status." Ph.D. dissertation, University of Chicago.

Mulligan, Casey B., and Xavier Sala-i-Martin (1991). "A Note on the Time-Elimination Method for Solving Recursive Economic Models." National Bureau of Economic Research Technical Working Paper no. 116, November.

Mulligan, Casey B., and Xavier Sala-i-Martin (1993). "Transitional Dynamics in Two-Sector Models of Endogenous Growth." *Quarterly Journal of Economics,* 108, August, 737–773.

Murphy, Kevin M., Andrei Shleifer, and Robert W. Vishny (1989). "Industrialization and the Big Push." *Quarterly Journal of Economics,* 106, May, 503–530.

Murphy, Kevin M., and Finis Welch (1990). "Empirical Age-Earnings Profiles." *Journal of Labor Economics,* 8, April, 202–229.

Nelson, Richard R., and Edmund S. Phelps (1966). "Investment in Humans, Technological Diffusion, and Economic Growth." *American Economic Review,* 56, May, 69–75.

Ohyama, Michihiro, and Ronald W. Jones (1993). "Technology Choice, Overtaking and Comparative Advantage." Unpublished, University of Rochester, December.

O'Leary, Eoin (2000). "Convergence of Living Standards Across Irish Regions: The Role of Demography and Productivity: 1960–1996." Mimeograph, University College Cork.

Peretto, Pietro (1998). "Technological Change and Population Growth." *Journal of Economic Growth,* 3, December, 283–311.

Persson, Joakim (1997). "Convergence across the Swedish counties, 1911–1993." *European Economic Review,* 41, December, 1835–1852.

Petrakos, George, and Yannis Saratsis (2000). "Regional Inequalities in Greece." *Papers in Regional Science, 79*, 57–74.

Phelps, Edmund S. (1962). "The New View of Investment: A Neoclassical Analysis." *Quarterly Journal of Economics, 76*, November, 548–567.

Phelps, Edmund S. (1966). *Golden Rules of Economic Growth*. New York: Norton.

Phelps, Edmund S., and Robert A. Pollak (1968). "On Second-Best National Saving and Game-Equilibrium Growth." *Review of Economic Studies, 35*, April, 185–199.

Pitchford, John D. (1977). *Applications of Control Theory to Economic Analysis*. Amsterdam: North Holland.

Pollak, Robert A. (1968). "Consistent Planning." *Review of Economic Studies, 35*, April, 201–208.

Pontryagin, Lev S., et al. (1962). *The Mathematical Theory of Optimal Processes*. New York: Interscience Publishers.

Quah, Danny (1993). "Galton's Fallacy and Tests of the Convergence Hypothesis." *Scandinavian Journal of Economics, 95*, 4, 427–443.

Quah, Danny (1996). "Twin Peaks: Growth and Convergence in Models of Distribution Dynamics." *Economic Journal, 106*, July, 1045–1055.

Raftery, Adrian E., David Madigan, and Jennifer A. Hoeting (1997). "Bayesian Model Averaging for Linear Regression Models." *Journal of the American Statistical Association, 92*, 179–191.

Ramsey, Frank (1928). "A Mathematical Theory of Saving." *Economic Journal, 38*, December, 543–559.

Rapping, Leonard (1965). "Learning and World War II Production Functions." *Review of Economics and Statistics, 47*, February, 81–86.

Rebelo, Sergio (1991). "Long-Run Policy Analysis and Long-Run Growth." *Journal of Political Economy, 99*, June, 500–521.

Reinganum, Jennifer F. (1989). "The Timing of Innovation: Research, Development, and Diffusion." In Richard Schmalensee and Robert D. Willig, eds., *Handbook of Industrial Organization*, vol. 1. New York: North Holland.

Ricardo, David (1817). *On the Principles of Political Economy and Taxation*. Cambridge: Cambridge University Press, 1951.

Rivera-Batiz, Luis A., and Paul M. Romer (1991). "Economic Integration and Endogenous Growth." *Quarterly Journal of Economics, 106*, May, 531–555.

Roback, Jennifer (1982). "Wages, Rents, and the Quality of Life." *Journal of Political Economy, 90*, December, 1257–1278.

Robinson, Joan (1938). "The Classification of Inventions." *Review of Economic Studies, 5*, February, 139–142.

Romer, Paul M. (1986). "Increasing Returns and Long-Run Growth." *Journal of Political Economy, 94*, October, 1002–1037.

Romer, Paul M. (1987). "Growth Based on Increasing Returns Due to Specialization." *American Economic Review, 77*, May, 56–62.

Romer, Paul M. (1990). "Endogenous Technological Change." *Journal of Political Economy, 98*, October, part II, S71–S102.

Romer, Paul M. (1992). "Two Strategies for Economic Development: Using Ideas and Producing Ideas." In World Bank, *Annual Conference on Economic Development*, Washington, DC.

Romer, Paul M. (1993). "Idea Gaps and Object Gaps in Economic Development." *Journal of Monetary Economics, 32*, December, 543–573.

Rybczynski, T. M. (1955). "Factor Endowments and Relative Commodity Prices." *Economica, 22*, November, 336–341.

Saint-Paul, Gilles (1992). "Fiscal Policy in an Endogenous Growth Model." *Quarterly Journal of Economics, 107*, November, 1243–1259.

Sala-i-Martin, Xavier (1990). "On Growth and States." Unpublished Ph.D. dissertation, Harvard University.

Sala-i-Martin, Xavier (1997a). "I Just Ran Four Million Regressions." National Bureau of Economic Research working paper no. 6252, November.

Sala-i-Martin, Xavier (1997b). "I Just Ran Two Million Regressions." *American Economic Review, 87*, December, 178–183.

Sala-i-Martin, Xavier (2003a). "The World Distribution of Income, 1970–2000." Unpublished, Columbia University.

Sala-i-Martin, Xavier (2003b). "Estimating Consumption Poverty and the World Distribution of Consumption, 1970–2000." Unpublished, Columbia University.

Sala-i-Martin, Xavier, Gernot Doppelhofer, and Ronald Miller (2003). "Determinants of Long-Term Growth: A

Bayesian Averaging of Classical Estimates (BACE) Approach." Unpublished, Columbia University.

Samuelson, Paul A. (1954). "The Pure Theory of Public Expenditure." *Review of Economics and Statistics,* 36, November, 387–389.

Samuelson, Paul A. (1958). "An Exact Consumption-Loan Model of Interest with or without the Social Contrivance of Money." *Journal of Political Economy,* 66, December, 467–482.

Sanchez-Robles, Blanca, and Jose Villaverde (2001). "Polarizacion, Convergencia y Movilidad entre las provincias espanolas, 1955–1997." *Revista Asturiana de Economia,* May, 259–270.

Schmookler, Jacob (1966). *Invention and Economic Growth.* Cambridge, MA: Harvard University Press.

Schultz, T. Paul (1989). "Returns to Women's Education." PHRWD Background Paper 89/001, World Bank, Population, Health, and Nutrition Department, Washington, DC.

Schumpeter, Joseph A. (1934). *The Theory of Economic Development.* Cambridge, MA: Harvard University Press.

Schwarz, Gideon (1978). "Estimating the Dimension of a Model." *The Annals of Statistics,* 6, 461–464.

Searle, Allan D. (1946). "Productivity Changes in Selected Wartime Shipbuilding Programs." *Monthly Labor Review.*

Segerstrom, Paul S. (1991). "Innovation, Imitation, and Economic Growth." *Journal of Political Economy,* 99, August, 807–827.

Segerstrom, Paul S. (1998). "Endogenous Growth Without Scale Effects." *American Economic Review,* 88, December, 1290–1310.

Shell, Karl (1967). "A Model of Inventive Activity and Capital Accumulation." In Karl Shell, ed., *Essays on the Theory of Optimal Economic Growth,* 67–85. Cambridge, MA: MIT Press.

Sheshinski, Eytan (1967). "Optimal Accumulation with Learning by Doing." In Karl Shell, ed., *Essays on the Theory of Optimal Economic Growth,* 31–52. Cambridge, MA: MIT Press.

Shioji, Etruso (1997). "It's Still 2%: Evidence on Convergence from 116 Years of the US States Panel Data." Working Paper Universitat Pompeu Fabra.

Sidrauski, Miguel (1967). "Rational Choice and Patterns of Growth in a Monetary Economy." *American Economic Review,* 57, May, 534–544.

Smith, Adam (1776). *An Inquiry into the Nature and Causes of the Wealth of Nations.* New York: Random House, 1937.

Solow, Robert M. (1956). "A Contribution to the Theory of Economic Growth." *Quarterly Journal of Economics,* 70, February, 65–94.

Solow, Robert M. (1957). "Technical Change and the Aggregate Production Function." *Review of Economics and Statistics,* 39, August, 312–320.

Solow, Robert M. (1969). "Investment and Technical Change." In Kenneth J. Arrow et al., eds., *Mathematical Methods in the Social Sciences.* Palo Alto, CA: Stanford University Press.

Spence, Michael (1976). "Product Selection, Fixed Costs, and Monopolistic Competition." *Review of Economic Studies,* 43, June, 217–235.

Srinivasan, T. N. (1964). "Optimal Savings in a Two-Sector Model of Growth." *Econometrica,* 32, July, 358–373.

Stiglitz, Joseph E. (1969). "Distribution of Income and Wealth among Individuals." *Econometrica,* 37, July, 382–397.

Stone, Richard (1954). "Linear Expenditure Systems and Demand Analysis: An Application to the Pattern of British Demand." *Economic Journal,* 64, September, 511–527.

Streissler, Erich (1979). "Growth Models as Diffusion Processes: II." *Kyklos,* 32, 3, 571–586.

Strotz, Robert H. (1956). "Myopia and Inconsistency in Dynamic Utility Maximization." *Review of Economic Studies,* 23, 165–180.

Summers, Lawrence H. (1981). "Taxation and Corporate Investment: A q-Theory Approach." *Brookings Papers on Economic Activity,* no. 1, 67–127.

Summers, Robert, and Alan Heston (1991). "The Penn World Table (Mark 5): An Expanded Set of International Comparisons, 1950–1988." *Quarterly Journal of Economics,* 106, May, 327–368.

Swan, Trevor W. (1956). "Economic Growth and Capital Accumulation." *Economic Record,* 32, November, 334–361.

Teece, David J. (1977). "Technological Transfer by Multinational Firms: The Resource Cost of Transferring Technological Know-How." *Economic Journal,* 87, June, 242–261.

Temple, Jonathan (1999). "The New Growth Evidence." *Journal of Economic Literature,* 37, March, 112–156.

Temple, Robert (1986). *The Genius of China.* New York: Simon and Schuster.

Terleckyj, Nestor E. (1958). "Factors Underlying Productivity: Some Empirical Observations." *Journal of the*

American Statistical Association, 53, June.

Thaler, Richard (1981). "Some Empirical Evidence on Dynamic Inconsistency." *Economics Letters,* 8, 201–207.

Thompson, Earl A. (1976). "Taxation and National Defense." *Journal of Political Economy,* 82, August, 755–782.

Thörnqvist, Leo (1936). "The Bank of Finland's Consumption Price Index." *Bank of Finland Monthly Bulletin,* no. 10, 1–8.

U.S. Department of Commerce, Bureau of the Census (1975). *Historical Statistics of the United States, Colonial Times to 1970.* Washington, DC: U.S. Government Printing Office.

U.S. Department of Commerce, Bureau of the Economic Analysis (2002). *State Personal Income, 1929–87.* Washington, DC: U.S. Government Printing Office.

U.S. Department of Commerce, Bureau of the Census (1990). *Statistical Abstract of the United States.* Washington, DC: U.S. Government Printing Office.

Utrera, Gaston Ezequiel, and Javier Adolfo Koroch (1998). "Convergencia: Evidencia empirica para las provincias argentinas (1953–1994)." In *Anales de la XXXIII Reunión Anual de la Asociación Argentina de Economi Politica,* November.

Uzawa, Hirofumi (1961). "Neutral Inventions and the Stability of Growth Equilibrium." *Review of Economic Studies,* 28, February, 117–124.

Uzawa, Hirofumi (1964). "Optimal Growth in a Two-Sector Model of Capital Accumulation." *Review of Economic Studies,* 31 (January), 1–24.

Uzawa, Hirofumi (1965). "Optimal Technical Change in an Aggregative Model of Economic Growth." *International Economic Review,* 6, January, 18–31.

Uzawa, Hirofumi (1968). "Time Preference, the Consumption Function, and Optimum Asset Holdings." In J. N. Wolfe, ed., *Value, Capital, and Growth.* Chicago, Aldine.

Ventura, Jaume (1997). "Growth and Interdependence." *Quarterly Journal of Economics,* 112, February, 57–84.

Von Furstenberg, George M. (1977). "Corporate Investment: Does Market Valuation Matter in the Aggregate?" *Brookings Papers on Economic Activity,* no. 2, 347–397.

Von Neumann, John (1937). "Über ein Ökonomisches Gleichungssystem und eine Verallgemeinerung des Brouwerschen." *Ergebnisse eines Mathematische Kolloquiums,* 8, translated by Karl Menger as "A Model of General Equilibrium," *Review of Economic Studies* (1945), 13, 1–9.

Wahl, Jenny Bourne (1985). "Fertility in America: Historical Patterns and Wealth Effects on the Quantity and Quality of Children." Ph.D. dissertation, University of Chicago.

Weil, Philippe (1987). "Love Thy Children: Reflections on the Barro Debt Neutrality Theorem." *Journal of Monetary Economics,* 19, May, 377–391.

Weil, Philippe (1989). "Overlapping Families of Infinitely Lived Agents." *Journal of Public Economics,* 38, March, 183–198.

Weitzman, Martin L. (1973). "Duality Theory for Infinite Horizon Convex Models." *Management Science,* 19, 783–789.

Woodberry, Robert D. (2002). "The Shadow of Empire: Church-State Relations, Colonial Policy, and Democracy in Postcolonial Societies." Unpublished, University of North Carolina, November.

World Bank (1990). *World Development Report, 1990.* Washington, DC: World Bank.

Wright, Theodore P. (1936). "Factors Affecting the Cost of Airplanes." *Journal of the Aeronautical Sciences,* 3, 122–128.

Xie, Danyang (1992). "Three Essays on Economic Growth and Development." Ph.D. dissertation, University of Chicago.

Yaari, Menahem E. (1965). "Uncertain Lifetime, Life Insurance, and the Theory of the Consumer." *Review of Economic Studies,* 32, April, 137–150.

Yao, Yudong, and Melvyn Weeks (2000). "Provincial Income Convergence in China, 1953–1997: A Panel Data Approach." Mimeograph, University of Cambridge.

York, Jeremy C., David Madigan, I. Ivar Heuch, and Rolv Terje Lie (1995). "Estimating a Proportion of Birth Defects by Double Sampling: A Bayesian Approach Incorporating Covariates and Model Uncertainty." *Applied Statistics,* 44, 227–242.

Young, Allyn (1928). "Increasing Returns and Economic Progress." *Economic Journal,* 38, December, 527–542.

Young, Alwyn (1989). "Hong Kong and the Art of Landing on One's Feet: A Case Study of a Structurally Flexible Economy." Ph.D. dissertation, Fletcher School, Tufts University, May.

Young, Alwyn (1992). "A Tale of Two Cities: Factor Accumulation and Technical Change in Hong Kong and Singapore." *NBER Macroeconomics Annual, 1992,* 13–54. Cambridge, MA: MIT Press.

Young, Alwyn (1993). "Invention and Bounded Learning by Doing." *Journal of Political Economy,* 101, June,

443–472.

Young, Alwyn (1995). "The Tyranny of Numbers: Confronting the Statistical Realities of the East Asian Growth Experience." *Quarterly Journal of Economics,* 110, August, 641–680.

Young, Alwyn (1998). "Growth Without Scale Effects." *Journal of Political Economy,* 106, February, 41–63.

参
考
文
献

513

上海市版权局著作权合同登记章:图字 09-2023-0191 号

图书在版编目(CIP)数据

经济增长 : 第二版 / (美) 罗伯特·J. 巴罗, (美)
夏威尔·萨拉-伊-马丁著 ; 夏俊译. -- 上海 : 格致出
版社, 2025.
(当代经济学系列丛书 / 陈昕主编. 当代经济学教
学参考书系)
ISBN 978-7-5432-3444-4

Ⅰ. ①经… Ⅱ. ①罗… ②夏… ③夏… Ⅲ. ①经济增
长-研究 Ⅳ. ①F124.1

中国国家版本馆 CIP 数据核字(2023)第 069728 号

责任编辑 王 萌
封面设计 敬人设计工作室 吕敬人

当代经济学系列丛书 · 当代经济学教学参考书系

经济增长(第二版)
[美]罗伯特·J.巴罗 夏威尔·萨拉-伊-马丁 著
夏俊 译

出 版 格致出版社
　　　　上海三联书店
　　　　上海人民出版社
　　　　(201101 上海市闵行区号景路 159 弄 C 座)
发 行 上海人民出版社发行中心
印 刷 浙江临安曙光印务有限公司
开 本 787×1092 1/16
印 张 32.75
插 页 3
字 数 673,000
版 次 2025 年 9 月第 1 版
印 次 2025 年 9 月第 1 次印刷
ISBN 978 - 7 - 5432 - 3444 - 4/F · 1497
定 价 160.00 元